Pascal Johann
Möglichkeiten und Grenzen des neuen Vermögensabschöpfungsrechts

Juristische Zeitgeschichte
Abteilung 5, Band 23

Juristische Zeitgeschichte
Hrsg. von Prof. Dr. Dr. Dr. h.c. Thomas Vormbaum
(FernUniversität in Hagen, Institut für Juristische Zeitgeschichte)

Abteilung 5:
Juristisches Zeitgeschehen –
Rechtspolitik und Justiz aus zeitgenössischer Perspektive
Hrsg. von Prof. Dr. Dr. Dr. h.c. Thomas Vormbaum
in Zusammenarbeit mit RA Prof. Dr. Franz Salditt

Band 23

Redaktion: Christoph Hagemann

De Gruyter

Pascal Johann

Möglichkeiten und Grenzen des neuen Vermögensabschöpfungsrechts

Eine Untersuchung zur vorläufigen Sicherstellung und der Einziehung von Vermögen unklarer Herkunft

De Gruyter

ISBN 978-3-11-062300-0
e-ISBN (PDF) 978-3-11-062575-2
e-ISBN (EPUB) 978-3-11-062301-7

Library of Congress Control Number: 2019934297

Bibliografische Information der Deutschen Nationalbibliothek

Die Deutsche Nationalbibliothek verzeichnet diese Publikation in der Deutschen Nationalbibliografie; detaillierte bibliografische Daten sind im Internet über http://dnb.dnb.de abrufbar.

Druck und Bindung: CPI books GmbH, Leck

www.degruyter.com

Vorwort

Im Rahmen meines Referendariats in der Wirtschaftsstrafrechtsabteilung der Staatsanwaltschaft Wiesbaden kam ich erstmals mit dem Thema der strafrechtlichen Vermögensabschöpfung in Kontakt. Sie fesselte mich vom ersten Tag, weil sie dogmatisch hoch anspruchsvoll und zugleich von immenser praktischer Bedeutung ist. Es gibt kaum einen Bereich staatlichen Handelns, der so intensiv in die Grundrechte der Betroffenen eingreift und bei dem die Eingriffsvoraussetzungen gleichwohl so niedrig angesetzt sind. Fast schon unauflösbar wird dieses bilaterale Spannungsverhältnis zwischen den berechtigten Interessen der Allgemeinheit an einer Abschöpfung von Verbrechenserträgen und den Interessen der Betroffenen an der Vermeidung unverhältnismäßiger und damit rechtswidriger Eingriffe in ihre Grundrechte, wenn potentiell Geschädigte hinzutreten und dadurch mindestens drei Interessenssphären mit- und gegeneinander abzuwägen sind.

Vor diesem Hintergrund war es mir ein Anliegen, die durch die Reform 2017 nochmals im Sinne der „Praxistauglichkeit" vereinfachten Regelungen der strafrechtlichen Vermögensabschöpfung einer umfangreichen dogmatischen Untersuchung zu unterziehen, dabei praktische Erfahrungen aus meiner täglichen Arbeit als Rechtsanwalt in die Ausführungen einfließen zu lassen und ein wissenschaftlich fundiertes, gleichzeitig aber auch für den Praktiker lesenswertes Werk zu schaffen. Die nach Fertigstellung der Dissertation Ende Februar 2018 umfangreich erschienenen Urteile und Aufsätze, die bis August 2018 noch bestmöglich Berücksichtigung in der Druckfassung gefunden haben, legen nahe, dass die hiesigen Ausführungen einige Kernprobleme des neuen Vermögensabschöpfungsrechts erfassen.

Mein besonderer Dank für die Unterstützung bei diesem Promotionsvorhaben gilt zunächst meinem Doktorvater, Herrn Prof. Dr. Volker Erb, der mich in meinem Bestreben von Anfang an unterstützt und mir die notwendigen Freiräume gewährt hat, ohne die eine solche Arbeit nicht gelingen kann. Für die lehrreiche und spannende Zeit als wissenschaftlicher Mitarbeit an seinem Lehrstuhl werde ich ihm immer dankbar sein.

Ebenfalls sehr dankbar bin ich Herrn Prof. Dr. Jörg Scheinfeld, der sich bereit erklärt hat, die Arbeit als Zweitgutachter zu beurteilen. Mein Dank gilt ihm dabei nicht nur für die zügige Erstellung des Zweitgutachtens, sondern insbesondere auch für seine darin geäußerten Anmerkungen.

Frankfurt, im Dezember 2018 *Pascal Johann*

https://doi.org/10.1515/9783110625752-001

Inhaltsverzeichnis

ANHANG

Abkürzungsverzeichnis

a.A.	andere Ansicht
a.E.	am Ende
a.F.	alte Fassung
AEG	Allgemeines Eisenbahngesetz
Alt.	Alternative
AO	Abgabenordnung
Art.	Artikel
ASOG Bln	Allgemeines Gesetz zum Schutz der öffentlichen Sicherheit und Ordnung in Berlin
AStBV	Anweisungen für das Straf- und Bußgeldverfahren (Steuer)
AsylVfG	Asylverfahrensgesetz
AuslG	Ausländergesetz
BayPAG	Gesetz über die Aufgaben und Befugnisse der Bayerischen Staatlichen Polizei
BB	Betriebs-Berater
BbgPolG	Gesetz über die Aufgaben, Befugnisse, Organisation und Zuständigkeit der Polizei im Land Brandenburg
BDR	Bund Deutscher Rechtspfleger
BeckOGK	Beck-Online Großkommentar
BeckOK	Beck-Online-Kommentar
BeckRS	Rechtsprechungssammlung Beck-Online
BFHE	Entscheidungssammlung des Bundesfinanzhofs
BGB	Bürgerliches Gesetzbuch
BGBl.	Bundesgesetzblatt
BGH	Bundesgerichtshof
BGHSt.	Rechtsprechung des Bundesgerichtshofs in Strafsachen
BKA	Bundeskriminalamt

https://doi.org/10.1515/9783110625752-002

BMJV	Bundesministerium der Justiz und für Verbraucherschutz
BNatschG	Bundesnaturschutzgesetz
BORA	Berufsordnung der Rechtsanwälte
BRAK	Bundesrechtsanwaltskammer
BRDrucks.	Drucksachen des Bundesrats
BremPolG	Bremisches Polizeigesetz
BStBl.	Bundessteuerblatt
BTDrucks.	Bundestagsdrucksachen
BVerfG	Bundesverfassungsgericht
BVerfGE	Entscheidungen des Bundesverfassungsgerichts
bzw.	beziehungsweise
CDU	Christlich Demokratische Union
CSU	Christlich-Soziale Union
dass.	dasselbe
DAV	Deutscher Anwaltsverein
Ders.	Derselbe
Dies.	Dieselbe / Dieselben
DM	Deutsche Mark
DRB	Deutscher Richterbund
DRiZ	Deutsche Richterzeitung
DStR	Deutsches Steuerrecht
DStRE	Deutsches Steuerrecht Entscheidungsdienst
DStZ/A	Deutsche Steuerzeitung Ausgabe A
DVP	Deutsche Verwaltungspraxis
E	Entwurf
EFG	Entscheidungen der Finanzgerichte
EGMR	Europäischer Gerichtshof für Menschenrechte
EGStGB	Einführungsgesetz zum Strafgesetzbuch
EGStPO	Einführungsgesetz zur Strafprozessordnung

EMRK	Europäische Menschenrechtskonvention
EStG	Einkommensteuergesetz
EU	Europäische Union
EUR	Euro
f.	folgende
ff.	fortfolgende
FG	Finanzgericht
FGO	Finanzgerichtsordnung
FS	Festschrift
GA	Goltdammer's Archiv
GastG	Gaststättengesetz
gem.	gemäß
GG	Grundgesetz
ggf.	gegebenenfalls
GKG	Gerichtskostengesetz
GVG	Gerichtsverfassungsgesetz
HHSp.	Hübschmann, Walter / Hepp, Ernst / Spitaler, Armin
Hk-BGB	Handkommentar zum bürgerlichen Gesetzbuch
HK-EMRK	Handkommentar zur europäischen Menschenrechtskonvention
HK-VerwR	Handkommentar zum Verwaltungsrecht
HLKA	Hessisches Landeskriminalamt
HmbSOG	Gesetz zum Schutz der öffentlichen Sicherheit und Ordnung der Hansestadt Hamburg
Hrsg. / hrsg.	Herausgeber / herausgegeben
HS	Halbsatz
HSOG	Hessisches Gesetz über die öffentliche Sicherheit und Ordnung
i.d.R.	in der Regel
i.S.d.	im Sinne des/der
i.V.m.	in Verbindung mit

InsO	Insolvenzordnung
JA	Juristische Arbeitsblätter
jM	Die Monatszeitschrift
JR	Juristische Rundschau
jurisPR-StrafR	jurisPraxisReport Strafrecht
JuS	Juristische Schulung
JZ	JuristenZeitung
KDD	Kriminaldauerdienst
KK	Karlsruher Kommentar
KMR	Kleinknecht Müller Reitberger
KommJur	Kommunaljurist
KriPoZ	Kriminalpolitische Zeitschrift
LG	Landgericht
LK	Leipziger Kommentar
LR	Löwe-Rosenberg
LVwG SH	Allgemeines Verwaltungsgesetz für das Land Schleswig-Holstein
m.w.N.	mit weiteren Nachweisen
MAH-StV	Münchner Anwaltshandbuch Strafverteidigung
MAH-WiSt	Münchner Anwaltshandbuch Wirtschafts- und Steuerstrafrecht
MiStra	Mitteilungen in Strafsachen
MüKo	Münchner Kommentar
Nds.	Niedersächsischer
NdsSOG	Niedersächsisches Gesetz über die öffentliche Sicherheit und Ordnung
NdsVBl.	Niedersächsische Verwaltungsblätter
NJOZ	Neue Juristische Onlinezeitschrift
NJW	Neue Juristische Wochenschrift
NJW-RR	Neue Juristische Wochenschrift Rechtsprechungs-Report

NK-VwVfG	Nomos Kommentar Verwaltungsverfahrensgesetz
NordÖR	Zeitschrift für öffentliches Recht in Norddeutschland
Nr.	Nummer
NStZ	Neue Zeitschrift für Strafrecht
NStZ-RR	Neue Zeitschrift für Strafrecht – Rechtsprechungs-Report
NVwZ-RR	Neue Zeitschrift für Verwaltungsrecht – Rechtsprechungs-Report
NZI	Neue Zeitschrift für Insolvenz- und Sanierungsrecht
NZWiSt	Neue Zeitschrift für Wirtschafts- und Steuerstrafrecht
OStVV	Organisationsbüro Strafverteidigervereinigungen
OVG	Oberverwaltungsgericht
POG Rl-Pf.	Polizei- und Ordnungsbehördengesetz Rheinland-Pfalz
PolG BW	Polizeigesetz Baden-Württemberg
PolG NRW	Polizeigesetz Nordrhein-Westfalen
PräGe	Präventive Gewinnabschöpfung
PStR	Praxis des Steuerrechts
RdErl.	Runderlass
RefE	Referentenentwurf
RefE-VA	Referentenentwurf zur Reform der strafrechtlichen Vermögensabschöpfung
RFHE	Sammlung der Entscheidungen des Reichsfinanzhofs
RGSt	Amtliche Sammlung der Rechtsprechung des Reichsgerichts in Strafsachen
RGZ	Amtliche Sammlung des Reichsgerichts in Zivilsachen
RiStBV	Richtlinien für das Strafverfahren und das Bußgeldverfahren
Rn.	Randnummer
S.	Seite
SächsPOlG	Polizeigesetz des Freistaates Sachsen
SächsVBl	Sächsische Verwaltungsblätter
SK	Systematischer Kommentar

SOG LSA	Gesetz über die öffentliche Sicherheit und Ordnung des Landes Sachsen-Anhalt
SOG M-V	Gesetz über die öffentliche Sicherheit und Ordnung in Mecklenburg-Vorpommern
sog.	sogenannt
SPD	Sozialdemokratische Partei Deutschlands
SPolG	Saarländisches Polizeigesetz
SSW	Satzger / Schluckebier / Widmaier
StAnpG	Steueranpassungsgesetz
Stbg	Die Steuerberatung
StGB	Strafgesetzbuch
StGB-E	Strafgesetzbuch Entwurf
StPO	Strafprozessordnung
StPO-E	Strafprozessordnung Entwurf
StraFo	Strafverteidiger Forum
StuW/A	Steuern und Wirtschaft Ausgabe A
StV	Strafverteidiger
SVR	Straßenverkehrsrecht
ThürPAG	Thüringer Gesetz über die Aufgaben und Befugnisse der Polizei
TID	Transparency International Deutschland
u.a.	unter anderem / und andere
US	Vereinigte Staaten von Amerika
UWG	Gesetz gegen den unlauteren Wettbewerb
VerfO-EGMR	Verfahrensordnung des Europäischen Gerichtshofs für Menschenrechte
VG	Verwaltungsgericht
VGH	Verwaltungsgerichtshof
vgl.	vergleiche
VVG	Versicherungsvertragsgesetz
VwGO	Verwaltungsgerichtsordnung

VwVfG	Verwaltungsverfahrensgesetz
WiJ	Journal der Wirtschaftsstrafrechtlichen Vereinigung
Wistev	Wirtschaftsstrafrechtliche Vereinigung
wistra	Zeitschrift für Wirtschafts- und Steuerstrafsachen
ZFdG	Gesetz über das Zollkriminalamt und die Zollfahndungsämter
ZfPW	Zeitschrift für die gesamte Privatrechtswissenschaft
ZfZ	Zeitschrift für Zölle und Verbrauchsteuern
ZIP	Zeitschrift für Wirtschaftsrecht
ZInsO	Zeitschrift für das gesamte Insolvenz- und Sanierungsrecht
Zoll-VG	Zollverwaltungsgesetz
ZPO	Zivilprozessordnung
ZRP	Zeitschrift für Rechtspolitik
ZStW	Zeitschrift für die gesamte Strafrechtswissenschaft

A) Einleitung

I.

Die vorliegende Untersuchung widmet sich aktuellen Fragen der strafrechtlichen Vermögensabschöpfung im Anschluss an das Inkrafttreten ihres Reformgesetzes. Das Ziel dieser Regelungen liegt darin, dem Begünstigten inkriminierte Vermögenswerte zu entziehen und sie den Verletzten der Straftat oder dem Staat zuzuführen. Maßnahmen der Vermögensabschöpfung sind nach Auffassung des Bundesverfassungsgerichts solche *sui generis*, sie unterfallen weder den Strafen noch den Maßregeln der Besserung und Sicherung. Die ursprünglich als „Verfall" und „Einziehung", heute nur noch als „Einziehung", bezeichneten Anordnungen sollen ausschließlich dazu dienen, deliktisch relevante Vermögensverschiebungen zu korrigieren, *nicht* jedoch den (vermeintlichen) Täter, Teilnehmer oder begünstigten Dritten (nachfolgend: Betroffener) zu bestrafen. Sie werden aufgrund dieses Ziels häufig mit den ebenfalls auf die Korrektur unberechtigter Vermögensverschiebungen ausgerichteten bereicherungsrechtlichen Vorschriften der §§ 812 ff. des Bürgerlichen Gesetzbuches verglichen. Die Vermögensabschöpfung knüpft dabei schon nach der Intention des Gesetzgebers *nicht* an eine bestimmte Handlung des Betroffenen an; Schuld im strafrechtlichen Sinne wird ebenfalls nicht vorausgesetzt. Vermögensabschöpfungsanordnungen können sich deshalb gegen jeden – auch unbeteiligten Dritten – richten, sofern ein Vermögenszuwachs auf eine (vermeintlich) deliktische Handlung zurückzuführen ist. Entscheidend ist die Vermögens*verschiebung*, nicht die Person oder die Handlung des Begünstigten. Die Vermögensabschöpfung ist damit von den Grundprinzipien des Strafrechts in Form von Schuld und Strafe abgekoppelt.

Zentral unterscheidet man zwischen den Einziehungsvorschriften des Strafgesetzbuches, die in den §§ 73 ff. StGB geregelt sind und jenen der vorläufigen Sicherstellung in den §§ 111b ff. StPO. Während die materiell-rechtlichen Vorschriften beschreiben, wann und in welcher Höhe eine Einziehung in Betracht kommt, sind die Regelungen der Strafprozessordnung auf eine frühzeitige Sicherung dieser Ansprüche ausgerichtet. Die vorläufige Sicherstellung erfolgt dabei, je nach Sicherungszweck, mittels Beschlagnahme oder Vermögensarrest, der bis zur Reform 2017 noch als „dinglicher Arrest" bezeichnet wurde. Vorläufig ist die Sicherstellung deshalb, weil sie vor Rechtskraft der Anordnung ergeht und dem jeweiligen Ermittlungsergebnis anzupassen ist. Maßnahmen der Ver-

https://doi.org/10.1515/9783110625752-003

mögensabschöpfung durch vorläufige Sicherstellungen sind dabei nicht auf deliktisch erlangtes Gut begrenzt, sie werden vielmehr – etwa in Fällen des Vermögensarrestes – in unstrittig *legal erworbene Vermögenswerte* des Betroffenen ausgebracht. Die damit einhergehenden Eingriffe in seine Grundrechte, vorwiegend in das Eigentumsrecht aus Art. 14 GG, finden ihre Rechtfertigung in der Annahme, dass zuvor eine strafrechtlich relevante Vermögensverschiebung vorlag, die durch einen vermögenssichernden Zugriff zu korrigieren ist. Je nach zu Grunde liegender Eingriffsermächtigung wird der betroffene Vermögenswert dabei durch Beschlagnahme oder durch Pfändung dem Zugriff des Betroffenen entzogen, der dieser Maßnahme nur die einfache Beschwerde, in Fällen eines Vermögensarrestes über 20.000,00 EUR auch die weitere Beschwerde, entgegensetzen kann. Gerade in Umfangsverfahren sind vorläufige Sicherstellungen dabei *faktisch* keine schlicht temporären, sondern letztlich auf Dauer angelegte Maßnahmen, denn nur in den Fällen, in denen der Betroffene freigesprochen wird und keine selbständige Einziehung erfolgt, erlangt er die Verfügungsgewalt über die betroffenen Gegenstände zurück. In allen anderen Fällen führt die vorläufige Sicherstellung zur mit Rechtskraft der Entscheidung eintretenden, dauerhaften Vermögensentziehung.

II.

Die Vermögensabschöpfung hat in der strafrechtlichen Praxis lange Zeit ein Schattendasein gefristet. Erstmals 1975 eingeführt hielten sich die Strafverfolgungsbehörden mit solcherlei Maßnahmen jahrzehntelang zurück. Erst zu Beginn dieses Jahrhunderts konnten diesbezüglich Veränderungen festgestellt werden, die maßgeblich auf gesetzgeberische Initiativen zurückzuführen waren. Zunächst wurde mit der Einführung des „Erweiterten Verfalls" im Jahr 2000 der Anwendungsbereich des Verfalls auch auf solche Gegenstände ausgedehnt, die aus Straftaten stammen sollten, die dem Betroffenen gar nicht nachgewiesen werden konnten. Eine Verfallsanordnung war gleichwohl möglich, wenn das Gericht davon *überzeugt* war, dass der Täter Vermögenswerte aus anderen Straftaten erlangt hatte. Im Jahr 2007 wurde durch das „Gesetz zur Stärkung der Rückgewinnungshilfe und der Vermögensabschöpfung bei Straftaten"[1] der sog. Auffangrechtserwerb des Staates eingeführt, der eine Vermögensentziehung auch dann ermöglichen sollte, wenn sich die Verletzten nicht um Restitution bemühten und der Vermögenswert deshalb beim Täter verblieben wäre. Den vorläufigen Höhepunkt dieser Entwicklung hat das strafrechtliche Vermögensabschöpfungsrecht im Frühjahr 2017 gefunden:

---

1 BGBl. 2006 I S. 2350 ff.

Am 23. März 2017 verabschiedete der Bundestag das „Gesetz zur Reform der strafrechtlichen Vermögensabschöpfung".[2] Das am 21. April 2017 im Bundesgesetzblatt verkündete und zum 1. Juli 2017 in Kraft getretene Gesetz ist das Ergebnis eines langwierigen Entwicklungsprozesses, der seinen Ausgang im Koalitionsvertrag der CDU/CSU- und SPD-Fraktionen im Jahr 2013 nahm.[3] Man verständigte sich hierin darauf, das Recht der Vermögensabschöpfung zu vereinfachen, die vorläufige Sicherstellung von Vermögenswerten zu erleichtern und eine nachträgliche Vermögensabschöpfung zu ermöglichen. Bei Vermögen unklarer Herkunft sollte eine verfassungskonforme Beweislastumkehr eingeführt werden, die den Betroffenen in die Verantwortung nehmen sollte, den legalen Erwerb seiner Vermögenswerte nachzuweisen.[4]

In Umsetzung dieses Vorhabens veröffentlichte das Bundesministerium der Justiz und für Verbraucherschutz im März 2016 einen Referentenentwurf eines Gesetzes zur Reform der strafrechtlichen Vermögensabschöpfung. Der Entwurf knüpfte inhaltlich an die Ausführungen im Koalitionsvertrag an und verfolgte das Ziel, Abschöpfungslücken zu schließen,[5] den Opferschutz zu stärken[6] und die Strafjustiz von der Beantwortung „zeitraubender" zivilrechtlicher Fragen zu entlasten.[7] Die Bundesregierung begründete in dem daraufhin von ihr im September 2016 vorgelegten Gesetzentwurf einen Reformbedarf der strafrechtlichen Vermögensabschöpfungsvorschriften schließlich damit, dass die vorherige Rechtslage der hohen kriminalpolitischen Bedeutung dieses Rechtsinstituts nicht gerecht geworden sei.[8] Aus ihrer Sicht gaben zwar sowohl das Strafgesetzbuch mit dem Instrument des Verfalls als auch die Strafprozessordnung mit den Möglichkeiten der vorläufigen Sicherstellung in Form von Beschlagnahme und dinglichem Arrest der Strafjustiz ein „jedenfalls im Prinzip" durchdachtes Regelungswerk an die Hand, das jedoch äußerst komplex und unübersichtlich gewesen sei.[9] Das Reformvorhaben verfolgte vor diesem Hintergrund das Ziel, das

---

2 BGBl. 2017 I S. 872 ff.

3 Koalitionsvertrag 2013 S. 145.

4 Koalitionsvertrag 2013 S. 145; *Köhler* NZWiSt 2018 226, 228 spricht davon, dass das „fast" schon wie eine „Quadratur des Kreises" klinge, vor allem aber der Blick ins europäische Ausland „...die Forderung dann doch als nicht ganz so verrückt erscheinen" lasse.

5 RefE-VA 2016 S. 52.

6 RefE-VA 2016 S. 54.

7 RefE-VA 2016 S. 2.

8 BTDrucks. 18 9525 S. 1.

9 BTDrucks. 18 9525 S. 1; in diesem Sinne schon: *Greeve* NJW 2007 14, 16; *Bohne / Boxleitner* NStZ 2007 552; *Baretto da Rosa* (*personenidentisch mit Bohne*) ZRP 2012 39 ff.; *Faust* S. 283 f.; *Gebauer* ZRP 2016 101 und 104; *Meyer* ZStW 127 241 ff.; anders: SK-StPO / *Rogall* vor § 111b, 58 ff.; MüKo-StPO / *Bittmann* vor §§ 111b ff., 3;

Recht der Vermögensabschöpfung grundlegend zu vereinfachen und nicht vertretbare Abschöpfungslücken zu schließen.[10]

Zentraler Ansatzpunkt zur Erreichung dieser Vorhaben war die *Stärkung der Möglichkeiten der vorläufigen Sicherstellung* von Vermögenswerten nach §§ 111b[11] ff.[12] Hierzu sollten die bisherigen Sicherungsmittel der Beschlagnahme und des dinglichen Arrestes stärker systematisch voneinander getrennt und in jeweils eigenen Vorschriften verankert werden. Verweise auf die Zivilprozessordnung sollten weitgehend vermieden bzw. auf das „unumgängliche Mindestmaß“[13] reduziert werden. Um den strafprozessualen Charakter der vorläufigen Sicherstellung zu unterstreichen, sollte im Zuge dessen auch der ursprünglich aus dem Zivilrecht entliehene Begriff des dinglichen Arrestes durch den Begriff „Vermögensarrest“ ersetzt werden.[14]

Inhaltlich zielte der Entwurf dabei vor allem darauf ab, durch eine Absenkung der Anordnungsvoraussetzungen den Zugang zu vorläufigen Sicherungsmaßnahmen zu erleichtern. So wurde zunächst die Vorschrift des § 111b Abs. 3 StPO a.F. gestrichen. Sie sah vor, dass eine vorläufige Sicherungsmaßnahme nach spätestens zwölf Monaten aufzuheben war, wenn nicht dringende Gründe für ihre Fortdauer sprachen. Die Regelung ist ersatzlos weggefallen, die Maßnahme kann nun zeitlich unbefristet solange aufrechterhalten werden, wie sie (noch) verhältnismäßig ist. Die vorläufige Sicherstellung steht heute außerdem nicht mehr grundsätzlich im Ermessen der Strafverfolgungsbehörden, sondern *ist* auszubringen, wenn ein *dringender Verdacht* dafür besteht, dass es am Ende des Verfahrens zu einer Vermögensabschöpfungsmaßnahme kommen wird. Diese Änderungen sollten die Anwendung der Vorschriften in der Praxis erheblich erweitern und damit positive Auswirkungen auf die Vermögensabschöpfung im Ganzen haben.[15] Zugleich sollte mit der Neufassung der Vorschriften zur *vorläufigen Sicherstellung* die hohe kriminalpolitische Bedeutung der Vermögensabschöpfung *insgesamt* unterstrichen werden.[16]

LR / *Johann* vor §§ 111b ff., 3; OStVV Stellungnahme vom 31.5.2016 S. 4; in diesem Sinne auch MAH-WiSt / *Rönnau* § 13, 167: „Die Kompliziertheit ist allerdings nur eine scheinbare…“; BRAK Stellungnahme 15/2016 S. 7 f.

10 BTDrucks. 18 9525 S. 2.

11 §§ ohne Gesetzesangabe sind solche der Strafprozessordnung.

12 RefE-VA 2016 S. 53.

13 BTDrucks. 18 9525 S. 49.

14 BTDrucks. 18 9525 S. 48.

15 BTDrucks. 18 9525 S. 59.

16 BTDrucks. 18 9525 S. 49.

Tatsächlich hat das Gesetz zur Reform der strafrechtlichen Vermögensabschöpfung die bisherigen Regelungen so umfassend verändert wie bisher kein Reformgesetz vor ihm.[17] Geht es nach dem Willen des Gesetzgebers, sind die Neuregelungen auch rückwirkend für alle Strafverfahren anwendbar,[18] in denen bis zum 30. Juni 2017 *keine* erstinstanzliche Einziehungsentscheidung ergangen ist.[19] Dazu zählen auch Urteile, die zur Einziehung schweigen,[20] so dass letztlich auf alle Verfahren, in denen ein Urteil vor dem 30. Juli ergangen ist, altes Recht, auf alle späteren Urteile neues Vermögensabschöpfungsrecht anwendbar sein soll.[21] § 2 Abs. 5 StGB wurde durch Art. 316h EGStGB ausdrücklich von der Anwendung ausgenommen,[22] das Rückwirkungsverbot gilt daher nicht.[23] Das Gesetzgebungsvorhaben ist dabei in Literatur und Bundestag von der Veröffentlichung des Referentenentwurfs im März 2016 bis zur Verabschiedung des Gesetzes ein Jahr später stark kritisiert worden.[24] Die Bundesrechtsanwaltskammer

---

17 BGBl. 2017 I S. 872 ff.; *Köhler* NZWiSt 2018 226 spricht von einem „Neustart"; *Saliger* ZStW 129 995, 996 spricht von einem „…gigantischen Fortbildungsprogramm für alle Strafrechtler in Wissenschaft und Praxis…"; Meyer-Goßner / Schmitt / *Köhler* vor §§ 111b, 1: erhebliche, teils grundlegende Unterschiede; kritisch schon in Bezug auf die Vorbereitungszeit für eine solch umfangreiche Umstellung *Reh* NZWiSt 2018 20.

18 Zustimmend OLG Stuttgart NJW 2017 3731, 3732.

19 Zustimmend: BGH NStZ 2018 400; BGH NStZ 2018 458, 459; OLG Köln StraFo 2018 204; OLG Celle StraFo 2018 206, 207; offengelassen: LG Kaiserslautern NZWiSt 2018 149, 151.

20 BGH NStZ 2018 459; BGH BeckRS 2017 138870; OLG Hamburg NStZ-RR 2018 205; OLG Hamburg BeckRS 2018 8548.

21 Kritisch dazu *Rettke* wistra 2018 298 f.

22 BGBl. 2017 I S. 872, 878; BTDrucks. 18 11640 S. 84.

23 In Bezug auf die strafprozessrechtlichen Vorschriften gilt das gemäß § 14 EGStPO i.V.m. Art. 8 des Gesetzes zur Reform der strafrechtlichen Vermögensabschöpfung. Siehe zu den Wirkungen eines vor bereits vor dem Stichtag vollzogenen Vermögensarrestes OLG München vom 22.12.2017, Az.: 34 Wx 432/17; OLG Hamm StraFo 2018 63, 64. Es ist fraglich, ob sich das Bundesverfassungsgericht dieser Auffassung anschließen wird. Bereits zur alten Rechtslage war unbestritten, dass es sich bei § 111i Abs. 5 StPO a.F. trotz seiner Verortung in der Strafprozessordnung um eine materiell-rechtliche Vorschrift gehandelt hat, vgl. dazu grundlegend BGH NJW 2008 1093 f. mit Anmerkung *Pananis* NStZ 2008 579. Für § 73 StGB gilt das augenscheinlich auch, so dass die Vorschrift nicht ohne weiteres auf Altfälle anwendbar sein dürfte. In diesem Sinne auch LG Kaiserslautern NZWiSt 2018 149, 151, das in § 316h Satz 1 EGStGB einen Verstoß gegen Art. 7 Abs. 1 Satz 2 EMRK erblickt und in der Einziehung „im aktuellen Gewand" eine Strafe; zustimmende Besprechung bei *Reichling* wistra 2018 139, 140; ablehnend *Saliger* / *Schörner* StV 2018 388 ff.; a.A.: *Heger* Stellungnahme S. 6; OLG Köln StraFo 2018 204, 205 f.

24 TID Stellungnahme-RefE S. 1: „…insgesamt keine erkennbare Vereinfachung…"; DRB Stellungnahme 9/16 S. 1: „…keine praxistaugliche Umsetzung…"; *Ders.* Stellungnahme

stellte etwa schon die grundlegende Prämisse eines *Regelungsbedarfs* in Frage,[25] weil sie eine Kausalität zwischen Defiziten der Vermögensabschöpfung und den Möglichkeiten von vorläufigen Sicherungsmaßnahmen in Form von Beschlagnahme und dinglichem Arrest nicht feststellen konnte.[26] Nach ihrer Auffassung hatte sich das damalige Recht in seiner Systematik als durchaus effektiv und angemessen zur Durchsetzung des Sicherungszwecks gezeigt.[27] Die Bundesrechtsanwaltskammer stand mit ihrer Auffassung im Einklang mit diversen Stimmen in der Literatur, die eine grundlegende Neuregelung der vorläufigen Sicherstellungsvorschriften ablehnten und stattdessen für eine Nachjustierung des damaligen Rechts an den notwendigen Stellen plädierten.[28]

III.

Es ist kein wünschenswertes Ergebnis eines Strafprozesses, dem Verurteilten die Früchte seiner Tat belassen zu müssen, weil dem Gericht keine hinreichenden Möglichkeiten zur Verfügung stehen, ihm diese (frühzeitig) zu entziehen. Beschlagnahme und Vermögensarrest benötigen, soll ihr Sinn und Zweck als *Sicherungsmaßnahmen* zur Durchsetzung späterer Einziehungsanordnungen erreicht werden können, flexible und dem Gesetzesanwender zugängliche Eingriffsermächtigungen.[29] Gerade in einer globalisierten Welt, in der Vermögenswerte in Sekundenbruchteilen mittels weniger Mausklicks auf dem ganzen Globus versteckt werden können, kann die Entziehung deliktisch erlangter Vermögenswerte nur gelingen, wenn diese schon vor Rechtskraft eines Strafurteils auf entsprechender Verdachtsgrundlage vorläufig der Verfügungsbefugnis des Betroffenen entzogen und dadurch im *status quo* erhalten werden können. Andernfalls könnte der Betroffene immer dann, wenn es „eng" für ihn würde, Vermögenswerte verstecken und damit die Vollstreckung einer Einziehungsanordnung

---

19/16 S. 1; umfassend auch *Ströbele* Plenarprotokoll 18 225 S. 22657, der zum Teil von der Verfassungswidrigkeit der Regelungen ausgeht; a.A.: *Holznagel* Stellungnahme S. 9.

25 BRAK Stellungnahme 15/2016 S. 7 f. m.w.N.

26 BRAK Stellungnahme 15/2016 S. 8.

27 BRAK Stellungnahme 15/2016 S. 7 f.

28 SK-StPO / *Rogall* vor § 111b, 58 ff.; LR / *Johann* vor §§ 111b ff., 3; in diesem Sinne auch OStVV Stellungnahme vom 31.5.2016 S. 4; MAH-WiSt / *Rönnau* § 13, 167: „Die Kompliziertheit ist allerdings nur eine scheinbare…"; wohl auch MüKo-StPO / *Bittmann* vor §§ 111b ff., 3; BRAK Stellungnahme 15/2016 S. 7 f.

29 Dazu auch *Korte* wistra 2018 1, 10 f.

ins Leere laufen lassen.[30] Das wiederum könnte dazu führen, dass sich Verbrechen für den Betroffenen finanziell auszahlen und damit sogar Anreiz für Straftaten geschaffen wird, denn wenn der Täter zwar damit rechnen muss, für die Tat eine gewisse Freiheitsstrafe verbüßen zu müssen, danach aber finanziell „ausgesorgt“ zu haben, so könnte darin ein nicht unerheblicher Anreiz für den Straftäter liegen, die finanzielle Sanierung durch Straftaten zumindest einmal zu versuchen. Einem solchen Anreiz dadurch zu begegnen, dass den Strafverfolgungsbehörden Eingriffsermächtigungen zur Verfügung gestellt werden, die eine schnelle und unkomplizierte Reaktion auf ein solches Verhalten zulassen, ist ein grundsätzlich nachvollziehbarer Ansatz.[31]

Die vorläufige Sicherstellung von Vermögenswerten zur effektiven Durchsetzung einer späteren Einziehungsanordnung ist aber nicht nur von originär staatlichem Interesse, von ihr profitieren vielmehr *grundsätzlich* auch die Verletzten einer Straftat, die über die Möglichkeiten der §§ 459h ff. Schadenskompensation im Strafvollstreckungsverfahren erfahren können. Der Staat vereinnahmt dabei zunächst die durch die Tat erlangten Vermögenswerte des Betroffenen und verteilt sie anschließend im Strafvollstreckungsverfahren unter den Verletzten. Diese Restitution gelingt aber ebenfalls nur dann, wenn der Staat die Möglichkeit hat, Vermögensverschiebungs- und Vollstreckungsverteilungsmaßnahmen durch den Betroffenen effektiv, das heißt (auch) frühzeitig, zu verhindern und die gesicherten Vermögenswerte bis zur rechtskräftigen Entscheidung selbst oder durch neutrale Dritte zu erhalten.

Diese Interessen des Staates und der Verletzten stehen demgegenüber regelmäßig in einem nicht *unerheblichen Spannungsverhältnis* zu jenen des Betroffenen. Die vorläufigen Sicherstellungsmaßnahmen ergehen in der weit überwiegenden Zahl der Fälle bereits zu Beginn des Ermittlungsverfahrens, das heißt zu einem Zeitpunkt, in dem die Tatsachenbasis noch unsicher ist und der Beschuldigte als *unschuldig* zu gelten hat. Die vorläufige Sicherstellung richtet sich damit nicht gegen einen Kriminellen, dem man (nur) die Früchte seiner Tat entzieht,[32] sondern maximal gegen einen *Be*schuldigten,[33] in Fällen der Sicherstellung beim Drittbetroffenen sogar gegen jemanden, gegen den strafrechtlich

30 *Köhler* NStZ 2017 497, 501: „Müsste…bis zur Rechtskraft…zugewartet werden, wäre die strafrechtliche Vermögensabschöpfung ein ‚stumpfes Schwert‘“.

31 Siehe zur Validität dieses Ansatzes aber auch unter B), II.

32 Siehe dazu etwa BTDrucks. 18 9525 S. 65.

33 Verkannt von *Roth* Stbg 2017 454, der von Gerichtsentscheidungen spricht, die „täterfreundlicher Verteidigerliteratur“ folgten.

nicht einmal der Anfangsverdacht einer strafbaren Handlung besteht.[34] Gleichwohl werden solcherlei Sicherungsmaßnahmen zum Zwecke der vorbezeichneten Ziele – etwa beim Vollzug eines Vermögensarrestes – in unstrittig *legal erworbenes Vermögen* ausgebracht und die Betroffenen damit in der Verfügungsbefugnis über ebenfalls unstrittig ihnen gehörige Gegenstände beschränkt. Formaljuristisch werden solche Maßnahmen als Eingriffe in das Eigentumsgrundrecht des Betroffenen aus Art. 14 GG bezeichnet. Faktisch bedeutet diese Umschreibung für den Betroffenen nicht weniger als die Tatsache, dass er Hauskredite nicht mehr bedienen, die Autofinanzierung nicht mehr leisten und den gewöhnlichen Familienunterhalt nicht mehr aufbringen kann. Er wird außerdem unmittelbar in der Wahl seines Verteidigers eingeschränkt, weil die Qualität der Verteidigung gerade in Umfangsverfahren mit den finanziellen Mitteln korreliert, die der Betroffene aufzubringen im Stande ist.[35]

Im Zusammenhang mit der Diskussion um die Notwendigkeit einer Reform der strafrechtlichen Vermögensabschöpfung kam vor diesem Hintergrund immer wieder Kritik an einer Vereinfachung der einschlägigen Vorschriften auf, die dahingehend zusammengefasst werden kann, dass derlei Sicherungsmaßnahmen in der Praxis ohnehin immer umfangreicher, dafür aber *weniger reflektierend*, ausgebracht werden[36] und deshalb zu *ungerechtfertigten* Eingriffen in das Eigentumsgrundrecht führen.[37] Die stetige Absenkung der einst den Anordnungsvoraussetzungen der Untersuchungshaft vergleichbaren Anforderungen der §§ 111b, 111e hat dabei schon vor der Reform 2017 in der Literatur erhebliche Kritik hervorgerufen[38] und Rufe nach einer neuerlichen Angleichung der Anordnungsvoraussetzungen an die Voraussetzungen der Untersuchungshaft laut

---

34 Siehe zu dieser maßgeblichen Unterscheidung *Fischer* in Die Zeit vom 9.11.2017 S. 14; SSW-StPO / *Burghart* § 111e, 6; zur Dauer, über die ein Vermögensarrest mitunter aufrechterhalten wird, ohne dass das Verfahren vorangebracht wird: OLG Frankfurt vom 14.6.2018, Az.: 3 Ws 425/17.

35 (StA) *Schlachetzki* wistra 2011 41, 44.

36 OStVV Stellungnahme vom 31.5.2016 S. 10: „Die Ermittlungsbehörden werden – dies liegt in der Natur der Sache – bei der Sicherstellung von Gegenständen keine Zurückhaltung walten lassen"; in diesem Sinne schon *Theile* StV 2009 161, 163 f.; *Berndt* StV 2001 446.

37 *Odenthal* in FS-Dahs S. 405, 424 spricht von einer „das Sicherungsinteresse des Staates einseitig betonende[n] und die Rechte des Beschuldigten vernachlässigende[n] Strafverfolgungspraxis".

38 *Theile* StV 2009 161: „wirtschaftliche Freiheitsberaubung an einem Unschuldigen"; Quedenfeld / Füllsack / *Bach* Verteidigung in Steuerstrafsachen Rn. 964: „Untersuchungshaft für Geld".

werden lassen.[39] Begründet wurde dies wiederum mit den aus Sicht der Kritiker regelmäßig festzustellenden, nur floskelhaften und unzulänglichen Begründungen entsprechender Entscheidungen in der Praxis.[40]

Betrachtet man die Berechtigung dieses Vorwurfs zunächst historisch, so kann nicht negiert werden, dass die jeweiligen Reformbemühungen grundsätzlich davon geprägt waren, die Möglichkeiten der Einziehung immer umfangreicher zu gestalten, die tatbestandlichen Anforderungen andererseits aber immer weiter reduziert wurden.[41] Vermögensabschöpfung sollte auf diese Weise „praxistauglicher“[42] gemacht werden.[43]

Darüber hinaus gibt es zwar keine Studien zu der Frage, wie oft amtsgerichtliche oder landgerichtliche Entscheidungen zur Vermögensabschöpfung von der übergeordneten Instanz aufgrund solcher Begründungsmängel aufgehoben wurden. Allerdings deuten einschlägige Entscheidungen an, dass Vermögensabschöpfungsmaßnahmen schon vor der Reform tatsächlich nicht immer mit der Sorgfalt ausgebracht wurden, die ihnen unter Berücksichtigung der Grundrechtsrelevanz der Maßnahme hätte zukommen müssen.[44] So musste etwa das Bundesverfassungsgericht immer wieder darauf hinweisen, dass derartige Sicherungsmaßnahmen in das Grundrecht des Betroffenen aus Artikel 14 GG eingreifen und deshalb *besonders* sorgfältig zu begründen sind.[45] In einer dieser

---

39 *Lindemann* S. 412 ff.; *Theile* StV 2009 161, 166; im Ergebnis wohl auch *Kempf / Schilling* StraFo 2006 180, 185 f.

40 MAH-WiSt / *Rönnau* § 13, 255; BRAK Stellungnahme 15/2016 S. 10; siehe auch *Köllner / Mück* NZI 2017 593, 598, die von „Leerformeln“ und „Musterfomulierungen“ sprechen.

41 Siehe zur historischen Entwicklung der Vermögensabschöpfungsregeln unter B), IV.; vgl. zur historischen Entwicklung vom Erfordernis eines dringenden Verdachts hin zu einem einfachen Verdacht grundlegend SK-StPO / *Rogall* vor § 111b, 7 ff.; LR / *Johann* Entstehungsgeschichte passim; zur Entwicklung der §§ 73–76a StGB a.F. *Arnold* passim; siehe auch *Güntert* passim sowie zum erweiterten Verfall bei Betäubungsmitteldelikten *Schultehinrichs* passim.

42 Siehe in diesem Zusammenhang auch *Bittmann* KriPoZ 2016 120, 127: „Das Streben nach Ausgewogenheit erleichtert die Rechtsanwendung allerdings nicht.“; *Holznagel* Stellungnahme S. 12: „Erfreulich ist auch die praxisgerechte Ausweitung des Anwendungsbereichs der erweiterten Einziehung von Taterträgen…Damit ist die Verdachtsabschöpfung deutlich erleichtert.“; *Hansen* S. 189 f.

43 *Kudlich* ZRP 2018 9 kritisiert, dass im Jahr 2017 gerade die Reformvorschläge, die der Sicherung der Rechte des Beschuldigten dienten, nicht umgesetzt wurden.

44 Aktuell etwa KG Berlin BeckRS 2017 115259.

45 BVerfG NStZ 2006 639 f.; NJW 2005 3630; siehe aber auch *Rönnau / Begemeier* GA 2017 1, 6, die zu Recht darauf hinweisen, dass im Falle der Wertersatzeinziehung die Eröffnung des Schutzbereichs des Art. 14 GG nicht unproblematisch ist; zur Bedeutung im neuen Recht *Korte* wistra 2018 1, 11: „Die Erweiterungen des materiellen Abschöp-

Entscheidungen hatte die Staatsanwaltschaft augenscheinlich den vorgefertigten Antrag der Polizei samt Schreib- und Grammatikfehlern genauso übernommen wie das Amtsgericht, dessen Entscheidungstenor mit den Worten „zu beantragen" (sic!) endete. Das Bundesverfassungsgericht führte im Rahmen der Verfassungsbeschwerde des Betroffenen aus, dass eine solche Entscheidung keinesfalls den Anforderungen an eine eigene richterliche Überprüfung standhält und hob die dinglichen Arreste deshalb auf.[46]

Selbstverständlich mag man dem entgegenhalten, dass es sich bei den hier dargestellten Fällen um nicht repräsentative Einzelfälle justiziellen Versagens handle. Andererseits lässt ein dem *Verfasser* vorliegendes Dokument Zweifel an der Durchschlagskraft dieses Einwandes aufkommen und durchaus ein häufiger vorkommendes Vorgehen befürchten. Dort heißt es in einer Schulungsunterlage für *Finanzermittler*, Vermögensabschöpfung diene dazu, „Druck auf den Beschuldigten" auszuüben und ihm das „Geld für teure Strafverteidiger" zu entziehen.

Diese Aussage steht für ein Verständnis des Rechtsstaates, das hier keiner weiteren Stellungnahme bedarf, zugleich aber kaum deutlicher machen könnte, dass die Kritik an den Motiven und der Entscheidungsfindung[47] der Strafverfolgungsbehörden[48] im Zusammenhang mit vorläufigen Sicherstellungsmaßnahmen jedenfalls nicht vollkommen abwegig ist.[49] Wenn der Gesetzgeber nunmehr erklärt, mit den Änderungen zur vorläufigen Sicherstellung ein „jedenfalls im Prinzip" durchdachtes Regelungswerk aufgrund seiner (vermeintlichen) Komplexität aufgegeben zu haben,[50] damit der Zugang hierzu erleichtert und die Anwendung der Vorschriften in der Praxis erheblich erweitert wird, weil er sich

---

fungsrechts und die Vereinfachungen der Möglichkeiten vorläufiger Sicherstellungsmaßnahmen führen generelle dazu, dass der Verhältnismäßigkeitsgrundsatz bei allen Maßnahmen besonders zu beachten ist".

46 BVerfG NJW 2005 3630; vergleichbar KG Berlin BeckRS 2017 115259; in diesem Sinne auch MAH-WiSt / *Rönnau* § 13, 255.

47 Sie dazu auch die plastische Darstellung des KG Berlin BeckRS 2017 115259, wie lange es in der Praxis mitunter dauert, bis überhaupt eine Entscheidung ergeht, weil Akten wochenlang auf dem Postweg (unauffindbar) sind.

48 Siehe dazu auch plakativ *Köllner / Mück* NZI 2017 593, 599; bemerkenswert auch *Rhode* wistra 2018 102, 106: „Die ‚Zeche' dafür [für das neue Opferentschädigungsmodell] werden die insbesondere im Rahmen von § 111i Abs. 2, §§ 459g ff. StPO deutlich mehr belasteten Staatsanwaltschaften und nicht mehr – wie bisher – die Gerichte zu zahlen haben".

49 Greeve ZWH 2017 277, 282: „...formelhafte Bemerkungen ließen sich zahlreich finden".

50 BTDrucks. 18 9525 S. 1; in diesem Sinne schon: *Greeve* NJW 2007 14, 16; *Bohne / Boxleitner* NStZ 2007 552; *Baretto da Rosa* (*personenidentisch mit Bohne*) ZRP 2012 39 ff.; *Faust* S. 283 f.; *Gebauer* ZRP 2016 101 und 104; *Meyer* ZStW 127 241; anders:

damit positive Auswirkungen auf die Vermögensabschöpfung im Ganzen erhofft,[51] gleichzeitig aber vor allem starre Fristen zum Schutz des Betroffenen nach § 111b Abs. 3 StPO a.F. aufhebt,[52] Ermessensspielräume der Strafverfolgungsbehörden streicht und dabei im Referentenentwurf sogar noch geplant war, die Rechtfertigung einer vorläufigen Sicherstellung *ausschließlich* am Verhältnismäßigkeitsgrundsatz zu orientieren,[53] so lohnt es sich, die Auswirkungen dieses Gesetzes auf die Möglichkeiten der vorläufigen Sicherstellung im Strafprozess einer Analyse zu unterziehen.[54] Trotz – oder gerade aufgrund – der hohen kriminalpolitischen Bedeutung der Möglichkeiten der vorläufigen Sicherstellung für die Vermögensabschöpfung insgesamt darf nämlich nicht unberücksichtigt bleiben, dass die vorläufige Sicherstellung erhebliche verfassungsrechtliche Implikationen aufweist, die die grundsätzliche Frage aufwerfen, wie „einfach" Vermögensabschöpfung unter Berücksichtigung ihrer verfassungsrechtlichen Relevanz und der Bedeutung für die Betroffenen überhaupt sein kann.[55] *Herzog* formulierte hierzu bereits Anfang dieses Jahrhunderts zutreffend:

> „Der dauernd wiederholten Behauptung, es sei der Sperrigkeit der Eigentumssanktionen der §§ 73 ff. StGB zu verdanken, dass in Deutschland keine effektive Abschöpfung von Verbrechensgewinnen möglich sei, liegt immer schon das Vorverständnis zugrunde, bei dem Rechtsinstitut des Verfalls müsse es ohne viel Federlesens und im raschen Durchgriff möglich sein, den Täter um die Früchte seines kriminellen Wirkens zu bringen. Dies war nicht das Vorverständnis des historischen Gesetzgebers – und dies aus guten Gründen."[56]

IV.

Das Ziel dieser Untersuchung liegt deshalb darin, die Änderungen des Gesetzes zur Reform der strafrechtlichen Vermögensabschöpfung auf die rechtlichen

---

SK-StPO *Rogall* vor § 111b, 58 ff.; MüKo-StPO / *Bittmann* vor §§ 111b ff., 3; LR / *Johann* vor §§ 111b ff., 3; OStVV Stellungnahme vom 31.5.2016 S. 4; in diesem Sinne auch MAH-WiSt / *Rönnau* § 13, 167: „Die Kompliziertheit ist allerdings nur eine scheinbare…"; BRAK Stellungnahme 15/2016 S. 7 f.

51 RefE-VA 2016 S. 53.

52 Ebenso *Meißner* KriPoZ 2017 237, 242.

53 RefE-VA 2016 S. 19 f.

54 *Köllner / Mück* NZI 2017 593, 596 sprechen im Zusammenhang mit den Neuregelungen zur Vermögensabschöpfung insgesamt von einer Destabilisierung der Position und der Rechte des Betroffenen.

55 *Mückenberger / Hinz* BB 2018 1435, 1438: „Bereits jetzt deutet sich vereinzelt an, dass sich die steuerstrafrechtliche Verfolgungspraxis durch (vor-)schnelle Arrestanordnungen verschärfen und eine besonnene und sachgerechte Verteidigung durch Liquiditätsengpässe beim Steuerschuldner weiter erschwert wird".

56 *Herzog* in FS-Lüderssen S. 246.

Möglichkeiten der *vorläufigen Sicherstellung*[57] und der *Einziehung von Vermögenswerten unklarer Herkunft* zu untersuchen und herauszuarbeiten, wo ihre Grenzen liegen.

Dabei wird nach einer umfassenden Einführung in die Grundlagen des (neuen) strafrechtlichen Vermögensabschöpfungsrechts zunächst der Frage nachgegangen, auf wessen Interessen es künftig bei der vorläufigen Sicherstellung von Vermögenswerten ankommen wird, wenn die Interessen des Staates und der Verletzten *nicht* deckungsgleich sind. Zu dieser Frage hat sich durch die Reform ein bisher in Literatur und Rechtsprechung nicht erörtertes Problem ergeben:

Unter Geltung des § 73 Abs. 1 Satz 2 StGB a.F. war eine Verfallsanordnung immer dann ausgeschlossen, wenn dem Verletzten aus der Tat ein Anspruch erwachsen war, der dem Betroffenen den Wert des aus der Tat Erlangten entzogen hätte. Der Gesetzgeber brachte damit zum Ausdruck, dass die Ansprüche des Verletzten jenen des Staates *vorgehen.* Diese Regelung wurde nun abgeschafft, der Staat hat heute einen grundsätzlich von etwaigen Ansprüchen des Verletzten unabhängigen Einziehungsanspruch gegen den Betroffenen. Diesen kann er vorläufig sichern, was dazu führt, dass der Verletzte wegen des Vollstreckungsverbotes in § 111h Abs. 2 Satz 1 nicht mehr in die vorläufig gesicherten Vermögenswerte des Betroffenen vollstrecken kann. Der Staat entzieht damit genau jene Vermögenswerte dem Zugriff der Verletzten, aus denen sie Restitution ihrer Ansprüche erwarten durften. In Abkehr von der bisherigen Rechtslage ist eine vorläufige Sicherstellung somit nicht mehr immer auch im Interesse des Verletzten, sondern kann diesem sogar diametral *zuwiderlaufen.* Zwar hat der Gesetzgeber die vorläufige Sicherstellung gerade auch von den Interessen der einzelnen Verletzten abkoppeln wollen, um eine gerechte Verteilung der Vermögenswerte unter *allen* Verletzten zu bewirken. Allerdings stellt sich dann die Frage, wieso der Verletzte über § 73e Abs. 1 StGB die Möglichkeit hat, dem Betroffenen seine Schuld zu erlassen und damit die staatliche Einziehung *vollständig* auszuschließen. Die Vorschrift suggeriert, dass es bei der Vermögenseinziehung letztlich doch und maßgeblich auf die Interessen des Verletzten ankommen muss, wenn dieser durch einen (Teil-)Erlass gegenüber dem Betroffenen die staatliche Einziehung sogar *vollständig* verhindern kann.

In einem ersten Schwerpunkt dieser Arbeit wird es deshalb um die Frage gehen, wie sich die Abschaffung des § 73 Abs. 1 Satz 2 StGB a.F. und die Einführung der §§ 73e Abs. 1 StGB, 111h Abs. 2 Satz 1 auf die Möglichkeiten der *vorläufigen Sicherstellung* in Fällen mit *individuellen Verletzten* auswirken. Sie ist aufgrund

---

57 *Schilling / Hübner* StV 2018 49 sprechen von „substantiellen Änderungen“ der Regelungen zur vorläufigen Sicherstellung.

des Umstandes, dass diverse Eigentums- und Vermögensdelikte individuelle Geschädigte bedingen und diese mitunter ein nicht unerhebliches Interesse an einer zeitnahen Befriedigung ihrer Ansprüche haben, von enormer Praxisrelevanz.

Von nicht minderer Bedeutung sind die Möglichkeiten der *vorläufigen Sicherstellung* in *Steuerstrafverfahren,* denen sich deshalb in einem zweiten Schwerpunkt dieser Untersuchung umfangreich gewidmet werden soll. Die vorläufige Sicherstellung zur Rückgewinnungshilfe für den Steuerfiskus war schon vor der Reform 2017 das vermutlich umstrittenste und unüberschaubarste Problem des prozessualen Steuerstrafrechts. Hierbei ging es um die Frage, unter welchen Voraussetzungen die Strafverfolgungsbehörden zu Gunsten des Steuerfiskus vermögenssichernd tätig werden konnten, wenn das Strafverfahren wegen einer Steuerstraftat geführt wurde. Anders als privatrechtlichen Verletzten steht dem Steuerfiskus über § 324 AO nämlich schon seit jeher die Möglichkeit offen, sich selbst einen vorläufig vollstreckbaren Titel zu verschaffen und diesen in das Vermögen des Betroffenen sicherheitshalber zu vollstrecken. Das wirft die Frage auf, wieso die Strafverfolgungsbehörden in diesen Fällen überhaupt – und wenn ja, unter welchen Bedingungen – für den Steuerfiskus tätig werden sollten. Der Gesetzgeber hat mit der Einführung der §§ 111e Abs. 6 und § 111h Abs. 2 Satz 2 versucht, Antworten auf diese Fragen zu geben, die hier umfangreich darauf untersucht werden sollen, ob es gelungen ist, die vorläufige Sicherstellung im Steuerstrafverfahren zu vereinfachen und zu systematisieren, welche Möglichkeiten sich heute bieten und wo die Grenzen eines solchen Vorgehens liegen.

Abschließend soll der Blick weg von den Möglichkeiten der *vorläufigen* Sicherstellung und hin zur *dauerhaften Einziehung* gerichtet werden. Dabei wird die Untersuchung die Frage nach den Auswirkungen des Gesetzes zur Reform der strafrechtlichen Vermögensabschöpfung auf die Einziehung von Vermögen *unklarer Herkunft* fokussieren, denn der Gesetzgeber hat es als maßgebliche Aufgabe angesehen, mit dem Reformgesetz Vermögensabschöpfungs*lücken* zu schließen und auch solche Vermögenswerte einzuziehen, deren deliktische Herkunft zwar nicht nachgewiesen werden konnte, die aber „offensichtlich“ aus Straftaten stammten. Hierzu hat er die Vorschrift des erweiterten Verfalls nach § 73d StGB a.F. in Form des § 73a StGB neu gefasst und inhaltlich erweitert. Die sog. erweiterte Einziehung kommt heute nicht mehr nur bei bestimmten Katalogtaten, sondern in allen Strafverfahren in Betracht, in denen der Angeklagte verurteilt wird und sich das Gericht die Überzeugung der deliktischen Herkunft eines bestimmten Gegenstandes verschaffen konnte. Ausgeweitet wurde außerdem der Anwendungsbereich der *selbständigen Einziehung* nach § 76a Abs. 1 StGB, die nunmehr auch bei (nur) rechtlichen Hindernissen der Strafverfolgung in Betracht kommt. Die größte Veränderung für die Abschöpfung von Vermögen unklarer Herkunft hat jedoch die Einführung des § 76a Abs. 4 StGB mit sich gebracht. Danach ist es nun möglich, wenn das Ermittlungsverfahren wegen einer bestimmten Katalogtat geführt wurde, Vermögensgegenstände sogar dann einzuziehen, wenn *kein* hinreichender Tatverdacht für eine bestimmte Straftat gegenüber dem Betroffenen besteht. Wird etwa im Rahmen eines Ermittlungsverfahrens wegen Geldwäsche ein Koffer mit Bargeld im Wege der Beschlagnahme sichergestellt und das Ermittlungsverfahren letztlich nach § 170 Abs. 2 eingestellt, so kann das Bargeld heute gleichwohl im sog. objektiven Einziehungsverfahren nach den §§ 435 ff. eingezogen werden. Die Einführung dieses Abschöpfungsinstruments wurde im Bundestag gerade deshalb gelobt, weil es das deutsche Vermögensabschöpfungsrecht zu einem der „schärfsten in Europa" mache.[58]

Im gesamten Gesetzgebungsverfahren und der dazu geführten Diskussion unberücksichtigt geblieben ist indes, dass die Praxis schon bisher in *großem Umfang* auf Vermögenswerte unklarer Herkunft zugegriffen hat: Konnte dem Beschuldigten keine Straftat nachgewiesen werden und war das Ermittlungsverfahren deshalb einzustellen, gingen diverse *Verwaltungsbehörden* in Zusammenarbeit mit den zuständigen Staatsanwaltschaften dazu über, die im Strafermittlungsverfahren sichergestellten Gegenstände parallel oder im unmittelbaren Anschluss an die Freigabe im Strafverfahren nach dem jeweiligen *Polizei- und Ordnungsrecht* der Länder sicherzustellen.[59] Durch diese sog. präventive Sicherstellung/Gewinnabschöpfung sollte dauerhaft eine Rückgabe an den ehemals Beschuldigten verhindert, die Gegenstände anschließend verwertet und der Erlös dem Landeshaushalt zugeführt werden. Letztlich handelte es sich dabei um nichts anderes als eine *verurteilungsunabhängige* Vermögensabschöpfungsmaßnahme für Vermögen *unklarer Herkunft*, ohne dass man diese aber auf eine entsprechende *strafrechtliche* Ermächtigungsgrundlage stützen konnte und stattdessen auf landesrechtliche Verwaltungsgesetze zurückgreifen musste. Entgegen dem in der Diskussion um das Gesetzgebungsvorhaben entstandenen Eindruck ist es folglich nicht so, dass die Praxis bisher Vermögenswerte unklarer Herkunft sehenden Auges „Kriminellen" überlassen hätte.

---

58 *Lange* Plenarprotokoll 18 193 S. 19227.

59 Siehe etwa: Einstellung nach § 170 Abs. 2: OVG Lüneburg NVwZ-RR 2009 954; VG Lüneburg BeckRS 2011 48299; VGH München NVwZ-RR 2012 686; OVG Bremen StV 2015 625; VGH München NVwZ-RR 2016 48; OVG Bremen BeckRS 2012 58417; VG Wiesbaden vom 3.12.2012, Az.: 2 K 1414/11 (nicht veröffentlicht).

Die Untersuchung wird sich vor diesem Hintergrund zunächst vertieft mit den (neuen) *strafrechtlichen* Ermächtigungsgrundlagen zur Abschöpfung von Vermögen unklarer Herkunft befassen und der Frage nachgehen, welche Möglichkeiten der Gesetzgeber hierfür in Strafgesetzbuch und Strafprozessordnung vorgesehen hat. Dabei wird herausgearbeitet, welche Anforderungen die konkreten Vorschriften an die Einziehung von Vermögen unklarer Herkunft stellen und ob sie unter Berücksichtigung der in diesem Zusammenhang bisher einschlägigen Sachverhalte tatsächlich geeignet sind, vermeintlich deliktische Gegenstände künftig (leichter) einzuziehen. Denn während einige Stimmen im Zuge der Reformbemühungen schon befürchteten, die Einziehung von Vermögen unklarer Herkunft werde durch sie letztlich *uferlos* ausgeweitet,[60] erwartete etwa der Deutsche Richterbund genau gegenteilige Folgen. Aus seiner Sicht sind die Regelungen zur Einziehung von Vermögen unklarer Herkunft ohne vorausgehende strafrechtliche Verurteilung weitgehend *untauglich*.[61] Beide Einwände werden hier im Fortgang untersucht und dabei auch immer wieder ein Bezug zur präventiven Sicherstellung hergestellt. Denn wenn der Auffassung des Deutschen Richterbundes zuzustimmen wäre, so wäre die präventive Sicherstellung weiterhin das Mittel der Wahl zur Einziehung von Vermögen unklarer Herkunft. Wäre hingegen der Auffassung zuzustimmen, dass die selbständige Einziehung letztlich konturlos auf sämtliche Sachverhalte Anwendung finden könnte, so würde sich die Frage stellen, unter welchen Voraussetzungen ein Rückgriff auf die präventive Sicherstellung dann überhaupt noch nötig bzw. zulässig wäre. Vor diesem Hintergrund soll sich nach einer ausführlichen Untersuchung der strafrechtlichen Möglichkeiten zur Einziehung von Vermögenswerten unklarer Herkunft abschließend der Frage der Verfassungsmäßigkeit der präventiven Sicherstellung gewidmet werden, die hier unter den drei ausgewählten Aspekten des *nemo tenetur*-Grundsatzes, der Unschuldsvermutung und der Wesentlichkeitstheorie untersucht werden wird.

Die maßgeblichen Erkenntnisse werden sodann im Kapitel „Zusammenfassung" festgehalten, ehe im Rahmen der „Schlussbetrachtung" Stellung dazu genommen wird, ob die Ziele des Gesetzgebers mit den Reformvorschriften verwirklicht werden konnten. Dabei werden auch konkrete Vorschläge unterbreitet, wie der ggf. noch bestehende Verbesserungsbedarf umgesetzt werden kann.

---

60 DAV Stellungnahme 30/2016 S. 18: „Türöffner…auch das Wirtschaftsstrafrecht…mit einzubeziehen."; diesem beipflichtend *Hiéramente / Schwerdfeger* BB 2018 834, 835; in diesem Sinne auch OStVV Stellungnahme vom 31.5.2016 S. 17 ff.; *Schilling / Hübner* StV 2018 49, 52: „kaum Grenzen"; *Meißner* KriPoZ 2017 237, 243; *Schilling / Corsten / Hübner* StraFo 2017 305, 310: „…kaum eine verlässliche Begrenzung…".

61 DRB Stellungnahme 9/16 S. 4.

V.

Die vorliegende Arbeit versucht damit, den bedeutsamsten Änderungen rund um die Möglichkeiten der *vorläufigen Sicherstellung* von Vermögenswerten und der Einziehung von Vermögen *unklarer Herkunft* nach Inkrafttreten des Gesetzes zur Reform der strafrechtlichen Vermögensabschöpfung durch eine rechtliche Analyse der Neuregelungen nachzugehen und dort, wo das Gesetz Fragen offengelassen hat,[62] diese unter Berücksichtigung der berechtigten Interessen sämtlicher am Strafverfahren Beteiligter sachgerechten Lösungen zuzuführen. Die Arbeit kann insoweit aktuell freilich weder umfangreich *empirisch* belegt werden, noch zu *allen* potentiellen Fragen des neuen Rechts Stellung nehmen. Für empirische Nachweise ist die Rechtslage zu neu, für eine umfassende Darstellung sämtlicher Fragen zu umfangreich. Das gilt in besonderem Maße für die verfassungsrechtliche Zulässigkeit der selbständigen Einziehung, die in all ihren denkbaren Facetten und Fragestellungen eigene Monographien füllen wird. Die hiesigen Ausführungen konzentrieren sich in diesem Zusammenhang darauf herauszuarbeiten, ob die vom Gesetzgeber veränderten bzw. neu geschaffenen Vorschriften überhaupt *geeignet* sind, Vermögen unklarer Herkunft leichter einzuziehen. Natürlich werden dabei dort, wo dies schon möglich ist, praktische Erfahrungen und aktuelle Gerichtsentscheidungen eingearbeitet sowie verfassungsrechtliche Bezüge hergestellt. Die Zielsetzung der Untersuchung liegt jedoch vor allem darin, die Neuregelungen unter Berücksichtigung der praktisch bedeutsamsten Fälle aufzubereiten, ihre Möglichkeiten, aber auch die (tatbestandlichen) Grenzen, herauszuarbeiten und damit dazu beizutragen, die Regelungen in der Praxis fehlerfrei zu implementieren.

---

62 *Reh* NZWiSt 2018 20 sieht derzeit „weitreichende ungeklärte Fragen", die „in der justiziellen Praxis fast täglich zu unbefriedigenden Auseinandersetzungen mit der noch wenig vertrauten Materie" führen.

B) Grundlagen

Bevor sich vertieft mit den Neuregelungen der strafrechtlichen Vermögensabschöpfungsvorschriften und den einleitend skizzierten Fragestellungen auseinandergesetzt werden kann, muss zunächst in einem Grundlagenkapitel ein Überblick über die dafür wesentlichen Vorschriften gegeben werden, denn diese dürften selbst dem Strafrechtler nicht ohne Weiteres geläufig sein.

Die maßgeblichen strafprozessualen Eingriffsgrundlagen der *vorläufigen Sicherstellung* zur Vermögensabschöpfung finden sich in den §§ 111b ff. Es handelt sich dabei um Ermächtigungsgrundlagen, die es den Strafverfolgungsbehörden ermöglichen, bereits im Laufe eines Ermittlungsverfahrens auf vermeintlich aus Straftaten erlangte Vermögenswerte von Betroffenen zuzugreifen, um damit ihr Vermögen im *status quo* zu erhalten und die Vollstreckbarkeit einer späteren Einziehungsanordnung zu gewährleisten.

Die Vorschriften der §§ 111b ff. werden auf Seiten des materiellen Rechts durch die Einziehungsvorschriften der §§ 73 ff. StGB ergänzt. Sie regeln, grob zusammengefasst, wann Vermögenswerte in welcher Höhe aus Straftaten erlangt wurden und deshalb am Ende des Strafverfahrens eingezogen werden dürfen. Sicherungsfähig sind dabei grundsätzlich nicht nur jene Vermögenswerte, die der Betroffene unmittelbar aus der Tat erlangt hat, sondern auch deren Surrogate und Nutzungen. Ist der aus der Tat erlangte Vermögenswert nicht einmal mehr in dieser Form auffindbar, können die Strafverfolgungsbehörden den Wert des aus der Tat Erlangten durch Vollstreckung in das noch vorhandene, auch legal erworbene Vermögen des Betroffenen, abschöpfen. Nicht selten erfassen Vermögensabschöpfungsmaßnahmen dabei das *gesamte* legal erworbene Vermögen des Betroffenen, begrenzt lediglich durch die Pfändungsschutzvorschriften der §§ 850d ff. ZPO.

I. Terminologie der „Vermögensabschöpfung"

Bereits die Terminologie der „Vermögensabschöpfung“ ist etwas sperrig. Der Begriff „Vermögensabschöpfung“ findet sich auch weder im Strafgesetzbuch noch in der Strafprozessordnung wieder, hat sich aber in Wissenschaft und Praxis mittlerweile allgemein durchgesetzt.[1] Er ist dabei zum Sammelbegriff für

1 Siehe aktuell etwa das Handbuch von *Meißner / Schütrumpf* „Vermögensabschöpfung“; *Köhler* NStZ 2017 497 ff.: „Die Reform der strafrechtlichen Vermögensabschöpfung“ oder auch MüKo-StPO / *Bittmann* vor § 111b, 1.

https://doi.org/10.1515/9783110625752-004

unterschiedlichste Formen hoheitlichen Handelns geworden, mittels derer der Staat dem Betroffenen Vermögenswerte entzieht. Neben den Regelungen zur Vermögensabschöpfung in der Strafprozessordnung finden sich vereinzelt auch Spezialregelungen in Sondergesetzen wie etwa § 10 UWG[2], der eine ähnliche Wirkung hat, allerdings nicht zum Kern dieses Rechtsinstituts gehört. Die hier unter dem Stichwort „Präventive Sicherstellung" geführte Diskussion wird in der Praxis häufig auch als „Präventive Gewinnabschöpfung" bezeichnet.[3]

Wenn im weiteren Verlauf dieser Arbeit von Vermögensabschöpfung die Rede ist, so sind damit ausschließlich die *repressiven* Vorschriften der §§ 73 ff. StGB in Verbindung mit den §§ 111b ff. gemeint, während die präventive Sicherstellung stets als solche bezeichnet wird.

II. Kriminalpolitischer und kriminologischer Hintergrund der Vermögensabschöpfung

In allen größeren Gesetzgebungsvorhaben zur Reform der strafrechtlichen Vermögensabschöpfung wurde die kriminalpolitische und die kriminologische Bedeutung der Vermögensabschöpfung für das Strafrecht insgesamt in das Zentrum der Überlegungen gestellt und zur Begründung der Reformbedürftigkeit des jeweils geltenden Rechts herangezogen. Der Gesetzgeber argumentierte in diesem Zusammenhang in den letzten Jahrzehnten immer wieder, das Ziel der meisten Straftäter sei es, sich durch eine Straftat einen irgendwie gearteten Vorteil zu verschaffen, den sie ohne die Straftat auf rechtmäßigem Wege nicht oder jedenfalls nicht so schnell hätten erlangen können.[4] Ein mit diesem Ziel zu Werke gehender Täter werde sich deshalb nur dann für eine deliktische Handlung entscheiden, wenn er glaubt, dass sie ihm *dauerhaft* von Vorteil sei.[5] Müsse er hingegen damit rechnen, dass seine Tat entdeckt und ihm der Vorteil unmittelbar wieder entzogen wird, so sei davon auszugehen, dass er die Tat nicht begehen wird, weil sie ihm im Ergebnis nichts einbringt.[6]

---

2 Hier wird dann auch der Begriff „Gewinnabschöpfung" verwendet. Siehe eingehend zu § 10 UWG *Mönch* ZIP 2004 2032 ff.

3 So auch VG Frankfurt BeckRS 2013 58823; *Barthel* KommJur 2009 81; *Rohde / Schäfer* NdsVBl. 2010 41; siehe dazu auch ausführlich unter E), II.

4 BTDrucks. 13 9742 S. 1; BTDrucks. 18 9525 S. 45.

5 In diesem Sinne schon *Bender* ZfZ 1976 139.

6 *Schlachetzki* wistra 2011 41, 42.

Vermögensabschöpfung gilt unter diesen Gesichtspunkten seit Jahrzehnten als Präventivmaßnahme der Kriminalitätsverhinderung.[7] Obwohl die Einziehung dabei rechtstechnisch keine Strafe,[8] sondern eine quasi-kondiktionelle Maßnahme eigener Art sein soll,[9] wird ihr sowohl negativ spezial- als auch generalpräventive Funktion zugeschrieben.[10] Auch das Bundesverfassungsgericht geht davon aus, dass durch eine Duldung von strafrechtswidrigen Vermögensverschiebungen der Eindruck entstehen könne, kriminelles Verhalten zahle sich aus und damit sogar staatlicher Anreiz zur Begehung gewinnorientierter Delikte gegeben werde.[11]

Diese Annahme ist jedoch nicht unbestritten. So hat sich *Smettan* Anfang der 1990er Jahre den Fragen gewidmet, welchen Einfluss kriminelle Gewinne auf Straftaten haben, ob die Kriminalität mit steigenden Geldbeträgen ebenfalls ansteigt und ob die Abschöpfung krimineller Gewinne auch die Kriminalitätsrate senkt.[12] Eine von ihm zentral untersuchte Frage war, ob die Aussicht auf Gewinne in den Entscheidungsprozess von Straftätern und Nichtstraftätern einfließt. Hierzu betrieb er selbst empirische Forschung, indem er Privatpersonen, Kaufleute und Insassen von Justizvollzugsanstalten befragte.[13] Die Arbeit ist, soweit ersichtlich, die einzige, die sich so konkret mit den präventiven Folgen der Gewinnabschöpfung auseinandersetzt.

Smettan kommt zu dem Ergebnis, dass die Aussicht auf einen Gewinn als Tatanreiz bedeutsam ist und Straftäter auf Gewinne deutlich stärker reagieren als Vergleichspersonen.[14] Er zieht allerdings in Zweifel, dass Gewinnabschöpfung tatsächlich den Tatanreiz beseitige, denn Gewinnabschöpfung hat nach seinen

---

7 Vgl. zu den Präventionsansätzen *Bock* Rn. 893 ff.; in diesem Sinne schon *Eser* S. 284; BTDrucks. 13 9742 S. 35: „generalpräventive Erwägung…, dass sich…Straftaten nicht lohnen dürfen"; in diesem Sinne auch MüKo-StGB / *Joecks* vor §§ 73 ff., 39; *Bender* ZfZ 1976 139: „crime does not pay"; zu Recht kritisch: *Perron* JZ 1993 918, 921; *Smettan* S. 210: „Es zeigt sich, daß Gewinnabschöpfung auf die Entscheidung potentieller Täter geringen Einfluß hat."; siehe zur Terminologie *Hettinger* NJW 1996 2263, 2264; *Odenthal* in FS-Dahs S. 405, 406.

8 Teilweise wird ihr strafähnlicher Charakter vorgeworfen: *Lindemann* S. 394; *Dannecker* NStZ 2006 683 f.; *Bach* wistra 2006 46, 49 m.w.N.; umfassend: Schönke / Schröder / *Eser* vor § 73, 18 f. m.w.N.

9 BTDrucks. 11 6623 S. 6; BVerfG NJW 2004 2073, 2075 f.; BGH NStZ-RR 2004 214; *Webel* wistra 2004 249; kritisch DRB Stellungnahme 19/16 S. 3.

10 *Schlachetzki* wistra 2011 41, 42.

11 BVerfGE 110 1, 29.

12 *Smettan* S. 1.

13 Zum konkreten Auswahlverfahren *Smettan* S. 135 ff.

14 *Smettan* S. 210.

Ergebnissen auf die Entscheidung potentieller Täter tatsächlich nur geringen Einfluss, weil der zukünftige Verlust von Gewinnen, die vor der Tat noch gar nicht im Besitz des Täters waren, von diesem in seiner Entscheidung zur Tatbegehung kaum berücksichtigt würde.[15] Die Entscheidung, eine Straftat zu begehen, wird nach seinen Ergebnissen nicht von der erwarteten Gewinnabschöpfung, sondern von generellen Kosten- und Risikofaktoren beeinflusst, von denen die Gewinnabschöpfung nur einen *geringen Teil* ausmache.[16] Damit Gewinnabschöpfung wirksam Straftaten verhindere, muss nach seinen Ergebnissen nicht der Gewinn abgeschöpft, sondern vielmehr vor allem im Vorfeld der Straftat angesetzt und bereits die Möglichkeit eines potentiellen Gewinns reduziert werden.[17]

Die Frage, welche Auswirkungen die Gewinnabschöpfung tatsächlich auf die Prävention von Straftaten hat, kann hier nicht abschließend beantwortet werden. Allerdings bietet die Studie von *Smettan* Anhaltspunkte dafür, die Auffassung der herrschenden Meinung zumindest einmal in Frage zu stellen. Schließlich ging auch das Gesetz zur Reform der strafrechtlichen Vermögensabschöpfung davon aus, Vermögensabschöpfung sei ein wesentliches Instrumentarium zur nachhaltigen „Kriminalitätsbekämpfung" und bedürfe deshalb schon aus kriminalpolitischer Sicht einer steten Ausweitung,[18] ohne dass diese Aussage empirisch belegt wurde.

III. Die Relevanz der Vermögensabschöpfung in der Praxis/Fallzahlen

Für den Gesetzgeber ein wesentlicher Antrieb zur Reform der strafrechtlichen Vermögensabschöpfung war die Annahme, dass das bis dahin geltende Recht der hohen kriminalpolitischen Bedeutung[19] der Vermögensabschöpfung nicht

---

15 *Smettan* S. 210.

16 *Smettan* S. 210 f.

17 *Smettan* S. 211.

18 Vgl. dazu etwa: RefE-VA 2016 S. 1; BTDrucks. 16 700 S. 2; BTDrucks. 12 6784 S. 10; *Hoffmann* Plenarprotokoll 18 225 S. 22653; a.A.: *Smettan* S. 210 f.: „...Gelegenheitsstrukturen, die den Gewinnanreiz erzeugen [sind]...das Ergebnis gesellschaftlicher, politischer und wirtschaftlicher Verhältnisse und können nur in geringem Umfang durch kriminalpolitische Mittel verändert werden".

19 Siehe dazu BTDrucks. 18 9525 S. 1; *Hoffmann* Plenarprotokoll 18 225 S. 22653; *Luczak* Plenarprotokoll 18 225 S. 22653 f.; eingehend auch Kindhäuser / Neumann / Paeffgen / *Saliger* vor §§ 73 ff., 1 ff.; *Julius* ZStW 109 58, 59 sprach schon 1997 von einer „rechtspolitischen Renaissance der §§ 73 ff. StGB".

gerecht geworden sei.[20] Allerdings gibt es keine Evaluation über die Anwendung des § 111i Abs. 2 ff. StPO a.F. und die Frage, in wie vielen Strafverfahren aus Straftaten resultierende Vermögenswerte dem Täter tatsächlich belassen werden mussten.[21] Insbesondere die Prämisse des Gesetzgebers, das Verfahren eines staatlichen Auffangrechtserwerbs nach § 111i Abs. 2 ff. StPO a.F. habe die Situation der Vermögensabschöpfung in der Praxis nicht hinreichend verbessert,[22] kann unter diesen Umständen nicht verifiziert werden.[23] Ein erster möglicher Zeitpunkt für eine solche Evaluation wäre im Jahr 2016 gewesen, denn der zum 1. Januar 2007 eingeführte Auffangrechtserwerb des Staates war nur bei Straftaten anwendbar, die nach dem 1. Januar 2007 beendet wurden.[24] Berücksichtigt man die durchschnittliche Verfahrensdauer im Strafrecht, die dreijährige Frist des § 111i Abs. 3 StPO a.F., die weitere Frist des § 111i Abs. 7 StPO a.F. und eine gewisse Eingewöhnungsphase der Praxis, so hätte man Anfang 2016 erstmals verlässliche Zahlen erarbeiten können, die potentielle Abschöpfungslücken nachgewiesen hätten.

Gibt es damit zwar keine empirischen Nachweise über die vom Gesetzgeber befürchteten *Abschöpfungslücken*, so kann anhand verschiedener Erhebungen gleichwohl die enorme praktische Bedeutung der Vermögensabschöpfung festgestellt werden:

Die rheinland-pfälzische Polizei etwa führte aus, alleine von 1999 bis 2009 seien durch die Arbeit von Finanzermittlern in 2069 Ermittlungsverfahren Vermögenswerte in Höhe von fast 80 Millionen Euro bis zur gerichtlichen Entscheidung vorläufig gesichert worden.[25] Die Vermögensabschöpfung sei eine „Standardmaßnahme" der Strafverfolgungsbehörden geworden, die in allen geeigneten Ermittlungsverfahren zur Anwendung kommt.[26] Sie sei ein „‘scharfes

20 BTDrucks. 18 9525 S. 1; anders: SK-StPO / *Rogall* vor § 111b, 58.

21 So ausdrücklich RefE-VA S. 3; OStVV Stellungnahme vom 31.5.2016 S. 3; in diesem Sinne auch DRB Stellungnahme 9/16 S. 2.

22 BTDrucks. 18 9525 S. 46; *Holznagel* Stellungnahme S. 2; in diesem Sinne auch MAH-WiSt / *Rönnau* § 13, 290.

23 Im Bundestag forderte schon *Wunderlich* Plenarprotokoll 18/193 S. 19228 eine belastbare Datengrundlage. Der *Verfasser* hat Anfragen sowohl an das BMJV als auch an das vom BMJV als Ansprechpartner genannte Bundeskriminalamt gerichtet. Statistiken zur Anwendung des § 111i StPO lagen dort keine vor; so auch die Mitteilung gegenüber *Rönnau*, vgl. MAH-WiSt / *Rönnau* § 13, 290 Fn. 732.

24 BGH NJW 2008 1093; BGH NStZ 2012 254; LR / *Johann* § 111i, 13.

25 *Walther* Polizei-Kurier 2010 6, 7.

26 Wie weitreichend diese Eignung sein kann zeigt KMR / *Metzger* vor §§ 421 ff., 5.

Schwert' und ein äußerst wirksames Mittel zur Bekämpfung der Organisierten Kriminalität".[27]

Auch im übrigen Deutschland waren die Strafverfolgungsbehörden schon vor der Reform umfangreich vermögensabschöpfend aktiv. Im Stadtstaat Hamburg wurden alleine im Jahr 2013 Vermögenswerte von rund 6,2 Millionen Euro vorläufig gesichert.[28] Der Großteil von rund 5 Millionen Euro galt der Sicherung der Ansprüche von Geschädigten nach § 111b Abs. 5 StPO a.F.[29] und auch das Hessische Innenministerium ließ mit Pressemitteilung vom 2. Oktober 2013 verlautbaren:

> „Innenminister Boris Rhein freut sich über die erfolgreiche Zusammenarbeit zwischen den hessischen Staatsanwaltschaften und der Hessischen Polizei. Durch die Vermögensabschöpfung...gelang es den Behörden im Jahr 2012 insgesamt 21,5 Millionen Euro sicherzustellen. Davon gingen 14,4 Millionen Euro direkt an die Geschädigten zurück. Rund 5,7 Millionen Euro flossen in den Landeshaushalt, knapp 1,5 Millionen Euro...stehen der Polizei als zusätzliche Mittel...zur Verfügung."[30]

Die der Gesetzesreform 2017 zu Grunde liegende Prämisse, Straftaten hätten sich zuvor finanziell gelohnt, weil den Strafverfolgungsbehörden kein effektives Mittel zur Vermögensabschöpfung zur Verfügung gestanden habe,[31] vermag angesichts dieser Ausführungen durchaus in Zweifel gezogen werden.[32] Andererseits zeigt insbesondere die hessische Pressemitteilung, was in der Praxis mitunter negiert wird: Vermögensabschöpfung dient auch dazu, den Staatshaushalt aufzubessern,[33]

---

27 *Walther* Polizei-Kurier 2010 6, 10.

28 Kriminalitätslage Hamburg 2013 S. 12.

29 Kriminalitätslage Hamburg 2013 S. 12.

30 Pressemitteilung des Hessischen Innenministeriums vom 2.10.2013; *Faust* S. 263 f. sieht in der gezielten und erfolgreich verlaufenden Schulung der Strafverfolgungsbehörden den Grund dafür, dass diese eine vollständige Neukodifikation des Vermögensabschöpfungsrechts ablehnten.

31 BTDrucks. 18 9525 S. 48: „Das geltende Recht weist erhebliche Abschöpfungslücken auf."; *Korte* wistra 2018 1, 12; *Holznagel* Stellungnahme S. 2 entgegen BGHSt 60 75, 78 ff.

32 OStVV Stellungnahme vom 31.5.2016 S. 3; DRB Stellungnahme 9/16 S. 2; BRAK Stellungnahme 15/2016 S. 8; MAH-WiSt / *Rönnau* § 13, 7; Wistev RefE-Stellungnahme S. 2.

33 *Wilk / Stewen* wistra 2013 409; MAH-StV / *Peters* § 20, 2; Strafverteidiger e.V. Stellungnahme 2005 S. 2 f.; MAH-WiSt / *Rönnau* § 13, 7; *Meißner* Stellungnahme S. 25 sieht in der Reform 2017 deshalb auch „eine rechtspolitische Priorisierung auf fiskalische Interessen"; anders: *Baretto da Rosa* NZWiSt 2018 215, 218; siehe zu den Befürchtungen des Bundesrates, dass über die Vermögensabschöpfung Steuergelder in den Justizhaushalt fließen: BTDrucks. 18 10146 S. 10; *Korte* wistra 2018 1, 12 erklärt, dass das Strafrecht nicht dazu diene, die Haushalte zu sanieren, schiebt allerdings sodann den Hinweis nach, dass bei Organisations- und Personalfragen auch nicht außer Acht gelassen werden dürfe, dass eine umfassende Vermögensabschöpfung zu erheblichen Mehreinnahmen führen wird.

Erträge aus der Vermögensabschöpfung werden schließlich sogar in den Haushaltsplan aufgenommen.[34] Sie sind dabei längst kein exklusives Instrument des Wirtschaftsstrafrechts mehr, haben hier aber nach wie vor die finanziell größte Bedeutung.[35] Der durch Wirtschaftsdelinquenz verursachte geschätzte Schaden lag im Jahr 2012 bei 3,751 Milliarden Euro und damit knapp unter der Schadenssumme von 4,106 Milliarden Euro aus 2011.[36] Trotz ihres minimalen Anteils von gerade einmal 1,0% aller polizeilich bekannten Straftaten[37] verursachte die Wirtschaftsdelinquenz dabei in den Jahren 2011 bis 2014 durchschnittlich mehr als die Hälfte des durch Straftaten verursachten geschätzten Gesamtschadens.[38]

IV. Historische Entwicklung

Betrachtet man die rechtspolitische Bedeutung der Vermögensabschöpfung und die hierzu veröffentlichten Zahlen aus der jüngeren Vergangenheit, so überrascht es umso mehr, dass es lange Zeit keine Vorschriften gab, mit denen die Ziele der Vermögensabschöpfung durchgesetzt werden konnten. Selbstständige strafrechtliche Rechtsfolgen,[39] die dem Täter den aus der Straftat erlangten Vermögenswert oder jedenfalls den Gewinn entziehen sollten, hatten keine gesetzliche Verankerung im Reichsstrafgesetzbuch oder dem frühen Strafgesetzbuch. Das Reichsstrafgesetzbuch kodifizierte in seinem § 40 lediglich eine Regelung über die Einziehung, nach der Gegenstände, die durch die Tat hervorgebracht oder zu ihrer Begehung gebraucht oder bestimmt gewesen waren, eingezogen werden konnten.[40] Daneben gab es vereinzelte Vorschriften, die einen Verfall vorsahen – eine § 73 StGB entsprechende Zentralvorschrift fehlte allerdings.[41]

Gesetzgeber und Rechtsprechung verfolgten gleichwohl schon damals das Ziel, zur Prävention von Straftaten dem Täter die finanziellen Anreize aus der Straftat

34 Landeshaushaltsplan Hessen 2015 S. 78; BDR Stellungnahme vom 31.5.2016 S. 2 nutzte die Reformdiskussion für die Forderung einer Besoldungsanpassung für die Rechtspfleger.

35 Mangels Legaldefinition bedient sich die Polizei dabei der Zuordnung von Straftaten zum Bereich der Wirtschaftsstraftaten der strafprozessualen Zuweisung von Straftaten an die Wirtschaftsstrafkammern der Landgerichte nach § 74c Abs. 1 Nr. 1 bis 6 GVG, vgl. Bundeslagebild Wirtschaftskriminalität 2015 S. 3.

36 Bundeslagebild Wirtschaftskriminalität 2015 S. 5.

37 Bundeslagebild Wirtschaftskriminalität 2015 S. 4.

38 Bundeslagebild Wirtschaftskriminalität 2015 S. 5; erst im Jahr 2015 lag die Zahl erstmals deutlich unter 3 Milliarden Euro.

39 Kritisch zum Begriff der „Nebenfolge" umfassend *Sobota* S. 108.

40 MüKo-StGB / *Joecks* vor §§ 73 ff., 6; zur Entwicklung des Verfallsrechts siehe auch LK / *Schmidt* vor §§ 73, 11.

41 MüKo-StGB / *Joecks* vor §§ 73 ff., 9.

zu nehmen. Bis zur Einführung der Verfallsvorschriften zum 1. Januar 1975[42] wurde deshalb im Wesentlichen über die Regelungen der Geldstrafe versucht, an die Tatgewinne zu gelangen. § 27b StGB a.F. lautete in seiner ab dem 1. April 1970 geltenden Fassung:

> „(1) Die Geldstrafe soll das Entgelt, das der Täter für die Tat empfangen, und den Gewinn, den er aus der Tat gezogen hat, übersteigen.
>
> (2) Reicht das gesetzliche Höchstmaß hierzu nicht aus, so darf es überschritten werden."

Zum 1. Januar 1975 ist § 27b StGB a.F. weggefallen. Zugleich wurden die Verfallsvorschriften eingeführt, die fortan die Möglichkeit vorsahen, Tatgewinne eigenständig abzuschöpfen. § 73 StGB a.F. lautete vom 1. Januar 1975 bis zum 7. März 1992 auszugsweise wie folgt:

> „(1) Ist eine rechtswidrige Tat begangen worden und hat der Täter oder Teilnehmer für die Tat oder aus ihr einen Vermögensvorteil erlangt, so ordnet das Gericht dessen Verfall an. Dies gilt nicht, soweit dem Verletzten aus der Tat ein Anspruch entstanden ist, dessen Erfüllung den aus der Tat erlangten Vermögensvorteil beseitigen oder mindern würde."

Mit der Einführung der Verfallsvorschriften auf materiell-rechtlicher Seite wurden auf *verfahrensrechtlicher* Seite die §§ 111b ff. in die Strafprozessordnung aufgenommen. Sie sind im Wesentlichen als prozessuales Gegenstück zu den Vorschriften der §§ 73 ff., 74 ff. StGB zu verstehen[43] und wurden dem Ende des 8. Abschnitts des Ersten Buches der StPO angefügt, der unter der Überschrift „Beschlagnahme, Überwachung und Durchsuchung" steht. Der Begriff „Vermögensabschöpfung" wurde dabei vom Gesetzgeber nicht verwendet.[44] In seiner ursprünglichen Fassung lautete § 111b StPO a.F.:

> „(1) Gegenstände und andere Vermögensvorteile können sichergestellt werden, wenn dringende Gründe für die Annahme vorhanden sind, daß die Voraussetzungen für ihren Verfall oder ihre Einziehung vorliegen."

Trotz unterschiedlichen Wortlauts der §§ 27b und 73 StGB a.F. wurde lange Zeit aus dem Begriff „Vermögensvorteil" in § 73 StGB a.F. allgemein geschlos-

---

42 BGBl. 1969 I S. 717, 734 ff.; zur Ursache der Verzögerungen siehe MüKo-StGB / *Joecks* Einleitung Rn. 92.

43 In diesem Sinne auch SK-StPO / *Rogall* vor § 111b, 1 f.; MüKo-StPO / *Bittmann* vor §§ 111b, 2; *Kempf* / *Schilling* StraFo 2006 180, 182 wiesen schon zur alten Rechtslage zutreffend darauf hin, dass die Vorschriften der §§ 111b ff. aufgrund der staatlichen Unterstützung bei der Durchsetzung zivilrechtlicher Möglichkeiten mehr sind als (nur) ein „prozessuales Pendant der Einziehungs- und Verfallsvorschriften".

44 Nur in § 10 UWG findet sich die Überschrift „Gewinnabschöpfung".

sen, dass dem Täter nur der Gewinn, also „der Vorteil“, den er aus der Tat erlangt hatte, abgeschöpft werden konnte.[45] Aufwendungen und sonstige Verluste, die der Täter durch die Tat erbringen musste, wurden von seinem erlangten Vorteil abgezogen. Es galt damit das sog. Nettoprinzip.

Bis zum 7. März 1992 galten die §§ 111b ff. und 73 ff. StGB in dieser Fassung und wurden erst durch das Gesetz zur Änderung des Außenwirtschaftsgesetzes, des Strafgesetzbuches und anderer Gesetze vom 28. Februar 1992 geändert.[46] Die Gesetzesänderung war eine Reaktion darauf,[47] dass die bis dahin bestehenden Regelungen in der Praxis kaum Anwendung[48] fanden.[49] Materiell-rechtlich wurde das Netto- vom seither geltenden „Bruttoprinzip“ abgelöst. Danach unterliegen der Einziehung heute alle Vermögenswerte, die der Täter durch die Tat erlangt hat, unabhängig davon, welche Aufwendungen oder Verluste er zu ihrer Erlangung aufbringen musste.[50] Der Gesetzgeber hat dies durch eine Wortlautänderung von „Vermögensvorteil“ auf das „erlangte Etwas“ in § 73 StGB deutlich gemacht.[51]

Die wesentlichste *strafprozessuale* Änderung zum 7. März 1992 lag darin, dass in § 111b Abs. 1, 2 StPO a.F. fortan eine deutlichere Trennung zwischen Beschlagnahme und dinglichem Arrest vorgenommen wurde.[52] Inhaltlich blieb es jedoch weitgehend bei den seit 1975 geltenden Regelungen.

Erst durch das Gesetz zur Verbesserung der Bekämpfung der Organisierten Kriminalität vom 4. Mai 1998[53] wurden die §§ 111b ff. einer sachlichen Änderung

---

45 BGHSt 28 369; MüKo-StGB / *Joecks* vor §§ 73 ff., 10.

46 BGBl. 1992 I S. 372 ff.

47 Zur Entwicklung ausführlich *Sotiriadis* passim.

48 Schönke / Schröder / *Eser* vor §§ 73 ff, 2a m.w.N. zu den Ursachen der fehlenden Akzeptanz in der Praxis; *Kempf* / *Schilling* StraFo 2006 180 f.

49 *Eberbach* NStZ 1987 486, 490: „Die Strafverfolgungsstatistik für die Bundesrepublik Deutschland…weist 1975 92 Verfallsanordnungen bei ca. 700.000 Verurteilungen und 1979 110 Verfallsanordnungen bei etwa 790.000 Verurteilungen aus.“; siehe auch *Achenbach* in FS-Blau S. 10 f.

50 BTDrucks. 18 9525 S. 46; Lackner / Kühl / *Heger* § 73, 4; SSW-StGB / *Burghart* § 73, 4; zur Möglichkeit, dass die Vermögensabschöpfung durch das Bruttoprinzip einen strafähnlichen Charakter erlangen kann: MAH-StV / *Peters* § 20, 25; *Hofmann* wistra 2008 401, 405; *Hohn* wistra 2003 321, 324 ff.; umfassend auch Schönke / Schröder / *Eser* vor §§ 73 ff., 19 m.w.N.

51 Siehe dazu aber auch unter B), V., 4.

52 Vgl. zur Entstehungsgeschichte insgesamt SK-StPO / *Rogall* vor § 111b, 7 ff.; LR / *Johann* § 111b Entstehungsgeschichte passim.

53 BGBl. 1998 I S. 845, 847.

unterworfen. In § 111b Abs. 1 Satz 1 und Abs. 2 wurde jeweils das Wort „dringende“ gestrichen, was eine Absenkung der Verdachtsschwelle zur vorläufigen Sicherung von Vermögenswerten auf einen einfachen Tatverdacht nach sich zog.[54] Begründet wurde diese erhebliche Vereinfachung für die Strafverfolgungsbehörden damit, dass es ihnen zu Beginn eines Ermittlungsverfahrens regelmäßig nicht möglich sei, die für einen *dringenden* Tatverdacht erforderlichen Anhaltspunkte zu präsentieren, so dass die Anwendung der Norm unter diesem Wortlaut im Wesentlichen leerlaufen würde.[55] Diese Änderung hat in der Literatur erhebliche Kritik hervorgerufen, die bis heute nicht verstummt ist.[56]

In der 13. Legislaturperiode wurde aus den Reihen der CDU/CSU- und FDP-Fraktionen der Entwurf eines Gesetzes zur verbesserten Abschöpfung von Vermögenswerten aus Straftaten vorgelegt, der die Vorschriften der §§ 73 ff. StGB und §§ 111b ff. umfassend reformieren sollte.[57] Begründet wurde dieser Vorstoß damit, dass sich der Verfall in der Praxis nicht bewährt habe.[58] Es blieb jedoch bei der Vorlage des Entwurfs, der der Diskontinuität verfiel und auch in den darauffolgenden Jahren nicht mehr aufgegriffen wurde.

Zum 1. Januar 2007 wurden die §§ 111b ff. dann erheblich reformiert, wobei nicht das gesamte Normgefüge zerschlagen, sondern lediglich punktuelle Änderungen und Ergänzungen vorgenommen wurden.[59] Die Reform ist genau deshalb auf ein geteiltes Echo gestoßen.[60] Ihr wesentlicher Inhalt war die Einführung eines sog. „Auffangrechtserwerbs“ des Staates in § 111i Abs. 2 ff. StPO a.F., der als prozessuales Korrektiv zu § 73 Abs. 1 Satz 2 StGB a.F. vorsah, dass aus Straftaten erlangte Vermögenswerte dem Staat zufielen, wenn die Verletzten nicht innerhalb einer bestimmten Frist ihre Ansprüche gegenüber dem Täter geltend gemacht hatten. Damit wollte man verhindern, dass der Straftäter dauerhaft von seiner Tat profitiert und sich Straftaten für ihn wirtschaftlich lohnen. Das

---

54 BGBl. 1998 I S. 845, 847; LR / *Johann* § 111b, Entstehungsgeschichte.

55 BTDrucks. 13 8651 S. 15.

56 Siehe etwa *Kempf / Schilling* StraFo 2006 180, 185 f.; *Lindemann* S. 412 ff.

57 BTDrucks. 13 9742.

58 BTDrucks. 13 9742 S. 36.

59 BGBl. 2006 I S. 2350.

60 Kritisch etwa *Bohne / Boxleitner* NStZ 2007 552; *Greeve* NJW 2007 14, 16; *Faust* S. 290; Strafverteidiger e.V. Stellungnahme 2005 S. 3; *Lindemann* S. 392 ff.; grundsätzlich positiv: SK-StPO / *Rogall* vor § 111b, 58 ff.; LR / *Johann* vor §§ 111b ff., 3; OStVV Stellungnahme vom 31.5.2016 S. 4; siehe zutreffend auch *Korte* NZWiSt 2018 231: „Eine solche Kritik dient dabei manchmal auch der Rechtfertigung dafür, das geltende Recht nicht anzuwenden“.

staatliche Auffangverfahren war sehr diffizil geregelt, weshalb es sich dem Vorwurf ausgesetzt sah, viel zu kompliziert und wenig praxistauglich zu sein.[61] In der Literatur kam es immer wieder zu Aufforderungen zur Reform der strafrechtlichen Vermögensabschöpfung, die letztlich im Koalitionsvertrag 2013 Gehör fand und zur Grundlage des Gesetzes zur Reform der strafrechtlichen Vermögensabschöpfung im Jahr 2017 wurde.[62]

Tatsächlich war die Komplexität des Rechts der Vermögensabschöpfung und insbesondere jene des § 111i Abs. 2 ff. StPO a.F. keinen strukturellen Schwächen des Gesetzes geschuldet, sondern vielmehr Ausdruck der vor einer dauerhaften Entziehung von Vermögenswerten notwendigen, höchst schwierigen Abwägung zwischen den Interessen des Betroffenen, des Verletzten und jenen des Staates.[63] Das Gesetz muss dafür ein breites Spektrum potentiell einschlägiger Sachverhalte regeln und dabei versuchen, den Interessen *aller* Beteiligten gerecht zu werden. Im Rahmen der Kritik an dem staatlichen Auffangrechtserwerb wurde diese grundlegende Komplexität[64] der Regelungsmaterie häufig übersehen.

V. Die Vermögensabschöpfungsregeln im Einzelnen

Mit der Reform 2017 hat sich der Gesetzgeber entschieden, das Recht der Vermögensabschöpfung grundlegend zu verändern[65] und den staatlichen Auffangrechtserwerb abzuschaffen. Der Staat hat nun einen *originären* staatlichen Einziehungsanspruch, der neben die zivilrechtlichen Ansprüche des Verletzten der Straftat tritt.

Die Vermögensabschöpfungsregeln sind dabei ein Konglomerat aus materiellen und prozessualen Strafvorschriften geblieben. Im dritten Abschnitt im siebten Titel des Allgemeinen Teils des Strafgesetzbuchs finden sich nunmehr unter der Überschrift „Einziehung" all jene Vorschriften, die die Tatbestände zur *Entste-*

61 *Bohne / Boxleitner* NStZ 2007 552; BTDrucks. 18 9525 S. 46: keine grundlegende Verbesserung der Vermögensabschöpfung; *Holznagel* Stellungnahme S. 2: „überbordender Verwaltungs-, Kommunikations- und Ermittlungsaufwand"; nachträglich *Korte* wistra 2018 1, 2; in diesem Sinne nun auch *Löffelmann* StV 2018 536 f., der davon spricht, der Anspruch, das Recht der Vermögensabschöpfung zu verbessern, sei verfehlt worden und das wesentlich mit einer Überfrachtung der „prozessualen Nebenschauplätze" begründet, die die Wahrheitserfoschrung an den Rand dränge.

62 Siehe dazu schon unter A), II.

63 In diesem Sinne auch SK-StPO / *Rogall* vor § 111b, 59.

64 Siehe dazu bereits unter A), III.

65 *Korte* wistra 2018 1 spricht von einem umfassenden Reformansatz.

hung eines Einziehungsanspruchs beschreiben. Die Strafprozessordnung wiederum regelt weiterhin, unter welchen Voraussetzungen und in welcher Form diese Ansprüche *gesichert* werden können. Ihr Sinn und Zweck ist nach wie vor in der frühzeitigen und vorläufigen Sicherung von Vermögenswerten zu sehen, ohne die eine Einziehungsanordnung nach §§ 73 ff. StGB am Ende eines Strafverfahrens möglicherweise nicht vollstreckt werden könnte, weil der Betroffene seine Vermögenswerte dem Zugriff der Strafverfolgungsbehörden bereits entzogen hat.[66] Trotz ihrer enormen praktischen Bedeutung widmet die Strafprozessordnung den Vermögensabschöpfungsvorschriften auch heute keinen eigenen Abschnitt, sondern hat sie am Ende des Achten Abschnitts des Ersten Buches der §§ 94 ff. belassen.

Die vom Gesetzgeber gewählte Gesetzgebungstechnik verlangt vom Gesetzesanwender damit weiterhin sowohl die materiell-rechtlichen als auch die prozessualen Vorschriften zur Vermögensabschöpfung zu kennen und sie an der jeweils richtigen Stelle miteinander zu verknüpfen.[67] Will man die Auswirkungen des Gesetzes zur Reform der strafrechtlichen Vermögensabschöpfung nachvollziehen, so muss man zunächst ein Grundverständnis für das einschlägige Regelungssystem entwickeln.

Im Nachfolgenden wird deshalb zunächst ein Überblick über das allgemeine Vorgehen bei Vermögensabschöpfungsmaßnahmen gegeben. Im Anschluss daran werden die einschlägigen materiellen und prozessualen Vorschriften insoweit erläutert, als sie für das Verständnis der hier thematisierten Fragen erforderlich sind. Die Darstellung erfolgt dabei nicht wie üblich getrennt nach den jeweiligen Vorschriften von Strafgesetzbuch und Strafprozessordnung,[68] sondern vielmehr parallel anhand des jeweils einschlägigen Sicherungsweges. Damit wird das Ziel verfolgt, dem Leser den Einstieg in die nicht immer auf Anhieb verständlichen Vorschriften zu erleichtern und jene Vorschriften miteinander zu verbinden, die im weiteren Verlauf dieser Arbeit, vor allem aber in der Praxis, häufig gemeinsam zur Anwendung kommen und deshalb nur im Zusammenspiel verstanden werden können.

---

66 BTDrucks. 13 8651 S. 15; BTDrucks. 18 9525 S. 75.

67 Zum alten Recht schon SK-StPO / *Rogall* vor § 111b, 15; LR / *Johann* § 111b, 3; *Faust* S. 27: „Deswegen ist die Vermögensabschöpfung als ein gemischtes, untrennbar miteinander verbundenes System aus materiellen und prozessualen Strafvorschriften zu verstehen".

68 Siehe dazu die einschlägige Kommentarliteratur sowie etwa *Köhler* NStZ 2017 S. 497 ff.

1. Allgemeines

Strafrechtliche Vermögensabschöpfung verfolgt das Ziel, den Entzug von aus Straftaten erlangten Vermögenswerten durch frühzeitigen Zugriff auf die Vermögenswerte eines Betroffenen zu sichern, um so zu verhindern, dass diese am Ende des Strafverfahrens nicht mehr zur Vollstreckung zur Verfügung stehen. Um dieses Ziel zu erreichen, stehen den Strafverfolgungsbehörden zwei Möglichkeiten offen, die das Verfahrensrecht als Beschlagnahme (§§ 111b–111d) und als Vermögensarrest (§§ 111e–111h) bezeichnet. Welches Mittel zu wählen ist hängt davon ab, welcher materiell-rechtliche Anspruch nach den §§ 73 ff. StGB zu sichern ist. Die *Beschlagnahme* dient der Absicherung einer Originaleinziehungsanordnung nach §§ 73 Abs. 1 bis 3, 73b StGB, der *Vermögensarrest* der Sicherung der Vollstreckbarkeit einer Anordnung von Wertersatz im Sinne des § 73c StGB, einer Geldstrafe oder der Kosten des Verfahrens.[69] Die bis dahin lange Zeit bestehende Unterscheidung zwischen „Verfall" nach §§ 73 ff. StGB a.F. und „Einziehung" nach §§ 74 ff. StGB a.F. hat der Gesetzgeber mit der Reform 2017 aufgegeben.[70]

In der Praxis ergehen Vermögensabschöpfungsmaßnahmen in der Regel bereits im Ermittlungsverfahren, häufig zusammen mit Durchsuchungsbeschlüssen. Sie sind die ersten „offenen" Maßnahmen der Strafverfolgungsbehörden, durch die der Betroffene von dem Ermittlungsverfahren erfährt. Sie ergehen regelmäßig ohne Anhörung des Betroffenen nach § 33 Abs. 4, um den Erfolg der Maßnahme nicht zu gefährden und knüpfen nur an den Anfangsverdacht einer Straftat, auf dessen Grundlage dann weitere Ermittlungen vorgenommen werden.[71] Sie sind immer *zweistufig* aufgebaut und umfassen die Erwirkung eines Titels sowie dessen anschließende Vollziehung. Die Gegenstände, in die die Beschlagnahmeanordnung bzw. der Vermögensarrest vollzogen werden können, sind identisch.[72] Aus der Kenntnis, welcher Vermögenswert gesichert wurde, können deshalb keine Rückschlüsse darauf gezogen werden, aus welchem *Grunde* eine solche Maßnahme erging. Dem Vermögensarrest kommt jedoch im Vergleich zur Beschlagnahmeanordnung in der Praxis die weitaus größere Bedeutung zu, weil in

69 Zur Anwendbarkeit im Jugendstrafverfahren *Korte* NZWiSt 2018 231, 232 f.

70 BTDrucks. 18 9525 S. 48.

71 Anders *Hansen*, nach dem Vermögensabschöpfung regelmäßig erst bei Vorliegen eines dringenden Tatverdachts erfolge, *Hansen* S. 27.

72 Vgl. dazu die Aufzählungen in §§ 111c, 111f.

vielen Bereichen der Vermögensdelinquenz der Originalgegenstand nicht mehr aufgefunden werden kann oder das aus der Tat Erlangte nicht mehr vorliegt.[73]

Beabsichtigt die Staatsanwaltschaft einen Vermögensarrest in das Vermögen des Betroffenen zu vollstrecken, so hat sie diesen mit Ausnahme der Fälle von „Gefahr im Verzug" zunächst beim zuständigen Amtsgericht zu beantragen, § 111j Abs. 1 Satz 1. Dem Antrag beim Amtsgericht gehen dabei üblicherweise sog. Finanzermittlungen voraus,[74] das heißt Erhebungen, die der Aufklärung von Herkunft, Umwandlung und Verbleib verdächtigen Kapitals dienen.[75] Hierfür sind auf Seiten von Polizei und Finanzbehörden Fachkräfte ausgebildet worden, man spricht in der Praxis von sog. Finanzermittlern.[76] In aller Regel bereiten diese Finanzermittler auch die von der Staatsanwaltschaft beim Amtsgericht einzureichenden Anträge vor. Der Antrag ist darauf gerichtet, den Vermögensarrest wegen einer bestimmten Straftat in einer bestimmten Höhe in das Vermögen des Betroffenen auszubringen. Gibt das Gericht dem Antrag statt, ordnet es den Vermögensarrest an.

Eine Beschlagnahmeanordnung ergeht gleichermaßen auf Antrag der Staatsanwaltschaft durch das Amtsgericht, wobei in Eilfällen ein solcher Antrag entbehrlich ist und sogar die Ermittlungspersonen der Staatsanwaltschaft eine Beschlagnahmeanordnung treffen können. Durch das Gericht ergeht sie in Beschlussform und lautet darauf, einen aus einer bestimmten Straftat genau bezeichneten Gegenstand sicherzustellen.

Der ausgebrachte Vermögensarrest und die Beschlagnahme von Gegenständen entfalten ihre Wirkung erst dann, wenn sie auch *vollstreckt* werden. Wie die Anordnungen zu vollstrecken sind, regeln §§ 111c und 111f. Vollstreckungstaugliche Gegenstände sind dabei das bewegliche Vermögen, aber auch Grundstücke, grundstücksgleiche Rechte, Schiffe, Schiffsbauwerke und Luftfahrzeuge. Die Folgen der Vollziehung eines Beschlagnahmebeschlusses bzw. eines Vermögensarrestes sind in § 111k geregelt. Anders als der Vollzug der Beschlagnahme beschränkt sich der Vollzug des Vermögensarrestes nicht auf einen bestimmten, rechtswidrig erlangten Gegenstand, er kann vielmehr in das

---

73 Leider liegen diesbezüglich keine Statistiken vor, im hiesigen Sinne aber auch MAH-WiSt / *Rönnau* § 13, 163 und 253; siehe aber auch Kilchling / Kaiser / *Benseler* Gewinnabschöpfung S. 37 ff.

74 Vgl. zur Begrifflichkeit LR / *Johann* vor §§ 111b ff., 5.

75 *Schlachetzki* wistra 2011 41, 44; *Mainzer* DRiZ 2002 97, 101; zu entsprechend ausgebildeten Sachbearbeitern im Steuerstrafrecht: *Kunz* BB 2006 1198.

76 MAH-WiSt / *Rönnau* § 13, 1.

gesamte, auch *legal* erworbene Vermögen des Betroffenen, vollstreckt werden.[77] Bereits hieran wird deutlich, was für eine einschneidende Wirkung eine solche Vermögensabschöpfungsmaßnahme für den Betroffenen haben kann.

Spätestens mit der Vollstreckung erfährt der Betroffenen von der in sein Vermögen ausgebrachten Maßnahme. Ihm steht dann die Möglichkeit offen, sich sowohl gegen die Vollstreckung als auch dessen *causa* zu beschweren, § 304 Abs. 1 bzw. bei Eilanordnungen der Staatsanwaltschaft wegen „Gefahr in Verzug" eine gerichtliche Entscheidung herbeizuführen, § 98 Abs. 2 Satz 2 analog.

2. Die Einziehung und ihre prozessuale Sicherung durch Beschlagnahme

Nachdem hier nun ein Überblick über das allgemeine Vorgehen der Strafverfolgungsbehörden bei Vermögensabschöpfungsmaßnahmen gegeben wurde, soll jetzt vertieft auf die einzelnen Sicherungsmöglichkeiten eingegangen werden. Wesentliche Bedeutung kommt dabei zunächst der Beschlagnahmeanordnung zur Sicherung der Einziehungsanordnung nach § 73 StGB zu.

a) Die Einziehung nach § 73 StGB

Als Zentralnorm der Einziehung von Taterträgen[78] regelt § 73 StGB die Einziehung von Taterträgen beim *Täter* und *Teilnehmer*. Hat dieser *durch* eine rechtswidrige Tat oder für sie etwas erlangt, so ordnet das Gericht dessen Einziehung an, § 73 Abs. 1 StGB. Die Einziehung steht nicht im Ermessen des Gerichts, sie ist obligatorisch.[79] Die Regelung ist allumfassend dahingehend zu verstehen, dass der Täter oder Teilnehmer all das herauszugeben hat, was er aus der Straftat erlangt hat. Die Bestimmung dessen, was genau der Täter aus der Tat erlangt hat, kann dabei mitunter sehr schwierig sein, vor allem in Fällen, in denen es um die Einziehung von Wertersatz geht. Im Falle der Sicherung einer Einziehungsanordnung durch *Beschlagnahme* hingegen kann ohnehin immer nur der aus der

---

77 Auf die Einzelheiten wird unter B), V., 3. eingegangen.

78 Die Regelungen zur Einziehung von Tatprodukten, Tatmitteln und Tatobjekten in den §§ 74 ff. StGB spielen im weiteren Verlauf dieser Arbeit keine Rolle bzw. sollen außen vor gelassen werden.

79 BTDrucks. 18 9525 S. 62: „sind…abzuschöpfen"; zur alten Rechtslage bereits allgemeine Meinung, BGH NStZ 2011 83; Kindhäuser / Neumann / Paeffgen / *Saliger* § 73, 38; Lackner / Kühl / *Heger* § 73, 9; siehe aber nun einschränkend (auch) zur gleichlaufenden Wertersatzeinziehung BGH (5. Strafsenat) NStZ 2018 333 f. im Widerspruch zur Entscheidung des Senats in NStZ 2018 366; für eine zwingende Anwendung „…jedenfalls in der vorliegenden Fallkonstellation…" nun auch der 1. Strafsenat: BGH NStZ-RR 2018 241 f.

Straftat erlangte Originalgegenstand bzw. dessen Surrogat gesichert werden. Die Fragen rund um die Bestimmung des aus der Tat erlangten „Etwas" spielen deshalb hier keine besondere Rolle.[80]

b) Der Tatbestand der Beschlagnahme nach § 111b

Prozessual wird eine Sicherstellung des aus der Tat erlangten Originalgegenstandes mittels Beschlagnahme nach § 111b durchgesetzt. Nach § 111b Abs. 1 kann ein Gegenstand zur Sicherung der Vollstreckung beschlagnahmt werden, wenn die Annahme begründet ist, dass die Voraussetzungen seiner Einziehung oder Unbrauchbarmachung vorliegen. Liegen *dringende* Gründe für diese Annahme vor, so soll die Beschlagnahme angeordnet werden. Damit beschreibt § 111b Abs. 1 auf Tatbestandsebene lediglich zwei Merkmale, die für eine Vermögensabschöpfungsmaßnahme vorliegen müssen.

Das erste Merkmal ist jenes der „Annahme…, dass die Voraussetzungen der Einziehung oder Unbrauchbarmachung eines Gegenstandes vorliegen." § 111b Abs. 1 StPO a.F. sprach noch davon, dass „Gründe für die Annahme vorhanden sind, dass die Voraussetzungen für ihren Verfall oder ihre Einziehung vorliegen", weshalb die allgemeine Meinung einhellig unter Rekurs auf § 152[81] eine gewisse, auf Tatsachen gestützte Wahrscheinlichkeit verlangte, dass es am Ende des Strafverfahrens zu einer Verfallsanordnung kommen würde. Hieran sollte sich durch die Reform 2017 trotz unterschiedlichen Wortlauts nichts ändern,[82] weshalb es zur Verwirklichung dieses Tatbestandsmerkmals weiterhin ausreicht, dass ein *Anfangsverdacht* für eine spätere Einziehungsanordnung vorliegt.

Als zweites Tatbestandsmerkmal hat der Gesetzgeber durch die Reform 2017 zum ersten Mal in der Geschichte der strafrechtlichen Vermögensabschöpfung mit der Formulierung „zur Sicherung der Vollstreckung" das sog. Sicherungsbedürfnis als Tatbestandsmerkmal ausdrücklich in der Strafprozessordnung kodifiziert.[83] Vor der Reform 2017 gab es dort kein äquivalentes Merkmal, es war jedoch allgemein anerkannt, dass aufgrund der nur geringen Tatbestandsvoraus-

80 Siehe dazu ausführlich unter B), V., 4.

81 Vgl. statt vieler: BTDrucks. 13 8651 S. 15; OLG Celle NStZ-RR 2008 203, 204; MüKo-StPO / *Bittmann* § 111b, 7; MAH-WiSt / *Rönnau* § 13, 5; für eine Rückkehr zu dringenden Gründen: *Kempf / Schilling* StraFo 2006 180, 185; *Lindemann* S. 412 ff.; *Theile* StV 2009 161, 166; DAV Stellungnahme 30/2016 S. 24 f.

82 BTDrucks. 18 9525 S. 75.

83 Hinweise darauf, dass das Sicherungsbedürfnis künftig nicht mehr positiv begründet werden müsste, vgl. *Bittmann* ZInsO 2018 370, 372 finden sich weder in den Gesetzesmaterialien, noch den §§ 111b, 111e selbst.

setzungen des § 111b Abs. 1 StPO a.F. ein solchermaßen verstandenes Korrektiv in den Tatbestand hineingelesen werden musste.[84] Dem jetzt ausdrücklich kodifizierten Sicherungsbedürfnis kommt angesichts der weiteren Absenkung der Eingriffsvoraussetzungen der §§ 111b ff. in Zukunft noch erheblichere Bedeutung zu als vor der Reform 2017. Ihm wird deshalb im weiteren Verlauf dieser Arbeit ein eigenes Kapitel gewidmet.[85]

Neben den Anordnungsvoraussetzungen in Absatz 1 regelt § 111b Abs. 2, dass die §§ 102 bis 110 für Vermögensabschöpfungsmaßnahmen entsprechend gelten. Der eher unscheinbaren Regelung kommt ganz erhebliche Bedeutung zu, denn der Verweis auf die Durchsuchungsvorschriften eröffnet den Strafverfolgungsbehörden die Möglichkeit, *nur* zum Auffinden von Vermögenswerten Durchsuchungsbeschlüsse zu erwirken. Das kann nicht nur für effektive Finanzermittlungen, sondern in erheblichem Ausmaß auch für möglichst effektive Vollziehungsmaßnahmen genutzt werden.[86]

c) Die Rechtsfolgenseite der Beschlagnahme nach § 111b

Auf Rechtsfolgenseite differenziert § 111b Abs. 1 danach, ob einfache oder dringende Gründe für die Annahme vorliegen, dass die Voraussetzungen der Einziehung oder Unbrauchbarmachung eines Gegenstandes am Ende des Strafverfahrens gegeben sein werden. Liegen dringende Gründe für die Annahme einer Einziehungsanordnung vor, *soll* die Beschlagnahme erfolgen; liegen hingegen nur einfache Gründe vor, steht die Beschlagnahme im *Ermessen* der Strafverfolgungsbehörden.

Die besondere Erwähnung der dringenden Gründe auf *Rechtsfolgenseite* darf nicht mit der ursprünglich einmal vorhandenen tatbestandlichen Regelung verwechselt werden, die Vermögensabschöpfungsmaßnahmen nur bei Vorliegen dringender Gründe ermöglichte.[87] Die Differenzierung zwischen der dringenden und der einfachen Annahme einer zukünftigen Einziehungsanordnung entscheidet lediglich über das Ermessen der Strafverfolgungsbehörden, eine nicht dringende Annahme schließt die Sicherungsmaßnahme entgegen der früheren Rechtslage jedoch nicht *per se* aus.

84 Siehe dazu ausführlich unter C), II.

85 Siehe dazu ausführlich unter C).

86 Vgl. dazu etwa MüKo-StPO / *Bittmann* § 111b, 14 ff.; umfassend *Faust* S. 168 ff.

87 Siehe dazu ausführlich unter B), IV.

d) Die Vollziehung der Beschlagnahmeanordnung

Ist eine Beschlagnahmeanordnung ausgebracht, muss sie zur Entfaltung ihrer Wirkung auch vollzogen werden. Wie dies geschieht, beschreibt § 111c unter Differenzierung der einzelnen Sicherungsgegenstände. Die Vorschrift definiert dabei zugleich, was unter dem Tatbestandsmerkmal des „Gegenstandes" in § 111b Abs. 1 Satz 1 zu verstehen ist, indem sie die Sicherungsgegenstände in den Absätzen 1 bis 4 in bewegliche und unbewegliche Sachen, Forderungen und anderen Vermögenswerte, Schiffe, Schiffsbauwerke und Luftfahrzeuge unterteilt. Die Vorschrift ist sehr kompliziert, weil sich die Vollziehung der Beschlagnahme an den zivilrechtlichen Vorschriften der Zwangsvollstreckung, der Zwangsversteigerung und der Zwangsverwaltung orientiert, die dem Strafrechtler nicht ohne weiteres zugänglich sind. Im Verlauf dieser Arbeit spielt die Vorschrift jedoch keine Rolle, weil es nicht um die Art und Weise der Vollziehung einer konkreten Beschlagnahmeanordnung in einen bestimmten Gegenstand, sondern lediglich um die abstrakten Wirkungen der Beschlagnahmeanordnung gehen wird.

e) Die Wirkung der Beschlagnahme

Die Wirkung der Vollziehung der Beschlagnahme ist in § 111d Abs. 1 Satz 1 HS 1 geregelt. Danach hat die Vollziehung der Beschlagnahme eines Gegenstandes die Wirkung eines Veräußerungsverbots im Sinne des § 136 des Bürgerlichen Gesetzbuches. Nach § 136 BGB steht ein Veräußerungsverbot, das von einem Gericht oder von einer anderen Behörde innerhalb ihrer Zuständigkeit erlassen wird, einem gesetzlichen Veräußerungsverbot im Sinne des § 135 BGB gleich. Dieser wiederum regelt, dass eine Verfügung über einen Gegenstand, die gegen ein gesetzliches Veräußerungsverbot verstößt, das nur den Schutz bestimmter Personen bezweckt, nur dieser Person gegenüber unwirksam ist. Da es kaum relative gesetzliche Verfügungsverbote gibt,[88] erweitert § 136 BGB den Anwendungsbereich des § 135 BGB erheblich.[89]

Über §§ 111d Abs. 1 Satz 1 HS 1, 136, 135 BGB bewirkt die Beschlagnahme, dass Verfügungen des Betroffenen über Gegenstände, die im Wege der Beschlagnahme gesichert wurden, (nur) dem Staat gegenüber unwirksam sind. Dem Betroffenen bleibt also auch nach der Sicherstellung grundsätzlich die Möglichkeit, wirksam gegenüber Dritten über den Gegenstand zu verfügen.

---

88 BeckOK-BGB / *Wendtland* § 135, 5; einschränkend MüKo-BGB / *Armbrüster* § 135, 10.

89 BeckOK-BGB / *Wendtland* § 136, 1; MüKo-BGB / *Armbrüster* § 136, 1.

Kommt es jedoch am Ende des Verfahrens zur Einziehungsanordnung, ist diese Verfügung dem Staat gegenüber wirkungslos.

f) Zusammenfassung

Die Einziehung eines aus der Tat erlangten Gegenstandes im Sinne des § 73 StGB wird durch Beschlagnahme nach § 111b gesichert. Die tatbestandlichen Anforderungen an eine solche Sicherungsmaßnahme sind gering und auf Rechtsfolgenseite steht den Strafverfolgungsbehörden bei Vorliegen einer dringenden Annahme kein Ermessen mehr zu. Das erweitert ihre Anwendung ganz erheblich.

Wird die Beschlagnahme vollzogen, führt das zu einem relativen Veräußerungsverbot im Sinne des § 135 BGB, das Verfügungen des Betroffenen über den sichergestellten Gegenstand dem Staat gegenüber unwirksam macht.

3. Die Einziehung von Wertersatz und ihre prozessuale Sicherung durch den Vermögensarrest

In der überwiegenden Zahl strafrechtlicher Vermögensabschöpfungsmaßnahmen kann der aus der Tat erlangte Originalgegenstand nicht mehr sichergestellt werden.[90] Das kann völlig unterschiedliche Ursache haben, die nicht immer auf dem Verhalten des Betroffenen beruhen müssen, sondern etwa auch in der Natur des aus der Tat Erlangten selbst begründet sein können. Als Beispiel hierfür lässt sich etwa die Veruntreuung von Firmenvermögen durch Zahlung von Scheinrechnungen nennen. Hier wird das Erlangte mit dem Vermögen des Betroffenen derart vermischt, dass eine Differenzierung nicht mehr möglich ist. Um auch in diesen Fällen dem Täter das aus der Tat Erlangte entziehen zu können, hat der Gesetzgeber die Vorschrift des § 73c StGB neu gefasst.

a) Die Einziehung des Wertes von Taterträgen nach § 73c StGB

Nach § 73c StGB ordnet das Gericht die Einziehung eines Geldbetrages an, der dem Wert des Erlangten entspricht, wenn die Einziehung eines Gegenstandes wegen der Beschaffenheit des Erlangten oder aus einem anderen Grund nicht möglich ist. Dieselbe Möglichkeit besteht auch dann, wenn von der Einziehung eines Ersatzgegenstandes nach § 73 Abs. 3 oder § 73b Abs. 3 StGB abgesehen worden ist. Außerdem entscheidet das Gericht auf Einziehung von Wertesatz neben einer Einziehung des Originalgegenstandes immer dann, wenn dessen

90 *Holznagel* Stellungnahme S. 7 spricht davon, dass das Verhältnis der Beschlagnahme zum Arrest bei ca. 5% liege.

Wert hinter dem Wert des zunächst Erlangten zurückbleibt, etwa weil sich die Sache in der Zwischenzeit verschlechtert hat. Die Vorschrift entspricht dem früheren Verfall des Wertersatzes, der in § 73a StGB a.F. geregelt war.

Ebenso wie die Einziehung nach § 73 StGB steht die Einziehung von Wertersatz nicht im Ermessen des Gerichts.[91] Das Gericht „ordnet" die Einziehung vielmehr immer dann an, wenn ihre Voraussetzungen vorliegen. Es handelt sich also um eine obligatorische Entscheidung.[92]

b) Tatbestand und Rechtsfolgenseite des Vermögensarrestes

Da der Originalgegenstand in Fällen des § 73c StGB nicht oder jedenfalls nicht in voller Höhe des aus der Tat Erlangten sicherungsfähig ist, scheidet aufgrund der hier bereits erläuterten Umstände eine Beschlagnahme nach § 111b aus bzw. ist sie für sich alleine genommen nicht ausreichend.[93] Für solche Fälle hat der Gesetzgeber auf prozessualer Seite deshalb das Sicherungsinstrument des Vermögensarrestes nach § 111e Abs. 1 vorgesehen. Der Vermögensarrest, der bis zur Reform 2017 noch als „dinglicher Arrest" bezeichnet wurde, entspricht im Übrigen sowohl auf Tatbestands-, als auch auf Rechtsfolgenseite denselben Anforderungen wie die Beschlagnahme. Es müssen zur Verwirklichung des Tatbestandes Gründe für die Annahme vorliegen, dass es bei Verfahrensabschluss zu einer Einziehung von Wertersatz kommt und es muss ein Sicherungsbedürfnis[94] gegeben sein. Auf Rechtsfolgenseite wird wiederum zwischen dringenden und einfachen Gründen für die Annahme einer solchen Einziehungsanordnung unterschieden und den Strafverfolgungsbehörden hiernach eine Ermessens- oder Sollentscheidung vorgegeben.[95]

Vermögensarrest und Beschlagnahme laufen damit grundsätzlich identisch ab, was konsequent ist, denn es wäre nicht zu erklären, wieso derjenige, der (zufällig) nicht (mehr) im Besitz des aus der Tat Erlangten ist, besser gestellt werden sollte als derjenige, bei dem der Originalgegenstand noch aufgefunden werden

91 BGH (1. Strafsenat) NStZ-RR 2018 241 f. „...jedenfalls in der vorliegenden Fallkonstellation...". Siehe aber einschränkend (auch) zur Wertersatzeinziehung BGH (5. Strafsenat) NStZ 2018 333 f. im Widerspruch zur Entscheidung des Senats in NStZ 2018 366, wonach die Einziehung zwingend vorgeschrieben sei.

92 Vgl. statt vieler: Kindhäuser / Neumann / Paeffgen / *Saliger* § 73a, 8; Schönke / Schröder / *Eser* § 73a, 9.

93 Siehe dazu ausführlich unter B), V., 2.

94 Kritisch zu der Frage, ob das Sicherungsbedürfnis alleine verfassungsrechtlichen Anforderungen genügt *Hinderer* StraFo 2018 66 f.

95 Siehe zu den beiden Tatbestandsvoraussetzungen deshalb bereits unter B), V., 2., c).

kann. Der wesentliche Unterschied zwischen Beschlagnahme und Vermögensarrest liegt in ihrer Vollziehung.

c) Die Vollziehung des Vermögensarrestes und deren Folgen

Wird der Vermögensarrest in das Vermögen des Betroffenen ausgebracht, so muss er zur Entfaltung seiner Sicherungswirkung auch *vollzogen* werden. Unter welchen Voraussetzungen eine solche Vollziehung möglich ist, regelt § 111f. Die Vorschrift unterscheidet dabei wie § 111c für die Vollziehung der Beschlagnahmeanordnung nach dem jeweiligen Vollziehungsgegenstand.[96] Als solcher kommen äquivalent zur Beschlagnahme bewegliche und unbewegliche Sachen, Forderungen und andere Vermögenswerte, Schiffe, Schiffsbauwerke und Luftfahrzeuge in Betracht. Die Folgen der Vollziehung des Vermögensarrestes entsprechen ebenfalls jenen der Beschlagnahme. Die Vollziehung des Vermögensarrestes hat nach § 111h Abs. 1 Satz 1 die Wirkung eines Veräußerungsverbots im Sinne des § 136 BGB.[97] Verfügungen des Betroffenen über den jeweiligen Sicherungsgegenstand sind dem Staat gegenüber deshalb relativ unwirksam.

Um die Chancengleichheit der Verletzten bei ihrer Restitution zu erhöhen, hat der Gesetzgeber mit der Reform 2017 in Abkehr von der bis dahin geltenden Rechtslage in § 111h Abs. 2 Satz 1 Zwangsvollstreckungen in Gegenstände, die im Wege der Arrestvollziehung gepfändet worden sind, für unzulässig erklärt. Er hat sich damit von dem sog. Zulassungsverfahren nach den §§ 111g, 111h StPO a.F. verabschiedet, wonach der Verletzte die Möglichkeit hatte, in die vom Staat bereits gesicherten Vermögenswerte die Zwangsvollstreckung zu betreiben und diese durch das Zulassungsverfahren auch dem Staat gegenüber für wirksam erklären zu lassen. Von diesem Vollstreckungsverbot während des laufenden Strafverfahrens sind über § 111h Abs. 2 Satz 2 lediglich die Zwangsvollstreckungshandlungen des Steuerfiskus ausgenommen,[98] soweit dessen Arrestanspruch aus der Straftat erwachsen ist.

Der Gesetzgeber hat mit der unscheinbaren Regelung in § 111h Abs. 2 das strafrechtliche Vermögensabschöpfungsrecht massiv verändert. Das gilt zunächst für den Umstand, dass nach aktuellem Recht der Verletzte nicht mehr in die vom Staat zu seinen Gunsten gesicherten Vermögenswerte vollstrecken darf, obwohl

96 Siehe dazu unter B), V., 2., d).

97 Siehe dazu unter B), V., 2., e).

98 Die praktisch kaum vorkommenden und im Gesetzgebungsverfahren ebenfalls unberücksichtigten Fälle der vorläufigen Sicherungsmöglichkeit von Sozialversicherungsbeiträgen über die Verweise auf die Abgabenordnung bleiben hier im weiteren Verlauf außen vor.

er derjenige ist, der durch die Tat geschädigt wurde. Dabei war es im Rahmen der Rückgewinnungshilfe bis dahin *gerade* das Ziel von Vermögensabschöpfungsmaßnahmen, dem Verletzten Vollstreckungsmasse zur Verfügung zu stellen, aus der er seine auf dem Zivilrechtsweg titulierten Ansprüche befriedigen konnte. Nunmehr wird ihm dieses Vorgehen untersagt.

Im Übrigen war es bis zur Reform gerade strittig, ob zu Gunsten des verletzten Steuerfiskus im Steuerstrafverfahren überhaupt Rückgewinnungshilfe betrieben werden durfte.[99] Hintergrund dieses Streits war, dass dem Steuerfiskus mit dem dinglichen Arrest nach § 324 AO ein eigenes Sicherungsmittel zur Verfügung steht, mit dem er seinen Anspruch gegenüber dem Steuerpflichtigen vorläufig sichern kann. Anders als der zivilrechtliche Schuldner muss er dafür keine gerichtliche Hilfe in Anspruch nehmen, sondern kann sich seinen Vollstreckungstitel selbst erwirken. Vor diesem Hintergrund war fraglich, ob dann überhaupt ein strafprozessuales Sicherungs*bedürfnis* des Steuerfiskus bestehen konnte oder ob dieser zur Sicherung seiner Ansprüche stets auf § 324 AO zu verweisen war. Mit der Einführung des Vollstreckungsprivilegs des Steuerfiskus in § 111h Abs. 2 Satz 2 hat der Gesetzgeber zu diesem Streit Stellung genommen und versucht, die Frage nach den Möglichkeiten der Schadenskompensation des Steuerfiskus im Steuerstrafverfahren einer Lösung zuzuführen.

Im weiteren Verlauf dieser Arbeit wird deshalb in jeweils einer schwerpunktmäßigen Betrachtung zum einen auf die Konsequenzen des Vollstreckungsverbot für den privatrechtlichen Verletzten,[100] darüber hinaus auch auf die unterschiedlichen (steuer-)rechtlichen Neuregelungen des § 111h Abs. 2 Satz 2 eingegangen werden.[101]

d) Zusammenfassung

Die Einziehung von Wertersatz wird durch einen Vermögensarrest gesichert. Der Vollzug dieses Vermögensarrestes ist nicht auf einen bestimmten Gegenstand begrenzt, sondern kann in das gesamte, auch legal erworbene Vermögen des Betroffenen ausgebracht werden. Ein vollzogener Vermögensarrest stellt einen massiven Eingriff in das Eigentumsgrundrecht dar und muss deshalb während seiner gesamten Dauer ganz besonders streng dahingehend überprüft werden, ob die Voraussetzungen seiner Aufrechterhaltung noch vorliegen.

---

99 Siehe dazu ausführlich unter D), I.

100 Siehe dazu ausführlich unter C), III.

101 Siehe dazu ausführlich unter D), V., 2.

4. Die Bestimmung des aus der Tat Erlangten

Aufgrund des Umstandes, dass der Vermögensarrest in das gesamte, auch legal erworbene Vermögen des Betroffenen ausgebracht werden kann, muss bereits im Vermögensarrest selbst ganz konkret bestimmt werden, was genau der Betroffene durch die Straftat erlangt haben soll. Diese Bestimmung kann mitunter sehr schwierig sein. So hat der Dieb eines 20.000,00 EUR teuren Kraftfahrzeug aus der Straftat unbestritten ein Kraftfahrzeug im Wert von 20.000,00 EUR erlangt. Was aber hat der Täter einer Bestechung aus der Tat erlangt, wenn er durch die Bestechungshandlung den Zuschlag für einen Bauauftrag bekommt? Den Werklohn? Den Werklohn abzüglich Eigenleistung? Was ist mit dem Vorteil gegenüber seiner unmittelbaren Konkurrenz etwa in Form von Aufträgen Dritter, die erst durch die Auftragsvergabe an den Täter auf diesen aufmerksam wurden?[102]

Das Beispiel macht deutlich, wie schwierig die Bestimmung des durch die Tat erlangten „Etwas" in § 73 Abs. 1 Satz 1 StGB bzw. die Bestimmung des „Wertes des Erlangten" in § 73c Abs. 1 Satz 1 StGB sein kann.

a) Historie

Das Tatbestandsmerkmal des erlangten Etwas hat seinen Ursprung in dem Gesetz zur Bekämpfung des illegalen Rauschgifthandels und anderer Erscheinungsformen der Organisierten Kriminalität (OrgKG) vom 15. Juli 1992.[103] Sprach das Gesetz zuvor von dem vom Täter erlangten „Vermögensvorteil", so vollzog sich mit der Ersetzung durch den Begriff „Etwas" der Übergang vom Netto- zum sog. Bruttoprinzip.[104] Der Betroffene konnte seitdem seine eigenen Aufwendungen, die er zur Vorbereitung oder Durchführung der Straftat aufbringen musste, nicht mehr verfallsreduzierend geltend machen. Vielmehr wurde alles, was der Täter aus der Straftat erlangt hatte, für verfallen erklärt, unabhängig davon, welche Aufwendungen der Betroffene zuvor erbracht hatte.

Der Gesetzgeber begründete diese Veränderung einerseits mit den Schwierigkeiten des Gerichts, die Aufwendungen des Täters ermitteln zu müssen, über diesen praktischen Aspekt hinaus aber vor allem rechtsdogmatisch damit, dass die Saldierungspflicht bei der Verfallsanordnung zu Wertungswidersprüchen

102 *Baretto da Rosa* NZWiSt 2018 215, 217 spricht davon, dass gerade im Bereich der Korruptionsdelikte festzustellen sei, dass der „...Ertrag...nicht im Werklohn des spezifischen Vertrags liegt, sondern im Renommee der Durchführung...".

103 BGBl. 1992 I S. 1302 ff.; LK / *Schmidt* vor § 73, 19.

104 BTDrucks. 12 1134 S. 12; BGH NStZ 2009 275, 277; BGHSt 47 369; Schönke / Schröder / *Eser* vor §§ 73 ff., 2a.

geführt habe.[105] In Anlehnung an den Rechtsgedanke des § 817 Satz 2 BGB sollte auch im strafrechtlichen Verfallsrecht das in ein verbotenes Geschäft Investierte unwiederbringlich verloren sein.[106]

In der Folgezeit entspann sich ein erheblicher Streit um das Bruttoprinzip. Fraglich war im Wesentlichen, ob zur vollumfänglichen Abschöpfung ein Kausalzusammenhang zwischen rechtswidriger Tat und dem Erlangen für die Annahme eines aus der Tat erwachsenen Vermögensvorteils ausreichend war oder ob darüber hinaus ein weiteres Korrektiv angenommen werden musste.[107]

b) Bemühungen des Gesetzgebers im Zuge der Reform 2017

Mit der Reform 2017 hat der Gesetzgeber den Versuch unternommen, das Bruttoprinzip näher zu konkretisieren und damit insbesondere den Streit zwischen erstem und fünftem Strafsenat des Bundesgerichtshofs zu der vorbezeichneten Frage einer Lösung zuzuführen.[108] Nach dem Willen des Gesetzgebers soll das neu eingeführte Wort „durch", welches das bisherige „aus" in § 73 StGB a.F. ersetzt, zum Ausdruck bringen, dass ein Kausalzusammenhang zwischen rechtswidriger Tat und dem Erlangen in Zukunft nicht nur erforderlich, sondern auch ausreichend ist.[109] Der Rechtsprechung des fünften Strafsenats des Bundesgerichtshof, der aus der Systematik des § 73 StGB a.F. für § 73 Abs. 1 Satz 1 StGB a.F. ein ungeschriebenes Tatbestandsmerkmal der Unmittelbarkeit zwischen Tat und erlangtem Etwas hergeleitet hat,[110] sollte dadurch der Boden entzogen und eine Einschränkung des Bruttoprinzips verhindert werden.[111] Der Streit muss hier nicht näher dargestellt werden, weil er auf die nachfolgend erörterten Fragen keine Auswirkungen hat.[112] Die Bestimmungen dessen, was der Täter einer Straftat durch diese überhaupt erlangt, wird lediglich im Rahmen der Überprüfung der vollstreckungsrechtlichen Privilegierung des Steuerfiskus nach § 111h

---

105 BTDrucks. 12 1134 S. 12.

106 BTDrucks. 12 1134 S. 12; siehe dazu ausführlich *Stamm* NJW 2014 2145 ff.

107 Siehe dazu umfassend: BTDrucks. 18 9525 S. 46 f.; *Hohn* wistra 2003 321 ff.; MüKo-StGB / *Joecks* § 73, 5 ff. und Schönke / Schröder / *Eser* § 73, 17 f.; *Korte* wistra 2018 1, 3 jeweils mit weiteren Nachweisen.

108 Siehe dazu grundlegend *Saliger* ZStW 129 995, 1010 ff.; *Rübenstahl* NZWiSt 2018 255 ff.

109 Siehe dazu umfassend *Köhler* NStZ 2017 497, 504 ff. auch mit Ausführungen zum Ordnungswidrigkeitenrecht.

110 BGHSt 47 260, 268 f.

111 BTDrucks. 18 11640 S. 78.

112 Die Frage, was genau zukünftig als „durch" die Tat erlangt zu bezeichnen ist, dürften die Ausführungen des Gesetzgebers jedoch nicht beantwortet haben, siehe zur Kritik: DRB Stellungnahme 19/16 S. 4; *Bittmann* KriPoZ 2016 120, 123.

Abs. 2 Satz 2 relevant werden.[113] Weitere Ausführungen zum Bruttoprinzip sind deshalb an dieser Stelle entbehrlich.[114]

c) Schätzung

Um das Gericht von umfangreichen Ermittlungspflichten über die Höhe des durch die Tat Erlangten zu befreien, hat der Gesetzgeber in § 73d Abs. 2 StGB die Möglichkeit vorgesehen, den Umfang und den Wert des Erlangten einschließlich der abzuziehenden Aufwendungen zu schätzen. Die Vorschrift entspricht dem Regelungsgehalt des § 73b StGB a.F.

Eine Schätzung hat für das Gericht den Vorteil, dass es unter Befreiung des Strengbeweisverfahrens,[115] unter Umständen mit Hilfe eines Sachverständigen, den Wert des Erlangten bestimmen kann.[116] Dies darf jedoch nicht „ins Blaue hinein" geschehen.[117] Das Gericht hat vielmehr die Grundlagen seiner Schätzung anzugeben und die Beweismittel, die ihm ohne unverhältnismäßige Schwierigkeiten zur Verfügung stehen, auszuschöpfen.[118]

d) Zusammenfassung

Die Bestimmung des aus einer Straftat Erlangten gehört zu den schwierigsten Fragen des Vermögensabschöpfungsrechts. Sie muss jedoch vor Erlass einer jeden Beschlagnahmeanordnung oder eines Vermögensarrestes beantwortet werden, weil nur so die Sicherungsmaßnahme hinreichend begründet werden kann. Was genau der Betroffene durch die Tat erlangt hat, ist nach Auffassung des Gesetzgebers rein kausal zu bestimmen.

5. Die Einziehung bei Dritten

Neben den Schwierigkeiten, die die Bestimmung des aus der Straftat Erlangten mit sich bringt, ist es in der Praxis auch nicht immer leicht herauszufinden, *wer* genau etwas aus der Straftat erlangt hat. Gerade das Wirtschaftsleben ist von der

---

113 Siehe dazu ausführlich unter D), V., 2., b).

114 Vgl. umfassend zum Streitstand Schönke / Schröder / *Eser* vor §§ 73 ff., 19 m.w.N.; *Rönnau* / *Begemeier* GA 2017 1 ff.

115 Vgl. zur Begrifflichkeit und ihrem Anwendungsbereich MüKo-StPO / *Trüg* / *Habetha* § 244, 34 ff.; LR / *Becker* § 244, 17 ff.

116 BGHSt 50 299, 311; Kindhäuser / Neumann / Paeffgen / *Saliger* § 73b, 4.

117 Zu Verteidigungsansätzen MAH-WiSt / *Rönnau* § 13, 390 ff.

118 BTDrucks. 12 1134 S. 12; BGH NStZ-RR 2001 327, 328; LK / *Schmidt* § 73b, 3.

Teilnahme juristischer Personen gekennzeichnet,[119] deren Vertreter nicht zwingend (unmittelbar) sich selbst, sondern regelmäßig „nur" die vertretene Gesellschaft bereichern wollen.[120] Mangels Täterstellung kommt in einem solchen Fall keine Einziehung über § 73 StGB des durch die Tat Erlangten bei der Gesellschaft in Betracht. Um diesen Vermögenszuwachs gleichwohl korrigieren zu können, erweitert § 73b Abs. 1 StGB die Möglichkeiten der Einziehung von Taterträgen über jene beim Täter und Teilnehmer hinaus auf die Einziehung von Taterträgen bei „anderen".[121] Der Begriff des „anderen" umfasst dabei jeden, der nicht Täter oder Teilnehmer der Straftat ist, durch sie aber etwas erlangt hat (Drittbegünstigte).[122]

Die Möglichkeiten der Einziehung bei anderen nach § 73b StGB gehen zurück auf § 73 Abs. 3 StGB a.F.,[123] dem in der Praxis ganz wesentliche Bedeutung zukam.[124] Hatte der Täter oder Teilnehmer für einen anderen gehandelt und hatte dieser dadurch etwas erlangt, so richtete sich eine Verfallsanordnung nach den Absätzen 1 und 2 gegen ihn. Genau wie in den aktuellen Absätzen 1 und 2 stand eine Verfallsanordnung gegenüber einem tatunbeteiligten Dritten nicht im Ermessen des Gerichts.[125] Oft entscheidendes und deshalb auch umstrittenstes Tatbestandsmerkmal bei § 73 Abs. 3 StGB a.F. war jenes des „Handeln für einen anderen".[126] Der Bundesgerichtshof unterschied zwischen sog. „Vertretungsfällen im weiteren Sinne, Verschiebungsfällen und Erfüllungsfällen".[127] Bei Vertretungsfällen war eine Verfallsanordnung ebenso unbestritten möglich, wie sie

119 Siehe dazu *Ceffinato* ZWH 2018 161 ff.

120 Siehe zur Abgrenzung ausführlich BGH BeckRS 2017 138870.

121 Siehe dazu umfassend *Köhler / Burkhard* NStZ 2017 665 ff.

122 BTDrucks. 18 9525 S. 46.

123 BTDrucks. 18 9525 S. 66.

124 Vgl. dazu etwa *Rhode* wistra 2012 85: „Diese Möglichkeit [des Drittempfängerverfalls] hat in der staatsanwaltschaftlichen Praxis der Vermögensabschöpfung erhebliche Bedeutung". Siehe auch *Schmid / Winter* NStZ 2002 8, 12.

125 Kindhäuser / Neumann / Paeffgen / *Saliger* § 73, 38; Lackner / Kühl / *Heger* § 73, 9.

126 Vgl. statt vieler: MüKo-StGB / *Joecks* § 73, 73 ff.; m.w.N.; Schönke / Schröder / *Eser* § 73, 34 ff.; MAH-WiSt / *Rönnau* § 13, 105 ff.

127 BGH NJW 2000 297. Zuvor war der BGH noch davon ausgegangen, ein Handeln für einen anderen im Sinne des § 73 Abs. 3 StGB liege vor, „wenn die rechtswidrige Tat objektiv bewirkt, daß diesem anderen unmittelbar ein Vermögensvorteil zufließt, und wenn der Handelnde dies im Interesse des Empfängers will.", BGH NJW 1991 367, 371. Im Übrigen nahm der BGH in dieser Entscheidung Bezug auf eine Entscheidung des OLG Düsseldorf, wonach das Handeln für einen anderen weder ein Auftrags- noch ein sonstiges Vertragsverhältnis voraussetzt und der Dritte nicht wissen muss, dass es sich um einen rechtswidrigen Vermögensvorteil handelt. Ein faktisches Handeln im Interesse

in Erfüllungsfällen ausgeschlossen war.[128] Umstritten war, ob auch bei den sog. „Verschiebungsfällen" eine Haftung des Dritten und damit eine Verfallsanordnung nach § 73 Abs. 3 StGB a.F. gegen ihn möglich war.[129]

Mit der Reform 2017 hat der Gesetzgeber versucht, diesen Streit aufzulösen[130] und die Unterscheidung der jeweiligen Fälle auch im Gesetz zum Ausdruck zu bringen.[131] Hierzu hat er die Einziehung von Taterträgen bei Tätern und Teilnehmern von der Einziehung von Taterträgen bei anderen getrennt. Die sog. Dritteinziehung wird nun selbstständig in § 73b StGB geregelt.[132]

Für die hiesige Arbeit hat die Vorschrift vor allem insofern Bedeutung, als sie deutlich macht, dass eine vorläufige Sicherstellung nicht auf den Täter oder Teilnehmer einer Straftat beschränkt sein muss, sondern auch als Eingriff in das Eigentumsgrundrecht ggf. völlig unbeteiligter Dritter möglich ist. Hier sind vorläufige Sicherstellungen folglich noch umfangreicher zu begründen, besteht in diesen Fällen gegen den Betroffenen doch nicht einmal ein Tatverdacht.

6. Die Bestimmung der Tat

Neben der Frage, wer etwas aus der Straftat erlangt hat, steht die Praxis der Vermögensabschöpfung regelmäßig auch bei Beantwortung der Frage, aus *welcher* Straftat der Betroffene einen Vermögenszuwachs erlangt hat, vor Problemen.[133] Anders als in den unmittelbar einleuchtenden Fällen strafrechtlicher Vermögensabschöpfung dergestalt, dass aus einer konkreten Straftat ein bestimmter Vermögenswert erlangt wurde und der Staat dem Betroffenen diesen entzieht, hält das Gesetz mittlerweile auch für Fälle unbekannter Straftaten Vermögensabschöpfungsmöglichkeiten vor.

---

des Dritten reichte aus, auch ohne dass dies nach außen erkennbar wurde, OLG Düsseldorf NJW 1979 992.

128 Vgl. statt vieler Schönke / Schröder / *Eser* § 73, 37a m.w.N.

129 BTDrucks. 18 9525 S. 56 f.; kritisch *Rönnau* Vermögensabschöpfung Rn. 126; Schönke / Schröder / *Eser* § 73, 37a.

130 Siehe auch zur Einziehung bei beim Erben *Bode / Peters* ZWH 2018 45 ff.

131 *Korte* wistra 2018 1, 5 f.; das Vorhaben scheint nicht gelungen zu sein, wie sich nun an der Entscheidung OLG Celle StraFo 2018 206 zeigt.

132 Siehe dazu ausführlich auch *Korte* NZWiSt 2018 231, 233 f.

133 Siehe zur Hinweispflicht nach § 265 Abs. 2 Nr. 1 OLG Koblenz NJW 2018 2505 f.

a) Die erweiterte Einziehung, § 73a StGB

Die erweiterte Einziehung nach § 73a StGB hat ihren Ursprung ebenfalls im OrgKG vom 15. Juli 1992,[134] mit dem die Vorschrift des sog. „Erweiterten Verfalls“ nach § 73d StGB a.F. eingeführt wurde. Das Gericht konnte danach den Verfall von Gegenständen anordnen, wenn Umstände die Annahme rechtfertigten, dass diese Gegenstände für rechtswidrige Taten oder aus ihnen erlangt wurden und das vermeintlich verwirklichte Strafgesetz auf die Vorschrift des § 73a StGB a.F. verwies. Möglich war damit etwa, das im Haus des überführten Drogenhändlers sichergestellte Bargeld für verfallen zu erklären, ohne dass auch nur der Versuch unternommen werden musste, nachzuweisen, aus welcher konkreten Straftat das Bargeld herrührte.

Durch die Reform 2017 ist der erweiterte Verfall nun in § 73a StGB als „Erweiterte Einziehung“ neu gefasst worden. Inhaltlich hat sich die Vorschrift durch die Neufassung nicht geändert, der Gesetzgeber hat jedoch ihren Anwendungsbereich erheblich erweitert. Das Gericht kann nun die Einziehung von Gegenständen des Täters oder Teilnehmers auch dann anordnen, wenn diese Gegenstände durch oder für eine andere rechtswidrige Tat erlangt wurden, *ohne* dass die vermeintlich verwirklichte Strafnorm ausdrücklich auf § 73a StGB verweisen muss. Die Neufassung knüpft damit einerseits an die bis dahin bestehenden Möglichkeiten des erweiterten Verfalls an und dient gleichzeitig der Umsetzung der Richtlinie 2014/42/EU, die in ihrem Artikel 5 Abs. 1 vorgibt, den Anwendungsbereich der erweiterten Einziehung grundsätzlich für alle Straftaten zu öffnen, die direkt oder indirekt zu einem wirtschaftlichen Vorteil führen können.[135] Die erweiterte Einziehung ist damit heute in allen Ermittlungsverfahren möglich, völlig unabhängig davon, ob ihnen überhaupt ein Vermögensdelikt zu Grunde liegt. Stellt die Staatsanwaltschaft etwa bei einer Trunkenheitsfahrt eine nicht plausible Menge Bargeld im Kraftfahrzeug des Betroffenen sicher und vermutet, das Geld stamme aus illegalen Betäubungsmittelgeschäften, wegen derer der Betroffene in der Vergangenheit schon einmal polizeilich in Erscheinung getreten ist, kann das Geld vorläufig sichergestellt werden.[136]

---

134 BGBl. 1992 I S. 1302 ff.

135 Richtlinie 2014/42/EU L 127/46 f.

136 Zu den Anforderungen der Rechtsprechung in Bezug auf die im Hauptverfahren notwendige richterliche Überzeugungsbildung der deliktischen Herkunft: BGH BeckRS 2016 04663: „uneingeschränkte Überzeugung“; BGHSt 40 371, 373.

Die Ermöglichung der erweiterten Einziehung nach § 73a StGB auf Fälle, die nicht dem Bereich der Organisierten Kriminalität zuzuordnen sind, war im Gesetzgebungsverfahren höchst umstritten.[137] Der Gesetzgeber berief sich darauf, die EU-Richtlinie zwinge zu einer Vergrößerung des Anwendungsbereichs der erweiterten Einziehung,[138] man habe mit dieser Regelung aber zugleich die Möglichkeiten des verfassungsrechtlich Zulässigen ausgeschöpft.[139]

Die Ausweitung der erweiterten Einziehung spielt vor allem im Zusammenhang mit der präventiven Sicherstellung eine Rolle, auf sie wird dort noch zurückzukommen sein.

b) Die selbständige Einziehung, § 76a StGB

Neben der erweiterten Einziehung von Taterträgen kennt das Strafgesetzbuch auch die Möglichkeit der selbständigen Einziehung, die in unterschiedlichen Formen erfolgen kann. Nach § 76a Abs. 1 StGB kann das Gericht eine selbständige Einziehung eines aus einer Straftat erlangten Gegenstandes anordnen, wenn wegen der Straftat keine bestimmte Person verfolgt oder verurteilt werden kann, die Voraussetzungen der Einziehung oder Unbrauchbarmachung im Übrigen aber vorliegen.

Besondere Brisanz kommt im Rahmen der selbständigen Einziehung § 76a Abs. 4 StGB zu, der über die Möglichkeiten der erweiterten Einziehung nach § 73a StGB hinaus die Einziehung eines aus einer rechtswidrigen Tat herrührenden Gegenstandes sogar dann ermöglicht, wenn der Beschuldigte *nicht* verurteilt werden kann. Voraussetzung ist lediglich, dass der Gegenstand in einem Verfahren wegen des Verdachts einer in § 76a Abs. 4 Satz 3 StGB genannten Straftat sichergestellt worden ist.[140] Wird dem Beschuldigten etwa Steuerhinterzie-

137 Siehe etwa OStVV Stellungnahme vom 31.5.2016 S. 5 ff.; DAV Stellungnahme 30/2016 S. 13 ff.

138 BTDrucks. 18 9525 S. 63; BTDrucks. 18 11640 S. 1 und 4; a.A.: OStVV Stellungnahme vom 31.5.2016 S. 5 ff.; ebenso *Gericke* Stellungnahme S. 7; *Meißner* Stellungnahme S. 15 ff.; mit massiven Argumenten auch DRB Stellungnahme 19/16 S. 3; zustimmend *Trüg* NJW 2017 1913, 1915.

139 *Lange* Plenarprotokoll 18 193 S. 19227.

140 Für eine Ausweitung dieses Katalogs auf Korruptions- und weitere Wirtschaftsdelikte *Meyer* StV 2017 343, 352, der darauf verweist, dass „die Dimension der manipulativen Infiltration von Wirtschaft und Gesellschaft durch kriminell erlangtes Vermögen und die damit korrespondierende ökonomische und sozialpolitische Relevanz der Vermögensabschöpfung…weder in der gesellschaftlichen noch in der justiziellen Diskussion präsent“ sei.

hung nach § 370 Abs. 3 Nummer 5 AO vorgeworfen und im Rahmen des Ermittlungsverfahrens sein Konto gepfändet, so kann das auf dem Konto befindliche Geld vom Justizfiskus sogar dann eingezogen werden, wenn der Beschuldigte freigesprochen wird.

Diese sog. „non-conviction-based confiscation" war im Rahmen der Reform 2017 eine der umstrittensten Neuregelungen.[141] Der Gesetzgeber vertrat die Auffassung, mit diesem aus dem anglo-amerikanischen Rechtskreis bekannten Institut ein Abschöpfungsinstrument einzuführen, das es ermöglicht, Vermögen unklarer Herkunft unabhängig vom Nachweis einer konkreten rechtswidrigen Tat selbstständig einzuziehen, wenn das Gericht davon überzeugt ist, dass der sichergestellte Gegenstand aus irgendeiner rechtswidrigen Tat herrührt, ohne dass diese Tat im Einzelnen festgestellt werden müsste.[142]

Die Bedenken gegen die Vorschrift des § 76a Abs. 4 StGB waren massiv.[143] Auf sie wird noch umfangreich einzugehen sein.[144]

7. Ausschluss der Einziehung

Wie bereits mehrfach erwähnt stehen die Einziehung und die Einziehung des Wertersatzes nach dem Wortlaut des Gesetzes[145] nicht im Ermessen des Gerichts. Liegen ihre Voraussetzungen vor und sind keine Ausschlussgründe gegeben, so ist auf eine Einziehung zu erkennen.[146] Ist die Einziehung hingegen ausgeschlossen, so kommt auch keine vorläufige Sicherstellung in Betracht.

a) Erlöschen des Anspruchs des Verletzten, § 73e Abs. 1 StGB

Die Einziehung nach §§ 73 bis 73c StGB und damit auch eine vorläufige Sicherung nach den §§ 111b ff. werden etwa von § 73e Abs. 1 StGB ausgeschlossen,

---

141 Siehe zum Referentenentwurf OStVV Stellungnahme vom 31.5.2016 S. 14 ff.; DRB Stellungnahme 9/16 S. 4; DAV Stellungnahme 30/2016 S. 15 ff.; BRAK Stellungnahme 15/2016 S. 6 f.; *Gebauer* ZRP 2016 101, 104; OStVV Stellungnahme vom 21.9.2016 S. 3 f.; siehe zur unberechtigten Kritik an der Kritik *Meyer* StV 2017 343.

142 BTDrucks. 18 9525 S. 58.

143 Siehe beispielshalber OStVV Stellungnahme vom 31.5.2016 S. 14; DAV Stellungnahme 30/2016 S. 15 ff.; DAV Stellungnahme 39/2016 S. 4 f.; DRB Stellungnahme 9/16 S. 4.

144 Siehe dazu ausführlich unter E), VI.

145 Siehe aber BGH NStZ 2018 333; *Korte* NZWiSt 2018 231, 232 lehnt hingegen eine „...gesetzlich nicht geregelte 'Verhältnismäßigkeitsprüfung' durchzuführen" für die Verfahrenstadien vor der Vollstreckung ab.

146 Zur Vermögensabschöpfung durch Verzicht des Betroffenen, MAH-WiSt / *Rönnau* § 13, 425 ff.; *Gerlach* / *Manzke* StraFo 2018 101 ff.; KMR / *Metzger* vor §§ 421, 14 ff.

soweit der Anspruch, der dem Verletzten aus der Tat auf Rückgewähr des Erlangten oder auf Ersatz des Wertes des Erlangten erwachsen ist, erloschen ist.

Diese auf den ersten Blick unscheinbare, mit der Reform 2017 eingeführte, Vorschrift hat die grundlegende Dogmatik des Vermögensabschöpfungsrechts massiv verändert. Der Gesetzgeber hat mit der Neufassung des § 73e Abs. 1 StGB die strafrechtliche Vermögensabschöpfung nämlich erstmals umfassend in die Hände des Verletzten gelegt und den originären Einziehungsanspruch des Justizfiskus akzessorisch an den aus der Tat erwachsenen Anspruch des Verletzten geknüpft. § 73e Abs. 1 StGB sei dadurch besonders vergleichsfreundlich und stärke die Privatautonomie, heißt es dazu in der Gesetzesbegründung.[147] *Staatliche* Vermögensabschöpfung ist damit in Fällen mit individuellen Verletzten nicht mehr ausschließlich von der Entscheidung der Staatsanwaltschaften oder der Gerichte, sondern in ganz erheblichem Umfang von dem Willen des Verletzten abhängig. Das hat vor allem Auswirkungen auf die Auslegung des Sicherungsbedürfnisses in §§ 111b Abs. 1, 111e Abs. 1, der deshalb in dieser Arbeit ein eigener Schwerpunkt gewidmet wird.[148]

b) Die Hinterlegung der Lösungssumme, § 111e Abs. 4

Die vorläufige Sicherstellung von Vermögenswerten ist nicht nur dann ausgeschlossen, wenn der Anspruch des Verletzten erloschen ist, über § 111e Abs. 4 hat der Betroffene vielmehr auch die Möglichkeit, einen im Vermögensarrest bezeichneten Geldbetrag zu hinterlegen, um so dessen Vollziehung abzuwenden oder sie aufheben zu lassen.[149] Die Hinterlegung führt dabei nicht zur Aufhebung des Vermögensarrestes selbst, sondern lediglich dazu, dass sein *Vollzug* aufgehoben bzw. gehemmt wird. Die Arrestanordnung als *causa* der Vollziehung bleibt bestehen, sie dient im weiteren Verlauf des Verfahrens als Rechtsgrund für die Hinterlegung.

Die Hinterlegung war schon vor der Reform ein eher stumpfes Schwert des Betroffenen. Regelmäßig umfassten dingliche Arreste ohnehin sein gesamtes Vermögen, so dass er keine Ressourcen zur Verfügung hatte, die er hätte hinterlegen können. Nach der Reform kommt der Hinterlegung bei korrekter Anwendung

147 BTDrucks. 18 9525 S. 69.

148 Siehe dazu ausführlich unter C).

149 Auch wenn das Gesetz dem Wortlaut nach auf eine vollständige Hinterlegung abstellt, wird im Falle einer Teilhinterlegung die Maßnahme ebenfalls aufzuheben sein. Sie ist dann nämlich in Höhe der hinterlegten Summe *unverhältnismäßig*, auch wenn das in der Praxis auf Seiten der Staatsanwaltschaften mitunter bestritten wird. Wie hier im Ergebnis ebenso *Reitemeier / Koujouie* S. 46.

der Vermögensabschöpfungsvorschriften eigentlich gar keine Bedeutung mehr zu, denn hat der Betroffene ausnahmsweise genug finanzielle Mittel für eine Hinterlegung, so scheidet nach der Gesetzesbegründung eine Vollziehung des Vermögensarrestes schon mangels Sicherungsbedürfnisses aus.[150]

c) *Verhältnismäßigkeitsgrundsatz*

Die grundsätzlich bestehende Möglichkeit, die Arrestvollziehung durch Hinterlegung abzuwenden, ist Ausdruck des Grundsatzes der Verhältnismäßigkeit, der über diese Vorschrift hinaus noch an anderen Stellen des Gesetzes ausdrücklich Niederschlag gefunden hat. So brachte etwa § 73c StGB a.F. schon vor der Reform als Korrektiv der nicht ins Ermessen der Strafjustiz gestellten Verfallsanordnung zum Ausdruck, dass eine solche ausgeschlossen war, wenn sie eine unbillige Härte darstellte und damit gegen das Übermaßverbot verstieß.[151] Nach der Abschaffung des § 73c StGB a.F. wird dem Verhältnismäßigkeitsgrundsatz bei Vermögensabschöpfungsmaßnahmen nunmehr ausdrücklich vor allem durch § 459g Abs. 4 Satz 1 im *Strafvollstreckungsverfahren* Geltung verschafft. Danach unterbleibt die Vollstreckung auf Anordnung des Gerichts, soweit der Wert des Erlangten nicht mehr im Vermögen des Betroffenen vorhanden ist oder die Vollstreckung sonst unverhältnismäßig wäre.

Neben dieser ausdrücklichen Normierung gilt der Grundsatz der Verhältnismäßigkeit als verfassungsrechtliches Prinzip nach einhelliger Auffassung aber *allumfassend* bei *allen* Vermögensabschöpfungsmaßnahmen und in jedem Verfahrensstadium,[152] unabhängig davon, ob er im Gesetz ausdrücklich Erwähnung gefunden hat.[153] Mit der Gesetzesbegründung zur Reform 2017 hat der Gesetzgeber darüber hinaus ausdrücklich klargestellt, dass auch die „Soll-Vorschrift“ des

---

150 BTDrucks. 18 9525 S. 76: „Verfügt der Betroffene etwa über ausreichendes Vermögen, gibt es keinen Grund, die Vollstreckung der gerichtlichen Wertersatzeinziehung zu sichern. Die Anordnung des Vermögensarrestes wäre damit rechtswidrig.“; siehe zur praktischen Relevanz der Hinterlegung auch MAH-WiSt / *Rönnau* § 13, 190.

151 BGHSt 47 369, 376; BGH NJW 2009 2755, 2756; Kindhäuser / Neumann / Paeffgen / *Saliger* § 73c, 1; Lackner / Kühl[28] / *Heger* § 73c, 1; *Köhler* NZWiSt 2018 226, 227 f. sah darin eine „Einschränkung der Vermögensabschöpfung, die mit Blick auf die hohe kriminalpolitische Bedeutung des Instruments nicht in Einklang zu bringen war.“. Das sich daraus ergebende Rangverhältnis zwischen Verhältnismäßigkeit und Kriminalpolitik ist bemerkenswert.

152 So trotz Abschaffung von § 111b Abs. 3 StPO a.F. nun ausdrücklich OLG Stuttgart NJW 2017 3731; *Köhler / Burkhard* NStZ 2017 665, 677; zur vorläufigen Sicherstellung *Korte* wistra 2018 1, 11.

153 Siehe nur BVerfG NStZ 2006 639, 640; BVerfG StraFo 2005 338 f.; MAH-WiSt / *Rönnau* § 13, 182; SK-StPO / *Rogall* § 111b, 15; Schönke / Schröder / *Eser* § 73c, 1; in diesem Sinne auch BGH NStZ 2018 333; *Wunderlich* Plenarprotokoll 18/193 S. 19228

§ 111e Abs. 1 Satz 2 den Verhältnismäßigkeitsgrundsatz unberührt lässt und insbesondere in Bagatellfällen besonders sorgfältig zu prüfen sein wird, ob die Anordnung des Vermögensarrestes verhältnismäßig ist.[154]

Die Anforderungen, die die Praxis dabei an die *Un*verhältnismäßigkeit einer vorläufigen Sicherungsmaßnahme stellt, sind regelmäßig sehr hoch. So ist eine Maßnahme von Gesetzes wegen nicht etwa schon deshalb unverhältnismäßig, weil der Betroffene die finanziellen Ressourcen für die Kosten seiner Verteidigung, seines Unterhalts oder des Unterhalts seiner Familie benötigt und das, obwohl es den Ermittlungsbehörden durch den Vermögensarrest ermöglicht wird, auf das gesamte, auch *legal* erworbene Vermögen des Beschuldigten zuzugreifen.[155] Unter Berücksichtigung der Konsequenzen, welche die Vermögensabschöpfung dadurch für den Betroffenen haben kann, ist es nachvollziehbar, dass in der Literatur die Auswirkungen der Vermögensabschöpfung mit jenen der Untersuchungshaft verglichen werden[156] und es nach wie vor Stimmen gibt, die für eine solch einschneidende Maßnahme wie den Vermögensarrest das Vorliegen dringender Gründe auf Tatbestandsebene fordern.[157]

Bei der Beschäftigung mit Fragen rund um das strafrechtliche Vermögensabschöpfungsrecht müssen diese Auswirkungen auf den Betroffenen immer im Auge behalten und bei der Auslegung von Streitfragen berücksichtigt werden. Vermögensabschöpfung ist eine einschneidende, das Leben des Betroffenen erheblich beeinträchtigende und mit Blick auf Art. 2 Abs. 1, 12 oder 14 GG verfassungsrechtlich äußerst relevante Maßnahme.[158]

---

regt die Überlegung eines Straftatenkatalogs für Vermögensabschöpfungsmaßnahmen an; a.A.: *Korte* NZWiSt 2018 231, 232.

154 BTDrucks. 18 9525 S. 77; kritisch dazu, ob das im Einzelfall auch geschehen wird: *Greeve* ZWH 2017 277, 282.

155 OLG Stuttgart NJW 2017 3731, 3732; es wurde deshalb im Rahmen der Reform auch eine § 121 entsprechende Vorschrift für Vermögensabschöpfungsmaßnahmen angeregt, Wistev RefE-Stellungnahme S. 6.

156 *Meißner* KriPoZ 2017 237, 240 spricht von Verhaftung der wirtschaftlichen Mittel; Quedenfeld / Füllsack / *Bach* Verteidigung in Steuerstrafsachen Rn. 964; *Theile* StV 2009 161: „wirtschaftliche Freiheitsberaubung an einem Unschuldigen"; SSW-StPO / *Burghart* § 111e, 7.

157 *Lindemann* S. 412 ff.; *Theile* StV 2009 161, 166; im Ergebnis wohl auch *Kempf* / *Schilling* StraFo 2006 180, 185 f.

158 Vgl. dazu grundlegend BVerfG NStZ 2006 639, 640; BVerfG StraFo 2005 338 f.; SK-StPO / *Rogall* § 111b, 15 m.w.N.

d) Zusammenfassung

Für den von Vermögensabschöpfungsmaßnahmen Betroffenen gibt es in der Praxis kaum Möglichkeiten, diese abzuwenden. Zwar gelten neben dem allgemeinen Verhältnismäßigkeitsgrundsatz auch konkrete gesetzliche Ausschlussnormen, in vielen Fällen wird es dem Betroffenen jedoch schon an den tatsächlichen Mitteln fehlen, einen solchen Ausschluss zu bewirken. Ein Vergleich mit dem Verletzten oder auch die Hinterlegung einer Sicherheit kommen in den allermeisten Fällen nicht in Betracht, weil sich der Vermögensarrest hier auf das gesamte Vermögen des Betroffenen erstreckt und es ihm damit an finanziellen Mitteln zum Ausgleich mit dem Verletzten bzw. zur Hinterlegung fehlt. Verfügt der Betroffene hingegen tatsächlich einmal über weitere Vermögenswerte, scheitert der Vermögensarrest schon am Sicherungsbedürfnis und darf deshalb erst gar nicht vollzogen werden.

8. Die Vollstreckung der Einziehungsentscheidung

Liegt keiner der vorbezeichneten Gründe für den Ausschluss der Einziehung vor, ordnet das Gericht sie an und es kommt zu ihrer Vollstreckung. Mit der Reform 2017 hat der Gesetzgeber diese Vollstreckung der Einziehung in den §§ 459g ff. umfassend neu geregelt. Ausgangspunkt der Vollstreckung der Einziehungsentscheidung ist § 459g Abs. 1, wonach die Einziehung einer Sache dadurch vollstreckt wird, dass die Sache demjenigen, gegen den sich die Anordnung richtet, weggenommen wird. Wie das geschieht, bestimmt sich nach den Vorschriften des Justizbeitreibungsgesetzes.

Für die hiesige Arbeit ist in Bezug auf die Vollstreckung einer Einziehungsentscheidung vor allem das Verständnis des § 459g Abs. 4 von Bedeutung. Die Vorschrift sieht vor, dass das Gericht den Ausschluss der Vollstreckung der Einziehung nach den §§ 73 bis 73c StGB anordnet, soweit der Anspruch auf Rückgewähr des Erlangten oder auf Ersatz des Wertes des Erlangten, der dem Verletzten aus der Tat erwuchs, erloschen ist. Die Vollstreckung wird damit ebenso wie die Anordnung der Einziehung und ihre vorläufige Sicherung vom Bestehen des Verletztenanspruchs abhängig gemacht. Die Norm ist Ausdruck einer erheblichen Veränderung der dogmatischen Grundlagen der Vermögensabschöpfung durch die Reform 2017, worauf im Rahmen der Auswirkungen der Reform auf die vorläufige Sicherstellung im Zusammenhang mit individuellen Verletzten noch umfassend eingegangen wird.[159]

---

159 Siehe dazu ausführlich unter C), III.

9. Die Berücksichtigung der Rechte des Verletzten

Vermögensdelinquenz ist materiell-rechtlich dadurch gekennzeichnet, dass ein Täter einem Opfer im weitesten Sinne einen Vermögensnachteil zufügt. Das Opfer spielte deshalb bei Fragen zur Vermögensabschöpfung schon immer eine zentrale Rolle. Durch die Reform 2017 hat sich das nicht verändert, sondern im Gegenteil, hat der Gesetzgeber das Reformvorhaben ausdrücklich damit begründet, eine vereinfachte Opferentschädigung herbeiführen zu wollen und damit die Rechte des Opfers zu stärken. Die Regelungen der Vermögensabschöpfung werden nur demjenigen zugänglich, der die damit verbundenen Rechte und Pflichten des Opfers kennt. An dieser Stelle soll deshalb ein grundlegendes Verständnis des Zusammenspiels zwischen staatlicher Vermögensabschöpfung einerseits und Opferrestitution andererseits geschaffen werden.

a) Die Berücksichtigung der Ansprüche des Opfers nach § 73 Abs. 1 Satz 2 StGB a.F. und das Verfahren der Rückgewinnungshilfe nach § 111b Abs. 5 StPO a.F.

Bis zur Reform 2017 war der Verfall nach § 73 Abs. 1 Satz 2 StGB a.F. ausgeschlossen, soweit dem Verletzten aus der Tat ein Anspruch erwachsen war, dessen Erfüllung dem Täter oder Teilnehmer den Wert des aus der Tat Erlangten entzogen hätte. § 73 Abs. 1 Satz 2 StGB a.F. war eine der wichtigsten Vorschriften des gesamten Vermögensabschöpfungsrechts, denn durch sie kam die Grundsatzentscheidung des Gesetzgebers zum Ausdruck, dass der Staat mit seinen Verfallsansprüchen hinter jene Ansprüche des Verletzten auf Schadenskompensation zurücktritt, wodurch verhindert werden sollte, dass der dem Geschädigten zustehende Vermögenswert des Täters durch den Staat vereinnahmt wird.

Um den Verletzten einer Straftat bei der Restitution aber nicht gänzlich alleine zu lassen, sah § 111b Abs. 5 StPO a.F. das Rechtsinstitut der sog. Rückgewinnungshilfe vor. Der Staat konnte danach auch in den Fällen, in denen wegen § 73 Abs. 1 Satz 2 StGB a.F. eine Verfallsanordnung *ipso iure* ausschied, Vermögenswerte des Betroffenen beschlagnahmen. Die Vermögensabschöpfungsmaßnahme diente in diesen Fällen nur dazu, dem Verletzten Vermögenswerte des Betroffenen zur Verfügung zu stellen, in die er dann die Zwangsvollstreckung betreiben konnte. Um in den durch die Vollziehung des Arrestes entstandenen Rang des Staates einzutreten, musste der Verletzte lediglich einen zivilrechtlichen Titel erwirken und nach §§ 111g, 111h StPO a.F. einen Antrag auf Zulassung der Zwangsvollstreckung stellen. Wurde der Verletzte selbst hingegen nicht aktiv, erwarb der Staat drei Jahre nach Rechtskraft des Strafurteils über § 111i Abs. 5 StPO a.F. die Vermögenswerte stellvertretend für ihn. Damit wurde verhindert, dass die sichergestellten Vermögenswerte an den Täter zurückgegeben werden mussten, nur weil sich der Verletzte nicht um Schadenskompensation bemüht hatte und dem Staat wegen § 73 Abs. 1 Satz 2 StGB a.F. eine eigene Verfallsanordnung verwehrt war.

Mit der Reform 2017 hat der Gesetzgeber sowohl § 73 Abs. 1 Satz 2 StGB a.F. als auch damit einhergehend das Rückgewinnungshilfeverfahren und den staatlichen Auffangrechtserwerb abgeschafft.[160] Grundsätzlich unabhängig von den Ansprüchen des Verletzten[161] ergeht nun eine staatliche Einziehungsanordnung in Höhe des durch die Straftat Erlangten.

b) Die Akzessorietät des staatlichen Einziehungsanspruchs nach § 73e Abs. 1 StGB

Durchbrochen wird dieser Grundsatz allumfassender staatlicher Vermögensabschöpfung vor allem durch § 73e Abs. 1 StGB. Eine Einziehung ist danach ausgeschlossen, soweit der Anspruch auf Rückgewähr des Erlangten oder auf Ersatz des Wertes des Erlangten, der dem Verletzten aus der Straftat erwachsen ist, erloschen ist. Der Anspruch erlischt nicht nur dadurch, dass er befriedigt wird, sondern etwa auch dadurch, dass sich Betroffener und Verletzter auf einen Vergleich einigen oder der Verletzte dem Betroffenen seine Schuld nach § 397 BGB erlässt.[162]

Die staatliche Vermögensabschöpfung liegt damit in Fällen mit individuellen Verletzten erstmals umfassend in den Händen der Verletzten. Während nach alter Rechtslage Vermögenswerte gerade dann abgeschöpft werden konnten, wenn der Verletzte seine Ansprüche *nicht* in voller Höhe geltend machte, gilt dies nun nach der ausdrücklichen Erklärung des Gesetzgebers zur Reform 2017 nicht mehr.[163] Auf die massiven Auswirkungen, die mit dieser Möglichkeit des Verletzten einhergehen, wird im Rahmen der Erörterung der Folgen der Reform auf die vorläufige Sicherstellung in Fällen mit individuellen Verletzten vertieft einzugehen sein.

160 Auf die Frage des Abgeordneten *Ströbele*, warum man § 73 Abs. 1 Satz 2 StGB a.F. überhaupt streiche, lautete die Antwort des Abgeordneten *Luczak*, der das Gesetzgebungsvorhaben im Rechtsausschuss federführend begleitete: „Deswegen!", vgl. Plenarprotokoll 18/193 S. 19231.

161 Zur Ausnahme des § 73e Abs. 1 StGB sogleich.

162 Siehe dazu ausführlich unter C), III., 2.

163 BTDrucks. 18 9525 S. 69. Siehe dazu ausführlich unter C), III., 2., b).

c) Die Entschädigung des Verletzten im Vollstreckungsverfahren

Verzichtet der Verletzte nicht auf seinen Anspruch, kann er sich seit der Reform 2017 zu seiner Entschädigung unmittelbar an den Staat halten. Die Opferentschädigung ist heute zentral in § 459h geregelt. Die Vorschrift ist Ausdruck des gesetzgeberischen Vorhabens einer grundlegenden Veränderung der Opferentschädigung, die nun grundsätzlich im Vollstreckungsverfahren durch die Staatsanwaltschaft als Vollstreckungsbehörde erfolgt.[164] Sie unterscheidet dabei abermals zwischen einer Beschlagnahmeanordnung in Absatz 1 und dem Vermögensarrest in Absatz 2.

Nach § 459h Abs. 1 wird ein nach §§ 73 bis 73b des Strafgesetzbuches eingezogener Gegenstand dem Verletzten zurückübertragen, wenn ihm ein Anspruch auf Rückgewähr des Erlangten aus der Straftat erwachsen ist. Wurde hingegen die Einziehung des Wertersatzes nach §§ 73c ff. StGB angeordnet, wird der Erlös aus der Verwertung der aufgrund des Vermögensarrestes oder der Einziehungsanordnung gepfändeten Gegenstände an den Verletzten ausgekehrt, § 459h Abs. 2.

Wie genau die Restitution des Verletzten erfolgt, regeln die §§ 459j, 459k. Musste der Verletzte vor der Reform 2017 einen zumindest vorläufig vollstreckbaren Titel erstreiten und zur wirksamen Vollstreckung in die gesicherten Vermögenswerte einen Zulassungsantrag nach §§ 111g, 111h StPO a.F. stellen,[165] so kann er seinen Anspruch nunmehr innerhalb von sechs Monaten nach Mitteilung der Rechtskraft der Einziehungsanordnung bei der Vollstreckungsbehörde anmelden, *ohne* einen solchen Titel vorlegen zu müssen. Er kann seinen Anspruch schlicht mit dem Vortrag von Tatsachen begründen. Urkunden, aus denen sich der Anspruch ergibt, *soll* er dem Antrag lediglich in Kopie beifügen. Erst wenn er die Sechsmonatsfrist verpasst hat und die Voraussetzungen der Wiedereinsetzung nicht vorliegen, muss er zur Begründung seines Anspruchs der Staatsanwaltschaft einen Vollstreckungstitel im Sinne der §§ 704, 794 ZPO vorlegen, in dem der geltend gemachte Anspruch festgestellt ist.

d) Ausschluss der Zwangsvollstreckung

Neben dieser erheblichen Erweiterung der Möglichkeiten des Verletzten zur Schadloshaltung im Strafverfahren hat der Gesetzgeber die Rechte des Opfers einer Straftat durch die Reform 2017 zugleich aber in einem wesentlichen Punkt massiv beschnitten. In Abkehr von den bisherigen Regelungen in

---

164 BTDrucks. 18 9525 S. 94.

165 Siehe dazu ausführlich LR / *Johann* § 111g, 11 ff.

§§ 111g, 111h StPO a.F. sieht § 111h Abs. 2 Satz 1 nunmehr ein ausdrückliches Vollstreckungsverbot für das Opfer einer Straftat in Gegenstände vor, die im Wege der Arrestvollziehung gepfändet worden sind.[166] Das wiederum stellt eine Lossagung von den bis dahin geltenden Zulassungsverfahren der §§ 111g, 111h StPO a.F. dar und zog im Gesetzgebungsverfahren viel Kritik auf sich.

Insbesondere wurde etwa von Seiten der Bundesrechtsanwaltskammer kritisiert, dass durch die Verlagerung der Opferentschädigung in das Vollstreckungsverfahren die Schadenskompensation zwingend *nach* Rechtskraft des Strafurteils erfolgt und das Opfer deshalb mitunter erst viele Jahre nach dem schädigenden Ereignis einen Ausgleich seines Schadens erwarten darf.[167] Ursprünglich hatte der Gesetzgeber dabei sogar vorgesehen, dass im Vollstreckungsverfahren nicht mehr der Staatsanwalt oder das Gericht, sondern der Rechtspfleger[168] der Staatsanwaltschaft über die Herausgabe entscheiden sollte,[169] was wiederum bei der Justiz auf erhebliche Kritik stieß.[170]

Als Reaktion auf diese Kritik der Justiz hat der Gesetzgeber in einer Art Kompromisslösung festgelegt, der befürchteten Überlastung der Rechtspfleger dadurch entgegenzutreten, dass die Entscheidung über die Entschädigung der Verletzten immer dann dem Gericht übertragen ist, wenn sich die Anspruchsberechtigung des Antragstellers nicht ohne weiteres aus der Einziehungsanordnung und ihren zugrunde liegenden Feststellungen ergibt.[171] Die Kritik der Bundesrechtsanwaltskammer blieb ungehört.[172]

---

166 Kritisch schon Wistev RefE-Stellungnahme S. 10 mit Alternativvorschlägen.

167 BRAK Stellungnahme 15/2016 S. 3.

168 „Im Übrigen legt der Gesetzentwurf die Entschädigung bewusst in die Hand der Rechtspfleger, da diese aufgrund ihrer hervorragenden Ausbildung in der Lage sind, auch schwierige rechtliche Fragen zu beurteilen.“, BTDrucks. 18 10146 S. 13.

169 BTDrucks. 18 9525 S. 94.

170 DRB Stellungnahme 9/16 S. 5; a.A.: BDR Stellungnahme vom 31.5.2016 S. 2, die auch eine Anpassung der Besoldung an den weitergehenden Aufgabenbereich forderte.

171 Das veranlasste das OStVV zu der Annahme, dass der Gesetzgeber im Gesetzgebungsverfahren nur auf die Kritik der Justiz eingegangen sei, Bedenken in Bezug auf die Rechte des Betroffenen aber im Großen und Ganzen ignoriert habe, OStVV Stellungnahme vom 21.9.2016 S. 1.; *Baretto da Rosa* NZWiSt 2018 215, 219 Fn. 40 lobt hingegen die „geradezu beispielgebende Einbindung auch der polizeilichen Praxis im Gesetzgebungsverfahren durch das BMJV…“.

172 Diese Regelung ist in der Tat problematisch. So hat der Gesetzgeber das Zulassungsverfahren nach §§ 111g, 111h StPO a.F. als opferunfreundlich und zu komplex abgeschafft, vgl. BTDrucks. 18 9525 S. 59, um das Erfordernis einer gerichtlichen Zulassung der Opferentschädigung zugleich im Vollstreckungsverfahren zu installieren, in diesem Sinne auch *Müller-Sartori* WiJ 2016 87, 89. Zur Erreichung dieses Ziels hätte man indes

Tatsächlich erscheint die gewählte Kompromisslösung in Bezug auf das Ziel der Reform, den Opferschutz zu stärken, wenig überzeugend,[173] da der Gesetzgeber die umfassenden staatlichen Abschöpfungsmöglichkeiten nicht durch flankierende Regelungen in BGB oder ZPO gestützt hat. Der Betroffene sieht sich nun regelmäßig zwei Gläubigern gegenüber,[174] ohne dass er im Ermittlungsverfahren[175] den Verletzten zur Befriedigung seiner Ansprüche an den über sein Vermögen verfügenden Staat verweisen könnte. Ein solches Erfordernis wäre aus praktischer Erfahrung heraus jedoch angebracht gewesen, denn bereits vor der Reform 2017 war eines der größten Probleme der Verletzten, dass in der Regel das gesamtes Vermögen der Betroffenen sichergestellt war und jenen deshalb selbst bei entsprechendem Ausgleichs*willen* die Ausgleichs*möglichkeiten* gegenüber dem Verletzten fehlten. Um dem Opfer dennoch Befriedigung zu verschaffen, waren komplexe Abtretungsverträge nötig,[176] denn auf die flexible Unterstützung der Staatsanwaltschaft in Form einer treuhänderischen Freigabe von Vermögenswerten, etwa an den Verteidiger des Betroffenen zur Befriedigung des Ausgleichsanspruchs, konnten die Verletzten schon vor der Reform regelmäßig nicht bauen.[177]

Besonders schwierig wird die Situation des Verletzten dann, wenn eine Verfahrenseinstellung-/ -begrenzung nach §§ 154, 154a in Betracht kommt. Zutreffend hat der Deutsche Richterbund darauf hingewiesen, dass mit dieser Entscheidung erhebliche Folgen für die Geschädigten verbunden sind, weil nur derjenige Geschädigte nach Abschluss des Strafverfahrens an dem Entschädigungsverfahren

auch die §§ 111g, 111h StPO a.F. dahingehend modifizieren können, dass es einer Zulassung der Zwangsvollstreckung nicht bedurft hätte, wenn das Gericht des Rechtszuges den Verletzten ausdrücklich als solchen im Urteil bezeichnet hat. Um eine entsprechende Bezeichnungspflicht hätte man den § 111i Abs. 2 StPO a.F. ergänzen und damit dasselbe Ergebnis wie durch die Reform erreichen können; kritisch zum neuen Ansatz auch *Rhode* wistra 2018 102, 104: Opferentschädigungsverfahren in Großverfahren kaum zielführend.

173 Ebenso *Bittmann* KriPoZ 2016 120, 130.

174 *Köhler / Burkhard* NStZ 2017 665, 672.

175 Zu den Möglichkeiten des Betroffenen, wenn der Verletzte keine Befriedigung im Strafvollstreckungsverfahren, sondern unmittelbar bei ihm sucht, siehe § 459l und BTDrucks. 18 9525 S. 96 f.

176 Siehe zu auch im Ermittlungsverfahren denkbaren Ansätzen ausführlich MüKo-StPO / *Bittmann* § 111i, 16.

177 Im Gesetzgebungsverfahren wurde eine Einbeziehung der Staatsanwaltschaft in die Verhandlung zwischen Verletztem und Betroffenen zur zügigen Freigabe vorgeschlagen, siehe dazu *Heger* Stellungnahme S. 5 und *Holznagel* Stellungnahme S. 5; siehe zur „Konsensualen Gestaltung von Einzelheiten" auch *Bittmann* NZWiSt 2018 209, 213.

teilnehmen kann, dessen Tat auch abgeurteilt wurde.[178] Bereits im Ermittlungsverfahren werden damit weitreichende Entscheidungen für die Geschädigten getroffen, ohne dass diese hinreichend gerichtlich überprüfbar wären.[179]

e) Die Eröffnung des Insolvenzverfahrens durch die Staatsanwaltschaft

Weitere Schwierigkeiten entstehen für die Verletzten dann, wenn es mehrere Verletzte einer Straftat gibt und diese ihre Ansprüche gegenüber der Staatsanwaltschaft geltend machen, ohne dass hinreichende Haftungsmasse beim Betroffenen sichergestellt werden konnte. Hier kommt der völlig neu gefasste § 111i zur Anwendung, der als Zentralvorschrift das Verhältnis der strafprozessualen Vermögensabschöpfung zur Insolvenzordnung regelt und der Staatsanwaltschaft in seinem Absatz 2 die Möglichkeit einräumt, einen *eigenen* Insolvenzantrag über das Vermögen des Betroffenen zu stellen. Voraussetzung dafür ist, dass es mehrere Verletzte gibt und der Wert des in Vollziehung des Vermögensarrestes gesicherten Gegenstandes oder des durch dessen Verwertung erzielten Erlöses nicht ausreicht, um die Ansprüche der Verletzten, die diesen aus der Tat erwachsen sind und von ihnen gegenüber der Staatsanwaltschaft geltend gemacht werden, zu befriedigen. Für die Antragsberechtigung der Staatsanwaltschaft wird dabei auf ihren eigenen, potentiellen Einziehungsanspruch, der am Ende des Strafverfahrens mit der Einziehungsanordnung entstehen kann, abgestellt.

Es darf bereits heute vermutet werden, dass § 111i in Kombination mit dem Vollstreckungsverbot des § 111h Abs. 2 Satz 1 erhebliche Auswirkungen auf die Bereitschaft des Verletzten haben wird, den Strafverfolgungsbehörden Straftaten zur Kenntnis zu bringen. Das gilt gerade für Fälle der sog. internal investigations, bei denen Unternehmen potentiell strafrechtlich relevante Sachverhalte von Rechtsanwaltskanzleien aufbereiten lassen. Kann das Unternehmen daraufhin abschätzen, dass es weitere Verletzte von Straftaten des Betroffenen gibt und es sich deswegen auf eine quotale Befriedigung seiner Ansprüche im Insolvenzverfahren einstellen muss, liegt es nahe, vorab eine außerstrafrechtliche Lösung mit dem Betroffenen herbeizuführen.[180]

---

178 DRB Stellungnahme 19/16 S. 2; ebenso *Reitemeier / Koujouie* S. 33 f.

179 DRB Stellungnahme 19/16 S. 2 f., der weniger Opferaspekte denn Amtshaftungsansprüche im Blick hat.

180 Während im zivilprozessualen Zwangsvollstreckungsrecht der Prioritätsgrundsatz gilt (siehe zu den Auswirkungen bei der Vermögensabschöpfung ausführlich *Hansen* S. 130 ff. und 165 ff.) und jeder Gläubiger selbst dafür sorgen muss, dass seine Ansprüche befriedigt werden, wurde dieser Grundsatz im Strafverfahren vom Gesetzgeber als ungerecht empfunden, der sich schnell um seine Schadenskompensation bemühende Gläubiger als

f) Zusammenfassung

Der Verletzte hat über § 73e Abs. 1 StGB erhebliche Gestaltungs- und Einwirkungsmöglichkeiten auf die staatliche Vermögensabschöpfung. Mit der Reform 2017 hat sich der Gesetzgeber in Abkehr von der bisherigen Rechtslage zwar dazu entschieden, den ausdrücklichen Vorrang der Verletztenansprüche gegenüber jenen des Staates in § 73 Abs. 1 Satz 2 StGB a.F. zu streichen, nunmehr stehen der staatliche Einziehungsanspruch und der aus der Tat erwachsene Anspruch des Verletzten auf Rückgewähr des Erlangten oder auf Ersatz des aus der Tat Erlangten nebeneinander.

Der staatliche Einziehungsanspruch erlischt anders als im alten Recht heute jedoch schon dann, wenn der Verletzte auf seinen Anspruch verzichtet oder dem Betroffenen dessen Schuld erlässt. Der Verletzte hat damit zunächst erheblichen Einfluss auf die Durchsetzung der staatlichen Vermögensabschöpfung; sind jedoch vorläufige Sicherstellungsmaßnahmen ausgebracht, unterliegt er im Vergleich zur Rechtslage vor der Reform massiven Einschränkungen seiner Restitutionsmöglichkeiten, da § 111h Abs. 2 Satz 1 die Zwangsvollstreckung in die letztlich zu seinen Gunsten gesicherten Vermögenswerte vor Abschluss des Strafverfahrens ausschließt. Der Verletzte droht dadurch nicht nur temporär, sondern in Fällen mit mehreren Verletzten und einer Eröffnung des Insolvenzverfahrens über das Vermögen des Betroffenen sogar dauerhaft jedenfalls mit Teilen seiner Forderung auszufallen. Das überrascht, war doch die Verbesserung der Opferentschädigung ein wesentliches Ziel der Reform 2017. Auf das Zusammenspiel von § 73e Abs. 1 StGB und § 111h Abs. 2 wird deshalb noch umfangreich einzugehen sein.

10. Sonstige Möglichkeiten der Vermögensabschöpfung mit Bezug zum Strafrecht

Neben den hier dargestellten Vorschriften finden sich in der Strafprozessordnung noch weitere Vorschriften der Vermögensabschöpfung, die zur Vermeidung von Missverständnissen abschließend in der gebotenen Kürze dargestellt

„Windhund" bezeichnet, das Nebeneinander von Gläubigern als „Windhunderennen" BTDrucks. 18 9525 S. 1; wohl zurückgehend auf MAH-WiSt / *Rönnau* § 13, 286. Über § 111i Abs. 2 ist der Verletzte nun gehalten, seinen Ausgleich nötigenfalls im Insolvenzverfahren geltend zu machen.

werden sollen. Die Vorschriften gehören nicht zum Vermögensabschöpfungsrecht im engeren Sinne, es handelt sich dabei vielmehr um Eingriffsermächtigungen zur Durchsetzung anderer Verfahrensziele.[181]

a) Die Vermögensbeschlagnahme nach §§ 290 ff.

So regeln die §§ 290 ff. die Vermögensbeschlagnahme als prozessuales Druckmittel auf den Angeklagten, um die Durchführung der Hauptverhandlung zu ermöglichen.[182]

Ausgangsregelung für die Vermögensbeschlagnahme ist § 290 Abs. 1, wonach gegen den Abwesenden, gegen den die öffentliche Klage erhoben ist und gegen den Verdachtsgründe vorliegen, die den Erlass eines Haftbefehls rechtfertigen würden, dessen im Geltungsbereich der Strafprozessordnung befindliches Vermögen durch Beschluss des Gerichts mit Beschlag belegt werden kann. In den in Absatz 2 normierten Ausnahmefällen findet eine Vermögensbeschlagnahme nicht statt.

Im Gegensatz zu den Vermögensabschöpfungsregeln der §§ 111b ff. verfolgt die Vermögensbeschlagnahme nach §§ 290 ff. nicht den Zweck, das Vermögen des Angeschuldigten einer Zwangsvollstreckung zuzuführen. Sie dient lediglich dazu, das Erscheinen des Angeklagten durch Entzug seiner finanziellen Mittel zu erzwingen und so die Durchführung der Hauptverhandlung zu ermöglichen.[183]

Die Vermögensbeschlagnahme nach §§ 290 ff. ist ein in der Praxis kaum genutztes Instrument. Dies verwundert, denn die Vermögensbeschlagnahme unterliegt unter Berücksichtigung ihrer Auswirkungen relativ niedrigen Anordnungsvoraussetzungen[184] und kann den Angeklagten erheblich treffen.

b) Die Vermögensbeschlagnahme nach § 443

Nach § 443 Abs. 1 kann das im Geltungsbereich der Strafprozessordnung befindliche Vermögen oder einzelne Vermögensgegenstände eines Beschuldigten, gegen den wegen einer Katalogtat die öffentliche Klage erhoben oder ein Haftbefehl erlassen worden ist, mit Beschlag belegt werden. Der Beschlag umfasst auch das Vermögen, das ihm erst später zufällt.

---

181 Siehe dazu auch MAH-WiSt / *Rönnau* § 13, 157 ff.

182 Siehe dazu eingehend *Börner* NStZ 2005 547 ff.

183 Meyer-Goßner / Schmitt / *Schmitt* § 290, 1.

184 Die öffentliche Klage soll alleine aus dem Grund erhoben werden können, die Vermögensbeschlagnahme nach § 290 zu ermöglichen, vgl. *Börner* NStZ 2005 547, 548 m.w.N.

Die Vorschrift spielt in der Praxis kaum eine Rolle, was vor allem zwei Ursachen haben dürfte. Zum einen wird in der Literatur wegen Bedenken gegen die Verfassungsmäßigkeit vor der Anwendung der Norm gewarnt,[185] zum anderen bezeichnet § 443 in seinem Anwendungskatalog nach wie vor keine Delikte aus dem Bereich der Vermögensdelinquenz.

c) Die Beschlagnahme nach § 132 Abs. 3

Hat ein Beschuldigter im Geltungsbereich der Strafprozessordnung keinen festen Wohnsitz und ist er einer Straftat dringend verdächtig, ohne dass die Voraussetzungen eines Haftbefehls vorliegen und befolgt der Beschuldigte eine Anordnung nach § 132 Abs. 1 nicht, so können Beförderungsmittel und andere Sachen, die er mit sich führt und die ihm gehören, beschlagnahmt werden.

Eine Beschlagnahme nach § 132 Abs. 3 hat sehr hohe Voraussetzungen, gerade im Vergleich zur Beschlagnahme nach §§ 111b ff. In der Praxis findet sie durchaus Anwendung, etwa wenn ausländische Durchreisende mit Verkehrsdelikten auffällig werden. Für die hiesige Arbeit hat sie indes keine Bedeutung.

VI. Fazit

Die bisher nur überblicksartigen Ausführungen zu den einschlägigen Vorschriften der strafrechtlichen Vermögensabschöpfung haben bereits einen Eindruck vermittelt, wie hoch komplex dieses Rechtsinstitut ist und dass der Gesetzesanwender regelmäßig unterschiedlichste Interessen zu berücksichtigen hat.

Vor diesem Hintergrund war es für das Verständnis der nachfolgend erörterten Fragen zunächst erforderlich, neben den kriminalpolitischen und kriminologischen Grundlagen auch auf die hohe Bedeutung der Vermögensabschöpfung in der Praxis einzugehen. Im Rahmen der Darstellung der historischen Entwicklung wurde gezeigt, dass das Rechtsinstitut bereits einige wesentliche Änderungen erfahren hat und über die letzten Jahrzehnte mit ganz unterschiedlichen Herangehensweisen versucht wurde, Vermögensabschöpfung effektiv(er) zu gestalten. Die Reform aus dem Jahr 2007 etwa wurde gerade deshalb besonders gelobt, weil sie das Ziel verfolgte, das Gesamtgefüge der Normen zu erhalten und lediglich dort Änderungen vorzunehmen, wo die Praxis Handlungsbedarf gezeigt hatte.

Nachdem dieses Vorhaben aus Sicht des Gesetzgebers nicht zu einer effektiveren und praxistauglicheren Gestaltung des Vermögensabschöpfungsrechts ge-

185 Meyer-Goßner / Schmitt / *Schmitt* § 443, 1a.

führt hat, hat er nun den Versuch unternommen, durch *grundlegende* Veränderungen in Systematik, Terminologie und auch der Dogmatik des Vermögensabschöpfungsrechts eine Verbesserung für die praktische Handhabung der Vermögensabschöpfung zu erreichen. Das Ziel des Reformgesetzes war dabei von Anfang an klar konturiert, die Vermögensabschöpfungsvorschriften sollten vereinfacht, Abschöpfungslücken geschlossen und die Opferrestitution erleichtert werden.[186]

Ob dieses Vorhaben mit der grundlegenden Neuausrichtung der Vermögensabschöpfungsvorschriften gelungen ist, welche Möglichkeiten sich heute bieten und wo ihre Grenzen liegen, soll im Fortgang umfangreich herausgearbeitet werden.

186 BTDrucks. 18 9525 S. 1 f.; *Hüls* ZWH 2017 242.

C) Möglichkeiten und Grenzen der vorläufigen Sicherstellung in Fällen mit individuellen Verletzten

In einem ersten Schwerpunkt dieser Untersuchung soll der Frage nachgegangen werden, wie sich das Gesetz zur Reform der strafrechtlichen Vermögensabschöpfung auf die rechtlichen Möglichkeiten der *vorläufigen Sicherstellung* in Fällen mit *individuellen Verletzten* einer Straftat ausgewirkt hat. Die Antwort auf diese Frage ist bisher vollkommen offen und von besonderer Praxisrelevanz, wie im weiteren Verlauf zunächst herausgearbeitet werden soll.

I. Problemaufriss

Soll eine vorläufige Sicherstellungsmaßnahme ausgebracht werden, so sind hierbei unterschiedliche Interessen mit- und gegeneinander abzuwägen. In Bezug auf die Interessen des Betroffenen etwa wurde hier einleitend bereits dargestellt, dass die Vollziehung eines Vermögensarrestes in *legal* erworbenes Vermögen stattfindet und damit einen Eingriff in Art. 14 GG darstellt. Aufgrund der Bedeutung des Eigentumsgrundrechts für die (materielle) Freiheit des Einzelnen sind solcherlei Maßnahmen besonders sorgfältig zu prüfen und zu begründen.[1]

Eine vorläufige Sicherstellung hat darüber hinaus aber auch die Interessen der Verletzten zu berücksichtigen, die heute nicht mehr zwingend auf eine vorläufige Sicherstellungsmaßnahme bzw. deren Fortdauer gerichtet sein müssen. Darin liegt ein wesentlicher Unterschied zur Rechtslage vor der Reform 2017, bei der *alle* vorläufigen Sicherstellungsmaßnahmen (auch) den Interessen des Verletzten zu Gute kamen. Der Verletzte konnte in diesen Fällen, verkürzt ausgedrückt, einen (vorläufig) vollstreckbaren Titel erwirken und diesen in die von den Strafverfolgungsbehörden (vorläufig) gesicherten Vermögenswerte vollstrecken. Anschließend konnte er im sog. Zulassungsverfahren einen Antrag nach §§ 111g, 111h StPO a.F. stellen, mit einer Zulassungsentscheidung in den Rang des Staates einrücken und seine Ansprüche damit dauerhaft sichern. Die sichernde Wirkung der Maßnahme trat im Zeitpunkt der Zulassung und damit regelmäßig schon während des laufenden Strafverfahrens ein. Ein Abwarten bis zur Rechtskraft der strafrechtlichen Entscheidung war nicht erforderlich.

1 Vgl. statt vieler BVerfG NStZ 2006 639 f.; BVerfG NJW 2005 3630; ausdrücklich zum neuen Recht *Korte* wistra 2018 1, 11; *Rettke* wistra 2017 417, 419.

https://doi.org/10.1515/9783110625752-005

Mit dem Gesetz zur Reform der strafrechtlichen Vermögensabschöpfung hat der Gesetzgeber diese Möglichkeit abgeschafft und die Opferentschädigung nun grundsätzlich in das Strafvollstreckungsverfahren verlagert. Das Zulassungsverfahren nach §§ 111g, 111h StPO a.F. ist aufgehoben worden, dem Verletzten und allen anderen Gläubigern des Betroffenen, mit Ausnahme des Gläubigers nach § 324 AO,[2] wird heute über § 111h Abs. 2 Satz 1 sogar *expressis verbis* verboten, in die durch den Staat vorläufig gesicherten Vermögenswerte zu vollstrecken. Das ist vor allem deshalb problematisch, weil eine Sicherstellung von Vermögenswerten nach dem ausdrücklichen Willen des Gesetzgebers *nur* dann in Betracht kommt, wenn der Betroffene *nicht* über hinreichende Vermögenswerte in Höhe der potentiellen Einziehungssumme verfügt.[3] Das bedeutet im Umkehrschluss, dass bei Vorhandensein ausreichend werthaltiger Gegenstände des Betroffenen eine staatliche Sicherstellung *per se* ausgeschlossen ist. Erfolgt eine vorläufige Sicherstellung, bezieht sie sich damit *ipso iure* auf die gesamte vorhandene Vollstreckungsmasse des Betroffenen und entzieht der Staat dem Verletzten damit zugleich auch die Vermögenswerte, in die er seine Sicherung hätte suchen können.[4]

Die vorläufige Sicherstellung bereitet heute aber nicht nur dem Verletzten Schwierigkeiten, der bereits einen (vorläufig) vollstreckbaren Titel gegen den Betroffenen erstritten hat und wegen § 111h Abs. 2 Satz 1 diesen nicht mehr vollstrecken kann.[5] Sie bietet vielmehr seit der Reform 2017 *keinem* Verletzten *dauerhafte* Sicherheit, weil die Frage, ob der Verletzte von ihr tatsächlich profitieren wird, erst mit Rechtskraft des Urteils beantwortet werden kann. Das hat

---

2 Siehe dazu ausführlich unter D), V., 2.

3 BTDrucks. 18 9525 S. 76: „Verfügt der Betroffene etwa über ausreichendes Vermögen, gibt es keinen Grund, die Vollstreckung der gerichtlichen Wertersatzeinziehung zu sichern. Die Anordnung des Vermögensarrestes wäre damit rechtswidrig.“; *Korte* wistra 2018 1, 11: „Besteht kein Sicherungsbedürfnis, weil der Betroffene z.B. über ausreichendes Vermögen verfügt, darf daher auch nach neuem Recht kein Vermögensarrest angeordnet werden“.

4 *Greeve* ZWH 2017 277, 278; *Korte* wistra 2018 1, 2 sieht „in der Regel“ eine Herausgabe bei beschlagnahmten beweglichen Sachen schon vor Rechtskraft des Urteils als möglich an, wenn diese nicht mehr für Zwecke des Strafverfahrens benötigt werden und das Recht des Verletzten offenkundig ist. Es dürfen jedenfalls Zweifel angebracht sein, ob eine beschlagnahmte bewegliche Sache, insbesondere auch Diebesgut, nicht vielmehr „in der Regel“ als Beweismittel benötigt wird oder sich der Beschuldigte dahingehend einlassen wird, den Gegenstand gerade nicht entwendet, sondern geschenkt bekommen oder gekauft zu haben. Dann erfolgt auch keine zeitnahe Rückgabe; kritisch ebenfalls *Köllner / Mück* NZI 2017 593, 597: „…ganz ausnahmsweise werden…Gegenstände bereits vor Rechtskraft herausgegeben werden können.“; *Hüls* ZWH 2017 242, 246: ausnahmsweise.

5 Im Ergebnis ebenso *Köllner / Mück* NZI 2017 593, 597.

seine Ursache darin, dass der Verletztenbegriff „flexibel“[6] ist und die Staatsanwaltschaften und Gerichte über §§ 154, 154a[7] Verletzte aus dem Verfahren ausschließen können.[8] Geschieht dies (erst) in der Hauptverhandlung, so scheiden die Verletzten ohne eigenes Zutun aus dem Verfahren aus und können sie dann auch keine Befriedigung mehr im Strafvollstreckungsverfahren erwarten. Haben sie im Vertrauen auf die strafprozessuale Sicherstellung keinen zivilrechtlichen Titel erwirkt und sind ihre zivilrechtlichen Ansprüche verjährt, so erfahren sie keine Schadenskompensation.[9] Allein die Gefahr, dass die den jeweiligen Verletzten betreffende Straftat am Ende des Strafverfahrens nicht Gegenstand des Urteils ist, dürfte den Verletzten gerade in größeren Verfahren daher weiterhin Anlass genug sein, sich frühzeitig um einen zivilrechtlichen Titel zu bemühen[10] und diesen zeitnah, jedenfalls *vorläufig*, zu vollstrecken. Genau das untersagt ihnen jedoch § 111h Abs. 2 Satz 1.

Während die Interessen des Verletzten und des Betroffenen vor diesem Hintergrund mittlerweile sogar identisch darauf gerichtet sein können, dass *keine* vorläufige Sicherstellung erfolgt, hat der Staat das genau gegenteilige Interesse, weil eine solche für seinen Einziehungsanspruch nur Sicherheiten und keine Nachteile mit sich bringt. Das Verhältnis von Staat, Verletzten und Betroffenen einer Vermögensabschöpfungsmaßnahme hat sich durch die Reform 2017 damit grundlegend verändert.[11] Geblieben sind die massiven Beeinträchtigungen durch eine solche Maßnahme, die heute aber nicht mehr „nur“ den Betroffenen, sondern auch den Verletzten treffen können. Daraus folgt ein gesteigertes Bedürfnis einer umfangreichen, mit besonderer Sorgfalt durchgeführten Abwägung der Sicherstellungsentscheidung. Genau dieses Erfordernis führte jedoch schon vor der Reform und damit zu Zeiten, in denen die Interessen von Staat und Verletztem grundsätzlich *identisch* waren, zu mitunter schwierigen und umfangreichen Fragestellungen, die das Strafverfahren erschwerten und verzögerten. Wenn heute nicht nur die Interessen des Betroffenen, sondern auch jene des Verletzten den staatlichen Interessen entgegenstehen können, so macht das den

---

6 BTDrucks. 18 9525 S. 50 f.; *Köhler / Burkhard* NStZ 2017 665, 679.

7 Siehe dazu auch Nr. 101 RiStBV, wonach der Staatsanwalt von den Möglichkeiten nach § 154 „in weitem Umfang“ Gebrauch machen soll.

8 Dazu *Köllner / Mück* NZI 2017 593, 597; kritisch auch *Rhode* wistra 2018 67 f.; *Ders.* wistra 2018 102, 104 f.

9 Hierin liegt der große Unterschied im Vergleich zur alten Rechtslage und eine nicht zu unterschätzende Gefahr für die Verletzten im Rahmen der Neuregelungen.

10 Im Ergebnis ebenso *Hüls* ZWH 2017 242, 247, anders allerdings S. 246; *Köllner / Mück* NZI 2017 593, 597.

11 *Fischer* vor §§ 73 bis 76a, 1 spricht von „substanziellen“ Änderungen.

Abwägungsprozess nicht leichter. Das kann an einem einfachen Beispiel verdeutlicht werden: A soll den B um 10.000,00 EUR betrogen haben. B ist (dadurch) in Zahlungsschwierigkeiten und benötigt dringend 5.000,00 EUR. A hat lediglich ein Guthaben von 8.000,00 EUR auf seinem Girokonto.

Je nachdem, auf wessen Interessen man nun abstellt, kann die Sicherstellungsentscheidung unterschiedlich ausfallen: Die Interessen des A sind auf ein vollständiges Unterbleiben der Sicherstellung gerichtet, die des B auf den Zugriff von *mindestens* 5.000,00 EUR, die er zur Bewältigung seiner Zahlungsschwierigkeiten benötigt. Aus Sicht des Staates wiederum wäre die Sicherstellung von 10.000,00 EUR angezeigt, da jedoch nur noch 8.000,00 EUR verblieben sind, jedenfalls eine Sicherung dieses Wertes. Vollstreckt die Staatsanwaltschaft nun zur Sicherung ihrer späteren Einziehungsanordnung einen Vermögensarrest über 10.000,00 EUR in die Kontoforderung des A gegen seine Bank, so verhindert sie damit die Auszahlung dieses Betrages an B und das letztlich „nur", um ihren eigenen Einziehungsanspruch durchzusetzen. Im Strafvollstreckungsverfahren muss sie die 8.000,00 EUR aber ohnehin an B auskehren, so dass sie kein finales Eigeninteresse an der Sicherstellung hat.

An dieser Stelle wird nun die zentrale Frage des neuen vorläufigen Sicherstellungsrechts in Fällen mit individuellen Verletzten deutlich. Sie lautet dahingehend, auf wessen Interessen künftig bei der vorläufigen Sicherstellung von Vermögenswerten in Fällen mit individuellen Verletzten rekurriert werden darf und wie sie im Widerstreit miteinander in Einklang zu bringen sind. Mit dem Gesetz zur Reform der strafrechtlichen Vermögensabschöpfung hat der Gesetzgeber über die Abschaffung des § 73 Abs. 1 Satz 2 StGB a.F. die Frage nach der Hierarchie der Ansprüche von Staat und Verletztem neu gestellt, weil damit die einzige Regelung entfallen ist, die den Vorrang des Verletzten ausdrücklich bestimmt hat. Zugleich wurde mit dem Reformgesetz erstmals die Tatbestandsvoraussetzung eines *Sicherungsbedürfnisses*[12] ausdrücklich in die Strafprozessordnung aufgenommen. Eine Sicherstellung ist danach nur möglich, wenn sie zur „Sicherung der Vollstreckung" erforderlich ist. Im hiesigen Beispielsfall ist die Sicherung aber weder aus Sicht des A, noch des B erforderlich. Lediglich das staatliche Interesse an der Sicherstellung könnte sich etwa daraus ergeben, dass A vermeintlich 10.000,00 EUR aus der Tat erlangt hat, aber nur noch über 8.000,00 EUR verfügt. Es stellt sich deshalb die Frage, wann eine vorläufige

---

12 Vgl. statt vieler: BTDrucks. 18 9525 S. 76 f.; SSW-StPO / *Burghart* § 111e, 10; BeckOK-StPO / *Huber* § 111e, 9 ff.; *Meißner* NZWiSt 2018 239, 242 f.; a.A.: *Rettke* wistra 2017 417, 419, der dies im Rahmen der Verhältnismäßigkeit prüft.

Maßnahme zur „Sicherung der Vollstreckung“ erforderlich ist.[13] Nach dem Willen des Gesetzgebers soll zur Beantwortung dieser Frage auf die bisherige Rechtsprechung zum Arrestgrund und zur Dauer der vorläufigen Sicherungsmaßnahmen zurückgegriffen werden.[14]

II. Die bisherige Rechtslage

Vor der Reform 2017 konnten nach §§ 111b ff. StPO a.F. (zusammengefasst) Vermögenswerte vorläufig sichergestellt werden, wenn Anhaltspunkte dafür vorlagen, dass es am Ende des Verfahrens zu Verfallsanordnungen kommen würde oder das Gericht nur deshalb von ihnen absehen musste, weil nach § 73 Abs. 1 Satz 2 StGB a.F. Ansprüche Verletzter entgegenstanden.[15] Die Anordnungsvoraussetzungen für Vermögensabschöpfungsmaßnahmen waren im Verhältnis zu ihren Auswirkungen dem Wortlaut nach gering, weshalb Einigkeit bestand,[16] dass man zum Schutz des Betroffenen vor überhasteten Sicherstellungsmaßnahmen ein Korrektiv benötigte. Dieses Korrektiv wurde weitläufig als „Sicherungsbedürfnis“[17] bezeichnet, wobei umstritten war, ob man dieses als ungeschriebenes Tatbestandsmerkmal,[18] im Rahmen des Arrestgrundes,[19] im Rechtsschutzbedürfnis,[20] im Ermessen[21] oder aber der Verhältnismäßigkeit der Maßnahme[22] zu prüfen hatte. Umstritten war außerdem, unter welchen Voraussetzungen ein solches Sicherungsbedürfnis anzunehmen war. Im Zentrum der

---

13 Die Probleme stellen sich freilich gleichermaßen, wenn der Staat die Sicherstellung schon vollzogen hat und A nun erklärt, er wolle 5.000,00 EUR an B bezahlen, dazu müsste aber die Kontopfändung aufgehoben werden. Zur vereinfachten Nachvollziehbarkeit des Problems soll hier jedoch nur mit einem Beispiel gearbeitet werden.

14 BTDrucks. 18 9525 S. 49; Meyer-Goßner / Schmitt / *Köhler* § 111e, 6: grundsätzlich.

15 Siehe dazu ausführlich unter B), IV.

16 Vgl. statt vieler: BVerfG StraFo 2005 338, 339; SK-StPO / *Rogall* § 111b, 16; SSW-StPO^2 / *Burghart* § 111d, 8; *Faust* S. 131 ff.

17 Teilweise auch „Sicherstellungsbedürfnis“; SK-StPO / *Rogall* § 111b, 16; *Faust* S. 131 ff.

18 OLG Oldenburg wistra 2008 119; *Faust* S. 228 mit Verweis auf S. 131 f.

19 OLG Zweibrücken wistra 2009 484, 486; *Roth* wistra 2010 335, 337, anders S. 339; MüKo-StPO / *Bittmann* § 111b, 6.

20 LG Landshut wistra 2003 199, 200; Flore / Tsambikakis / *Webel* Teil 2 Kap. 10, 165, wobei weder die in Bezug genommene Entscheidung des OLG Oldenburg wistra 2008 119 noch jene des OLG Düsseldorf NStZ-RR 2002 173 das Rechtsschutzbedürfnis des verletzten Steuerfiskus in Frage stellen. Das Wort „Rechtschutzbedürfnis“ kommt in den Entscheidungen gar nicht vor.

21 OLG Celle wistra 2008 359, 360.

22 KK / *Spillecke* § 111b, 9.

dazu geführten Diskussion stand wiederum die Frage, ob sich das Sicherungsbedürfnis an den Interessen der Verletzten, des Staates oder möglicherweise sogar an den Interessen beider zu orientieren hatte. Dieser Streit hatte seine Ursachen in der historischen Entwicklung der Vorschriften.

1. Historische Entwicklung der Vermögensabschöpfungsregeln

Die Verfallsvorschriften wurden erst nach Abschaffung des § 27b StGB a.F. in das Strafgesetzbuch aufgenommen, um beim Täter die Tatgewinne selbstständig und unabhängig von der Strafe abschöpfen zu können.[23] Zeitgleich wurde mit § 111b StPO a.F. die Möglichkeit geschaffen, den staatlichen Verfallsanspruch bereits im Ermittlungsverfahren zu sichern. Das galt über § 111b Abs. 3 StPO a.F. auch für solche Vermögensvorteile, die nur deshalb nicht dem Verfall unterlagen, weil seiner Anordnung Ansprüche der Verletzten im Sinne des § 73 Abs. 1 Satz 2 StGB a.F. entgegenstanden.[24] In die auf diesem Wege von der Strafjustiz gesicherten Vermögenswerte konnten die Verletzten die Zwangsvollstreckung betreiben. Man bezeichnete dieses Vorgehen der Strafverfolgungsbehörden im Interesse der Verletzten als Rückgewinnungshilfe.[25]

2. Die Zeit bis zur Reform 2007

Für die Möglichkeiten der Vermögensabschöpfung folgte daraus zweierlei. Zum einen konnten sämtliche potentiellen Verfalls- und Einziehungsanordnungen des Staates zu dessen Gunsten durch entsprechende Vollstreckungsmaßnahmen vorläufig gesichert werden, zum anderen bestand die Möglichkeit, zur Unterstützung des Verletzten bei seinen Bestrebungen um Schadenskompensation Vermögen des Betroffenen in der Höhe sicherzustellen, in der Verletzten Ansprüche aus der Tat erwachsen waren und deshalb Verfallsanordnungen ausschieden. Letztere Fallkonstellationen konnten in der Praxis mit erheblichen Unsicherheiten verbunden sein, weil auf Seiten der Strafverfolgungsbehörden häufig gar nicht abgeschätzt werden konnte, ob und in welchem Umfang Verletzte ihre Ansprüche geltend machen würden. Als Beispiel sei hier etwa auf Massebetrugsverfahren hingewiesen, bei denen es einerseits schon schwierig war,

23 Siehe dazu ausführlich unter B), IV.

24 Siehe zur historischen Entwicklung umfassend LR / *Johann* § 111b, Entstehungsgeschichte.

25 Anfangs noch überwiegend als „Zurückgewinnungshilfe“ bezeichnet, grundlegend dazu SK-StPO / *Rogall* § 111b, 36 ff.; MüKo-StPO / *Bittmann* § 111b, 17 ff.; LR / *Johann* § 111b, 49 ff.; speziell *Hansen* passim; *Nitzsche* passim; *Bohne* passim; Zahlen zur Rückgewinnungshilfe finden sich bei MAH-WiSt / *Rönnau* § 13, 224 m.w.N.

überhaupt alle Verletzten zu ermitteln, andererseits selbst die ermittelten Verletzten aufgrund des häufig nur geringen Individualschadens gar nicht auf die Aufforderungen der Strafverfolgungsbehörden reagierten.[26]

Das hatte Auswirkungen sowohl auf die materiell-rechtlichen, als auch die prozessualen Möglichkeiten der Vermögensabschöpfung. Materiell-rechtlich stand einer Verfallsanordnung solange die Norm des § 73 Abs. 1 Satz 2 StGB a.F. entgegen, wie nicht der Verletzte ausdrücklich auf seine Forderung verzichtet hatte oder diese verjährt war.[27] Damit war prozessual nur eine vorläufige Sicherstellung in Form der Rückgewinnungshilfe möglich.[28] Rein faktisch bestand zwischen diesen beiden Sicherungsmöglichkeiten zwar kein Unterschied, weil dem Täter jeweils der Zugriff auf sein Vermögen verwehrt wurde. Formaljuristisch hingegen handelte es sich um unterschiedliche Eingriffsermächtigungen mit unterschiedlichen Zwecken, weshalb sich die Frage stellte, ob der Eingriff in die Grundrechte des Betroffenen überhaupt gerechtfertigt werden konnte, wenn in Fällen der Rückgewinnungshilfe ihr eigentliches Ziel, die Unterstützung der Verletzten bei ihrer Schadenskompensation, schon deshalb nicht erreicht werden konnte, weil die Verletzten gar keinen Schadensausgleich anstrebten.

Man konnte diese Frage im Rahmen des Sicherungsbedürfnisses diskutieren oder, wenn man das Sicherungsbedürfnis nicht als eigenständiges Tatbestandsmerkmal anerkannte, jedenfalls im Rahmen der Verhältnismäßigkeit. Hier kam man zwangsläufig zur Unverhältnismäßigkeit der Maßnahme, weil nicht einmal der mit ihr verfolgte Zweck erreicht werden konnte und die Maßnahme deshalb schon nicht geeignet war. Die Sicherungsmaßnahme hätte deshalb aufgehoben werden müssen. Das wiederum führte zu mitunter erheblichen Abschöpfungslücken, da dem Täter Beträge aus der Straftat belassen werden mussten, nur weil die Verletzten ihre Ansprüche weder geltend machten, noch ausdrücklich auf sie verzichteten.

Die allgemeine Auffassung ging deshalb schon vor der Reform 2007 davon aus, dass es den Strafverfolgungsbehörden gerade zu Beginn eines Verfahrens möglich sein müsse, Rückgewinnungshilfemaßnahmen auch ohne Kenntnis über zukünftige Maßnahmen der Verletzten auszubringen. Erst dann, wenn der Verletzte erkennbar kein Interesse an der Geltendmachung seiner Ansprüche hatte

---

26 Vgl. zu aktuellen Massebetrugsfällen etwa BKA Bundeslagebild Wirtschaftskriminalität 2015 S. 7: 1,1 Millionen Geschädigte durch Call-Center Betrug bei einer Schadenssumme von rund 132 Millionen Euro; *Podolsky / Brenner* S. 65 ff.

27 BGH NStZ 2013 403; BGH NStZ 2011 83; BGH NStZ 2006 621, 623; OLG Koblenz NStZ 2016 610, 611; Schönke / Schröder / *Eser* § 73, 26; eingehend LR / *Johann* § 111b, 9.

28 Kritisch zur Rückgewinnungshilfe im Strafverfahren allgemein *Wehnert / Mosiek* StV 2005 568, 571.

und diese über einen erheblichen Zeitraum auch nicht verfolgte, sollte das Sicherungsbedürfnis mit der Konsequenz entfallen, dass auch keine vorläufige Vermögenssicherung mehr erfolgen konnte.[29] Damit verschob man das Problem, Vermögenswerte trotz deliktischen Ursprungs wieder an den Täter zurückgeben zu müssen, allerdings zeitlich nur nach hinten, freigegeben werden mussten sie letztlich dennoch.[30] Ein offenkundig unbefriedigendes Ergebnis.

3. Die Rechtslage zwischen 2007 und 2017

In dem Bestreben diese Abschöpfungslücken zu schließen, führte der Gesetzgeber zum 1. Januar 2007 den sog. Auffangrechtserwerb des Staates ein.[31] In § 111i Abs. 2 ff. StPO a.F. war seither vorgesehen, dass der Staat anstelle des Verletzten die sichergestellten Vermögenswerte erwarb, wenn die Verletzten ihre Ansprüche gegenüber dem Verurteilten nicht (rechtzeitig) geltend gemacht hatten.[32] Der Gesetzgeber hob in der Gesetzesbegründung hervor, dass sich der Auffangrechtserwerb nahtlos in die bisherigen Regelungen der §§ 111b ff. StPO a.F. einfüge und deshalb besonders zu begrüßen sei.[33]

Übersehen wurde durch diese Anpassung allerdings ein systematisches Folgeproblem, denn mit Einführung des Auffangrechtserwerbs trat neben den Anspruch des Justizfiskus aus der Verfallsanordnung und dem zivilrechtlichen Anspruch des Verletzten aus der Straftat ein weiterer Anspruch des Justizfiskus aus § 111i Abs. 5 Satz 1 StPO a.F., den die Strafprozessordnung bis dahin nicht kannte. Da der Gesetzgeber § 111b StPO a.F. mit der Reform 2007 nicht verändert hatte, sah das Gesetz keine besondere Voraussetzung für die vorläufige Sicherstellung von Vermögenswerten vor, die nur dem Schutz des *subsidiären*

---

29 Siehe dazu etwa BVerfG StraFo 2005 338, 340; OLG Köln NStZ 2005 400, 401; LG Düsseldorf StV 2001 446; sogar noch nach Einführung des Auffangrechtserwerbs: OLG Oldenburg wistra 2008 119; OLG Celle StV 2009 120, 122; die Auffassungen zur Begründung variierten, siehe dazu MAH-WiSt / *Rönnau* § 13, 221; MüKo-StPO / *Bittmann* § 111b, 17; SK-StPO / *Rogall* § 111b, 40; LR / *Johann* § 111b, 49 m.w.N.; einschränkend OLG München NStZ 2004 443, 444, wenn es sich nicht um reine Rückgewinnungshilfeverfahren handelt.

30 Die Praxis behalf sich deshalb lange Zeit mit einer analogen Anwendung der Fundvorschriften, BGH NStZ 1984 409, 410; siehe dazu auch BTDrucks. 16 700 S. 14; von MAH-WiSt / *Rönnau* § 13, 225 zutreffend als „recht lockere Interpretation des § 111k StPO“ a.F. bezeichnet.

31 BTDrucks. 16 700 S. 14.

32 SK-StPO / *Rogall* § 111i, 18 ff.; MüKo-StPO / *Bittmann* § 111i, 8 ff.; LR / *Johann* § 111i, 13 ff.

33 BTDrucks. 16 700 S. 2: „Diese punktuellen, rein prozessualen Verfahrensänderungen lassen das bisherige System…grundsätzlich unberührt. Umsetzungsprobleme in der Praxis sind deshalb nicht zu erwarten“.

staatlichen Anspruchs aus § 111i Abs. 5 Satz 1 StPO a.F. dienen sollten. Das war einerseits konsequent, denn der Staat erwarb die Vermögenswerte ohnehin stellvertretend für den Verletzten. Andererseits hätte mit der bis dahin herrschenden Auffassung möglicherweise das Sicherungsbedürfnis verneint werden müssen, da die Verletzten ihre Ansprüche in diesen Fällen gerade nicht verfolgten und deshalb kein Grund bestand, vorläufige Vermögenssicherung in Form der Rückgewinnungshilfe zu betreiben. Die Maßnahme unter diesen Umständen mangels Sicherungsbedürfnisses oder unter Verhältnismäßigkeitsgesichtspunkten wieder aufzuheben, stand jedoch im erkennbaren Widerspruch zur Intention des Gesetzesgebers, Vermögensabschöpfung umfassend zu betreiben und rechtswidrig erlangte Vermögenswerte auf keinen Fall beim Täter zu belassen.

Seit der Reform 2007 stellte sich somit die Frage, ob man aufgrund der Einführung des Auffangrechtserwerbs des Staates ein Sicherungsbedürfnis auch dann annehmen konnte, wenn der Verletzte keine Schadenskompensation anstrebte und die Vollstreckung der Rückgewinnungshilfemaßnahme in das Vermögen des Beschuldigten nur der Sicherung der Realisierung des Anspruchs des Justizfiskus aus § 111i Abs. 5 Satz 1 StPO a.F. diente.[34]

a) Keine Sicherung bei fehlendem Restitutionsinteresse

Die strengste hierzu vertretene Auffassung ging davon aus, dass eine vorläufige Sicherungsmaßnahme nur dem Restitutionsinteresse des Verletzten dienen durfte. Ein Sicherungsbedürfnis deshalb anzunehmen, weil der staatliche Auffangrechtserwerb zu sichern war, lehnte diese Auffassung genauso ab, wie ein parallel zum Restitutionsinteresse mitlaufendes Vermögensabschöpfungsinteresse des Staates.[35]

Begründet wurde die Ablehnung damit, dass eine vorläufige Vermögenssicherstellung, die von Anfang an nur dem staatlichen Auffangrechtserwerb diene, im

---

34 Im Rahmen der Diskussion wurde nicht hinreichend zwischen Arrestgrund und Arrestanspruch unterschieden. Ein Arrestgrund kann überhaupt nur gegeben sein, wenn auch ein Arrestanspruch vorliegt. Ob die § 111i Abs. 2 ff. einen tauglichen Arrestanspruch darstellten, war aber gerade bestritten. Erst wenn man diese Frage bejahte, stellte sich die Frage, ob das Verhalten des Schuldners einen Arrestgrund begründete.

35 MAH-WiSt / *Rönnau* § 13, 257; in diesem Sinne auch *Nitzsche* S. 3; *Pananis* NStZ 2008 579, 580, der argumentiert, nach einem Vergleich zwischen Täter und Opfer bliebe für eine strafprozessuale Sicherungsmaßnahme kein Raum und damit inzident ein Vermögensabschöpfungsinteresse verneint; in diesem Sinne wohl auch *Schmidt* wistra 2011 321, 327, der aber ebenfalls auf das Verhältnis zum Vermögensabschöpfungsinteresse des Staates nicht eingeht.

Gesetz nicht vorgesehen sei.[36] Erst nach Erlass des Urteils sei über § 111i Abs. 3 Satz 4 StPO a.F. auch ohne Arrestgrund eine Sicherung möglich. In den Verfahrensstadien zuvor müsse nach allgemeinen Regeln ein Sicherstellungsanspruch, ein Sicherstellungsgrund und die Verhältnismäßigkeit der Maßnahme vorliegen, so dass § 111i StPO a.F. für all die Fälle zu spät greife, in denen Maßnahmen des Opfers von Anfang an nicht zu erwarten waren.[37]

b) Nachrangiges Vermögensabschöpfungsinteresse

Nach anderer Ansicht hingegen stand hinter jedem Restitutionsinteresse des Verletzten auch ein nachrangiges Abschöpfungsinteresse des Staates.[38] Das Abschöpfungsinteresse sollte „umgekehrt proportional" zum Restitutionsinteresse steigen.[39] War der Verletzte über einen längeren Zeitraum trotz Kenntnis der erfolgten Vermögenssicherung beim Täter untätig geblieben, konnte die Maßnahme zwar unter diesem Gesichtspunkt nicht mehr aufrechterhalten werden, allerdings erlangte in diesen Fällen das originäre Interesse des Staates an der Vermögensabschöpfung in gleichem Maße an Bedeutung, in dem das Sicherungsinteresse des Verletzten zurücktrat.[40]

Nach Teilen dieser Auffassung sollte für die Entscheidung, ob eine vorläufige Sicherungsmaßnahme auszubringen sei, zwischen den Interessen des Betroffenen, dem Grad des Tatverdachts und dem allgemeinen Interesse an einer einstweiligen Sicherung abgewogen werden. Nur wenn diese Abwägung noch keine Veranlassung zur Sicherung gab, sollte auch das Interesse des Geschädigten in die Entscheidung miteinfließen.[41]

Die Ermessensentscheidung, ob im Ermittlungsverfahren Vermögensabschöpfung betrieben wird, sollte nach dieser Auffassung folglich unabhängig davon

---

36 MAH-WiSt / *Rönnau* § 13, 257; in diesem Sinne auch LK / *Schmidt* § 73d, 51, der allerdings im Wesentlichen darauf hinweist, dass der Auffangrechtserwerb des Staates keine vorläufige Sicherung von Gegenständen ermöglicht, die dem erweiterten Verfall unterliegen und sich zum Verhältnis von Restitutionsinteresse zum Vermögensabschöpfungsinteresse nicht äußert.

37 MAH-WiSt / *Rönnau* § 13, 257.

38 MüKo-StPO / *Bittmann* § 111b, 20; *Wilk / Stewen* wistra 2013 409, 412; wohl auch *Roth* wistra 2010 335, 338.

39 MüKo-StPO / *Bittmann* § 111b, 20.

40 OLG Rostock BeckRS 2014 00906; in diesem Sinne auch MüKo-StPO / *Bittmann* § 111b, 20, der aber dem Restitutionsinteresse des Verletzten Vorrang vor dem Abschöpfungsinteresse einräumt; wohl auch *Roth* wistra 2010 335, 338.

41 *Wilk / Stewen* wistra 2013 409, 412.

ergehen, ob der gesicherte Gegenstand letztlich dem Auffangrechtserwerb oder zur Befriedigung der Geschädigten diente.[42]

c) Vorrangiges Vermögensabschöpfungsinteresse

Eine dritte Ansicht wiederum vertrat den Standpunkt, die strafprozessuale Sicherung diene aufgrund der Einführung des § 111i Abs. 2 ff. StPO a.F. nicht mehr nur der Rückgewinnungshilfe, sondern sichere auch den Rechtserwerb des Staates.[43] Die Einführung des Auffangrechtserwerb habe deutlich gemacht, dass der eigentliche Gesetzeszweck der Vermögensabschöpfungsregeln die Reduzierung des Tätervermögens auf den Bestand vor der Straftat sei, die Unterstützung des Geschädigten bei der Schadenskompensation daher nur ein Nebeneffekt des eigentlichen Gesetzeszweckes.[44] Es sei nicht nachvollziehbar, wieso das Sicherungsbedürfnis nur deshalb entfallen sollte, weil der Geschädigte untätig geblieben sei. Das Sicherungsbedürfnis sollte deshalb nicht nach den Maßnahmen der Gläubiger, sondern ausschließlich nach dem Verhalten des Schuldners zu bewerten sein.[45]

4. Ergebnis

Die Auslegung des Sicherungsbedürfnisses war folglich schon vor der Reform 2017 keinesfalls einheitlich. Die vom Gesetzgeber angestrebte Übernahme der bisherigen Rechtsprechung zum Arrestgrund zur Auslegung des Sicherungsbedürfnisses ist deshalb nicht problemlos möglich.

III. Die neue Rechtslage

Der Übernahme der bisherigen Rechtsprechung zum „Arrestgrund" zur Auslegung des Sicherungsbedürfnisses in §§ 111b, 111e steht nicht nur entgegen, dass sich diese insgesamt uneinheitlich darstellte. Gegen sie bestehen vielmehr weitergehende dogmatische Bedenken, die sich aus der grundlegenden Neukonzeption des Einziehungsrechts ergeben.[46]

---

42 *Wilk / Stewen* wistra 2013 409, 412.

43 SSW-StPO² / *Burghart* § 111d, 8.

44 *Weingartz / Lenßen* Stbg 2011 82, 83; Flore / Tsambikakis / *Webel* Teil 2 Kap. 10 Rn. 166.

45 SSW-StPO² / *Burghart* § 111d, 8.

46 *Schilling / Hübner* StV 2018 49 sprechen von „substantiellen Änderungen" der Regelungen zur vorläufigen Sicherstellung; auch *Bittmann* ZInsO 2017 370, 372 sieht ein „...Spannungsfeld zwischen Kontinuität im Hinblick auf das Sicherungsbedürfnis einerseits und dem veränderten Rechtsrahmen andererseits.", wobei der von ihm gezogene

1. Allgemeines

Während zu Zeiten des § 73 Abs. 1 Satz 2 StGB a.F. ein Verfallsanspruch des Staates ausgeschlossen war, soweit dem Verletzten aus der Tat ein Anspruch erwachsen war, der den Wert des aus der Tat Erlangten dem Vermögen des Betroffenen entzogen hätte, so erlangt der Staat seit der Reform einen eigenen, originären Einziehungsanspruch, der neben dem Anspruch des Verletzten aus der Straftat besteht. Staat und Verletzter sind somit zwei personenverschiedene Gläubiger des Betroffenen, die unterschiedliche Interessen verfolgen können. Das wird bei genauerer Betrachtung des § 111h Abs. 2 Satz 1 und des § 73e Abs. 1 StGB augenscheinlich, denn mit der Einführung des § 111h Abs. 2 Satz 1 hat sich der Gesetzgeber von dem bisherigen System der Opferrestitution verabschiedet, wonach der Verletzte einen zivilrechtlichen Titel erwirken und diesen in die vorläufig zu seinen Gunsten sichergestellten Vermögenswerte vollstrecken konnte.[47] Heute tritt, wie einleitend dargestellt, *ipso iure* mit der strafprozessualen Sicherstellung ein *Vollstreckungsverbot* für den Verletzten ein. Dieser kann seinen zivilprozessual erstrittenen Titel dann nicht mehr in die vorläufig gesicherten Vermögenswerte des Betroffenen vollstrecken und muss bis zum Abschluss des Strafverfahrens auf seine Schadenskompensation warten. Für den Verletzten kann eine strafprozessuale Sicherstellung seit dem Inkrafttreten des Gesetzes zur Reform der strafrechtlichen Vermögensabschöpfung somit nicht mehr nur von Vorteil sein, sondern vielmehr zu einer *Einschränkung seiner Restitutionsmöglichkeiten* führen.

Es ist aber nicht nur der Staat, der die Interessen des Verletzten auf schnelle Schadenskompensation durch Sicherstellung konterkarieren kann, sondern auch der Verletzte hat seit der Reform seinerseits erhebliche Möglichkeiten, auf die staatliche Vermögensabschöpfung Einfluss zu nehmen. Nach § 73e Abs. 1 StGB ist die Einziehung nämlich ausgeschlossen, soweit der Anspruch auf Rückgewähr des Erlangten oder auf Ersatz des Wertes des Erlangten, der dem Verletzten aus der Tat erwachsen ist, *erloschen* ist. In der Gesetzesbegründung wird diese Vorschrift als besonders vergleichsfreundlich gelobt und in ihr eine Stärkung der Privatautonomie gesehen. Durch den Wortlaut „erloschen ist" stelle die Vorschrift klar, dass der Betroffene nicht nur dadurch von einer Einziehung befreit werde, dass er die geschuldete Leistung im Sinne des § 362 Abs. 1 BGB

Vergleich zur ZPO und dem unterschiedlichen Bedürfnis nach einem Arrestgrund in ZPO und StPO axiomatisch ist.

47 Siehe dazu bereits unter C), II., 2.

bewirkt, sondern auch ein (Teil-)Erlass nach § 397 Abs. 1 BGB zum Ausschluss der Einziehung führe.[48]

Seit Inkrafttreten des Gesetzes zur Reform der strafrechtlichen Vermögensabschöpfung verfolgt die Vermögensabschöpfung damit einerseits das Ziel, einen originären staatlichen Einziehungsanspruch durchzusetzen, um umfangreiche und lückenlose Vermögensabschöpfung zu ermöglichen, andererseits soll mit einer Stärkung der Privatautonomie dem Verletzten die Möglichkeit eingeräumt werden, den staatlichen Einziehungsanspruch durch einen (Teil-)Erlass untergehen zu lassen. Gleichzeitig wird dem Verletzten eine Vollstreckung seines zivilrechtlich erwirkten Titels untersagt, soweit der Staat seine eigenen Einziehungsansprüche vorläufig sichert. Diese Neuregelungen sind auf den ersten Blick nicht so ohne weiteres in Einklang zu bringen. Es ist deshalb fraglich, wie genau die Vorschrift des § 73e Abs. 1 StGB zu verstehen ist[49] und ob aus ihr tatsächlich folgt, dass ein (Teil-)Erlass des Verletzten die staatliche Vermögensabschöpfung insoweit ausschließt.

2. Die Auslegung des § 73e Abs. 1 StGB

Die Auslegung des § 73e Abs. 1 StGB bedarf in Bezug auf ihre Folgen für die vorläufige Sicherstellung in zweierlei Hinsicht einer genaueren Untersuchung. Fraglich ist zunächst, welche Ansprüche des Verletzten eine Einziehung überhaupt ausschließen können, denn nur insoweit kommt dann im Rahmen eines (Teil-)Erlasses auch der Ausschluss der vorläufigen Sicherstellung in Betracht.[50] Im Anschluss daran stellt sich die Frage, unter welchen Voraussetzungen ein Anspruch im Sinne des § 73e Abs. 1 StGB erlischt und damit eine staatliche Einziehung ausgeschlossen ist.

a) Anspruchskonkretisierung

Im Referentenentwurf war man zunächst noch davon ausgegangen, dass die Einziehung immer dann ausgeschlossen sein sollte, soweit der „Anspruch“, der dem

---

48 BRDrucks. 16 418 S. 75.

49 *Köllner / Mück* NZI 2017 593, 594 f. sehen in ihr die „Zentralnorm der Kommunikation bzw. des Konsens im materiellen Recht der strafrechtlichen Vermögensabschöpfung“.

50 Die steuerrechtlichen Ansprüche sollen hier außen vor bleiben, siehe dazu etwa *Köhler* NZWiSt 2018 226, 227, der die Anwendung auf einen verjährten Steueranspruch ablehnt, gleichzeitig aber einräumt, dass das mit § 232 AO nur schwer in Einklang zu bringen ist; zur Frage, ob in diesem Falle im Wege der selbständigen Einziehung vorgegangen werden kann *Mückenberger / Hinz* BB 2018 1435, 1437 f., die von der „Verjährungsfalle der selbstständigen Einziehung“ sprechen.

Verletzten aus der Tat erwachsen ist, erfüllt worden ist. Mit der letztlich gewählten Fassung des § 73e Abs. 1 StGB ist eine Einziehung nunmehr indes nur dann ausgeschlossen, soweit der aus der Tat erwachsene Anspruch des Verletzten auf *Rückgewähr des Erlangten* oder auf *Ersatz des Wertes des Erlangten* erloschen ist. Das Gesetz hat im Vergleich zum Referentenentwurf damit eine vom Wortlaut nicht unerhebliche Einschränkung beim Einziehungsausschluss vorgenommen. Schmerzensgeldansprüche etwa entstammen aus der Straftat, sind aber vom Wortlaut des § 73e Abs. 1 StGB nicht erfasst, während sie noch unter die Regelung des Referentenentwurfs hätten subsumiert werden können.

In ihrer Stellungnahme zum Gesetzentwurf hegte die Bundesrechtsanwaltskammer vor diesem Hintergrund Zweifel an der vermeintlichen Stärkung der Privatautonomie durch § 73e Abs. 1 StGB. Sie wies darauf hin, dass es den Verletzten in der Regel nicht um Rückgewähr oder Wertersatz, sondern vor allem um Schadensersatz ginge.[51] Dieser Schadensersatzanspruch schließe die Einziehung nach der Formulierung im Gesetzentwurf aber nur dann aus, wenn in ihm zugleich ein Anspruch auf Rückgewähr des Erlangten bzw. auf Wertersatz enthalten wäre.[52] Die Ausschlussregelung könne daher in vielen Fällen leer laufen.

Diese Kritik ist insoweit zutreffend, als der Verletzte tatsächlich regelmäßig die Erfüllung seiner aus der Tat erwachsenen Schadensersatzansprüche begehrt. Wie die Bundesrechtsanwaltskammer aber selbst zutreffend ausführt, umfasst ein Schadensersatzanspruch des Verletzten auch dessen Anspruch auf *Rückgewähr des Erlangten* oder *Ersatz des Wertes des Erlangten*, auch wenn seine Schadensersatzansprüche *in toto* darüber hinausgehen können. Mit anderen Worten schließt zwar nicht jeder Schadensersatzanspruch des Verletzten die Einziehung aus; sie ist aber immer dann ausgeschlossen, wenn der Betroffene *den* Anspruch des Verletzten zum Erlöschen bringt, der auf Kompensation des aus der Tat resultierenden Vermögensverlustes gerichtet ist.

Die Kritik am Gesetzgeber ist vor diesem Hintergrund unberechtigt, denn mit der Begrenzung des Einziehungsausschlusses auf aus der Tat erwachsene Ansprüche auf Rückgewähr des Erlangten oder Ersatz des Wertes des Erlangten wollte der Gesetzgeber lediglich eine Begrenzung des Einziehungsausschlusses auf die Schadensersatzansprüche vornehmen, die auf die Kompensation des *unmittelbar* aus der Tat erwachsenen *Vermögensschadens* gerichtet sind. Das entspricht der Rechtsnatur der Vermögensabschöpfung als quasi-kondiktioneller

---

51 Kritisch auch *Baretto da Rosa* NZWiSt 2018 215, 216.

52 BRAK Stellungnahme 39/2016 S. 5.

Ausgleichsmaßnahme[53] und ergibt sich ausdrücklich aus der Gesetzesbegründung, die auf § 73 Abs. 1 Satz 2 StGB a.F. Bezug nimmt, der ebenfalls vom „Anspruch“ des Verletzten sprach und nur diese (Ausgleichs-)Ansprüche meinte.[54] Da die aus der Tat erwachsenen Ansprüche des Verletzten aber noch weiter reichen können, als sie die Einziehung ausschließen,[55] konnte der Gesetzgeber in § 73e Abs. 1 StGB nicht an der im Referentenentwurf gewählten Terminologie des „Anspruchs“ festhalten, sondern musste diesen konkretisieren. Andernfalls hätte man kritisiert, dass der aus der Tat erwachsene „Anspruch“ auch ein Schmerzensgeldanspruch sein könne, obwohl dieser bis zur Reform 2017 den Verfall gerade nicht ausschloss.[56]

Eine Einziehung ist deshalb durch § 73e Abs. 1 StGB immer dann ausgeschlossen, wenn der ihr zu Grunde liegende, spiegelbildliche Anspruch des Verletzten[57] auf Rückgewähr des Erlangten oder Ersatz des Wertes des Erlangten erloschen ist.[58]

b) Erlöschen im Sinne des § 73e Abs. 1 StGB

Daran anschließend stellt sich die Frage, wann von einem *Erlöschen* des Anspruchs im Sinne des § 73e Abs. 1 StGB auszugehen ist.[59] Gesetzesbegründung

---

53 Siehe dazu ausführlich unter A).

54 *Hansen* S. 95 f.

55 Dazu *Hüls* ZWH 2017 242, 247.

56 Vgl. etwa OLG Zweibrücken NStZ 2002 254, 256; Kindhäuser / Neumann / Paeffgen / *Saliger* § 73, 21a; MüKo-StGB / *Joecks* § 73, 50; zum neuen Recht *Rhode* wistra 2018 65, 67; a.A.: SSW-StGB / *Burghart* § 73, 66.

57 *Meißner* NZWiSt 2018 239, 244 geht davon aus, dass sämtliche Straftaten erfasst sind, die zumindest auch Individualrechtsgüter schützen.

58 Soweit der Gesetzgeber in der Gesetzesbegründung indes die Begründung des Referentenentwurfs übernommen und ausgeführt hat, dass für eine staatliche Einziehung kein Raum mehr ist, wenn der Schadensersatzanspruch des Verletzten erloschen ist, BTDrucks. 18 9525 S. 69, so dürfte diese terminologische Divergenz wiederum kritikfähig sein. Hier hat der Gesetzgeber vermutlich schlicht übersehen, dass sich der Gesetzentwurf an dieser Stelle deutlich vom Referentenentwurf unterscheidet. Der Bundesgerichtshof geht zutreffend davon aus, dass der nach § 86 Abs. 1 Satz 1 VVG auf den Versicherer übergegangene Anspruch diesen zum Verletzten nach § 73 Abs. 1 StGB macht und § 73e Abs. 1 StGB der Einziehung in diesen Fällen nicht entgegensteht, vgl. dazu BGH NJW 2018 2141 f.

59 Siehe im Zusammenhang mit dem Steuerstrafrecht Tipke / Kruse / *Krumm* § 375, 28, der (schon) dann von einem Erlöschen ausgeht, wenn „…die Finanzbehörde aus verfahrens- oder prozessrechtlichen Gründen einen (vermeintlichen) Steueranspruch nicht (mehr) verwirklichen kann.“; kritisch dazu *Madauß* NZWiSt 2018 28, 33, der bezweifelt, dass dem Gesetzgeber diese Problematik überhaupt bewusst war; siehe auch *Rettke* wistra 2017 417.

und Wortlaut des § 73e Abs. 1 StGB sind hier vor allem historisch betrachtet nicht ohne weiteres miteinander vereinbar, wenn das Gesetz auf Tatbestandsebene davon ausgeht, dass eine Einziehung nur ausgeschlossen ist, „soweit" der dem Verletzten aus der Tat erwachsene Anspruch erloschen ist, nach der Gesetzesbegründung indes auch ein (Teil-)Erlass ausreichen soll, um den Einziehungsanspruch untergehen zu lassen.

Zur alten Rechtslage wurde im Zusammenhang mit § 111i Abs. 3 StPO a.F.[60] nämlich bereits vertreten, dass bei einem Vergleich zwischen Verletztem und Betroffenem, der hinter dem Betrag zurückblieb, den das Gericht als aus der Tat erlangt bezeichnet hatte, eine Aufhebung des dinglichen Arrestes nur in Höhe des *Vergleichsbetrages*, nicht aber in Höhe der Differenz zwischen Vergleichssumme und aus der Tat Erlangtem erfolgen sollte.[61] Man könnte deshalb unter Berücksichtigung dieser Rechtsprechung und dem Wortlaut des § 73e Abs. 1 StGB, der ebenfalls auf das „soweit" abstellt, der Auffassung sein, da ein Erlass regelmäßig auf einem Vergleich beruhe, schließe dieser auch nach neuer Rechtslage eine Einziehung nur in Höhe des Erlasses, nicht aber über den Differenzbetrag zwischen Erlass und aus der Tat Erlangtem hinaus, aus. Auf diese Weise wäre auch der Sinn und Zweck umfangreicher staatlicher Vermögensabschöpfung durch die originäre staatliche Einziehungsanordnung hinreichend geschützt.

Tatsächlich stünde eine solche Auffassung aber nicht nur im Widerspruch zur Gesetzesbegründung und dem ausdrücklichen Willen des Gesetzgebers, sie wäre vor allem mit dem Wortlaut des § 73e Abs. 1 StGB nicht vereinbar, der im Gegensatz zu § 111i Abs. 3 StPO a.F. zwar *auch* auf das „soweit", vor allem aber auf das „Erlöschen" des Anspruchs auf Rückgewähr des Erlangten oder auf Ersatz des Wertes des Erlangten abstellt, während § 111i Abs. 3 StPO a.F. von einer „Befriedigung" sprach. Erlöschen kann das Schuldverhältnis jedoch nicht nur durch Erfüllung im Sinne des § 362 BGB, sondern auch durch einen Erlassvertrag.[62] Dieser ist in § 397 BGB geregelt und bestimmt, dass das Schuldverhältnis erlischt, wenn der Gläubiger dem Schuldner durch Vertrag die Schuld erlässt.[63]

---

60 Die Vorschrift lautete auszugsweise: „Soweit das Gericht nach Absatz 2 verfährt, hält es die Beschlagnahme…sowie den dinglichen Arrest…aufrecht. …Soweit der Verletzte innerhalb der Frist nachweislich aus Vermögen befriedigt wird, das nicht beschlagnahmt oder im Wege der Arrestvollziehung gepfändet worden ist, hebt das Gericht die Beschlagnahme…oder den dinglichen Arrest…auf Antrag des Betroffenen auf".

61 OLG Koblenz NStZ 2016 610, OLG Saarbrücken BeckRS 2016 111382.

62 BeckOGK-BGB / *Paffenholz* § 397, 3; MüKo-BGB / *Schlüter* § 397, 7.

63 Der Erlassvertrag ist eine Verfügung und damit unmittelbar schuldtilgend, vgl. dazu Jauernig / *Stürner* § 397, 4; MüKo-BGB / *Schlüter* § 397, 6.

Der Erlassvertrag ist dabei nach allgemeiner Meinung ein formfreies,[64] schuldrechtliches *Verfügungs*geschäft,[65] der darauf gerichtete Vertrag ein dinglicher.[66] Das wiederum hat erhebliche Auswirkungen auf die Möglichkeiten von Verletztem und Betroffenen, einer Einziehung über § 73e Abs. 1 StGB die Grundlage zu entziehen.

So kann der Verletzte dem Betroffenen seine zivilrechtliche Schuld nicht nur durch einen Vergleich erlassen, sondern auch, *ohne* irgendetwas dafür zu fordern.[67] Weil der dingliche Erlass vom Kausalgeschäft abstrakt ist, tritt die Schuldtilgung nämlich auch dann ein, wenn ihm *kein* gültiges Rechtsgeschäft zu Grunde liegt.[68] In diesen Fällen erlischt der aus der Tat erwachsene Anspruch des Verletzten auf Rückgewähr des Erlangten oder auf Ersatz des Wertes des Erlangten somit völlig unabhängig von den Gründen, aus denen der Verletzte dem Betroffenen die Schuld erlässt. Der Erlass erfolgt dann zwar rechtsgrundlos und wäre vorbehaltlich § 814 BGB nicht kondiktionsfest,[69] der Anspruch des Verletzten auf Rückgewähr des Erlangten oder auf Ersatz des Wertes des Erlangten wäre gleichwohl vollumfänglich erloschen[70] und eine Einziehung ausgeschlossen.[71]

---

64 RGZ 53 294, 296; OLG Hamburg NJW 1961 76.

65 Staudinger / *Rieble* § 397, 29 ff.; BeckOK-BGB / *Dennhardt* § 397, 2; MüKo-BGB / *Schlüter* § 397, 6; Hk-BGB / *Schulze* § 397, 4.

66 Vgl. statt vieler MüKo-BGB / *Schlüter* § 397, 6 ff.; BeckOK-BGB / *Dennhardt* § 397, 2; *Haedicke* JuS 2001 966, 968 m.w.N.

67 Weder hierin noch in den im Fortgang zu erörternden Abreden läge freilich ein Vertrag zu Lasten Dritter, denn diese setzen eine *unmittelbare Verpflichtung* des Dritten voraus, siehe dazu etwa BGH NJW 1995 3183 ff.; MüKo-BGB / *Gottwald* § 328, 258. Es handelt sich hier vielmehr um eine Belastung des Staates, die nur eine *Einschränkung seiner Begünstigung* darstellt und damit zulässig ist, vgl. BeckOK-BGB / *Janoschek* § 328, 5; MüKo-BGB / *Gottwald* § 328, 263.

68 Jauernig / *Stürner* § 397, 4; BeckOGK-BGB / *Paffenholz* § 397, 12; Hk-BGB / *Schulze* § 397, 4 und 1: Erfüllungssurrogat; a.A.: BeckOGK-BGB / *Paffenholz* § 397, 3: Erlöschensgrund, nicht Erfüllungssurrogat.

69 Staudinger / *Rieble* § 397, 44 ff.; BeckOGK-BGB / *Paffenholz* § 397, 12; Jauernig / *Stürner* § 397, 4.

70 Ggf. hat der Verletzte dann einen Anspruch auf Wiederbegründung der Forderung, vgl. Hk-BGB / *Schulze* § 397, 4; BeckOK-BGB / *Dennhardt* § 397, 3; MüKo-BGB / *Schlüter* § 397, 6; Staudinger / *Rieble* § 397, 46; dieser Anspruch schließt aber das Erlöschen im Sinne des § 73e Abs. 1 StGB nicht aus, sondern ist vielmehr konstitutive Voraussetzung dafür. Fehlt es für den Erlassvertrag am Rechtsgrund, kann die Einziehung also auch nicht damit begründet werden, dass die Ansprüche aus § 73e Abs. 1 StGB durch Kondiktion wiederaufleben können.

71 Ohne weitere Erklärung im Ergebnis ebenso *Schilling / Corsten / Hübner* StraFo 2017 305, 307; unter Hinweis auf praktische Friktionen etwa bei Ratenzahlungsvereinbarung im Ergebnis ebenso *Meißner* NZWiSt 2018 239, 244.

Häufiger als der vor allem potentiell mögliche, in der Praxis aber vermutlich eher seltene, *rechtsgrundlose* Erlass, dürfte derjenige aufgrund eines Vergleichs i.S.d. § 779 BGB sein.[72] Fehlt es an konkreteren anderweitigen Abreden zwischen den Parteien, erlischt der Anspruch des Verletzten im Sinne des § 73e Abs. 1 StGB nicht erst durch die *Erfüllung* des Vergleichsvertrages, sondern schon durch den Vergleichsvertrags*abschluss*, denn auch hier bleibt es bei der Rechtsnatur des Erlassvertrages als unmittelbar schuldtilgende Verfügung.[73] Insoweit besteht aber für den Verletzten das Problem, dass er dann nur Erfüllung des Vergleichs verlangen kann; zahlt der Betroffene nicht, muss er seinen Anspruch gerichtlich geltend machen.[74] Der Erlassvertrag kann deshalb auch von einer Gegenleistung abhängig gemacht oder unter eine aufschiebende Bedingung gestellt werden.[75] Dies dürfte in der Praxis des künftigen Vermögensabschöpfungsrechts der häufigste Fall sein, hat doch der Verletzte regelmäßig keinen Anlass, dem Betroffenen seine zivilrechtliche Schuld ohne entsprechende Kompensation zu erlassen. In diesen Fällen kann der Erlassvertrag etwa mit einem Vergleichsvertrag kombiniert und der Erlass von der Erfüllung des Vergleichs abhängig gemacht werden. Denkbar ist auch, ihn ohne ausdrückliches Kausalgeschäft an die Bedingung einer Zahlung zu knüpfen.[76] Wird ein solcher Erlassvertrag zwischen den Beteiligten geschlossen, erlischt der Anspruch des Verletzten im Sinne des § 73e Abs. 1 StGB dann erst mit seiner *Befriedigung*, so dass eine Einziehung bis zu diesem Zeitpunkt möglich ist. Nach einem bereits erfolgten Vollzug des Vermögensarrestes wäre etwa denkbar, dass der Erlass nicht an die Bedingung der Vergleichszahlung, sondern an die Abtretung des bereits durch die Strafverfolgungsbehörden gepfändeten Anspruchs des Betroffenen gegen seine Bank geknüpft wird. Der Erlass wäre in diesen Fällen mit Abtretung wirksam, die Ansprüche des Verletzten im Sinne des § 73e Abs. 1 StGB würden erlöschen und die Einziehung wäre vollständig ausgeschlossen, unabhängig von der Höhe der Vergleichszahlung.

Die denkbaren Fallkonstellationen eines Erlasses mit und ohne Rechtsgrund oder auch aufgrund einer Bedingung sind nach alledem zahlreich,[77] müssen für

---

72 BeckOK-BGB / *Dennhardt* § 397, 3; Staudinger / *Rieble* § 397, 51 ff.

73 Jauernig / *Stürner* § 397, 4; Staudinger / *Rieble* § 397, 44.

74 Notarielle und sonstige, sofort vollstreckbare Urkunden, die hier prinzipiell vorstellbar wären, sollen zur vereinfachten Darstellung außer Betracht bleiben.

75 Siehe zur aufschiebenden Bedingung beim Erlassvertrag: MüKo-BGB / *Schlüter* § 397, 6 m.w.N.; BeckOK-BGB / *Dennhardt* § 397, 4; Staudinger / *Rieble* § 397, 166 ff.

76 BGH NJW 2016 2115, 2117 Rn. 21; Staudinger / *Rieble* § 397, 166; BeckOK-BGB / *Dennhardt* § 397, 4.

77 Völlig außen vor gelassen wird hier etwa die Frage der Wirkungen eines Erlasses bei Gesamtschuldnerschaft, vgl. dazu MüKo-BGB / *Schlüter* § 397, 8; Staudinger / *Rieble* § 397, 191 ff., 280.

die hier relevanten Fragen aber nicht allumfassend dargelegt werden. Entscheidend ist, dass § 73e Abs. 1 StGB im Gegensatz zu § 111i Abs. 3 StPO a.F. auf das *Erlöschen* des Schuldverhältnisses und nicht nur auf eine *Befriedigung* des Verletzten abstellt.[78] Der Erlass führt aber zum Erlöschen der Schuld dem Grunde nach, so dass der Anspruch des Verletzten auf Rückgewähr des Erlangten oder auf Ersatz des Wertes des Erlangten vollständig untergehen kann,[79] unabhängig davon, ob eine Gegenleistung des Betroffenen erfolgt.[80] Der Abschluss eines Erlassvertrages obliegt wiederum ausschließlich den Parteien,[81] die damit den Umfang der Restitution des Verletzten individuell bestimmen können.[82]

c) Ergebnis

Aus § 73e Abs. 1 StGB folgt, dass eine staatliche Einziehungsanordnung in Fällen eines (Teil-)Erlasses durch den Verletzten zu Gunsten des Betroffenen ausgeschlossen ist.

Die Vorschrift steht damit zwar im Einklang mit dem gesetzgeberischen Ziel einer *vereinfachten Opferentschädigung*, weil sie den Beteiligten die Möglichkeit eines unkomplizierten Täter-Opfer-Ausgleichs ohne staatliche Intervention

---

78 In dem von *Köhler / Burkhard* NStZ 2017 665, 673 gebildeten Fall „Hochstapler" hätte deshalb schon der Vergleichsabschluss ausgereicht um die Einziehung auszuschließen, wenn nicht ausdrücklich die Schadenswiedergutmachung Vergleichsgegenstand gewesen wäre.

79 BeckOK-BGB / *Dennhardt* § 397, 1; BeckOGK-BGB / *Paffenholz* § 397, 3.

80 In dem von *Köhler / Burkhard* NStZ 2017 665, 673 gebildeten Fall des Uhrendiebs, dessen Hehler die Ware unbeschadet an den Juwelier zurückgibt, weil er „kalte Füße" bekommt, ist § 73e Abs. 1 StGB entgegen der dort vertretenen Auffassung *sehr wohl* anwendbar. § 73e Abs. 1 StGB stellt *nur* darauf ab, ob der Anspruch des Juweliers gegen den Dieb erloschen ist. Das ist er im Wege der Erfüllung. *Köhler / Burkhard* versuchen stattdessen materiell-rechtliche Lücken der Strafbarkeit im Wege der Vermögensabschöpfung zu schließen, denn die 5.000,00 EUR, die dem Dieb entzogen werden sollen, hat er nicht aus dem Diebstahl, sondern dem Weiterverkauf erlangt. Wenn dieser aber nicht strafbar war, besteht keine Möglichkeit den Kaufpreis einzuziehen.

81 BeckOGK-BGB / *Paffenholz* § 397, 3; Jauernig / *Stürner* § 397, 2; das Gesetz kennt auch Ansprüche, über die ein Erlassvertrag nicht geschlossen werden kann, vgl. Hk-BGB / *Schulze* § 397, 2; ausführlich BeckOK-BGB / *Dennhardt* § 397, 9; BeckOGK-BGB / *Paffenholz* § 397, 41 ff.; Staudinger / *Rieble* § 397, 211 ff.; eine solche Unverzichtbarkeit liegt bei den Ansprüchen auf Rückgewähr des Erlangten oder auf Ersatz des Wertes des Erlangten nicht vor, wie sich schon im Umkehrschluss aus § 276 Abs. 3 BGB ergibt.

82 *Reh* NZWiSt 2018 20, 25 geht davon aus, dass man verlange könne, dass der Betroffene in der Hauptverhandlung Tatsachen benennt, die eine Überprüfung der Voraussetzungen des § 73e Abs. 1 StGB durch den Tatrichter ermöglichen. Das ist zu weitgehenden. Die Voraussetzungen des § 73e Abs. 1 StGB unterliegen wie alle anderen Voraussetzungen der Einziehung der Amtsermittlungspflicht des Gerichts.

ermöglicht, zugleich aber in einem grundsätzlichen Widerspruch zur Gesetzesintention einer *umfassenden Vermögensabschöpfung*, denn erlässt der Verletzte dem Betroffenen seine Schuld, ist eine Einziehungsanordnung ausgeschlossen und der dem Betroffenen durch die Tat erwachsene Vermögensvorteil kann nicht mehr abschöpft werden.[83]

3. Konsequenzen der Neuregelungen zur vorläufigen Sicherstellung von Vermögenswerten in Fällen mit individuellen Verletzten

An dieser Stelle schließt sich nun der Kreis zur einleitend dargestellten Problematik des neuen Sicherstellungsrechts. Einigen sich der Verletzte und der Betroffene zivilrechtlich auf eine bestimmte Kompensationsleistung des Betroffenen und erklärt der Verletzte daraufhin, dem Betroffenen seine darüber hinausgehende Schuld erlassen zu wollen, kann zum einen schon das Tatbestandsmerkmal der *Annahme* im Sinne der §§ 111b Abs. 1, 111e Abs. 1, dass es am Ende des Strafverfahrens zu einer Einziehungsanordnung kommt, nicht mehr bejaht werden, weil aufgrund des bevorstehenden Erlasses und der damit einhergehenden Wirkungen des § 73e Abs. 1 StGB am Ende des Strafverfahrens keine Einziehung mehr möglich sein wird.[84] *Gleichzeitig* entsteht durch den bevorstehenden Erlass des Verletzten aber ein erhebliches Sicherungsbedürfnis des Staates für seine *eigene* Einziehungsanordnung, denn das Verhalten des Verletzten und des Betroffenen gefährden nicht nur die *Vollstreckbarkeit* seines Einziehungsanspruchs, sondern sogar dessen *Existenz*.

Stellt die Staatsanwaltschaft vor diesem Hintergrund unter Rekurs auf die Gefährdung *ihres* Einziehungsanspruchs durch das Verhalten des Verletzten und des Betroffenen vorläufig Vermögenswerte des Betroffenen sicher, so entsteht ein relatives Veräußerungsverbot zu Lasten des Betroffenen, seine Verfügungen sind dem Staat gegenüber unwirksam.[85] Aufgrund des Verfügungsverbots kann der Betroffene sodann seine Vereinbarung mit dem Verletzten, die regelmäßig auf Zahlung eines bestimmten Geldbetrages gerichtet sein wird, nicht mehr erfüllen, was unmittelbar dazu führt, dass auch das Tatbestandsmerkmal der „Annahme" einer Einziehungsentscheidung wieder bejaht werden kann. Schließlich kann auch der Verletzte aufgrund des Vollstreckungsverbots nach § 111h Abs. 2 Satz 1 selbst

---

83 Kritisch zur Vorschrift insgesamt: *Baretto da Rosa* NZWiSt 2018 215, 216.

84 Ebenso: SSW-StPO / *Burghart* § 111b, 9; siehe zur Frage des Antrags im Strafbefehl bei Kenntnis von Ratenzahlungsvereinbarungen zwischen Betroffenem und Verletzten die Bedenken von *Reh* NZWiSt 2018 20, 21.

85 Siehe dazu ausführlich unter B), V., 3., c).

einen ihm vorliegenden *Titel* dann nicht mehr in die sichergestellten Vermögenswerte vollstrecken und muss sich bis zum Verfahrensabschluss gedulden.

Über die Frage des Vorliegens des Tatbestandsmerkmals der Annahme stellt sich zum anderen aber gerade in Fällen bereits erfolgter Sicherstellungen die Frage, auf wessen Interessen es künftig zur Begründung vorläufiger Sicherstellungsmaßnahmen im Rahmen des Sicherungsbedürfnisses ankommen soll:

Rekurriert man hier mit der Gesetzesbegründung auf die Rechtsprechung zum Arrestgrund nach altem Recht und damit auf die Frage, ob konkrete Anhaltspunkte dafür vorliegen, dass der Betroffene derart auf sein Vermögen einwirkt, dass die Vollstreckung durch den Gläubiger beeinträchtigt wird und damit seine Gefährdung vorliegt,[86] so kann man das Sicherungsbedürfnis der Strafverfolgungsbehörden selbst in all den Fällen bejahen, in denen sich Verletzter und Betroffener um eine einvernehmliche Lösung bemühen.[87] Gläubiger der Einziehungsanordnung des § 73 Abs. 1 StGB ist der Justizfiskus, dessen Anspruch aufgrund des § 73e Abs. 1 StGB erlischt, wenn der Verletzte sich zivilrechtlich mit einer geringeren Zahlung als dem ursprünglich durch die Tat Erlangten begnügt. Sowohl das Verhalten des Betroffenen als auch das Verhalten des Verletzten gefährden damit die Interessen des Gläubigers der Einziehungsanordnung; Arrestanspruch und Arrestgrund für eine vorläufige Sicherung liegen vor. Für eine Sicherstellung könnte die Staatsanwaltschaft in diesen Fällen im Rahmen des Ermessens außerdem den Gesetzeszweck einer umfassenden Vermögensabschöpfung anführen. Mit Vollziehung/Aufrechterhaltung des Vermögensarrestes in das Vermögen des Betroffenen und dem damit einhergehenden Verfügungsverbot verhindert sie nämlich, dass der Betroffene an den Verletzten leisten kann. Damit konterkariert sie zwar das Gesetzesziel[88] schneller und vor allem unkomplizierter Schadenskompensation nur zum Erhalt ihres Einziehungsanspruchs und damit zu einer ohnehin nur temporären, eigenen Besserstellung, stärkt aber das Gesetzesziel umfänglicher und lückenloser Vermögensabschöpfung.

Mit einer solchen Interpretation des Sicherungsbedürfnisses gehen indes Bedenken in Bezug auf die Gesetzesziele der Stärkung der *Privatautonomie* und des *Opferschutzes* einher. Schließlich wird durch eine solche staatliche Sicherstellung ein Täter-Opfer-Ausgleich in vielen Fällen unmöglich gemacht. Die Bedenken werden auch nicht dadurch abgemildert, dass sich Verletzter und Betroffener anderweitig einigen und damit die Wirkungen des § 73e Abs. 1 StGB

---

86 MüKo-ZPO / *Drescher* § 917, 3; Musielak / Voit / *Huber* § 917, 2; eingehend BeckOK-ZPO / *Mayer* § 917, 5 ff. m.w.N.; MAH-WiSt / *Rönnau* § 13, 200 ff.

87 Diesen Aspekt lässt *Greeve* ZWH 2017 277, 279 außen vor.

88 BRDrucks. 16 418 S. 1 f., 57.

herbeiführen können.[89] Zum einen ändern diese Möglichkeiten nichts an dem Grundproblem, dass die Strafverfolgungsbehörden mit einem Abstellen auf *ihr* Sicherungsbedürfnis die Befriedigung des Verletzten zielgerichtet verhindern können und dass es fraglich ist, ob in diesen Fällen überhaupt ein Sicherungsbedürfnis vorliegen kann, zum anderen wird der Verletzte regelmäßig kein Interesse an einem „befriedigungslosen" Erlassvertrag haben. Der Erlass wird deshalb in aller Regel von einer Gegenleistung bzw. einer aufschiebenden Bedingung[90] in Form der Zahlung eines bestimmten Betrages abhängig gemacht, was es für den Betroffenen wiederum notwendig macht, diesen auch zu leisten, soll eine Einziehung ausgeschlossen oder eine bereits erfolgte Sicherungsmaßnahme aufzuheben sein. Diese Erfüllung wird ihm durch den Vollzug/die Aufrechterhaltung eines Vermögensarrestes aber regelmäßig unmöglich gemacht. Das belastet nicht nur den Betroffenen, der die gegen ihn gerichtete Einziehungsanordnung nicht verhindern kann, sondern zugleich den Verletzten, der die Wahl hat, entweder nicht befriedigt zu werden oder deutlich kompliziertere Vergleichswege einschlagen zu müssen, sofern sie ihm überhaupt bekannt sind.[91]

Die hier aufgeworfene Frage ist damit nicht nur dogmatischer, sondern mindestens ebenso praktischer Natur und wird deshalb mittlerweile insbesondere von Praktikern auch in der Literatur angesprochen.[92] In Fällen mit nur einem einzelnen Verletzten mögen die hier dargestellten Schwierigkeiten noch überschaubar sein. Je mehr Verletzte hinzutreten, je stärker die Schadenssummen variieren

---

89 Siehe dazu ausführlich unter C), III., 2., b).

90 MüKo-BGB / *Schlüter* § 397, 6; BeckOGK-BGB / *Paffenholz* § 397, 13.

91 Es bieten sich daneben auch noch andere Möglichkeiten des Verletzten, die Einziehungsentscheidung zu konterkarieren. Denkbar wäre etwa, den Erlass an die Bedingung einer Abtretung der gepfändeten Ansprüche des Betroffenen zu knüpfen, siehe dazu generell Staudinger / *Rieble* § 397, 187, wenn auch zum umgekehrten Fall eines Erlasses nach Pfändung durch den Schuldner, nicht einen Dritten. Was im konkreten Fall die Interessen der Beteiligten am meisten schützt, kann hier abstrakt nicht beantwortet werden, zumal die Darstellung des hiesigen Problems dann in den Hintergrund treten müsste. Es soll vielmehr eine Lösung für die Standardfälle eines Erlassvertrages unter der Bedingung der Zahlung eines gewissen Betrages erarbeitet werden.

92 Allerdings eher abstrakt und ohne Anknüpfung an ein konkretes Tatbestandsmerkmal etwa *Köllner / Mück* NZI 2017 593, 598 sprechen von der faktischen Unmöglichkeit des Täter-Opfer-Ausgleichs; *Greeve* ZWH 2017 277, 279, erklärt, es sei „nicht mehr zulässig, trotz Einigung mit dem Geschädigten über den Wert des bereits…geleisteten Betrages hinaus Abschöpfungsmaßnahmen vorzunehmen…Einigt sich der Beschuldigte mit dem Geschädigten frühzeitig, erübrigen sich sämtliche weitere strafprozessuale Maßnahmen."; *Meißner* NZWiSt 2018 239, 244 geht hingegen ausführlicher auf praktische Fragen ein und schlägt zur Erfüllung der Ansprüche des Gläubigers die Abtretung von Herausgabeansprüchen des Schuldners an den Gläubiger vor, so dass der Einziehungsanspruch erlösche; aus staatsanwaltschaftlicher Sicht *Rhode* wistra 2018 102, 104 f.

und je unterschiedlicher das Engagement der Verletzten ist, stellt sich die Situation jedoch deutlich komplexer dar.[93] Hat der A im Ausgangsfall etwa nicht nur den B, sondern auch den C vermeintlich um 10.000,00 EUR geschädigt und verfügt er weiterhin nur über 8.000,00 EUR, so steigen die Interessen von B und C, dass staatliche Sicherungsmaßnahmen zu *ihren Lasten* unterbleiben und sie ihre Schäden jeweils in möglichst großem Umfang ersetzt bekommen. B wiederum hat kein Interesse an einer Kompensation des Schadens des C, dieser nicht an jener des B.[94] Einigt sich A mit *beiden* auf eine Zahlung von jeweils 4.000,00 EUR, darf er rein rechnerisch 12.000,00 EUR seiner Straftat behalten, die wegen § 73e Abs. 1 StGB nicht mehr eingezogen werden können. Der Staat hingegen hat ein Eigeninteresse daran, dass seine Einziehung nicht ausgeschlossen ist und könnte in diesen Fällen deshalb grundsätzlich vermögenssichernd aktiv werden/bleiben. Das allerdings stünde auch im Widerspruch zum Willen des Gesetzgebers, dass Verletzten die Möglichkeit gegeben sein sollte, ihre Ansprüche auch ohne anwaltlichen Beistand gegenüber der Staatsanwaltschaft geltend zu machen.[95] Selbst Rechtsanwälte, Richter und Staatsanwälte[96] haben mitunter Schwierigkeiten mit Fragen der Vermögensabschöpfung,[97] für juristische Laien ist dieses Thema nahezu unverständlich. Wenn nun die Staatsanwaltschaften zu Gunsten ihrer eigenen Einziehungsanordnung das Erlöschen der Ansprüche der Verletzten im Sinne des § 73e Abs. 1 StGB durch vorläufige Vermögenssicherung zielgerichtet verhindern dürften, wird dadurch das Gesetzesziel einfacher Opferentschädigung letztlich vollständig konterkariert.[98] Dieses Resultat kann

---

93 *Köhler* NZWiSt 2018 226, 227 wirft, ohne sie zu beantworten, die Frage auf, ob unter bestimmten Voraussetzungen § 73e StGB teleologisch zu reduzieren sei, wenn keine doppelte Inanapruchnahme zu fürchten ist. Das ist unter Berücksichtigung des eindeutigen Wortlauts der Vorschrift jedoch schon aufgrund des Analogieverbotes abzulehnen.

94 Schwierigkeiten bereitet hier freilich auch die Frage, ob der Staat nur zur Einleitung eines Insolvenzverfahrens vermögenssichernd aktiv werden darf. Sie soll hier jedoch zunächst außen vor bleiben, weil es sich dabei letztlich um eine Frage des Einzelfalls handelt, die zunächst die Beantwortung der *grundlegenden* Frage erfordert, auf wessen Interessen es überhaupt ankommt. Siehe zur Berechtigung der Sicherstellung zur Einleitung eines Insolvenzverfahrens unter Fn. 184.

95 BTDrucks. 18 9525 S. 59: „In aller Regel werden sie dafür [zum Zulassungsverfahren nach altem Recht] rechtsanwaltlichen Beistand benötigen. Im Ergebnis vermindert das Reformkonzept mithin den Erfüllungsaufwand für die Bürgerinnen und Bürger".

96 Zu den Schwierigkeiten der Staatsanwaltschaften mit dem neuen Recht ausführlich *Reh* NZWiSt 2018 20 ff.

97 Zu „Opferanwälten" so ausdrücklich *Reitemeier / Koujouie* S. 10; allerdings ist fraglich, ob sich andere Verfahrensbeteiligte mit diesen Fragen wirklich leichter tun.

98 Kritisch zur vereinfachten Opferentschädigung insgesamt und zur Verwirklichung des Ziels, Ansprüche ohne anwaltliche Beratung durchsetzen zu können, *Baretto da Rosa* NZWiSt 2018 215 f.

nicht im Sinne des Gesetzgebers gewesen sein. Vor allem der anwaltlich beratene Verletzte wird sich unter diesen Voraussetzungen künftig überlegen, ob er die Staatsanwaltschaft tatsächlich einschaltet oder zunächst versucht, sich außerhalb des Strafverfahrens mit dem Betroffenen zu vergleichen, wenn er andernfalls befürchten muss, dass die Staatsanwaltschaft ihm sonst die Vollstreckungsmasse des Betroffenen zum Schutz ihrer eigenen Interessen entziehen wird.[99] Dadurch wiederum würde nicht nur der Zweck umfangreicher staatlicher Vermögensabschöpfung, sondern sogar die Durchsetzung des staatlichen *Strafanspruchs* gefährdet.[100]

IV. Zwischenfazit

Seit dem Inkrafttreten des Gesetzes zur Reform der strafrechtlichen Vermögensabschöpfung stellt sich im Zusammenhang mit der vorläufigen Sicherstellung von Vermögenswerten in Fällen mit individuellen Verletzten die *zentrale Frage*, anhand welcher Interessen das Sicherungsbedürfnis nach §§ 111b Abs. 1, 111e Abs. 1 künftig zu bestimmen ist.[101] Die gesetzgeberischen Ziele einer vollumfänglichen, zugleich aber opferfreundlichen Vermögensabschöpfung stehen hier in einem scheinbar unauflösbaren Konflikt zum ebenfalls verfolgten Ziel der Stärkung der Privatautonomie und damit der Rechtsnatur der Vermögensabschöpfung als quasi-kondiktioneller Ausgleichsmaßnahme.

Im Folgenden soll deshalb untersucht werden, wie das neu in die Strafprozessordnung eingeführte Tatbestandsmerkmal des Sicherungsbedürfnisses in Fällen mit individuellen Verletzten auszulegen ist und welche Konsequenzen dies für die Möglichkeiten der vorläufigen Sicherstellung hat.

Zunächst sollen dabei die hier bereits angesprochenen Fälle untersucht werden, in denen die Interessen von Staat und Verletzten deshalb widersprüchlich sind, weil der Verletzte sich um eine Einigung mit dem Betroffenen bemüht und dadurch die staatliche Einziehungsanordnung in Gefahr gerät. Im Anschluss daran wird die Frage erörtert, ob ein Sicherungsbedürfnis auch dann angenommen werden kann, wenn entweder der Verletzte oder aber der Staat kein Interesse an der Sicherstellung haben, ehe abschließend die Fälle betrachtet werden, in denen

---

99 *Holznagel* Stellungnahme S. 11; *Köllner / Mück* NZI 2017 593, 597.

100 *Rhode* wistra 2018 102, 104 geht davon aus, dass „Großverfahren…von allen Verfahrensbeteiligten ein besonderes Maß an taktischer Voraussicht“ erfordern.

101 *Hüls* ZWH 2017 242, 247 spricht von faktischer Aufhebung der Subsidiarität des staatlichen Vermögenszugriffs im Strafverfahren.

sowohl der Staat als auch der Verletzte ein solches Sicherungsinteresse geltend machen können.

V. Das Sicherungsbedürfnis in Fällen widerstreitender Interessen zwischen Staat und Verletztem

Die Fälle widerstreitender Interessen zwischen Staat und Verletztem sind dadurch gekennzeichnet, dass der Verletzte eine Einigung mit dem Betroffenen anstrebt oder schon getroffen hat, die auf eine schnelle, dafür mitunter nicht vollständige Schadenswiedergutmachung gerichtet ist. Stellt man in diesen Fällen bei der Auslegung des Sicherungsbedürfnisses rein objektiv darauf ab, ob durch das Verhalten des Betroffenen die Einziehungsanordnung gefährdet ist, so ist diese Frage zu bejahen und die Strafverfolgungsbehörden könnten zur Sicherung ihres Einziehungsanspruchs vorläufig Sicherungsmaßnahmen ausbringen bzw. diese aufrechterhalten. Das wiederum widerspräche dem ausdrücklichen Interesse des Verletzten. Stellt man hingegen in Anlehnung an die bisherige Rechtslage isoliert darauf ab, ob der Verletzte sich um Restitution bemüht und verneint deshalb das Sicherungsbedürfnis, so würde man damit aus den Augen verlieren, dass der Staat mittlerweile einen originären Einziehungsanspruch sichern kann, der unabhängig von den Ansprüchen des Verletzten durch die Straftat entstanden ist.

Die Frage nach der Auslegung des Sicherungsbedürfnisses in Fällen widerstreitender Interessen zwischen Staat und Verletzten ist nicht nur wissenschaftlich von großer Bedeutung, sondern hat gleichzeitig eine hohe Praxisrelevanz, weil die Staatsanwaltschaft nur noch in Fällen des einfachen Verdachts einer Einziehungsanordnung eine Ermessensentscheidung treffen darf. In den Fällen des dringenden Verdachts liegt eine gebundene Entscheidung vor.[102] Das Sicherungsbedürfnis ist in diesen Fällen neben dem allgemeinen Verhältnismäßigkeitsgrundsatz[103] der einzige Schutz des Betroffenen *und* der Verletzten vor einer überhasteten/unberechtigt aufrechterhaltenen Sicherstellung und dem damit einhergehenden potentiellen Eingriff in die Grundrechte der Beteiligten aus Art. 14, 12 oder 2 Abs. 1 GG.

Fraglich ist deshalb, auf wessen Interessen es in diesen und gleichgelagerten Fällen künftig bei der Auslegung des Sicherungsbedürfnisses ankommt. Zur Be-

102 Siehe zu den Anordnungsvoraussetzungen ausführlich unter B), V., 2.

103 Siehe dazu ausführlich unter B), V., 7., c).

antwortung dieser Frage wird sich dabei in Anlehnung an die herrschende Meinung an der sog. objektiven Theorie orientiert.[104] Sie stellt im Gegensatz zur subjektiven Theorie nicht auf die subjektive Vorstellung der am Gesetzgebungsverfahren beteiligten Organe oder gar deren Mitglieder, sondern nur auf den in der Vorschrift und ihrem Sinnzusammenhang zum Ausdruck kommenden, objektivierten Willen des Gesetzgebers ab.[105]

1. Wortlaut der Abschöpfungsvorschriften

Ausgangspunkt für die Auslegung des Sicherungsbedürfnisses ist der Wortlaut der Vorschrift. § 111b Abs. 1 Satz 1 und § 111e Abs. 1 Satz 1 gehen jeweils davon aus, dass die Beschlagnahme „zur Sicherung der Vollstreckung" erfolgt.[106] Es stellt sich somit die Frage, wie eine Einziehungsentscheidung vollstreckt wird. Das Gesetz unterscheidet auch hier zwischen der Vollstreckung einer Originaleinziehung und der Einziehung von Wertersatz.[107]

Die Vollstreckung in einen nach § 111b Abs. 1 Satz 1 vorläufig beschlagnahmten Gegenstand erfolgt nach Rechtskraft des Urteils auf Grundlage des § 459g Abs. 1 Satz 1. Danach wird die Anordnung der Einziehung einer Sache dadurch vollstreckt, dass die Sache demjenigen, gegen den sich die Einziehung richtet, weggenommen wird. Ist die Wegnahme erfolgt und die Einziehung rechtskräftig festgestellt, wird der Gegenstand nach § 459h Abs. 1 Satz 1 dem Verletzten, dem ein Anspruch auf Rückgewähr des Erlangten erwachsen ist, zurückübertragen.[108]

Die Einziehung von Wertersatz wird dadurch vollstreckt, dass die gepfändeten Gegenstände zunächst verwertet werden, ehe der Erlös an den Verletzten ausgekehrt wird, dem ein Anspruch auf Ersatz des Wertes des Erlangten aus der Tat erwachsen ist, § 459h Abs. 2.

Fraglich ist damit im Kern, wie man das Tatbestandsmerkmal der „Vollstreckung" im Sinne der §§ 111b Abs. 1, 111e Abs. 1 verstehen möchte. Denkbar ist einerseits eine *enge* Auslegung des Wortlauts, wonach die Sicherung der Vollstreckung stets die Sicherung der *Einziehungsanordnung* meint und damit auf die Interessen des Staates als Einziehungsgläubiger abstellt. Hiergegen

---

104 Kritisch dazu Maunz / Dürig / *Hillgruber* Art. 97, 58 ff. m.w.N.

105 Vgl. statt vieler BVerfGE 1 299, 312; BFH BeckRS 2011 95053; OLG Dresden NStZ-RR 2005 277, 278; *Wank* S. 32; *Ullenboom* wistra 2018 291, 292; umfassend Staudinger / *Honsell* Einl. zum BGB, 132 ff.; *Madauß* NZWiSt 2018 28, 32 m.w.N.

106 Siehe dazu ausführlich unter B), V., 2. und B), V., 3.

107 Siehe dazu ausführlich unter B), V., 2. und B), V., 3.

108 Siehe dazu ausführlich unter B), V., 9., c).

spricht jedoch, dass das Gesetz im Wortlaut gerade keine derartige Einschränkung enthält. Weder § 111b Abs. 1 Satz 1 noch § 111e Abs. 1 Satz 1 schreiben vor, dass die Abschöpfungsmaßnahme nur zur „Sicherung der Vollstreckung *der Einziehung*" oder der „Sicherung der Vollstreckung der *Einziehung von Wertersatz*" erfolgen darf.[109] Hierin unterscheidet sich die Strafprozessordnung von dem zur Auslegung des Sicherungsbedürfnisses früher herangezogenen § 917 ZPO, der ausdrücklich von der Sicherung zur „Vollstreckung des Urteils" spricht. Die Strafprozessordnung hingegen stellt isoliert auf die „Vollstreckung" ab, was nichts anderes bedeutet als die Bewirkung der nach materiellem Recht vorgegebenen Zuordnung der Vermögenswerte.

Unter diesen Gesichtspunkten könnte man von einer *weiten* Auslegung des Wortlauts dergestalt ausgehen, dass es bei der Sicherung der Vollstreckung darauf ankommt, die *letztendlich* vorgesehen Zuordnung der Vermögenswerte zu gewährleisten.[110] Unabhängig von der jeweiligen Sicherungsmaßnahme kann in allen Fällen einer strafrechtlichen Vermögensabschöpfungsmaßnahme der Verletzte nach erfolgter Vollstreckung nach §§ 459j und 459k einen Antrag auf Herausgabe des Vollstreckungserlöses stellen und ist er es, der den Vermögenswert behalten darf. Das Verhältnis von Betroffenem, Staat und Verletztem ist damit vergleichbar mit jenem von Schuldner, Drittschuldner und Gläubiger. Eine weite Auslegung des Begriffs der „Vollstreckung" begründet damit ein Abstellen auf die Interessen des Verletzten im Rahmen des Sicherungsbedürfnisses.

Dieser Argumentation kann man jedoch entgegenhalten, dass es sich bei der Formulierung im Gesetzestext möglicherweise nur um ein Redaktionsversehen des Gesetzgebers handelt,[111] der in der Gesetzesbegründung von der „Sicherung der Vollstreckung einer Wertersatzeinziehung" spricht.[112] Hierin könnte ein Indiz dafür liegen, dass es in Anlehnung an die bisher in Verweis genommene Vorschrift des § 917 ZPO auf die Vollstreckung der Einziehungsanordnung und damit auf die Interessen des Staates an einer Sicherungsmaßnahme ankommen muss.

---

109 So lediglich in der Begründung des Gesetzentwurfs BTDrucks. 18 9252 S. 76: „…weil der Vermögensarrest nur ‚zur Sicherung der Vollstreckung' einer Wertersatzeinziehung angeordnet werden darf".

110 Ungenau dazu OLG Stuttgart NJW 2017 3731, 3732, wonach die „Notwendigkeit des Arrestes für die Sicherung der Vollstreckung, dass also die Vollstreckung ohne den Arrest gefährdet sein muss", vom Wortlaut nicht mehr umfasst sei; kritisch deshalb zu Recht *Gubitz / Molkentin* NJW 2017 3733 und ablehnend *Greeve* ZWH 2018 82.

111 Solche Redaktionsfehler finden sich auch an anderen Stellen wieder. So hält § 111h Abs. 2 Satz 2 etwa an der Formulierung des § 73 Abs. 1 Satz 2 StGB a.F. in Form des „aus der Tat" erwachsenen Anspruchs fest, während § 73 Abs. 1 StGB vom „durch" die Straftat erlangten spricht; siehe dazu unter D), V., 2., c), bb).

112 BTDrucks. 18 9252 S. 76.

Allerdings gilt, dass selbst wenn es sich an dieser Stelle tatsächlich „nur“ um einen Redaktionsfehler des Gesetzgebers handeln würde, es jedenfalls an anderer Stelle an Anhaltspunkten dafür fehlt, dass es im Rahmen des Sicherungsbedürfnisses tatsächlich isoliert auf die Interessen des Staates ankommen soll. Der Gesetzgeber hat diesen vermeintlichen Willen nämlich weder im Gesetzeswortlaut, noch in der Gesetzesbegründung, hinreichend deutlich gemacht. *Umgekehrt* könnte man deshalb auch davon ausgehen, dass sich das Redaktionsversehen in der Gesetzesbegründung selbst findet.

Beide Erklärungsversuche sind letzten Endes reine Spekulation, fehlt es insoweit doch an ergänzenden Hinweisen, worauf es dem Gesetzgeber tatsächlich ankam.[113] Da das Tatbestandsmerkmal des Sicherungsbedürfnisses gerade nicht begrenzt auf die Sicherung der Einziehung abstellt, sondern nur von der „Sicherung der Vollstreckung“ spricht, ohne dass erkennbar wäre warum, ist der Wortlaut der §§ 111b, 111e nicht hinreichend konkret, um die hier aufgeworfene Frage allein überzeugend beantworten zu können.

2. Historisch, teleologische Erwägungen zur Entwicklung des Vermögensabschöpfungsrechts

Ist der Wortlaut einer Vorschrift nicht eindeutig, so kann zur Ermittlung ihres Regelungsgehalts auf ihre historische Entwicklung zurückgegriffen werden.[114] Verlässlichere Anhaltspunkte für die künftige Auslegung des Sicherungsbedürfnisses könnten sich deshalb aus einem Vergleich der bisherigen mit den neuen Vermögensabschöpfungsvorschriften herleiten lassen. In diesem Zusammenhang wurde hier bereits aufgezeigt, dass es schon vor der Reform 2017, vor allem in der Zeit zwischen 2007 und 2017, umstritten war, wie sowohl den staatlichen Abschöpfungsinteressen als auch den Restitutionsinteressen der Verletzten unter Berücksichtigung des mit vorläufigen Sicherstellungsmaßnahmen einhergehenden Eingriffs in die Grundrechte des Betroffenen hinreichend Geltung verschafft werden konnte.[115]

a) Die Berücksichtigung des staatlichen Abschöpfungsinteresses

Mit der Einführung des Auffangrechtserwerbs des Staates in § 111i Abs. 5 StPO a.F. im Jahr 2007 wurde etwa argumentiert, staatliche Vermögensabschöpfung sei

---

113 Siehe zu den sich widersprechenden Begründungsansätzen schon ausführlich unter C), III., 3.

114 BVerfGE 1 299, 312; VG Leipzig BeckRS 2012 54303.

115 Siehe dazu bereits ausführlich unter C), II., 3.

das Hauptziel der §§ 111b ff., die Unterstützung des Verletzten bei der Schadenskompensation nur ein Nebeneffekt. Diese Auffassung dürfte sich durch die Einführung eines originären staatlichen Einziehungsanspruchs gestärkt fühlen und auch künftig für eine Auslegung des Sicherungsbedürfnisses anhand der Interessen des Staates streiten, denn mit der nunmehr vollzogenen Abschaffung des ausdrücklichen Vorrangs der Verletztenansprüche nach § 73 Abs. 1 Satz 2 StGB a.F. macht der Gesetzgeber deutlich, dass er sich nicht mehr mit einem nur subsidiären staatlichen Auffanganspruch begnügen will, sondern einen *originären* staatlichen Einziehungsanspruch für notwendig erachtet.[116]

Für diesen Vorrang ließe sich auch das hier schon angesprochene Argument anführen,[117] dass durch § 73e Abs. 1 StGB eine Einziehungsanordnung nur ausgeschlossen ist, „soweit" der Täter den Verletzten befriedigt hat. Das Wort „soweit" fand sich schon in § 111i Abs. 5 StPO a.F., unter dessen Geltung die Rechtsprechung davon ausging, dass ein zwischen dem Verletzten und dem Betroffenen geschlossener Vergleich, der zu einer Zahlung verpflichtet, die hinter dem aus der Tat Erlangten zurückblieb, den staatlichen Auffangrechtserwerb nicht ausschloss.[118] Unter diesen Gesichtspunkten könnte man weiterhin die Auffassung vertreten, vergleiche sich der Betroffene mit dem Verletzten auf Zahlung eines niedrigeren als den aus der Straftat erlangten Betrag, könne diese Differenz entgegen den Ausführungen in der Gesetzesbegründung weiterhin abgeschöpft werden. Hierfür spräche etwa auch das Ziel umfangreicher staatlicher Vermögensabschöpfung, das durch § 73 StGB zum Ausdruck gebracht wurde, so dass bei der Auslegung des Sicherungsbedürfnisses auch das staatliche Interesse an einer späteren Vollstreckbarkeit jedenfalls der auf den *Differenzbetrag* lautenden Einziehungsanordnung zu berücksichtigen wäre.

Für eine an den Interessen des Staates orientierte Auslegung des Sicherungsbedürfnisses ließe sich letztlich außerdem noch anführen, dass das Bundesverfassungsgericht bereits zur alten Rechtslage der Ansicht war, der Justiz falle die Aufgabe zu, den Bürgern finanzielle Anreize zur Straftatbegehung zu nehmen. Die Vermögensabschöpfung verfolge insoweit präventive Ziele und könne deswegen auch neben einer Strafe ausgeurteilt werden.[119] Wenn es aber Sinn und

116 In diesem Sinne Wistev RefE-Stellungnahme S. 6; *Bittmann* KriPoZ 2016 120, 128: „Zukünftig steht das Arrestpfandrecht aber ausschließlich dem Justizfiskus zu und soll die spätere Verwertung zu dessen Gunsten sichern. Darauf, ob es an den Verletzten gem. § 459h StPO-E ausgekehrt wird, kommt es nicht an".

117 Siehe dazu bereits ausführlich unter C), III., 2., b).

118 OLG Koblenz NStZ 2016 610, 613; OLG Saarbrücken BeckRS 2016 111382.

119 BVerfGE 110 1, 15 ff.

Zweck und verfassungsrelevante Aufgabe des Staates ist, umfassende Vermögensabschöpfung zu betreiben, so fragt sich, mit welcher Legitimation der Täter künftig aus der Straftat erlangte Vermögenswerte behalten können soll, nur weil der Verletzte einen für sein Vermögen nachteiligen Vergleich geschlossen hat. Mit der Begründung, verfassungsrechtlich sei eine *umfangreiche* Vermögensabschöpfung gefordert, könnten die Strafverfolgungsbehörden damit gerade in den Fällen aktiv werden, in denen sich Verletzte um einen einvernehmlichen Schadensausgleich mit dem Täter bemühen, denn der Wunsch nach einer umfassenden Vermögensabschöpfung wurde im Gesetzgebungsverfahren und nicht zuletzt auch in der Gesetzesbegründung immer wieder deutlich zum Ausdruck gebracht. Hingegen wurde die Berücksichtigung von Verletztenansprüchen bei der Vermögensabschöpfung als hinderlich betrachtet, weil man in ihr eine Ursache nur lückenhafter Vermögensabschöpfung sah.[120] Diese und vermeintliche weitere Lücken[121] sollten mit der Reform 2017 gerade geschlossen werden, um so Straftätern den wirtschaftlichen Anreiz für ihre Taten zu nehmen. Der Gesetzgeber hat deshalb erstmals in der Geschichte der Vermögensabschöpfungsvorschriften seinen Einziehungsanspruch grundsätzlich unabhängig von Ansprüchen Verletzter im Gesetz verankert und dadurch bestimmt, dass staatliche Vermögensabschöpfung nicht nur *subsidiäre*, sondern *originäre* Geltung beansprucht. Stellt die Strafjustiz vorläufig Vermögenswerte sicher, wird mit Hilfe des Verfügungs- und Vollstreckungsverbotes in § 111h Abs. 2 Satz 1 regelmäßig zielgerichtet verhindert, dass § 73e Abs. 1 StGB überhaupt zur Anwendung kommen kann und der staatliche Einziehungsanspruch erlischt, obwohl möglicherweise noch Vermögenswerte beim Täter vorhanden sind, die der Verletzte nicht vereinnahmen wollte.

Zur Durchsetzung des Ziels vollumfänglicher Vermögensabschöpfung spricht deshalb einiges dafür, das Sicherungsbedürfnis anhand des Abschöpfungsinteresses des Staates zu bestimmen.

b) Die Berücksichtigung des Restitutionsinteresses des Verletzten

Eine solche Berücksichtigung der Interessen des Staates als Einziehungsgläubiger im Rahmen des Sicherungsbedürfnisses widerspricht jedoch den Restitutionsinteressen der Verletzten, die wegen § 111h Abs. 2 Satz 1 nicht mehr frei in

---

120 BTDrucks. 18 11640 S. 1.

121 Siehe etwa BTDrucks. 18 9525 S. 2 und 48 oder auch die Rede von Bundesjustizminister *Maas* vom 10.3.2016 auf dem Deutschen Insolvenzrechtstag: „lückenhaft, kompliziert, nicht immer fair und mit vielen Unsicherheiten behaftet.“ Veröffentlichte Druckversion, online abrufbar über das BMJV.

die Vermögenswerte des Betroffenen vollstrecken können. Sie steht damit im Widerspruch zum Gesetzesziel einer vereinfachten und unkomplizierten Opferentschädigung.[122] Um den Interessen des Verletzten im Rahmen der Vermögensabschöpfung hinreichend gerecht zu werden, könnte das Sicherungsbedürfnis deshalb vorrangig nach ihren Restitutionsinteressen zu bestimmen sein.

Hierfür kann unter historischen wie teleologischen Gesichtspunkten etwa angeführt werden, dass seit Einführung der Einziehungsvorschriften als „Nachfolgerin" einer auf die Abschöpfung ausgerichteten Geldstrafe[123] Einigkeit bestand, dass sich der Staat nicht zu Lasten des *Straftatverletzten* bereichern darf. Das Ziel des früheren Verfalls, dem Betroffenen das zu entziehen, was er im Widerspruch zur Rechtsordnung erlangt hatte, stieß deshalb schon immer dort an seine Grenze, wo eine solche Maßnahme die Interessen des Verletzten beeinträchtigte. Vermögensabschöpfung als staatliche Aufgabe im Sinne der Rechtsprechung des Bundesverfassungsgerichts betonte aus diesem Grunde zwar immer den Vorrang staatlicher Interessen gegenüber jenen des verurteilten *Betroffenen*, niemals aber gegenüber jenen des *Verletzten*. Nur die *konkrete Ausgestaltung* dieses Vorrangs der Restitutionsinteressen des Verletzten gegenüber den Abschöpfungsinteressen des Staates, nicht aber ihr genereller Vorrang unterlag dabei in den letzten Jahrzehnten immer wieder einiger Veränderung:

Zunächst war mit Einführung der Verfallsvorschriften die Hierarchie zwischen Staat und Verletztem in vermeintlichen Konfliktsituationen über § 73 Abs. 1 Satz 2 StGB a.F. klar geregelt. Der Verletzte genoss mit seinen Ansprüchen Vorrang vor jenen des Staates. War dem Verletzten aus der Tat ein Anspruch erwachsen, der dem Betroffenen das aus der Tat Erlangte wieder entzog, so war ein Verfall ausgeschlossen und zwar unabhängig davon, ob der Verletzte zivilrechtlich gegen den Betroffenen vorging oder nicht. Der Gesetzgeber nahm zu Gunsten der Interessen der Verletzten sogar ein Absehen von der Vermögensabschöpfung in Kauf und stellte damit schon damals ein wesentliches Präventivziel staatlichen Handelns zu Gunsten der Verletzten hinten an.

Erst nach und nach, namentlich mit der (nur) geplanten Reform 1998[124] und der letztlich umgesetzten Reform 2007[125], gerieten die staatlichen Interessen an ei-

122 Im Zusammenhang mit § 111d dazu BTDrucks. 18 10146 S. 11: „Nach der materiellrechtlichen Konzeption ist die Vermögensabschöpfung bei Vermögensdelikten in erster Linie darauf gerichtet, dass das Tatopfer die Tatbeute…wiedererlangt".

123 Siehe dazu bereits ausführlich unter B), IV.

124 BTDrucks. 13 9742.

125 BTDrucks. 16 700.

ner umfassenden Vermögensabschöpfung und ihr Verhältnis zu jenen des Verletzten in das Zentrum der Überlegungen des Gesetzgebers. Das führte aber zu keinem Zeitpunkt dazu, dass man die staatlichen Interessen über jene des Verletzten stellen wollte. Die Einführung des staatlichen Auffangrechtserwerbs in § 111i Abs. 2 ff. StPO a.F. führte zu keiner *Schwächung* der Position der Verletzten, sondern sollte sogar zu deren Stärkung beitragen, weil man mit ihr die Hoffnung verband, dass die Strafverfolgungsbehörden aufgrund des potentiellen staatlichen Auffangrechtserwerbs einen größeren Anreiz haben würden, dem Verletzten Rückgewinnungshilfe zu leisten.[126] Die gleichzeitig bezweckte Schließung von Abschöpfungslücken führte ausschließlich zu einer Belastung des Betroffenen, nicht aber des Verletzten.

Besonders deutlich wurde der auch nach der Reform 2007 bestehende Vorrang des Restitutionsinteresses des Verletzten vor den Abschöpfungsinteressen des Staates an § 111i Abs. 5 Satz 1 Nr. 1 StPO a.F., der einen staatlichen Auffangrechtserwerb auch dann ausschloss, wenn der Verletzte nur in das Vermögen des Betroffenen „verfügt“ hatte. Einigkeit bestand insoweit, dass eine solche Verfügung jedenfalls dann den Auffangrechtserwerb ausschloss, wenn sie wirksam war.[127] Klassisches Beispiel einer solchen Verfügung war ein zivilrechtlicher dinglicher Arrest im einstweiligen Rechtsschutz.[128] Der Staat verzichtete damit sogar in den Fällen auf Vermögensabschöpfung, in denen selbst drei Jahre nach Rechtskraft des Strafurteils noch keine endgültige Schadenskompensation des Verletzten eingetreten war und deshalb die Gefahr bestand, dass der Betroffene nach Aufhebung der entsprechenden zivilrechtlichen Verfügungen oder einem Obsiegen in der Hauptsache aus der Straftat bereichert sein konnte. Der Verzicht erfolgte, um zu vermeiden, dass sich der Staat andernfalls zu Lasten des Verletzten bereichern würde. Die Vorschrift war, wenn auch weitgehend unerkannt, neben § 73 Abs. 1 Satz 2 StGB a.F. ein ausdrücklicher Beleg für den Vorrang des Restitutionsinteresses des Verletzten vor den Abschöpfungsinteressen des Staates.

Die Bedeutung der Interessen des Opfers im Rahmen staatlicher Vermögensabschöpfungsmaßnahmen wurde schließlich durch die Reform 2017 nicht geringer, sondern sogar noch größer. Es ist ein Trugschluss zu glauben, aufgrund der

126 So jedenfalls konkludent in BTDrucks. 16 700 S. 2, wonach der erhöhte Vollzugsaufwand durch „erhebliche Vermögenszuflüsse für den Fiskus“ ausgeglichen werden sollte.

127 OLG München vom 27.10.2016, Az.: 3 Ws 706-707/16 (nicht veröffentlicht); umstritten war indes, ob auch unwirksame Verfügungen zum Ausschluss führten, vgl. dazu eingehend LR / *Johann* § 111i, 22.

128 BTDrucks. 16 700 S. 17.

originären staatlichen Einziehungsmöglichkeit gingen staatliche Abschöpfungsinteressen nun jenen des Opfers vor. Das Gegenteil ist der Fall. Noch nie waren die Möglichkeiten des Opfers zur Schadenskompensation so umfangreich, noch nie hatten die Handlungen des Verletzten so große Auswirkungen auf die staatliche Vermögensabschöpfung wie heute und das trotz Abschaffung des § 73 Abs. 1 Satz 2 StGB a.F.

Das zeigt sich zunächst im direkten Vergleich zwischen den Möglichkeiten des Verletzten, sich mit Hilfe des Staates vor bzw. nach der Reform 2017 schadlos zu halten. Musste der Verletzte dem Staat vor der Reform 2017 noch mindestens einen vorläufig vollstreckbaren Titel präsentieren, damit es nicht zum staatlichen Auffangrechtserwerb kam, kann er mittlerweile nur durch Anmeldung seiner zivilrechtlichen Ansprüche gegenüber den Staatsanwaltschaften[129] auf die vom Staat gesicherten Vermögenswerte zugreifen.[130] Der Staat verlangt damit *weniger* vom Verletzten als zuvor und stellt ihm unter *niedrigeren* Voraussetzungen die zum Zwecke der Einziehung gesicherten Vermögenswerte zur Verfügung, die sonst in sein Vermögen fließen würden. Damit gibt er zu erkennen, dass die Ansprüche des Verletzten seinen eigenen nunmehr sogar unter niedrigeren Voraussetzungen vorgehen, als bisher. Der Verletzte wiederum kann sich sogar *doppelt* absichern, indem er einen zivilrechtlichen Titel erwirkt, diesen der Staatsanwaltschaft bzw. dem Gericht im Strafvollstreckungsverfahren vorlegt und gleichzeitig parallel in nicht sichergestellte Vermögenswerte zu vollstrecken versucht. In diesen Fällen hat er dann nicht nur sechs Monate, sondern sogar dreißig Jahre Zeit, seine Ansprüche zu befriedigen und muss außerdem nicht fürchten, dass die Staatsanwaltschaft seine Ansprüche mangels Glaubhaftmachung ablehnt. Mit dieser *Ausweitung der Restitutionsoptionen* des Opfers ging zugleich eine Beschneidung der Durchsetzbarkeit staatlicher Vermögensabschöpfungsinteressen einher. Sie folgt *expressis verbis* aus § 73e Abs. 1 StGB, der das Fortbestehen der staatlichen Einziehungsanordnung *akzessorisch* an den zivilrechtlichen Anspruch des Verletzten geknüpft und damit die Möglichkeiten staatlicher Vermögensabschöpfung in die Hände des Verletzten gelegt hat. Diese sind damit nicht mehr wie vor der Reform und zu Zeiten des § 111i Abs. 2 ff. StPO a.F. nur subsidiär, sie scheiden heute vielmehr *zwingend* aus, selbst wenn der Verletzte dem Betroffenen seine zivilrechtliche Schuld ohne Gegenleistung erlässt. Daran ändert auch der an § 111i StPO a.F. angelehnte Wortlaut des „soweit" nichts, da § 111i Abs. 4 und 5 StPO a.F. vor allem auf die „Befriedigung des Verletzten" rekurrierten. In § 73e Abs. 1 StGB geht

129 Siehe dazu § 459j.

130 Siehe dazu ausführlich unter B), V., 9., c).

es hingegen nicht um die Befriedigung, sondern um das Erlöschen des Anspruchs des Verletzten. Auf welche Weise der Anspruch erlischt, ist unerheblich. Es wurde hier ausführlich dargestellt, dass unter Berücksichtigung des § 397 BGB von einer zivilrechtsakzessorischen Auslegung auszugehen ist, weshalb auch ein Erlass die Einziehung ausschließt.[131] Der Einfluss des Verletzten auf die staatliche Einziehung geht damit deutlich weiter als vor der Reform und stellt eine massive Stärkung der Bedeutung des Verletzten bei der Vermögensabschöpfung dar. Er hat es heute in der Hand, die Vermögensabschöpfung des Staates komplett zu verhindern, ohne dies auch nur begründen zu müssen.

Das aktuell bestehende Konzept staatlicher Vermögensabschöpfung in den Händen des Verletzten erstaunt deshalb besonders, weil ähnliches bereits in den 1960er Jahren diskutiert und überwiegend mit dem Argument abgelehnt wurde, eine solche Ausrichtung des Strafgesetzesbuches auf die Interessen des Verletzten sei zu einseitig und lege die Möglichkeiten des staatlichen Vorgehens zu Unrecht in die Hände des Verletzten.[132] Noch 2006 lehnte es der Gesetzgeber außerdem ab, einen direkten Ausgleichsanspruch des Geschädigten gegen den Staat in die Strafprozessordnung aufzunehmen, weil der Opferschutz eine derart weitrechende Privilegierung nicht gebiete.[133]

Mag die Entscheidung des Gesetzgebers zur Ausgestaltung der Opferentschädigung durch die Reform 2017 auch Ansätze zur Kritik liefern,[134] so wird durch sie aber vor allem im historischen Kontext deutlich, wie sehr die strafrechtliche Vermögensabschöpfung heute trotz aller Bedenken in Bezug auf die Folgen für das Abschöpfungsinteresse des Staates auf die Interessen des Opfers ausgerichtet ist[135] und das trotz Abschaffung des ausdrücklichen Vorrangs der Verletztenansprüche über § 73 Abs. 1 Satz 2 StGB a.F. [136] Das hat die ohnehin seit Jahren

---

131 Siehe dazu ausführlich unter C), III., 2., b).

132 Umfassend zu den einzelnen Ansätzen, die heute miteinander vermischt werden, *Eser* S. 294 ff. m.w.N.

133 BTDrucks. 16 700 S. 18.

134 Siehe dazu bereits ausführlich unter B), V., 9., d).

135 Anders sind die Ausführungen in BTDrucks. 16 9525 S. 69 nicht zu verstehen: „Durch den Wortlaut…stellt die Vorschrift klar, dass der Betroffene nicht nur dadurch befreit wird, dass er die geschuldete Leistung bewirkt…Vielmehr befreit ihn auch ein (Teil-)Erlass nach § 397 Absatz 1 BGB. Die Regelung ist mithin mit Blick auf den Grundsatz der Privatautonomie ‚vergleichsfreundlich' ausgestaltet".

136 Expressis verbis *Luczak* Plenarprotokoll 18 225 S. 22654; BTDrucks. 18 9525 S. 1: „Nicht selten scheuen Geschädigte Kosten und Aufwand…für dieses Verfahren", S. 2: „Kernstück des Reformvorhabens ist die grundlegende Neuregelung der Opferentschädigung. Dreh- und Angelpunkt ist die Streichung des § 73 Abs. 1 Satz 2 StGB…Die Ansprüche der Verletzten werden grundsätzlich im Strafvollstreckungsverfahren befriedigt…Dieses Entschädigungsmodell bietet den Tatgeschädigten einen einfachen und

bestehende Auffassung gestärkt, die einen Vorrang der Interessen des Verletzten vor jenen des Staates bei der Vermögensabschöpfung annahm.[137] Diese Wertung des Gesetzes darf nicht durch eine Auslegung des Sicherungsbedürfnisses anhand der Abschöpfungsinteressen des Staates unterlaufen werden. Erweckt die Abschaffung[138] des § 73 Abs. 1 Satz 2 StGB a.F. deshalb auch auf den ersten Blick den Eindruck, das staatliche Vermögensabschöpfungsinteresse sei zu Lasten des Restitutionsinteresses des Verletzten gestärkt worden, so wird bei genauer Betrachtung des *Gesamtkonzepts* der neuen Vermögensabschöpfungsvorschriften doch deutlich, dass wegen § 73e Abs. 1 StGB tatsächlich eine Stärkung der Position des Verletzten gegenüber den staatlichen Abschöpfungsinteressen gegeben ist, die der Gesetzgeber in der Gesetzesbegründung auch ausdrücklich als „Stärkung der Privatautonomie" bezeichnet.[139]

Die berechtigten Interessen der Verletzten dürfen im neuen Vermögensabschöpfungsrecht unter historisch-teleologischen Gesichtspunkten deshalb nicht durch eine Auslegung des Sicherungsbedürfnisses anhand der subsidiären Abschöpfungsinteressen des Staates konterkariert werden.

c) Ergebnis

Das staatliche Einziehungsinteresse aufgrund der Abschaffung des § 73 Abs. 1 Satz 2 StGB a.F. als primäres Ziel der Vermögensabschöpfung zu bezeichnen und das Sicherungsbedürfnis deshalb anhand des staatlichen Einziehungsinteresses zu bestimmen, kann historisch-teleologisch *nicht* überzeugen. Mit der Abschaffung des § 111i Abs. 2 ff. StPO a.F. bei gleichzeitiger Einführung des § 73e Abs. 1 StGB wurde die Vermögensabschöpfung schwerpunktmäßig in die Hände des Verletzten gelegt. § 73e Abs. 1 StGB schließt staatliche Vermögensabschöpfung heute immer dann aus, wenn sich Verletzter und Betroffener zivilrechtlich einigen und das, obwohl solche Abreden vor der Reform 2017 gerade

---

kostenlosen Weg, Schadenswiedergutmachung zu erlangen. Es stärkt damit den Opferschutz"; siehe auch *Eser* S. 297, der gegen eine unbeschränkte Gewinnabschöpfung durch den Staat und den damit einhergehenden Vorteilen des Verletzten vor allem einwandte, dass der Staat damit in die Rolle des Geldverteilers gedrängt werde, was er nicht für angemessen hielt.

137 MüKo-StPO / *Bittmann* § 111b, 20 wollte das staatliche Abschöpfungsinteresse aufgrund der Vorschrift des § 73 Abs. 1 Satz 2 StGB a.F. und der Ermessensentscheidung in § 111i Abs. 2 StPO a.F. grundsätzlich geringer gewichten als das Restitutionsinteresse des Verletzten; anders: OLG Koblenz NStZ 2016 610, 612 „neben dem Interesse des Geschädigten", OLG Rostock BeckRS 2014 00906, wonach das Abschöpfungsinteresse „in gleichem Maße" gelten sollte, wenn kein Restitutionsinteresse erkennbar war.

138 Siehe zu den Bedenken an der Abschaffung auch BRAK Stellungnahme 15/2016 S. 3.

139 BTDrucks. 18 9525 S. 69.

keinen Einfluss auf den überschießenden staatlichen Auffangrechtserwerb hatten.[140] Die heutige Situation ist damit deutlicher besser mit jener *vor* als *nach* der Reform 2007 vergleichbar, in der der Staat wegen § 73 Abs. 1 Satz 2 StGB a.F. und mangels § 111i Abs. 5 StPO a.F. nur in Ausnahmefällen in den permanenten Genuss der sichergestellten Vermögenswerte aus Straftaten mit individuellen Verletzten kommen konnte. Die Interessen des Verletzten stehen damit im *Fokus* des strafrechtlichen Vermögensabschöpfungsrechts und müssen deshalb in Fällen widerstreitender Interessen bei der Auslegung des Sicherungsbedürfnisses vorrangig Berücksichtigung finden.

3. Widerspruch zu allgemeinen Rechtsgrundsätzen und der Dogmatik des Vermögensabschöpfungsrechts?

Das hier unter historisch-teleologischer Auslegung gefundene Ergebnis einer in Konfliktsituationen an den Interessen des Verletzten orientierten Auslegung des Sicherungsbedürfnisses darf sich jedoch nicht in Widerspruch zu allgemeinen Rechtsgrundsätzen, dem Sinn und Zweck und der grundlegenden Dogmatik des aktuellen Rechts setzen.

a) Erwägungen zum Legalitätsprinzip und der staatlichen Ermächtigungsgrundlage zur Sicherstellung

Gegen eine Auslegung des Sicherungsbedürfnisses anhand der Interessen des Verletzten könnte unter Berücksichtigung dieser Kriterien etwa argumentiert werden, dass das Strafrecht über das Legalitätsprinzip deutlich zum Ausdruck bringt, dass der Staat auch in den Fällen, in denen das Opfer gar kein staatliches Einschreiten für geboten hält oder ihm dieses sogar unerwünscht ist, sein Strafverfolgungsinteresse über das Interesse des Verletzten stellt. Unter diesem Aspekt ist es zunächst nicht erklärlich, warum der Staat eine Strafe gegen den Täter aussprechen darf, auch wenn das Opfer gar keine Bestrafung wünscht, dem Täter aber keine Vermögenswerte entziehen können soll, die dieser aus der Straftat erlangt hat, wenn der Verletzte ihm seine zivilrechtliche Schuld erlässt. Wenn Strafe gegen die Interessen des Verletzten durchgesetzt werden kann, müsste das erst recht für die Maßnahmen der Vermögensabschöpfung gelten.

Tatsächlich aber greift dieser Ansatz zu kurz. Die Vermögensabschöpfung scheidet nämlich in diesen Fällen nicht deshalb aus, weil das Opfer sie nicht *wünscht*, sondern deshalb, weil es dem Staat nach einem Erlass des Verletzten

140 OLG Koblenz NStZ 2016 610, 613; OLG Saarbrücken BeckRS 2016 111382.

gegenüber dem Betroffenen an einer *Ermächtigungsgrundlage* zur Vermögensabschöpfung mangelt. Hierin liegt der wesentliche Unterschied zur Diskussion um das Sicherungsbedürfnis vor der Reform 2017. Die Befürworter einer an den Interessen des Staates orientierten Auslegung des Sicherungsbedürfnisses konnten für ihre Ansicht geltend machen, dass dem Staat über § 111i Abs. 5 StPO a.F. in all den Fällen ein wirtschaftlicher Vorteil zufiel, in denen der Verletzte über Teile seines Anspruchs *nicht* verfügt hatte. Diesen staatlichen Auffanganspruch hat der Gesetzgeber jedoch aus dem Gesetz gestrichen. Erlässt der Verletzte dem Betroffenen seine zivilrechtliche Schuld, erlischt wegen § 73e Abs. 1 StGB der staatliche Einziehungsanspruch nach § 73 StGB schon dem *Grunde* nach.

Dabei wird hier nicht übersehen, dass der Gesetzgeber mit der Reform 2017 auch eine vollumfängliche Vermögensabschöpfung zu Präventionszwecken verfolgt hat. Über die Abschaffung des § 111i Abs. 5 StPO a.F. bei gleichzeitiger Neufassung des § 73e Abs. 1 StGB hat er diesem Ziel aber die materiell-rechtliche[141] Anknüpfungsgrundlage entzogen. Hierin liegt nach der Reform 2017 der wesentliche Unterschied zwischen strafenden und vermögensabschöpfenden Maßnahmen. Rechtsgrund für Strafe ist der materiell-rechtliche Tatbestand, der für ein bestimmtes Handeln oder Unterlassen eine bestimmte Rechtsfolge vorsieht. Er besteht dem Grunde nach unabhängig von Maßnahmen des Verletzten. Bei Vermögensabschöpfungsmaßnahmen ist das zunächst nicht anders, auch sie bedürfen einer eigenständigen, auf die Interessen des Staats ausgerichteten Anspruchsgrundlage. § 73 Abs. 1 StGB erfüllt diese Voraussetzungen aufgrund seiner durch § 73e Abs. 1 StGB zum Ausdruck gebrachten Akzessorietät heute jedoch nicht (mehr), denn durch § 73e Abs. 1 StGB wird deutlich, dass es keine staatlichen Einziehungsinteressen *entgegen* dem Restitutionsinteresse des Verletzten geben kann.[142] Erlischt der Anspruch des Verletzten, erlischt auch der Anspruch des Staates, andersherum ist das hingegen gerade nicht der Fall. Es fehlt damit schlicht an einer Vorschrift, die ein eigenes, staatliches Einziehungsinteresse *unabhängig* von den Interessen des Verletzten begründet und eine Auslegung des Sicherungsbedürfnisses anhand staatlicher Interessen legitimiert, wie dies zur alten Rechtslage mit § 111i Abs. 5 StPO a.F. der Fall war.

---

141 Trotz ihrer Verortung in der Strafprozessordnung bestand weitgehend Einigkeit, dass es sich auch bei § 111i Abs. 5 StPO a.F. um eine materiell-rechtliche Vorschrift handelt, vergleiche dazu grundlegend BGH NJW 2008 1093, 1094 mit Anmerkung *Pananis* NStZ 2008 579.

142 In diesem Sinne wohl auch *Bittmann* KriPoZ 2016 120, 129: „…lediglich Auffangfunktion ausübenden Einziehungsrecht des Staates…“; *Holznagel* Stellungnahme S. 5: „Einigt sich der Beschuldigte mit den Geschädigten frühzeitig, erübrigen sich sämtliche weiteren strafprozessualen Maßnahmen“.

Staatliche Einziehungsinteressen sind damit entgegen der Rechtslage vor der Reform 2017 nicht nur der *Höhe*, sondern vor allem dem *Grunde* nach, unauflösbar mit den Restitutionsinteressen des Verletzten verknüpft. Eine Gefährdung des Anspruchs des Verletzten verursacht dabei zwar immer auch eine Gefährdung des staatlichen Einziehungsanspruchs, umgekehrt kann das gewollte Erlöschen des Anspruchs des Verletzten aber aufgrund dieser Akzessorietät des staatlichen Einziehungsanspruchs gerade keine Sicherungsmaßnahme begründen. Ein staatliches Sicherungsinteresse anzunehmen, weil eine Einigung zwischen Verletztem und Betroffenem bevorsteht oder stattgefunden hat, wäre vergleichbar mit der auf Antrag des Bürgen veranlassten Anordnung eines dinglichen Arrestes in das Vermögen des Hauptschuldners, weil dieser den Gläubiger befriedigen will und der Bürge deshalb um seinen Anspruch gegen den Hauptschuldner fürchtet. Zwar entsteht der Anspruch des Bürgen gegenüber dem Hauptschuldner erst mit seiner Zahlung an den Gläubiger, die wirtschaftliche Situation ist aber vergleichbar. Vollstreckt der Staat den Vermögensarrest und kommt es deshalb zur Einziehungsanordnung, muss nach Abschluss des Strafverfahrens alles an den Verletzten herausgegeben werden, was der Staat vereinnahmt hat, vgl. § 459h ff.[143]

b) Rechtsgebietsvergleichende Erwägungen

Der im Vermögensabschöpfungsrecht zum Ausdruck kommende Vorrang des Restitutionsinteresses des Verletzten gegenüber den Abschöpfungsinteressen des Staates zeigt sich auch rechtsgebietsvergleichend unter Berücksichtigung der Hierarchie staatlicher Ansprüche im Falle der Eröffnung des Insolvenzverfahrens über das Vermögen des Betroffenen. Hier werden Einziehungsforderungen des Staates wegen § 39 Abs. 1 Nr. 3 InsO nur *nachrangig* bedient, die Ansprüche der Verletzten gehen ihnen vor. Wenn aber die Ansprüche des Verletzten jenen des Staates vorgehen, so folgt daraus gerade in potentiellen Mangelfällen des § 111i Abs. 2 zugleich, dass es für die Frage der *Sicherung* der Vollstreckbarkeit dieser Ansprüche ebenfalls primär auf die Interessen der Verletzten ankommen muss. Anders ließe sich auch die Vorschrift des § 111e Abs. 6 nicht erklären. Der Gesetzgeber hat dort festgelegt, dass die Möglichkeit einer Arrestanordnung nach § 324 AO der Anordnung eines Vermögensarrestes nicht entgegensteht. Diese Vorschrift ist vor allem vor dem Hintergrund zu sehen, dass vor der Reform 2017 das Sicherungsbedürfnis des Steuerfiskus für Rückgewinnungshilfemaßnahmen nach § 111b Abs. 5 StPO a.F. in Steuerstrafverfahren von einer zunehmenden Anzahl von Gerichten verneint wurde, weil ihm

143 Siehe zur Herausgabe von Geld beim polizeilichen Scheinkauf BGH NStZ 2018 458 f.

über § 324 AO die Möglichkeit offen stand, sich selbst hinreichend vor einer Verschlechterung seiner Vollstreckungsmöglichkeiten zu schützen.[144] Käme es im Rahmen des Sicherungsbedürfnisses seit der Reform 2017 nur auf die Interessen des Justizfiskus als aus der Einziehungsanordnung berechtigtem Gläubiger an, so könnte § 324 AO sein Sicherungsbedürfnis ohnehin nicht ausschließen, denn hiermit wird nur die Steuerforderung, nicht aber die Einziehungsforderung, gesichert. Durch die Regelung des § 111e Abs. 6 bringt der Gesetzgeber jedenfalls konkludent zum Ausdruck, dass das Sicherungsbedürfnis auch künftig nicht losgelöst von den Interessen des Verletzten bestimmt werden kann.

Dafür spricht schließlich auch, dass bei einem Großteil der einschlägigen Vermögensdelikte Betroffener und Verletzter vertraglich miteinander verbunden sind. Sie haben sich privatautonom zusammengeschlossen und gerade der Verletzte kann deshalb auch erwarten, dass er sich ohne Belastungen durch staatliche Eingriffe um seine Schadenskompensation kümmern können kann. Es wäre geradezu widersinnig, würde sich der um Hilfe suchende Verletzte der Situation ausgesetzt sehen, dass der Staat nach einer erstatteten Strafanzeige nun zu seinen Lasten aktiv wird.[145] Deutlich schlimmer als das Signal, dass sich Straftaten finanziell lohnen können,[146] ist das Signal, dass Opfer einer Straftat vom Staat im Stich gelassen bzw. für ihre Anzeigebereitschaft noch „bestraft" werden, indem der Staat ihnen die zum Schadensausgleich verfügbaren Mittel des Täters zu eigenen Zwecken entzieht oder vorenthält.[147] Keinesfalls darf sich der Staat, nicht einmal temporär, zu Lasten des Verletzten bereichern. Es ist verfassungsrechtlich ohnehin äußerst fraglich, mit welcher Legitimation der durch § 111h Abs. 2 Satz 1 deutlich zum Ausdruck kommende Eingriff in die Grundrechte des

144 Siehe dazu ausführlich unter D), V.

145 Siehe dazu auch *Luczak* Plenarprotokoll 18 225 S. 22655: „Insofern ist es richtig, dass das Gesetz auch schon vor einer Verurteilung Sicherungsmöglichkeiten bietet. Nur so kann verhindert werden, dass Gelder zulasten von Opfern verschoben werden.", der vermutlich nicht die „Verschiebung" auf die Staatsanwaltschaft vor Augen hatte. Der Kern des Problems bleibt aber derselbe; *Holznagel* Stellungnahme S. 5: „Einigt sich der Beschuldigte mit den Geschädigten frühzeitig, erübrigen sich sämtliche weiteren strafprozessualen Maßnahmen".

146 Dazu auch *Fechner* Plenarprotokoll 18 225 S. 22655.

147 In diesem Sinne schon *Eser* S. 295: „Dem individuellen Tatopfer gegenüber wäre es nicht vertretbar, wenn ihm durch die Gewinnabschöpfung der Zugriff auf die Gewinne, die auf seine Kosten gemacht wurden, verschlossen und damit möglicherweise die einzige reale Ersatzchance genommen würde…Deshalb ist sicherzustellen, dass etwaige Ausgleichsansprüche durch die Gewinnabschöpfung in ihrer Realisierbarkeit nicht beeinträchtigt werden." und *Hansen* S. 21; kritisch auch BRAK Stellungnahme 39/2016 S. 3.

Verletzten[148] gerechtfertigt werden soll,[149] denn gegen den Verletzten besteht weder ein Tatverdacht, noch hat er durch den Täter eine Vermögensmehrung erfahren, wie dies etwa bei Drittbegünstigten der Fall ist. Die Regelung steht damit vielmehr in all den Fällen, in denen keine Insolvenz droht, in einem groben Widerspruch zum Gesetzeszweck einer Stärkung der Rechte des Verletzten.[150]

c) Begründungsmöglichkeiten einer staatlichen Sicherung gegen die Interessen der Verletzten

Fraglich wäre schließlich ohnehin, wie die Staatsanwaltschaften das staatliche Sicherstellungsbedürfnis entgegen den Interessen des Verletzten *konkret* begründen wollten. In Betracht käme lediglich darauf abzustellen, dass ohne die Sicherstellung der staatliche Einziehungsanspruch zu erlöschen droht. Das wiederum wirft die Frage auf, wieso die Staatsanwaltschaft überhaupt befugt sein soll, ihren durch die Einigung zwischen dem Verletzten und dem Betroffenen wirtschaftlich offensichtlich wertlosen Anspruch vorab zu sichern. So war zur alten Rechtslage bereits unbestritten, dass ein wegen § 73c StGB a.F. nicht anzuordnender Verfall auch nicht sicherungsfähig war.[151] § 73c StGB a.F. war hingegen (nur) Ausdruck des Grundsatzes der Verhältnismäßigkeit und Korrektiv zum nicht im Ermessen des Gerichts stehenden Verfalls nach § 73 StGB a.F. Er schloss den grundsätzlich bestehenden Verfallsanspruch des Staates damit erst aus Gründen der *Verhältnismäßigkeit* aus. Im hiesigen Fall scheitert die Einziehung nicht erst im Rahmen der Verhältnismäßigkeit, sondern wegen § 73e Abs. 1 StGB vielmehr schon auf *Tatbestandsebene*. Wenn ein lediglich unverhältnismäßiger Anspruch nicht sicherungsfähig war, dürfte im Umkehrschluss für einen tatbestandlich im Falle des Erlasses ausgeschlossenen Anspruch jedoch nichts anderes gelten. Hinzu kommt, dass die Schadenswiedergutmachung auf Strafzumessungsebene ausdrücklich *strafmildernd* zu berücksichtigen ist, vgl.

---

148 Etwa nach Art. 14, 12 oder auch „nur" 2 Abs. 1 GG.

149 Die Rechtfertigung dieses Eingriffs wird in der Gesetzesbegründung nicht ausgeführt. Man könnte insoweit möglicherweise auf dieselbe Legitimation wie bei § 89 InsO abstellen, vgl. dazu MüKo-InsO / *Breuer* § 89, 4. Allerdings ist das Insolvenzverfahren auf Zerschlagung des gesamten Vermögens gerichtet, die strafrechtliche Vermögensabschöpfung hingegen auf Einzelzwangsvollstreckung. In diesen Fällen gleichwohl ein allgemeines Vollstreckungsverbot zu konstatieren, erscheint systemwidrig. Alternativ dazu *Eser* S. 298 f.; *Nitzsche* S. 188; anders wohl *Bittmann* NZWiSt 2016 131, 137.

150 Siehe dazu etwa *Hoffmann* Plenarprotokoll 18 225 S. 22653. Dabei wird hier der Sinn des Vollstreckungsverbots und das Grundkonzept einer Opfergleichbehandlung nicht verkannt. Die Norm des § 111h Abs. 2 Satz 1 ist jedoch nicht auf die Mangelfälle beschränkt und führt genau in diesen Fällen zu Problemen.

151 OLG Celle wistra 2013 39, 40; OLG Stuttgart wistra 2007 276, 278.

§ 46a StGB. Im Ergebnis würde damit eine strafmildernde Handlung des Betroffenen zur Bejahung eines Sicherungsbedürfnisses des Staates führen und die Schadenskompensation damit staatlich unterlaufen werden.

Andererseits darf zu Gunsten der Strafverfolgungsbehörden auch nicht unberücksichtigt bleiben, dass mit der Sicherstellung ein Verfügungs- und Vollstreckungsverbot einhergeht, so dass ihr Einziehungsanspruch *ipso iure* mit Durchführung der Sicherstellung auch seinen Wert behält. Allerdings ist dieser nur temporär, denn spätestens im strafprozessualen Vollstreckungsverfahren wird der Verletzte seine Ansprüche geltend machen und dem Staat dadurch wieder das entziehen, was er im Wege der Einziehung zu seinen Lasten vereinnahmt hat. Es erscheint deshalb schon nicht erforderlich, den bevorstehenden Ausgleich zwischen dem Betroffenen und dem Verletzten durch vorläufige Sicherstellung zu verhindern und dem Verletzten damit zuzumuten, bis zum Ende des Strafverfahrens auf seine Befriedigung warten zu müssen.

Das drohende Erlöschen des staatlichen Einziehungsanspruchs kann auch nicht dadurch umgangen werden, dass man unter Bezugnahme auf den Wortlaut des § 73e Abs. 1 StGB in Verbindung mit § 111i Abs. 2 ff. StPO a.F. auf das Wort „soweit“ abstellt und hieraus Raum für eine jedenfalls subsidiäre staatliche Vermögensabschöpfung in Höhe der Differenz zwischen Einigung und Erlangtem begründet. Zum einen fehlt es für die Sicherung dieses Differenzbetrages schon am Arrestanspruch,[152] zum anderen stehen solchen Argumentationsversuchen grundlegende dogmatische Überlegungen zur Rechtsnatur der Vermögensabschöpfung entgegen. Die Rechtsprechung betonte bereits zur alten Rechtslage, dass es sich bei dem Verfall *nicht* um eine strafähnliche Maßnahme gegenüber dem Betroffenen, sondern um ein Rechtsinstitut *sui generis* handelt, das als quasi-kondiktioneller Ausgleichsanspruch zu bewerten sei.[153] Im Zuge der Reform 2017 hat der Gesetzgeber diese Auffassung aufgegriffen[154] und sie mit der Neufassung des § 73e Abs. 1 StGB *gestärkt*.[155] Durch § 73e Abs. 1 StGB kommt zum Ausdruck, dass der Staat nicht mehr auf einer vollumfänglichen Vermögensabschöpfung besteht, auch wenn im Gesetzgebungsverfahren das Gegenteil

152 Siehe dazu umfassend unter C), III., 2., b).

153 BGH NStZ-RR 2004 214, BGH NJW 2002 2257, 2258 f.; für das steuerrechtliche Abzugsverbot auch BFHE 192 64, 71 ff., damals noch zum Nettoprinzip; einschränkend heute BFH DStRE 2014 1156; ablehnend eingehend Schönke / Schröder / *Eser* vor § 73, 18 f.; m.w.N.

154 Ausdrücklich BTDrucks. 18 9525 S. 48: „Der quasi-kondiktionelle Charakter der Vermögensabschöpfung wird durch die Reform nicht in Frage gestellt.“; zustimmend *Gericke* Stellungnahme S. 2 f.; kritisch DRB Stellungnahme 19/16 S. 3.

155 A.A.: *Gebauer* ZRP 2016 101, 103 aufgrund des Abschöpfungsumfangs beim Insiderhandel.

behauptet wurde. Das ist dogmatisch auch überzeugend, denn ein quasi-konditioneller Ausgleichsanspruch kann immer nur soweit reichen, wie es noch etwas auszugleichen gibt.[156] Ob ein Ausgleichsbedarf besteht, entscheidet sich in Fällen mit individuellen Verletzten aber an ihren (wirtschaftlichen) Interessen, nicht an den Interessen des Staates.[157] Vermögensabschöpfung ist keine Strafe, deren Legitimation unabhängig von den Interessen des Verletzten besteht. Der Staat kann für sich nicht geltend machen, über die Abreden des Verletzten mit dem Betroffenen hinaus Vermögensabschöpfung zu betreiben, wenn ihm die Vereinbarung zwischen den Beteiligten nicht angemessen erscheint. Hierfür fehlt es zum einen an einer entsprechenden Anspruchsgrundlage, zum anderen geht es nicht um die Durchsetzung eines staatlichen Strafanspruchs, sondern um eine zivilrechtsakzessorische, quasi kondiktionelle Ausgleichsmaßnahme.[158] Dieser Rechtsnatur der Vermögensabschöpfung wird aber nur genüge getan, wenn man entsprechende Maßnahmen darauf beschränkt, einen *Ausgleich* für die rechtswidrige Vermögensverschiebung herbeizuführen. In Fällen mit individuellen Verletzten liegt (nur) ein Eingriff des Betroffenen in die Vermögenssphäre des Verletzten vor, der nicht *per se* verboten ist. So könnte etwa der Diebstahlsverletzte dem Täter den Gegenstand auch schenken, ohne dass der Staat daran Anstoß nehmen dürfte. Das staatliche Eingreifen und die damit einhergehende, korrigierende Vermögenszuordnung erfolgt nur deshalb, weil der Verletzte mit ihr gerade nicht einverstanden ist. In Fällen ohne individuellen Verletzten verstößt hingegen bereits der Vermögenszuwachs des Betroffenen gegen die Rechtsordnung, etwa in Fällen des unerlaubten Handeltreibens mit Betäubungsmitteln. Diese tatbestandlichen Unterschiede in den jeweiligen Sachverhalten rechtfertigen schon aus sich heraus auch eine Ungleichbehandlung der Betroffenen über § 73e Abs. 1 StGB.

---

156 In diesem Sinne auch *Eser* S. 294: „Aus dem Wesen des Ausgleichs ergibt sich, daß für eine reparative Gewinnabschöpfung dort kein Raum mehr sein kann, wo der ursprünglich erlangte Tatgewinn…tatsächlich wieder aufgebraucht ist…", der diesen Ausgleich jedoch eher wirtschaftlich und nicht, wie hier, juristisch betrachtet; *Julius* ZStW 109 58, 91, wonach das bereicherungsrechtlich relevante Interesse der Allgemeinheit gegenüber dem Straftäter ungeklärt ist; kritisch DRB Stellungnahme 19/16 S. 3.

157 Die Frage, wie man etwa im Betäubungsmittelstrafrecht eine Vermögensabschöpfung rechtfertigt, obwohl hier das Geschäft von beiden Parteien gewollt und „nur" verboten ist, vgl. DRB Stellungnahme 19/16 S. 3, kann mit diesen Argumenten nicht überzeugend beantwortet werden. Sie spielt für die hier maßgeblichen Fragen indes keine Rolle, weil es in den hiesigen Fällen gerade um Sachverhalte im Mehrpersonenverhältnis geht und hier quasi-kondiktionell zu begründen ist.

158 *Lange* Plenarprotokoll 18/193 S. 19234.

An diesem Punkt offenbart sich wiederum das grundlegende Dilemma der Vermögensabschöpfung insgesamt. Während der *quasi*-kondiktionelle Ausgleichscharakter der Vermögensabschöpfung in Fällen *ohne* individuellen Verletzten daraus folgt, dass rechtswidrig erlangte Vermögenswerte abgeschöpft werden, weil sie unter Verstoß gegen ein gesetzliches Verbot erlangt wurden, kann man in Fällen mit individuellen Verletzten durchaus von einem *kondiktionellen* Ausgleichsanspruch des Verletzten sprechen, geht es hier doch um die direkte Wiederherstellung der Vermögenszuordnung vor der Straftat, die mit staatlichen Mitteln unterstützt und durchgesetzt wird. Ursache für die Vermögensabschöpfung ist in Fällen mit individuellen Verletzten ausschließlich die den Interessen der Verletzten *zuwider* laufende Vermögensverschiebung, nicht diese selbst. Würde der Verletzte etwa bei voller Kenntnis des Sachverhalts dem Betroffenen sein Vermögen überlassen, wäre kein Raum für eine staatliche Korrekturmaßnahme. Mit der Einführung des § 73e Abs. 1 StGB hat der Gesetzgeber erstmals eine Norm geschaffen, in der dieser kondiktionelle Ausgleichscharakter des Vermögensabschöpfungsrechts ausdrücklich bestätigt ist. Sie muss zugleich ein Appell daran sein, dass keine Legitimation der Strafjustiz besteht, über oder gegen die Interessen der wirtschaftlich Berechtigten Vermögensabschöpfung zu betreiben.[159] Anders als der Staat, der für den Verletzten tätig wird, ist der Verletzte nicht stellvertretender Vermögensabschöpfer des Staates. Ihm fällt nicht die Aufgabe zu, dem Betroffenen all das zu entziehen, was dieser aus der Straftat erlangt hat, sondern nur das, was er gegen *dessen Willen* innehat. Wollte der Staat darüber hinaus auch die Differenz zwischen dem, was der Verletzte zurückfordert und dem, was der Täter aus der Tat erlangt hat, abschöpfen, so müsste er nicht nur eine entsprechende Ermächtigungsgrundlage im Gesetz schaffen, sondern diese vor allem auch grundlegend anders begründen, denn *ausgeglichen* würde in diesen Fällen nichts mehr. Der Ausgleich hat vielmehr durch die privatautonome Entscheidung des Verletzten stattgefunden, nur einen Teilbetrag herauszufordern. Der Rest der Forderung ist durch die Erfüllung des Vergleichs erloschen. Das mag auf den ersten Blick für die staatlichen Interessen an umfassender Vermögensabschöpfung misslich sein, rechtfertigt sich aber einleuchtend aus der Rechtsnatur der Vermögensabschöpfung.

Das Ziel der Reform 2017, *vollumfängliche* Vermögensabschöpfung betreiben zu wollen, stößt vor diesem Hintergrund in den diskutierten Fällen auf eine konzeptionelle Unmöglichkeit, denn hier steht gerade nicht die vollumfängliche, sondern ausschließlich die den Interessen des Verletzten *entsprechende* Vermö-

---

159 *Reitemeier / Koujouie* S. 10.

gensabschöpfung im Fokus. Die Kritik, dass der Staat damit zum bloßen Geldverteiler gegenüber den Verletzten wird,[160] ist begründet. Sie beruht allerdings darauf, dass der Staat es sich zur Aufgabe gemacht hat, das Opfer stärker in den Fokus des Strafverfahrensrechts zu stellen und sich seiner (wirtschaftlichen) Interessen anzunehmen. Wenn man sich für dieses Grundkonzept der Opferunterstützung entscheidet – und das hat der Gesetzgeber mehrfach getan –, darf man ihre Rechtsnatur als staatliche *Unterstützung* des Verletzten nicht durch die Hintertür aushebeln, indem man Entscheidungen, die der Verletzte trifft, die den staatlichen Interessen aber zuwiderlaufen, konterkariert. Der Verletzte ist und bleibt in wirtschaftlicher Hinsicht über seinen zivilrechtlichen Anspruch dispositionsbefugt. Diese Verfügungsbefugnis darf ihm nicht deshalb genommen werden, weil er Opfer einer Straftat wurde und nun der Staat für ihn entscheidet. Vielmehr obliegt es weiterhin ihm, seine Ansprüche durchzusetzen oder eben auch davon Abstand zu nehmen.[161] Die Konsequenzen, die das für die staatliche Vermögensabschöpfung hat, müssen dabei solange außer Betracht bleiben, wie es an einer zivilrechts*un*abhängigen staatlichen Anspruchsgrundlage fehlt.[162]

d) Vergleich zwischen Verfahren mit und ohne individuelle Verletzte

Letztlich kann man zu Gunsten einer an den staatlichen Interessen orientierten Sicherstellung nur noch dahingehend argumentieren, dass es fraglich ist, wieso der Betroffene gerade deshalb, weil es einen individuellen Verletzten der Straftat gibt, der möglicherweise auch noch juristisch schlecht beraten, einen ihn zum Nachteil reichenden Vergleich eingeht, die Differenz zwischen aus der Straftat Erlangtem und Vergleichsbetrag behalten darf, während bei Straftaten ohne individuellen Verletzten keine Reduzierung des Abschöpfungsbetrages durch geschicktes Verhandeln möglich ist. Privilegiert würde damit durch die Vorschrift des § 73e Abs. 1 StGB vor allem derjenige Täter, der besonders raffiniert vorgegangen ist, dessen Opfer deshalb in Bezug auf seinen Schadensersatzanspruch besonderen Beweisschwierigkeiten unterliegt und das daher eher zu Vergleichsverhandlungen bereit sein wird als das „plump" geschädigte Opfer. Eine solche Privilegierung erschiene in der Tat nicht gerechtfertigt.

Dieser Einwand kann jedoch vollumfänglich widerlegt werden. Unterbleibt in Fällen des Vergleichsschlusses zwischen dem Betroffenen und dem Verletzten tatsächlich eine umfassende Vermögensabschöpfung, so entsteht dadurch nicht

---

160 *Eser* S. 297.

161 *Holznagel* Stellungnahme S. 4: „attraktive Möglichkeit zum Täter-Opfer-Ausgleich".

162 In diesem Sinne wohl auch *Bittmann* NZWiSt 2016 131, 136: „Verletzte genießen demnach Vorrang vor dem gleichfalls anerkannten staatlichen Interesse an der Abschöpfung".

der Eindruck, dass sich Straftaten finanziell lohnen können, sondern allenfalls, dass sich *geschickte Verhandlungen* mit dem Verletzten auszahlen. Das wiederum ist die Grundlage der Privatautonomie und niemand zwingt den Verletzten dazu, einen zu seinem vermeintlichen Nachteil lautenden Vergleich zu schließen. Andernfalls müsste in konsequenter Umsetzung eines solch obrigkeitsstaatlichen Denkens auch der Zivilrichter die Protokollierung eines offensichtlich eine Partei übermäßig belastenden Vergleichs verweigern und damit elementar in den Grundsatz der Privatautonomie eingreifen. Einen solchen Eingriff kennt das Gesetz aber nur in äußerst seltenen Fällen der Sittenwidrigkeit eines Vertrages und auch dann obliegt es der jeweiligen Partei, diese Nichtigkeit gerichtlich geltend zu machen. Nur weil die Privatautonomie auch (Eigen-)Schädigungen zulässt, wird dadurch nicht der Eindruck erweckt, Verbrechen würde sich finanziell lohnen.

Es ist im Übrigen auch nicht gesagt, dass nur, weil sich der Verletzte auf einen Vergleich mit dem Betroffenen einlässt, der Beschuldigte regelmäßig höheres Unrecht begangen hat, als in Fällen, in denen sich der Verletzte einer solchen Einigung verschließt. Unabhängig davon, dass das „Unrecht" bei der Vermögensabschöpfung als quasi-kondiktioneller Ausgleichsmaßnahme keine Rolle spielen darf, kann die Vergleichsbereitschaft des Verletzten ganz unterschiedliche Gründe haben, die nicht auf den Betroffenen selbst oder dessen Verhalten zurückzuführen sind. Denkbar ist etwa, dass sich der Verletzte gar nicht sicher ist, ob der von ihm in dieser Höhe behauptete Schaden überhaupt eingetreten bzw. unter Berücksichtigung zivilprozessualer Beweislastregeln beweisbar ist. Gerade in komplexen Wirtschaftsstrafverfahren lässt sich der Schaden nicht immer mit hinreichender Sicherheit bestimmen. Für den Verletzten kann es deshalb diverse Vorteile haben, sich ohne staatliche Einmischung mit dem Betroffenen zu vergleichen. Das gilt insbesondere und gerade für die Fälle, in denen der Verletzte in wirtschaftlichen Schwierigkeiten steckt. Hier wird er ein großes Interesse daran haben, möglichst schnell an Kapital zu kommen, auch wenn er dafür möglicherweise auf einen Teil seiner Forderung verzichten muss. Diese Möglichkeit des Vergleichs zwischen dem Betroffenen und dem Verletzten ist keine *Privilegierung* des *Betroffenen*, sondern Resultat der Rechtsnatur der Vermögensabschöpfung als zivilrechtsakzessorischer Ausgleichsmaßnahme und damit letztlich wiederum der Privatautonomie.

Die Überzeugungskraft des Konzepts eines kondiktionellen Ausgleichsanspruchs in den Händen des Verletzten wird außerdem unter dem Gesichtspunkt deutlich, dass der Staat in gewissen Fällen selbst die Durchsetzung seines *Strafanspruchs* in die Hände des Verletzten legt. So hat er bei absoluten Strafantragsdelikten grundsätzlich ein Strafinteresse, kann dieses aber ohne Strafantrag nicht durchsetzen. Wenn es dem Staat jedoch unter gewissen Voraussetzungen sogar verwehrt ist, seinen originären Strafanspruch durchzusetzen und er deshalb auf die Durchsetzung der präventiven Strafzwecke verzichten muss, so kann es ihm erst recht zugemutet werden, eine nur die wirtschaftlichen Interessen des Verletzten betreffende Maßnahme in dessen Hände zu legen. Völlig unabhängig vom konkreten Fall verbleibt dem Staat nämlich auch nach der Reform 2017 ohne Rücksicht auf den Willen des Verletzten sein Strafanspruch aus dem jeweiligen Straftatbestand, der es ihm erlaubt, angemessen auf die Tat zu reagieren, etwa auch im Wege des § 41 StGB. Die als staatliche Reaktion auf eine Straftat verfolgten Zwecke[163] werden über die Strafe selbst bewirkt, nicht über die Vermögensabschöpfung. Hier geht es schon vom Grundgedanken her nur um einen Nebenaspekt staatlicher Reaktion in Form eines wirtschaftlichen Ausgleichs.[164] Würde man nach der Reform 2017 entgegen dem Willen des Verletzten Vermögensabschöpfung betreiben, so würde damit die Auffassung bestärkt, die in der Vermögensabschöpfung nach dem Bruttoprinzip[165] eine strafähnliche Maßnahme erblickt. Während es beim Bruttoprinzip nämlich „nur" um die Höhe der Abschöpfungsmaßnahme geht, würde durch eine gegen den Willen des Verletzten und zum Erhalt der Einziehungsanordnung ausgebrachte oder aufrechterhaltene Sicherstellungsmaßnahme der Abschöpfungsgedanke als staatliche Reaktion auf rechtswidriges Verhalten im Vordergrund stehen und der Ausgleichsgedanke erkennbar in den Hintergrund treten.[166] Vermögensabschöpfung wäre damit nicht mehr quasi-kondiktionell zivilrechtlich-wirtschaftlich ausgerichtet, sondern eine staatliche Reaktion auf die Verwirklichung eines Straftatbestandes und damit mindestens *strafähnlich*.[167]

Unter diesen Gesichtspunkten war denn auch die bis zur Reform 2017 ergangene Rechtsprechung zu hinterfragen, die Vergleichen zwischen dem Betroffenen und dem Verletzten im Rahmen des § 111i Abs. 2 ff. StPO a.F. keine Bedeutung einräumte. Sie konnte sich fraglos auf den Wortlaut des § 111i Abs. 5 Satz 1 Nr. 2 StPO a.F. stützen, der von einer „Befriedigung" des Verletzten sprach. Mit

163 Eingehend dazu Lackner / Kühl / *Kühl* § 46, 1 ff.; Kindhäuser / Neumann / Paeffgen / *Streng* § 46, 19 ff.; Schönke / Schröder / *Stree* / *Kinzig* § 46, 3 ff.

164 So schon *Eser* S. 285: „Es ist also auch hier nicht der Makelgedanke, sondern der Ausgleichszweck, der den Staat dazu legitimiert…die rechtswidrigen Gewinne wieder abzuschöpfen." und S. 291.

165 Siehe dazu ausführlich unter B), V., 4., a).

166 Problematisch deshalb *Köhler* / *Burkhard* NStZ 2017 665, 672 die in § 76a Abs. 4 StGB einen Geldwäschetatbestand erblicken, „der im Gegenzug zum Verzicht auf Bestrafung auf die Feststellung einer konkreten Vortat verzichtet".

167 Siehe zu den Anforderungen an die Strafähnlichkeit einer Maßnahme ausführlich unter E), IX., 2., e).

dem Sinn und Zweck einer zivilrechtlich geprägten, kondiktionellen Ausgleichsmaßnahme war diese Rechtsauffassung indes nicht zu vereinbaren. Mit der Neuregelung des § 73e Abs. 1 StGB, die von einem „Erlöschen" des Anspruchs spricht, ist einer solchen, überschießenden Vermögensabschöpfung, nunmehr vollständig die Grundlage entzogen. Es fehlt *immer* dann am staatlichen Sicherungsbedürfnis, wenn einer Sicherungsmaßnahme der Wille des Verletzten entgegensteht. Alles andere wäre eine Umgehung des zivilrechtlich zu betrachtenden, kondiktionellen Ausgleichscharakters der Vermögensabschöpfung und würde solchermaßen ergangenen Maßnahmen mindestens strafähnlichen, wenn nicht sogar vollen Strafcharakter verleihen.

e) Ergebnis

Zusammenfassend kann deshalb festgehalten werden, dass das hier unter teleologisch historischer Auslegung gefundene Ergebnis eines Vorrangs der Restitutionsinteressen der Verletzten gegenüber den staatlichen Abschöpfungsinteressen *nicht* im Widerspruch zu allgemeinen dogmatischen Grundsätzen des (neuen) Vermögensabschöpfungsrechts steht. Im Gegenteil: Unter Berücksichtigung des Wortlauts der §§ 111b Abs. 1, 111e Abs. 1, der historischen Entwicklung der Vermögensabschöpfungsregeln und nicht zuletzt der ihnen zu Grunde liegenden allgemeinen Systematik muss das Sicherungsbedürfnis in Fällen widerstreitender Interessen von Staat und Verletztem künftig anhand der Interessen der Verletzten bestimmt werden.[168]

4. Ergebnis

Das neu in die Strafprozessordnung eingefügte Merkmal des Sicherungsbedürfnisses als Grundvoraussetzung einer vorläufigen Sicherungsmaßnahme kann entgegen den Ausführungen in der Gesetzesbegründung nicht schlicht anhand der bisherigen Rechtsprechung zum Arrestgrund bestimmt werden. Das hat unterschiedliche Ursachen. Zum einen war es bereits vor der Reform 2017 umstritten, auf wessen Interessen es bei der Sicherstellung ankommen sollte, jene des Staates oder jene des Verletzten. Unabhängig davon, wessen Interessen man hier den Vorzug einräumte, musste bei der Argumentation entweder die Vorschrift des § 73 Abs. 1 Satz 2 StGB a.F. oder jene des § 111i Abs. 5 StPO a.F. bemüht werden. Beide Vorschriften wurden aber durch die Reform 2017 abgeschafft, was erhebliche Konsequenzen für das Vermögensabschöpfungsrecht mit sich

168 Im Ergebnis ebenso *Rhode* wistra 2018 102, 105.

brachte und eine ungeprüfte Übernahme der bisherigen Rechtsprechung schlicht ausschließt.

Die Auffassung, für die Bestimmung des Sicherungsbedürfnisses komme es alleine darauf an, ob der Betroffene Maßnahmen ergriffen hat, die zu einer Gefährdung der Vollstreckung des staatlichen Einziehungsanspruchs führen, kann aufgrund der daraus folgenden Konsequenzen jedenfalls im hiesigen Zusammenhang nicht überzeugen. Durch den Wegfall des § 73 Abs. 1 Satz 2 StGB a.F. etwa hat sich das Verhältnis von Verletztem und Staat grundlegend dergestalt verändert, dass ihre Ansprüche nun in Anspruchskonkurrenz und nicht mehr im Subsidiaritätsverhältnis stehen. Verletzter und Staat sind heute zwei Gläubiger des Betroffenen, die unterschiedliche Interessen verfolgen können. Während dem Verletzten mitunter an einer schnellen, dafür nur teilweisen Schadenskompensation gelegen sein kann, zielt das Interesse des Staates grundsätzlich auf eine vollumfängliche Vermögensabschöpfung, *unabhängig* von Maßnahmen des Verletzten. Wenn die Gesetzesbegründung nun davon ausgeht, das Sicherstellungsbedürfnis könne künftig anhand der bisherigen Rechtsprechung zum Arrestgrund bestimmt werden, so zeigt das vor allem, dass sich der Gesetzgeber dieser Änderung des Verhältnisses von Staat und Verletztem offenbar gar nicht bewusst war. Die Frage nach der Auslegung des Sicherungsbedürfnisses bedarf aufgrund dieser grundlegenden Veränderungen durch die Reform 2017 jedenfalls in Fällen *widerstreitender Interessen* zwischen Staat und Verletztem einer neuen Antwort.

Es bieten sich dabei unter Berücksichtigung des § 73 StGB und des mit ihm verfolgten Ziels umfassender Vermögensabschöpfung Anhaltspunkte dafür, das Sicherungsbedürfnis anhand der Vollstreckbarkeit des staatlichen Einziehungsanspruchs zu begründen. Rein formal-juristisch wäre in diesen Fällen darauf abzustellen, dass durch den Schadensausgleich der zivilrechtliche Anspruch des Verletzten erlischt und damit zugleich der Einziehungsanspruch des Staates wegen § 73e Abs. 1 StGB ausgeschlossen ist, so dass sowohl ein Arrestanspruch als auch ein Arrestgrund für die staatliche Sicherstellung gegeben sind. Mit dieser Argumentation würde man indes unberücksichtigt lassen, dass es der Verletzte ist, der letztendlich von den Sicherungsmaßnahmen profitieren soll.

Unter Berücksichtigung der historischen Entwicklung der Vermögensabschöpfung und allgemeinen systematischen und dogmatischen Erwägungen ist es deshalb angezeigt, zur Auslegung des Sicherungsbedürfnisses bei widerstreitenden Interessen von Staat und Verletztem nur auf die Interessen des Straftatverletzten abzustellen und das Sicherungsbedürfnis danach zu bestimmen, ob eine Sicherstellung zur Sicherung der Vollstreckbarkeit der dem Verletzten aus der Tat erwachsenen Ansprüche auf Rückgewähr des Erlangten oder auf Ersatz des Wertes des Erlangten erforderlich ist. Diese Auslegung begründet sich aus der Rechtsnatur der Vermögensabschöpfung als quasi-kondiktioneller Maßnahme. Sie ist keine Strafe, was die Einführung des § 73e Abs. 1 StGB deutlich zum Ausdruck bringt und damit als Bestärkung der herrschenden Auffassung zu dieser Rechtsnatur der Einziehung verstanden werden kann. In Verbindung mit der gleichzeitigen Abschaffung des § 111i Abs. 5 Satz 1 StPO a.F. zeigt der Gesetzgeber, dass der Staat nicht in allen Fällen auf eine umfassende Vermögensabschöpfung besteht.

In Fällen widerstreitender Interessen von Staat und Verletztem kommt es im Rahmen der Auslegung des Sicherungsbedürfnisses deshalb seit Inkrafttreten des Gesetzes zur Reform der strafrechtlichen Vermögensabschöpfung nur noch auf die *Interessen des Verletzten* an.

VI. Das Sicherungsbedürfnis bei fehlendem Restitutionsinteresse des Verletzten

Anknüpfend an das hier gefundene Ergebnis einer an den Interessen des Verletzten orientierten Auslegung des Sicherungsbedürfnisses in Fällen, in denen Verletzter und Staat *widerstreitende* Interessen verfolgen, stellt sich die Folgefrage, ob eine Sicherstellung nach neuem Recht dann auch in den schon aus der Zeit vor der Reform 2017 bekannten Fällen zu unterbleiben hat, in denen die Verletzten trotz entsprechender Information durch die Staatsanwaltschaft ihre Ansprüche weder gegenüber dem Betroffenen verfolgen noch ausdrücklich auf sie verzichten. Wäre dies der Fall, so würden sich hier wiederum erhebliche Abschöpfungslücken auftun, die der Gesetzgeber schon mit der Reform 2007 und der Einführung des staatlichen Auffangrechtserwerbs hatte schließen wollen.[169] Denkbar sind solche Konstellationen etwa im Rahmen von Massenbetrugsverfahren, in denen die Verletzten aufgrund der regelmäßig individuell nur geringen Schadenssumme kein Interesse an der Geltendmachung ihrer Ansprüche haben. Mit anderen Worten stellt sich die Frage, ob nicht nur *widerstreitende*, sondern auch *fehlende* Interessen des Verletzten eine Sperrwirkung gegenüber dem staatlichen Sicherungsbedürfnis entfalten und ob, vergleichbar zur alten Rechtslage, zu Gunsten des Betroffenen einer Vermögensabschöpfungsmaßnahme im Rahmen des Sicherungsbedürfnisses berücksichtigt werden kann oder sogar muss, dass der Verletzte kein Sicherungsbedürfnis (mehr) hat und deshalb auch die Sicherung der staatlichen Einziehungsanordnung ausscheidet.

---

169 Siehe dazu ausführlich unter C), II., 1.

1. Restitutionsinteresse des Verletzten als konstitutive Voraussetzung staatlicher Vermögensabschöpfung

Mit dem hier gefundenen Ergebnis einer primär an den Interessen der Verletzten orientierten Auslegung des Sicherungsbedürfnisses könnte man die Auffassung vertreten, das fehlende Sicherungsbedürfnis der Verletzten sperre auch ein Sicherungsbedürfnis des Staates für seinen Anspruch nach § 73 StGB. Das jedenfalls stünde im Einklang mit der Rechtsnatur der Einziehung als quasi-kondiktionelle Ausgleichsmaßnahme zu Gunsten des Verletzten. Hat der Verletzte kein Sicherstellungsinteresse, könnte man die Frage aufwerfen, wieso man dann zur Begründung der Abschöpfungsmaßnahme auf die Einziehungsinteressen des Staates abstellen können sollte, bleibt die Vermögensabschöpfung doch auch in diesen Fällen ihrer Rechtsnatur nach eine *Ausgleichsmaßnahme* zu Gunsten des Verletzten. Es könnte willkürlich erscheinen, bei der Frage nach dem Vorrang des Restitutionsinteresses des Verletzten und seiner Sperrwirkung gegenüber dem Vermögensabschöpfungsinteresse des Staates danach zu differenzieren, ob der Verletzte seine Ansprüche gegenüber dem Betroffenen geltend macht oder nicht. Wenn es im Zusammenhang mit der Anordnung der Sicherungsmaßnahme maßgeblich auf die Interessen des Verletzten ankommt, so könnte das konsequenterweise auch für die Nichtanordnung mangels Vorliegen des Sicherungs*interesses* gelten.

2. Vermögensabschöpfungsinteresse des Staates unabhängig vom Restitutionsinteresse des Verletzten

Gegen eine Sperrwirkung des fehlenden Sicherungsbedürfnisses des Verletzten zu Lasten staatlicher Vermögensabschöpfung spricht indes die grundlegende Veränderung der Dogmatik des Vermögensabschöpfungsrechts.

Seit der Reform 2017 gibt es grundsätzlich zwei Ansprüche, denen sich der Betroffene nach der Tat gegenübersieht, den Einziehungsanspruch des Staates und den aus der Tat erwachsenen Anspruch des Verletzten. Durch die Abschaffung des § 73 Abs. 1 Satz 2 StGB a.F. stehen diese grundsätzlich gleichberechtigt und *originär* nebeneinander. Der Akzessorietät des staatlichen Einziehungsanspruchs nach § 73e Abs. 1 StGB kommt bei Auslegung des Sicherungsbedürfnisses *nur* dann *maßgebliche* Bedeutung zu, solange die Interessen von Staat und Verletztem *widerstreitend* sind. Nur für diese Fälle bringt § 73e Abs. 1 StGB zum Ausdruck, dass die Interessen des Verletzten den Interessen des Staates vorgehen. In all den Fällen, in denen der Verletzte kein konkretes Interesse zum Ausdruck bringt oder sogar ausdrücklich darlegt, dass es ihm egal sei, was mit seinen Vermögenswerten geschieht, sind die Interessen zwischen Verletzten und Staat aber gerade nicht *widerstreitend* und hat die Sicherstellung zum Schutz staatlicher Interessen keine relevant[170] negativen Auswirkungen auf die Handlungen des Verletzten. Der Staat verhindert in diesen Fällen nicht aktiv die Opferrestitution, so dass § 73e Abs. 1 StGB nicht zur Begründung eines Vorrangs der Interessen des Verletzten gegenüber den Interessen des Staates herangezogen werden kann.

Es ist auch sonst kein Grund ersichtlich, zu Gunsten des Betroffenen die Gleichgültigkeit des Verletzten zum Ausschluss des staatlichen Sicherungsbedürfnisses anzuführen. Im Gegenteil, gerade in den Fällen, in denen die Verletzten ihre Ansprüche nicht aktiv verfolgen, soll der Einziehungsanspruch das Ziel staatlicher Vermögensabschöpfung verwirklichen, dafür wurde mit der Reform 2017 die Vorschrift des § 73 Abs. 1 Satz 2 StGB a.F. gestrichen. Kümmern sich die Verletzten nicht um ihre Ansprüche oder haben sie sogar ausdrücklich ihre Gleichgültigkeit bekundet, gibt es keinen solchen Widerspruch und ist eine Sicherungsmaßnahme zu Gunsten des Staates deshalb auch nicht mangels Restitutionsinteressen der Verletzten ausgeschlossen.

Die wohl herrschende Ansicht vertrat diese Rechtsauffassung schon vor der Reform 2017 unter Berücksichtigung des staatlichen Auffangrechtserwerbs nach § 111i Abs. 2 StPO a.F.[171] Danach sollte sogar der nur subsidiäre staatliche Anspruch aus § 111i Abs. 5 f. StPO a.F. sicherungsfähig sein und es insoweit nicht auf das Nichtvorliegen von Restitutionsinteressen des Verletzten ankommen. Wenn aber schon der nur *subsidiäre* staatliche Verfallsanspruch sicherungsfähig sein sollte, muss das für den *originären*, wenn auch akzessorischen Einziehungsanspruch erst recht gelten.

Soweit der bis dato herrschenden Auffassung dabei von ihren Kritikern entgegengehalten wurde, dass eine Vermögenssicherstellung, die von Anfang an nur dem staatlichen Auffangrechtserwerb diente, im Gesetz nicht vorgesehen war,[172] so ist diese Ansicht durch die Reform 2017 überholt. Diejenigen, die bereits vor der Reform 2017 der Meinung waren, die strafprozessuale Sicherung diene auf-

---

170 Selbstverständlich kommt es in diesen Fällen dann auch zum Vollstreckungsverbot nach § 111h Abs. 2, da sich der Verletzte aber ohnehin nicht um einen Ausgleich seiner Ansprüche bemüht, hat das Verbot keine ihn beeinträchtigende Wirkung.

171 Siehe dazu ausführlich unter C), II., 3., b).

172 MAH-WiSt / *Rönnau* § 13, 257; in diesem Sinne auch LK / *Schmidt* § 73d, 51, der allerdings im Wesentlichen darauf hinweist, dass der Auffangrechtserwerb des Staates keine vorläufige Sicherung von Gegenständen ermöglicht, die dem erweiterten Verfall unterliegen und sich zum Verhältnis von Restitutionsinteresse zum Vermögensabschöpfungsinteresse nicht äußert.

grund der Einführung des § 111i Abs. 2 ff. StPO a.F. nicht mehr *nur* der Rückgewinnungshilfe, sondern sichere *auch* den Rechtserwerb des Staates,[173] werden sich in ihrer Auffassung ohnehin bestärkt fühlen und in den Fällen eines fehlenden Sicherungsbedürfnisses des Verletzten heute überzeugter denn je auf die staatlichen Einziehungsinteressen rekurrieren.

Welcher dieser Auffassungen vor der Reform 2017 der Vorzug zu geben war, muss hier nicht entschieden werden. Tatsächlich folgt heute aus dem Zusammenspiel der §§ 73, 73e StGB, dass die Sicherung einer staatlichen Einziehungsanordnung nur dann unterbleiben muss, wenn sie den Interessen des Verletzten aktiv zuwiderläuft. Dem Ausgleichscharakter der Vermögensabschöpfungsmaßnahme wird in diesen Fällen dadurch genüge getan, dass der Staat dem Betroffenen das wegnimmt, was dieser aus der Straftat *erlangt* hat. Der Ausgleich erfolgt dann zwar nicht durch den Verletzten, sondern durch den Staat. Das ändert aber nichts an dem *Ausgleich* selbst.

3. Ergebnis

Das Vorliegen eines Restitutionsinteresses des Verletzten ist nach der Reform 2017 auch in Fällen mit individuellen Verletzten keine konstitutive Voraussetzung für eine staatliche Sicherungsmaßnahme.[174] Durch die Schaffung eines originären staatlichen Einziehungsanspruchs kommt es bei der Auslegung des Sicherungsbedürfnisses der Staatsanwaltschaft nicht darauf an, ob der Verletzte ein ebensolches Sicherungsbedürfnis hat, sondern nur noch darauf, ob sie ein Sicherungsbedürfnis geltend machen kann, das den Interessen der Verletzten nicht *zuwider*läuft. Dies ist der Fall, wenn ohne die Sicherstellung eine Vereitelung oder wesentliche Erschwerung der Vollstreckung der Einziehungsanordnung droht.[175]

Diese isolierte Orientierung an den Bedürfnissen des jeweiligen Gläubigers im Rahmen der Auslegung des Sicherungsbedürfnisses ist Folge der Anspruchskonkurrenz der staatlichen und der zivilrechtlichen Ansprüche, die aus der Abschaffung des § 73 Abs. 1 Satz 2 StGB a.F. resultiert. Eine Sperrwirkung für staatliche Sicherungsmaßnahmen und dementsprechend ein Vorrang der Interessen der Verletzten ergibt sich nur aus den Wertungen des § 73e Abs. 1 StGB und damit in Fällen, in denen die Verletzten ihre Ansprüche selbstständig gegenüber dem Betroffenen verfolgen wollen.

---

173 SSW-StPO² / *Burghart* § 111d, 8.

174 Siehe zu den Besonderheiten im Steuerstrafverfahren aber unter D), V., 8.

175 *Gubitz / Molkentin* NJW 2017 3733.

VII. Das Sicherungsbedürfnis bei fehlendem Abschöpfungsinteresse des Staates

Anknüpfend an die Frage der Folgen des fehlenden Restitutionsinteresses auf *Verletztenseite*, soll nun ein Blick auf die Folgen des fehlenden Abschöpfungsinteresses des *Staates* geworfen werden.

1. Allgemeines

In der Praxis des Vermögensabschöpfungsrechts ergaben sich in der Vergangenheit immer wieder Fallgestaltungen, in denen die Verletzten eine Sicherstellung von Vermögenswerten schon im Ermittlungsverfahren beantragten, die Staatsanwaltschaften aber untätig blieben und die Verletzten mit ihren Begehren auf staatliche Unterstützung bei der Schadensrestitution auf den Zivilrechtsweg verwiesen. Die Staatsanwaltschaften argumentierten, Rückgewinnungshilfe sei nur *subsidiär* und nur für jene Fälle gedacht, in denen der Verletzte seine zivilrechtlichen Ansprüche nicht ohne staatliche Hilfe durchsetzen könne.[176] Nicht ausdrücklich, so doch aber immer wieder konkludent kam dabei auch zum Ausdruck, dass wenig Motivation für ein staatliches Einschreiten bestehe, da man davon ausgehen könne, dass sich die zusätzliche Arbeitsbelastung am Ende des Strafverfahrens nicht einmal in Form des Auffangrechtserwerbs ausbezahlen werde, hatte der Verletzte durch sein Engagement doch deutlich gemacht, dass er seine aus der Straftat erwachsenen Ansprüche verfolgen will.[177]

Der Verletzte konnte dieser Untätigkeit der Strafverfolgungsbehörden *nichts* entgegensetzen, ein Antrag auf gerichtliche Entscheidung stand ihm nicht zu. Ihm blieb deshalb nur der Gang vor die Zivilgerichte, regelmäßig in der Ungewissheit, ob er den auf diesem Wege mitunter teuer erstrittenen Titel überhaupt fruchtbar werde vollstrecken können.

---

176 Der Verfasser bekam einmal von einem KDD nach Rücksprache mit der zuständigen Bereitschaftsstaatsanwältin diese Auskunft an einem Montagabend gegen 22:00 Uhr, nachdem dem Opfer dessen Auto bei einem geplanten Autoverkauf durch die potentiellen Käufer gestohlen wurde und er folglich keine Möglichkeit hatte, anderweitig aktiv zu werden, bevor das Auto bei Seite geschafft werden konnte; *Baretto da Rosa* NZWiSt 2018 215 spricht in Bezug auf die Neuregelung zum Opferschutz davon, hierdurch „die bei vielen Staatsanwaltschaften ungebliebte Rückgewinnungshilfe und die damit verbundene, teils arbeitsintensive Ausinandersetzung mit den Tatverletzten 'obsolet' zu machen".

177 Problematisch war darüber hinaus die Frage der Aufbewahrung und Verwaltung, vor allem aber, dass man am Ende des Strafverfahrens eine Entscheidung über den Verbleib der Sache treffen musste.

An dieser für das Opfer unbefriedigenden Situation hat sich durch die Reform 2017 nichts geändert. Noch heute kann der Verletzte keinen Antrag auf gerichtliche Entscheidung stellen, wenn die Staatsanwaltschaften eine vorläufige Sicherstellung ablehnen. Hierzu haben sie seit der Reform 2017 weiterhin Anlass, können sie doch gerade in Fällen, in denen es nicht um das gesamte Vermögen des Betroffenen geht, relativ sicher davon ausgehen, dass der Verletzte seine Ansprüche entweder in die nicht sichergestellten Vermögenswerte vollstrecken wird, dann ist die Einziehung nach § 73e Abs. 1 StGB ausgeschlossen oder aber die Verletzten ihre Befriedigung im Strafvollstreckungsverfahren suchen. In beiden Fällen haben die Staatsanwaltschaften keine finanziellen Vorteile durch die Sicherstellungsmaßnahme, sondern nur Mehrarbeit.[178]

Das wiederum wirft die hier im Fortgang weiter zu erörternde Frage auf, ob ein Sicherungsbedürfnis im Sinne der §§ 111b, 111e auch dann angenommen werden kann, wenn zwar der Verletzte ein Sicherungsinteresse hat, der Staat aber nicht. Für die Fälle *widerstreitender Interessen* zwischen Staat und Verletztem wurde hier bereits dargelegt, dass das Sicherungsbedürfnis anhand der Interessen der Verletzten zu bestimmen ist. Fehlt ein Sicherungsinteresse der Verletzten, kann auf das Sicherungsbedürfnis des Staates rekurriert werden. Unbeantwortet ist damit die Frage nach den Sicherungsmöglichkeiten in den Fällen eines fehlenden Sicherungsinteresses des *Staates*.

2. Staatliches Sicherungsbedürfnis unabhängig vom Sicherungsinteresse

In Bezug auf das staatliche Sicherungsbedürfnis wurde hier bereits dargelegt, dass sich dieses ausschließlich *objektiv* danach bestimmt, ob eine Verschlechterung der Vollstreckungsmöglichkeiten des Staates droht, die nicht auf eine Restitution des Verletzten zurückzuführen ist.[179] Das ist ein wesentlicher Unterschied im Vergleich zum Sicherungsbedürfnis des Verletzten. Das Sicherungsbedürfnis des Verletzten setzt dessen Sicherungs*interesse* konstitutiv voraus, weil der aus der Tat erwachsene Anspruch des Verletzten den Grundsätzen der Privatautonomie unterliegt. Der Verletzte kann selbst entscheiden, ob er seine aus der Tat erwachsenen Ansprüche geltend macht, der Staat hingegen nicht.

---

178 Diese beklagt schon *Reh* NZWiSt 2018 20 ff.

179 Soweit OLG Stuttgart NJW 2017 3731, 3732 die Auffassung vertritt, eine Gefährdung der Vollstreckung sei nicht mehr erforderlich, verkennt es damit die Bedeutung des Sicherungsbedürfnisses. Zutreffend kritisch deshalb *Gubitz / Moltekin* NJW 2017 3733 die darauf hinweisen, dass mit der Einführung des Sicherungsbedürfnisses keine Absenkung der Rechte des Betroffenen verbunden war; ablehnend auch *Greeve* ZWH 2018 S. 82.

Die Einziehung steht nicht im Ermessen des Gerichts bzw. der Strafverfolgungsbehörden. Mit Ausnahme der Fälle des Absehens von einer Einziehungsentscheidung nach § 421 muss die Staatsanwaltschaft deshalb schon aufgrund des Legalitätsprinzips[180] dafür sorgen, dass eine spätere Einziehungsanordnung auch vollstreckbar ist. Kann der Staat über die Einziehung aber nicht disponieren, so kann sein (fehlendes) Sicherungs*interesse* keine Auswirkungen auf das Tatbestandsmerkmal des Sicherungsbedürfnisses haben. Dieses ist vielmehr rein objektiv danach auszulegen, ob die Vollstreckbarkeit der Einziehungsanordnung aus anderen Gründen als einer potentiellen Opferentschädigung gefährdet ist. Lediglich im Ermessen und im Rahmen der Verhältnismäßigkeit der Maßnahme kann das fehlende Sicherungsinteresse des Staates eine Rolle spielen.

Der Frage, ob das fehlende Sicherungs*interesse* des Staates Auswirkungen auf das Sicherungsbedürfnis im Sinne der §§ 111b, 111e hat, kommt damit nur in den Fällen Bedeutung zu, in denen keine objektiv vollstreckungsgefährdende Handlung des Betroffenen vorliegt, der Verletzte aber aufgrund der tatsächlichen Umstände des Einzelfalls auf die Sicherstellung angewiesen ist.

3. Problemfälle nicht objektiv belegbarer Vereitelungshandlungen

Die in diesem Zusammenhang einschlägigen Fälle sind dadurch gekennzeichnet, dass der Verletzte mangels Kenntnis weder etwas über die Vermögensverhältnisse des Betroffenen, noch zu potentiellen Vereitelungshandlungen vortragen kann. Sie sind schon aus Zeiten vor der Reform 2017 bekannt, in denen das Sicherungsbedürfnis des Verletzten dann angenommen wurde, wenn er nur unter Schwierigkeiten in der Lage war, seinen aus der Tat erwachsenen Anspruch auf Rückgewähr des Erlangten oder auf Ersatz des Wertes des Erlangten durchzusetzen und deshalb auf staatliche Unterstützung angewiesen war.[181] Nach der Reform 2017 stellt sich die Frage, ob an dieser Rechtsprechung festgehalten werden und ein Sicherungsbedürfnis des Verletzten deshalb angenommen werden kann, weil er seine Ansprüche sonst nicht oder nur unter besonderen Schwierigkeiten realisieren kann.

Ein solches Verständnis des neuen Sicherstellungsrechts erscheint auf den ersten Blick schon aufgrund des durch die Reform 2017 grundlegend veränderten Verhältnisses zwischen Staat und Verletzten problematisch. Ihre Ansprüche entstehen seither grundsätzlich unabhängig voneinander durch die Straftat, es handelt sich bei ihnen um zwei selbstständige Gläubiger des Betroffenen, wobei der

180 Eingehend dazu LR / *Johann* § 111b, 24 m.w.N.

181 OLG Nürnberg NStZ 2011 173, 174; OLG Celle StV 2009 120, 122.

Verletzte den Anspruch des Staates wegen § 73e Abs. 1 StGB nach seinem Belieben zum Erlöschen bringen kann. Insofern fragt sich, wieso der Staat gehalten sein sollte, zum Schutz seines *konkurrierenden* Gläubigers Sicherungsmaßnahmen auszubringen. Er würde ansonsten gerade in den Fällen, in denen es nicht um die Sicherstellung des gesamten Vermögens des Betroffenen geht, dazu beitragen, dass der Verletzte seinen Anspruch in die sich aus den Finanzermittlungen ergebenden, nicht sichergestellten Gegenstände vollstrecken und damit die staatliche Einziehungsanordnung ausschließen könnte.

Für eine weiterhin an den Schwierigkeiten des Verletzten bei der Durchsetzung seiner zivilrechtlichen Ansprüche orientierte Auslegung des Sicherungsbedürfnisses spricht jedoch, dass nicht ersichtlich ist, wieso zu Lasten des Verletzten von dieser bisherigen Auffassung abzurücken sein sollte. Durch die Abschaffung des § 73 Abs. 1 Satz 2 StGB a.F. wurde nicht der Anspruch des Verletzten beschnitten, sondern nur dem Staat die Möglichkeit gegeben, trotz bestehender Ansprüche des Verletzten eine Einziehungsanordnung zu erlassen. Das Ziel der Reform 2017 war eine Stärkung, keine Schwächung des Opferschutzes. Wenn aber schon vor der Reform Vollstreckungsschwierigkeiten des Verletzten das Sicherungsbedürfnis begründen konnten, so müsste das vor diesem Hintergrund auch nach der Reform gelten.

Gegen eine an den tatsächlichen Schwierigkeiten der Vollstreckung der Verletztenansprüche orientierte Auslegung des Sicherungsbedürfnisses spricht jedoch, dass der Gesetzgeber mit der Reform 2017 die grundlegende Ausrichtung der Vermögensabschöpfungsvorschriften geändert hat. Das Rechtsinstitut der Rückgewinnungs*hilfe* wurde zu Gunsten eines Entschädigungsverfahrens im *Strafvollstreckungsverfahren* aufgegeben. In Kombination der nicht im Ermessen stehenden Einziehungsentscheidung, dem Vollstreckungsverbot des § 111h Abs. 2 Satz 1 und der Entschädigungsmöglichkeit unmittelbar gegenüber den Staatsanwaltschaften wird deutlich, dass der Gesetzgeber zielgerichtet darauf hingewirkt hat, dass eine Entschädigung des Verletzten jedenfalls im Vollstreckungsverfahren erfolgt.[182] Die Schwierigkeiten, denen sich der Verletzte durch das Erfordernis der zivilprozessualen Geltendmachung seiner Ansprüche ausgesetzt sah, sollten gerade behoben werden. Das wiederum spricht dafür, die Vollstreckungsschwierigkeiten des Verletzten im Zivilverfahren im Rahmen des Sicherungsbedürfnisses nicht mehr zu berücksichtigen, kann er doch Befriedigung

182 Das ist nicht zwanglos mit dem ebenfalls verfolgten Ansatz der „Stärkung der Privatautonomie" zu vereinbaren, kann aber so verstanden werden, dass die zivilrechtliche Einigung zwischen den Beteiligten so lange staatlichen Einziehungsmaßnahmen vorgeht, so lange sie möglich ist. Fehlt es dem Verletzten hierzu an Möglichkeiten oder weigert sich der Betroffene, erfolgt eine staatliche Intervention im Wege der Einziehung.

im Strafvollstreckungsverfahren finden, schließlich liegen in den hier diskutierten Konstellationen gerade keine objektiven Anhaltspunkte dafür vor, dass der Betroffene die Einziehungsvollstreckung zu vereiteln versucht und die spätere Vollstreckung deshalb scheitern würde.

Allerdings hat der Gesetzgeber die zivilprozessuale Geltendmachung der Ansprüche des Verletzten während des Strafverfahrens gerade nicht *ausgeschlossen*, sondern ihm mit der Entschädigungsmöglichkeit im Strafvollstreckungsverfahren nur eine *zusätzliche* Alternative zur Verfügung gestellt. § 111h Abs. 2 Satz 1 hindert den Verletzten nur an der *Vollstreckung* seines Titels in die sichergestellten Gegenstände, nicht jedoch, sich einen solchen Titel überhaupt zu beschaffen. Gerade in langwierigen Wirtschaftsstrafverfahren kann der Verletzte sogar weiterhin *gezwungen* sein, zivilrechtlich gegen den Betroffenen vorzugehen, will er verhindern, dass seine Ansprüche verjähren oder er am Ende des Verfahrens deshalb mit leeren Händen dasteht, weil der ihn betreffende Tatkomplex nach §§ 154, 154a eingestellt wurde.[183] Das wiederum kann den Verletzten auch weiterhin in die Lage versetzen, dass er schon im Ermittlungsverfahren zur Geltendmachung seiner zivilrechtlichen Ansprüche auf staatliche Hilfe angewiesen ist. Vor diesem Hintergrund ist trotz umfassender Reform nicht ersichtlich, warum ein Sicherungsbedürfnis des Verletzten ausgeschlossen sein sollte, nur weil ihm *zusätzlich* die Möglichkeit eingeräumt wurde, seine Ansprüche im Strafvollstreckungsverfahren zu befriedigen. Die Möglichkeiten des Verletzten, sich im Strafvollstreckungsverfahren schadlos zu halten, können vielmehr auf *Ermessensebene* hinreichend berücksichtigt werden.

Für ein Festhalten an der bisherigen Rechtsprechung bei der Auslegung des Sicherungsbedürfnisses zu Gunsten des Verletzten spricht darüber hinaus, dass der Staat im Zuge der Vermögensabschöpfung nach wie vor hauptsächlich zur *Unterstützung* des Verletzten tätig wird. Vor diesem Hintergrund greift dann auch das Argument, der Staat unterstütze mit einer an den Interessen des Verletzten orientierten Auslegung des Sicherungsbedürfnisses zu seinem Nachteil seinen eigenen Konkurrenten, nicht durch. Das Ziel der Vermögensabschöpfung in Fällen mit individuellen Verletzten ist weiterhin die Restitution des Verletzten, die Einziehung als quasi-kondiktionelle Ausgleichsmaßnahme nur Mittel zur Erreichung dieses *Zwecks*. Der Staat hat kein *vorrangiges* Interesse gegenüber den Interessen des Verletzten, im Zentrum der Vermögensabschöpfung steht in Fällen mit individuellen Verletzten nach wie vor das Interesse dieser Verletzten.

---

183 Siehe dazu ausführlich unter C), I.

Ihr Sicherungsbedürfnis kann deshalb ausreichen, um staatliche Sicherungsmaßnahmen zu veranlassen.[184]

Das Sicherungsbedürfnis im Sinne der §§ 111b, 111e kann somit auch nach der Reform 2017 in den Fällen zu bejahen sein, in denen der Verletzte zur Befriedigung seiner zivilrechtlichen Ansprüche auf die staatliche Sicherungsmaßnahme angewiesen ist, auch wenn kein staatliches Sicherungsbedürfnis gegeben ist.[185]

4. Ergebnis

Ein Sicherungsbedürfnis im Sinne der §§ 111b, 111e zu Gunsten des *Staates* scheidet nicht deshalb aus, weil die Strafverfolgungsbehörden kein Sicherstellungs*interesse* haben, sondern ausschließlich dann, wenn der Betroffene keine vermögensverschleiernden Maßnahmen vornimmt.

Das Sicherungsbedürfnis kann darüber hinaus allerdings auch in Fällen vorliegen, in denen der *Verletzte* auf die staatliche Sicherstellung angewiesen ist, weil er ohne sie nicht in der Lage ist, seine zivilrechtlichen Ansprüche zu befriedigen. Insoweit kann an der bisherigen Rechtsprechung zum Sicherungsbedürfnis festgehalten werden. Die Reform 2017 wollte die Verletztenrechte nicht *beschneiden*, sondern stärken. Vor diesem Hintergrund ist nicht ersichtlich, wieso das Sicherungsbedürfnis des Verletzten nur deshalb abzulehnen sein soll, weil er seine Befriedigung auch im Strafvollstreckungsverfahren suchen kann. Die Gründe, die vor der Reform 2017 zur Bejahung des Sicherungsbedürfnisses des Verletzten angeführt wurden, sind heute nicht obsolet.

Insoweit darf jedoch nicht übersehen werden, dass das Sicherungsbedürfnis des Verletzten noch nichts über die Ermessensausübung der Staatsanwaltschaft oder die Frage aussagt, ob eine Sicherstellung im konkreten Einzelfall auch verhältnismäßig ist.[186] Selbst wenn ein Sicherungsbedürfnis des Verletzten zu bejahen

---

184 Hiermit wird denn auch die Frage beantwortet, ob der Staat nur zur Einleitung eines Insolvenzverfahrens vermögenssichernd aktiv werden kann. Es kommt insoweit nicht auf die Interessen des Staates, sondern jene des *einzelnen* Verletzten an. Stellt es sich im Einzelfall heraus, dass der Betroffene nicht über hinreichende Vermögenswerte verfügt und deshalb zum Schutz bestimmter Verletzter eine Sicherstellung erforderlich ist, so darf sie in Höhe der jeweiligen Forderung dieser Verletzten erfolgen, nicht aber in Höhe von Forderungen Verletzter, die etwa aufgrund von Vergleichsverhandlungen kein Sicherungsbedürfnis haben. Das wiederum zeigt erneut die bereits Eingangs betonte, hohe Bedeutung der *Begründung* der Sicherstellunganordnung und dass hier besondere Sorgfalt geboten ist.

185 Im Ergebnis wohl ebenso *Bittmann* NZWiSt 2018 209, 213.

186 Es wurde hier bereits einleitend darauf hingewiesen, dass eine solche Arbeit nicht zu allen strittigen Fragen des neuen Vermögensabschöpfungsrechts Stellung nehmen kann.

ist, greifen diese Korrektive Platz und es muss eine Abwägung mit den Interessen des Betroffenen im konkreten Einzelfall erfolgen.

VIII. Das Sicherungsbedürfnis bei übereinstimmenden Abschöpfungs- und Restitutionsinteressen von Staat und Verletztem

Bisher unbesprochen geblieben sind damit nur jene Fälle, in denen sowohl ein Abschöpfungsinteresse des Staates als auch ein Restitutionsinteresse des Verletzten gegeben sind. Der klassische Fall dürfte dabei ein Ermittlungsverfahren wegen einer Vermögensstraftat zu Lasten des Verletzten sein, in dessen Zuge

---

Die Frage, unter welchen Voraussetzungen die Staatsanwaltschaften Vermögensabschöpfungsmaßnahmen im Interesse der Verletzten ausbringen *müssen*, gehört aufgrund ihres Facettenreichtums zu diesen nicht abschließend beantwortbaren Fragen, geht es dabei doch nicht zentral um das hier diskutierte Tatbestandsmerkmal des Sicherungsbedürfnisses, sondern um Fragen des Ermessens. Gegen eine Ermessensreduzierung spricht dabei, dass der Staat durch die Abschaffung des § 73 Abs. 1 Satz 2 StGB a.F. nunmehr grundsätzlich seine eigenen Ansprüche zu sichern versucht, er wird nicht mehr „nur" unterstützend für den Verletzten tätig. Wenn Staat und Verletzter aber beide Gläubiger des Betroffenen sind, der Staat durch eine Maßnahme des Verletzten nach § 73e Abs. 1 StGB sogar seinen Anspruch gegen den Betroffenen verliert, so stellt sich auch bei der Ermessensausübung die Frage, wieso er gehalten sein sollte, seinen „Konkurrenten" durch Sicherstellungsmaßnahmen auch noch zu unterstützen. Außerdem hat der Gesetzgeber eine gebundene Entscheidung zur Sicherstellung in §§ 111b, 111e nur dann vorgesehen, wenn ein dringender Verdacht einer späteren Einziehung gegeben ist. In Fällen eines einfachen Verdachts bleibt es beim weiten Ermessenspielraum der Strafverfolgungsbehörden. Im Unterschied zur Rechtslage vor der Reform hat der Gesetzgeber damit ausdrücklich Fälle einer *gebundenen* Entscheidung zur Sicherstellung normiert. Er hat sich als Anknüpfungspunkt insoweit ausschließlich für einen dringenden Tatverdacht und nicht für ein besonderes Sicherungsbedürfnis des Verletzten entscheiden. Ebenso wenig hat er eine im Interesse der Verletzten vorliegende Ermessensreduzierung auf „Null" in der Gesetzesbegründung dargelegt, so dass Zweifel daran bestehen, ob eine solche nach der Reform 2017 noch in Betracht kommen kann. Andererseits reiht sich die Reform 2017 ausdrücklich in die Reihe jener Gesetzesvorhaben ein, die eine Stärkung der Rolle des Opfers im Strafverfahren bezwecken und deshalb bereits in der Vergangenheit als Argument für eine gebundene Entscheidung der Strafverfolgungsbehörden zu Maßnahmen der Rückgewinnungshilfe angeführt wurden, siehe dazu eingehend *Achenbach* NStZ 2001 401, 402; noch weitergehend *Webel* wistra 2004 249, 253. Die Reform 2017 war maßgeblich von dem Ziel geprägt, die Restitution des Verletzten zu erleichtern. Von all den neuen Möglichkeiten einer Schadenskompensation im Strafvollstreckungsverfahren hat der Verletzte aber nichts, wenn die Staatsanwaltschaften nicht aktiv werden, wenn die Restitution des Verletzten gefährdet wird. Historisch und systematisch spricht deshalb weiterhin einiges dafür, von einer gewissen Ermesseneinschränkung zu Gunsten der Sicherstellung im Interesse der Verletzten auszugehen.

sich herausstellt, dass der Betroffene seine Vermögenswerte zu verstecken versucht oder dies sogar bereits getan hat.

Die Praxis wird diese Fälle leicht in den Griff bekommen können, indem sie in der Begründung der Sicherstellungsmaßnahme sowohl auf die Interessen des Staates als auch auf die Interessen der Verletzten abstellt. Fällt eines der beiden Sicherungsbedürfnisse weg, so kann die Maßnahme auf Grundlage des jeweils anderen aufrechterhalten werden. Das war bereits vor der Reform die herrschende Auffassung. Man ging davon aus, dass gerade in den Fällen, in denen noch nicht absehbar war, ob der Verfall letztlich an § 73 Abs. 1 Satz 2 StGB a.F. scheitern würde, eine vorläufige Sicherstellung gleichwohl möglich war.[187] Nachdem die Ansprüche von Staat und Verletztem nun nicht mehr nur subsidiär, sondern originär sind, muss eine kumulative Begründung erst recht möglich sein.

Dabei darf jedoch wiederum nicht übersehen werden, dass gerade der Wegfall eines der Sicherungsbedürfnisse (des Verletzten oder auch des Staates) Auswirkungen auf die zu treffende Ermessensentscheidung und die Frage der Verhältnismäßigkeit der Maßnahme haben kann. Bedarf die Vermögensabschöpfungsmaßnahme ohnehin permanenter Überprüfung des Vorliegens ihrer Voraussetzungen,[188] muss sie insbesondere in den Fällen, in denen eine wesentliche Anordnungsvoraussetzung wegfällt, auf ihre fortbestehende Rechtmäßigkeit kontrolliert werden.[189] Das ist aber keine Frage des Sicherungsbedürfnisses, sondern abermals der Ermessensausübung und der Verhältnismäßigkeit.

IX. Ergebnis

Die Neuregelungen durch das Gesetz zur Reform der strafrechtlichen Vermögensabschöpfung haben erhebliche Auswirkungen auf die Möglichkeiten der *vorläufigen Sicherstellung* von Vermögenswerten.

---

187 OLG Hamburg NJW 2012 1601, 1607; MüKo-StPO / *Bittmann* § 111b, 17; LR / *Johann* § 111b, 49 jeweils m.w.N.

188 OLG Köln NStZ 2005 400 f.; OLG Koblenz NStZ-RR 2014 114; MüKo-StPO / *Bittmann* § 111b, 13 m.w.N.

189 Da die Praxis vor der Reform auch diesbezüglich bereits erhebliche Defizite offenbart hat und durch den Wegfall des § 111b Abs. 3 StPO a.F. nunmehr auch die hierfür ausdrücklich vorhandene Regelung weggefallen ist, sollte *de lege ferenda* über eine Vorschrift analog § 121 nachgedacht werden; *Meißner* NZWiSt 2018 239, 243 schlägt indes vor, spätestens nach sechs Monaten in „…einem…Aufhebungsantrag die Behauptung aufzustellen, dass eine Fortdauer der Maßnahme nicht mehr verhältnismäßig…“ sei und die Staatsanwaltschaft aufzufordern, darzulegen und zu belegen, warum eine Fortdauer verhältnismäßig sei.

Der Gesetzgeber verfolgte mit dem Reformgesetz nicht nur das Ziel einer vereinfachten und umfassenderen, sondern auch einer Vermögensabschöpfungspraxis, die den Verletzten leichter entschädigt. Der Vorrang der Ansprüche des Verletzten nach § 73 Abs. 1 Satz 2 StGB a.F. wurde abgeschafft um eine lückenlose und damit im Ergebnis auch opferfreundlichere Vermögensabschöpfung zu ermöglichen. Gleichzeitig wurde ein eigener Einziehungsanspruch des Justizfiskus auch für die Fälle geschaffen, in denen Verletzten aus einer Straftat ein Anspruch erwachsen ist, so dass die Strafverfolgungsbehörden nicht mehr deshalb von Vermögensabschöpfungsmaßnahmen absehen müssen, weil (potentielle) Ansprüche Verletzter entgegenstehen.

Dieses insoweit nachvollziehbare Grundkonzept der Vermögensabschöpfung hat der Gesetzgeber dann allerdings zugleich wieder aufgebrochen, indem er seinen originären Einziehungsanspruch *akzessorisch* an den zivilrechtlichen Anspruch des Verletzten gebunden und damit das Fortbestehen des Einziehungsanspruchs in die Hände des Verletzten gelegt hat. Dieser kann heute durch einen mit dem Betroffenen geschlossenen Erlassvertrag die Vermögensabschöpfung des Staates verhindern und so ein wesentliches Ziel der Reform konterkarieren. Hierzu dürfte er durch die Einführung des Vollstreckungsverbotes in § 111h Abs. 2 Satz 1 auch regelmäßig Anlass haben. Im Unterschied zur alten Rechtslage stehen durch den Wegfall des § 73 Abs. 1 Satz 2 StGB a.F. und den § 111i Abs. 5 StPO a.F. die Ansprüche von Justizfiskus und Verletztem nämlich mittlerweile nebeneinander, Justizfiskus und Verletzter in Gläubigerkonkurrenz.[190] Ihre Interessen können diametral sein, wenn der Verletzte eine schnelle, der Staat vor allem eine umfassende Vermögensabschöpfung, möglicherweise auch noch zu Gunsten weiterer Verletzter, anstrebt. Die beiden Gesetzeszwecke einer umfassenden Vermögensabschöpfung und einer erleichterten Opferentschädigung lassen sich vor diesem Hintergrund nicht ohne Weiteres in Einklang bringen.[191]

Der Gesetzgeber hat diese Problematik rund um das Sicherungsbedürfnis mit dem schlichten Hinweis, zur Auslegung des Sicherungsbedürfnisses sei auf die bisherige Rechtsprechung zum Arrestgrund zurückzugreifen, keiner hinreichenden Lösung zugeführt. Nach alter Rechtslage ergingen Sicherungsmaßnahmen in Fällen mit aus der Straftat Verletzten im Wege der Rückgewinnungshilfe nach § 111b Abs. 5 StPO a.F., Gläubiger war der Verletzte. Nur wenn dieser seine An-

190 Im eröffneten Insolvenzverfahren ist der Einziehungsanspruch dann nachrangig, vgl. § 39 Abs. 1 Nr. 3 InsO; BTDrucks. 18 11640 S. 87 m.w.N.

191 Im Ergebnis ebenso BRAK Stellungnahme 15/2016 S. 3.

sprüche nicht geltend machte, erwarb der Staat die sichergestellten Vermögenswerte *zu Lasten des Verletzten*[192] subsidiär. Heute ist die Situation eine völlig andere, der Staat hat einen originären, eigenen Einziehungsanspruch neben dem Anspruch des Verletzten und die vorläufige Sicherstellung dient aufgrund des Vollstreckungsverbots in § 111h Abs. 2 Satz 1 zunächst dem Einziehungsgläubiger.

Eine Übernahme der bisherigen Rechtsprechung zur Auslegung des Sicherungsbedürfnisses verbietet sich schon aufgrund dieser tiefgreifenden dogmatischen Änderungen des Vermögensabschöpfungsrechts. Das Sicherungsbedürfnis muss vor diesem Hintergrund vielmehr neu bestimmt und anhand des jeweiligen Sachverhalts ausgelegt werden.

In Fällen mit individuellen Verletzten und *widerstreitenden Interessen* von Staat und Verletzten kommt es künftig zur Beurteilung des Sicherungsbedürfnisses *ausschließlich* auf die Interessen der Verletzten an. Durch die Abschaffung des § 73 Abs. 1 Satz 2 StGB ist dieser Vorrang durch den Gesetzgeber zwar vermeintlich in Frage gestellt worden,[193] über § 73e Abs. 1 StGB und die damit einhergehende Stärkung der Privatautonomie hat er jedoch gleichzeitig deutlich gemacht, dass Vermögensabschöpfung in Fällen mit individuellen Verletzten weiterhin vorrangig auf den Ausgleich eines Schadens beim Verletzten gerichtet ist. Nur wenn eine Sicherstellung diesen Ausgleichsinteressen des Verletzten nicht entgegensteht, kann deshalb überhaupt ein staatliches Sicherungsbedürfnis angenommen werden.

Dieser Vorrang der Interessen des Verletzten gegenüber dem Staat scheint zunächst im Widerspruch zur Gesetzesintention einer umfassenden Vermögensabschöpfung zu stehen, ist jedoch im Gesetz angelegt und resultiert aus dem Zusammenspiel der §§ 73 und 73e StGB. Mit der aus § 73e Abs. 1 StGB festgeschriebenen Stärkung der Privatautonomie geht automatisch auch eine Beschneidung der Abschöpfungsinteressen des Staates einher.[194] Diese zu begrüßende Grundsatzentscheidung des Gesetzgebers hat den Charakter der Vermögensabschöpfung als quasi-kondiktionelle Maßnahme *erstmals* im Gesetz zum Ausdruck gebracht. Ihr muss durch eine in Konfliktsituationen zwischen Staat

---

192 BTDrucks. 16 700 S. 17; LR / *Johann* § 111i, 39.

193 Deshalb sprechen wohl auch *Köllner / Mück* NZI 2017 593, 597 von einer *faktischen Subsidiarität* des staatlichen Vermögenszugriffs im Strafverfahren.

194 *Köhler* NZWiSt 2018 226, 227 sieht darin „…aber auch zur Entlastung der Strafjustiz einen Anreiz für eine freiwillige Schadenswiedergutmachung…“ und eine „Ausnahme vom Grundsatz“, dass sich Straftaten nicht lohnen dürfen, „die der Gesetzgeber mit Blick auf die Privatautonomie und die praktischen Vorteile“ hinnehme.

und Verletzten an den Interessen der Verletzten ausgerichteten Auslegung des Sicherungsbedürfnisses Rechnung getragen werden.[195]

Die Praxis wird sich dabei gegen die Verlockungen zu erwehren haben, dass man über die Sicherstellung und das damit einhergehende Vollstreckungsverbot in § 111h Abs. 2 Satz 1 das Reformziel der Stärkung der Privatautonomie wieder konterkarieren kann.[196] Der Gesetzgeber hat diesbezüglich deutlich herausgestellt, dass ein Täter-Opfer-Ausgleich, auch wenn er hinter dem aus der Tat Erlangten zurückbleibt, eine Einziehung ausschließt.[197] Dieser privatrechtlichen Einigung dürfen durch die Strafverfolgungsbehörden keine Steine in den Weg gelegt werden, indem nur zur Sicherung einer Einziehungsentscheidung vorläufige Sicherungsmaßnahmen ergehen oder diese aufrechterhalten werden, wenn die Verletzten das nicht möchten.

Die Bejahung des Tatbestandsmerkmals des Sicherungsbedürfnisses im Sinne der §§ 111b, 111e hängt allerdings nicht in allen Fällen von dem Sicherungsinteresse des Verletzten ab. Im Unterschied zur Rechtslage vor der Reform 2017 kann die Staatsanwaltschaft ihr Sicherungsbedürfnis mit Ausnahme jener Fälle, in denen die Sicherstellung den Interessen der Verletzten zuwiderläuft, *unabhängig* von den Interessen des Verletzten begründen. Das folgt aus § 73 StGB, der die Einziehung auch in Fällen mit individuellen Verletzten ermöglicht. Der Gesetzgeber hat durch die Schaffung dieses originären Einziehungsanspruchs die Sicherstellung im Interesse des Staates unabhängig vom *Desinteresse* des Verletzten ermöglicht. Das Sicherungsbedürfnis kann deshalb seit der Reform 2017 auch dann bejaht werden, wenn der Verletzte kein Interesse an der Sicherstellung hat, der Betroffene aber Maßnahmen ergreift, die auf eine Verschlechterung der Vollstreckbarkeit der späteren Einziehungsentscheidung abzielen. Das staatliche Sicherungsbedürfnis hängt in diesen Fällen rein objektiv davon ab, ob die Vermögensabschöpfungsmaßnahme zur Sicherung der Vollstreckung der Einziehungsanordnung erforderlich ist.

Allerdings rechtfertigt sich auch in den Fällen einer objektiv gefährdeten Vollstreckung die Sicherstellung nicht *ipso iure* aus dem Sicherungsbedürfnis, vielmehr sind hier nach wie vor im Rahmen des Ermessens und der Verhältnismä-

---

195 Abzulehnen ist deshalb auch die von *Köhler* NZWiSt 2018 226, 227 nunmehr angedachte teleologische Reduktion des § 73e StGB, die keine Auslegung, sondern eine Analogie wäre und dazu führen würde, dass die Gerichte letztlich willkürlich darüber entscheiden könnten, ob durch eine Kompensationszahlung eine doppelte Inanspruchnahme droht oder nicht.

196 *Reitemeier / Koujouie* S. 10; *Meißner* NZWiSt 2018 239, 244 im Zusammenhang mit einem gegenseitigen Verzicht von Gläubiger und Schuldner.

197 BTDrucks. 18 9525 S. 69.

ßigkeit der Maßnahme die konkreten Umstände des Einzelfalls zu berücksichtigen.[198] Trotz Vorliegens des staatlichen Sicherungsbedürfnisses kann deshalb unter Berücksichtigung der Grundrechte des Betroffenen die (fortgesetzte) Sicherstellung ausscheiden.

Andererseits folgt aus dem fehlenden objektiven Sicherungsbedürfnis des Staates in Fällen mit individuellen Verletzten nach wie vor nicht, dass eine Sicherstellung *per se* ausscheidet. Vielmehr kann es auch nach der Reform 2017 weiterhin Konstellationen geben, in denen das Sicherungsbedürfnis deshalb zu bejahen ist, weil die Verletzten ohne staatliche Unterstützung ihre Ansprüche nicht durchsetzen könnten. Das Sicherungsbedürfnis ist in diesen Fällen unabhängig von staatlichen Interessen danach zu bestimmen, ob die Verletzten ohne die Sicherstellung nur unter Schwierigkeiten in der Lage wären, ihre aus der Tat erwachsenen Ansprüche durchzusetzen. Diese bereits aus der Zeit vor der Reform bekannten Grundsätze zur Begründung des Sicherungsbedürfnisses sind nicht überholt, denn die Reform hat die zivilprozessuale Geltendmachung von Ansprüchen weder begrenzt noch grundsätzlich obsolet gemacht. Es ist daher kein Grund ersichtlich, in Abweichung von der bisherigen Rechtsprechung in diesen Ausnahmefällen ein solchermaßen begründetes Sicherungsbedürfnis zu verneinen. Ob eine Sicherstellung im Einzelfall dann auch gerechtfertigt ist, ist ausführlich im Rahmen der Ermessensausübung und unter Berücksichtigung des Verhältnismäßigkeitsgrundsatzes abzuwägen.

Die ausdrückliche Bezeichnung des Erfordernisses eines Sicherungsbedürfnisses im Tatbestand der §§ 111b, 111e durch das Gesetz zur Reform der strafrechtlichen Vermögensabschöpfung hat nach alledem erhebliche Auswirkungen auf die Möglichkeiten der vorläufigen Sicherstellung und wird die Praxis der Vermögensabschöpfung künftig durchgreifend beeinflussen.

---

198 Zutreffend *Rhode* wistra 2018 65, 67: „Diese [Die Ansprüche von Tatverletzten] dürften aber gleichwohl unter Maßgabe des allgemeinen Verhältnismäßigkeitsgrundsatzes insbesondere auch im Hinblick auf §§ 459h ff. StPO weiterhin Beachtung finden".

D) Möglichkeiten und Grenzen der vorläufigen Sicherstellung im Steuerstrafverfahren

Im weiteren Verlauf dieser Arbeit soll sich nun der Frage gewidmet werden, welche Möglichkeiten der *vorläufigen Sicherstellung* nach dem Inkrafttreten des Gesetzes zur Reform der strafrechtlichen Vermögensabschöpfung in *Steuerstrafverfahren* bestehen.

Hierfür wird zunächst ein einleitender Überlick über die bisherigen Streitfragen im Zusammenhang mit Verfallsanordnungen im Steuerstrafrecht gegeben und erläutert, welche Regelungen der Gesetzgeber zur Lösung dieser Probleme geschaffen hat. Im Anschluss daran wird eine Einführung in das Steuer- und Steuerstrafrecht erfolgen, die den Grundstein für das Verständnis um die Bedeutung der Neuregelungen durch das Gesetz zur Reform der strafrechtlichen Vermögensabschöpfung legt. Den Schwerpunkt dieses Abschnitts bildet sodann die Untersuchung der vom Gesetzgeber neu geschaffenen Vorschriften der §§ 111e Abs. 6, 111h Abs. 2 Satz 2. Hier wird der Frage nachgegangen, ob durch sie die bisher im Zusammenhang mit der vorläufigen Sicherstellung vorhandenen Probleme des Steuerstrafrechts gelöst wurden, wie die Regelungen zu bewerten und wo ihre Grenzen zu ziehen sind.

I. Die Vermögensabschöpfung im Steuerstrafverfahren vor Inkrafttreten des Gesetzes zur Reform der strafrechtlichen Vermögensabschöpfung

Im Zusammenhang mit staatlichen Vermögensabschöpfungsmaßnahmen im Steuerstrafrecht ging es seit jeher maßgeblich um die grundsätzliche Frage, ob die Strafverfolgungsbehörden zu Gunsten des Finanzfiskus *überhaupt* auf Grundlage der Strafprozessordnung vermögensabschöpfend aktiv werden konnten und bejahendenfalls, wie diese Maßnahmen konkret auszugestalten waren. In Rechtsprechung und Literatur gab es zu dieser Frage ein breites Spektrum von Ansichten.

1. Historische Entwicklung der Diskussion um die vorläufige Sicherstellung im Steuerstrafverfahren

So vertrat etwa *Brenner* schon vor rund vierzig Jahren, § 73 Abs. 1 Satz 2 StGB a.F. liege die Gesetzesintention zu Grunde, dem Strafrichter eine Entscheidung über

https://doi.org/10.1515/9783110625752-006

die oftmals schwierigen zivilrechtlichen Ansprüche im Strafverfahren zu ersparen. Daraus folge, dass nur privatrechtliche Ansprüche den Verfall ausschließen würden.[1] Eine vorläufige Sicherstellung zur Rückgewinnungshilfe für den Steuerfiskus kam danach schon mangels Verfallsausschluss nicht in Betracht.

Diese Auffassung hat sich vor allem deshalb nicht durchsetzen können, weil dem Wortlaut des § 73 Abs. 1 Satz 2 StGB a.F. keine entsprechenden Anhaltspunkte zu entnehmen waren, dass ein den Verfall ausschließender Anspruch nur ein solcher des *Zivilrechts* sein konnte.[2] Sie konnte sich auch nicht aus dem Sinn und Zweck der Vorschrift rechtfertigen, denn selbst wenn man den von *Brenner* axiomatisch behaupteten Zweck der Vorschrift anerkannte, so verkannte man doch, dass Verletzter der Steuerstraftat der Finanzfiskus ist, von einer Verfallsanordnung aber der Justizfiskus des Landes, dessen Gericht den Verfall anordnet, profitierte.[3] Diese konkurrierenden Ansprüche von Steuer- und Justizfiskus waren aber nicht leichter voneinander abzugrenzen als zivil- und strafrechtliche Ansprüche,[4] im Gegenteil. Die Rückabwicklung von sich überschneidenden Verfallsanordnungen und Steuerbescheiden zählt zu den schwierigsten und unüberschaubarsten Problemen der Vermögensabschöpfung überhaupt.[5]

Brenner vertrat – insoweit konsequent – außerdem die Auffassung, „Verletzter" im Sinne des § 73 Abs. 1 Satz 2 StGB a.F. könne nur eine Privatperson[6] sein.[7] Auch damit konnte er sich letztlich aber nicht durchsetzen, denn Verletzter einer

---

1 *Brenner* DRiZ 1977 203, 204; so im Ergebnis auch *Bender* ZfZ 1976 139, 141.

2 LG Aachen NJW 1978 385; kritisch zu diesem Argument allerdings *Rönnau / Hohn* JR 2002 298, 299 da sich in den Gesetzesmaterialien kein Hinweis darauf finde, dass der Gesetzgeber überhaupt an Ansprüche dieser Art gedacht habe.

3 Unstrittig, vgl. etwa BGH NJW 2001 693, 694 oder OLG Zweibrücken wistra 2009 484, 486; *Webel* wistra 2004 249, 250; siehe dazu auch BTDrucks. 18 10146 S. 8 ff. und 13 f.

4 LG Aachen NJW 1978 385.

5 Vgl. etwa BFH DStRE 2014 1156; *Büttner* wistra 2007 47 ff.; *Maciejewski / Schumacher* DStR 2017 2021 ff.; auf diese Bezug nehmend und kritisch auch zum neuen Recht *Madauß* NZWiSt 2018 28, 34 f.: „Eine überzeugende Abstimmung zwischen Strafrecht und Steuerrecht ist bisher noch nicht gelungen."; dazu auch *Mückenberger / Hinz* BB 2018 1435, 1437; MAH-WiSt / *Rönnau* § 13, 374 ff.; kritisch auch *Rhode* wistra 2018 102, 105; siehe auch *Hüls* ZWH 2018 129 ff.; siehe zur Berücksichtigung der Steuerlast beim Bruttoprinzip auch BTDrucks. 18 11640 S. 78.

6 Mit „Privatperson" sind im Folgenden auch die juristischen Personen des Privatrechts gemeint.

7 *Brenner* DRiZ 1977 203, 204.

Straftat im Sinne des § 73 Abs. 1 Satz 2 StGB a.F. war, wessen Individualinteressen durch das Strafgesetz geschützt werden sollten.[8] Die Steuerstraftatbestände schützen allesamt den Anspruch des Staates am Steueraufkommen und damit den Steuerfiskus selbst.[9] Dem steht nicht entgegen, dass Steuern zu im Allgemeininteresse liegenden Zwecken *verwendet* werden. Die spätere Verwendung der Steuer schließt nämlich nicht die grundsätzliche Zugehörigkeit zum Staatsvermögen aus.[10] Der Staat konnte deshalb nach ganz herrschender Meinung Verletzter einer Steuerstraftat sein.[11]

Heftig umstritten war vor dem Inkrafttreten des Gesetzes zur Reform der strafrechtlichen Vermögensabschöpfung deshalb nicht so sehr die *Verletzteneigenschaft* des Steuerfiskus, sondern die Frage, ob man zu seinen Gunsten *Rückgewinnungshilfe* betreiben durfte. Im Zentrum des Streits stand die Frage, ob und wenn ja unter welchen Voraussetzungen man ein Sicherungsbedürfnis des Steuerfiskus für Rückgewinnungshilfemaßnahmen annehmen durfte oder ob eine solche Annahme schon deshalb ausscheiden musste, weil ihm über § 324 AO ein eigenes, originäres steuerrechtliches Sicherungsmittel zur Verfügung stand, mit dem er einer Verschlechterung seiner Vollstreckungsposition vorbeugen konnte.[12] Ursache dieses Streits war, dass der Gesetzgeber das Verhältnis von §§ 111b ff. und dem originären dinglichen Arrest des Steuerrechts in § 324 AO

8 BGH NJW 2001 693.

9 So jedenfalls die herrschende Meinung, vgl. BGH NJW 2001 693; *Rolletschke* bezeichnet die Steuerhinterziehung deshalb als „Vermögensdelikt (besonderer Art)“; eine Übersicht über weitere Ansichten bieten *Joecks / Jäger / Randt*, § 370, 26 ff.

10 *Rönnau / Hohn* JR 2002 298, 299.

11 Vgl. etwa BGH NJW 2001 693; BGH BeckRS 2010 19610; OLG Celle wistra 2008 359; LG Ulm vom 11.10.2011, Az.: 2 Qs 2059/11 m.w.N.; *Roth* wistra 2010 335, 336; LK / *Schmidt* § 73, 36; Schönke / Schröder / *Eser* § 73, 26 mit umfassenden Nachweisen; Lackner / Kühl[28] / *Heger* § 73, 6; inzident Neumann / Kindhäuser / Paeffgen / *Saliger* § 73, 21b; Flore / Tsambikakis / *Webel* Teil 2 Kapitel 10, 159; *Meurer* NStZ 1991 438, 439; *Eckstein* in FS-Schröder S. 777, 779; MAH-WiSt / *Rönnau* § 13, 232 und 238; a.A.: *Bach* JR 2010 286, 287 der im Hinblick auf Steueransprüche schon die Verletzteneigenschaft der Finanzbehörden verneint, gleichwohl ausführt, dass man dies „nicht (mehr) ernsthaft vertreten“ kann.

12 LG Mannheim StraFo 2007 115, 116: „Die Auseinandersetzung von Rechtsprechung und Literatur mit dem Verhältnis des strafprozessualen dinglichen Arrestes zu seinem Pendant in der Abgabenordnung ist demnach vielfältig und kommt zu völlig unterschiedlichen Ergebnissen“.

an keiner Stelle *expressis verbis* geregelt hatte[13] und der Wortlaut beider Vorschriften grundsätzlich die Anwendung im Steuerstrafverfahren ermöglichte.[14] § 369 Abs. 2 AO half ebenfalls nicht weiter, da § 324 AO dort nicht genannt wird. Anhaltspunkte für das Verhältnis der beiden Arreste zueinander boten deshalb einzig die Nummern 70 ff. AStBV, wonach beide Sicherungsmöglichkeiten *parallel* zur Anwendung kommen konnten.[15] Mangels Gesetzescharakter konnte diese Verordnung aber lediglich als Indiz für einen gewollten Gleichrang verstanden werden.

Insbesondere vor Reformierung der §§ 111b ff. im Jahr 2007 wurde vor diesem Hintergrund mangelnder gesetzlicher Bestimmtheit teilweise geraten, sich nicht auf den strafprozessualen Arrest zu verlassen und immer parallel nach § 324 AO vorzugehen.[16] Nachdem die Möglichkeiten der §§ 111b ff. deutlich vereinfacht und die Eingangsvoraussetzungen abgesenkt wurden, bevorzugte die steuerstrafrechtliche Praxis lange Zeit deren Anwendung[17] und ließ § 324 AO weitestgehend ungenutzt. In jüngerer Zeit wurden dann jedoch vermehrt Stimmen laut, die einen grundsätzlichen Vorrang des § 324 AO konstatierten und Maßnahmen nach §§ 111b ff. nach einem gewissen Zeitablauf[18] oder sogar insgesamt[19] ablehnten. Das Meinungsspektrum reichte vor der Reform 2017[20] damit von einem grundsätzlichen Ausschluss der Rückgewinnungshilfe zu Gunsten des Finanz-

---

13 LG Saarbrücken wistra 2008 240; Flore / Tsambikakis / *Webel* Teil 2 Kap. 10, 155; *Bach* JR 2010 286, 287.

14 Zuletzt in der Fassung vom 1.12.2016; anders Flore / Tsambikakis / *Webel* Teil 2 Kap. 10, 160, der ausgehend vom Wortlaut die Möglichkeit sieht, einen Vorrang des strafprozessualen Arrestes zu begründen.

15 Siehe zum Verhältnis von § 74c StGB a.F. und § 375 Abs. 2 AO BGH NStZ 2017 361 f.

16 *Dörn* wistra 1990 181, 182 f.

17 So auch der Eindruck von *Bach* JR 2010 286.

18 OLG Oldenburg wistra 2008 119; LG Mannheim vom 21.12.2006, Az.: 25 Qs 14/06: Steuerfiskus muss versuchen, vorrangig über § 324 AO sein Ziel zu erreichen, allerdings noch zur alten Rechtslage mit den ihr eigenen Problemen der Rückgewinnungshilfe durch dinglichen Arrest; zur daran anschließenden (unzulässigen) Gegenvorstellung der Staatsanwaltschaft LG Mannheim BeckRS 2008 11529; *Theile* StV 2009 161, 166; MAH-WiSt / *Rönnau* § 13, 259 für einen zurückhaltenderen Einsatz der §§ 111b ff. StPO a.F.; *Adick* PStR 2011 S. 86 für einen Ausschluss des § 111e, wenn die Voraussetzungen des § 324 AO nicht vorliegen.

19 LG Berlin wistra 2006 358, 359; *Bach* JR 2010 286, 290; *Wulf* / *Talaska* Stbg 2008 413, 414.

20 Vgl. dazu zuletzt KG Berlin BeckRS 2017 115259.

fiskus bis hin zum gleichberechtigten Nebeneinander beider Sicherungsmöglichkeiten. Einzig ein genereller Vorrang der §§ 111b ff. unter Ausschluss des § 324 AO wurde nicht vertreten.[21]

2. Reformbestrebungen im Zuge des Gesetzes zur Reform der strafrechtlichen Vermögensabschöpfung

Der Gesetzgeber hat mit der Reform 2017 versucht, diese umstrittenen Fragen der Vermögensabschöpfung im Steuerstrafverfahren zu beantworten. Dazu hat er zunächst § 111e Abs. 6 geschaffen, der nun erklärt, dass die Möglichkeit einer Anordnung nach § 324 AO einer Anordnung des Vermögensarrestes nach § 111e Abs. 1 nicht entgegensteht. Den Regelungsgehalt dieser Vorschrift sieht der Gesetzgeber darin, die Gleichrangigkeit der Sicherungsmöglichkeiten anzuordnen und damit „rechtliche Unsicherheiten bei der vorläufigen Sicherstellung von Vermögenswerten in Steuerstrafverfahren" zu beseitigen.[22] Weiterführende Erläuterungen zum Regelungsgehalt des § 111e Abs. 6 hat er jedoch nicht ausdrücklich gegeben.[23]

Neben der Regelung des § 111e Abs. 6 hat der Gesetzgeber für das Steuerstrafverfahren auch die Vorschrift des § 111h Abs. 2 Satz 2 in die Strafprozessordnung eingefügt und damit von dem hier bereits ausführlich dargestellten Vollstreckungsverbot für Verletzte nach § 111h Abs. 2 Satz 1[24] eine Ausnahme für den Steuerfiskus vorgesehen. Eine Arrestvollziehung nach § 324 AO soll danach vom Vollstreckungsverbot unberührt bleiben, soweit der Arrestanspruch aus der Straftat erwachsen ist. Im Gegensatz zu allen anderen Verletzten einer Straftat soll der Finanzfiskus dadurch schon im Ermittlungsverfahren in die sichergestellten Vermögenswerte vollstrecken und so seine Ansprüche sichern können. Begründet hat der Gesetzgeber diese Regelung damit, dass der Steuerfiskus über § 324 AO schon vor der Reform die Möglichkeit hatte, schneller als andere Verletzte einer Straftat Sicherheit zu erlangen. Damit habe schon das alte Recht den Steuerfiskus gegenüber anderen Verletzten bevorteilt – eine Wertung, die nun in das neue Recht übertragen werden sollte.[25]

---

21 *Bach* JR 2010 286, 287; Flore / Tsambikakis / *Webel* Teil 2 Kap. 10, 157.

22 BTDrucks. 18 9525 S. 77 f.

23 Zu den daraus resultierenden Ungewissheiten in der Praxis siehe *Johann* PStR 2018 146 ff.

24 Siehe dazu ausführlich unter C), III.

25 BTDrucks. 18 9525 S. 79.

3. Fazit

Der Gesetzgeber hat mit dem Gesetz zur Reform der strafrechtlichen Vermögensabschöpfung in §§ 111e Abs. 6, 111h Abs. 2 Satz 2 zentrale Regelungen für die vorläufige Sicherstellung von Vermögensgegenständen im Steuerstrafverfahren geschaffen, die Auswirkungen auf die (bisherige) Einschätzung des Verhältnisses der steuerrechtlichen und der steuerstrafrechtlichen Sicherstellung von Vermögenswerten haben werden.

II. Allgemeines zum Steuerrecht

Bevor im weiteren Verlauf dieser Arbeit umfangreich auf die Frage eingegangen wird, welche Auswirkungen diese Neuregelungen in concreto auf die vorläufige Sicherstellung in Steuerstrafverfahren haben, soll einstweilen ein Überblick über die zum Verständnis maßgeblichen *steuer*- und *steuerstrafrechtlichen* Grundlagen gegeben werden, denn das Steuerrecht gehört zu den kompliziertesten Rechtsgebieten überhaupt und dürfte dem Strafrechtler nicht ohne weiteres geläufig sein.

1. Verfassungsrechtliche Verankerung des Steuerrechts

Die verfassungsrechtlichen Grundlagen des allgemeinen Steuerrechts finden sich in den Art. 105 ff. GG. Sie enthalten Regelungen zur Gesetzgebungskompetenz, Ertrags- und Verwaltungshoheit. Während die Gesetzgebungskompetenz hier unbesprochen bleiben kann, weil sie keine Auswirkungen auf die zu klärenden Fragen hat,[26] bestimmt die in den Art. 106 ff. GG geregelte Ertragshoheit, wem das Aufkommen der Steuer zufließt[27] und damit möglicherweise, wer im Falle einer Steuerstraftat Vollstreckungsberechtigter im Sinne des § 111h Abs. 2 Satz 2 ist.

Die Erträge der meisten Steuern werden dem Bund, dem Land oder den Kommunen im sog. Trennsystem direkt zugewiesen. Die *ertragsreichsten* Steuern hingegen werden nach dem sog. Verbundsystem unter den drei Körperschaften verteilt.[28] Das deutsche Steuerrecht kennt nicht „die" Steuer, sondern unterscheidet multiple Einzelsteuerarten. Man kann diese in drei Kategorien danach

---

26 Siehe dazu ausführlich BeckOK-GG / *Kube* Art. 105, 28 ff.; Sachs / *Siekmann* Art. 105, 1 ff.

27 Übersicht bei Tipke / Lang / *Seer* § 2, 58 f.

28 *Birk* / *Desens* / *Tappe* Rn. 139; ausführlich (auch historisch) zu den beiden Systemen: Maunz / Dürig / *Seiler* Art. 106, 16 ff.; zu den Einzelsteuern BeckOK-GG / *Kube* Art. 106, 16 ff.; Jarass / Pieroth Art. 106, 1 ff.

unterteilen, ob der Staat sie auf den Einkommenszuwachs, auf den Vermögensbestand oder die Einkommensverwendung erhebt.[29] Der klassische und hier im weiteren Verlauf wichtigste Fall der Besteuerung von Einkommenszuwachs ist die Einkommensteuer, für die Besteuerung der Verwendung von Einkommen und Vermögen die Umsatzsteuer. Sie sind neben der Körperschaftsteuer die ertragsstärksten Einzelsteuern[30] und damit die für die Praxis wesentlichsten. Die Ertragshoheit von Einkommen- und Umsatzsteuer liegt bei Bund, Ländern und Gemeinden, an der Körperschaftsteuer partizipieren nur Bund und Länder.[31]

Von der Ertragshoheit ist die sog. Verwaltungshoheit zu unterscheiden, die ihre verfassungsrechtliche Grundlage in Art. 108 GG findet. Sie bestimmt, ob Bund, Land oder Kommune die Steuer verwaltet. Der Schwerpunkt der Steuerverwaltungshoheit liegt bei den Ländern,[32] nur vereinzelt werden Steuern vom Bund oder den Kommunen selbst verwaltet.

2. Die Abgabenordnung als Mantelgesetz

Zentrale Bedeutung kommt im Steuerrecht der Abgabenordnung zu. Sie versucht, eine allgemeingültige Systematik für alle Einzelsteuerfälle zu beschreiben[33] und damit die kaum überschaubaren Einzelsteuergesetze[34] zu systematisieren. Hierzu regelt sie, vergleichbar einem „Allgemeinen Teil“, unter welchen Voraussetzungen eine Steuerschuld/ein Steueranspruch[35] entsteht. Ob im konkreten Fall die Voraussetzungen der Steuerschuld erfüllt sind, bestimmt sich dann nach den Einzelsteuergesetzen wie etwa dem Einkommensteuergesetz oder dem Umsatzsteuergesetz, die der Abgabenordnung als Spezialvorschriften vorgehen.[36] Die Abgabenordnung wird deshalb zu Recht als „Mantelgesetz des Steuerrechts“ bezeichnet.[37]

---

29 Dazu ausführlich *Birk / Desens / Tappe* Rn. 60 ff.; *Fehrenbacher* § 1, 18 ff.

30 *Jarass / Pieroth* Art. 106, 6, wonach die Gemeinschaftsteuern etwa 70,5% des gesamten Steueraufkommens ausmachen; *Birk / Desens / Tappe* Rn. 139; BeckOK-GG / *Kube* Art. 106, 16.

31 Steuerverwaltung S. 8; Tipke / Lang / *Seer* § 2, 60 f.

32 BeckOK-GG / *Kube* vor Art. 108; *Birk / Desens / Tappe* Rn. 143.

33 *Kirchhof* Rn. 104; Koenig / *Koenig* § 38, 1.

34 Vgl. die Übersicht der Steuerarten in Steuerverwaltung S. 8.

35 Die Begriffe sind inhaltlich gleich, vgl. BTDrucks. VI/1982 S. 113.

36 Klein / *Ratschow* § 38, 35 ff.; Koenig / *Koenig* § 38, 1; Beck / Daumke / *Daumke* S. 410.

37 *Birk / Desens / Tappe* Rn. 235; Tipke / Lang / *Seer* § 1, 52.

Erste für die hiesige Untersuchung wesentliche Vorschrift der Abgabenordnung ist ihr § 37, der ganz allgemein die „Ansprüche aus dem Steuerverhältnis" benennt. Von den dort bezeichneten Ansprüchen ist hier wiederum vor allem der Steueranspruch, das heißt jener Anspruch des Steuergläubigers gegen den Steuerschuldner auf die geschuldete Steuer,[38] bedeutsam. Im Fortgang bestimmt § 38 AO[39] für alle Steuerarten,[40] dass die Steuerschuld entsteht, sobald der Tatbestand verwirklicht ist, an den das Gesetz die Leistungspflicht knüpft.[41] Der konkrete Entstehungszeitpunkt wird dann durch die Einzelsteuergesetze festgelegt.[42] Wichtige Erkenntnisse für die hier zu erörternden Fragen liefert § 38 AO zum einen dahingehend, dass die Steuerschuld nicht zur Disposition der am Steuerverfahren Beteiligten steht,[43] des Weiteren aber auch, dass dem Steuerbescheid grundsätzlich nur deklaratorische Bedeutung zukommt.[44] Ob das auch gelten kann, wenn die Steuerschuld zu hoch festgesetzt wird, mag hier aus Gründen der Übersichtlichkeit zunächst dahingestellt bleiben.[45]

Nur weil eine Steuerschuld entstanden ist, kann sie deshalb von der Finanzverwaltung noch nicht eingezogen werden. Erster Schritt auf dem Weg zur Einziehung der Steuer ist die *Festsetzung*, deren Ablauf die Abgabenordnung in ihrem vierten Teil regelt. Hier werden abstrakt die Voraussetzungen der Durchführung der Besteuerung, das heißt das Verfahren einschließlich der Steuerfestsetzung,[46] geregelt. Im darauffolgenden fünften Teil ist das sog. Erhebungsverfahren kodifiziert, welches sich an die Steuerfestsetzung anschließt und auf die Erfüllung des Steueranspruchs gerichtet ist. Von diesem Erhebungsverfahren ist wiederum das Vollstreckungsverfahren strikt zu trennen, letzteres findet sich im sechsten Teil der Abgabenordnung.[47]

Die Zuständigkeit für die Steuerfestsetzung teilt sich gemäß §§ 16 ff. AO in die sachliche und die örtliche Zuständigkeit der Finanzbehörden. Für die sachliche Zuständigkeit verweist § 16 AO, soweit nicht ein anderes bestimmt ist, auf das

---

38 Klein / *Ratschow* § 37, 4; Koenig / *Koenig* § 37, 6; *Birk* / *Desens* / *Tappe* Rn. 238.

39 Siehe dazu ausführlich bei HHSp. / *Schuster* § 38, 1 ff.

40 Koenig / *Koenig* § 38, 1; Beck / Daumke / *Daumke* S. 424.

41 HHSp. / *Schuster* § 38, 5: „obligatio ex lege".

42 *Fehrenbacher* § 8, 11; *Birk* / *Desens* / *Tappe* Rn. 240; Klein / *Ratschow* § 38, 20; Tipke / Lang / *Seer* § 6, 21.

43 Koenig / *Koenig* § 38, 3; *Birk* / *Desens* / *Tappe* Rn. 240; *Fehrenbacher* § 8, 9.

44 *Kirchhof* Rn. 105; *Fehrenbacher* § 8, 87; Tipke / Lang / *Seer* § 6, 21.

45 Siehe dazu ausführlich unter D), V., 2., b), bb).

46 *Birk* / *Desens* / *Tappe* Rn. 358.

47 *Birk* / *Desens* / *Tappe* Rn. 358.

Gesetz über die Finanzverwaltung (FVG), während in den §§ 17 ff. AO die örtliche Zuständigkeit geregelt wird. Es ist üblich und kommt in der Praxis regelmäßig vor, dass die Länder aus organisatorischen Gründen die Zuständigkeiten bestimmter Finanzämter per Verordnung abweichend regeln und ein Finanzamt etwa die Aufgabe der Finanzkasse oder Betriebsprüfung für den Bezirk einer Oberfinanzdirektion oder eines Landesamtes wahrnimmt.[48] Hierauf wird später noch zurückzukommen sein.[49] Zunächst soll nun die für die hiesige Arbeit zentrale Norm der Abgabenordnung beleuchtet werden.

3. Der dingliche Arrest nach § 324 AO

Die Abgabenordnung hat der Finanzverwaltung in § 324 AO[50] die Möglichkeit eingeräumt, Vermögen des Steuerpflichtigen zum Ausgleich von Steuerschulden vorläufig zu sichern. Danach kann die für die Steuerfestsetzung zuständige Finanzbehörde den Arrest in das bewegliche oder unbewegliche Vermögen anordnen, wenn zu befürchten ist, dass die Vollstreckung einer Geldforderung nach §§ 249 bis 323 AO vereitelt oder wesentlich erschwert wird.[51] Anders als im Zivilverfahren und noch zu Zeiten des § 53 PrVO[52] fällt die Arrestanordnung damit nicht den Zivilgerichten, sondern dem Gläubiger selbst anheim.[53] Der dingliche Arrest ist Verwaltungsakt im Sinne des § 118 AO,[54] trotz seiner systematischen Stellung aber noch keine Vollstreckungsmaßnahme,[55] sondern eine besondere Form der Festsetzung.[56] Der Erlass des dinglichen Arrestes, mithin die Arrestanordnung, ist nicht Aufgabe der Vollstreckungs-, sondern der Veranlagungsstelle des Finanzamts.[57] Erst seine Vollstreckung übernimmt die gleich bezeichnete (Vollstreckungs-)Stelle.[58]

---

48 Steuerverwaltung S. 16.

49 Siehe dazu ausführlich unter D), V., 4., b).

50 Vgl. zur Entstehung umfassend RFHE 10 34 ff.

51 Instruktiv *Bruschke* DStR 2003 54 ff.

52 Preußische Verordnung betreffend das Verwaltungszwangsverfahren wegen Beitreibung von Geldbeträgen vom 15.11.1899 (GS, 545), zit. nach HHSp. / *Hohrmann* § 324, 1.

53 HHSp. / *Hohrmann* § 324, 10; Tipke / Kruse / *Loose* § 324, 22.

54 Flore / Tsambikakis / *Webel* Teil 2 Kap. 10 Rn. 10.

55 Klein / *Werth* § 324, 2.

56 Vgl. statt vieler Engelhardt / App / Schlatmann / *Schlatmann* § 324, 1 m.w.N.; Tipke / Kruse / *Loose* § 324, 3.

57 *Madauß* NZWiSt 2013 128, 129; *Braun* PStR 2004 258; HHSp. / *Hohrmann* § 324, 36; Tipke / Kruse / *Loose* § 324, 22.

58 HHSp. / *Hohrmann* § 324, 55; Klein / *Werth* § 324, 10; Obwohl die Abgabenordnung statt des Begriffs der „Vollstreckung" noch von „Beitreibung" spricht, folgt daraus in der

Der Gesetzgeber hat der Finanzbehörde für den Erlass eines dinglichen Arrestes einen großen Spielraum eingeräumt. Sie kann den Arrest schon dann anordnen, wenn die Forderung noch nicht zahlenmäßig feststeht oder wenn sie bedingt o-der betagt ist, § 324 Abs. 1 Satz 2 AO. Nach herrschender Auffassung reicht es dabei aus, dass der den Anspruch begründende Tatbestand schon vollständig verwirklicht ist, das heißt, die Voraussetzungen des § 38 AO in Verbindung mit dem Einzelsteuergesetz vorliegen, auch wenn der gesetzliche Entstehungszeitpunkt noch nicht eingetreten ist.[59] Andererseits soll die Ermessensentscheidung nach dem Auftrag der Finanzbehörde, Steuern gleichmäßig und umfassend zu erheben, zugunsten der Anordnung des Arrestes eingeschränkt sein.[60]

Genau wie beim Vermögensarrest nach der Strafprozessordnung ist in der Arrestordnung der Abgabenordnung ein Geldbetrag zu bestimmen, bei dessen Hinterlegung die Vollziehung des Arrestes gehemmt und der vollzogene Arrest aufzuheben ist. Die Vollziehung der Arrestanordnung wird unzulässig, wenn seit dem Tag, an dem die Anordnung unterzeichnet wurde, ein Monat verstrichen ist, § 324 Abs. 3 AO. Im Übrigen verweist die Abgabenordnung für den Vollzug des Arrestes auf die §§ 930 bis 932 der Zivilprozessordnung.

Neben dem Arrestanspruch setzt ein rechtmäßiger Arrest auch einen Arrestgrund voraus.[61] Ein Arrestgrund besteht, wenn bei objektiver Würdigung der Umstände Anlass zur Besorgnis besteht, dass ohne die Anordnung die künftige Vollstreckung vereitelt oder wesentlich erschwert werden würde.[62]

III. Allgemeines zum Steuerstrafrecht

Bevor nun vertieft auf die weiteren Voraussetzungen des steuerrechtlichen Arrestes einzugehen sein wird, soll der Blick wieder auf das Strafrecht gelenkt werden, denn Steuerstrafrecht ist (Neben-)Strafrecht. Ihm kommt eine erhebli-

---

Sache kein Unterschied, HHSp. / *Hohrmann* § 324, 3. Flore / Tsambikakis / *Webel* Teil 2 Kap. 10 Rn. 12.

59 Tipke / Kruse / *Loose* § 324, 9; Engelhardt / App / Schlatmann / *Schlatmann* § 324, 1; kritisch dazu Koenig / *Zöllner* § 324, 6; anders Klein / *Werth* § 324, 3: Es muss sich aus dem zu Grunde gelegten Sachverhalt ein rechtlich einwandfreier Anspruch ergeben.

60 Koenig / *Zöllner* § 324, 17.

61 Koenig / *Zöllner* § 324, 4; HHSp. / *Hohrmann* § 324, 26 ff.; Tipke / Kruse / *Loose* § 324, 14 ff.

62 HHSp. / *Hohrmann* § 324, 26 mit umfassenden Nachweisen; Klein / *Werth* § 324, 5; unwesentlich anders: Tipke / Kruse / *Loose* § 324, 14.

che Praxisrelevanz zu, im Jahr 2012 wurden etwa knapp 70.000 Steuerstrafverfahren abgeschlossen.[63] Es verwundert deshalb nicht, dass der Vermögensabschöpfung auch im Steuerstrafrecht eine immer größere Bedeutung zukommt.[64] Das primäre Ziel des Steuerhinterziehers ist die persönliche Bereicherung zu Lasten der Allgemeinheit. Damit wird die Steuerhinterziehung nach § 370 AO zum Paradebeispiel für Straftaten, denen man mit den Mitteln der Vermögensabschöpfung begegnen will.[65] Wegen § 369 Abs. 2 AO erfolgt die Vermögensabschöpfung nach denselben Normen, die auch im allgemeinen Strafrecht zur Anwendung kommen, soweit nicht die Strafvorschriften der Steuergesetze etwas anderes bestimmen.

Es soll deshalb an dieser Stelle ein kurzer Überblick über die Rechtsgrundlagen des Steuerstrafverfahrens gegeben werden, dessen Regelungen im Achten Teil der Abgabenordnung unter der Überschrift „Straf- und Bußgeldvorschriften, Straf- und Bußgeldverfahren" in den §§ 369–412 AO zu finden sind und die dem Strafjuristen mit Ausnahme von §§ 370, 371 AO überwiegend nicht allzu geläufig sein dürften.

1. Materiell-rechtliche Grundlagen

§ 369 Abs. 1 AO definiert zunächst, welche Taten unter den Sammelbegriff „Steuerstraftaten" zu subsumieren sind. Neben Taten, die nach den Steuergesetzen strafbar sind, sind das der Bannbruch sowie die Wertzeichenfälschung und deren Vorbereitung, soweit die Tat Steuerzeichen betrifft. Außerdem unterfallen dem Begriff der Steuerstraftat all jene Handlungen, die die Begünstigung einer Person betreffen, die eine solche Tat begangen hat. In Absatz 2 formuliert der Gesetzgeber, dass für Steuerstraftaten die allgemeinen Gesetze über das Strafrecht gelten, soweit die Strafvorschriften der Steuergesetze nichts anderes bestimmen. Er bringt damit zum Ausdruck, dass spezielle Steuervorschriften den allgemeinen strafrechtlichen Regelungen vorgehen und insoweit abschließend sind; wann eine abschließende Sonderregelung *in concreto* vorliegt, ist allerdings regelmäßig umstritten.[66]

---

63 http://www.bundesfinanzministerium.de/Content/DE/Monatsberichte/2013/10/Inhalte/Kapitel-3-Analysen/3-3-ergebnisse-der-verfolgung-von-steuerstraftaten.html.

64 So auch die Einschätzung von *Bach* JR 2010 286 und Flore / Tsambikakis / *Webel* Teil 2 Kap. 10 Rn. 1.

65 Zur kriminologischen und vor allem rechtspolitischen Bedeutung der Vermögensabschöpfung in diesem Zusammenhang siehe unter B), II.

66 *Rolletschke* Rn. 2.

Die in der Praxis häufigsten Steuerstraftaten sind die Steuerhinterziehung nach § 370 AO und die Steuerhehlerei nach § 374 AO, mitunter auch der Bannbruch nach § 372 AO.

Als Steuerhinterzieher wird (zusammengefasst) nach § 370 AO bestraft, wer einen bestehenden Steueranspruch nicht als solchen deklariert und dadurch Steuern verkürzt oder einen ungerechtfertigten Steuervorteil für sich oder einen Dritten erlangt. Die Steuerhinterziehung ist folglich ein Erklärungsdelikt, in ihrer Alternative nach § 370 Abs. 1 Nr. 2 und 3 ein Unterlassungsdelikt.[67]

Steuerhehler nach § 374 AO hingegen ist, wer Erzeugnisse oder Waren, hinsichtlich derer Verbrauchsteuern oder Einfuhr- und Ausfuhrabgaben im Sinne des Artikel 4 Nr. 10 und 11 des Zollkodexes hinterzogen oder Bannbruch nach § 372 Abs. 2, § 373 begangen worden ist, ankauft oder sonst sich oder einem Dritten verschafft, sie absetzt oder abzusetzen hilft, um sich oder einen Dritten zu bereichern. Ein in der Praxis häufiger Fall der Steuerhehlerei ist der An- und Verkauf von bei ihrer Einfuhr nicht versteuerten Zigaretten.[68]

Wegen Bannbruchs nach § 372 AO macht sich strafbar, wer Gegenstände entgegen einem Verbot einführt, ausführt oder durchführt. Die Vorschrift dient überwiegend gesundheits-, sicherheits-, wirtschaftspolitischen und umweltschutzrechtlichen Zwecken und hat damit keinen steuerlichen Hintergrund im eigentlichen Sinne.[69]

2. Verfahrensvorschriften

Für die Verfolgung von Steuerstraftaten sind nach § 386 AO die Finanzbehörden zuständig. Neben dem Hauptzollamt ist das vor allem das Finanzamt, aber auch das Bundeszentralamt für Steuern und die Familienkasse betreiben Steuerstrafverfahren.

Die Finanzbehörden führen die jeweiligen Ermittlungsverfahren in den Grenzen des § 399 Abs. 1 und der §§ 400, 401 AO selbstständig durch, wenn die Tat ausschließlich eine Steuerstraftat darstellt oder zugleich andere Strafgesetze verletzt werden, deren Verletzung Kirchensteuer oder andere öffentlich-rechtliche Abgaben betrifft, die an Besteuerungsgrundlagen, Steuermessbeträge oder Steu-

---

67 *Rolletschke* Rn. 13; zur Nr. 2 BGH NStZ-RR 2007 345; zur Frage ob „echtes“ oder „unechtes“ vgl. MüKo-AO / *Schmitz* / *Wulf* § 370, 19; Klein / *Jäger* § 370, 60a.

68 Siehe dazu als Beispielsfall aus der Praxis unter E), II., 2., b).

69 Klein / *Jäger* § 372, 1; umfassend zu Sinn und Zweck und Entstehung der Vorschrift: MüKo-AO / *Wegner* § 372, 1 ff.

erbeträge anknüpfen. Es steht ihnen frei, die Strafsache an die Staatsanwaltschaft abzugeben, die diese auch jederzeit an sich ziehen kann, § 386 Abs. 4 AO. Die Staatsanwaltschaften machen in der Praxis aufgrund der eigenen Arbeitsüberlastung allerdings nur in Ausnahmefällen von diesem Recht Gebrauch. Regelmäßig werden die Ermittlungen der klassischen Steuerdelinquenz durch die Finanzbehörden, konkret durch die Finanzämter, geführt. Im Gegensatz zur Staatsanwaltschaft, deren Hauptaufgabe die Verfolgung von Straftaten ist, kommt dem Finanzamt jedoch überwiegend nicht die Aufgabe der Strafverfolgung, sondern der Steuerfestsetzung, Steuererhebung und Steuervollstreckung zu.[70] Um dieser Aufgabe gleichwohl gerecht zu werden, haben sich die Finanzbehörden, allen voran die Finanzämter, entsprechend organisiert.

3. Die Ausrichtung der Finanzbehörden auf Steuerstrafverfahren

Der Aufbau der Finanzverwaltung in den Ländern[71] ist im Finanzverwaltungsgesetz (FVG) geregelt, er unterscheidet sich jedoch von Bundesland zu Bundesland, je nachdem, ob die Landesfinanzverwaltungen zwei- oder dreistufig aufgebaut sind.[72] Landesfinanzbehörden sind dabei immer die Finanzministerien als oberste Landesbehörde, teilweise gibt es Oberbehörden und Oberfinanzdirektionen, in jedem Fall fungieren die Finanzämter als örtliche Behörden.[73] Ihr Aufbau ist in der Geschäftsordnung der Finanzämter (FAGO) geregelt. Im Anschluss an das FVG bestimmt sie die Grundsätze der Organisation der Finanzämter. Behördenleiter ist der Finanzamtsvorsteher, das Finanzamt wird in Sachgebiete unterteilt, die von Sachgebietsleitern geführt werden. Ein Sachgebiet umfasst mehrere Arbeitsgebiete, die Zuteilung der Sachgebiete obliegt grundsätzlich dem Behördenleiter, Nr. 2.2 und 2.6 FAGO. Allerdings kann die übergeordnete Behörde eine Änderung der Geschäftsverteilung anordnen, Nr. 2.6 FAGO.

Besonderer, auch öffentlicher Wahrnehmung „erfreut" sich dank spektakulärer Steuerstrafverfahren die Steuerfahndung. Ihre Befugnisse hat der Gesetzgeber in § 404 AO normiert. Danach kommen im Strafverfahren wegen Steuerstraftaten den mit der Steuerfahndung betrauten Dienststellen dieselben Rechte und Pflichten zu wie den Behörden des Polizeidienstes nach der Strafprozessord-

70 Siehe dazu schon unter D), II., 2.

71 Der Aufbau der Bundesfinanzbehörden kann hier außen vorbleiben, er ähnelt indes dem Aufbau in den Ländern, vgl. weiterführend Maunz / Dürig / *Maunz* Art. 108, 22 ff.

72 Steuerverwaltung S. 13 f.: Von den 16 Bundesländern haben 8 einen dreistufigen Aufbau gewählt.

73 Beck / Daumke / *Daumke* S. 413 f.; *Birk / Desens / Tappe* Rn. 145.

nung, § 404 Satz 1 AO. Man kann sie deshalb als „Steuerkriminalpolizei" bezeichnen.[74] Sie haben im Wesentlichen kein eigenes Ermittlungsrecht[75] und sind im Gegensatz zu den Zollfahndungsämtern keine eigenständigen Behörden, sondern Dienststellen der Landesfinanzverwaltung, § 208 Abs. 1 Satz 2 AO.[76] Mangels entsprechender Regelung sind sie in den Bundesländern unterschiedlich organisiert. Teilweise sind Steuerfahndungsstellen Sachgebiet eines Finanzamtes, überwiegend wurden jedoch über § 17 Abs. 2 Satz 3 Nr. 2 FVG durch Rechtsverordnung der Landesregierung einer Fahndungsstelle mehrere Finanzamtsbezirke zugeteilt. Darüber hinaus bestehen regional sogar eigenständige Finanzämter für Steuerfahndung, die damit den Zollfahndungsstellen angenähert sind.[77]

Öffentlich weniger bekannt sind die Bußgeld- und Strafsachenstellen der Finanzämter, kurz BuStra. Sie sind von den Steuerfahndungsstellen zu unterscheiden[78] und übernehmen jene Aufgaben, die im Strafverfahren ohne steuerrechtliche Bezüge den Staatsanwaltschaften zukommen, § 399 AO. Sie sind ebenfalls Teil der Landesfinanzverwaltung, regelmäßig als eigenständige Sachgebiete bei den Finanzämtern aufgestellt und übernehmen diese Aufgaben überwiegend für die Bezirke mehrerer Finanzämter. Ähnlich den Finanzermittlern der Polizei gibt es auch bei den Finanzbehörden mittlerweile hoch spezialisierte, mit Vermögensabschöpfungsaufgaben betraute Sachbearbeiter.[79]

IV. Zwischenfazit und weiterer Untersuchungsverlauf

Die bisherigen Ausführungen haben gezeigt, dass schon das Steuerrecht *per se* recht kompliziert ist. Steuern fließen, je nach Steuerart, unterschiedlichen Körperschaften zu. Die Steuerforderung entsteht nach § 38 AO in Verbindung mit dem jeweiligen Einzelsteuergesetz zu völlig unterschiedlichen Zeitpunkten. In Kombination mit dem ebenfalls sehr komplizierten Vermögensabschöpfungsrecht stellen sich im Steuerstrafverfahren seit jeher hochkomplexe Fragen, für deren Beantwortung unterschiedlichste Normen heranzuziehen sind und für die der Gesetzgeber mit §§ 111e Abs. 6 und 111h Abs. 2 Satz 2 nunmehr grundlegende Regelungen in der Strafprozessordnung geschaffen hat.

---

74 Tipke / Lang / *Seer* § 21, 254.

75 Klein / *Jäger* § 399, 2.

76 BTDrucks. V/1812 S. 36; Klein / *Rüsken* § 208, 12 und 18.

77 Umfassend zu den unterschiedlichen Modellen Klein / *Rüsken* § 208, 12 ff.

78 Koenig / *Koenig* § 208, 2.

79 *Kunz* BB 2006 1198.

Im weiteren Verlauf dieser Untersuchung sollen diese beiden Vorschriften genauer untersucht und eine Antwort auf die Frage gegeben werden, wie sich die Möglichkeiten der vorläufigen Sicherstellung im Steuerstrafverfahren nach dem Inkrafttreten des Gesetzes zur Reform der strafrechtlichen Vermögensabschöpfung darstellen. Im Zentrum wird dabei die Annahme des Gesetzgebers stehen, steuerrechtlicher und strafprozessualer Arrest seien im Steuerstrafverfahren gleichermaßen anwendbar. Diese wird zunächst unter Anwendung allgemeiner Auslegungskriterien dahingehend untersucht, ob tatsächlich keiner der beiden Vorschriften unter methodologischen Gesichtspunkten ein Vorrang einzuräumen ist.

Im Anschluss daran wird sich der Antwort auf die Frage nach dem Regelungsgehalt des § 111h Abs. 2 Satz 2 gewidmet. Wenn nach dieser Vorschrift der Steuerfiskus nämlich *sämtliche* seiner Ansprüche privilegiert in die vorläufig gesicherten Vermögenswerte vollstrecken kann, so stellt sich die Folgefrage, welcher Regelungsgehalt § 111e Abs. 6 dann noch entnommen werden kann. Dass ein Vermögensarrest nicht ausgeschlossen sein kann, nur weil ein Vorgehen nach § 324 AO möglich ist, ergäbe sich dann schließlich denklogisch schon aus dem Vollstreckungsprivileg des Steuerfiskus selbst. § 111h Abs. 2 Satz 2 wird deshalb eingehend darauf untersucht, welche Ansprüche als Arrestansprüche für eine privilegierte Zwangsvollstreckung überhaupt in Betracht kommen und ob es Steueransprüche gibt, die nicht der privilegierten Zwangsvollstreckung unterfallen.

Die hierdurch gewonnenen Erkenntnisse bilden den Grundstein der anschließend zu erörternden Frage, welcher Regelungsgehalt § 111e Abs. 6 konkret zu entnehmen ist. Hierbei wird unter verschiedenen Blickwinkeln untersucht, ob der Vorschrift – unter Berücksichtigung des § 111h Abs. 2 Satz 2 – im Wesentlichen (nur) deklaratorischer Charakter zukommt oder sie darüber hinaus auch die zentrale Streitfrage des alten Rechts klärt, wie die Möglichkeit eines Vorgehens nach § 324 AO auf das Sicherungsbedürfnis nach § 111e Abs. 1 ausstrahlt. Dabei wird zunächst untersucht, ob die Regelung so verstanden werden kann oder sogar muss, dass im Steuerstrafverfahren der Nachweis eines Sicherungsbedürfnisses künftig entbehrlich ist. Sollte das nicht der Fall sein so wäre zu erörtern, ob im Rahmen des Sicherungsbedürfnisses weiterhin berücksichtigt werden darf, dass dem Steuerfiskus über § 324 AO ein eigenes Sicherungsmittel zur Verfügung steht und eine strafprozessuale Sicherstellung deshalb (jedenfalls mit Zeitablauf) ausscheidet. Wäre diese Frage zu bejahen, so müsste erörtert werden, innerhalb welchen Zeitraums der Steuerfiskus nach § 324 AO seine Sicherung veranlasst haben muss, ehe das Sicherungsbedürfnis nach § 111e Abs. 1 zu verneinen wäre.

Nachdem diese vor allem den Tatbestand der Regelungen betreffenden Fragen besprochen wurden wird abschließend untersucht, in welchem Verhältnis der steuerrechtliche und der strafprozessuale Arrest auf Ebene der Verhältnismäßigkeit zueinander stehen. Unabhängig vom Vorliegen der Tatbestandsvoraussetzungen kann eine staatliche Sicherstellungsmaßnahme nämlich nur dann rechtmäßig sein, wenn kein milderes, gleich geeignetes anderes Mittel zur Erreichung des Sicherungszwecks zur Verfügung steht. Ob diese Voraussetzungen im Falle einer vorläufigen Sicherstellung durch Vermögensarrest im Vergleich zum dinglichen Arrest nach Abgabenordnung gewahrt sind, zu dieser Frage hat sich der Gesetzgeber überhaupt nicht geäußert und sind Ausführungen deshalb dringend angezeigt.

V. Die Neuregelungen der §§ 111e Abs. 6 und 111h Abs. 2 Satz 2

Zunächst soll hier die Ausgangshypothese des Gesetzgebers überprüft werden, wonach der Vermögensarrest nach § 111e Abs. 6 und der steuerrechtliche Arrest nach § 324 AO beide gleichermaßen in Steuerstrafverfahren anwendbar sein sollen, denn in jüngerer Zeit wurden vermehrt Stimmen laut, die einen Vorrang des § 324 AO konstatierten und Maßnahmen nach §§ 111b ff. ablehnten.[80] Es stellt sich deshalb zunächst die Frage, ob mit dem Gesetzgeber tatsächlich von einer Gleichrangigkeit der Arreste ausgegangen werden kann.

1. Gleichrangigkeit von § 111e Abs. 1 und § 324 AO im Sinne des § 111e Abs. 6?

Da Abgaben- und Strafprozessordnung als Bundesgesetze auf derselben Stufe der Normenpyramide stehen, könnte ihr Verhältnis sowohl jenes der sog. „Normenkonkurrenz“, aber auch ein solches der sog. „Normenkollision“ sein.[81] Wäh-

---

80 OLG Oldenburg wistra 2008 119; LG Berlin wistra 2006 358, 359; *Adick* PStR 2011 S. 86; *Wulf / Talaska* Stbg 2008 413, 414; *Bach* JR 2010 286, 290; *Theile* StV 2009 161, 166; LG Mannheim vom 21.12.2006, Az.: 25 Qs 14/06: Steuerfiskus muss versuchen, vorrangig über § 324 AO sein Ziel zu erreichen, allerdings noch zur alten Rechtslage mit den ihr eigenen Problemen der Rückgewinnungshilfe durch dinglichen Arrest; MAH-WiSt / *Rönnau* § 13, 259 für einen zurückhaltender Einsatz der §§ 111b ff. StPO a.F.

81 *Schmalz* Rn. 70 ff.; freilich variieren die Begrifflichkeiten auch in der Methodenlehre, vgl. etwa *Wank* S. 100 ff., der von „verdrängender“ und „kumulativer“ Konkurrenz spricht, je nachdem, ob eine Norm die Anwendung einer anderen ausschließt oder die Normen auf denselben Sachverhalt anwendbar sind; *Beaucamp / Treder* Rn. 239 ff. stellen diese Fragen (nur) unter das Stichwort „Normkollisionen“, *Zippelius* § 7, unter das Stichwort Normenkonkurrenz, wobei er dann doch die kumulative Normenkonkurrenz

rend die Normenkollision die Anwendung mehrerer nebeneinander zur Anwendung kommender Normen ausschließt, wenn sie einander widersprechende Rechtsfolgen enthalten,[82] bedarf es im Falle der Normenkonkurrenz einer Auslegung, welche Norm im konkreten Fall zur Anwendung kommen soll.[83]

a) Normenkollision

Für die Annahme einer Normenkollision müssten sich die Rechtsfolgen der § 111e Abs. 1 und § 324 AO folglich widersprechen. Tatsächlich sehen aber beide Arreste die Möglichkeit der Sicherung des jeweiligen Gläubigers durch Zugriff auf das Schuldnervermögen vor. Es handelt sich bei beiden um Sicherungs- und nicht um Befriedigungsmöglichkeiten. Ausgehend von ihren Tatbestandsvoraussetzungen und dem jeweiligen Wortlaut sind beide Normen ohne sich widersprechende Rechtsfolgen auf den Sachverhalt einer Steuerstraftat anwendbar, so dass kein Fall der Normenkollision vorliegt.

b) Normenkonkurrenz

Konnte eine Normenkollision ausgeschlossen werden, verbleibt es somit bei der Normenkonkurrenz. In diesen Fällen kann mit Hilfe allgemeiner Rechtsgrundsätze versucht werden, den Vorrang einer Norm zu ermitteln.[84]

Ein solcher Grundsatz ist jener des ‚*lex posterior derogat legi priori*',[85] das jüngere verdrängt das ältere Gesetz. Dabei kann dahingestellt bleiben, ob bei dessen Anwendung tatsächlich auf das Inkrafttreten der Vorschriften abzustellen[86] oder sich an den Zeitpunkten einer Reformierung orientiert werden sollte, denn auch dieser Grundsatz setzt voraus, dass die Normen den gleichen Sachverhalt regeln[87] und sich widersprechen,[88] was hier nicht der Fall ist.[89]

---

explizit nennt. Für die hiesige Arbeit ist diese Einordnung allerdings von untergeordneter Bedeutung.

82 *Schmalz* Rn. 72.

83 *Zippelius* § 7.

84 *Wienbracke* Rn. 63.

85 Dazu Flore / Tsambikakis / *Webel* Teil 2 Kap. 10, 160.

86 So Flore / Tsambikakis / *Webel* Teil 2 Kap. 10, 160.

87 *Wank* S. 101.

88 *Zippelius* § 7; *Wienbracke* Rn. 66: „Rechtsfolgen…sich gegenseitig ausschließen".

89 *Bach* JR 2010 286, 288.

Hilfreicher könnte deshalb der Grundsatz des ‚*lex specialis derogat legi generali*', die speziellere verdrängt die allgemeinere Norm,[90] sein. Hier ist wiederum zwischen formeller und inhaltlicher Spezialität zu unterscheiden. Eine formelle Spezialität scheidet für die hiesige Konstellation von vornherein aus, da die einschlägigen Tatbestände der Abgaben- und Strafprozessordnung unterschiedliche Voraussetzungen aufweisen und keine der beiden Normen alle Merkmale der anderen und mindestens ein zusätzliches eigenes Merkmal aufweist.[91]

Inhaltliche Spezialität wiederum setzt voraus, dass Tatbestände an unterschiedliche Merkmale anknüpfen, sich aber aus dem Zweck der Regelung ergibt, dass die eine die andere verdrängt.[92] Betrachtet man sich die Tatbestandsvoraussetzungen der §§ 111e, 324 AO im Detail, so stellt man fest, dass beide Normen in jeweils unterschiedlichen Punkten gegenüber der anderen spezieller sind: Die Abgabenordnung fordert vom Wortlaut einerseits eine überwiegende Wahrscheinlichkeit des Arrestanspruchs[93] und geht damit über die Strafprozessordnung[94] hinaus. Andererseits können durch die Strafprozessordnung nur Ansprüche aus *Straftaten* gesichert werden, während die Abgabenordnung für alle *Steueransprüche* gilt, woraus wiederum die Spezialität der Strafprozessordnung für Steuerstrafverfahren zu schließen wäre.[95] Hingegen ist auch das Steuerstrafverfahren ein Strafverfahren, die Strafprozessordnung damit im Verhältnis zur Abgabenordnung für diese Fälle das allgemeinere Gesetz. Inhaltliche Spezialität kann danach keiner der beiden Sicherungsmöglichkeiten bescheinigt werden.

c) Ergebnis

Der Gesetzgeber hat im Gesetz zur Reform der strafrechtlichen Vermögensabschöpfung zu Recht festgestellt, dass die Sicherungsmöglichkeiten der Abgaben- und Strafprozessordnung im Steuerstrafverfahren grundsätzlich gleichberechtigt nebeneinanderstehen.[96]

---

90 *Beaucamp* / *Treder* Rn. 240 m.w.N.

91 Allgemein zur formellen Spezialität: *Beaucamp* / *Treder* Rn. 241 m.w.N.; *Zippelius* § 7; *Schmalz* Rn. 80.

92 *Wank* S. 102.

93 HHSp. / *Hohrmann* § 324, 37; Tipke / Kruse / *Loose* § 324, 24, der von hinreichender Wahrscheinlichkeit spricht, im Ergebnis aber die gleichen Anforderungen stellt.

94 Siehe dazu bereits grundlegend unter B), V., 3.

95 *Bach* JR 2010 286, 289; *Theile* StV 2009 161, 163.

96 OLG Zweibrücken wistra 2009 484, 486; LG Hamburg NStZ-RR 2004 215; LG Halle wistra 2009 39; *Odenthal* in FS-Dahs S. 405, 421; *Theile* StV 2009 161, 163; Autoren mit steuerrechtlichem Hintergrund: HHSp. / *Hohmann* § 324, 5; *Roth* wistra 2010 335, 336; *Madauß* NZWiSt 2013 128; *Webel* wistra 2004 249, 251; *Braun* PStR 2004 258,

2. Der Regelungsgehalt des § 111h Abs. 2

Mit der Feststellung der grundsätzlichen Gleichrangigkeit von strafprozessualem und steuerrechtlichem Arrest ist aber noch nichts dazu gesagt, unter welchen Voraussetzungen diese Sicherungsinstrumente zur Anwendung kommen können. Es wurde hier bereits dargestellt, dass es bis zum Inkrafttreten des Gesetzes zur Reform der strafrechtlichen Vermögensabschöpfung umstritten war, ob zu Gunsten des Steuerfiskus unter Berücksichtigung seiner Möglichkeiten, seine Steueransprüche nach § 324 AO selbst zu sichern, ein Sicherungsbedürfnis zur strafprozessualen Sicherstellung überhaupt angenommen und in seinem Interesse Rückgewinnungshilfemaßnahmen nach § 111b Abs. 5 StPO a.F. ausgebracht werden konnten.[97]

Der Gesetzgeber hat nun mit §§ 111e Abs. 6 und 111h Abs. 2 Satz 2 zwei Vorschriften geschaffen, die eine Antwort auf diese Frage liefern könnten. Während § 111e Abs. 6 erklärt, dass eine Möglichkeit nach § 324 AO einer Anordnung des Vermögensarrestes nicht entgegensteht, darf nach § 111h Abs. 2 Satz 2 ein Arrest nach § 324 AO sogar in die strafprozessual vorläufig sichergestellten Vermögenswerte vollstreckt werden.[98] Diesem *Vollstreckungsprivileg des Steuerfiskus* kommt ganz erhebliche Bedeutung zu, weil er damit anders als andere Verletzte einer Straftat[99] schon während des laufenden Strafverfahrens seine steuerrechtlichen Ansprüche umfassend zu sichern vermag.

Gleichzeitig stellt sich in Bezug auf § 111e Abs. 6 dann jedoch die hier bereits einleitend angesprochene Frage, welcher Regelungsgehalt ihr noch entnommen werden kann. Wenn nämlich der Steuerfiskus nach § 111h Abs. 2 Satz 2 einen Arrest nach § 324 AO in die vorläufig gesicherten Vermögenswerte des Betroffenen vollstrecken darf, so setzt das zwangsläufig voraus, dass ein Vorgehen nach § 324 AO dem Vermögensarrest *nicht* entgegenstehen kann. Andernfalls müsste der Vermögensarrest spätestens in dem Moment aufgehoben werden, in

---

261; wohl auch *Brundiers / Löwe-Krahl* PStR 2009 36; schon kritisch zur Frage des aus der Tat erlangten: *Käbisch* wistra 1984 10 ff.

97 Siehe dazu bereits ausführlich unter D), I., 1.

98 *Rettke* wistra 2017 417, 421 will (wohl analog) auch eine Vollstreckung eines (bestandskräftigen) Steuerbescheides zulassen.

99 Die praktisch kaum vorkommenden und im Gesetzgebungsverfahren ebenfalls unberücksichtigten Fälle der vorläufigen Sicherungsmöglichkeit von Sozialversicherungsbeiträgen über die Verweise auf die Abgabenordnung bleiben hier im weiteren Verlauf außen vor.

dem sich ein Vorgehen nach § 324 AO als möglich darstellt, so dass eine privilegierte Vollstreckung nach § 111h Abs. 2 Satz 2 ohnehin immer ausscheiden würde.

Will man sich der Frage nähern, welche Auswirkungen die Reform des strafrechtlichen Vermögensabschöpfungsrechts auf die Möglichkeiten der vorläufigen Sicherstellung im Steuerstrafverfahren hatte, so bietet es sich deshalb zunächst einmal an, die Vorschrift des § 111h Abs. 2 Satz 2 einer genaueren Untersuchung zu unterziehen, da diese Erkenntnisse für die Auslegung des § 111 Abs. 6 unverzichtbar sind.

a) Allgemeines

Im Zusammenhang mit § 111h Abs. 2 Satz 2 ist vorrangig zu erörtern, welcher Arrest*anspruch* dem Steuerfiskus eine privilegierte Zwangsvollstreckung ermöglichen können soll. Gäbe es eine vergleichbare Privilegierung des privaten Verletzten, ergäbe sich der Arrestanspruch bei Eigentums- und Vermögensdelikten in der Regel unproblematisch etwa daraus, dass der Täter dem Opfer eine Sache gestohlen und diesem dadurch ein deliktischer Anspruch gegen den Täter erwachsen ist. Der Anspruch des Verletzten gegen den Betroffenen entstünde mit der Wegnahme und wäre deshalb auch im Sinne des § 111h Abs. 2 Satz 2 „aus der Straftat" „erwachsen". Im Steuerstrafverfahren gilt das hingegen nur für die Fälle der Steuerhehlerei und des Bannbruchs, denn etwa der Steuerhehler macht sich gerade durch das Verschaffen, Absetzen oder Hilfeleisten beim Absetzen einer aus der Vortat erlangten Ware strafbar.[100] Das Steuerschuldverhältnis entsteht somit, ebenso wie beim Diebstahl, durch die *Tathandlung*. Gleiches gilt im Falle eines Bannbruchs, der die Steuerschuld mit Einfuhr, Ausfuhr oder Durchfuhr begründet. Das Steuerschuldverhältnis hat in beiden Fälle seine *causa* in der Straftat.

Im Falle der Steuerhinterziehung hingegen entsteht der beeinflusste Steueranspruch nicht erst durch die Tathandlung, sondern wegen § 38 AO mit der Verwirklichung des Tatbestandes, an den das Gesetz die Leistungspflicht knüpft.[101] Der Täter wirkt durch die Tathandlung der Steuerhinterziehung folglich im weitesten Sinne des Wortes auf einen bereits bestehenden Steueranspruch *ein* und es erscheint jedenfalls sprachlich verfehlt, dies als einen „aus der Straftat erwachsenen" Anspruch zu bezeichnen. In Bezug auf die Bestimmung des Taterlangten hat der Gesetzgeber deshalb auch in § 73 Abs. 1 Satz 1 StGB von der

100 Siehe dazu bereits unter D), III., 1.

101 Siehe dazu bereits unter D), II., 2.

Formulierung als „aus der Tat“ erlangt Abstand genommen und verwendet seit der Reform stattdessen das Wort „durch“. Damit soll nun eine gegenständliche Betrachtungsweise einhergehen und auch die Steuerforderung im Falle der Steuerhinterziehung soll „durch“ die Tat erlangt sein.[102]

Eine solche Wortlautanpassung hat man in § 111h Abs. 2 Satz 2 indes nicht vorgenommen. Hier ist nicht die Rede von einem „durch“, sondern einem „aus“ der Tat erwachsenen Anspruch. Es stellt sich deshalb die Frage, auf welchen Arrestanspruch § 111h Abs. 2 Satz 2 konkret abstellt, denn nur dann kann festgestellt werden, aufgrund welchen Anspruchs der Steuerfiskus überhaupt privilegiert vollstrecken kann.

b) „Arrestanspruch“

Als tauglicher Anspruch des Steuerfiskus im Sinne des § 111h Abs. 2 Satz 2 käme zunächst der mit Verwirklichung des § 38 AO entstandenen Steueranspruch, also gerade jener Anspruch in Betracht, den der Steuerhinterzieher zu negieren versucht. In diesem Sinne argumentierte die bis zur Reform 2017 herrschende Meinung in Bezug auf den gleichlautenden § 73 Abs. 1 Satz 2 StGB a.F. Der Bundesgerichtshof vertrat dabei seit seiner Grundsatzentscheidung vom 28. November 2000 in ständiger Rechtsprechung die Auffassung, dass dem Gesetz keine Einschränkung des Anwendungsbereichs des § 73 Abs. 1 Satz 2 StGB a.F. zu entnehmen sei, wonach nur solche Ansprüche erfasst würden, die an die Verwirklichung eines Straftatbestandes selbst anknüpfen und der „Rückholung“ des durch die Straftat verlorenen Vermögensanteils dienten. Mit der Formulierung „aus der Tat erwachsen“ werde lediglich klargestellt, dass ein enger Zusammenhang zwischen Straftat und Anspruch bestehen muss und nicht nur irgendein Anspruch des Gläubigers ausreiche.[103]

Die herrschende Auffassung in der Literatur folgte der Argumentation des Bundesgerichtshofs,[104] wohlwissend, dass die Annahme, der konkrete Anspruch des Steuerfiskus sei der Steueranspruch nach § 38 AO i.V.m. dem jeweiligen Einzelsteuergesetz, zu Komplikationen in Bezug auf die Folgefrage führte, ob dieser Anspruch denn auch aus der Straftat *erwachsen* sei.

Es stellt sich deshalb die Frage, ob der schon vor der Reform herrschenden Meinung insoweit zuzustimmen ist, als der Arrestanspruch im Sinne des § 111h Abs.

102 *Reitemeier / Koujouie* S. 5 f.; *Köhler* NStZ 2017 497, 503 f.

103 BGH NJW 2001 693, 694.

104 Siehe etwa MüKo-StPO / *Bittmann* § 111, 17; SK-StPO / *Rogall* § 111b, 37; SK-StGB / *Wolters* § 73, 34.

2 Satz 2 jener Steueranspruch ist, den der Betroffene zu negieren versuchte. Zweifel bestehen vor allem deshalb, weil die finanzgerichtliche Rechtsprechung in der Vergangenheit schon einen originär aus der Straftat entstandenen Anspruch des Steuerfiskus diskutiert hatte. Läge ein solcher vor, könnte man das ansonsten zwingende Folgeproblem um das Merkmal des „Erwachsens" vermeiden.

aa) Steuerzahlungs- und Nachzahlungsanspruch

Der Bundesfinanzhof hat Anfang der 1990er Jahre einmal davon gesprochen, dass der durch Festsetzung konkretisierte Steueranspruch ein „Steuerzahlungsanspruch" sei.[105] Dem folgend erblickte das Landgericht Berlin im Falle der Steuerhinterziehung einen aus der Tat erwachsenen Anspruch des Steuerfiskus in dem „Nachzahlungsanspruch"[106] auf die hinterzogenen Steuern.[107] Beide Auffassungen lassen sich historisch begründen, denn im preußischen Gesetz über die Verjährungsfristen bei öffentlichen Abgaben vom 18. Juni 1840 und in dem hieran anknüpfenden preußischen Kommunalabgabengesetz vom 14. Juli 1893 wurde bei Veranlagungssteuern ein „Anspruch" auf die Steuer durch Festsetzung begründet.[108] Die vorherige Verwirklichung eines Steuertatbestandes, an die der heutige[109] § 38 AO anknüpft, hatte keine anspruchsbegründende Wirkung, sondern verlieh der Behörde nur die Befugnis, den Anspruch entstehen zu lassen.[110]

Eine solche Anspruchsentstehung durch Festsetzung kann außerdem damit begründet werden, dass steuerrechtliche Sachverhalte regelmäßig durch Festsetzung konkretisiert werden und die Steuerschuld das Ergebnis einer vom Finanzbeamten vorgenommenen Abwägung ist.[111] Die vom Gesetzgeber angedachte Anspruchsentstehung durch Tatbestandsverwirklichung ist damit in der Theorie

---

105 So zunächst der BFH BeckRS 1990 22009358, der dann aber darauf hinweist, dass die Abgabenordnung zwischen Steueranspruch und Steuerzahlungsanspruch nicht unterscheidet.

106 Schönke / Schröder / *Eser* § 73, 26 spricht davon, dass der Steuerfiskus auf Grund „steuerlicher Nachzahlungsansprüche Verletzter sein" kann; in diesem Sinne auch Lackner / Kühl[28] / *Heger* § 73, 6.

107 LG Berlin NStZ 1991 437, 438.

108 *Koch* DStZ/A 1965 353 m.w.N.

109 Vgl. zur Entstehungsgeschichte des § 38 AO HHSp. / *Schuster* § 38, 1 ff.

110 *Koch* DStZ/A 1965 353.

111 Ausführlich dazu *Kirchhof* NJW 1985 2977, 2978; *Haug* S. 122. Das gilt freilich nur für die Fälle der Festsetzung, in denen der Finanzbeamte tatsächlich noch selbstständig prüft und nicht automatisch berechnet wird. Koenig / *Koenig* § 38, 4, weist zutreffend darauf hin, dass § 38 AO in Fällen der Ermessensentscheidung nicht anwendbar ist. Die hier besprochenen Steuerschulden stehen aber nicht im Ermessen der Finanzbehörde.

schlüssig und führt dort auch zur Steuergerechtigkeit, weil die Steuerschuld nicht durch Fehler in der Festsetzung beeinflusst wird.[112] In der Praxis kommt der Festsetzung aber trotz Einführung des § 38 AO entscheidende Bedeutung zu, da sie die Steuerschuld greifbar macht, sie verbindlich festschreibt[113] und der Steuerbescheid als Grundlage der Vollstreckung ausschließlich durch die Festsetzung bestimmt wird. Eine nach § 38 AO entstandene aber nicht festgesetzte Steuerschuld führt hingegen zu keinem Vermögenszuwachs beim Steuerfiskus. Das Ergebnis einer fehlerhaften Steuerfestsetzung aufgrund von falschen Angaben des Steuerschuldners deshalb als von der Steuerschuld abweichenden „Steuer*zahlungs*anspruch" zu bezeichnen oder ihm einen „Nachzahlungsanspruch" zuzubilligen, der ein erkennbar anderer ist als der Steueranspruch nach § 38 AO i.V.m. dem Einzelsteuergesetz, erscheint schlüssig.

bb) Dogmatische Bedenken

Kritisch muss bei dieser Argumentation aber gesehen werden, dass der Gesetzgeber der Abgabenordnung bei seinen Erwägungen schon berücksichtigt hat, dass es zu fehlerhaften Festsetzungen kommen kann. In der Gesetzesbegründung heißt es dazu:

> „Wird die richtige Steuerschuld bei der Konkretisierung verfehlt, so kann nach Maßgabe der gesetzlichen Vorschriften auf dem Rechtsbehelfsweg oder durch Berichtigung eine Anpassung an die entstandene Steuerschuld erreicht werden."[114]

Ein Hinweis darauf, dass eine fehlerhafte Festsetzung einen weiteren Anspruch des Steuerfiskus begründen soll, findet sich in den Gesetzesmaterialien nicht, auch nicht für den Fall vorsätzlich falscher Angaben. Im Gegenteil, der Gesetzgeber spricht von der Festsetzung als einer „Konkretisierung" der Steuerschuld und macht damit deutlich, dass die Festsetzung zwar ein wesentlicher Schritt zur Realisierbarkeit des Steueranspruchs ist, den Anspruch selbst aber unberührt

---

112 Die Praxis zeigt, dass die Steuerschuld regelmäßig zu hoch, in einigen Fällen aber auch zu niedrig festgesetzt wird. *Haug* S. 123 geht davon aus, dass der Festsetzungsbescheid im Regelfall mit dem Gesetz übereinstimme. Betrachtet man sich die „Statistik über die Einspruchsbearbeitung in den Finanzämtern im Jahr 2014" S. 1, so kann bei einer Quote von 67,8 Prozent Einspruchserledigungen durch „Abhilfe" trotz der mitunter bestehenden Verzerrungen bezweifelt werden, dass der Festsetzungsbescheid „im Regelfall" korrekt ist.

113 *Haug* S. 122; Koenig / *Koenig* § 38, 32; Klein / *Ratschow* § 38, 18.

114 BT-Drucks. VI/1982 S. 113.

lässt. Deshalb findet sich auch in § 37 AO, der die Ansprüche aus dem Steuerschuldverhältnis abschließend[115] benennt, weder ein „Steuerzahlungsanspruch" noch ein „Nachzahlungsanspruch".[116]

Neben diesen Erwägungen spricht noch ein weiteres systematisches Argument gegen die Annahme eines „Nachzahlungsanspruchs". In aller Konsequenz müsste man dann nämlich auch im Falle einer zu *hohen* Festsetzung einen entsprechenden Anspruch anerkennen.[117] In solchen Fällen fehlt es jedoch bereits am steuererheblichen Verhalten des Steuerpflichtigen, so dass schon deshalb kein neuer *Anspruch* begründet werden kann. Vielmehr wird der Finanzverwaltung nur ermöglicht, die Steuer zu *beanspruchen.*[118] Deshalb entscheiden ausschließlich die Tatbestandsmerkmale des § 38 AO in Verbindung mit dem Einzelsteuergesetz über die Anspruchsentstehung, nicht die Finanzverwaltung durch Festsetzung.[119] Wenn aber durch die Festsetzung einer zu hohen Steuerschuld kein über die bis dahin bestehende Steuerschuld hinausgehender Anspruch etwa in Form eines „Steuerzahlungsanspruchs" entsteht, kann die zu niedrige Festsetzung erst recht keinen neuen Anspruch begründen. Durch sie wird ausschließlich die tatsächlich bestehende Schuld (mit-)festgesetzt.[120]

cc) Ergebnis

So plausibel das Argument der faktischen Wirkung der Festsetzung auch ist, mit ihm lässt sich kein aus der Straftat resultierender *neuer* Anspruch des Steuerfiskus gegenüber dem Täter begründen. Die aus der Festsetzung entstehende Zahlungsverpflichtung in Form des Steuerbescheids erweckt zwar den Anschein eines Anspruchs, sie ist aber keiner.[121]

Somit ist dem Bundesgerichtshof darin zuzustimmen, dass es in Fällen der Steuerhinterziehung dabei bleiben muss, dass der „Anspruch" im Sinne des § 73 Abs. 1 Satz 2 StGB a.F. bzw. der „Arrestanspruch" im Sinne des § 111h Abs. 2

---

115 BFH NJW 1999 382; Klein / *Ratschow* § 37, 3; Tipke / Lang / *Seer* § 6, 2.

116 *Dörn* wistra 1990 181, 182 spricht deshalb von „Hilfskonstruktion".

117 So Koenig / *Koenig* § 38, 32, wonach die rechtswidrige Festsetzung konstitutiv wirken soll.

118 So unabhängig vom hiesigen Problem aber gleichwohl zutreffend: *Haug* S. 123.

119 Klein / *Ratschow* § 38, 18: „Sie [Festsetzungsbescheide] schaffen kein Recht. Durch unrichtige Festsetzung entsteht kein Anspruch".

120 *Söhn* StuW/A 2000 232, 235 für den Fall eines zu hoch festgesetzten Steueranspruchs.

121 Tipke / Kruse / *Drüen* § 38, 10 m.w.N. für die Fälle einer zu hohen Festsetzung; im Ergebnis ebenso *Reh* NZWiSt 2018 20, 21.

Satz 2 jener ist, der nach § 38 AO i.V.m. dem jeweiligen Einzelsteuergesetz entstanden ist.[122] Die teilweise entgegenstehende Rechtsprechung hat sich zu Recht nicht durchgesetzt.

c) „Aus der Straftat erwachsen"

Nachdem der konkrete Anspruch nunmehr bestimmt ist, kann sich der zweiten maßgeblichen Frage im Zusammenhang mit der vorläufigen Sicherstellung im Steuerstrafverfahren gewidmet und untersucht werden, ob der nach § 38 AO entstandene Arrestanspruch des Steuerfiskus im Sinne des § 111h Abs. 2 Satz 2 auch „aus der Straftat erwachsen" ist und deshalb zur privilegierten Zwangsvollstreckung berechtigt. Zur Frage, ob der Steueranspruch auch aus der Straftat *erwachsen* ist, hatte sich bereits zur alten Rechtslage ein umfangreicher Streitstand entwickelt.

aa) Wortlautauslegung

Die herrschende Meinung vor der Reform 2017 bejahte diese Frage im Zusammenhang mit § 73 Abs. 1 Satz 2 StGB a.F. unter Berücksichtigung vergleichbarer Fälle aus dem allgemeinen Strafrecht, wenn die Steuerstraftat den Steueranspruch „zum Gegenstand" hatte.[123] Sie argumentierte, dem Anwendungsbereich des § 73 Abs. 1 Satz 2 StGB a.F. sei keine Einschränkung zu entnehmen, wonach dieser nur solche Ansprüche erfasse, die an die Verwirklichung eines Straftatbestandes selbst anknüpften und der ‚Rückholung' des durch die Straftat verlorenen Vermögensanteils diene.[124] Der Gesetzgeber hat sich dieser Auffassung im Gesetzgebungsverfahren zur Reform der strafrechtlichen Vermögensabschöpfung ausdrücklich angeschlossen.[125]

Diese Auffassung ist jedoch zu hinterfragen.[126] Das gilt zunächst deshalb, weil sie impliziert, dass die Steuerhinterziehung den Steueranspruch überhaupt *zum*

---

122 Hier unberücksichtigt bleiben sollen im weiteren die zweifelsohne aus der Straftat erwachsenen Ansprüche des Steuerfiskus bei Straftaten in Form der sog. Umsatzsteuerkarusselle, vgl. dazu etwa BGH NStZ 2014 331 ff.; eingehend *Rolletschke* Rn. 185 ff. m.w.N.

123 BGH NJW 2001 693, 694; nach *Meurer* NStZ 1991 438, 439 führt eine restriktive Interpretation des § 73 Abs. 1 Satz 2 StGB zu einer Verwischung des Sinns der Vorschrift.

124 BGH NJW 2001 693, 694.

125 „Zudem stellt § 111e Abs. 6 StPO-E klar, dass die Möglichkeit einer Anordnung nach § 324 AO der Anordnung eines strafprozessualen Vermögensarrestes nicht entgegensteht. Damit beseitigt der Gesetzentwurf der Bundesregierung praktische Schwierigkeiten bei der Abschöpfung hinterzogener Steuern.", BTDrucks. 18 10146 S. 13.

126 Kritisch auch *Madauß* NZWiSt 2018 28, 31 f.; *Bittmann* NZWiSt 2018 209, 214.

Gegenstand hat.[127] Hieran bestehen Zweifel, weil der Täter einer Steuerhinterziehung genauso wenig Einfluss auf seine Steuerschuld nehmen kann wie der Fiskus selbst. Die Steuerschuld wird durch die Festsetzung nicht begründet,[128] sondern nur fehlerhaft bezeichnet.[129] Der Anspruch des Steuerfiskus kann durch die rechtswidrige Festsetzung auch nicht untergehen, da die Steuerschuld nicht zur Disposition des Fiskus steht.[130] Der Steueranspruch besteht selbst dann, wenn er *nicht* festgesetzt wird.[131] Damit ist die Festsetzung buchstäblich belanglos für den Anspruch und nur für die Erhebung bzw. Vollstreckung von Bedeutung. Die Einwirkung des Steuerhinterziehers kann deshalb schon aus Rechtsgründen nicht auf den *Anspruch*, sondern nur die *Zahlungsverpflichtung* gerichtet sein, die nicht mit dem Anspruch selbst verwechselt werden darf.[132]

Der Standpunkt der herrschenden Meinung und des ihr folgenden Gesetzgebers ist aber auch aus etymologischer Sicht fragwürdig. Das Gesetz enthält durch die Verwendung des Wortes „erwachsen" schon nach dem natürlichen Sprachgebrauch ein Ursprungserfordernis zwischen Tat und Anspruch. Wenn etwas aus etwas anderem erwächst, so geht es allmählich aus ihm hervor oder bildet sich aus ihm heraus.[133] Das Wort ist synonym mit „entstehen, sich entwickeln".[134] Der Steueranspruch entwickelt sich aber nicht durch die Steuerhinterziehung oder die sich daraus ergebende zu niedrige Festsetzung. Ihren Ursprung hat sie im tatsächlichen Sachverhalt, auf den § 38 AO in Verbindung mit dem Einzelsteuergesetz Anwendung findet.[135] Es ist aber unmöglich, sowohl Ansprüche des allgemeinen Strafrechts und etwa der Steuerhehlerei, die ihren Entstehungsgrund gerade in der Straftat haben, als auch solche, auf die die Straftat gerichtet ist, als „aus der Straftat erwachsen" zu bezeichnen.[136] *Rönnau / Hohn* weisen zutreffend darauf hin, dass diese Rechtsprechung an den Versuch erinnert, die

---

127 *Rolletschke* Rn. 1 bezeichnet als Tatobjekt der Steuerhinterziehung den „staatlichen Steueranspruch".

128 *Haug* S. 124; *Roth* Verwaltungsrechtliche Organstreitigkeiten S. 423; *Fehrenbacher* § 8, 9.

129 Klein / *Ratschow* § 38, 18.

130 Tipke / Kruse / *Drüen* § 38, 28; Klein / *Ratschow* § 38, 24; zu Vereinbarung mit den Finanzbehörden HHSp. / *Schuster* § 38, 66 ff.

131 BT-Drucks. VI/1982 S. 113, was der Gesetzgeber als „selbstverständlich" bezeichnete und eine entsprechende Regelung deshalb nicht aufnahm.

132 Tipke / Kruse / *Drüen* § 38, 10 m.w.N. für die Fälle einer zu hohen Festsetzung.

133 Vgl. dazu Duden zum Stichwort „erwachsen", Bedeutungsübersicht.

134 Duden zum Stichwort „erwachsen", Bedeutungsübersicht.

135 Ebenso *Madauß* NZWiSt 2018 28, 31.

136 *Rönnau / Hohn* JR 2002 298, 300; die Gegenauffassung, vgl. etwa *Hansen* S. 104 ff., argumentiert erkennbar vom Ergebnis her („Würde man solche Ansprüche nicht in den Anwendungsbereich einbeziehen…") und überschreitet dabei die Wortlautgrenzen.

Herstellung einer Sache zugleich unter das Merkmal der Zerstörung in § 303 StGB zu subsumieren.[137] Sie verwischt insoweit klare sprachliche und tatsächliche Grenzen und vermengt unterschiedliche Sachverhalte unter ein und derselben Vorschrift.

bb) Teleologische Auslegung

Diese Bedenken können auch nicht durch die rechtsgebietsübergreifende Erwägung überwunden werden, dass bei streng am Wortlaut orientierter Auslegung in solchen Fällen, in denen zivilrechtliche Ansprüche betroffen sind, gerade diejenigen Verletzten aus dem Anwendungsbereich der Vorschrift ausgeschlossen würden, deren Ansprüche und Vermögensinteressen durch die verletzte Strafnorm geschützt werden sollten.[138]

Der Vergleich zwischen Steuerrecht und allgemeinem Zivilrecht hinkt, unabhängig von der Abschaffung des § 73 Abs. 1 Satz 2 StGB a.F., nämlich an der entscheidenden Stelle:[139] Im Zivilrecht erlangt der Geschädigte aus der strafbaren Handlung einen deliktischen Anspruch, an dem es im Steuerrecht gerade fehlt. Weder ist das Steueraufkommen in § 823 Abs. 1 BGB genannt, noch ist § 370 AO Schutzgesetz im Sinne des § 823 Abs. 2 BGB.[140] Hindert, wie im ursprünglich von *Meurer*[141] gebildeten und vom Bundesgerichtshof übernommenen Fall, der Täter das Opfer betrügerisch daran, seine Vermögenswerte herauszuverlangen, so bestand dessen Herausgabeanspruch zwar schon vor der Tat und besteht er auch danach noch fort. *Meurer* und mit ihm die vor der Reform herrschende Auffassung verkannten jedoch, dass neben diesen Anspruch ein aus der Straftat erwachsener, deliktischer Anspruch nach §§ 823 Abs. 2 BGB, 263 StGB trat und es *dieser* war, der den Verfall ausschloss. Folglich musste die herrschende Meinung je nach Sachverhaltskonstellation entweder auf den „aus der Tat erwachsenen" Anspruch oder aber den „Gegenstand der Tat" abstellen und beides sollte den Verfall ausschließen. Das vermochte schon sprachlich nicht zu überzeugen. Folgendes Beispiel mag dies verdeutlichen: Im Falle der Verbrauchsteuerhinterziehung ging die Rechtsprechung davon aus, dass die Waren, auf die sich die Hinterziehung bezog, nicht aus der Steuerstraftat erlangt waren

---

137 *Rönnau / Hohn* JR 2002 298, 300.

138 So aber BGH NJW 2001 693, 694.

139 Wenn er nicht sogar durch die Reform 2017 und die Abschaffung des § 73 Abs. 1 Satz 2 StGB a.F. gänzlich überholt ist.

140 BFH DStR 2008 2061 f.; MüKo-BGB / *Wagner* § 823, 498 ff. mit umfassender Aufzählung der Schutzgesetze.

141 *Meurer* NStZ 1991 438, 439.

und deshalb nicht dem Verfall nach § 73 Abs. 1 StGB a.F. unterlagen.[142] Dieser Auffassung war zuzustimmen, denn das aus der Tat Erlangte und der beim Verletzten eintretende Verlust müssen spiegelbildlich sein.[143] Wenn etwas aus der Tat erlangt ist, stand es bei Taten mit individuellen Verletzten zuvor dem Verletzten zu. Bei der Verbrauchsteuerhinterziehung als Form der Steuerhinterziehung und damit als Erklärungsdelikt[144] wird die Tat nicht dadurch begangen, dass sich der Täter die Ware verschafft, sondern dadurch, dass er keine Erklärung zu diesem Erwerbsakt abgibt.[145] Genau wie im Falle der Hinterziehung von Verbrauchsteuern die unversteuerte Ware dem Beschuldigten, stand der Anspruch auf die Steuer in Fällen der Steuerhinterziehung dem Fiskus jedoch schon *vor* der Tat zu. Es überzeugt daher weder bei der Verbrauchsteuerhinterziehung die verschaffte Ware, noch bei der Steuerhinterziehung die Steuerforderung als *aus der Tat erwachsenen Anspruch* des Steuerfiskus zu bezeichnen.[146]

Allerdings wird unter Berücksichtigung des Sinn und Zwecks der Einführung des § 111h Abs. 2 Satz 2 auch deutlich, dass der Gesetzgeber offensichtlich eine privilegierte Zwangsvollstreckung des Steuerfiskus angestrebt und diese nicht für die praktisch wohl wichtigsten Fälle der Steuerhinterziehung hat ausschließen wollen.[147] Vielmehr hat sich der Gesetzgeber sogar ausdrücklich auf die bereits vor der Reform zu § 73 Abs. 1 Satz 2 StGB a.F. vertretene Auffassung berufen, die die Steuerschuld auch in Fällen der Steuerhinterziehung als „aus der Tat erwachsen“ charakterisiert hat. Durch die nahezu identische Wortwahl in § 111h Abs. 2 Satz 2 hat der Gesetzgeber deutlich zum Ausdruck gebracht, dass mit der bis dahin ganz herrschenden Meinung zu § 73 Abs. 1 Satz 2 StGB a.F. der aus der Straftat erwachsene Arrestanspruch jener nach § 38 AO i.V.m. dem jeweiligen Einzelsteuergesetz ist und deshalb kein Anlass für eine weitergehende Klarstellung bestanden habe. § 111h Abs. 2 Satz 2 würde andernfalls weitestgehend leerlaufen, wenn man als Arrestanspruch nur einen eigenen, originär aus der Straftat resultierenden Anspruch anerkennen würde.

---

142 BGH NStZ 2017 361, 362.

143 In diesem Sinne auch *Reitemeier / Koujouie* S. 6.

144 BGH NStZ-RR 2014 310.

145 *Kirch-Heim* NStZ 2017 362.

146 Im Zusammenhang mit Unterhaltspflichtverletzungen und der Bestimmung des dabei durch die Tat Erlangten deshalb zutreffend *Reh* NZWiSt 2018 20, 21: „Er hat schlichtweg nicht ‘mehr in der Tasche’ als zuvor, sondern genau dasselbe“.

147 Im Ergebnis ebenso *Madauß* NZWiSt 2018 28, 32.

cc) Schlussfolgerung

Damit stellt sich die Frage, ob das Merkmal des „Erwachsens" im Sinne des § 111h Abs. 2 Satz 2 streng am Wortlaut oder unter Rekurs auf den Sinn und Zweck der Vorschrift und den Willen des Gesetzgebers erweitert auszulegen ist.

Bei Beantwortung dieser Frage ist zunächst festzustellen, dass die Einwände gegen die weite Auslegung des Wortlauts des § 73 Abs. 1 Satz 2 StGB a.F. durch das Gesetz zur Reform der strafrechtlichen Vermögensabschöpfung insgesamt an Durchschlagskraft verloren haben. Der Gesetzgeber hat die materiell-rechtliche Vorschrift des § 73 Abs. 1 Satz 2 StGB a.F. aufgehoben, bei § 111h Abs. 2 Satz 2 handelt es sich „nur" um eine prozessuale Vorschrift. Der Wortlaut kann hier erweitert ausgelegt werden, ohne dass man die strengen Anforderungen des Art. 103 Abs. 2 GG beachten müsste, handelt es sich beim Vollstreckungsprivileg doch nicht um eine Strafe im Sinne des Art. 103 Abs. 2 GG.[148] Der Gesetzgeber hat mit der Einführung des § 111h Abs. 2 Satz 2 herausgestellt, dass er dem Steuerfiskus die Möglichkeit verschaffen will, schon während des laufenden Strafverfahrens in die vorläufig gesicherten Vermögenswerte zu vollstrecken. Eine solch erweiterte Auslegung des § 111h Abs. 2 Satz 2 steht im Einklang mit den Zielen des Gesetzgebers, die vorläufige Sicherstellung und den Opferschutz zu stärken. Für den betroffenen Steuerfiskus bedeutet die Vollstreckungsmöglichkeit eine erhebliche Privilegierung gegenüber übrigen Straftatverletzten, was jedenfalls im Steuerstrafverfahren zu einer Stärkung der Rechte des Verletzten führt. Damit geht auch eine Vereinfachung des Steuerstrafverfahrens einher, denn durch die Möglichkeit, seinen Arrestanspruch im Sinne des § 324 AO frühzeitig in die sichergestellten Vermögenswerte vollstrecken zu können, entfällt mit dieser Vollstreckung das Sicherungsbedürfnis des Steuerfiskus im Sinne des § 111e Abs. 1 und muss der Vermögensarrest damit aufgehoben werden, wenn kein paralleles Sicherungsbedürfnis des Justizfiskus besteht. Damit wird zugleich das Strafverfahren von steuerrechtlichen Fragestellungen entlastet, was zu einer Verschlankung und Beschleunigung des Strafverfahrens führt.

Eine erweiterte Auslegung des § 111h Abs. 2 Satz 2 ist aber nicht nur im Interesse des Verletzten, sondern auch im Interesse des Betroffenen. Das gilt zunächst deshalb, weil sich der Betroffene andernfalls möglicherweise sogar *zwei* Vollstreckungsgläubigern gegenübersieht. Verfügt der Steuerfiskus nämlich ei-

---

148 Siehe dazu Maunz / Dürig / *Remmert* Art. 103 Abs. 2, 56 ff.; BeckOK-GG / *Radtke* / *Hagemeier* Art. 103, 19 ff.; zu den potentiellen Komplikationen im Insolvenzverfahren *Madauß* NZWiSt 2018 28, 32.

nen Arrest nach Abgabenordnung während eines laufenden Steuerstrafverfahrens und könnte er diesen aufgrund einer streng am Wortlaut orientierten Auslegung des § 111h Abs. 2 Satz 2 nicht in die schon von der Staatsanwaltschaft gesicherten Vermögenswerte vollstrecken, so würde er sich andere Vollstreckungsmasse suchen und in diese vollstrecken. Der Betroffene sähe sich dann aufgrund ein und desselben Lebenssachverhalts unter Umständen zweierlei Vollstreckungen in sein Vermögen ausgesetzt. Das wiederum würde dazu führen, dass er zwei Rechtsbehelfsverfahren anstreben müsste, die keine wechselseitigen Auswirkungen aufeinander hätten und im schlimmsten Fall sogar zu unterschiedlichen Ergebnissen führen könnten. Das wäre weder im Sinne des Betroffenen, noch der Einheit der Rechtsordnung.

Unter teleologischen Gesichtspunkten ist die Vorschrift des § 111h Abs. 2 Satz 2 trotz engem Wortlaut deshalb erweiternd dahingehend auszulegen, dass sie sämtliche Steuerforderungen gegen den Betroffenen umfasst.[149] Das Steuerstrafverfahren wird damit im Sinne des Gesetzgebers vereinfacht, der Opferschutz und letztlich auch die Möglichkeiten des Betroffenen gestärkt.

dd) Ergebnis

In Übereinstimmung mit der schon vor der Reform bestehenden herrschenden Auffassung zum Wortlaut des § 73 Abs. 1 Satz 2 StGB a.F. ist § 111h Abs. 2 Satz 2 dahingehend auszulegen, dass als aus der Straftat „erwachsene" Arrestansprüche all jene Ansprüche des Steuerfiskus erfasst sind, die ihren Ursprung in der Straftat haben, zugleich aber auch jene, die „Gegenstand" der Straftat waren. Die insoweit bestehenden Bedenken gegen eine erweiterte Wortlautauslegung haben im Zusammenhang mit § 111h Abs. 2 Satz 2 an Bedeutung verloren und eine erweiterte Auslegung steht in Einklang mit dem Sinn und Zweck der Norm, den Interessen des Staates und des Betroffenen.

d) Ergebnis

Als Arrestanspruch im Sinne der §§ 111h Abs. 2 Satz 2, 324 AO, der eine privilegierte Zwangsvollstreckung des Steuerfiskus ermöglicht, kommt jeder Anspruch in Betracht, der nach § 38 AO i.V.m. dem jeweiligen Einzelsteuergesetz entstanden ist. Durch die Festsetzung der Steuerschuld entsteht kein aus der Straftat resultierender neuer Anspruch des Steuerfiskus. Die aus der Festsetzung

---

149 Im Ergebnis ebenso *Madauß* NZWiSt 2018 28, 32, der unter Rekurs auf *Bittmann* von einem redaktionellen Versehen des Gesetzgebers spricht.

entstehende Zahlungsverpflichtung in Form des Steuerbescheids erweckt zwar den Anschein eines solchen Anspruchs, sie ist aber keiner.[150]

Der Wortlaut des § 111h Abs. 2 Satz 2 ist unter teleologischen Gesichtspunkten erweitert dahingehend auszulegen, dass er alle Ansprüche erfasst, die ihren Ursprung in der Tat selbst haben, aber auch solche, die Gegenstand der Tat im Sinne der ganz herrschenden Meinung schon vor der Reform 2017 waren.

3. *Der Regelungsgehalt des § 111e Abs. 6*

Nachdem hier nun herausgearbeitet wurde, dass der Steuerfiskus seit Inkrafttreten des Gesetzes zur Reform der strafrechtlichen Vermögensabschöpfung nach § 111h Abs. 2 Satz 2 *jeden* ihm aus der Tat erwachsenen und nach § 324 AO gesicherten Anspruch privilegiert in die vorläufig strafprozessual gesicherten Vermögenswerte vollstrecken kann, ist sich im Fortgang der Frage zu widmen, was das für die Auslegung des § 111e Abs. 6 und damit für die Möglichkeiten der vorläufigen Sicherung der Steuerforderung über den Vermögensarrest im Strafverfahren bedeutet und wie dessen (weiterer) Regelungsgehalt zu bestimmen ist.

Betrachtet man zur Beantwortung dieser Frage zunächst den Wortlaut der Vorschrift, so fällt auf, dass der Gesetzgeber hierin (nur) ausdrücklich festgestellt hat, dass die „Möglichkeit einer Anordnung" nach § 324 AO einer „Anordnung nach Absatz 1" nicht entgegensteht. Das ist eine sehr generelle Aussage,[151] die die bisher umstrittene Frage, wie genau die Möglichkeiten eines Vorgehens des Steuerfiskus nach § 324 AO bei der Auslegung seines *Sicherungsbedürfnisses* zu berücksichtigen sind, nicht unmittelbar beantwortet.[152] Die Vorschrift lautet nicht etwa dahingehend, dass die Möglichkeit einer Anordnung nach § 324 AO der Notwendigkeit einer „Sicherung der Vollstreckung nach Absatz 1" (nicht) entgegensteht. Auch in der Gesetzesbegründung zu § 111e findet sich über den Gesetzeswortlaut hinaus lediglich der Hinweis, dass die Vorschrift für Steuerstrafverfahren die Gleichrangigkeit der beiden Sicherungsinstrumente anordnet und damit „rechtliche Unsicherheiten bei der vorläufigen Sicherung von Vermögenswerten in Steuerstrafverfahren" beseitige.[153] Sie beschränkt sich damit

150 Tipke / Kruse / *Düren* § 38, 10 m.w.N. für die Fälle einer zu hohen Festsetzung.

151 *Rhode* wistra 2018 65, 67 nennt sie „apokryph".

152 *Rhode* wistra 2018 65, 67 spricht § 111e Abs. 6 deshalb eine „eigentümliche Sonderstellung" zu und ist über die Gesetzesbegründung „verwundert", weil er rechtliche Zweifel nicht erblicken konnte.

153 BTDrucks. 18 9525 S. 78.

– jedenfalls auf den ersten Blick – auf die grundsätzliche Erklärung, dass der steuerliche Arrest neben dem Vermögensarrest zur Anwendung kommen kann.

Allerdings war diese Frage, wie ausgeführt,[154] bisher jedenfalls nach der ganz herrschenden Meinung überhaupt nicht strittig und ergibt sich diese Möglichkeit des Nebeneinanders beider Sicherungsmittel schon systematisch aus § 111h Abs. 2 Satz 2. Man könnte deshalb auch der Auffassung sein, der Gesetzgeber habe mit der Regelung in § 111e Abs. 6 zum Ausdruck gebracht, dass es in Fällen des Steuerstrafverfahrens *überhaupt keines Nachweises* des Sicherungsbedürfnisses des Finanzfiskus mehr bedarf.[155] Für eine solch weitgehende Interpretation der Vorschrift ließe sich vor allem der Sinn und Zweck des Gesetzes zur Reform der strafrechtlichen Vermögensabschöpfung anführen, der zum einen darin lag, die staatliche Vermögensabschöpfung auszuweiten und zum anderen, sie praxistauglicher zu gestalten.[156] Bedürfte es im Steuerstrafverfahren keines Nachweises eines Sicherungsbedürfnisses des Steuerfiskus mehr, würde dies eine *enorme* Erleichterung in diesen Verfahren und zugleich eine erhebliche Ausweitung der vorläufigen Sicherstellungsmöglichkeiten bedeuten.

Im weiteren Verlauf soll deshalb unter Berücksichtigung der Entstehungsgeschichte des Gesetzes zur Reform der strafrechtlichen Vermögensabschöpfung, der Systematik und der Teleologie der Regelungen sowie unter Würdigung der künftig möglicherweise aufkommenden Argumente für die eine oder andere Auffassung zunächst herausgearbeitet werden, ob der Vorschrift des § 111e Abs. 6 entnommen werden kann, dass der Nachweis eines Sicherungsbedürfnisses im Steuerstrafverfahren nunmehr entbehrlich ist.

a) Verzicht auf den Nachweis eines Sicherungsbedürfnisses?

Bedenken gegen die Rechtsauffassung, dass es im Steuerstrafverfahren künftig nicht mehr erforderlich ist, ein Sicherungsbedürfnis darzulegen, bestehen insoweit, als sich weder aus dem Wortlaut der Norm, noch der ihr zugrunde liegenden Gesetzesbegründung Anhaltspunkte dafür ergeben, dass ihr über die bloße Erklärung der *Gleichrangigkeit* der Sicherungsmöglichkeiten hinaus Regelungsgehalt zukommen sollte. In Abkehr von der zunächst im Referentenentwurf vorgesehenen Regelung des § 111e Abs. 1 StPO-RefE-VA, die grundlegend auf das Erfordernis eines Arrestgrundes verzichtete und die Zulässigkeit der vorläufigen Sicherstellung ausschließlich am Verhältnismäßigkeitsgrundsatz ausrichten wollte, hat der Gesetzgeber im Gesetz selbst davon abgesehen,

---

154 Siehe dazu bereits ausführlich D), I. 1.

155 So im Ergebnis jedenfalls *Rettke* wistra 2017 417, 419.

156 BTDrucks. 18 9525 S. 48 f.

die Sicherstellung nur am Verhältnismäßigkeitsgrundsatz zu messen und stattdessen mit dem Sicherungsbedürfnis eine *konstitutive* Tatbestandsvoraussetzung für die vorläufige Sicherstellung geschaffen.[157] Dass er von diesem Erfordernis in Fällen des Steuerstrafverfahrens (wieder) absehen wollte, ist aus der Gesetzesbegründung nicht ersichtlich.

aa) Historische und systematische Anhaltspunkte für den Verzicht auf den Nachweis des Sicherungsbedürfnisses?

Allerdings könnte man gerade an der Entstehungsgeschichte des Gesetzes ansetzen und damit begründen, dass § 111e Abs. 6 ein Sicherungsbedürfnis im Steuerstrafverfahren entbehrlich macht,[158] denn im Referentenentwurf, also zu einer geplanten Rechtslage, die *kein* Sicherungsbedürfnis zur vorläufigen Sicherstellung voraussetzte, war auch *keine* Vorschrift analog § 111e Abs. 6 vorgesehen, § 111e StPO-RefE-VA hatte nur fünf Absätze.[159] Erst mit der ausdrücklichen Bezeichnung des Erfordernisses eines Sicherungsbedürfnisses in § 111e Abs. 1 fügte der Gesetzgeber den Absatz 6 hinzu. Sein Sinn und Zweck könnte folglich unter historischer Betrachtung gerade in der Klarstellung liegen, dass in Steuerstrafverfahren der Nachweis eines konkreten Sicherungsbedürfnisses entbehrlich ist.

Für ein solches Normverständnis spricht auch, dass der Gesetzgeber mit der Reform der strafrechtlichen Vermögensabschöpfung nicht nur die Rolle des Verletzten stärken, sondern *staatliche* Abschöpfungsmaßnahmen grundlegend vereinfachen und ausweiten wollte.[160] Die Vermögensabschöpfung im Steuerstrafverfahren ist damit quasi *doppelt* geeignet, die Reformziele durchzusetzen[161] und könnte deshalb besonders geringen Anforderungen unterworfen worden sein.

Diese Ansicht lässt sich auch systematisch untermauern. Wie dargelegt kann der Steuerfiskus seit der Einführung des § 111h Abs. 2 Satz 2 schon während des laufenden Strafverfahrens seinen Arrest nach § 324 AO in die vorläufig gesicherten Vermögenswerte vollstrecken. Das stellt eine erhebliche Privilegierung des Steuerfiskus gegenüber anderen Verletzten dar und zeigt, dass der Gesetzgeber den Schutz des Steuerfiskus offensichtlicher *stärker* im Blick hatte als

---

157 BTDrucks. 18 9525 S. 49 und 76 f.

158 Mit Verweis auf den identischen Wortlaut in RefE und Gesetz so *Rettke* wistra 2017 417, 419, dessen Argumentation aber schon deshalb nicht überzeugt, weil der Gesetzgeber dieser Auffassung ausdrücklich eine Absage erteilt und erklärt hat, in welchen Worten des Tatbestandes das Erfordernis eines Sicherungsbedürfnisses zum Ausdruck kommt.

159 RefE-VA S. 20.

160 BTDrucks. 18 9525 S. 2.

161 In diesem Sinne auch *Mückenberger / Hinz* BB 2018 1435.

jenen anderer Verletzter. Das Vollstreckungsprivileg des Steuerfiskus nach § 111h Abs. 2 Satz 2 könnte deshalb gerade auch als Beleg dafür gesehen werden, dass er auch beim Nachweis eines Sicherungsbedürfnisses bevorzugt werden sollte.

Überdies hat der Bundesrat im Gesetzgebungsverfahren zum Gesetzentwurf Stellung genommen und von der Bundesregierung (auch) eine Anpassung des § 324 AO in Form einzufügender Absätze 1a und 1b gefordert. Diese Vorschläge sahen vor, in Steuerstrafverfahren einen Arrestgrund für aus der Straftat erwachsene Ansprüche nach der Abgabenordnung regelmäßig (schon) dann zu bejahen, wenn zureichende tatsächliche Anhaltspunkte für das Vorliegen einer Steuerstraftat sprechen und der Arrest der Sicherung der Vollstreckung dient.[162] Genau diese Frage, ob nämlich bereits der *Verdacht* einer Steuerstraftat einen Arrestgrund darstellt, war vor der Reform hoch umstritten.[163] Die Bundesregierung hat diese Vorschläge gleichwohl zurückgewiesen und erklärt, der Gesetzentwurf biete dem Steuerfiskus alle Möglichkeiten, seine Steuerforderung durchzusetzen.[164] Wenn der Gesetzgeber nun einerseits erklärt, das Sicherungsbedürfnis ersetze den bisherigen Verweis auf die Notwendigkeit eines Arrestgrundes und andererseits *keine* ausdrückliche Klarstellung in § 324 AO vornimmt, dass der Verdacht einer Straftat steuerrechtlich einen Arrestgrund begründet, weil (schon) § 111e dem Steuerfiskus hinreichend Sicherheit verschaffe, könnte dies so verstanden werden, dass es im Rahmen des Vermögensarrest zu Gunsten des Steuerfiskus gerade keines Nachweises eines solchen Sicherungsbedürfnisses mehr bedarf und sich der Streit dort deshalb auch nicht stellt.

Mit einem solchen Normverständnis wären auch die in der steuerrechtlichen Literatur vor der Reform geäußerten praktischen Einwände obsolet, wonach ein Vorgehen nach § 324 AO in tatsächlichen oder rechtlich unklaren Sachverhalten scheitert.[165] Solche waren etwa anzunehmen, wenn die Tatsachengrundlage noch völlig unklar, eine zeitnahe Arrestanordnung aber unerlässlich war.[166] Ein in tatsächlicher Hinsicht unklarer Sachverhalt sollte etwa dann anzunehmen

162 BTDrucks. 18 10146 S. 8 ff.

163 Siehe dazu zuletzt etwa KG Berlin BeckRS 2017 115259; MüKo-StPO / *Bittmann* § 111d, 6; umfassend dazu LR / *Johann* § 111d, 20.

164 BTDrucks. 18 10146 S. 13.

165 Vgl. etwa *Theile* StV 2009 161, 165 für undurchsichtige Gesellschafts- und Steuerverhältnisse, bei denen ein Steuerpflichtiger noch zu ermitteln ist; ebenso *Schmid / Winter* NStZ 2002 8, 12; *Dörn* StBP 1999 130 f.; *Webel* PStR 2007 41, 42; weitere Beispiele bei *Brundiers / Löwe-Krahl* PStR 2009 35, 40 und BRDrucks. 418/16 S. 14.

166 OLG Nürnberg NStZ 2011 173.

sein, wenn das Verfahren viele Beteiligte, „Strohmänner" und Mantelgesellschaften umfasste. Ähnlich den tatsächlich schwierigen Sachverhalten sollten sich rechtlich schwierige Sachverhalte im Steuerstrafverfahren dadurch auszeichnen, dass der Steuerpflichtige/Beschuldigte noch nicht eindeutig feststand[167] oder Begünstigter einer vermeintlichen Steuerstraftat ein Dritter war, wobei noch nicht ermittelt werden konnte, ob die Haftungsvoraussetzungen vorlagen.[168] Gerade unter Berücksichtigung dieser Sachverhalte könnte der Gesetzgeber im Steuerstrafverfahren vollständig auf den Nachweis eines Sicherungsbedürfnisses verzichtet haben wollen, um eine zügige Sicherung des *status quo* zu ermöglichen.

Sowohl unter historischen, als auch unter systematischen Aspekten gibt es durchaus Anhaltspunkte für die Auffassung, dass im Steuerstrafverfahren künftig auf den Nachweis eines Sicherungsbedürfnisses verzichtet werden kann.

Allerdings kann insbesondere das zuletzt genannte Argument bei genauer Analyse nicht überzeugen. In den vorbezeichneten Fällen bedurfte es nämlich schon vor der Reform überhaupt keines besonderen Begründungsaufwands für das Vorliegen eines Sicherungsbedürfnisses, sondern ergab sich dieses *gerade* aus den vorbeschriebenen Umständen des Einzelfalls. Es war unstrittig, dass in Fällen, in denen besondere rechtliche oder tatsächliche Schwierigkeiten ein Vorgehen nach § 324 AO hinderten, eine strafprozessuale Sicherstellung möglich war.[169] Daran hat sich durch die Reform 2017 nichts geändert, auch heute können besonders undurchsichtige tatsächliche Verhältnisse Anlass zur vorläufigen Sicherstellung im Wege des Vermögensarrestes geben.[170] Nachdem besonders komplexe Sachverhalte also *klassische* Sicherungsgründe nach § 111e Abs. 1 darstellen, sind sie nicht zugleich geeignet, die Notwendigkeit für den *Verzicht* auf den Nachweis eines solchen zu belegen.

Gegen ein solch weites Verständnis des § 111e Abs. 6 spricht darüber hinaus auch die Tatsache, dass es vor dem Inkrafttreten des Gesetzes zur Reform der strafrechtlichen Vermögensabschöpfung im Rahmen der vorläufigen Sicherstellung von Vermögenswerten im Steuerstrafverfahren völlig *unbestritten* war, dass der Steuerfiskus ein Sicherungsbedürfnis darzulegen hatte, sollte zu seinen Gunsten ein dinglicher Arrest erlassen werden. Umstritten war *lediglich*, ob das Sicherungsbedürfnis mit Zeitablauf zu reduzieren war, wenn der Steuerfiskus trotz

---

167 Flore / Tsambikakis / *Webel* Teil 2 Kap. 10 Rn. 89.

168 *Webel* wistra 2004 249, 251.

169 Vgl. statt vieler OLG Nürnberg NStZ 2011 173, 174.

170 *Madauß* NZWiSt 2018 28, 29.

Sicherungsmöglichkeit nach § 324 AO untätig blieb.[171] Dass ein Sicherungsbedürfnis des Steuerfiskus entbehrlich gewesen wäre, wurde nicht vertreten. Nachdem der Gesetzgeber in der Gesetzesbegründung jedoch *expressis verbis* ausgeführt hat, dass die Einführung des § 111e Abs. 6 der Beseitigung „rechtlicher Unsicherheiten" diene, kann er damit nicht die Frage gemeint haben, ob der Steuerfiskus im Rahmen der vorläufigen Sicherstellung ein Sicherungsbedürfnis nachweisen muss; hierüber bestand nämlich keine solche Unsicherheit.

Zur vorherigen Rechtslage war es außerdem unstrittig, dass dem Steuerfiskus ein Sicherungsbedürfnis nur dann durch Zeitablauf abzusprechen war, wenn ihm Kenntnisse über den konkreten Sachverhalt vorlagen. Diese konnten sich etwa daraus ergeben, dass die Finanzbehörden das Ermittlungsverfahren nach § 386 AO selber führten oder sie aber nach § 111e Abs. 3 und 4 StPO a.F. über den Vollzug des dinglichen Arrestes durch die Staatsanwaltschaften informiert waren. Gerade in den erstgenannten Fällen war und ist der Steuerfiskus damit, genau wie im allgemeinen Strafverfahren der Justizfiskus, sowohl Ermittler als auch über § 459h Letztbegünstigter der Einziehungsentscheidung. Ein maßgeblicher Unterschied liegt (lediglich) darin, dass die BuStra mit § 324 AO ein weiteres Sicherungsinstrument zur Verfügung hat, das der Staatsanwaltschaft in allgemeinen Strafverfahren gerade fehlt. Sie kann nicht zwischen unterschiedlichen Sicherungsmöglichkeiten wählen, sondern ist in Fällen der Einziehung von Wertersatz auf den Vermögensarrest beschränkt. Systematisch widersprüchlich wäre es deshalb, dem Gläubiger, der ohnehin nur *eine* Sicherungsmöglichkeit hat, den Nachweis eines Sicherungsbedürfnisses abzuverlangen, denjenigen Gläubiger, dem Alternativen zur Verfügung stehen, indes ohne entsprechenden Nachweis zu sichern.

Allein unter historisch-teleologischen Gesichtspunkten lässt sich daher insgesamt nicht überzeugend begründen, wieso die vorläufige Sicherstellung in reinen Strafverfahren künftig *strengeren* Anforderungen unterworfen sein sollte als im Steuerstrafverfahren.

bb) Verzicht auf den Nachweis eines Sicherungsbedürfnisses aus praktischen Gründen?

Der Gesetzgeber könnte jedoch auch aus einem praktischen Gesichtspunkt heraus auf den Nachweis eines Sicherungsbedürfnisses für Steuerforderungen verzichtet haben wollen. So bemängelte die steuerrechtliche Literatur schon vor der Reform, dass die Rechtsprechung bei der Abwägung des Sicherungsbedürfnis-

171 Siehe dazu bereits ausführlich D), I., 1.

ses des Steuerfiskus gewichtige Umstände des Einzelfalls wie den Verdachtsgrad, die Zahl der Geschädigten, die Höhe des Arrestes allgemein und im Verhältnis zum Vermögen des Betroffenen, das Verhalten des Beschuldigten, den Aufwand der Strafverfolgungsbehörden oder auch die Realisierbarkeit der Forderung durch den Fiskus im konkreten Einzelfall nicht immer hinreichend gewürdigt habe.[172] Stattdessen sei das Sicherungsbedürfnis fehlerhaft unter Verweis auf § 324 AO verneint worden. Nach *Roth* habe deshalb die Gefahr bestanden, dass einerseits die Finanzgerichte eine Sicherung nach § 324 AO unter Hinweis auf die Möglichkeiten nach der Strafprozessordnung verneinten und die Ablehnung eines strafprozessualen Arrestes wiederum im finanzgerichtlichen Verfahren „als faktisches Indiz gegen die Aufrechterhaltung eines § 324 AO-Arrestes“[173] verwandt werde. Die Gefahr, dass die Strafgerichte künftig das Sicherungsbedürfnis des Steuerfiskus weiterhin unter Berücksichtigung der Möglichkeiten eines Vorgehens nach § 324 AO verweigern und damit auch eine privilegierte Zwangsvollstreckung nach § 111h Abs. 2 Satz 2 ausgeschlossen wäre, könnte dafür sprechen, dass der Gesetzgeber komplett auf den Nachweis eines Sicherungsbedürfnisses im Steuerstrafverfahren verzichten wollte.

Allerdings verkannte *Roth* – unabhängig von der empirischen Validität seiner Kritik – mit dieser Argumentation der fehlenden Berücksichtigung der Umstände des Einzelfalls schon, dass die von ihm bezeichneten Abwägungskriterien allesamt im Rahmen des § 111b Abs. 5 StPO a.F. zu prüfen waren.[174] Die Besonderheit in Fällen der Rückgewinnungshilfe für den Steuerfiskus lag gerade in seinen Möglichkeiten, selbst nach § 324 AO aktiv zu werden, weshalb es von der Rechtsprechung richtig war, diesen Umstand (isoliert) in den Vordergrund zu stellen. Andersherum formuliert: Wenn die von *Roth* bezeichneten besonderen Umstände des Einzelfalls *nicht* vorlagen, kam Rückgewinnungshilfe ohnehin nicht in Betracht und spielte die Möglichkeit nach § 324 AO deshalb *per se* keine Rolle mehr in Bezug auf das Vorliegen eines Sicherungsbedürfnisses. Die Besonderheiten des Einzelfalls waren konstitutive Voraussetzungen, um überhaupt zu der Frage kommen zu können, ob das Sicherungsbedürfnis wegen der Möglichkeiten des § 324 AO abzulehnen war.

---

172 Auf die Bedeutung dieser Umstände, die in der Rechtsprechung oft überhaupt keine Berücksichtigung finden, weißt *Roth* wistra 2010 335, 337 zu Recht hin.

173 *Roth* wistra 2010 335, 338.

174 OLG Oldenburg wistra 2008 119 und OLG Celle wistra 2008 359, 360, die das Sicherungsbedürfnis im Übrigen auch nicht verneinten, sondern aufgrund der dem Finanzfiskus vorliegenden Ermittlungsergebnisse und dessen Untätigkeit von einem eingeschränkten Sicherungsbedürfnis sprachen.

Symptomatisch für die – erst kürzlich wieder von *Roth* behaupteten[175] –„Probleme“ rund um die Vermögensabschöpfung im Steuerstrafverfahren nach altem Recht ist in diesem Zusammenhang eine Entscheidung des OLG Celle.[176] Das dortige Ermittlungsverfahren wurde von den Justizbehörden geführt und der Finanzfiskus hatte denselben Kenntnisstand wie der Justizfiskus, blieb aber über Jahre untätig. Besonders bemerkenswert war, dass der Beschuldigte sogar mit den Ermittlungsbehörden kooperiert hatte und es keine konkreten Anhaltspunkte für Vermögensverschiebungen gab.[177] Gleichwohl blieb dieser schwerwiegende Grundrechtseingriff zwei Jahren aufrechterhalten und wurde erst durch das Oberlandesgericht beendet.[178]

Es dürfte sich dabei um einen solchen Fall handeln, in dem nach *Roth* das Gericht „der täterfreundlichen Verteidigerliteratur folgend – eine strafrechtliche Vermögensabschöpfung bei Steuerhinterziehungen dadurch ‘ausgehebelt’ [hat], dass auf die steuerliche Arrestmöglichkeit des § 324 AO verwiesen wurde.“[179] Tatsächlich zeigt dieser Fall indes (nur) auf, dass es dem Finanzfiskus schon vor der Reform 2017 regelmäßig nicht an Informationen oder rechtlichen Möglichkeiten zur Anspruchssicherung mangelte, sondern sie einfach nicht ausgeschöpft wurden.[180] Hierauf wies im Reformvorhaben 2017 im Übrigen auch der Deutsche Richterbund ausdrücklich hin.[181]

Entgegen den von *Roth* weiter vorgetragenen Befürchtungen lief der Steuerfiskus auch schon vor der Reform tatsächlich nicht Gefahr, dass Gerichte den Arrest nach Abgabenordnung unter Hinweis auf die strafprozessualen Vorschriften verneinten. Wer dies tat, verkannte schlicht die bereits angesprochene Systematik der §§ 111b ff. StPO a.F.,[182] die nur auf eine *vorläufige Sicherung* zu Gunsten des Gläubigers gerichtet waren. So konnte der Verletzte zur alten Rechtslage Befriedigung im strafprozessualen Verfahren gar nicht erlangen, sondern musste

---

175 *Roth* Stbg 2017 454.

176 OLG Celle wistra 2008 359 f.

177 Das lässt eigentlich schon den Arrestgrund entfallen, wie MAH-WiSt / *Rönnau* § 13, 205 zutreffend ausführt: „Transparenz und Kooperation schlägt hier – wie bei der Korruption – Argwohn“.

178 OLG Celle wistra 2008 359; die Staatsanwaltschaft hatte gegen die Aufhebung des Arrestes durch das Landgericht sofortige Beschwerde erhoben, obwohl nicht einmal eine Anklageerhebung absehbar war.

179 *Roth* Stbg 2017 454.

180 Siehe dazu auch die ausdrücklich von *Roth* kritisierte Entscheidung des KG Berlin BeckRS 2017 115259, das in dieser Entscheidung außerordentlich deutliche Kritik an den Finanzbehörden geübt hat.

181 DRB Stellungnahme 9/16 S. 2.

182 Siehe dazu ausführlich unter C), II.

vielmehr auch bei ausgebrachten Rückgewinnungshilfemaßnahmen einen zumindest vorläufig vollstreckbaren Titel erwirken und, wollte er in den Rang des Justizfiskus eintreten, die Zulassung der Zwangsvollstreckung nach §§ 111g, 111h StPO a.F. beantragen; andernfalls fiel der Vermögenswert über § 111i Abs. 2 ff. StPO a.F. dem Justizfiskus anheim. Es bestand somit für den Finanzfiskus nicht nur die Möglichkeit, einen dinglichen Arrest nach § 324 AO zu erlassen, sondern um rangwahrend in den gesicherten Vermögenswert vollstrecken zu können, *musste* er sogar einen dinglichen Arrest nach der Abgabenordnung oder einen sonst vorläufig vollstreckbaren Titel vorlegen und den Zulassungsbeschluss erwirken. Die Situation war identisch mit jener im Zivilrecht, auch dort konnte das Gericht im einstweiligen Rechtsschutz den Arrestgrund nicht unter Hinweis auf den strafprozessualen Arrest verneinen.[183]

Die neue Rechtslage macht das nunmehr noch deutlicher. Zum einen bedarf es für eine vorläufige Vollstreckung nach § 111h Abs. 2 Satz 2 ausdrücklich eines Arrestes nach § 324 AO.[184] Außerdem hätte die Vorschrift des § 111h Abs. 2 Satz 2 gar keinen Anwendungsbereich, würde ein ausgebrachter Vermögensarrest nach § 111e Abs. 1 einen solchen nach § 324 AO grundsätzlich mangels Arrestgrund ausschließen.

Auch unter praktischen Gesichtspunkten kann es daher nicht überzeugen, im Steuerstrafverfahren künftig auf den Nachweis eines Sicherungsbedürfnisses zu verzichten.

cc) Verzicht auf den Nachweis eines Sicherungsbedürfnisses mangels Sachverhaltskenntnissen des Steuerfiskus?

Der Wille des Gesetzgebers, künftig auf den Nachweis eines Sicherungsbedürfnisses im Steuerstrafverfahren zu verzichten, könnte sich nach alledem allenfalls noch daraus ergeben, dass zwischen den verschiedenen Geschädigten, etwa im Falle der Involvierung mehrerer Finanzämter oder bei Fällen, in denen es um die Sicherung von Gewerbesteuern geht, ein unterschiedlicher Informationsstand gegeben sein kann, der den Nachweis eines Sicherungsbedürfnisses des konkreten Geschädigten unmöglich macht.[185]

---

183 Mittlerweile herrschende Meinung: BTDrucks: 16 700 S. 17; OLG Bamberg NStZ 2010 348, das aber den Willen des Gesetzgebers wohl verkennt; KG wistra 2010 116, 117; MüKo-ZPO / *Drescher* § 917, 21; Zöller / *Vollkommer* § 917, 11; anders: Baumbach / Lauterbach § 917, 11.

184 BTDrucks. 18 10146 S. 13; für eine analoge Anwendung auch ohne bestandskräftige Steuerbescheide *Rettke* wistra 2017 417, 421.

185 In diesem Sinne zur alten Rechtslage *Roth* wistra 2010 335, 338, der ein solches Vorgehen aber in Frage stellt.

Insoweit ist allerdings zu berücksichtigen, dass schon vor der Reform weitgehend Einigkeit bestand, dass man zur Feststellung eines Sicherungsbedürfnisses auf den konkreten Informationsstand bzw. die Informationsmöglichkeiten des jeweiligen Verletzten abstellen musste und *unverschuldete* Informationsdefizite ein Sicherungsbedürfnis begründen konnten. Führten die Staatsanwaltschaften die Verfahren und hatten sie den Finanzbehörden keine Mitteilung über den Vollzug des dinglichen Arrestes gemacht, war es völlig unbestritten, dass dann auch mit Zeitablauf kein Sicherungsbedürfnis entfallen sein konnte. Für einen künftigen Verzicht auf den Nachweis eines Sicherungsbedürfnisses könnte vor diesem Hintergrund allenfalls eine daran anlehnende Folge sprechen, die allerdings, soweit ersichtlich, in der Diskussion vor der Reform 2017 im Zusammenhang mit dem Sicherungsbedürfnis des Steuerfiskus überhaupt keine Beachtung gefunden hatte. So wurde hier dargelegt, dass das Steueraufkommen in der Regel von den Ländern verwaltet wird, die Erträge aber zwischen Bund, Ländern und Kommunen aufgeteilt werden, sog. Gemeinschaftsteuern nach Art. 106 Abs. 3 Satz 1 GG.[186] Die ertragsstärksten Steuerarten Einkommen-, Umsatz- und Körperschaftsteuer sind solche Gemeinschaftsteuern,[187] so dass man die praktisch bedeutsame Frage stellen könnte, ob der Nachweis eines Sicherungsbedürfnisses des Steuerfiskus bei diesen Gemeinschaftsteuern nicht schon deshalb entbehrlich sein muss, weil der Verletzte der Straftat letztlich nicht nur der ermittelnde Steuerfiskus, sondern eine ganz andere Körperschaft ist, die von diesem Verfahren gar keine Kenntnis hat.[188]

An dieser Stelle soll nicht vertieft auf die steuerrechtlich umstrittene Frage der Rechtsnatur des Verhältnisses zwischen Bund und Ländern bei der Ertragshoheit der Gemeinschaftsteuern eingegangen werden, denn das Meinungsspektrum reicht dort von einer Teilgläubigerschaft über eine Gesamtgläubigerstellung bis zur Möglichkeit eines sonstigen Rechtsverhältnisses.[189] Die Frage wird noch dadurch verkompliziert, dass man bei der Umsatzsteuer zwar genau sagen kann, welcher Anteil dem Bund zusteht, der Restbetrag jedoch nur einer Ländergesamtheit, nicht aber einem einzelnen Land zuordenbar ist.[190]

---

186 Siehe dazu ausführlich unter D), II., 1.

187 Vgl. dazu unter Hinweis auf die Steuerarten unter Tipke / Lang / *Seer* § 2, 58 f.; BeckOK-GG / *Kube* Art. 106, 16; Jarass / Pieroth Art. 106, 6 m.w.N.

188 Allgemein zur Verteilung der Umsatzsteuer, vgl. Maunz / Dürig / *Seiler* Art. 106, 36 ff.

189 Vgl. dazu ausführlich Maunz / Dürig / *Seiler* Art. 106, 36 ff.; offengelassen bei BeckOK-GG / *Kube* Art. 106, 20, der eine Differenzierung mangels Rechtserheblichkeit nicht für erforderlich hält.

190 Maunz / Dürig / *Seiler* Art. 106, 37.

Der Gesetzgeber hat diese allgemeine Problematik um die Auswirkung der Ertragshoheit bei Gemeinschaftsteuern nämlich erkannt und punktuell Regelungen dazu getroffen. So bestimmt etwa § 226 Abs. 4 AO im Zusammenhang mit der Aufrechnung von Steuerschulden, dass für die Aufrechnung eines Anspruchs aus dem Steuerschuldverhältnis die Körperschaft als Gläubiger oder Schuldner gilt, die die Steuer verwaltet. Ähnlich regelt § 252 AO, dass im Vollstreckungsverfahren die Körperschaft als Gläubigerin gilt, der die Vollstreckungsbehörde angehört. Ob man § 252 AO tatsächlich eins zu eins auf den dinglichen Arrest nach § 324 AO übertragen kann, obwohl es sich seiner Rechtsnatur nach um eine Maßnahme des Festsetzungsverfahrens handelt,[191] muss hier nicht entschieden werden. Sowohl § 226 Abs. 4 AO als auch § 252 AO verfolgen nämlich den auf § 324 AO übertragbaren Zweck, das Steuerschuldverhältnis nicht mit Komplexitäten aus dem Innenverhältnis der Finanzfisken zu belasten. Dieser Gedanke greift auch im Steuerstrafverfahren. Wollte man bei der Frage nach dem konkreten Sicherungsbedürfnis zwischen dem Bundes- und dem Landesfinanzfiskus differenzieren, so würde dies dazu führen, dass der Strafrichter in seinem Urteil auch ausführen müsste, welcher Teil der Steuerforderung dem Bund und welcher dem Land und/oder der Gemeinde zukommt. Das verkompliziert das Verfahren unnötig, da sich der Steuerschuldner im anschließenden Vollstreckungsverfahren wegen § 252 AO ohnehin nur der Vollstreckungsbehörde gegenübersieht. Gilt aber auch für Gemeinschaftsteuern nur die Körperschaft als Gläubigerin, der die Vollstreckungsbehörde angehört, ist kein Grund ersichtlich, im vorgelagerten Steuerstrafverfahren zwischen den Sicherungsbedürfnissen der einzelnen Fisken zu differenzieren. Das Sicherungsbedürfnis des Steuerfiskus richtet sich deshalb auch bei Gemeinschaftsteuern nur nach den Möglichkeiten des steuerverwaltenden Finanzfiskus, so dass der Nachweis eines Sicherungsbedürfnisses des konkreten Steuergläubigers entbehrlich ist.[192] Damit wiederum ist es nicht erforderlich, nur aufgrund der Verteilung der späteren Steuereinnahmen zu Gunsten der steuerbegünstigten Körperschaft auf den Nachweis eines Sicherungsbedürfnisses zu verzichten.

dd) Ergebnis

Insgesamt überzeugt es nicht, in § 111e Abs. 6 einen Regelungsgehalt dergestalt zu erblicken, dass der Gesetzgeber künftig im Steuerstrafverfahren auf den Nachweis eines Sicherungsbedürfnisses verzichten wollte.[193] Gerade in den Fällen, in denen aufgrund komplexer rechtlicher oder tatsächlicher Fragestellungen

191 Vgl. dazu bereits oben D), II., 3.

192 Siehe aber auch *Madauß* NZWiSt 2018 28, 29 im Zusammenhang mit der Gewerbesteuer.

193 Im Ergebnis ebenso *Madauß* NZWiSt 2018 28, 30; *Rhode* wistra 2018 65, 67.

ein Vorgehen nach § 324 AO in der Vergangenheit nicht möglich war, konnte bereits bisher und kann auch heute ein Sicherungsbedürfnis unproblematisch bejaht werden. Es bestand daher gar kein Bedarf für einen solchen Verzicht. Es überzeugt außerdem gerade für Fälle, in denen die BuStra das Verfahren führt, nicht, sie vom Nachweis eines Sicherungsbedürfnisses zu befreien, dem Justizfiskus aber im allgemeinen Strafverfahren einen solchen Nachweis abzuverlangen, obwohl ihm nur eine, der BuStra indes zwei Sicherungsmöglichkeiten zur Verfügung stehen. Auch nach dem Inkrafttreten des Gesetzes zur Reform der strafrechtlichen Vermögensabschöpfung ist für eine vorläufige Sicherstellung in Steuerstrafverfahren deshalb der Nachweis eines Sicherungsbedürfnisses erforderlich.

b) Kein Entfall des Sicherungsbedürfnisses nach § 111e Abs. 1 trotz der Möglichkeit eines Vorgehens nach § 324 AO?

Wenn die Vorschrift des § 111e Abs. 6 aufgrund der dargelegten Aspekte nicht so weit zu verstehen ist, dass im Steuerstrafverfahren künftig der Nachweis eines konkreten Sicherungsbedürfnisses entbehrlich sein soll, so könnte in ihr aber jedenfalls die Bestimmung zu sehen sein, dass es bei der Prüfung des Sicherungsbedürfnisses ab sofort unberücksichtigt bleiben muss, dass dem Steuerfiskus über § 324 AO eine alternative Sicherungsmöglichkeit zur Verfügung steht.[194] Das Sicherungsbedürfnis dürfte dann nicht mehr deshalb entfallen, weil der Steuerfiskus selbst nach § 324 AO für eine Sicherung seiner Ansprüche sorgen kann.[195]

Ob der Vorschrift ein solcher Regelungsgehalt entnommen werden kann bestimmt sich maßgeblich danach, wie man den Passus der „Möglichkeit einer Anordnung nach § 324" in § 111e Abs. 6 verstehen will.

aa) Auslegungs- und Argumentationsansätze

Dieser kann einerseits so interpretiert werden, dass (schon) der Umstand, dass dem Steuerfiskus grundsätzlich auch eine eigene Sicherungsmöglichkeit nach der Abgabenordnung zur Verfügung steht, im Steuerstrafverfahren außer Betracht

---

194 *Madauß* NZWiSt 2018 28 f. spricht von einer „erkennbaren Streitfrage"; siehe dazu die Anmerkung von *Gubitz / Molkentin* NJW 2017 3733: „Fraglich ist, welcher Stellenwert dem Nichtergreifen dieser Möglichkeit [eines Vorgehens nach § 324 in vorläufig strafprozessual gesicherte Vermögenswerte] dann noch zukommt".

195 *Roth* Stbg 2017 454, 458; in diesem Sinne auch *Bittmann* ZinsO 2018 370, 373; ohne weitere Begründung Meyer-Goßner / Schmitt / *Köhler* § 111e, 21, der aber zugleich davon ausgeht, dass bei einem vollzogenem Arrest nach § 324 AO das Sicherungsbedürfnis für den Vermögensarrest „…in der Regel zu verneinen…" sei.

bleiben muss. Auf die bisher umstrittene Frage, ob die Voraussetzungen des § 324 AO im konkreten Fall überhaupt erfüllt sind, käme es dann nicht mehr an.

Andererseits könnte man die Vorschrift auch so verstehen, dass nur die *abstrakte* Möglichkeit eines Vorgehens nach § 324 AO ein Vorgehen im Wege des Vermögensarrestes nicht ausschließt, sehr wohl aber Berücksichtigung finden muss, wenn die Voraussetzungen des § 324 AO im konkreten Fall ebenfalls erfüllt sind. Danach dürfte man im Steuerstrafverfahren solange nach § 111e Abs. 1 vorgehen, bis die Voraussetzungen des § 324 AO vorlägen, erst dann würde das Sicherungsbedürfnis entfallen. Damit wäre der bisher zum Teil vertretenen Auffassung eine Absage erteilt, wonach die Finanzbehörden prinzipiell verpflichtet sein sollten, ihre Sicherung über die Abgabenordnung zu suchen,[196] während die schon vor der Reform herrschende Auffassung[197] bestätigt wäre, nach der die Sicherungsmöglichkeit über § 324 AO ein (weiteres) Abwägungskriterium bei Maßnahmen der vorläufigen Sicherstellung ist.[198]

Für ein Normverständnis im erstgenannten Sinne ließe sich das bereits angedeutete Argument fruchtbar machen, dass sich der Streit um die vorläufige Sicherstellung im Steuerstrafverfahren vor der Reform gerade um die Frage drehte, ob dem Steuerfiskus ein Sicherungsbedürfnis in den Fällen abzusprechen war, in denen er trotz Kenntnis der strafprozessualen Sicherungsmaßnahmen über einen längeren Zeitraum hinweg untätig blieb und keine Maßnahmen nach § 324 AO ergriff. Die Vorschrift des § 111e Abs. 6 in Kombination mit der Gesetzesbegründung könnte vor diesem Hintergrund so zu verstehen sein, dass damit diese „rechtliche Unsicherheit" beseitigt werden sollte und die Möglichkeit eines Vorgehens nach § 324 AO bei Würdigung des Vermögensarresetes *grundsätzlich* außer Betracht bleiben muss.[199] Hierfür spräche wiederum auch, dass schon § 111h Abs. 2 Satz 2 deutlich macht, dass nur die abstrakte Möglichkeit eines Vorgehens nach § 324 den Vermögensarrest nicht ausschließen kann, weil das Vollstreckungsprivileg dann keinen Anwendungsbereich hätte, wenn man die Anordnung des Vermögensarrestes unter Rekurs auf die Möglichkeit nach § 324 AO verweigern dürfte.

Als Argument dafür, dass ein konkret mögliches Vorgehen nach § 324 das Sicherungsbedürfnis auch nach neuer Rechtslage weiterhin entfallen lässt, kann

---

196 LG Berlin wistra 2006 358, 359; *Bach* JR 2010 286, 290; *Wulf / Talaska* Stbg 2008 413, 414.

197 Siehe etwa KG Berlin BeckRS 2017 115259; OLG Nürnberg NStZ 2011 173, 174; OLG Oldenburg wistra 2008 119; LG Mannheim vom 21.12.2006, Az.: 25 Qs 14/06; *Theile* StV 2009 161, 166; MAH-WiSt / *Rönnau* § 13, 259.

198 In diesem Sinne auch *Meißner / Schütrumpf* Rn. 142 f.

199 In diesem Sinne *Roth* ZWH 2017 318, 319.

man diese Ausführungen jedoch auch einfach umkehren: So hat der Gesetzgeber über § 111h Abs. 2 Satz 2 zwar unbestreitbar (schon) zum Ausdruck gebracht, dass nur die abstrakte Möglichkeit eines Vorgehens nach § 324 den Vermögensarrest nicht ausschließen kann. Allerdings war die bisherige Diskussion um die Möglichkeiten der vorläufigen Sicherstellung im Steuerstrafverfahren davon gekennzeichnet, dass die Finanzbehörden von ihren Möglichkeiten nach § 324 AO keinen Gebrauch machten und sich auf die strafprozessuale Sicherung verließen. § 111h Abs. 2 Satz 2 würde vor diesem Hintergrund künftig *leerlaufen*, wenn man die *konkrete* Möglichkeit eines Vorgehens nach § 324 AO bei der Entscheidung über die Fortdauer eines Vermögensarrestes unberücksichtigt lassen müsste, weil die Finanzbehörden dann generell nicht mehr befürchten müssten, dass der Vermögensarrest unter Rekurs auf ihre eigene Untätigkeit (irgendwann) aufgehoben wird. Das Vollstreckungsprivileg hätte damit in der Praxis keinen Anwendungsbereich und das, obwohl der Gesetzgeber ausdrücklich erklärt hat, damit eine „gesetzliche Wertung" in das neue Recht übertragen zu wollen, den Fiskus früher als andere Verletzte einer Straftat zu sichern.[200] § 111e Abs. 6 so zu verstehen, dass das Sicherungsbedürfnis des Steuerfiskus weiterhin zeitlichen Grenzen unterliegt, würde damit nicht nur eine disziplinierende Wirkung gegenüber den Finanzbehörden zu Gunsten einer Entlastung der Justiz entfalten, sondern zugleich auch die „rechtliche Unsicherheit" beseitigen, ob mit der herrschenden Auffassung ein Vorgehen nach § 324 AO im Rahmen der Prüfung der Rechtmäßigkeit des Vermögensarrestes berücksichtigt werden darf,[201] indem sie diese bestätigt.

bb) Stellungnahme

Unter Berücksichtigung des Sinn und Zwecks des Vollstreckungsprivilegs nach § 111h Abs. 2 Satz 2, vor allem aber der Systematik der Neuregelungen zur vorläufigen Sicherstellung im Steuerstrafverfahren sprechen die überzeugenderen Argumente für ein Verständnis des § 111e Abs. 6 dergestalt, dass ein nach § 324 AO konkret mögliches Vorgehen des Steuerfikus weiterhin im Rahmen des Sicherungsbedürfnisses zu berücksichtigen ist.

Hierfür lässt sich zunächst ein allgemeines, rechtsstaatliches Argument zum Schutz des Betroffenen anführen. Wenn der Steuerfiskus es nämlich selbst in der Hand hat, für eine Absicherung seiner Ansprüche trotz ausgebrachter vorläufiger Sicherungsmaßnahmen nach der Strafprozessordnung zu sorgen, so

---

200 BTDrucks. 18 9525 S. 79.

201 Im Ergebnis ebenso *Lampe* jurisPR-StrafR 16/2017 Anm. 4.

stellt sich unter Berücksichtigung der mit einem Vermögensarrest einhergehenden Beeinträchtigungen des Eigentumsgrundrechts des Betroffenen die Frage, wieso es für dessen Rechtmäßigkeit unberücksichtigt bleiben sollte, dass im konkreten Fall (auch) andere Sicherungsmöglichkeiten bestehen. Es liegt doch in diesen Fällen vielmehr nahe, besonders *strenge* Anforderungen an das Sicherungsbedürfnis zu stellen, wenn der mit Amtsermittlungsbefugnissen und einer ausdrücklich in der Abgabenordnung beschriebene Ermächtigungsgrundlage zur vorläufigen Sicherstellung von Vermögenswerten ausgestattete Steuerfiskus diese nicht nutzt und sich stattdessen (nur) an die Möglichkeiten des Vermögensarrestes halten will. Dieser soll den Begünstigten schließlich nicht besserstellen, sondern nur eine *Verschlechterung* seiner Vollstreckungsmöglichkeiten verhindern.[202]

In diesem Zusammenhang maßgeblich zu berücksichtigen ist auch der Umstand, dass der Steuerfiskus durch die Reform *doppelt* privilegiert wurde. Ihm wurde nicht nur der Zulassungsantrag im Sinne der §§ 111g, 111h StPO a.F. abgenommen, sondern zugleich auch schon vor Rechtskraft Zugriff auf die vorläufig gesicherten Vermögenswerte gewährt. Seine Position hat sich damit im Vergleich zur Rechtslage vor der Gesetzesänderung *erheblich* verbessert, während die Intensität des mit der vorläufigen Sicherstellung einhergehenden Eingriffs in die Grundrechte des Betroffenen gleichgeblieben ist. Wenn nun aber schon vor der Reform ein Sicherungsbedürfnis des Steuerfiskus unter Abwägung seiner durch §§ 111g, 111h StPO a.F. (beschränkten) Möglichkeiten mit den berechtigten Belangen des Betroffenen zu einem Ausschluss des Sicherungsbedürfnisses führen musste, weil ihm die Möglichkeit nach § 324 AO offenstand, so fragt sich, wieso diese Abwägung nun trotz deutlich verbesserter Möglichkeiten unterbleiben sollte.

Ein solch weitläufiges Verständnis des § 111e Abs. 6 würde zudem grundlegende Wertungen des vorläufigen Sicherstellungsrechts unterlaufen. Das wird wiederum durch einen Vergleich mit den Möglichkeiten des Justizfiskus deutlich: Hat die Staatsanwaltschaft Kenntnis von einer vorläufigen Sicherungsmöglichkeit, macht sie hiervon aber über einen längeren Zeitraum keinen Gebrauch, so wird ihr bei unveränderter Sachlage mit fortschreitendem Zeitablauf ein Sicherungsbedürfnis abgesprochen.[203] Warum soll nun aber der Finanzfiskus in den hier diskutierten Fällen besser behandelt werden, als der Justizfiskus in *allen* Strafverfahren? In jenen Verfahren, in denen die BuStra die Ermittlungen führt

202 *Meißner* Stellungnahme S. 10.

203 So zur alten Rechtslage in Bezug auf Rückgewinnungshilfemaßnahmen etwa schon OLG Celle StV 2009 120, 121 f.; OLG Oldenburg wistra 2008 119.

oder die Finanzbehörden nach § 111l über den Vollzug des Vermögensarrestes informiert sind, ist kein Grund ersichtlich, warum man sie nicht dazu anhalten sollte, sich zeitnah (selbst) um ihre Sicherung zu kümmern. Andernfalls würde man nämlich rein tatsächlich doch auf den Nachweis eines konkreten Sicherungsbedürfnisses des Steuerfiskus verzichten.

Nur mit diesem Verständnis des § 111e Abs. 6 liegt auch ein schlüssiges *Gesamtkonzept* für die vorläufige Sicherstellung im Steuerstrafverfahren vor: Über die Regelung des § 111e Abs. 6 wird den Strafgerichten künftig untersagt, einen Vermögensarrest schon mit der *allgemeinen* Erwägung zu verneinen, dass der Steuerfiskus auch eine Sicherungsmöglichkeit nach § 324 AO hat.[204] Der Gesetzgeber begegnet damit der Kritik des Deutschen Richterbundes, der sich ausdrücklich gegen eine Sicherung der Steuerforderung im Strafprozess ausgesprochen hatte[205] und macht deutlich, dass ein isolierter Verweis auf eine *abstrakte* Möglichkeit der Sicherung nach § 324 AO nicht verfangen kann. Eine vorläufige Sicherstellung kann deshalb zunächst über den Vermögensarrest erfolgen, bis die notwendigen Ermittlungen durchgeführt und die Vollstreckungsmasse ohne weitere Schwierigkeiten ins Steuerverfahren übergeleitet werden kann.

Der Steuerfiskus kann sich zugleich nicht mehr unter Rekurs auf seine „beschränkten Möglichkeiten“ nach § 324 AO auf der strafprozessualen Sicherstellung ausruhen. Das entspricht dem steuerrechtlichen Grundprinzip, wonach bei der Beitreibung von Steuern kein Ermessenspielraum besteht.[206] Die Steuerbehörde hat alles zu tun, um Steuerschulden zeitnah einzutreiben und damit das Steueraufkommen zu sichern.[207] Die Sicherung dieses Steueraufkommens ist ein Grundanliegen der Allgemeinheit, mit dem es sich nicht verträgt, wenn die Behörde trotz Vollstreckungsmöglichkeit untätig bleibt.[208] Diese Untätigkeit könnte nämlich erheblich negative Auswirkungen haben, die der Gesetzgeber gerade vermeiden wollte. Zum einen müssten der Rechtspfleger bzw. das Straf-

---

204 Im Ergebnis ebenso OLG Stuttgart NJW 2017 3731, 3733.

205 DRB Stellungnahme 9/16 S. 2.

206 Siehe dazu bereits ausführlich unter D), II., 2.

207 In diesem Sinne auch *Köhler / Burkhard* NStZ 2017 665, 678 f., die auf die hier gestellte Frage aber nicht eingehen sondern lediglich ausführen: „…so sollte der Steuerfiskus durch die unverzügliche Anordnung eines dinglichen Arrestes nach § 324 AO auf einer eigenständigen steuerrechtlichen Grundlage für die Sicherung der Vollstreckung der Steuerschuld sorgen“.

208 Diesen Kernaspekt übergeht OLG Stuttgart NJW 2017 3731, 3732 f., wenn der Senat darauf abstellt, dass das Sicherungsbedürfnis nach § 111e Abs. 1 deshalb nicht entfallen sei, weil das Finanzamt das Verfahren selber durchgeführt und den Arrest ausgebracht habe.

gericht anhand eines möglicherweise angefochtenen Steuerbescheids entscheiden, ob die Steuerschuld aus den eingezogenen Vermögenswerten zu befriedigen wäre und das, obwohl das Strafverfahren gerade von komplexen (fachfremden) Fragen entlastet werden sollte.[209] Vor diesem Hintergrund hat sogar der *Bundesrat* erklärt,[210] dass die Teilnahme des Steuerfiskus am Opferentschädigungsverfahren grundlegend untauglich ist.[211] Ein solch untaugliches Opferentschädigungsverfahren kann und soll gerade über ein Vorgehen nach § 324 AO verhindert werden.

Zum anderen hat die BuStra in all den Fällen, in denen sie das Verfahren nicht selber führt, überhaupt keine Möglichkeit, auf das Fortbestehen des Vermögensarrestes einzuwirken. Wird dieser aufgehoben, ohne dass zuvor nach § 324 AO vorgegangen wurde, stehen die Finanzbehörden „mit leeren Händen" da. Das ist gerade in Insolvenzfällen äußerst problematisch, weil dann die Steuerforderung nur im Insolvenzverfahren befriedigt werden kann,[212] mit den dort bekannt geringen Quoten. Würde der Steuerfiskus hingegen vorab nach § 324 AO vollstrecken, wäre die Steuerforderung gesichert und regelmäßig insolvenzfest.[213] Im Ergebnis würde sich die Untätigkeit des Steuerfiskus folglich zu Lasten des Steueraufkommens und damit zu Lasten der Rechtsgemeinschaft insgesamt niederschlagen, obwohl genau das über § 111h Abs. 2 Satz 2 zu verhindern gewesen wäre.[214] Das kann schon deshalb nicht überzeugen, weil das Vollstreckungsprivileg eine ausdrückliche gesetzliche Wertung des neuen Rechts darstellt, die faktisch bedeutungslos würde, wenn das Sicherungsbedürfnis des Steuerfiskus nicht weiter zeitlichen Grenzen unterläge.

cc) Ergebnis

Unter Berücksichtigung des Sinn und Zwecks des Vollstreckungsprivilegs des Steuerfiskus, dem Gesetzesziel einer Vereinfachung der vorläufigen Sicherstellung und dem Umstand, dass eine Untätigkeit des Steuerfiskus das Steueraufkommen gefährden kann, muss die Vorschrift des § 111e Abs. 6 deshalb so ver-

---

209 BTDrucks. 18 9525 S. 54, allerdings freilich mit Blick auf das Zivilverfahren.

210 BTDrucks. 18 10146 S. 9.

211 Kritisch unter Hinweis auf den „Grundsatz der Wirtschaftlichkeit und Sparsamkeit in der öffentlichen Verwaltung" auch *Reh* NZWiSt 2018 20, 23.

212 Dazu eingehend *Madauß* NZWiSt 2018 28, 31 f.

213 KMR / *Mayer* § 111h, 6.

214 *Rhode* wistra 2018 65, 67 der darin die maßgebliche Regelung von § 111h Abs. 2 Satz 2 erblickt; auch Meyer-Goßner / Schmitt / *Köhler* § 111e, 21 rät, jedenfalls für das reine Steuerstrafverfahren, zu einem Vorgehen nach § 324 AO.

standen werden, dass die Möglichkeit einer Anordnung nach § 324 der Abgabenordnung einer Anordnung nach Absatz 1 „nicht grundsätzlich" entgegensteht, sehr wohl aber im Rahmen des Sicherungsbedürfnisses berücksichtigt werden darf, ob ein Vorgehen nach § 324 AO im konkreten Einzelfall möglich ist.[215]

c) Ergebnis

Die Regelung des § 111e Abs. 6 ist nicht dahingehend zu verstehen, dass der Steuerfiskus künftig vom Nachweis eines Sicherungsbedürfnisses befreit ist. Sie bestimmt auch nicht, dass beim Nachweis dieses Sicherungsbedürfnisses außer Betracht gelassen werden müsste, dass der Steuerfiskus auch nach § 324 AO vorgehen und eine Sicherung der Steuerforderung auf diesem Wege erwirken kann.

Weder aufgrund des Wortlauts, noch unter historischen oder teleologischen Gesichtspunkten ist ein Grund ersichtlich, in § 111e Abs. 6 mehr zu sehen als die Klarstellung, dass die Strafgerichte den Vermögensarrest nicht unter Verweis auf die abstrakte Möglichkeit des § 324 AO verweigern dürfen.[216] Das Sicherungsbedürfnis des Steuerfiskus ist damit weiterhin *konstitutive* Voraussetzung der Sicherung der Steuerforderung in seinem Interesse.

Insbesondere aus systematischen Erwägungen ergibt sich zudem, dass § 111e Abs. 6 nicht dahingehend zu verstehen ist, dass künftig unberücksichtigt bleiben müsste, wenn der Finanzfiskus trotz Sicherungsmöglichkeit nach § 324 AO untätig bleibt. Die Vorschrift ist vielmehr dahingehend auszulegen, dass sie zum einen die rechtliche Unsicherheit beseitigen sollte, ob der Vermögensarrest zu Gunsten des Steuerfiskus *überhaupt* erlassen werden kann, zum anderen, ob der Steuerfiskus zur Überleitung der gesicherten Forderung in das Steuerverfahren gehalten sein soll. Beide Fragen bejahte der Gesetzgeber, letztere vor allem im Zusammenspiel mit dem Vollstreckungsprivileg in § 111h Abs. 2 Satz 2.

Es bleibt damit auch nach Inkrafttreten des Gesetzes zur Reform der strafrechtlichen Vermögensabschöpfung dabei, dass das Sicherungsbedürfnis des Steuerfiskus im Sinne des § 111e Abs. 1 konkret nachgewiesen werden muss *und* zeitlichen Grenzen unterliegt.

---

215 Ohne entsprechende Erklärung, im Ergebnis aber ebenso *Rhode* wistra 2018 65, 67; OLG Stuttgart NJW 2017 3731, 3732 f. und *Köhler / Burkhard* NStZ 2017 665, 678, die jedenfalls davon ausgehen, dass es ein strafprozessuales Sicherungsbedürfnis „dann" nicht mehr gibt, wenn der Steuerfiskus einen Arrest nach § 324 AO *vollzogen* hat.

216 Im Ergebnis wohl ebenso *Korte* wistra 2018 1, 11.

4. Hemmnisse der vorläufigen Sicherstellung unter praktischen Gesichtspunkten des Steuerstrafverfahrens

Im Zusammenhang mit der vorläufigen Sicherstellung im Steuerstrafverfahren wurde bisher nur untersucht, ob die vom Gesetzgeber geschaffenen Vorschriften in der *Theorie* Auswirkungen auf die Vermögensabschöpfungsmöglichkeiten hatten. Grundlage der Untersuchung war dabei die Hypothese des Gesetzgebers, wonach dem Steuerfiskus schon nach früherem Recht ermöglicht wurde, schneller und einfacher als andere Verletzte einer Straftat seine Ansprüche in die vorläufig gesicherten Vermögenswerte zu vollstrecken[217] und ihm deshalb alle Möglichkeiten offenstanden, eine Steuerforderung durchzusetzen.[218]

Diese Annahme des Gesetzgebers war jedoch nicht unbestritten. So wurde gerade von Seiten der Finanzverwaltung schon vor der Reform über Jahre hinweg darauf hingewiesen, dass der dingliche Arrest nach Abgabenordnung keine hinreichende Sicherungsmöglichkeit darstelle und deshalb ein Rückgriff auf strafprozessuale Sicherungsmaßnahmen unumgänglich sei.[219] Die Bedenken gegen den steuerrechtlichen Arrest resultierten dabei sowohl aus der Normstruktur des § 324 AO als auch seiner mangelnden Praxistauglichkeit.

Will man die Auswirkungen des Gesetzes zur Reform der strafrechtlichen Vermögensabschöpfung auf die Möglichkeiten der vorläufigen Sicherstellung im Steuerstrafverfahren herausarbeiten, so können diese Einwände nicht unberücksichtigt bleiben. Sie sollen deshalb im Fortgang auf ihre Validität untersucht werden.

a) Die Normstruktur des § 324 AO

Von Seiten der Finanzverwaltung wurde die Praxistauglichkeit des § 324 AO schon vor der Reform in Frage gestellt, indem etwa darauf hingewiesen wurde, dass die Strafprozessordnung nur einen einfachen Tatverdacht, die Abgabenordnung hingegen eine „überwiegende Wahrscheinlichkeit"[220] für das Vorliegen der anspruchsbegründenden Tatsachen verlange.[221] Außerdem sei nur mittels des strafprozessualen Arrestes eine schnelle Reaktion auf Sachverhalte möglich,

217 BTDrucks. 18 9525 S. 79.

218 BTDrucks. 18 10146 S. 13.

219 Siehe dazu etwa *Madauß* NZWiSt 2013 128, 129; *Roth* wistra 2010 335, 337; *Webel* wistra 2004 249, 251.

220 Dazu schon oben unter D), V., 1., b).

221 *Roth* wistra 2010 335, 337; *Madauß* NZWiSt 2013 128, 130.

in denen *Gefahr im Verzug* anzunehmen sei.[222] Hinzukomme, dass nur der dingliche Arrest nach Strafprozessordnung mündlich ergehen könne, während der abgabenrechtliche förmlich zuzustellen sei.[223] Im Rahmen des Gesetzgebungsverfahrens unterbreitete der Bundesrat deshalb Vorschläge zur Anpassung des § 324 AO, um die für den Steuerfiskus gesicherten Taterträge (besser) in das Besteuerungsverfahren überleiten zu können.[224]

Der Bundestag hat diese Vorschläge allesamt nicht aufgegriffen und stattdessen an dem ursprünglich vorgesehenen Konzept der Vermögensabschöpfung im Steuerstrafverfahren festgehalten. Ihm ist diesbezüglich zuzustimmen, weil die von der Finanzverwaltung zur Normstruktur des § 324 AO vorgebrachte Kritik in Bezug auf die Anwendbarkeit im Steuerstrafverfahren grundlegenden Bedenken begegnet. Sie erweckt einerseits den Anschein, als wollte der Steuerfiskus die Anforderungen der Abgabenordnung der Einfachheit halber über die Strafprozessordnung umgehen. Sie kann andererseits aber auch in der Sache nicht überzeugen, denn tatsächlich bestehen gar keine wesentlichen Unterschiede zwischen den beiden Sicherungsmöglichkeiten nach Abgaben- und Strafprozessordnung:

So wird unter Rekurs auf den identischen Wortlaut von § 324 Abs. 1 Satz 1 AO und § 917 Abs. 1 ZPO im Steuerrecht nahezu einstimmig[225] vertreten, dass Arrestgrund und -anspruch schon dann vorliegen, wenn der angenommene Sachverhalt nach Abwägung aller Umstände wahr zu sein scheint, das Nichtvorliegen des Sachverhaltes nicht mehr wahrscheinlich, sondern allenfalls möglich ist.[226] Praktische Gewissheit müsse keinesfalls vorliegen,[227] was schon daraus folge, dass es sich um ein *vorläufiges* Eilverfahren handele.[228] Diese Anforderungen

222 *Madauß* NZWiSt 2013 128, 129; *Roth* wistra 2010 335, 337; *Webel* wistra 2004 249, 251.

223 *Madauß* NZWiSt 2013 128, 129.

224 BTDrucks. 18 10146 S. 8 f.

225 Vgl. dazu *Dörn* StBp 1999 130; zur „hinreichenden Wahrscheinlichkeit“: BFH BStBl II 2001 464, 466; FG Münster EFG 2014 324, 327; Kühn / v. Wedelstädt / *Lemaire* § 324, 9; Tipke / Kruse / *Loose* § 324, 24; andere fordern eine vom Wortlaut an sich strengere, überwiegende Wahrscheinlichkeit, an die jedoch geringe Anforderungen zu stellen seien, vgl. Schwarz / Pahlke / *Kämper* § 324, 13 f.; ebenso HHSp. / Hohrmann § 324, 35, der allerdings darauf hinweist, dass die bloße Möglichkeit von Arrestgrund und Arrestanspruch nicht ausreichen.

226 Schwarz / Pahlke / *Kämper* § 324, 13a; Tipke / Kruse / *Loose* § 324, 24; deshalb Kühn / v. Wedelstädt / *Lemaire* § 324, 9: „Der Streit [zur Terminologie] dürfte im Ergebnis keine Rolle spielen…“, so auch Flore / Tsambikakis / *Webel* Teil 2 Kap. 10 Rn. 22 f.

227 Schwarz / Pahlke / *Kämper* § 324, 13.

228 Tipke / Kruse / *Loose* § 324, 23 f.

entsprechen damit nahezu jenen des § 111e Abs. 1[229] und bieten frühzeitige Möglichkeiten einer Arrestanordnung.

Die Abgabenordnung lässt es für die Annahme eines Arrest*anspruchs* außerdem ausreichen, dass der Rechtsgrund für die Forderung nach § 38 AO bereits gelegt ist, diese muss selbst noch gar nicht entstanden sein.[230] Beim Verdacht einer Steuerstraftat in Bezug auf die Einkommensteuer etwa kann die Finanzbehörde schon vor Ablauf des Kalenderjahres, in dem der Steueranspruch entstehen wird, dingliche Arreste ausbringen.[231] Praktisch wichtiger dürfte zwar die Sicherung von Umsatzsteueransprüchen sein, aber auch hier gilt, dass der steuerpflichtige Umsatz schon gesichert werden kann, bevor der Voranmeldungszeitraum abgelaufen ist.[232] Die Abgabenordnung ermöglicht damit den Zugriff auf das Schuldnervermögen schon zu einem Zeitpunkt, in dem mangels Ablauf des Kalenderjahres/Voranmeldungszeitraums überhaupt kein *Anfangsverdacht* für eine Straftat nach § 370 AO und damit für strafprozessuale Sicherungsmaßnahmen gegeben sein kann. Die Finanzbehörde hat folglich die Möglichkeit, nicht nur repressiv auf Straftaten zu reagieren, sondern bei hinreichenden Anhaltspunkten schon vor der Straftatbegehung sichernd tätig zu werden. § 324 AO geht damit deutlich über die Möglichkeiten der Strafprozessordnung hinaus und nicht zuletzt deshalb vermag auch das Argument, im Steuerstrafverfahren könne nur über die Strafprozessordnung auf Gefahr im Verzug reagiert werden,[233] nicht zu überzeugen. Zum einen hat der Gesetzgeber die Eilbedürftigkeit des Arrestverfahrens[234] auch in der Abgabenordnung bereits berücksichtigt, indem er die Anforderungen entsprechend niedrig gehalten hat, zum anderen werden solche Fälle im Steuerstrafverfahren ohnehin äußerst selten sein.[235] Sollte wirklich einmal ein unmittelbares Handeln erforderlich werden, etwa weil sich in einer Durchsuchungssituation die Notwendigkeit eines Arrestes ergibt, so kann der Beamte

229 Vgl. dazu ausführlich unter B), V., 3., c).

230 HHSp. / *Hohrmann* § 324, 17; Tipke / Kruse / *Loose* § 324, 9; Flore / Tsambikakis / *Webel* Teil 2 Kap. 10 Rn. 26 mit Beispiel zur Einkommensteuervorauszahlung; mit anderer Terminologie, im Ergebnis aber wohl identisch: *Braun* PStR 2004 258; Tipke / Lang / *Seer* § 6, 22 und 27 ff.

231 BFH NJW 1956 1775 zur Vorgängerregelung des § 38 AO, § 3 StAnpG.

232 Dazu *Bruschke* DStR 2003 54, 55; siehe auch Tipke / Kruse / *Loose* § 324, 9, wonach der Veräußerungsgewinn i.S.d. § 16 EStG schon vor Ablauf des Kalenderjahres gesichert werden kann.

233 *Schmidt* / *Winter* NStZ 2002 8, 12: Steuerarrest ist Instrument für Eilfälle.

234 HHSp. / *Hohrmann* § 324, 53.

235 *Wulf* / *Talaska* Stbg 2008 413, 415; *Theile* StV 2009 161, 165.

vor Ort auch fernmündlich von der Veranlagungsstelle mit der Pfändung beauftragt werden.[236] Die Arrestanordnung muss dem Steuerschuldner bei Vollzug nicht vorliegen,[237] selbst ohne besondere Dringlichkeit kann sie erlassen und dem Schuldner innerhalb einer Woche *nach* ihrem Vollzug zugestellt werden,[238] vgl. § 324 Abs. 3 Satz 2 AO. Diese Möglichkeiten können für Situationen der „Gefahr im Verzug" leicht fruchtbar gemacht werden. Außerdem kann in besonders gravierenden Fällen über § 326 AO sogar der persönliche Sicherungsarrest angeordnet werden.[239] Die Abgabenordnung geht damit in ihren Sicherungsmöglichkeiten deutlich über jene des Vermögensarrestes hinaus, um die gefährdete Vollstreckung durch den Finanzfiskus zu sichern.

Aus der Normstruktur des § 324 AO folgen damit keine praktischen Umsetzungsschwierigkeiten bei der vorläufigen Sicherung im Steuer(straf)verfahren.

b) Die Hemmnisse aufgrund unterschiedlicher Zuständigkeiten

Die steuerstrafrechtliche Praxis machte die Kritik an der Praxistauglichkeit des § 324 AO vor der Reform 2017 außerdem daran fest, dass aufgrund der unterschiedlichen Zuständigkeiten innerhalb der Finanzverwaltung eine effektive Nutzung der Vorschrift nicht möglich sei. Sie trug diesbezüglich vor, die Zuständigkeitsregelungen für den dinglichen Arrest nach Abgabenordnung seien deutlich komplizierter als jene nach der Strafprozessordnung, insbesondere wenn mehrere Täter aus unterschiedlichen Bundesländern involviert seien und deshalb unterschiedliche örtliche Zuständigkeiten bestünden. Gerade in größeren Verfahren bereite dabei die einmonatige Vollziehungsfrist bei Einbindung mehrerer Finanzämter erhebliche Probleme.[240] Selbst wenn aber nur ein Finanzamt zuständig sei, würde das Verfahren von der BuStra geführt, die trotz ihrer organisatorischen Zugehörigkeit zur Finanzverwaltung funktional von dieser getrennt sei, so dass auch sie gegenüber der Veranlagungsstelle nur die Möglichkeit habe, den Erlass eines Arrestes nach § 324 AO anzuregen.[241] In einem solchen Fall sprächen jedoch Geheimhaltungsinteressen und Ermittlungstaktik gegen die Einbindung zahlreicher Personen und damit gegen die Anwendung

---

236 *Klos* wistra 1987 121, 126; *Dörn* wistra 1990 181, 182.; dazu auch im allgemeinen Strafverfahren MAH-WiSt / *Rönnau* § 13, 173; a.A.: Tipke / Kruse / *Loose* § 324, 64.

237 *Theile* StV 2009 161, 165; *Klos* wistra 1987 121, 126; *Dörn* wistra 1990 181, 182; *App* StBp 1990 154, 156.

238 HHSp. / *Hohrmann* § 324, 60; Tipke / Kruse / *Loose* § 324, 45.

239 BRAK Stellungnahme 39/2016 S. 8.

240 *Roth* wistra 2010 335, 337; *Madauß* NZWiSt 2013 128, 130.

241 *Webel* wistra 2004 249, 250.

des abgabenrechtlichen Arrestes.[242] Jedenfalls sei es problematisch, dass innerhalb einer Finanzbehörde organisatorisch die Veranlagungsstelle zuständig,[243] die abschließende Entscheidung über den dinglichen Arrest aber regelmäßig dem Vorsteher[244] übertragen sei. Zwar seien die Beamten der Steuerfahndungsstellen zumeist vollständig informiert, das gelte aber nicht für die Veranlagungsstellen. Das könne dazu führen, dass der Beschuldigte die Zeitspanne bis zur Information der Veranlagungsstelle für Vermögensverschiebungen nutzt.[245] Im Rahmen der Diskussion um das Gesetz zur Reform der strafrechtlichen Vermögensabschöpfung hatte deshalb der Bundesrat den Vorschlag aufgebracht, Arrestanordnung und -vollzug nach § 324 AO in Steuerstrafverfahren in den Kompetenzbereich der zuständigen Finanzbehörde oder der Staatsanwaltschaft zu übertragen.[246]

Man kann all diese Argumente letzten Endes so zusammenfassen, dass die Finanzbehörden aufgrund ihrer internen Organisation und den selbst gewählten Zuständigkeiten aus eigener Sicht zur effektiven Vollstreckung ihrer Ansprüche nicht im Stande sind.[247]

Ob das jedoch ein taugliches Argument sein kann, von praktischen Schwierigkeiten bei der Vollstreckung einer strafrechtlich relevanten Steuerforderung auszugehen, darf bezweifelt werden. Es bestehen vielmehr schon grundlegende Bedenken gegen eine solche Argumentation, bei der unberücksichtigt bleibt, dass nach den hier bereits dargestellten Möglichkeiten der Kompetenzbündelungen der Finanzministerien über die FAGO[248] hinreichender Handlungsspielraum bestünde, die beschriebenen Defizite unproblematisch zu beseitigen. Die Steuerfahndungs- und Strafsachenstellen sind keine eigenständigen Behörden, sondern Dienststellen der Landesfinanzverwaltung, § 208 Abs. 1 Satz 2 AO, und damit letztlich der im Steuerstrafverfahren handelnde „Arm" der Finanzbehörde. Es ist deshalb die Aufgabe des Finanzamtsvorstehers, jedenfalls aber der Finanzministerien, diese Stellen mit den für ihre Aufgaben notwendigen Kompeten-

---

242 *Madauß* NZWiSt 2013 128, 130; *Roth* wistra 2010 335, 337.

243 Es handelt sich beim dinglichen Arrest nicht um eine Maßnahme der Vollstreckung, vgl. oben unter D), II., 3.

244 Nr. 71 Abs. 1 Satz 2 AStBV; Kühn / v. Wedelstädt / *Lemaire* § 324, 17.

245 LG Ulm vom 11.10.2011, Az.: 2 Qs 2059/11, S. 7.

246 BTDrucks. 18 10146 S. 8.

247 Schon *App* StBp 1990 154 wies darauf hin, dass der Steuerarrest die Kooperationsfähigkeit und -bereitschaft der unterschiedlichen Stellen des Finanzamtes am sichtbarsten auf die Probe stellt.

248 Vgl. dazu ausführlich unter D), III., 3.

zen auszustatten. Wenn man erkannt hat, dass es dazu etwa nötig ist, die Erlass- und Vollstreckungskompetenz für einen Arrest den an und für sich zuständigen Veranlagungs- und Vollstreckungsstellen zu entziehen und sie auf die Steuerfahndungs- oder Strafsachenstelle zu übertragen, so muss man dies tun. Eine solche Kompetenzbündelung ist nicht nur im Sinne des Steuerfiskus, weil dadurch mitunter erheblicher Arbeitsaufwand reduziert wird, sie ist letztlich auch im Sinne des Betroffenen, weil er sich nicht unterschiedlichen Ansprechpartnern gegenübersieht.

Solche Kompetenzbündelungen sind in der Finanzverwaltung in anderen Fällen außerdem schon lange üblich. Unter dem Stichwort „Veranlagende Außenprüfung" etwa werden Fälle zusammengefasst, bei denen über § 195 Satz 3 AO die eigentlich zuständige Finanzbehörde eine andere Finanzbehörde mit der Außenprüfung beauftragt, die dann im Namen der beauftragenden Finanzbehörde die Steuerfestsetzung vornimmt. Die beauftragte Behörde kann schon heute auch die Steuerfahndungsstelle eines anderen Finanzamtes sein,[249] die dann die Festsetzung vornimmt, § 195 Satz 3 AO. Zur Begründung der Beauftragung reicht es aus, dass die Steuerfahndungsstelle nach § 208 Abs. 1 Satz 1 Nr. 3 AO bereits mit den Steuerfällen befasst war und deshalb über Vorkenntnisse über die Organisation und die wirtschaftlichen Verhältnisse des potentiellen Steuerschuldners verfügt.[250]

Die mangelnde Praxistauglichkeit des § 324 AO könnte sich deshalb bei Lichte betrachtet allenfalls noch aus der einmonatigen Vollziehungsfrist des Steuerarrestes ergeben. Letztlich kann jedoch auch dieses Argument aus verschiedenen Gründen nicht überzeugen.

So stehen grundsätzlich auch andere Gläubiger im einstweiligen Rechtsschutz vor dem Problem der einmonatigen Vollziehungsfrist, ohne dass daraus die Untauglichkeit ihrer Sicherungsmöglichkeit herzuleiten wäre. Die zivilrechtliche Arrestanordnung nach § 929 Abs. 2 ZPO etwa muss ebenfalls innerhalb eines Monats vollstreckt werden. Die Situation des zivilrechtlichen Gläubigers stellt sich dabei in doppelter Hinsicht deutlich schwieriger dar als die des Steuerfiskus: Zum einen hat er keine § 249 Abs. 2 AO vergleichbaren Ermittlungsbefugnisse und kann deshalb keine Finanzermittlungen durchführen, was die Vollstreckung erheblich erschwert.[251] Zum anderen ist die Monatsfrist bei ihm tatsäch-

---

249 Klein / *Rüsken* § 195, 11.

250 BFH DStR 1992 910, 911.

251 Zu den Möglichkeiten nach § 249 Abs. 2 AO vgl.: Klein / *Werth* § 249, 13; Koenig / *Fritsch* § 249, 12; Engelhardt / App / Schlatmann / *Troidl* § 249, 3.

lich eine Monatsfrist, während der Finanzfiskus aufgrund der Selbstanordnungskompetenz den Arrest erst dann anordnen kann, wenn seine Finanzermittlungen hinreichende Vollstreckungsmasse ergeben hatten. Die Monatsfrist beginnt mit Unterzeichnung der Arrestanordnung,[252] der Fristbeginn steht damit letztlich im Belieben der Behörde. Die gesetzlichen und richterlich[253] gestellten Anforderungen an die Vollziehung eines nach § 324 AO erlassenen Arrestes sind überdies äußerst gering. Es soll ausreichen, dass die Vollstreckung innerhalb der Frist begonnen hat, die Vollstreckungsstelle muss dazu *nur* nach außen tätig werden.[254] Die Frist ist deshalb auch dann gewahrt, wenn ein zunächst erfolglos gebliebener Pfändungsversuch nach Ablauf der Frist wiederholt wird,[255] die Vollziehung muss also nicht einmal erfolgreich abgeschlossen worden sein.

Der steuerrechtliche Arrest ist im Übrigen eine Eilmaßnahme zur schnellen Sicherung des *status quo*.[256] Es müssen zwangsläufig Zweifel am Arrestgrund aufkommen, wenn die Finanzbehörde eine Arrestanordnung erlässt und diese dann nicht innerhalb eines Monats vollstreckt. Die Untätigkeit legt nicht nur den Verdacht nahe, dass tatsächlich keine Eilbedürftigkeit der Maßnahme gegeben ist,[257] sie wird daraus vielmehr offensichtlich.

Das Argument um die Auswirkungen der Vollziehungsfrist hat durch die Reform 2017 letzten Endes völlig an Durchschlagskraft verloren, wenn man berücksichtigt, dass der Arrest in all den Verfahren, in denen die Staatsanwaltschaft das Verfahren führt oder der Sachverhalt noch unübersichtlich ist, ein Vermögensarrest nach § 111e ausgebracht wird und die Finanzbehörden deshalb binnen Monatsfrist den Arrest nur in die ohnehin schon auf strafprozessualem Wege sichergestellten Vermögenswerte vollstrecken müssen. Ein Monat Vollziehungsfrist dürfte für diese Fälle unter Berücksichtigung der Vorarbeit der Staatsanwaltschaften mehr als ausreichend sein.

---

252 HHSp. / *Hohrmann* § 324, 57; Flore / Tsambikakis / *Webel* Teil 2 Kap. 10 Rn. 66.

253 Siehe umfassend: BFHE 110 499, 500 ff.

254 Flore / Tsambikakis / *Webel* Teil 2 Kap. 10 Rn. 67; Schwarz / Pahlke / *Kämper* § 324, 23; Tipke / Kruse / *Loose* § 324, 66; *Schuhmann* DStZ 1982 34, 35; HHSp. / *Hohrmann* § 324, 61 mit Beispielen, wann die Frist jeweils noch gewahrt sein soll.

255 Tipke / Kruse / *Loose* § 324, 66, mit weiteren Einzelfällen.

256 Zur Vollziehungsfrist des damals noch dinglichen Arrestes schon MüKo-StPO / *Bittmann* § 111d, 14; ihm folgend MAH-WiSt / *Rönnau* § 13, 212: Vollziehungsfrist von einem Monat; für eine Frist auch ausdrücklich DRB Stellungnahme 19/16 S. 4 f.

257 Der Gesetzgeber ging von einer unwiderlegbaren Vermutung aus, dass sich in der Zwischenzeit die Verhältnisse geändert haben und sich deshalb der Arrestvollzug erübrigt, HHSp. / *Hohrmann* § 324, 57; zum Gesetzeszweck mit historischer Herleitung: BVerfG NJW 1988 3141.

Die gesetzlich vorgegebene Vollziehungsfrist ist damit ebenfalls nicht geeignet, die praktische Untauglichkeit des § 324 AO zu begründen. Vielmehr bietet die Vorschrift bei entsprechender Organisation der Finanzbehörden hinreichende Möglichkeiten, schnell und effektiv auf Steuerstraftaten reagieren und die Steuerforderung sichern zu können.

c) Ergebnis

Die von der Finanzverwaltung im Zusammenhang mit der Normstruktur des § 324 AO vorgebrachten Bedenken gegen ihre praktische Anwendbarkeit können bei genauer Betrachtung nicht überzeugen. § 324 AO bietet bei entsprechender Organisation der Finanzbehörden eine zeitnahe und unkomplizierte[258] Möglichkeit, einen steuerrechtlichen Arrest in das Vermögen des Betroffenen zu vollstrecken. Im Gegensatz zum Vermögensarrest können über die Abgabenordnung dabei sogar solche Forderungen gesichert werden, deren Rechtsgrund zwar gelegt ist, die aber noch gar nicht entstanden sind.

Die grundlegende Prämisse des Gesetzgebers, dem Steuerfiskus stünde über § 324 AO eine vergleichsweise einfache Möglichkeit der Durchsetzung seiner Ansprüche zu, kann daher bestätigt werden. Dem Steuerfiskus kann und muss deshalb künftig zugemutet werden, seine Ansprüche zeitnah über § 324 AO zu sichern und damit in seine Verfügungsgewalt zu überführen.

5. Die zeitlichen Grenzen des Sicherungsbedürfnisses des Steuerfiskus

Nachdem hier nachgewiesen wurde, dass den Finanzbehörden bei entsprechender Organisation mit § 324 AO ein taugliches Sicherungsmittel zur Verfügung steht und das Sicherungsbedürfnis des Steuerfiskus weiterhin zeitlichen Grenzen unterliegt, stellt sich die Frage, innerhalb welcher Zeitspanne der Steuerfiskus nach § 324 AO aktiv werden muss, ehe das Sicherungsbedürfnis nach § 111e Abs. 6 aufgrund des Zeitablaufs und der Untätigkeit des Steuerfiskus zu verneinen ist.[259]

Der Bundesrat hatte in seiner Stellungnahme zum Entwurf des Gesetzes zur Reform der strafrechtlichen Vermögensabschöpfung erklärt, die Steuerbehörden seien gerade in komplexen Steuerstrafverfahren nicht in der Lage, innerhalb von

258 Im Ergebnis ebenso *Korte* wistra 2018 1, 3: „...vergleichsweise einfach...nach § 324 AO durchsetzen".

259 Allgemein dazu schon *Rönnau* StV 2003 581 ff.

sechs Monaten nach Abschluss des Steuerstrafverfahrens ihre Ansprüche konkret zu benennen.[260] Wenn dem tatsächlich so wäre und hier die Frage zu beantworten ist, innerhalb welchen Zeitraums nach Vollzug des Vermögensarrestes im Ermittlungsverfahren ein dinglicher Arrest nach § 324 AO zu ergehen hat, bevor die Untätigkeit auf den Vermögensarrest nach § 111e Abs. 1 ausstrahlt und das Sicherungsbedürfnis entfallen lässt, so müsste hier von einem Zeitraum von mindestens sechs Monaten, möglicherweise sogar von einem Jahr, ausgegangen werden.

Der Bundestag hat diesen Ausführungen des Bundesrates und den damit verbundenen Forderungen zur Anpassung des § 324 AO[261] allerdings eine deutliche Absage erteilt und ausgeführt, dass das rechtskräftige Strafurteil konkrete Ausführungen zu Art und Umfang der verkürzten Steuer erhalten müsse, so dass eine Geltendmachung innerhalb von sechs Monaten nach Rechtskraft möglich sei.[262]

Für die Möglichkeiten eines Vorgehens nach § 324 AO im Ermittlungsverfahren können diese Ausführungen analog fruchtbar gemacht werden. Ist es der jeweiligen Strafverfolgungsbehörde – BuStra oder Staatsanwaltschaft – gelungen, dem Gericht die Tatsachengrundlage für einen Vermögensarrest darzulegen, so können die dortigen Ausführungen in das Steuerverfahren übertragen und zur Grundlage des Arrestes nach § 324 AO gemacht werden. Es wurde hier bereits umfassend dargelegt, dass die Möglichkeiten des § 324 AO regelmäßig sogar weiter reichen als die des Vermögensarrestes,[263] so dass den Finanzbehörden keine Schwierigkeiten bei der Begründung des steuerrechtlichen Arrestes begegnen werden. Dabei darf nicht unberücksichtigt bleiben, dass das Sicherungsbedürfnis des Steuerfiskus *nur* dann zeitlichen Grenzen unterliegt, wenn ihm auch die tatsächliche und rechtliche Möglichkeit eines Vorgehens nach § 324 AO offen steht. In den Fällen, in denen es etwa deshalb an entsprechenden Möglichkeiten fehlt, weil die Staatsanwaltschaft das Verfahren führt und eine Mitteilung nach § 111l noch nicht stattgefunden hat, bleibt das Sicherungsbedürfnis ebenso unverändert bestehen wie in Fällen, in denen die Steuerschuldner unbekannt sind.

In Bezug auf den Zeitraum, der der Behörde zugestanden werden sollte, ehe eine Reduzierung des Sicherungsbedürfnisses anzunehmen ist, wurde den Finanzbehörden vor der Reform 2017 in Rechtsprechung und Literatur recht großzügig

260 BTDrucks. 18 10146 S. 9.

261 BTDrucks. 18 10146 S. 8 ff.

262 BTDrucks. 18 10146 S. 13 f.

263 Siehe dazu unter D), V., 4., a); zu den Ausnahmen unter D), V., 3., a).

ein Zeitraum von regelmäßig über einem Jahr eingeräumt,[264] um sich selbst um die Geltendmachung ihrer Ansprüche zu kümmern. Gegen einen solch langen Zeitraum bestehen jedoch Bedenken, wenn man berücksichtigt, dass die Finanzbehörden nicht nur wissen *dass*, sondern auch worin der Vermögensarrest nach § 111e Abs. 1 vollzogen wurde. Die Finanzbehörde hat damit die Möglichkeit, den nach § 324 AO auszubringenden Arrest in denselben Vermögenswert zu vollstrecken. Damit entfällt in diesen Fällen gerade der Teil der Vermögensabschöpfung, der in der Praxis die meiste Zeit kostet: die Finanzermittlungen. Die Finanzbehörde muss vielmehr nur noch einen Arrestbefehl verfassen und in die bereits sichergestellten Vermögenswerte vollstrecken.

Mit Ausnahme von wenigen außergewöhnlichen Konstellationen, in denen dem Steuerfiskus weitergehende Gelegenheit geben werden muss, sich einen Überblick über die bestehenden Ansprüche und die betroffenen Personen zu verschaffen, sollte im Regelfall in Anlehnung an § 75 Satz 2 VwGO ein Zeitraum von drei Monaten zwischen Mitteilung nach § 111l und Reduzierung des Sicherungsbedürfnisses angenommen werden, denn dass man zur Vollstreckung eines Arrestes nach § 324 AO nach Zugang der Mitteilung des § 111l bzw. nach dem Ergebnis der eigens durchgeführten Ermittlungen bei entsprechendem Engagement mehr als drei Monate bräuchte, ist äußerst unwahrscheinlich. Hierbei ist maßgeblich zu berücksichtigen, dass durch den Entfall des Zulassungsverfahrens nach §§ 111g, 111h StPO a.F. ein wesentlicher und zeitaufwändiger Schritt zur wirksamen Sicherung entbehrlich wurde. Warum die Finanzbehörde vor diesem Hintergrund trotz grundlegenden Sachverhalts- und Finanzermittlungen länger als drei Monate brauchen sollte, einen Arrest zu vollstrecken, ist unter dem Gesichtspunkt des § 88 AO nicht verständlich und auch mit dem Gesetzeszweck des § 324 Abs. 2 AO nicht vereinbar.[265] Verlangt der Gesetzgeber den Vollzug des dinglichen Arrestes nach § 324 AO innerhalb eines Monats nach dessen Erlass, so muss dieser Rechtsgedanke erst recht für Fälle gelten, in denen ein anderer Arrest in dieselben Vermögenswerte schon durch einen Dritten oder sogar die Finanzbehörde selbst angeordnet und vollstreckt werden konnte.

Vor dem Hintergrund, dass es sich bei der vorläufigen Sicherstellung von Vermögenswerten um eine Eilmaßnahme handelt, die mit einem massiven Eingriff in die Grundrechte des Betroffenen verbunden ist,[266] erscheint es angezeigt, dem

---

264 LG Ulm vom 11.10.2011, Az.: 2 Qs 2059/11, hält einen Arrest von über drei Jahren noch für verhältnismäßig; *Roth* wistra 2010 335, 339 nennt als „grobe zeitliche Orientierungsmarke“ einen Zeitraum von 1 bis 2 Jahren.

265 Siehe dazu ausführlich unter D). II., 3.

266 Ständige Rechtsprechung, siehe etwa BVerfG NStZ 2006 639 f.; BVerfG NJW 2005 3630; BVerfG StV 2004 409; siehe dazu bereits umfassend unter A), III.

Steuerfiskus für die Vollstreckung des Arrestes im Regelfall drei Monate zuzugestehen, wobei diese Bewertung freilich vom konkreten Sachverhalt abhängt und im Einzelfall anhand der konkreten Umstände Ausnahmen zuzulassen sind.

6. Zwischenfazit

Die bisherigen Ausführungen haben gezeigt, dass die Neuregelungen der §§ 111e Abs. 6, 111h Abs. 2 Satz 2 nicht unerhebliche Auswirkungen auf die Möglichkeiten der vorläufigen Sicherstellung im Steuerstrafverfahren haben. Der Gesetzgeber hat mit dem Vollstreckungsprivileg des Steuerfiskus für eine deutliche Erleichterung bei der Überführung einer Steuerforderung in den Verfügungsbereich des Steuerfiskus gesorgt. Über die Vorschriften der §§ 111e Abs. 6, 111h Abs. 2 Satz 2 liegt dadurch auf Tatbestandsebene ein in sich schlüssiges Gesamtkonzept der Vermögensabschöpfung im Steuerstrafverfahren vor.

Zu beantworten bleibt allerdings noch die Frage, in welchem Verhältnis steuerrechtlicher und strafprozessualer Vermögensarrest unter *Verhältnismäßigkeitsgesichtspunkten* zueinanderstehen. Der Gesetzgeber hat sich hierzu im Rahmen der Gesetzesreform nicht dezidiert erklärt. Die Frage stellt sich insbesondere deshalb, weil im Gesetzesvorhaben die Bedeutung des Verhältnismäßigkeitsgrundsatzes noch einmal ausdrücklich hervorgehoben und betont wurde, dass die Neuregelungen mit *keiner* Einschränkung des Verhältnismäßigkeitsgrundsatzes verbunden seien.[267] Für die Frage, welche Konsequenzen die Reform der strafrechtlichen Vermögensabschöpfung auf die Möglichkeiten der vorläufigen Sicherstellung von Vermögenswerten im Steuerstrafverfahren hat, müssen somit nach wie vor die betroffenen Interessen hinreichend mit- und gegeneinander abgewogen werden.[268]

Abschließend soll deshalb untersucht werden, ob das Inkrafttreten des Gesetzes zur Reform der strafrechtlichen Vermögensabschöpfung Auswirkungen auf die *Verhältnismäßigkeit* eines Vermögensarrestes im Steuerstrafverfahren und damit auf die Möglichkeiten der vorläufigen Sicherstellung in diesen Verfahren hatte.

---

267 BTDrucks. 18 9525 S. 49; sowie bereits ausführlich unter B), V., 7., c).

268 LG Saarbrücken wistra 2008 240, das die besondere Bedeutung der Verhältnismäßigkeitsprüfung betont. *Braun* PStR 2004 258, 260 ist zuzustimmen, dass die Frage nach der günstigeren Maßnahme nur im Einzelfall beantwortet werden kann. Es gibt aber einige Umstände, die in jedem Fall zu berücksichtigen sind; auf diesen liegt deshalb hier das Augenmerk.

7. Die Verhältnismäßigkeit eines Vermögensarrestes im Vergleich zum steuerrechtlichen Arrest

Im Zentrum der nachfolgenden Überlegungen steht die Frage, ob ein Vermögensarrest auch dann verhältnismäßig sein kann, wenn dem Steuerfiskus die tatsächliche und rechtliche Möglichkeit eröffnet ist, einen Arrest nach § 324 AO zu erlassen und diesen in das Vermögen des Betroffenen zu vollstrecken.[269] Sie stellt sich unabhängig von dem hier gefundenen Ergebnis einer zeitlichen Begrenzung des Sicherungsbedürfnisses des Steuerfiskus, denn wenn dem Steuerfiskus nach einer Mitteilung nach § 111l oder etwa deshalb, weil er das Ermittlungsverfahren sogar selber führt, eine Sicherung nach § 324 AO möglich ist, ist das im Rahmen der Prüfung der Verhältnismäßigkeit eines Vermögensarrestes auch dann zwingend zu berücksichtigen, wenn man (noch) ein Sicherungsbedürfnis annehmen kann. Eine Maßnahme ist schließlich nur dann verhältnismäßig,[270] wenn sie einen legitimen Zweck verfolgt, geeignet, erforderlich und angemessen ist.[271] Während der legitime Zweck und die Eignung eines Vermögensarrestes zur Sicherung der Einziehungsanordnung außer Frage stehen, bestehen Bedenken in Bezug auf die Erforderlichkeit einer solchen Maßnahme.[272]

a) Die Erforderlichkeit eines Arrestes nach § 111e im Falle einer Steuerstraftat

Eine Maßnahme ist erforderlich, wenn kein milderes, gleich geeignetes Mittel zur Verfügung steht.[273] In Fällen der vorläufigen Vermögenssicherung durch einen

269 *Rettke* wistra 2017 417, 420 geht hingegen davon aus, weil § 111e Abs. 6 klarstelle, dass die Möglichkeit nach § 324 AO einem Vorgehen nach Strafprozessordnung nicht entgegenstehe, dürfe § 324 AO bei der Frage der Verhältnismäßigkeit des Vermögensarrestes nicht berücksichtigt werden. Das kann schon deshalb nicht überzeugen, weil der Gesetzgeber ausdrücklich erklärt hat, dass durch die Neuregelungen keine Einschränkung des Verhältnismäßigkeitsgrundsatzes erfolgen sollte und der Vermögensarrest nach allgemeiner Meinung zwingend aufzuheben ist, wenn er unverhältnismäßig ist. Diese Unverhältnismäßigkeit kann sich freilich auch aus einer anderen Möglichkeit der Sicherung ergeben.

270 Vgl. umfassend zum Grundsatz der Verhältnismäßigkeit Dreier / *Schulze-Fielitz* Art. 20 (Rechtsstaat), 179 ff.

271 Dreier / *Schulze-Fielitz* Art. 20 (Rechtsstaat), 180.

272 Allgemeiner *Holznagel* Stellungnahme S. 6.

273 BVerfGE 135 Rn. 74; statt vieler Dreier / *Schulze-Fielitz* Art. 20 (Rechtsstaat), 183 m.w.N.

Vermögensarrest im Steuerstrafverfahren könnte ein für den Schuldner milderes Mittel grundsätzlich[274] in einem Vorgehen nach § 324 AO zu sehen sein.[275]

aa) Der steuerrechtliche Arrest als milderes Mittel der Sicherstellung aufgrund seiner Tatbestandsvoraussetzungen?

Als Argument für diese Auffassung können zunächst die tatbestandlichen Voraussetzungen der beiden Normen angeführt werden. So kennt die Strafprozessordnung im Rahmen des Vermögensarrestes keine festen Fristen, nach deren Ablauf die Strafverfolgungsbehörde eine Vollziehungsmaßnahme vorgenommen haben muss. Zwar steigen mit Zeitablauf die Anforderungen an die Verhältnismäßigkeit der Maßnahme,[276] dies ist aber kein der Abgabenordnung äquivalenter Schutz. Der Gesetzgeber hat dort in § 324 Abs. 3 Satz 1 eine feste Frist vorgesehen, innerhalb welcher der steuerrechtliche Arrest zu vollziehen ist.[277] Wird sie versäumt, sind nachfolgende Vollziehungsmaßnahmen unwirksam[278] und die Arrestanordnung ist aufzuheben.[279] Dem Betroffenen steht damit eine sehr konkrete und durch die Gerichte gut überprüfbare Arrestvoraussetzung zur Seite, die der Strafprozessordnung in dieser Form fremd ist. Schon bis zur Reform erforderte das Korrektiv des § 111b Abs. 3 StPO a.F. die Einschätzung, ob dringende Gründe für die Annahme einer späteren Verfallsanordnung vorlagen. Sie unterlag damit *per se* einem begrenzten Anwendungsbereich, weil Gerichte und Strafverfolgungsbehörden sie – je nach Einschätzung des Verdachtsgrades – letztlich beliebig verlängern konnten. Selbst diese dadurch recht „flexible" Regelung ist aber nunmehr weggefallen. Unter diesem Gesichtspunkt kann der steuerrechtliche Arrest für den Betroffenen durchaus als die mildere Maßnahme bezeichnet werden.

Allerdings darf die praktische Bedeutung und damit der faktische Schutz des Betroffenen durch die Monatsfrist auch nicht überschätzt werden. Es wurde bereits ausgeführt, dass sie rein tatsächlich schon dadurch ausgehebelt werden kann, dass die Finanzbehörde den dinglichen Arrest erst dann anordnet, wenn

---

274 Freilich nur in den Fällen, in denen auch beide Möglichkeiten tatsächlich bestehen. Dass dies nicht immer der Fall ist, wurde hier umfassend dargelegt, siehe dazu unter D), V., 3., a).

275 *Wulf* / *Talaska* Stbg 2008 413, 414; a.A.: *Weingartz* / *Lenßen* Stbg 2011 82, 85; auch *Roth* wistra 2010 335, 338 sieht im Vorgehen nach § 324 AO eine Schlechterstellung des Beschuldigten.

276 OLG Köln BeckRS 2013 17257.

277 Siehe dazu schon unter D), V., 4., b).

278 BGH NJW 1991 496, 497; a.A.: Tipke / Kruse / *Loose* § 324, 68: anfechtbar.

279 Schwarz / Pahlke / *Kämper* § 324, 22; Tipke / Kruse / *Loose* § 324, 68.

sie zur Vollstreckung bereit ist.[280] Berücksichtigt man dann noch, dass bei der Ermessensausübung nach der Abgabenordnung nur ein stark eingeengtes, intendiertes Entschließungsermessen bestehen soll, da die Inanspruchnahme des Steuerpflichtigen obligatorisch ist und deshalb für den dinglichen Arrest nichts anderes gelten soll,[281] so mag man die Bezeichnung des steuerrechtlichen Arrestes als die „mildere Maßnahme“ in Zweifel ziehen. Diese Zweifel werden dadurch verstärkt, dass die Zuständigkeit für die Arrestanordnung nach der Abgabenordnung beim Gläubiger selbst liegt[282] und damit potentiell eine größere Gefahr für die Interessen des Betroffenen befürchten lässt als sein strafprozessuales Äquivalent. Dieser wird regelmäßig[283] vom Ermittlungsrichter erlassen,[284] dem allgemein eine sachnähere[285] Entscheidung zugetraut wird.[286]

Genauso wenig wie die Monatsfrist darf aber andererseits der Schutz der Anordnungskompetenz des Ermittlungsrichters überschätzt werden. So unterliegt das Ermittlungsverfahren zum einen gerade zu seinem Beginn noch diversen Ungewissheiten und Weiterungen, die eine Anpassung der Arrestanordnung erforderlich machen können. Diese ist den Finanzbehörden sehr viel schneller möglich als den Staatsanwaltschaften.[287] Zum anderen ist die behauptete Sachnähe des Ermittlungsrichters rein theoretischer Natur, denn gerade der Ermittlungsrichter steht in der Praxis unter erheblicher Arbeitsbelastung, die regelmäßig Auswirkungen auf die Qualität seiner Beschlüsse hat. Die obergerichtlichen Entscheidungen beschreiben immer wieder eklatante Defizite in den Beschlüssen der Ermittlungsrichter,[288] die allzu häufig sogar Schreibfehler aus den Anträgen der Staatsanwaltschaften übernehmen.[289] Die beim Ermittlungsrichter liegende Erlasskompetenz bringt für den Betroffenen in der Praxis daher regelmäßig keinen nennenswerten Schutz.

---

280 Siehe dazu unter D), V., 4., b).

281 Tipke / Kruse / *Loose* § 324, 29; Flore / Tsambikakis / *Webel* Teil 2 Kap. 10, 14.

282 Kühn / v. Wedelstädt / *Lemaire* § 324, 9; *Weingartz / Lenßen* Stbg 2011 82, 84; *Roth* wistra 2010 335, 338.

283 Bei Gefahr in Verzug hingegen der Staatsanwaltschaft, vgl. § 111j Abs. 2 Satz 2.

284 *Roth* wistra 2010 335, 338; *Weingartz / Lenßen* Stbg 2011 82, 84.

285 *Madauß* NZWiSt 2013 128, 129.

286 Umfassend dazu BVerfGE 103 142, 151 f.

287 LG Saarbrücken wistra 2008 240, siehe deshalb auch die deutlichen Worte des Kammergerichts an die Finanzbehörde in KG Berlin BeckRS 2017 115259.

288 OLG Oldenburg wistra 2008 119.

289 Vgl. dazu etwa die Entscheidung des BVerfG NJW 2005 3630 f., die in ihrer Deutlichkeit kaum zu überbieten ist und deshalb umso mehr die Frage aufwirft, wieso der zugrundeliegende Beschluss erst vom Bundesverfassungsgericht aufgehoben wurde. Dort heißt es: „Diesen Schluss auf eine grob unzureichende, der verfahrensmäßigen Gewährleistung

Anhand der tatbestandlichen Voraussetzungen und der jeweiligen Anordnungskompetenz kann weder der steuerrechtliche noch der strafprozessuale Arrest als der grundsätzlich mildere angesehen werden.

bb) Der steuerrechtliche Arrest als milderes Mittel der Sicherstellung aufgrund der möglichen Rechtsbehelfe?

Entscheidender für die Frage nach der Erforderlichkeit eines Vermögensarrestes könnten daher die zur Verfügung stehenden Rechtsmittel sein. Bei Arresten nach der Abgabenordnung ist gemäß § 33 Abs. 1 Nr. 2 FGO der Finanzrechtsweg eröffnet.[290] Der Betroffene kann nach § 347 Abs. 1 Satz 1 Nr. 1 AO Einspruch gegen die Anordnung einlegen. Es besteht außerdem die Möglichkeit, über § 45 Abs. 4 FGO die Anfechtungsklage als Sprungklage zu erheben. Die Entscheidung, ob Einspruch oder Klage gewählt wird, obliegt dem Betroffenen.[291] Kumulativ stehen ein Antrag auf einstweilige Anordnung nach § 114 FGO und der Antrag auf Aussetzung der Vollziehung[292] nach § 69 Abs. 3 Satz 1 FGO zur Verfügung. Ein großer Vorteil für den Betroffenen ist hierbei, dass der Bundesfinanzhof die Aussetzung der Vollziehung grundsätzlich auch ohne Sicherheitsleistung für zulässig hält,[293] auch wenn die Literatur dies wohl überwiegend ablehnt.[294] Gegen die ablehnende Entscheidung auf Erlass der einstweiligen Anordnung ist nach § 128 Abs. 3 FGO die zulassungsbedürftige Be-

---

des Eigentumsgrundrechts nicht gerecht werdende richterliche Leistung lässt hier die Entscheidungsformel des AG zu, die das LG unbeanstandet gelassen und sich zu Eigen gemacht hat, indem es die Beschwerde verwarf."; Antrag und Entscheidung waren auch in jenem dem Beschluss des LG Ulm vom 11.10.2011, Az.: 2 Qs 2059/11 S. 6 zugrundeliegenden Sachverhalt identisch.

290 Engelhardt / App / Schlatmann / *Schlatmann* § 324, 9; *Schuhmann* DStZ 1982 34, 37; Übersichten zum Rechtsschutz bei Beck / Daumke / *Daumke* S. 429 ff.

291 Für ein Nebeneinander der Rechtsbehelfe: FG Düsseldorf EFG 1978 60, 61; Klein / *Werth* § 324, 15, aber das FG müsse die Einspruchsentscheidung abwarten. Für eine Exklusivität von Einspruch und Sprungklage: BFH BStBl. 1995 353; Schwarz / Pahlke / *Kämper* § 324, 18; Schwarz / Pahlke / *Dumke* § 45, 8; Tipke / Kruse / *Loose* § 324, 47, wonach das Rechtschutzbedürfnis für den jeweils anderen Rechtsbehelf fehlen soll; so wohl auch Flore / Tsambikakis / *Webel* Teil 2 Kap. 10, 55, wonach bis zur Einspruchseinlegung ein Wahlrecht bestehe.

292 Flore / Tsambikakis / *Webel* Teil 2 Kap. 10 Rn. 60.

293 BFH BStBl. II 2013 983.

294 Tipke / Kruse / *Loose* § 324, 48: „Das Ermessen…ist sehr stark eingeengt…eine Aussetzung i.d.R nur gegen Sicherheitsleistung möglich…"; HHSp. / *Hohrmann* § 324, 91: „in der Regel nur gegen Sicherheitsleistung...".

schwerde gegeben. Erwächst der Verwaltungsakt nach § 324 AO in Bestandskraft,[295] bleibt dem Betroffenen über § 325 AO die Möglichkeit, dessen Aufhebung zu beantragen. Er kann diesen Antrag jederzeit stellen und eine ablehnende Entscheidung mit dem Einspruch angreifen.[296] Allerdings steht ihm anders als beim Erlass der Anordnung gegen die Aufrechterhaltung keine Sprungklage zu,[297] dafür liegt die Entscheidung im Unterschied zu den Korrekturvorschriften der §§ 130 f. AO nicht im Ermessen der Behörden, vielmehr handelt es sich um eine gebundene Entscheidung.[298]

Gegen einen Vermögensarrest nach der Strafprozessordnung kann sich der Betroffene hingegen „nur" mit der Beschwerde, in Bezug auf Vermögensarreste über 20.000,00 EUR mit der weiteren Beschwerde nach § 310 Abs. 1 Nr. 3 zur Wehr setzen. Theoretisch möglich, in der Praxis aber mit wenig Aussicht auf Erfolg verbunden, kann die Beschwerde um einen Antrag nach § 307 Abs. 2 auf Aussetzung der Vollziehung ergänzt werden. Im Falle einer ablehnenden Entscheidung kann über § 111k Abs. 3 jederzeit[299] eine erneute Entscheidung des Gerichts über die Vollziehungsmaßnahme beantragt werden,[300] so dass quasi über das gesamte Ermittlungs- und Hauptsacheverfahren hinweg ein Rechtsbehelf zur Verfügung steht.

Das quantitativ im Vergleich zur Strafprozessordnung erweiterte Rechtsbehelfsverfahren der Abgabenordnung resultiert vor allem aus der Selbstanordnungsbefugnis der Finanzbehörden und wird dadurch kompensiert, dass die Staatsanwaltschaft, mit Ausnahme der Fälle von Gefahr im Verzug, den Vermögensarrest beim Amtsgericht beantragen muss. Die jeweiligen Rechtsbehelfsverfahren sind damit durchaus vergleichbar.[301] Das gilt auch unter dem Gesichtspunkt, dass ein § 926 ZPO vergleichbares Druckmittel, wonach das Amtsgericht auf

---

295 HHSp. / *Hohrmann* § 324, 44.

296 Tipke / Kruse / *Loose* § 325, 5; Schwarz / Pahlke / *Kämper* § 325, 11.

297 Nur mit Zustimmung der Finanzbehörde, Schwarz / Pahlke / *Kämper* § 325, 11; HHSp. / *Hohrmann* § 325, 19.

298 HHSp. / *Hohrmann* § 325, 5; Koenig / *Zöllner* § 325, 2.

299 Das galt schon zur alten Rechtslage, vgl. § 111f Abs. 5 StPO a.F., wonach der Betroffene „jederzeit" die Entscheidung des Gerichts beantragen konnte. Durch die Reform sollte das nicht verändert werden, wie sich aus einem Umkehrschluss zu den beabsichtigten Änderungen ergibt, BTDrucks. 18 9525 S. 82.

300 LR / *Johann* § 111e, 11 m.w.N.; Flore / Tsambikakis / *Webel* Teil 2 Kap. 10 Rn. 151.

301 *Gaul* JZ 2013 760,767 hält die Anfechtungsklage gerade im Vergleich zu § 924 ZPO für den beschwerlicheren Weg und sieht darin rechtsstaatliche Defizite begründet.

Antrag anzuordnen hat, dass der Antragssteller Klage erhebt, in beiden Prozessordnungen fehlt und der Betroffene deshalb das Hauptsacheverfahren nicht beschleunigen kann.

Auch unter Berücksichtigung der Rechtsbehelfsmöglichkeiten des Betroffenen kann keine der beiden Arrestmöglichkeiten als die *per se* mildere bezeichnet werden.

cc) Entschädigungsfolgen im Falle des rechtswidrigen Arrestvollzuges

Gleichwohl gibt es ein Argument, das entscheidend dafür spricht, den steuerrechtlichen Arrest als die mildere Maßnahme zu begreifen. Für die Frage nach der Erforderlichkeit einer Maßnahme kommt es nämlich nicht nur auf ihre unmittelbaren Auswirkungen, sondern auch auf ihre Nebenwirkungen an.[302] Die Nebenwirkungen des steuerrechtlichen Arrestes sind im Vergleich zu jenen des Vermögensarrestes für den Betroffenen jedoch deutlich günstiger, was ein Blick weg von der Tatbestands- und Rechtsfolgenseite hin zu den Sekundärfolgen der Maßnahme zeigt: Im Gegensatz zum Justizfiskus haftet der Steuerfiskus nämlich über § 945 ZPO analog *verschuldensunabhängig* für alle Schäden,[303] die dem Steuerschuldner durch den Arrestvollzug entstanden sind.[304] Das hat der Gesetzgeber bereits bei Erlass der Abgabenordnung klargestellt, indem er ausführte, von der Einführung einer § 945 ZPO entsprechenden Vorschrift in die Abgabenordnung habe er nur deshalb abgesehen, weil einerseits dessen Anwendung durch die Rechtsprechung ohnehin gesichert sei, zum anderen, weil eine entsprechende Vorschrift in das geplante, dann aber aus anderen Gründen für verfassungswidrig erklärte[305] Staatshaftungsrecht aufgenommen war.[306]

---

302 Dreier / *Schulze-Fielitz* Art. 20 (Rechtsstaat), 183.

303 Schon *Dörn* StBp 1999 130, 131 hat darauf hingewiesen, dass die potentielle Haftung der Grund ist, warum die Finanzbehörden dem dinglichen Arrest nach Abgabenordnung „skeptisch und zurückhaltend" gegenüberstehen.

304 BTDrucks. VI/1982 S. 184; BGH NJW 1959 1272 ff.; Tipke / Kruse / *Loose* 324, 54 m.w.N.; Klein / *Werth* § 324, 16; umfassend auch in Bezug auf die historische Entwicklung *Gaul* JZ 2013 760; Baur / Stürner / Bruns Zwangsvollstreckungsrecht Rn. 52.30; Baumbach / Lauterbach § 945, 5; Zöller / *Vollkommer* § 945, 4 jeweils mit weiteren Nachweisen; *Bruschke* DStR 2003 54; offengelassen: BGH (3. Zivilsenat) NJW-RR 2012 1490, 1491; a.A. mit wenig überzeugendem Verweis auf das „gekippte" Staatshaftungsgesetz: HHSp. / *Hohrmann* § 324, 107; *Bettermann* JZ 1960 335 ff.

305 BVerfG NJW 1983 25 ff.

306 BTDrucks. VI/1982 S. 184.

Diese Auffassung wurde durch die Reform 2017 untermauert. So forderte der Bundesrat einen ausdrücklichen Ausschluss des § 945 ZPO im Gesetzgebungsverfahren,[307] dem der Bundestag nicht nachgekommen ist.[308] Für eine *Nichtanwendung* des § 945 ZPO analog auf § 324 AO dürfte deshalb nach der Reform kein Raum mehr sein. Dafür sprechen aber nicht nur diese historische Entwicklung, sondern auch grundlegende dogmatische Argumente. Die verschuldensunabhängige Haftung ist ein Korrektiv der Selbstanordnungsbefugnis.[309] Das gilt nicht nur, weil die Vollstreckungsvorschriften nach der Abgabenordnung fast wörtlich der Zivilprozessordnung entnommen wurden,[310] sondern ergibt sich auch aus dem Telos des § 945 ZPO. Der Steuerfiskus deklariert für sich, dass er wie jeder andere Verletzte einer Straftat zu behandeln sei. Dem privaten Verletzten über § 945 ZPO eine Haftung anzudrohen, obwohl zuvor ein Gericht den zu vollstreckenden Titel erlassen und damit seinen Anspruch grundsätzlich bejaht hat, dem Steuerfiskus, der sich den Titel selbst und damit ohne objektives Korrelat geschaffen hat, von einer Haftung auszunehmen, vermag nicht zu überzeugen. Im Gegenteil, „erst-recht" muss auch der Gläubiger, der sich seinen Titel selbst erschaffen hat, für die negativen Folgen der Vollstreckung haften.[311]

Im Gegensatz dazu überzeugt das Argument, der Finanzfiskus sei haftungsrechtlich deshalb zu privilegieren, weil er im Allgemeininteresse, der Private hingegen in seinem eigenen Interesse handle,[312] nicht.[313] Gerade weil dem Steuerfiskus Hoheitsrechte zustehen und er Finanzermittlungen vornehmen kann, ist das für ihn bestehende Haftungsrisiko ohnehin deutlich geringer als das eines Privaten und behindert dieses die Erfüllung seiner öffentlich-rechtlichen Aufgaben nicht.[314] Der Bundesgerichtshof führt zutreffend aus, dass es im sozialen Rechtsstaat ein

307 BTDrucks. 18 10146 S. 10, sah darin aber ohnehin nur eine deklaratorische Bedeutung, weil die vom Bundesrat vorgeschlagene Neuregelung des § 324 AO keine Analogie zum zivilrechtlichen Arrest aufweise.

308 BTDrucks. 18 10146 S. 13 f.

309 Tipke / Kruse / *Loose* § 324, 22, die deshalb auch keinen Grund erkennen, die Anordnungsbefugnis auf die Gerichte (zurück) zu übertragen. Vgl. zur Selbstanordnungsmöglichkeit unter D), II., 3.

310 RFHE 10 34, 39; *Gaul* JZ 2013 760, 765.

311 *Bachof* S. 129.

312 So noch RGZ 108 253, 257: „Es kommt daher lediglich darauf an, ob dem Finanz- oder anderen Reichsbeamten ein für den Vermögensschaden des Klägers ursächliches Verschulden zur Last fällt".

313 *Gaul* JZ 2013 760, 766.

314 BGH NJW 1959 1272, 1274.

Gebot der Gerechtigkeit ist, den Steuerfiskus für die von ihm veranlassten Einschnitte im Leben des Arresteschuldners auch haften zu lassen.[315]

Beim Vermögensarrest hingegen wird eine Haftung über § 945 ZPO analog nach einhelliger Auffassung abgelehnt, allenfalls soll eine verschuldensabhängige Haftung über § 839 Abs. 2 BGB in Betracht kommen.[316] Ob dieser Haftungsausschluss berechtigt ist, soll hier dahingestellt bleiben,[317] denn unstrittig ist die Haftung über § 945 ZPO analog für den betroffenen Steuerschuldner die vielversprechendere Maßnahme als die verschuldensabhängige Haftung des § 839 Abs. 2 BGB. *Dörn* hatte in dieser Haftungsgefahr schon vor Jahren den (vermeintlich wahren) Grund dafür gesehen, warum der Steuerfiskus den dinglichen Arrest nach Abgabenordnung quasi nicht anwendete.[318]

Dem kann auch nicht entgegengehalten werden, dass der Vermögensarrest unter Erforderlichkeitsgesichtspunkten dann auch nach der Reform immer gegenüber dem zivilrechtlich Geschädigten unter Rekurs auf seine Möglichkeiten nach § 916 ff. ZPO zu verweigern wäre. Zivilprozessualer und steuerrechtlicher Arrest sind nämlich schon insofern unterschiedlich, als der zivilprozessuale Arrest nicht vom Gläubiger selbst, sondern von einem Zivilgericht erlassen werden muss. Über das Erfordernis der Glaubhaftmachung seines Anspruchs nach § 920 Abs. 2 ZPO hat der Verletzte dabei deutlich höhere Hürden zu überwinden als der Steuerfiskus. Der zivilprozessuale Arrest ist deshalb über die Haftungsmöglichkeiten nach § 945 ZPO für den *Betroffenen* das mildere, gleichwohl aber für den *Verletzten* nicht ein *gleich geeignetes* Mittel wie der Vermögensarrest.

dd) Ergebnis

Vergleicht man die Arrestierungsmöglichkeit nach Strafprozess- und Abgabenordnung, so kann zwar nicht festgestellt werden, welche der beiden Arrest*anordnungen* sich für den Betroffenen als das mildere Mittel darstellt, aus einem fehlerhaften Arrest*vollzug* kann der Schuldner aber nur dann hinreichend Kompensation erlangen, wenn es sich um einen dinglichen Arrest nach der Abgabenordnung handelt. Diese unterschiedlichen Haftungsmöglichkeiten führen im Ergebnis dazu, den steuerrechtlichen Arrest als die mildere Maßnahme zu betrachten.

---

315 BGH NJW 1959 1272, 1274. Das dürfte im Übrigen auch auf den Justizfiskus zutreffen.

316 Dazu *Schlachetzki* wistra 2011 41, 46; *Theile* StV 2009 161, 164; umfassend: *Rönnau* Rn. 629 ff.; kritisch DRB Stellungnahme 9/16 S. 6.

317 Kritisch etwa *Borggräfe / Schütt* StraFo 2006 133, 137 f. für eine analoge Anwendung des § 945 ZPO; in diese Richtung auch *Rönnau* Vermögensabschöpfung Rn. 444 Fn. 1351 und allgemein zum Regress.

318 *Dörn* StBp 1999 130, 132.

b) Ergebnis

Die Reform 2017 hat nichts daran geändert, dass ein Vermögensarrest nach § 111e im Steuerstrafverfahren grundsätzlich nicht verhältnismäßig ist, wenn der Steuerfiskus auch einen dinglichen Arrest nach § 324 AO erwirken kann.[319] Es fehlt insoweit regelmäßig an der *Erforderlichkeit* einer solchen Maßnahme. Der vollzogene steuerrechtliche Arrest stellt im Verhältnis zum vollzogenen Vermögensarrest die mildere Maßnahme dar, weil der von ihr Betroffene im Falle der Rechtswidrigkeit über § 945 ZPO analog eine Schadenskompensation vom Finanzfiskus verlangen kann; eine Möglichkeit, die ihm beim Vermögensarrest verwehrt ist.

8. Folgen für die vorläufige Sicherstellung im Steuerstrafverfahren

Nachdem hier herausgearbeitet wurde, dass das Sicherungsbedürfnis des Steuerfiskus weiterhin zeitlichen Grenzen unterliegt und der Arrest nach der Abgabenordnung das mildere Sicherungsmittel für den Betroffenen ist, stellt sich die Frage, wie sich diese Feststellungen auf die Möglichkeiten der vorläufigen Sicherstellung nach dem Inkrafttreten des Gesetzes zur Reform der strafrechtlichen Vermögensabschöpfung im Steuerstrafverfahren konkret auswirken. Hierbei ist zu unterscheiden, welche Behörde das Verfahren führt.[320]

a) Strafverfahren, in denen die Finanzbehörden die Ermittlungen führen

Ermitteln die Finanzbehörden den Sachverhalt selbst, kommt eine vorläufige Sicherstellung im Wege des Vermögensarrestes nur dann in Betracht, wenn der Sachverhalt noch derart unübersichtlich ist, dass nur ein strafprozessuales Vorgehen eine Sicherung der Einziehungsforderung bewirken kann. Diese Situation kann insbesondere zu Beginn eines Ermittlungsverfahrens gegeben sein, wenn der Sachverhalt noch unklar und etwa die Steuerschuldnerschaft noch nicht konkretisiert ist.

Mit fortdauerndem Verlauf des Verfahrens, der zu einer Klarstellung der tatsächlichen und rechtlichen Umstände des Sachverhalts führt und damit ein steuerrechtliches Vorgehen ermöglicht, entfällt das Sicherungsbedürfnis nach § 111e Abs. 1 und wird die Maßnahme zugleich auch unverhältnismäßig. Das

---

319 Wenn auch recht allgemein, im Ergebnis aber ebenso BRAK Stellungnahme 39/2016 S. 7 f.; *Holznagel* Stellungnahme S. 6; a.A.: *Rettke* wistra 2017 417, 420.

320 A.A.: Flore / Tsambikakis / *Webel* Teil 2 Kap. 10, 171, der vom Fehlen einer sachlichen Grundlage für eine Ungleichbehandlung der Sachverhalte spricht.

ergibt sich zwangslos aus dem Umstand, dass der Gesetzgeber mit § 111h Abs. 2 Satz 2 die bisher aus seiner Sicht bestehende (faktische) Privilegierung des Steuerfiskus in das neue Recht übertragen und für eine schnelle Entlastung des Strafverfahrens von entsprechenden Fragestellungen sorgen wollte. Bleibt der Steuerfiskus untätig, kann außerdem der Eingriff in die Grundrechte des Betroffenen nicht (mehr) gerechtfertigt werden, die bei einem Vorgehen nach § 324 aufgrund der Haftungsmöglichkeiten des Steuerfiskus geringer beeinträchtigt werden, als durch den Vermögensarrest.

b) Strafverfahren, in denen die Justizbehörden die Ermittlungen führen

Führen die Justizbehörden das Ermittlungsverfahren, stellt sich die Ausgangssituation grundlegend anders dar. Die Staatsanwaltschaften können nur einen Vermögensarrest ausbringen und damit die Vollstreckbarkeit des Einziehungsanspruchs sichern, die Sicherung der Steuerforderung über den steuerrechtlichen Arrest ist ihnen verwehrt. Die Situation ist damit mit dem allgemeinen Strafrecht vergleichbar, in dem der Einziehungsanspruch des Staates und der zivilrechtliche Anspruch des Verletzten nebeneinander bestehen. Jedenfalls in Fällen, in denen seine Interessen jenen der Verletzten *nicht* entgegenstehen, kann der Justizfiskus deshalb in diesen Verfahren auch (nur) zur Sicherung seiner eigenen Einziehungsforderung aktiv werden und hat die Untätigkeit des Verletzten keine Auswirkungen auf den Vermögensarrest.[321]

Im Steuerstrafverfahren ist diese Ausgangssituation identisch, Justiz- und Steuerfiskus sind auch hier zwei unterschiedliche Gläubiger des Betroffenen, die unterschiedliche Ansprüche in Gestalt des Einziehungs- respektive des Steueranspruchs geltend machen. In der Literatur wird deshalb die Auffassung vertreten, beide Sicherungsmöglichkeiten seien isoliert voneinander zu betrachten[322] und damit letztlich auch ohne Auswirkungen aufeinander. Das würde dazu führen, dass man sowohl das entfallene Sicherungsbedürfnis des Steuerfiskus als auch die Möglichkeit eines (milderen) Steuerarrestes bei der Prüfung der Rechtmäßigkeit eines Vermögensarrestes außen vor lassen müsste.

Diese Auffassung kann jedoch schon deshalb nicht überzeugen, weil der Gesetzgeber mit § 111h Abs. 2 Satz 2 in Verbindung mit der Gesetzesbegründung zum Ausdruck gebracht hat, dass der Steuerfiskus sich vor Rechtskraft des Urteils und der Einziehungsanordnung um die Sicherung seiner Ansprüche bemühen soll. Dadurch soll das Steueraufkommen gesichert, die Gefahr einer (nur)

321 Siehe dazu unter C), VI., 2.

322 In diesem Sinne *Roth* Stbg 2017 454.

quotalen Befriedigung der Steuerforderung im Insolvenzverfahren vermieden und das Strafverfahren, vor allem das Vollstreckungsverfahren,[323] von komplizierten Rechtsfragen entlastet werden. All diese gesetzgeberischen Ziele würden konterkariert, wenn man isoliert darauf abstellen würde, dass es sich bei Einziehungs- und Steuerforderung um zwei formal unterschiedliche Ansprüche handelt und sie deshalb keine Wechselwirkungen haben.

Wirtschaftlich sind die Ansprüche im Übrigen auch gar nicht voneinander zu trennen. Zahlt der Betroffene seine Steuerschuld, erlischt der Einziehungsanspruch nach § 73e Abs. 1 StGB. Zahlt der Betroffene auf den Einziehungsanspruch, mindert das seinen Steuerlast in Höhe der Einziehungssumme, weil die Einziehung mangels überwiegend strafendem Charakter nicht dem Abzugsverbot nach § 12 Abs. 4 EStG unterliegt.[324] Letzten Endes schuldet der Betroffene also ohnehin nur eine Zahlung, nicht etwa zwei. Im Verhältnis der Ansprüche untereinander kommt dabei der Steuerforderung ein materiell-rechtlicher *Vorrang* vor dem Einziehungsanspruch zu, der durch § 73e Abs. 1 StGB zum Ausdruck gebracht wird. Anders als bei privatrechtlichen Verletzten ist dieser Vorrang im Steuerstrafverfahren aber nicht nur auf das *materielle* Recht beschränkt, sondern gilt über das Vollstreckungsprivileg auch *strafprozessual.* Der Gesetzgeber hat das Hauptaugenmerk der vorläufigen Sicherstellung im Steuerstrafverfahren auf die Überleitung der Sicherung in das Steuerverfahren gelegt. Mit Vollzug des steuerrechtlichen Arrests entfällt daher auch das Sicherungsbedürfnis für einen Vermögensarrest,[325] da sonst eine Übersicherung vorläge. Wenn aber die eigenständige Sicherung des Steuerfiskus dem Vermögensarrest die Grundlage entzieht, kann seine Untätigkeit nicht einfach unberücksichtigt bleiben. Steuerschuld und Einziehungsforderung sind wirtschaftlich, materiellrechtlich und strafprozessual akzessorisch und so eng miteinander verknüpft, dass die daraus resultierenden Wechselwirkungen eine streng formalisierte Betrachtung verbieten.

Hinzu kommt ein weiteres, teleologisches Argument aus der Historie des vorläufigen Sicherstellungsrechts. Ein maßgebliches Motiv des Gesetzgebers bei der Einführung eines originären staatlichen Einziehungsanspruchs war die Schließung von Abschöpfungslücken in den Fällen, in denen sich die Verletzten

323 Zur Untauglichkeit des Vollstreckungsverfahrens für Steuerforderungen schon BTDrucks. 18 10146 S. 9; kritisch unter Hinweis auf den „Grundsatz der Wirtschaftlichkeit und Sparsamkeit in der öffentlichen Verwaltung" auch *Reh* NZWiSt 2018 20, 23.

324 Allgemeine Meinung, siehe etwa *Madauß* NZWiSt 2018 28, 34 m.w.N.

325 *Köhler / Burkhard* NStZ 2017 665, 678; im Ergebnis ebenso OLG Stuttgart NJW 2017 3731, 3732 und BeckOK-StPO / *Huber* § 111e, 31, ohne indes die hier dargestellte Problematik anzusprechen.

nicht um Schadenskompensation bemühten.[326] Der Vermögensarrest kann deshalb auch dann aufrechterhalten bleiben, wenn der privatrechtlich Verletzte seine Ansprüche nicht selbstständig verfolgt. Für diese stellvertretende Wahrnehmung der Interessen der Verletzten durch den Justizfiskus gibt es wesentliche Gründe: Privatrechtliche Verletzte haben weder die Hoheitsbefugnisse Finanzermittlungen durchzuführen und taugliche Vollstreckungsmasse aufzuspüren, noch verfügen sie zwangsläufig über hinreichend finanzielle und rechtliche Ressourcen, einen Vollstreckungstitel zu erstreiten. Selbst wenn dies gleichwohl einmal der Fall sein sollte, obliegt es aufgrund der Privatautonomie letztlich ihnen, ob sie ihre Ansprüche auch vollstrecken. Effektiv können daher regelmäßig nur die Strafverfolgungsbehörden dem Betroffenen durch Straftaten erlangte Vermögenswerte entziehen.

Keiner dieser Gründe kann jedoch eine dauerhafte Sicherung des Justizfiskus im Steuerstrafverfahren rechtfertigen, wenn die Steuerbehörden hinreichend über die tatsächlichen Umstände des Falles informiert sind: Sie haben eigene Ermittlungsbefugnisse und für die Finanzermittlung ausgebildetes Personal. Sie können sich ihre Titel selbst erwirken und unproblematisch in die bereits durch die Staatsanwaltschaften gesicherten Vermögenswerte vollstrecken. Vor allem aber unterliegt die Einziehung der Steuerforderung *nicht* ihrem Ermessen. Im Gegensatz zu privatrechtlichen Verletzten, die auf die Geltendmachung ihrer Ansprüche verzichten oder dem Betroffenen sogar die Schuld erlassen können, *muss* der Steuerfiskus die Steuerschuld eintreiben. Abschöpfungslücken können daher nicht entstehen bzw. werden im Besteuerungsverfahren geschlossen. Die stellvertretende Interessenwahrnehmung durch den Justizfiskus ist daher nicht nur nicht erforderlich, sie ist nicht einmal zielführend, sondern verschlechtert die Abschöpfungsmöglichkeiten im Vergleich zur steuerrechtlichen Sicherung sogar, weil im Gegensatz zur Steuerforderung, die im Insolvenzverfahren (wenigstens) quotal befriedigt wird, die Einziehungsforderung dort (nur) *nachrangig* ist, § 39 Abs. 1 Nr. 3 InsO. Überdies kann im Wege der Sicherung nach § 324 AO das Insolvenzverfahren sogar *vollständig* vermieden werden. Abschöpfungslücken entstehen also gerade dann, wenn die Steuerbehörden *nicht* aktiv werden. Schon daraus rechtfertigt es sich im Interesse der Steuergemeinschaft, dass die Steuerbehörden sich nicht auf den Vermögensarrest verlassen können dürfen, sondern selbst aktiv werden müssen.

---

326 BTDrucks. 18 9525 S. 46.

Im Übrigen kann es nicht überzeugen, den Schutzumfang des Betroffenen vor unverhältnismäßigen staatlichen Eingriffen in die Hände der Exekutive zu legen. Die Steuerbehörden können die Strafsachen – wie dargestellt[327] – jederzeit an die Staatsanwaltschaften abgeben und diese die Verfahren auch jederzeit an sich ziehen. Ließe man die Möglichkeiten eines Vorgehens nach § 324 AO im Rahmen der Prüfung der Verhältnismäßigkeit eines Vermögensarrestes gleichwohl außen vor, könnte durch die Übernahme von Steuerstrafverfahren durch die Staatsanwaltschaften gezielt die verschuldensunabhängige Haftung des Finanzfiskus nach §§ 324 AO, 945 ZPO umgangen und der Betroffene mit einer Maßnahme überzogen werden, für die es eine nicht nur ebenso wirksame, sondern sogar noch *wirksamere*, aber *mildere* Alternative gibt. Damit ginge zugleich eine erhebliche Reduktion der Bedeutung des Verhältnismäßigkeitsgrundsatzes im Steuerstrafverfahren einher, obwohl der Gesetzgeber in der Gesetzesbegründung dessen Bedeutung für *alle* Vermögensabschöpfungsmaßnahmen ausdrücklich hervorgehoben hat.[328]

Obgleich Vermögensarrest und steuerrechtlicher Arrest formal zwei unterschiedliche Ansprüche sichern, können sie vor diesem Hintergrund gleichwohl nicht getrennt voneinander betrachtet werden. Ein wesentliches Ziel des Gesetzgebers war die frühzeitige Sicherung des Steueraufkommens über das Vollstreckungsprivileg. Außerdem hat er betont, dass der Verhältnismäßigkeitsgrundsatz nicht eingeschränkt werden sollte. Insbesondere deshalb, weil die Untätigkeit des Steuerfiskus das Steueraufkommen und damit ein wesentliches Anliegen der Allgemeinheit gefährdet, zugleich aber auch nur so der Betroffene vor nicht erforderlichen staatlichen Maßnahmen geschützt werden kann, muss im Rahmen der Verhältnismäßigkeitsprüfung des Vermögensarrestes die Möglichkeit eines Vorgehens nach § 324 AO Beachtung finden und kann der Vermögensarrest deshalb mangels Erforderlichkeit aufzuheben sein.

Die Untätigkeit des Steuerfiskus schließt damit zwar nicht das Sicherungsbedürfnis des Justizfiskus aus, kann den Vermögensarrest jedoch unverhältnismäßig werden lassen.[329] Eine Sicherung der Einziehungsanordnung ist daher in Steuerstrafverfahren (nur) solange im Wege des Vermögensarrestes möglich, bis die Steuerbehörden selbst nach § 324 AO vorgehen können.[330] Das ist in den

327 Siehe dazu unter D), III., 2.

328 BTDrucks. 18 9525 S. 77.

329 Ohne Begründung, im Ergebnis aber ebenso *Mückenberger / Hinz* BB 2018 1435, 1437.

330 Im Ergebnis ebenso *Lampe* jurisPR-StrafR 16/2017 Anm. 4; mit *Madauß* NZWiSt 2018 28, 29 bleibt die Sicherung der Gewerbesteuer jedoch dem Vermögensarrest vorbehalten.

hier besprochenen Fällen immer (nur) der Zeitraum vom Beginn des Ermittlungsverfahrens bis zur Mitteilung nach § 111l. Ab diesem Zeitpunkt kann die Finanzbehörde die Überleitung der gesicherten Vermögenswerte in das Besteuerungsverfahren vorbereiten. Geschieht dies nicht, verliert der Vermögensarrest in der Regel nach 3 Monaten seine Erforderlichkeit und ist aufzuheben.[331]

VI. Ergebnis

Das Gesetz zur Reform der strafrechtlichen Vermögensabschöpfung hatte einige nicht unerhebliche Auswirkungen auf die Möglichkeiten der vorläufigen Sicherstellung von Vermögenswerten im Steuerstrafverfahren.[332]

Das gilt zunächst einmal in Bezug auf das Verhältnis des steuerrechtlichen Arrestes nach § 324 AO zum Vermögensarrest nach § 111e Abs. 1. Der Gesetzgeber hat sich hier für eine grundsätzliche Gleichrangigkeit der Möglichkeiten ausgesprochen und damit Klarheit in Bezug auf die Frage geschaffen, ob die Anordnung eines Vermögensarrestes deshalb ausgeschlossen sein kann, weil dem Steuerfiskus die potentielle Möglichkeit eines Vorgehens nach § 324 AO offensteht. Hier hat er die herrschende Meinung bestärkt, dass nur die *abstrakte* Möglichkeit der steuerrechtlichen Sicherstellung ein strafprozessuales Vorgehen nicht ausschließt.

Zugleich hat er mit dem Vollstreckungsprivileg des § 111h Abs. 2 Satz 2, das *sämtliche* Ansprüche des Steuerfiskus umfasst, zum Ausdruck gebracht, dass eine Entlastung des Steuerstrafverfahrens von schwierigen Rechtsfragen dadurch erreicht werden soll, dass der Steuerfiskus die Steuerforderung im Laufe des Ermittlungsverfahrens auf steuerrechtlichem Wege sichert. Hierzu kann er künftig privilegiert in die vorläufig gesicherten Vermögenswerte vollstrecken, ohne dass er einen entsprechenden Zulassungsantrag stellen müsste. Seine Möglichkeiten der Sicherung der Steuerforderung sind durch die Reform damit erheblich ausgeweitet worden. Steuerrechtlicher und strafprozessualer Arrest ergänzen sich dabei dergestalt, dass grundsätzlich zunächst im Wege des Vermögensarrestes der status quo gesichert werden kann, ehe eine Überleitung ins Steuerverfahren erfolgen muss. Eine Ausnahme liegt nur dann vor, wenn die

331 Im Ergebnis ebenso OLG Stuttgart NJW 2017 3731, 3732.

332 *Mückenberger / Hinz* BB 2018 1435, 1438: „Bereits jetzt deutet sich vereinzelt an, dass sich die steuerstrafrechtliche Verfolgungspraxis durch (vor-)schnelle Arrestanordnungen verschärfen und eine besonnene und sachgerechte Verteidigung durch Liquiditätsengpässe beim Steuerschuldner weiter erschwert wird".

Steuerbehörden das Ermittlungsverfahren führen und unproblematisch direkt nach § 324 AO vorgehen können.

Führt hingegen die Staatsanwaltschaft das Ermittlungsverfahren und hat sie die Finanzbehörde im Sinne des § 111l Abs. 1 über den Vollzug des Vermögensarrestes informiert, kommt ein Vermögensarrest bzw. dessen Fortdauer nur dann in Betracht, wenn den Finanzbehörden aufgrund der konkreten Umstände des Einzelfalls ein Vorgehen nach § 324 AO aus rechtlichen oder tatsächlichen Gründen unmöglich ist. Solche Fälle liegen etwa vor, wenn der Sachverhalt noch derart unklar ist, dass ein bestimmter Steuerschuldner nicht bezeichnet werden kann. In diesen Fällen stellt nur die Strafprozessordnung ein taugliches Sicherungsinstrument zur Verfügung. Ab dem Zeitpunkt, zu dem den Finanzbehörden die Möglichkeit offensteht, einen steuerrechtlichen Arrest in die bereits sichergestellten Vermögenswerte des Betroffenen zu vollstrecken, unterliegt die vorläufige Sicherstellung zu Gunsten des Steuerfiskus im Wege des Vermögensarrestes zeitlichen Grenzen. Diese sind in Anlehnung an die verwaltungsrechtlichen Vorschriften mit grundsätzlich 3 Monaten zu bemessen. Bleiben die Finanzbehörden in dieser Zeit untätig und machen sie nicht von ihrem Vollstreckungsprivileg Gebrauch, muss der Vermögensarrest aufgehoben werden, weil der steuerrechtliche Arrest nach § 324 AO für den Betroffenen die mildere Maßnahme darstellt. Nur hier kann er ihm durch die Vollziehung des Arrestes erwachsene Schäden verschuldensunabhängig geltend machen und damit den Eingriff in sein Eigentumsgrundrecht minimieren.

Die Untätigkeit des Steuerfiskus zur Sicherung seiner Steuerforderung schlägt damit auch nach der Reform auf die Möglichkeiten des strafprozessualen Vermögensarrestes durch. So wird ein wesentliches Ziel des Gesetzgebers, eine umfangreiche und zeitnahe Sicherung der Steuerforderung über das Vollstreckungsprivileg zu ermöglichen, erreicht und außerdem der Eingriff in die Grundrechte des Betroffenen minimiert.

Insgesamt hat der Gesetzgeber mit den Neuregelungen der §§ 111e Abs. 6 und 111h Abs. 2 Satz 2 ein in sich *schlüssiges Gesamtkonzept* der vorläufigen Sicherstellung von Vermögenswerten im Steuerstrafverfahren geschaffen, das sachgerechte Lösungen im Interesse aller Beteiligten ermöglicht. Das Strafverfahren wird im Sinne der Justiz von fachfremden Fragen des Steuerrechts entlastet, der Betroffenen hat zeitnah Klarheit in Bezug auf die maßgeblichen steuerrechtlichen Fragen und die Steuergemeinschaft kann sicher sein, dass die Finanzbehörden gehalten sind, ihre Ansprüche zügig zu sichern, in das Besteuerungsverfahren überzuleiten und damit das Steueraufkommen zu gewährleisten.

E) Möglichkeiten und Grenzen der Einziehung von Vermögen unklarer Herkunft

Nachdem hier nun umfangreich auf die Möglichkeiten der *vorläufigen Sicherstellung* von Vermögenswerten eingegangen wurde, soll der Fokus der Untersuchung im weiteren Verlauf auf die Möglichkeiten und Grenzen der Einziehung von Vermögen *unklarer Herkunft* gerichtet werden. Dies rechtfertigt sich aus der großen Bedeutung dieser Einziehungsfälle im Gesamtgefüge der strafrechtlichen Vermögensabschöpfung im Allgemeinen und den Bemühungen des Gesetzgebers um ihre Erfassung im Zuge der Gesetzesreform im Besonderen. Schon im Referentenentwurf kam dieses Bestreben dadurch zum Ausdruck, dass man dort die *Schließung von Abschöpfungslücken* in Fällen mit Vermögenswerten unklarer Herkunft als eines der *wesentlichen* Reformziele bezeichnet hatte.[1]

I. Allgemeines

Um Abschöpfungslücken zu schließen und die Einziehung von Vermögen unklarer Herkunft zu ermöglichen sah der Referentenentwurf zunächst eine nicht unerhebliche *Ausweitung* der bestehenden *erweiterten* und *selbständigen Einziehung* nach §§ 73a, 76a Abs. 1 StGB-E vor.[2] Neu und zugleich die bedeutenste Änderung im Vergleich zur alten Rechtslage war § 76a Abs. 4 StGB-E, der eine weitere *selbständige Einziehung*sermächtigung beschrieb. Bei ihr sollte es nicht mehr darauf ankommen, ob einer bestimmten Person ein strafrechtlich relevanter Vorwurf gemacht werden konnte; entscheidend war vielmehr, ob der einzuziehende Gegenstand im Verfahren zu einer bestimmten Katalogtat sichergestellt wurde und das Gericht davon überzeugt werden konnte, dass dieser Gegenstand deliktischen *Ursprungs* ist. Um diese Überzeugungsbildung zu erleichtern und dem Gesetzesziel zusätzlich Nachdruck zu verleihen, wurden flankierende strafprozessuale Vorschriften vorgeschlagen, die in §§ 435 ff. StPO-E zu finden waren.

Die Bundesregierung hat diese Vorschläge aus dem Referentenentwurf in den von ihr vorgelegten Gesetzentwurf übernommen, der anschließend auch im Wesentlichen unverändert vom Bundestag beschlossen wurde. § 76a Abs. 4 StGB

1 RefE-VA S. 2.

2 RefE-VA S. 7 ff.

https://doi.org/10.1515/9783110625752-007

erlaubt Vermögensabschöpfungsmaßnahmen heute schon dann, wenn der Betroffene *keiner* Straftat überführt werden kann, das Ermittlungsverfahren gegen ihn deshalb einzustellen oder er im Hauptverfahren frei zu sprechen ist.[3] Die Herkunft des Vermögenswertes bleibt damit zwar ungeklärt, eine Einziehung soll sich jedoch daraus rechtfertigen, dass das Gericht von der deliktischen Herkunft des Gegenstandes *überzeugt* ist. *Köhler / Burkhard* illustrierten die potentiellen Anwendungsfälle dieser Vorschrift kürzlich etwa dergestalt, dass im Zuge einer Verkehrskontrolle eines Langzeiterwerbslosen 350.000,00 EUR in bar im Polster der Rücksitzbank seines Fahrzeugs gefunden werden. Entsprechende polizeiliche Abfragen ergeben, dass der Kontrollierte in der Vergangenheit wiederholt mit Betäubungsmittelstraftaten in Erscheinung getreten ist. Die Erklärungsversuche zur Herkunft des Geldes sind nicht nachvollziehbar, weshalb dieses im Rahmen eines Ermittlungsverfahrens wegen des Verdachts der Geldwäsche sichergestellt und später auch dann selbstständig eingezogen werden kann, wenn dem Betroffenen *keine* Straftat nachzuweisen ist.[4]

Die Auffassung des Gesetzgebers, das *Strafgesetzbuch* habe vor der Reform in diesen und vergleichbaren Fällen keine Möglichkeiten vorgesehen, das aufgefundene Bargeld dauerhaft abzuschöpfen,[5] ist zutreffend und die selbständige Einziehung in dieser Form tatsächlich ein völlig neues *strafrechtliches* Instrument. Im Rahmen der gesamten Diskussion um die Möglichkeiten der Einziehung von Vermögen unklarer Herkunft ist jedoch unberücksichtigt geblieben, dass es in der Praxis schon seit über 10 Jahren gängig ist, (auch) in den nunmehr ins Auge gefassten Fällen im Wege der sog. „präventiven Sicherstellung“ vorzugehen. Als eine solche bezeichnet man ein Verwaltungsverfahren, bei dem die Polizei- und Ordnungsbehörden „korrigierend“ in den Nachgang eines Strafverfahrens eingreifen, indem vermeintlich rechtswidrig erlangte Gegenstände trotz Einstellung des Strafverfahrens oder Freispruch des Betroffenen, gestützt auf das *Polizei- und Ordnungsrecht* des jeweiligen Bundeslandes, zur *Gefahrenabwehr* sichergestellt und dauerhaft eingezogen werden.[6] Die Praxis behalf sich so jahrelang damit, dass es keine § 76a Abs. 4 StGB vergleichbare Vorschrift gab und erzielte auf anderem Wege letztlich doch genau ihre Ergebnisse. Eine verurteilungsunabhängige „selbständige Einziehung“ ist damit zwar im Strafgesetzbuch, nicht aber in der *Praxis* vollständig neu.

---

3 Siehe dazu grundsätzlich schon unter B), V., 6., b).

4 *Köhler / Burkhard* NStZ 2017 665, 671.

5 BTDrucks. 18 9525 S. 3.

6 *Hunsicker* PräGe S. 13, wonach das andauernde Ärgernis einer Herausgabe nicht nachweisbar deliktisch erlangter Gegenstände mittels präventiver Sicherstellung behoben, zumindest aber minimiert werden könne.

Bevor hier nun vertieft auf die neu geschaffenen bzw. erweiterten Vorschriften des Strafgesetzbuches und deren Auswirkungen auf die Einziehung von Vermögen unklarer Herkunft eingegangen wird, soll deshalb an dieser Stelle zunächst ein Überblick über die präventive Sicherstellung gegeben und damit die Ausgangssituation bei der Einziehung von Vermögen unklarer Herkunft vor dem Reformgesetz skizziert werden.

II. Die präventive Sicherstellung

Bei der präventiven Sicherstellung handelt es sich um ein bisher nicht evaluiertes,[7] nach subjektivem Empfinden vieler Praktiker[8] jedoch schon bis zur Reform 2017 immer häufiger vorkommendes Vorgehen von Polizei- und Ordnungsbehörden zur Sicherstellung von körperlichen Gegenständen.[9] In Literatur und Praxis wurde dieses Vorgehen häufig auch als „präventive Gewinnabschöpfung" bezeichnet, wobei diese Terminologie zwar dem Ursprung des Rechtsinstituts entspricht, zwischenzeitlich aber vermehrt in Zweifel gezogen wurde.[10] Die terminologischen Einwände beziehen sich zum einen darauf, dass das hier noch näher zu skizzierende Vorgehen der Polizei- und Ordnungsbehörden gerade nicht darauf abzielt, nur den Gewinn[11] sicherzustellen, sondern den *Umsatz*. Mit dem Begriff „Abschöpfung"[12] wird außerdem suggeriert, die Sache könne dem Betroffenen dauerhaft entzogen werden. Das wiederum wirft Fragen in Bezug auf die Rechtsnatur der „präventiven Gewinnabschöpfung" als Gefahrenabwehr- und damit grundsätzlich vorübergehende Maßnahme auf.[13] Unabhängig von der Frage,

---

7 Die Forderung nach einer Evaluation wird zu Recht von unterschiedlichster Seite gestellt, vgl. etwa *Barthel* KommJur 2009 81, 88; siehe auch die Bilanz bei *Hunsicker* Kriminalistik 2013 396 ff.

8 *Söllner* NJW 2009 3339; *Thiée* StV 2009 102; aber auch *Barthel* KommJur 2009 81: „hochaktuelles Thema"; diese Vermutung wird durch diverser Urteile unterschiedlichster Verwaltungs- und Oberverwaltungsgerichte gestützt, siehe dazu etwa VG Darmstadt BeckRS 2017 129426; VG Aachen BeckRS 2017 140531; OVG Bremen StV 2015 625 ff.

9 Eine präventive Sicherstellung kommt dabei sowohl im Nachgang an ein Strafverfahren, als auch völlig ohne strafrechtlichen Kontext in Betracht. Letztere Verfahren bleiben im Fortgang mangels strafrechtlicher Relevanz im Wesentlichen außen vor.

10 Kritisch auch *Söllner* NJW 2009 3339, 3340; OVG Lüneburg BeckRS 2009 35800.

11 Die Differenz zwischen Aufwand und Ertrag.

12 Unter Abschöpfung im Rechtssinne werden variable Einfuhrabgaben verstanden, die sich aus der Differenz eines staatlich festgelegten Zielpreises im Inland und dem aktuellen Weltmarktpreis ergeben, vgl. Gabler / *Weerth* „Abschöpfung".

13 OVG Bremen StV 2015 625, 627: „Die dauerhafte Entziehung deliktisch erlangter Vermögensgegenstände…auf den Staat ist Gegenstand der strafrechtlichen Gewinnabschöpfung…Neben den geltenden strafrechtlichen Vorschriften…ist eine ‘präventivpolizeili-

ob eine präventive Sicherstellung auch auf Dauer ausgelegt sein kann, erscheint es jedenfalls dogmatisch präziser, von einer „präventiven Sicherstellung von Vermögenswerten" (nachfolgend: präventive Sicherstellung) zu sprechen.[14]

Fälle der präventiven Sicherstellung zur Einziehung von Vermögen unklarer Herkunft sind dadurch gekennzeichnet, dass den Strafverfolgungsbehörden im Ermittlungs- oder Strafverfahren ein Tatnachweis nicht gelungen ist und das Verfahren deshalb eingestellt werden muss oder der Angeklagte freizusprechen ist. Sind in solchen Verfahren bei einem Beschuldigten Gegenstände beschlagnahmt worden, so müssen diese grundsätzlich nach Abschluss des Strafverfahrens an den Beschuldigten als letzten Gewahrsamsinhaber herausgegeben werden.[15] Diese Verpflichtung zur Herausgabe von bereits sichergestellten Gegenständen bei nicht erfolgter Verurteilung wird von Seiten der Polizei nach eigenem Bekunden oft als „Ärgernis" empfunden[16] und deshalb ein Ausweg gesucht, diese Herausgabe umgehen zu können. Mit der Intention, ehemaligen Beschuldigten auch ohne strafrechtliche Verurteilung dauerhaft Gegenstände vorzuenthalten, hat es sich in diversen Bundesländern etabliert, im Anschluss an ein Strafverfahren Gegenstände, gestützt auf das jeweilige Gefahrenabwehrrecht, sicherzustellen und zu Gunsten der Staatskasse zu verwerten.[17]

1. Gesetzliche Grundlagen

Eine Vorschrift, die die präventive Sicherstellung *expressis verbis* regelt, existiert bisher nicht.[18] Die für ein solches Vorgehen herangezogenen Ermächtigungsgrundlagen sind die Sicherstellungsgeneralklauseln[19] der jeweiligen Lan-

---

che Gewinnabschöpfung' nicht zulässig…", im Anschluss daran auch das VG Wiesbaden BeckRS 2016 48780; a.A.: VGH München BeckRS 2017 111571: auch dauerhafte Sicherstellung ist möglich.

14 So auch *Barthel* KommJur 2009 81; *Rohde / Schäfer* NdsVBl. 2010 41; VG Frankfurt BeckRS 2013 58823.

15 OLG Köln NStZ-RR 2005 239, 240; umfassend LR / *Johann* § 111k, 2.

16 *Hunsicker* S. 13; eigene Erfahrungen aus der Praxis bestätigen, dass es sich bei den Befindlichkeiten *Hunsickers* um ein weit verbreitetes Phänomen bei der Justiz handelt.

17 OVG Bremen NVwZ-RR 2015 116 legte außerdem den Verdacht nahe, dass teilweise versucht wurde, die formellen Anforderungen des § 111i durch eine präventive Sicherstellung im Anschluss an ein Strafverfahren zu umgehen.

18 *Winterhoff* jM 2015 80, 81; soweit *Hunsicker* Kriminalistik 2015 516, 517 auf entsprechende Einziehungsvorschriften verweist, regeln diese nur die Verwertung, bieten aber keine Sicherstellungsermächtigung.

19 §§ 32 f. PolG BW, § 27 ThürPAG, § 210 LVwG SH, Art. 25 BayPAG, § 25 BbgPolG, § 38 ASOG Bln, § 45 SOG LSA, § 26 f. SächsPOlG, § 23 BremPolG, § 14 HmbSOG,

despolizeigesetze. Diese divergieren in Bezug auf die Frage, unter welchen Voraussetzungen eine Sache sichergestellt werden darf, von Bundesland zu Bundesland, wobei die Unterschiede mitunter recht groß sind. Während das Polizeigesetz Baden-Württembergs in § 32 Abs. 1 PolG-BW eine Sicherstellung von Sachen lediglich zum Schutz des Eigentümers oder des rechtmäßigen Inhabers der tatsächlichen Gewalt vor Verlust oder Beschädigung der Sache kennt, ermöglicht das Polizeigesetz Berlins in § 38 ASOG eine Sache sicherzustellen, um eine gegenwärtige Gefahr abzuwehren,[20] den Eigentümer oder den rechtmäßigen Inhaber der tatsächlichen Gewalt vor Verlust oder Beschädigung der Sache zu schützen oder (zusammengefasst) Sachen sicherzustellen, die von einer festgehaltenen Person mitgeführt werden und bei denen Verletzungspotential besteht. In Hessen sind die Möglichkeiten der Ordnungs- und Polizeibehörden nach § 40 HSOG noch mannigfaltiger. Danach kann eine Sache sichergestellt werden um (1) eine gegenwärtige Gefahr abzuwehren, (2) die Eigentümerin oder den Eigentümer oder die rechtmäßige Inhaberin oder den rechtmäßigen Inhaber der tatsächlichen Gewalt vor Verlust oder Beschädigung einer Sache zu schützen, (3) wenn sie von einer Person mitgeführt wird, die nach dem Hessischen Sicherheits- und Ordnungsgesetz oder anderen Rechtsvorschriften festgehalten wird und sie die Sache für im Einzelnen genannte Handlungen verwenden kann oder (4) wenn tatsächliche Anhaltspunkte die Annahme rechtfertigen, dass sie zur Begehung einer Straftat oder Ordnungswidrigkeit gebraucht oder verwertet werden soll. Im Folgenden wird sich diese Untersuchung auf die Vorschrift des § 40 HSOG konzentrieren, da hier der größte Anwendungsbereich vorliegt.

2. Ursprung der präventiven Sicherstellung von Vermögenswerten

Der Ursprung der präventiven Sicherstellung findet sich in zwei Maßnahmen der Polizeibehörden Pforzheim und Berlin. Hier wurde erstmals mittels Sicherstellungsverfügung versucht, die Sicherstellungsgeneralklausel des jeweiligen Polizeirechts zum dauerhaften Entzug von Vermögensgegenständen des ehemaligen Beschuldigten zu nutzen.[21] Nach entsprechenden Rechtsbehelfen gegen diese Verfügungen hatten die Verwaltungsgerichte Karlsruhe und Berlin über die Rechtmäßigkeit der Maßnahmen zu entscheiden. Sie bestätigten im Ergebnis das Vorgehen der Polizeibehörden.

---

§ 61 SOG M-V, § 40 HSOG, § 26 NdsSOG, § 43 PolG NRW, § 22 POG Rl-Pf., § 21 SPolG.

20 Aufgrund des Erfordernisses einer „gegenwärtigen" Gefahr wird diese Bestimmung teilweise als „eingeschränkte Generalklausel" bezeichnet, Lisken / Denninger / *Graulich* E 645.

21 *Hunsicker* PräGe S. 91 ff., 103 ff.

a) Die Entscheidung des VG Karlsruhe vom 10. Mai 2001; Az.: 9 K 2018/99

In dem der Entscheidung des Verwaltungsgerichts Karlsruhe zu Grunde liegenden Sachverhalt wandte sich der Kläger gegen eine Sicherstellungsverfügung des beklagten Landes. Die Polizei hatte im Anschluss an einen Ladendiebstahl des Klägers im Rahmen einer Durchsuchung seiner Wohnräume ca. 2.000 Gegenstände, zum Teil original verpackt oder mit Sicherungsetiketten versehen, im Wert von rund 250.000,00 DM aufgefunden und beschlagnahmt.[22] Der einschlägig vorbestrafte Kläger wurde anschließend wegen Diebstahls in fünf Fällen sowie wegen Diebstahls in weiteren fünf Fällen, davon in zwei Fällen wegen geringwertiger Sachen, zu einer Freiheitsstrafe von einem Jahr und zwei Monaten verurteilt, im Übrigen wurde er freigesprochen. Mit Ausnahme der im Strafurteil aufgeführten Gegenstände hob das Landgericht Karlsruhe die Beschlagnahme nach Abschluss des Strafverfahrens auf und ordnete an, dass die beschlagnahmten Gegenstände an den Verurteilten herauszugeben waren. Dies nahm die örtliche Polizeibehörde zum Anlass, eine eigene Sicherstellungsverfügung in Bezug auf die durch das Strafgericht freigegebenen Gegenstände mit der Begründung zu erlassen, dass die Gegenstände mit an Sicherheit grenzender Wahrscheinlichkeit aus Ladendiebstählen stammten und eine Sicherstellung zum Schutz der rechtmäßigen Eigentümer erforderlich sei. Die Umstände, die diesen Verdacht begründeten, wurden sodann näher ausgeführt.[23] Das Verwaltungsgericht wies die Herausgabeklage mit der Begründung ab, eine Sicherstellung sei erforderlich, um den Eigentümer oder den rechtmäßigen Inhaber der tatsächlichen Gewalt vor Verlust oder Beschädigung der Sache zu schützen.

b) Die Entscheidung des VG Berlin vom 2. Februar 2000; Az.: VG 1 A 173.98

In dem der Entscheidung des Verwaltungsgerichts Berlin zu Grunde liegenden Sachverhalt beantragte der Kläger eine Sicherstellung von 155.000,00 DM aufzuheben und das Geld an ihn herauszugeben.[24] Bei einer Verkehrskontrolle hatten Polizeibeamte im Kofferraum des vom Kläger geführten Kraftfahrzeugs eine Plastiktüte mit diversen Geldbündeln im Gesamtwert von 155.000,00 DM entdeckt. Gegen den Halter des Kraftfahrzeugs hatte das Zollfahndungsamt Berlin

---

22 VG Karlsruhe vom 10.5.2001, Az.: 9 K 2018/99.

23 Siehe zum Ganzen VG Karlsruhe vom 10.5.2001, Az.: 9 K 2018/99, abgedruckt bei *Hunsicker* PräGe S. 91 ff.

24 Siehe zum Ganzen VG Berlin vom 2.2.2000, Az.: VG 1 A 173.98, abgedruckt bei *Hunsicker* PräGe S. 107 ff.

zuvor in vier Fällen wegen Steuerstraftaten im Zusammenhang mit illegalem Zigarettenhandel ermittelt, auch gegen den Beifahrer war bereits wegen Steuerhehlerei[25] im Zusammenhang mit Zigarettenschmuggel ermittelt worden. Die Staatsanwaltschaft stellte letztlich das gegen den Kläger geführte Ermittlungsverfahren wegen des Verdachts der Geldwäsche mangels hinreichenden Tatverdachts ein und verfügte die Freigabe des Geldes. Wenige Tage nach der Herausgabeentscheidung der Staatsanwaltschaft verfügte der Polizeipräsident die Sicherstellung des Geldes, gestützt auf das dortige Gefahrenabwehrrecht. Das Verwaltungsgericht Berlin wies die Klage mit der Begründung ab, es bestehe einerseits eine mit an Sicherheit grenzende Wahrscheinlichkeit, dass das sichergestellte Geld wieder in den illegalen Zigarettenhandel investiert werde, andererseits sei der wirtschaftlich Berechtigte vor Verlust des Geldes zu schützen.

c) Das sog. „Osnabrücker Modell“

Durch das Vorgehen der Polizeibehörden Pforzheim und Berlin wurden auch andere Polizeibehörden auf die potentiellen Möglichkeiten einer präventiven Sicherstellung aufmerksam. Im sog. „Osnabrücker Modell“ wurde daraufhin versucht, durch die Kooperation von Staatsanwaltschaft, Kommune und Polizei die „präventive Gewinnabschöpfung“ zu etablieren.[26] Wesentliche Ergebnisse dieses Modells finden sich in einem 2007 verabschiedeten, zum 15. Februar 2015 bestätigten Runderlass des niedersächsischen Innen- und Justizministeriums,[27] der zum Vorbild für andere Bundesländer wurde, die präventive Sicherstellung von Vermögenswerten zu institutionalisieren.[28] Mit ihr sollte das „andauernde Ärgernis bei der Justiz und wohl noch mehr auf Seiten der Polizei“ in den Griff zu bekommen sein, „im Strafermittlungsverfahren sichergestellte oder beschlagnahmte Gegenstände, die konkreten Straftaten nicht zugeordnet und folglich auch nicht an die Eigentümer oder sonst Berechtigte herausgegeben werden können“, dem ehemals Beschuldigten zurückgeben zu müssen.[29]

d) Diskussionstand vor der Reform

Die präventive Sicherstellung fand in den vergangenen sechzehn Jahren ihrer Ausübung zunächst positiven Anklang bei den Verwaltungsgerichten, die entspre-

25 Siehe allgemein zur Steuerhehlerei unter D), III., 1.

26 *Hunsicker*, PräGe passim.

27 RdErl. des Innenministeriums und des Justizministeriums vom 16.11.2007.

28 So jedenfalls *Hunsicker* PräGe S. 82 f.

29 *Hunsicker* PräGe S. 13.

chende Sicherstellungsmaßnahmen der Polizei- und Ordnungsbehörden im Wesentlichen bestätigten.[30] Sehr vereinzelt meldeten sich nach einigen Jahren zwar auch kritische Stimmen in der Literatur, die ein solches Vorgehen tendenziell eher ablehnten, mit ihren zum Teil unterschiedlichen[31] Begründungen zur Ablehnung der präventiven Sicherstellung in der Praxis der Verwaltungsgerichte aber kein Gehör fanden. Erst in jüngerer Zeit mehren sich auch gerichtliche Entscheidungen, die sich kritisch mit der präventiven Sicherstellung auseinandersetzen.[32]

Eine Entscheidung des Bundesverwaltungsgerichts oder des Bundesverfassungsgerichts zur präventiven Sicherstellung liegt bisher nicht vor. Zwar wird teilweise behauptet, das Bundesverfassungsgericht habe eine Grundrechtsverletzung durch die präventive Sicherstellung abgelehnt und damit „den Weg für die präventive Gewinnabschöpfung durch die Ordnungsbehörden auf breiter Front freigemacht.“[33] Tatsächlich gibt es eine solche Entscheidung aber nicht. Das Bundesverfassungsgericht hatte die entsprechende Verfassungsbeschwerde vielmehr mangels *Zulässigkeit* nicht zur Entscheidung angenommen.[34] Es muss deshalb an dieser Stelle zunächst konstatiert werden, dass die höchstrichterliche Rechtsprechung zu diesem Phänomen bisher keine Stellung genommen hat.[35]

3. Ergebnis

Vor dem Inkrafttreten des Gesetzes zur Reform der strafrechtlichen Vermögensabschöpfung behalf man sich bei der Einziehung von Vermögen unklarer Herkunft mit einem „Umweg“ über das Polizeirecht. Im Gegensatz zu den strafrechtlichen Ermächtigungsgrundlagen der §§ 73a, 76a StGB erfordert dieser nicht die *richterliche Überzeugung* der deliktischen Herkunft eines Gegenstandes, sondern nur das Vorliegen eines *Gefahrverdachts*. Eine höchstrichterliche Entscheidung zur präventiven Sicherstellung gibt es bisher nicht, so dass sich diese über Jahre hinweg in der Praxis etablieren konnte, ohne dass ihre verfassungsrechtliche Zulässigkeit geklärt wäre.

---

30 Vgl. dazu neben den bereits zitierten Entscheidungen etwa VG Frankfurt BeckRS 2007 21779; OVG Lüneburg NVwZ-RR 2009 954, 95; VGH München BeckRS 2010 56419.

31 *Waechter* NordÖR 2008 473 ff.; *Hüls / Reichling* StraFo 2009 198 ff.; *Thiée* StV 2009 102 ff., *Ders.* StV 2010 215 ff.; *Artkämper* Gewinnabschöpfung; SK-StPO / *Rogall* vor §§ 111b ff., 40; *Hornmann* S. 676 ff.

32 Siehe dazu etwa VG München BeckRS 2015 41295; OVG Bremen NVwZ-RR 2015 116; VG Frankfurt BeckRS 2013 58823; VG Wiesbaden BeckRS 2016 48780, zu parallel zum Strafverfahren laufenden Sicherstellungen.

33 So *Barthel* KommJur 2009 81, 82.

34 BVerfG NVwZ 2012 239.

35 Lisken / Denninger / *Graulich* E 656.

III. Zwischenfazit und weiterer Untersuchungsverlauf

Will man sich der Antwort auf die hier aufgeworfene Frage nach den *Möglichkeiten* und *Grenzen* der Einziehung von Vermögenswerten *unklarer Herkunft* nach dem Inkrafttreten des Gesetzes zur Reform der strafrechtlichen Vermögensabschöpfung nähern, so kann man folglich nicht (nur) isoliert auf die strafrechtlichen Vorschriften abstellen, sondern muss zugleich (auch) das Vorgehen nach den Polizei- und Ordnungsgesetzen der jeweiligen Bundesländer im Auge behalten. Das gilt zum einen deshalb, weil in der Literatur bereits ausdrücklich darauf hingewiesen wird, dass die Neuregelungen im Strafgesetzbuch diverse praktisch bedeutsame Fälle der Einziehung von Vermögen unklarer Herkunft nicht umfassen, weshalb in diesen Konstellationen weiter auf die präventive Sicherstellung zurückzugreifen sei.[36] Auch in der neueren Judikatur findet sich diese Auffassung bestätigt.[37] Sie kann außerdem systematisch darauf gestützt werden, dass § 76a Abs. 4 Satz 3 StGB an einen *begrenzten Katalog* von Delikten anknüpft, der ein selbständiges Einziehungsverfahren nur im Anschluss an bestimmte Strafverfahren zulässt. Selbst eine extensive Auslegung der Vorschrift würde nicht darüber hinweg helfen, dass sämtliche Fälle *einfacher* Vermögensdelinquenz wie etwa Diebstahl, Betrug, Hehlerei oder Unterschlagung nach wie vor nicht über die selbständige Einziehung gelöst werden können, weil § 76a Abs. 4 StGB insoweit materiell-rechtliche Schranken setzt. Gerade in diesen Fällen erblickten die Polizei- und Ordnungsbehörden indes ein Bedürfnis für eine Einziehung auch ohne vorausgehende strafrechtliche Verurteilung und griffen sie deshalb in der Vergangenheit auf die präventive Sicherstellung zurück.[38]

Unabhängig von diesen materiell-rechtlichen Grenzen des § 76a Abs. 4 StGB setzt die selbständige Einziehung ein gesondertes objektives Verfahren nach § 435 voraus, dessen Durchführung (nur) im *Ermessen* der Staatsanwaltschaften steht. Erst kürzlich hat etwa *Reh* im Zusammenhang mit den praktischen Problemen der Vermögensabschöpfung in der staatsanwaltschaftlichen Praxis vorgeschlagen, *gerade* zur Vermeidung eines selbständigen Einziehungsverfahrens im Wege des § 153a vorzugehen und die Einstellung des Verfahrens von einer

---

36 *Reitemeier / Koujouie* S. 51; *Rhode* wistra 2018 65, 69.

37 Für ein Vorgehen ohne unmittelbaren strafrechtlichen Verdacht, aber einen vermutlich „klassischen Fall" strafrechtlicher Einziehung nunmehr ausdrücklich VG Köln vom 3.5.2018, Az.: 20 K 7407/16; sogar nach strafrechtlicher Verurteilung VGH Kassel NJW 2018 3401 f.

38 Siehe dazu etwa Ermittlungsverfahren wegen Diebstahls: VG Köln vom 26.2.2015, Az.: 20 K 277/13; Ermittlungsverfahren wegen Betrug: VG Gießen BeckRS 2012 59007; VG Frankfurt BeckRS 2013 58823; OVG Münster BeckRS 2010 51956: §§ 243, 249 StGB; Hehlerei: VG Oldenburg BeckRS 2010 51690.

Zahlung an den Verletzten abhängig zu machen.[39] Derartiges könnte auch künftig genauso zu einem „Ärgernis" auf Seiten der Polizei[40] führen wie Fälle, in denen die Staatsanwaltschaft ein solches Verfahren zwar anstrengt, mit ihrem Antrag bei Gericht aber nicht durchdringt und deshalb dem Betroffenen die vermeintlich inkriminierten Gegenständen zurückgeben muss. Um dies zu vermeiden könnten die Polizei- und Ordnungsbehörden grundsätzlich weiter im Wege der präventiven Sicherstellung vorgehen, denn eine ausdrückliche Regelung, die ein solches Vorgehen verbietet, gibt es nicht.[41] Die strafrechtliche Entscheidung bewirkt auch keinen wie auch immer gesetzlich festgelegten „Strafklageverbrauch" in Bezug auf die Sicherstellungsmaßnahmen nach den Polizei- und Ordnungsgesetzen der Bundesländer. Das ist insbesondere aus Sicht der Staatsanwaltschaft in den Fällen nicht unbedenklich, in denen sie sich *bewusst* gegen eine selbständige Einziehung entscheidet und die Polizei- und Ordnungsbehörden trotzdem oder sogar *gerade deshalb* im Wege der präventiven Sicherstellung vorgehen, denn damit wird nicht weniger als die Verfahrenshoheit der Staatsanwaltschaften im Strafprozess konterkariert. Gestützt werden könnte ein solches Vorgehen durch die Polizei- und Ordnungsbehörden letztlich sogar durch einen Verweis auf die neueste Rechtsprechung des Bundesgerichtshofs, der erst kürzlich zur legendierten Verkehrskontrolle Stellung genommen und ausdrücklich bestätigt hat, dass ein Neben- oder auch Nacheinander strafprozessualer und ordnungsrechtlicher Maßnahmen möglich und sogar notwendig ist.[42] Wenn aber der Bundesgerichtshof keine grundlegenden Bedenken gegen ein Vorgehen hat, mit dem unter Umständen die Ermächtigungsgrundlagen des Strafgesetzbuches und der Strafprozessordnung über das Verwaltungsverfahren umgangen werden können, so ist es dringend angezeigt, die präventive Sicherstellung auch unabhängig von den strafrechtlichen Möglichkeiten der Einziehung von Vermögen unklarer Herkunft auf ihre Verfassungsmäßigkeit zu untersuchen. Maßgebliche Fragen stellen sich in diesem Zusammenhang vor allem in Bezug auf das Schweigerecht des Betroffenen, die Unschuldsvermutung und die Wesentlichkeitstheorie, auf die im weiteren Verlauf dieser Untersuchung deshalb noch umfangreich einzugehen sein wird.

---

39 *Reh* NZWiSt 2018 20, 25.

40 Siehe dazu ausführlich unter E), II., 2., c).

41 In diesem Sinne nun auch VG Köln vom 3.5.2018, Az.: 20 K 7407/16: „Insbesondere erstreckt sich die Weisungsbefugnis der Staatsanwaltschaft grundsätzlich nicht auf die polizeiliche Präventivmaßnahme. ...Das bedeutet, dass staatsanwaltschaftlichen Freigabeverfügungen insoweit keine Bindungswirkung zukommt".

42 BGH NStZ 2017 651: „Es gibt weder einen allgemeinen Vorrang der Strafprozessordnung gegenüber dem Gefahrenabwehrrecht noch umgekehrt".

Während die bereits bisher umfangreich praktizierte präventive Sicherstellung damit vor allem einer *verfassungsrechtlichen* Prüfung unterzogen wird, soll die Frage, ob eine verurteilungsunabhängige Einziehung in Form des § 76a Abs. 4 StGB überhaupt verfassungsgemäß sein kann,[43] hier im Wesentlichen außen vor gelassen werden.[44] Dies rechtfertigt sich daraus, dass die präventive Sicherstellung ihre praktische Bedeutung durch die vorliegende Kasuistik schon eindrucksvoll unter Beweis gestellt hat, während für die selbständige Einziehung aktuell gerade hoch umstritten ist, ob sie eine Praxisrelevanz erfahren wird.[45] Zwar war die Kritik an der Norm im gesamten Gesetzgebungsverfahren aufgrund ihrer vermeintlichen Weite massiv[46] und haben erst kürzlich *Schilling / Hübner* die potentiellen Defizite der Vorschrift im Zusammenhang mit strafprozessualen Verfahrensgrundsätzen kritisiert.[47] Ob die Vorschrift aber tatsächlich dazu *geeignet* ist, die vom Gesetzgeber verfolgten Ziele zu erreichen oder ob vielmehr mit der hier bereits einleitend angerissenen Kritik des Deutschen Richterbundes davon auszugehen ist, dass sie aufgrund ihrer tatbestandlichen Ausgestaltung *überhaupt keinen* Anwendungsbereich finden wird,[48] ist bisher unklar und deshalb prioritär zu beantworten.[49]

---

43 Siehe dazu nunmehr etwa *Hinderer / Blechschmitt* NZWiSt 2018 179, 182 ff.; SSW / Burghart § 437, 6 hält den Normzusammenhang aus § 76a Abs. 4 StGB und § 437 mangels Gesetzgebungskompetenz des Bundes und bei Rn. 1 wegen Verstoßes gegen Art. 14 GG für verfassungswidrig; KMR / *Metzger* § 437, 3 äußert unter Rekurs auf *Burghart* ebenfalls Bedenken.

44 Kritisch *Greeve* ZWH 2017 277, 280; *Hüls* ZWH 2017 242, 250 f.; anders *Meyer* StV 2017 343, 350 ff.

45 *Madauß* NZWiSt 2018 28, 34: „Inwieweit § 76a Abs. 4 Satz 3 Nr. 2a StGB in Verbindung mit der Beweiserleichterung nach § 437 StPO – jenseits aller grundsätzlichen, auch verfassungsrechtlichen Bedenken – tatsächlich eine praktische Relevanz erfahren wird, bleibt abzuwarten.“; „Zweifel“ an der Verfassungsmäßigkeit äußert auch *Saliger* ZStW 129 995, 1024; *Rönnau / Begemeier* JZ 2018 443, 447 ff. gehen mit nachvollziehbaren Beispielen von einer Verfassungswidrigkeit der Norm in den Fällen aus, in denen über die Teilkontamination auch redlich erworbenes Vermögen eingezogen wird.

46 Siehe zum Referentenentwurf OStVV Stellungnahme vom 31.5.2016 S. 14 ff.; DRB Stellungnahme 9/16 S. 4; DAV Stellungnahme 30/2016 S. 15 ff.; BRAK Stellungnahme 15/2016 S. 6 f.; *Gebauer* ZRP 2016 101, 104; OStVV Stellungnahme vom 21.9.2016 S. 3 f.; siehe zur unberechtigten Kritik an der Kritik *Meyer* StV 2017 343.

47 *Schilling / Hübner* StV 2018 49, 51 ff.: „Die neue Regelung weckt grundlegende Bedenken, die über die konkrete Ausgestaltung der materiellen und prozessualen Vorschriften hinausgehen“.

48 DRB Stellungnahme 9/16 S. 4.

49 *Meyer* NZWiSt 2018 246, 248 widmet dem Nachweis der Voraussetzungen deshalb (ebenfalls) besondere Aufmerksamkeit, weil er hierin für die Praxis die „größte Herausforderung“ sieht.

Im weiteren Verlauf dieser Untersuchung wird deshalb zunächst auf die jeweiligen strafrechtlichen Vorschriften zur Einziehung von Vermögen unklarer Herkunft und ihren jeweiligen Anwendungsbereich nach dem Inkrafttreten der Reform der strafrechtlichen Vermögensabschöpfung eingegangen, ehe auf die präventive Sicherstellung und ihre Verfassungsmäßigkeit zurückzukommen sein wird.

IV. Die erweiterte Einziehung nach § 73a StGB

Die erweiterte Einziehung wird in § 73a StGB geregelt.[50] Ist eine rechtswidrige Tat begangen worden, so ordnet das Gericht auf ihrer Grundlage die Einziehung von Gegenständen des Täters oder Teilnehmers auch dann an, wenn diese Gegenstände durch *andere* rechtswidrige Taten oder *für sie* erlangt wurden. In Abkehr von der bisherigen Regelung ist eine erweiterte Einziehung nicht erst dann möglich, wenn die Verurteilung wegen einer Tat erfolgt, deren Strafnorm auf § 73a StGB verweist,[51] sondern bei *jeder* Verurteilung, völlig unabhängig von der konkreten Straftat. Erforderlich ist lediglich, dass die einzuziehenden Gegenstände zur Überzeugung des Gerichts aus anderen rechtswidrigen Taten stammen oder für sie erlangt wurden. Wird etwa im Rahmen einer Trunkenheitsfahrt Bargeld im Kofferraum des Beschuldigten aufgefunden und sichergestellt, der Beschuldigte später wegen Verstoßes gegen § 316 StGB verurteilt und kommt das Gericht zu der Überzeugung, das Geld sei deliktischen Ursprungs, kann es dieses Geld im Urteil – wegen Trunkenheit im Verkehr – einziehen.[52]

1. Historie

Die Möglichkeiten der selbständigen Einziehung haben ihren Ursprung in der Vorschrift zum erweiterten Verfall nach § 73d StGB a.F.[53] Schon danach konnten Gegenstände des Täters oder Teilnehmers einer Straftat auch dann für verfallen erklärt werden, wenn Umstände die Annahme rechtfertigten, dass diese Gegenstände für rechtswidrige Taten oder aus ihnen erlangt wurden. Allerdings

50 Eingehend *Saliger* ZStW 129 995, 1015 ff.

51 MüKo-StGB / *Joecks* § 73d, 22; Lackner / Kühl[28] / *Heger* § 73d, 2; Schönke / Schröder / *Eser* § 73d, Anwendungsbereich.

52 *Saliger* ZStW 129 995, 1020 geht davon aus, dass eine nicht profitorientierte Anknüpfungstat nicht zur Überzeugungsbildung des Richters beitragen könne. Der Gedanke ist ebenso berechtigt, wie die Vermutung, dass er sich in der Strafrechtspraxis nicht durchsetzen und vielmehr durch die von *Saliger* selbst befürchtete Herkunftsvermutung ersetzt werden wird.

53 Siehe dazu umfassend *Rönnau* / *Begemeier* NZWiSt 2016 260, 261.

musste die entsprechende Strafnorm auf § 73d StGB a.F. verweisen. Das war insbesondere im Zusammenhang mit Taten aus dem Bereich der Betäubungsmitteldelinquenz der Fall.

Der Gesetzgeber sah Anlass zur Aufhebung dieser Begrenzung durch Artikel 5 Abs. 2 Richtlinie 2014/42/EU. Darin waren Mindestvorschriften bezeichnet, bei denen eine erweiterte Einziehung möglich sein musste.[54] In der Literatur wurde im Gesetzgebungsverfahren[55] und wird auch aktuell[56] die Auffassung vertreten, dass die deutsche Regelung des erweiterten Verfalls diesen Anforderungen bereits weitestgehend genügte. Der Gesetzgeber indes erblickte vor dem Hintergrund der „vermögensordnenden und normstabilisierenden Ziele der erweiterten Einziehung" unabhängig der europarechtlichen Vorgaben noch ein Bedürfnis, das bisherige System der Ausrichtung des erweiterten Verfalls auf typischerweise im Zusammenhang mit der organisierten Kriminalität stehende Straftaten aufzubrechen und den Anwendungsbereich auf *alle* Straftatbestände zu erstrecken.[57]

2. Voraussetzungen der erweiterten Einziehung

Die erweiterte Einziehung ist damit zwar in ihrem Anwendungsbereich nicht unerheblich ausgedehnt worden, erfordert aber genauso wie ihre Vorgängerregelung nach wie vor eine *Verurteilung* im Strafverfahren. Sämtliche Fälle, in denen das Ermittlungsverfahren mangels hinreichenden Tatverdachts eingestellt werden musste und solche, in denen der Angeklagte freizusprechen ist, fallen *per se* aus ihrem Anwendungsbereich heraus.

Neben einer Verurteilung wegen der angeklagten Tat setzte der erweiterte Verfall außerdem voraus, dass sich das Gericht auf Grund erschöpfender Beweiserhebung und Beweiswürdigung die *uneingeschränkte Überzeugung* von der deliktischen Herkunft des von der Anordnung umfassten Gegenstandes verschafft haben musste.[58] *Expressis verbis* führte der Gesetzgeber aus, dass es für die An-

54 BTDrucks. 18 9525 S. 63.

55 OStVV Stellungnahme vom 31.5.2016 S. 7.

56 *Meißner* KriPoZ 2017 237, 240 f.; *Schilling / Hübner* StV 2018 49, 52; *Hüls* ZWH 2017 242, 250.

57 BTDrucks. 18 9525 S. 63; BTDrucks. 18 11640 S. 1 und 4; a.A.: OStVV Stellungnahme vom 31.5.2016 S. 5 ff.; ebenso *Gericke* Stellungnahme S. 7; *Meißner* Stellungnahme S. 15 ff.; mit massiven Argumenten auch DRB Stellungnahme 19/16 S. 3; zustimmend *Trüg* NJW 2017 1913, 1915.

58 BVerfGE 110 1, 25 f.

wendung der erweiterten Einziehung *nicht* ausreicht, dass nur ein bloßer Verdacht der illegalen Herkunft des Gegenstandes besteht, das Gericht muss vielmehr davon *überzeugt* sein.[59]

3. Schlussfolgerung für die Abschöpfung von Vermögen unklarer Herkunft

Die erweiterte *Einziehung* hat im Vergleich zum erweiterten *Verfall* einen erheblich größeren Anwendungsbereich.[60] Sie deckt all jene Fälle der Einziehung von Vermögensgegenständen unklarer Herkunft ab, in denen es tatsächlich zu einer *Verurteilung* kommt.[61] Wird das Ermittlungsverfahren oder das Hauptverfahren hingegen mangels hinreichenden Tatverdachts oder aus Opportunitätsgründen eingestellt oder der Angeklagte freigesprochen, so kann die erweiterte Einziehung nicht zum Entzug von Vermögenswerten unklarer Herkunft beitragen.

Gerade in den Fällen, in denen das Ermittlungsverfahren eingestellt werden musste, weil dem Beschuldigten keine konkrete Straftat nachweisbar war, wurden jedoch in der Vergangenheit die größten Abschöpfungslücken konstatiert. Sie waren es, die für „Ärgernisse“ bei der Polizei sorgten und deshalb überhaupt erst Anlass zur Etablierung eines Einziehungsverfahrens für Vermögen unklarer Herkunft in Form der präventiven Sicherstellung gaben. Ihre grundlegende Notwendigkeit wurde ausdrücklich damit erklärt, dadurch „die Sicherstellung hinsichtlich mit höchster Wahrscheinlichkeit aus Straftaten stammender oder hierfür bestimmter Wertgegenstände auf Grundlage des länderspezifischen Ordnungsrechts nach Einstellung des Strafermittlungsverfahrens aufrecht zu erhalten und diese einer Verwertung zuzuführen.“[62]

Neben den Fällen, in denen überhaupt kein Ermittlungsverfahren gegen den Betroffenen eingeleitet wurde,[63] Bargeld aber etwa deshalb sichergestellt wurde, weil es in „szenetypischer Stückelung“ vorlag und deshalb tatsächliche Anhaltspunkte für die Annahme behauptet wurden, dass das Geld zur Begehung einer Straftat oder Ordnungswidrigkeit gebraucht oder verwendet werden würde,[64]

---

59 BTDrucks. 18 9525 S. 57 f.; *Korte* wistra 2018 1, 8 f.; kritisch zur Verfassungsmäßigkeit *Rönnau / Begemeier* NZWiSt 2016 260, 262 ff.

60 *Saliger* ZStW 129 995, 1019 ff. hält die Vorschrift wegen einer damit einhergehenden Verletzung von Art. 14 GG für verfassungswidrig.

61 Zur Problematik, dass durch die Einziehung auch Vermögenswerte dem Staat anheimfallen, die einem aus der Straftat Verletzten zustehen *Saliger* ZStW 129 995, 1021 f.

62 *Rohde / Schäfer* NdsVBl. 2010 41.

63 VGH Kassel vom 24.8.2006, Az.: 11 ZU 1171/06.

64 VG Wiesbaden vom 14.12.2012, Az.: 2 K 1330/11 (nicht veröffentlicht).

waren diverse Fälle der Einziehung von Vermögen unklarer Herkunft in der Vergangenheit davon gekennzeichnet, dass das strafrechtliche Ermittlungsverfahren mangels hinreichenden Tatverdachts gegen den Beschuldigten eingestellt wurde und damit erst gar nicht in das Stadium gelangte, in dem eine erweiterte Einziehung heute möglich wäre.[65]

Die erweiterte Einziehung hat damit zwar einen grundsätzlich größeren Anwendungsbereich als bisher,[66] es verbleibt aber nach wie vor ein nicht unerheblicher Bereich von Verfahren, der auch heute nicht über die erweiterte Einziehung im Strafverfahren gelöst werden kann. In diesen Fällen wird sie folglich auch nicht zu einer Vereinfachung der Einziehung von Vermögen unklarer Herkunft beitragen können.

4. Ergebnis

Die Ausweitung der erweiterten Einziehung auf sämtliche Straftaten hat zu einer Schließung von Abschöpfungslücken in all den Fällen geführt, in denen es zu einer *Verurteilung* kommt und das Gericht sich zugleich die Überzeugung davon verschaffen kann, dass der einzuziehende Gegenstand deliktischen Ursprungs ist.

Für all jene Fälle, in denen es entweder an einer Verurteilung oder der richterlichen *Überzeugung* des deliktischen Ursprungs des Gegenstandes mangelt, in denen etwa nur ein solcher *Verdacht* verbleibt, kommt die erweiterte Einziehung weiterhin nicht in Betracht. Da in der Vergangenheit diverse Fälle der Einziehung von Vermögen unklarer Herkunft genau von diesen Umständen geprägt waren, sind die Schwierigkeiten bei der Einziehung von Vermögen unklarer Herkunft nur bedingt über die erweiterte Einziehung gelöst worden.

---

65 Siehe etwa: Einstellung nach § 170 Abs. 2: OVG Lüneburg NVwZ-RR 2009 954; VG Lüneburg BeckRS 2011 48299; VGH München NVwZ-RR 2012 686; OVG Bremen StV 2015 625; VGH München NVwZ-RR 2016 48; OVG Bremen BeckRS 2012 58417; VG Wiesbaden vom 3.12.2012, Az.: 2 K 1414/11 (nicht veröffentlicht); wohl auch VG Frankfurt BeckRS 2013 58823: „Nach Freigabe durch die Staatsanwaltschaft stellte das Polizeipräsidium…sicher."; VGH München BeckRS 2010 56419: „wegen Diebstahlsverdacht sichergestellt"; VG Köln BeckRS 2015 44088: „Nach Aufhebung der Beschlagnahme durch die Staatsanwaltschaft…" VGH Kassel BeckRS 2015 55681: „Nach Freigabe des sichergestellten Bargeldes durch die Staatsanwaltschaft…"; Einstellung nach § 154 Abs. 1 StPO: VG München BeckRS 2015 41295; Freispruch: VG Darmstadt BeckRS 2017 129426; Einstellung nach § 153a: VG Gießen BeckRS 2012 59007.

66 Verfassungsrechtliche Bedenken dazu bei *Hüls* ZWH 2017 242, 249; *Greeve* ZWH 2017 277, 280.

V. Die selbständige Einziehung nach § 76a Abs. 1 StGB

Mit dem Inkrafttreten des Gesetzes zur Reform der strafrechtlichen Vermögensabschöpfung hat sich nicht nur der Anwendungsbereich der *erweiterten* Einziehung vergrößert, sondern auch der der *selbständigen Einziehung* nach § 76a Abs. 1 StGB. Kann wegen einer bestimmten Straftat keine Person verfolgt oder verurteilt werden, so ordnet das Gericht nach § 76a Abs. 1 StGB die Einziehung oder Unbrauchbarmachung selbständig an, wenn die Voraussetzungen, unter denen die Maßnahme vorgeschrieben ist, im Übrigen vorliegen. Ist sie zugelassen, so kann das Gericht die Einziehung unter den vorbezeichneten Voraussetzungen auch selbständig anordnen. Die Einziehung wird jedoch nicht angeordnet, wenn Antrag, Ermächtigung oder Strafverlangen fehlen oder bereits rechtskräftig über sie entschieden worden ist; § 76a Abs. 1 StGB passim.

Die selbständige Einziehung nach § 76a Abs. 1 StGB entspricht damit im Wesentlichen auch nach der Reform der Vorschrift des § 76a Abs. 1 StGB a.F., allerdings *erweitert* um die Möglichkeit der Einziehung in den Fällen, in denen der Verfolgung oder Verurteilung einer bestimmten Person *rechtliche* Gründe entgegenstehen.[67] Die Reform hat insoweit die Beschränkung der selbständigen Einziehung auf (nur) *tatsächliche* Gründe gestrichen.[68] Damit wurde der Anwendungsbereich vor allem auf solche Fälle erweitert, in denen etwa dauernde Verhandlungsunfähigkeit oder Strafklageverbrauch ein subjektives Verfahren verhindern.[69]

Für die Möglichkeiten der Einziehung von Vermögen *unklarer* Herkunft dürfte diese Ausweitung im Ergebnis jedoch keine Auswirkungen haben, denn die selbständige Einziehung nach § 76a Abs. 1 StGB setzt voraus, dass die Voraussetzungen der Einziehung „im Übrigen" vorliegen. Das wiederum erfordert, dass nach Auffassung des Gerichts eine *bestimmte* Straftat rechtswidrig begangen worden sein muss, lediglich aus den vorgenannten Gründen aber eine Verurteilung des Täters ausscheidet.[70] In den hier diskutierten Fällen der Einziehung von Vermögen unklarer Herkunft stand der Verurteilung indes kein solches Hindernis entgegen, sondern fehlte es schlicht an der Überzeugung des Gerichts,

67 BTDrucks. 18 9525 S. 72.

68 BTDrucks. 18 9525 S. 72.

69 BTDrucks. 18 9525 S. 72.

70 BeckOK-StGB / *Heuchemer* § 76a, 6; MüKo-StGB / *Joecks* § 76a, 5 ff.; Lackner / Kühl / *Heger* § 76a, 2; Schönke / Schröder / *Eser* § 76a, 1; Kindhäuser / Neumann / Paeffgen / *Saliger* § 76a, 4 ff.

dass der Angeklagte eine Straftat begangen hat bzw. im Ermittlungsverfahren an Tatsachen, die einen hinreichenden Tatverdacht begründeten.

Das Gesetz zur Reform der strafrechtlichen Vermögensabschöpfung in Form der selbständigen Einziehung nach § 76a Abs. 1 StGB dürfte deshalb keine Auswirkungen auf die schon bisher problematischen Sachverhalte der Einziehung von Vermögenswerten unklarer Herkunft haben.[71]

VI. Die selbständige Einziehung nach § 76a Abs. 4 StGB

Besondere Bedeutung für die Zukunft der Vermögensabschöpfung wurde bereits im Gesetzgebungsverfahren der Möglichkeit der *verurteilungsunabhängigen* Vermögensabschöpfung nach § 76a Abs. 4 StGB beigemessen.[72] Mit dieser Regelung hat der Gesetzgeber erstmals in der Geschichte des Vermögensabschöpfungsrecht eine Vorschrift in das Strafgesetzbuch aufgenommen, die selbst für solche Fälle eine Einziehung ermöglicht, in denen dem Betroffenen *gar keine* Straftat nachgewiesen werden kann und er deshalb freizusprechen bzw. das Ermittlungsverfahren gegen ihn einzustellen ist.[73] Diese im anglo-amerikanischen Rechtskreis bereits etablierte Form der Vermögensabschöpfung wird häufig als „non conviction based confiscation“ bezeichnet[74] und ergänzt aus Sicht des Gesetzgebers die bisherigen Abschöpfungsinstrumentarien für schwere Straftaten aus dem Bereich des Terrorismus und der organisierten Kriminalität.[75] Sie soll strafrechtswidrige Vermögenslagen beseitigen und damit die Nutznießung und Reinvestition rechtswidriger Vermögenswerte in kriminelle Vorhaben verhindern.[76] Sie kommt nur dann in Betracht, wenn keine andere strafrechtliche Einziehungsmöglichkeit besteht, ist folglich *subsidiär.*[77] Außerdem muss dem Verfahren ein Verdacht für eine im Katalog des § 76a Abs. 4

---

71 Siehe zur Frage, ob eine selbständige Einziehung in Betracht kommt, wenn die Einziehung vor Rechtskraft „vergessen“ wurde, die zutreffenden Ausführungen von *Ullenboom* wistra 2018 291 f., der darlegt, dass § 76a Abs. 1 StGB nur jene Fälle meint, in denen eine bestimmte Person nicht wegen einer Straftat verurteilt werden kann, hingegen nicht die Fälle, in denen sie „nicht noch einmal“ verurteilt werden kann.

72 BTDrucks. 18 9525 S. 48.

73 Zur Einziehungsentscheidung und der Notwendigkeit eines selbständigen Einziehungsantrags im Sicherungsverfahren nach § 413 siehe BGH NStZ 2018 235.

74 Siehe etwa bei BTDrucks. 18 9525 S. 58; *Korte* wistra 2018 1, 8; *Meyer* ZStW 127 241, 259.

75 BTDrucks. 18 9525 S. 73; *Lange* Plenarprotokoll 18/193 S. 19227: „Wir wollen Polizei und Strafjustiz für den Bereich des Terrorismus und der organisierten Kriminalität ein völlig neuartiges Abschöpfungsinstrument an die Hand geben“.

76 BTDrucks. 18 9525 S. 58.

77 BTDrucks. 18 9525 S. 73; *Schilling / Hübner* StV 2018 49, 50.

Satz 3 StGB genannte Straftaten zugrunde liegen. Hierbei handelt es sich in Bezug auf Straftaten aus dem Strafgesetzbuch um terroristische Straftaten, Straftaten der Bildung krimineller Vereinigungen, der Zuhälterei und der Verbreitung, dem Erwerb und dem Besitz kinderpornografischer Schriften, den gewerbs- und bandenmäßigen Menschenhandel sowie die Geldwäsche nach § 261 Abs. 1, 2 und 4 StGB. Nicht erfasst sind damit alle Ermittlungsverfahren wegen kleiner oder mittlerer Kriminalität wie etwa Diebstahl, Betrug oder Hehlerei, völlig unabhängig davon, in welcher Form sie begangen worden sein sollen. Auch Steuerhehlerei und Steuerhinterziehung werden von der selbständigen Einziehung nicht erfasst, denn soweit § 76a Abs. 4 Satz 3 StGB auf Straftaten aus der Abgabenordnung verweist, erfasst dieser Verweis nur die besonders gravierenden Delikte nach § 370 Abs. 3 Nr. 5 AO.

Sämtliche Fälle der Sicherstellung von Vermögen unklarer Herkunft, denen *kein* Ermittlungsverfahren wegen Geldwäsche oder einer anderen Katalogtat zugrunde liegt, können deshalb auch nach Inkrafttreten des Gesetzes zur Reform der strafrechtlichen Vermögensabschöpfung *nicht* über die Einziehung nach dem Strafgesetzbuch gelöst werden, weil der Gesetzgeber hier materiell-rechtliche Grenzen gesetzt hat. Es verbleibt damit in diesen Verfahren wiederum grundsätzlich nur ein Vorgehen im Wege der präventiven Sicherstellung, die bereits in der Vergangenheit zur Abschöpfung von Vermögen unklarer Herkunft aus Anlass dieser Straftaten durchgeführt wurde.[78] In der Literatur wird ausdrücklich erklärt, dass die aus dem Katalog des § 76a Abs. 4 Satz 3 StGB resultierenden Abschöpfungslücken weiterhin im Wege der präventiven Sicherstellung zu schließen seien.[79]

Allerdings stellt sich die Frage, ob die im Gesetz grundsätzlich angelegte Begrenzung auf bestimmte Vortaten nicht jedenfalls teilweise durch eine extensive Auslegung des § 76a Abs. 4 StGB konterkariert werden kann. Anknüpfungspunkt für eine solche Auslegung ist die Struktur des Tatbestandes des § 76a Abs. 4 StGB, die potentiell dazu geeignet scheint, der selbständigen Einziehung einen deutlich größeren Anwendungsbereich zukommen zu lassen als jenen, der ihm vom Gesetzgeber in der Gesetzesbegründung zugeschrieben wurde.

---

78 Ermittlungsverfahren wegen Diebstahls: VG Köln vom 26.2.2015, Az.: 20 K 277/13; Ermittlungsverfahren wegen Betrug: VG Gießen BeckRS 2012 59007; VG Frankfurt BeckRS 2013 58823; OVG Münster BeckRS 2010 51956: §§ 243, 249 StGB; Hehlerei: VG Oldenburg BeckRS 2010 51690.

79 *Rhode* wistra 2018 65, 69; *Reitemeier / Koujouie* S. 51: „Auch nach neuem Recht verbleibt es damit dabei, dass offensichtliches Diebesgut, das keiner konkreten Straftat zugeordnet werden kann, in der Regel über § 26 NSOG oder § 983 BGB abzuwickeln ist.“; ohne Begründung KMR / *Metzger* vor §§ 421 ff., 20.

1. Problemaufriss

Der Gesetzgeber hat entgegen seiner ausdrücklichen Erklärung, die selbständige Einziehung (nur) an Straftaten aus dem Bereich des Terrorismus und der Organisierten Kriminalität anknüpfen zu wollen,[80] eine solche auch für Gegenstände ermöglicht, die in einem Ermittlungsverfahren wegen des Verdachts der Geldwäsche nach § 261 StGB sichergestellt wurden.[81] Die Geldwäsche wiederum ist ein enorm vielfältiger (Auffang-)Tatbestand, der gerade nicht auf Straftaten im Zusammenhang mit der Organisierten Kriminalität oder dem Terrorismus begrenzt ist. Über § 261 Abs. 9 StGB macht sich unter gewissen Umständen mittlerweile sogar der Täter oder Teilnehmer der von § 261 StGB vorausgesetzten Vortat wegen Geldwäsche strafbar. Vor diesem Hintergrund wurde im Gesetzgebungsverfahren Kritik laut, wonach die Aufnahme des § 261 StGB in den Katalog des § 76a Abs. 4 Satz 3 StGB dazu führen könnte, dass die selbständige Einziehung auch völlig unabhängig von einer einschlägigen Katalogtat jedenfalls auf allgemeine Wirtschaftsdelikte angewendet werden könnte.[82] Hierin wird die Gefahr einer uferlosen Ausweitung der selbständigen Einziehung erblickt.[83]

Diese Kritik ist nicht so einfach von der Hand zu weisen, wenn man sich einmal vergegenwärtigt, dass der Gesetzgeber mit dem Gesetz zur Reform der strafrechtlichen Vermögensabschöpfung eine Ausweitung der Vermögensabschöpfung und den Schluss von Abschöpfungslücken angestrebt hat.[84] Um diese Ziele zu erreichen könnte es sich künftig in der Praxis etablieren, vermeintlich deliktisch erlangte Gegenstände immer *auch* wegen des Anfangsverdachts der Geldwäsche sicherzustellen. Konkrete Tatsachen, die einen solchen Verdacht nach kriminalistischer Erfahrung im Sinne des § 152 rechtfertigen, würden sich etwa

---

80 BTDrucks. 18 9525 S. 73; *Lange* Plenarprotokoll 18/193 S. 19227: „Wir wollen Polizei und Strafjustiz für den Bereich des Terrorismus und der organisierten Kriminalität ein völlig neuartiges Abschöpfungsinstrument an die Hand geben.“; *Köhler / Burkhard* NStZ 2017 665, 671.

81 Darüber hinaus stellt sich freilich die Frage, ob etwa die in § 76a Abs. 4 Satz 3 Nr. 6 StGB genannten Straftaten tatsächlich nur dem Bereich der Organisierten Kriminalität zuzuordnen sind. Die Vorschrift soll hier aber deshalb außer Betracht bleiben, weil sich die hier maßgeblichen Fragen einer extensiven Anwendung maßgeblich im Bereich der Geldwäsche stellen dürften. Im Bereich der Strafbarkeit wegen Verstoßes gegen das BtMG wurde hingegen bereits vor der Reform maßgeblich nach § 73d StGB a.F. vorgegangen.

82 OStVV Stellungnahme vom 31.5.2016 S. 17 ff.

83 *Schilling / Hübner* StV 2018 49, 52: „…kaum Grenzen…“; *Köllner / Mück* NZI 2017 593, 598; *Greeve* ZWH 2017 277, 280 sieht die Gefahr, dass das ganze Wirtschaftsstrafrecht einbezogen wird; *Hinderer / Blechschmitt* NZWiSt 2018 179, 181 sprechen von einem „umfassenden (ausufernden) Straftatenkatalog“.

84 BTDrucks. 18 9525 S. 2.

aus dem versteckten Mitführen und sogar (nur) der Höhe des vom Betroffenen mitgeführten Bargeldes ergeben.[85] Selbst wenn das Ermittlungsverfahren dann mangels hinreichenden Tatverdachts einzustellen wäre, wäre eine selbständige Einziehung möglich, denn diese setzt insoweit lediglich voraus, dass ein Gegenstand in einem Verfahren wegen des *Verdachts* der Geldwäsche sichergestellt worden ist. Die ursprünglich vom Gesetzgeber angedachte Begrenzung der selbständigen Einziehung auf Verfahren im Zusammenhang mit dem Terrorismus oder der Organisierten Kriminalität wäre dadurch umgangen.[86]

Andererseits hat sich der Gesetzgeber im Zusammenhang mit der Regelung der verurteilungsunabhängigen Einziehung auch dem gegenteiligen, hier schon angerissenen Vorwurf ausgesetzt gesehen, dass die Neuregelung zu keinerlei Verbesserung der Abschöpfung von Vermögen unklarer Herkunft führen werde. So wurden gerade von Seiten der *Justiz* erhebliche Zweifel daran geäußert, ob mit § 76a Abs. 4 StGB das Ziel, Abschöpfungslücken zu schließen, überhaupt erreicht werden kann. Der Deutsche Richterbund kritisierte in diesem Zusammenhang, dass aufgrund der Pflicht des Nachweises, dass der sichergestellte Gegenstand aus (irgend-)einer rechtswidrigen Tat stammt, die selbständige Einziehung „keine Praxisrelevanz erfahren" werde, „da regelmäßig bei der Auffindung erheblicher Bargeldbeträge, selbst wenn sie versteckt mit sich geführt werden, eine Überzeugungsbildung dahingehend, der Geldbetrag entstammt deliktischer Herkunft, nicht gelingt und auch künftig nicht gelingen wird."[87]

Diese Kritik des Deutschen Richterbundes kann, genau wie ihre Gegenauffassung auch, exemplarisch untermauert werden. Betrachtet man Entscheidungen zur Einziehung von Vermögensgegenständen unklarer Herkunft von vor der Reform 2017, die im Zusammenhang mit Maßnahmen der präventiven Sicherstellung im Anschluss an Ermittlungsverfahren wegen des Verdachts der Geldwäsche erfolgten, so waren diese deutschlandweit gerade davon geprägt, dass eine *rechtswidrige Vortat* nicht nachweisbar war.[88] In einem dem Urteil des VGH München zugrunde liegenden Sachverhalt hatte die Staatsanwaltschaft das

---

85 So in der Vergangenheit etwa in den Fällen OVG Lüneburg NVwZ-RR 2009 954; VGH München NVwZ-RR 2012 686 oder auch VGH München NVwZ-RR 2016 48; kritisch *Meyer* NZWiSt 2018 246, wonach sich die Auffindesituation „…ob ihrer Vielgestaltigkeit eher nicht für generalisierende Bestimmungen" eigne.

86 *Korte* wistra 2018 1, 8 sieht in der Geldwäsche „vermutlich" den „Schwerpunkt des Anwendungsbereiches der neuen Regelung…".

87 DRB Stellungnahme 9/16 S. 4; dazu *Korte* wistra 2018 1, 9: „Da bereits die Regelung über die erweiterte Einziehung bisher außerhalb des Bereichs der BtM-Delikte kaum Anwendung findet, wird man abwarten müssen, ob die Praxis das neue Abschöpfungsinstrument annimmt".

88 *Korte* wistra 2018 1, 8.

Strafverfahren etwa deshalb eingestellt, weil nicht mit hinreichender Sicherheit belegt werden konnte, dass der sichergestellte Gegenstand aus einer Straftat stammte.[89] Das OVG Bremen musste über eine präventive Sicherstellungsmaßnahme im Anschluss an ein Ermittlungsverfahren wegen des Verdachts der Geldwäsche entscheiden, weil Straftaten, aus denen die „beschlagnahmten Gelder mutmaßlich herrühren, nicht nachgewiesen werden" konnten.[90] In gleichem Zusammenhang steht auch eine Entscheidung des OVG Lüneburg. Hier konnten die Strafverfolgungsbehörden ebenfalls im Ermittlungsverfahren wegen Geldwäsche keine Vortat nachweisen, mussten das Verfahren deshalb einstellen und zum präventiven Sicherstellungsverfahren übergehen.[91] Erst kürzlich war es wiederum der VGH München, der gerade deshalb über eine Maßnahme der präventiven Sicherstellung zu entscheiden hatte, weil das in dem vorausgegangenen Ermittlungsverfahren sichergestellte Bargeld keiner Vortat im Sinne des § 261 StGB zuzuordnen war.[92]

Letztlich können sich damit beide kritischen Auffassungen zur selbständigen Einziehung auf zunächst nachvollziehbare Argumente stützen, auch wenn sie zu diametral unterschiedlichen Einschätzungen der selbständigen Einziehung führen.

Im weiteren Verlauf soll deshalb eine Antwort auf die Frage herausgearbeitet werden, welche Möglichkeiten § 76a Abs. 4 StGB tatsächlich bietet, um auch im Falle eines Freispruchs oder der Einstellung des Verfahrens dauerhaft auf sichergestellte Vermögensgegenstände zugreifen zu dürfen. Dazu soll zunächst ein kurzer Überblick über die materiellen und prozessualen Voraussetzungen der selbständigen Einziehung gegeben werden, ehe untersucht wird, ob unter diesen Bedingungen die Einziehung von Vermögen unklarer Herkunft strafrechtlich leichter möglich ist, als bisher.

Nachdem in diesem Zusammenhang schwerpunktmäßig der Frage nachgegangen wurde, wie die Neuregelung in § 437 zu verstehen ist und welche Schlussfolgerung daraus für die Praxistauglichkeit des selbständigen Einziehungsverfahrens zu ziehen ist, wird im Anschluss die Kritik an der Weite der selbständigen Einziehung dahingehend beleuchtet, ob die Annahme des Verdachts der Geldwäsche der gerichtlichen Prüfung unterliegt und das Vorgehen der Staatsanwaltschaft damit einer gerichtlichen Kontrolle zugänglich ist, so dass nicht willkürlich Vermögenswerte unter Rekurs auf § 76a Abs. 4 StGB sichergestellt

89 VGH München NVwZ-RR 2012 686.

90 OVG Bremen StV 2015 625.

91 OVG Lüneburg NVwZ-RR 2009 954.

92 VGH München NVwZ-RR 2016 48.

werden können. In diesem Zusammenhang soll sodann auch die Frage beantwortet werden, ob die Annahme der Staatsanwaltschaft, wegen der konkreten Tat keine Person verfolgen zu können, durch die Gerichte überprüfbar ist. Dies war bereits zur alten Rechtslage umstritten und wurde vom Gesetzgeber im Gesetzgebungsverfahren nicht ausdrücklich aufgeklärt.

2. Überblick über die Voraussetzungen der selbständigen Einziehung aus Anlass eines Geldwäscheverdachts nach §§ 76a Abs. 4 StGB, 435 ff.

Bevor vertieft auf die potentiellen Schwierigkeiten der selbständigen Einziehung eingegangen wird, soll hier zunächst ein *kurzer* allgemeiner Überblick über ihre materiellen, vor allem aber auch ihre strafprozessualen Voraussetzungen gegeben werden, der den Grundstein für das Verständnis der potentiell problematischen Fälle legt.

a) Materiell-rechtliche Voraussetzungen der selbständigen Einziehung

Eine selbständige Einziehung ist in der hier maßgeblichen Alternative des Gesetzes möglich, wenn ein Gegenstand aus einer *rechtswidrigen Tat herrührt*, dieser in einem Verfahren wegen des *Verdachts der Geldwäsche* sichergestellt worden ist und der von der Sicherstellung Betroffene *nicht* wegen der Geldwäschetat *verfolgt oder verurteilt* werden kann.

In der Gesetzesbegründung hat der Gesetzgeber ausgeführt, dass zur Auslegung des Tatbestandsmerkmals des Herrührens in § 76a Abs. 4 Satz 1 StGB auf die bisherige Rechtsprechung zum Herrühren im Rahmen des § 261 StGB zurückgegriffen werden könne.[93] Der Begriff wäre demnach *weit* auszulegen und ein Herrühren schon dann zu bejahen, wenn bei wirtschaftlicher Betrachtungsweise zwischen dem Gegenstand und der Vortat ein Kausalzusammenhang besteht, wenn also der Gegenstand seine Ursache in der rechtswidrigen Tat hat.[94] In Bezug auf die Vortatfeststellungen im Rahmen des § 261 StGB ist es allgemeine Meinung, dass zwar die bloße Feststellung, dass der Gegenstand deliktischen Ursprungs ist, nicht genügt,[95] weil damit noch nichts dazu gesagt ist, ob er auch

---

93 BTDrucks. 18 9525 S. 73.

94 BTDrucks. 18 9525 S. 73; BGHSt 53 205; ausführlich auch zu den jeweiligen Fallgruppen: Kindhäuser / Neumann / Paeffgen / *Altenhain* § 261, 52 ff.; MüKo-StGB / *Neuheuser* § 261, 47 ff.; kritisch zu dieser Auffassung des Gesetzgebers *Rönnau* / *Begemeier* JZ 2018 443, 444 f.

95 OLG Hamburg NStZ 2011 523.

aus einer in § 261 StGB bezeichneten Katalogtat stammt.[96] Kommen aber nur Katalogtaten in Betracht, soll eine Bezeichnung der konkreten Katalogtat im Rahmen des § 261 StGB entbehrlich sein.[97]

Überträgt man diese Grundsätze ebenfalls auf die selbständige Einziehung, so wäre eine irgendwie geartete Konkretisierung der rechtswidrigen Tat vollends entbehrlich, weil im Unterschied zu § 261 StGB eine selbständige Einziehung nach § 76a Abs. 4 StGB bei *jeder* rechtswidrigen Tat in Betracht kommt. Es verbliebe lediglich bei dem Erfordernis der *richterlichen Überzeugung* (irgend-)einer rechtswidrigen Tat, die den einzuziehenden Gegenstand hervorgebracht hat.

In Bezug auf die Annahme eines Verdachts der Geldwäsche hat sich der Gesetzgeber nicht dazu erklärt, welche Mindestanforderungen hier zu stellen sind. Mit der Verwendung des Begriffs des *Verdachts* ist damit nach den allgemeinen Grundsätzen des § 152 Abs. 2 *mindestens* zu fordern, dass nach kriminalistischer Erfahrung aufgrund von Tatsachen[98] die Möglichkeit einer Straftat der Geldwäsche besteht, wobei auch entfernte Indizien ausreichen.[99]

Der einzuziehende Gegenstand muss nicht nur zur Überzeugung des Gerichts aus einer *rechtswidrigen Tat* herrühren und wegen des *Verdachts* der Geldwäsche sichergestellt worden sein.[100] Hinzukommen muss, dass der von der Sicherstellung Betroffene nicht wegen der Straftat verfolgt oder verurteilt werden kann. Der Gesetzgeber hat insoweit *expressis verbis* ausgeführt, dass alle Einziehungsmöglichkeiten nach §§ 73 ff., 76a Abs. 1 bis 3 StGB der selbständigen, verurteilungsunabhängigen Einziehung vorgehen.[101] Dieser Wille kommt auch im Gesetzestext durch die Worte „wenn nicht" zum Ausdruck.

b) Prozessuale Voraussetzungen der selbständigen Einziehung

Soll ein Gegenstand selbständig eingezogen werden, so muss ein objektives Einziehungsverfahren nach §§ 435 ff. angestrengt werden. Man unterscheidet hier

---

96 Schönke / Schröder / *Stree / Hecker* § 261, 6; MüKo-StGB / *Neuheuser* § 261, 46.

97 Vgl. statt vieler: MüKo-StGB / *Neuheuser* § 261, 46; Schönke / Schröder / *Stree / Hecker* § 261, 6; Kindhäuser / Neumann / Paeffgen / *Altenhain* § 261, 50; jeweils mit weiteren Nachweisen.

98 MüKo-StPO / *Peters* § 152, 42; BeckOK-StPO / *Beukelmann* § 152, 4.

99 KK / *Diemer* § 152, 7.

100 Eine Identität von Herkunfts- und Katalogtat ist nicht erforderlich, siehe dazu *Saliger* ZStW 129 995, 1025 f.; *Meyer* NZWiSt 2018 246, 248.

101 BTDrucks. 18 9525 S. 73.

zwischen Fällen, denen ein subjektives Verfahren vorausgegangen ist und jenen, die von vornherein nur als objektive Verfahren geführt wurden.

aa) Der Einziehungsantrag nach § 435

Will die Staatsanwaltschaft eine selbständige Einziehung vornehmen, so muss sie zunächst nach § 435 Abs. 1 den Antrag bei Gericht stellen, die Einziehung selbständig anzuordnen.[102] Der Antrag steht in ihrem Ermessen und setzt nach § 435 Abs. 1 voraus, dass die selbständige Einziehung *gesetzlich zulässig* und die Anordnung nach dem Ergebnis der Ermittlungen *zu erwarten* ist. § 435 entspricht in diesem und in weiteren Punkten § 440 StPO a.F.,[103] weshalb zur Auslegung des § 435 auf die bis zum Inkrafttreten des Gesetzes zur Reform der strafrechtlichen Vermögensabschöpfung ergangene Literatur und Rechtsprechung zu § 440 StPO a.F. zurückgegriffen werden kann.

Im Zusammenhang mit § 440 StPO a.F. ging man in Bezug auf die an die Erwartung zu stellende Wahrscheinlichkeit einer selbständigen Einziehung davon aus, dass analog der Wahrscheinlichkeit zur Erhebung der Anklage eine *überwiegende* Wahrscheinlichkeit für die beantragte Einziehungsentscheidung bestehen muss.[104] An diesen Grundsätzen sollte das Gesetz zur Reform der strafrechtlichen Vermögensabschöpfung nichts ändern.[105] Der Gesetzgeber hat ausdrücklich ausgeführt, dass ein Antrag nach § 435 voraussetzt, dass die Anordnung der selbständigen Einziehung nach dem Ergebnis der Ermittlungen *hinreichend* wahrscheinlich sein muss, andernfalls lehnt das Gericht die Durchführung des Verfahrens analog § 204 ab.[106]

Die Staatsanwaltschaft soll nach dem Willen des Gesetzgebers von einem solchen Antrag nach ihrem Ermessen absehen können, etwa wenn das Erlangte nur einen geringen Wert hat oder das Verfahren einen unangemessenen Aufwand erfordern würde, § 435 Abs. 1 Satz 2.[107] Auf diese Fallgruppen ist die Ermessensentscheidung der Strafverfolgungsbehörden im Gesetz aber nicht begrenzt.

---

102 Den Finanzbehörden eröffnet § 401 AO dieselben Möglichkeiten.

103 BTDrucks. 18 9525 S. 91: „Die Vorschrift übernimmt den Regelungsgehalt des bislang geltenden § 440 StPO".

104 Meyer-Goßner / Schmitt[59] / *Schmitt* § 440, 4: „Anordnung nach dem Ermittlungsergebnis zu erwarten".

105 *Köhler / Burkhard* NStZ 2017 665, 672.

106 BTDrucks. 18 9525 S. 91.

107 BTDrucks. 18 11640 S. 82.

Sie kann sich auch auf andere Kriterien stützen und kann selbst dann zur Anwendung kommen, wenn die Einziehung materiell-rechtlich *zwingend* ist.[108]

Zum Inhalt des Antrags bestimmt § 435 Abs. 2 Satz 1, dass der einzuziehende Gegenstand oder der Geldbetrag zu bezeichnen ist, der dessen Wert entspricht. Der Gegenstand ist so genau zu bezeichnen, wie er auch in einer späteren Einziehungsanordnung zu umschreiben wäre.[109] Nach Satz 2 ist anzugeben, welche Tatsachen die Zulässigkeit der selbständigen Einziehung begründen, im Übrigen gilt nach Satz 3 § 200 entsprechend. Das bedeutet, dass der Antrag auf selbständige Einziehung in Form und Inhalt der *Anklageschrift* im subjektiven Verfahren entsprechen muss.[110] Für das weitere Verfahren erklärt das Gesetz außerdem die §§ 201 bis 204, 207, 210 und 211 für entsprechend anwendbar, jedenfalls soweit dies ausführbar ist. Im Übrigen sollen auch die §§ 424 bis 430 und 433 entsprechende Anwendung finden. Über § 435 Abs. 3 hat das Gesetz zur Reform der strafrechtlichen Vermögensabschöpfung ein dem Zwischenverfahren nach Anklageerhebung vergleichbares Verfahren geschaffen, das es so bisher *nicht* gab, das dem Betroffenen aber die Möglichkeit auf rechtliches Gehör einräumt und nach dem Willen des Gesetzgebers und den Verweisungen in § 435 das objektive Einziehungsverfahren dem subjektiven Verfahren nach Anklageerhebung *anlehnt*.[111]

bb) Die „Beweiserleichterungen" des § 437

Zentrale Bedeutung bei der Einziehung von Vermögen unklarer Herkunft kommt der neu geschaffenen Vorschrift des § 437 zu.[112] Stellt die Staatsanwaltschaft einen entsprechenden Antrag nach § 435 Abs. 1, so beschreibt § 437 wie das Gericht zu der Überzeugung kommen kann, dass die Voraussetzungen des § 76a Abs. 4 StGB vorliegen. Der Gesetzgeber differenziert hier zweierlei:

Die Überzeugungsbildung zum *Herrühren aus einer rechtswidrigen Tat* soll insbesondere darauf gestützt werden können, dass ein grobes Missverhältnis zwischen dem Wert des Gegenstandes und den rechtmäßigen Einkünften des Betroffenen vorliegt. Durch die Verwendung des Wortes „insbesondere" werde

---

108 Vgl. statt vieler BGHSt 2 29, 34; BGHSt 7 356, 357; KK / *Schmidt* § 440, 4, LR / *Gössel* § 440, 23 f.

109 LR / *Gössel* § 440, 25; KK / *Schmidt* § 440, 5; BeckOK-StPO / *Temming* § 435, 8.

110 KK / *Schmidt* § 440, 5; BeckOK-StPO / *Temming* § 435, 8; umfassend: LR / *Gössel* § 440, 25 f.

111 BTDrucks. 18 9525 S. 92.

112 KMR / *Metzger* § 437, 1 spricht von einer Bestimmung zur „Beweisführung"; zur Anwendbarkeit auf Verfahren der erweiterten Einziehung *Meyer* NZWiSt 2018 246, 250.

klargestellt, dass die Aufzählung nicht abschließend sei, dem groben Missverhältnis aber zugleich ein „herausgehobener Stellenwert“ bei der Überzeugungsbildung beigemessen wird.[113]

In § 437 Satz 2 erklärt der Gesetzgeber sodann, welche Umstände das Gericht bei der Entscheidung einer selbständigen Einziehung *insgesamt* berücksichtigen kann. Maßgebliche Kriterien sollen hier *insbesondere* das Ergebnis der Ermittlungen zu der Tat, die Anlass des Verfahrens waren, die Umstände, unter denen der Gegenstand aufgefunden und sichergestellt wurde sowie die sonstigen persönlichen und wirtschaftlichen Verhältnisse des Betroffenen sein.

Der Grundsatz der freien richterlichen Beweiswürdigung soll durch § 437 nicht berührt werden,[114] sondern nur die Umstände bezeichnen, die für die richterliche Überzeugungsbildung „regelmäßig von entscheidender Bedeutung sein werden.“[115] Die konkrete Bedeutung der Vorschrift wird aktuell diskutiert,[116] worauf sogleich noch vertiefend einzugehen sein wird.

c) Ergebnis

Zusammenfassend kann man in Bezug auf die materiellen und die prozessualen Erfordernisse einer selbständigen Einziehung zunächst festhalten, dass diese entgegen den geäußerten Befürchtungen im Gesetzgebungsverfahren trotz der recht weiten Formulierung in § 76a Abs. 4 StGB nicht so einfach möglich ist, wie zunächst behauptet. Begrenzende Funktion kommt vor allem den prozessualen Anforderungen und hier wiederum dem Umstand zu, dass das selbständige Einziehungsverfahren ein Antragsverfahren der Staatsanwaltschaft ist. Für eine erfolgreiche selbständige Einziehung muss sie einen entsprechenden Antrag bei Gericht stellen, hinreichende Anhaltspunkte für eine deliktische Herkunft des Gegenstandes und darüber hinaus für die Tatsache angeben, dass keine Person wegen der Straftat verfolgt oder verurteilt werden kann. Die selbständige Einziehung unterliegt damit prozessual den gleichen Anforderungen wie eine Anklage, sie muss ebenso hinreichend bestimmt und mit Tatsachen untermauert sein, die auf das Vorliegen hinreichender Anhaltspunkte für die Voraussetzungen des § 76a Abs. 4 StGB schließen lassen.

---

113 BTDrucks. 18 9525 S. 92.

114 BTDrucks. 18 11640 S. 89.

115 BTDrucks. 18 9525 S. 92.

116 *Meißner* KriPoZ 2017 237, 239; *Greeve* ZWH 2017 277; *Köllner / Mück* NZI 2017 593, 598; *Hüls* ZWH 2017 242, 250.

3. Zwischenfazit

Damit stellen sich im selbständigen Einziehungsverfahren aber zugleich auch regelmäßig dieselben *Probleme* wie im subjektiven Verfahren wegen des Verdachts der Geldwäsche nach § 261 StGB. Da diese – wie hier dargestellt – in der Vergangenheit häufig gerade deshalb eingestellt werden mussten, weil der deliktische Ursprung der Vermögenswerte nicht nachweisbar war, spricht indiziell jedenfalls eine historische Betrachtung für die Auffassung des Deutschen Richterbundes, dass durch die selbständige Einziehung nach § 76a Abs. 4 StGB die Möglichkeiten der Einziehung von Vermögen unklarer Herkunft ebenfalls nicht entscheidend vergrößert wurden.

Im weiteren Verlauf soll diese erste Einschätzung nun konkret untersucht und herausgearbeitet werden, welche Anforderungen das objektive Verfahren an eine verurteilungsunabhängige Vermögenseinziehung stellt, wo aufgrund der bisherigen Erfahrungen im Zusammenhang mit Verfahren nach § 261 StGB und der präventiven Sicherstellung in der Praxis mit Problemen zu rechnen ist und ob der Gesetzgeber hierfür hinreichende Lösungsmöglichkeiten vorgesehen hat, die zu einer Ausweitung der Einziehung von Vermögen unklarer Herkunft beitragen können.

4. Praxistauglichkeit des selbständigen Einziehungsverfahrens nach §§ 435 ff.

Das Hauptaugenmerk in Verfahren zur selbständigen Einziehung von Vermögenswerten liegt auf dem Nachweis der *deliktischen Herkunft* des betroffenen Gegenstandes. Bedenken, ob den Strafverfolgungsbehörden dieser Nachweis künftig leichter gelingen wird als bisher, ergeben sich vor allem aus den Erfahrungen mit subjektiven Verfahren wegen des Verdachts der Geldwäsche nach § 261 StGB. Hier war gerade im Zusammenhang mit der Sicherstellung von erheblichen Bargeldmengen eine deliktische Herkunft des Gegenstandes regelmäßig *nicht* nachzuweisen. Schwierigkeiten bestanden vor allem deshalb, weil sich die Betroffenen häufig dahingehend eingelassen hatten, das Geld gehöre nicht ihnen, sondern einem Familienmitglied oder Bekannten, für den sie das Geld nur verwahrten. Diese Einlassungen waren allzu oft nicht zu widerlegen. Insbesondere war der Nachweis, dass der Gegenstand tatsächlich *deliktischen Ursprungs* war, nicht zu führen. Entsprechende Ermittlungsverfahren wurden deshalb häufig eingestellt und auf Verfahren der präventiven Sicherstellung zurückgegriffen,[117] weil

117 Siehe etwa VGH München NVwZ-RR 2016 48; OVG Bremen BeckRS 2014 57467; VGH München NVwZ-RR 2012 686 oder auch OVG Lüneburg NVwZ-RR 2009 954, 95.

diese keine richterliche Überzeugung der deliktischen Herkunft, sondern nur einer potentiellen *Gefahr* für die öffentliche Sicherheit erforderten.

Diese Nachweisschwierigkeiten wollte der Gesetzgeber für die selbständige Einziehung vor allem dadurch reduzieren, dass er über § 437 Satz 1 den Gerichten die Möglichkeit einräumte, sich die Überzeugung der deliktischen Herkunft eines Gegenstandes daraus zu bilden, dass ein *grobes Missverhältnis* zwischen dem Wert des Gegenstandes und den rechtmäßigen Einkünften des Betroffenen besteht.[118] Fraglich ist, ob das tatsächlich zu einer erleichterten Einziehung von Vermögen unklarer Herkunft führen wird.[119]

a) Das grobe Missverhältnis als taugliches Kriterium der deliktischen Herkunft eines Gegenstandes?

Die Staatsanwaltschaften können die Gerichte künftig vor allem dadurch von der deliktischen Herkunft eines Gegenstandes überzeugen, indem sie im Einziehungsantrag *Tatsachen* darlegen, die auf ein grobes Missverhältnis zwischen dem Wert des Gegenstandes und den rechtmäßigen Einkünften des Betroffenen schließen lassen. Das könnte insbesondere dann zu einer erheblichen Beweiserleichterung führen, wenn der Betroffene keine nennenswerten (legalen) Einkünfte nachweisen kann.

aa) Voraussetzungen des „groben Missverhältnisses" in concreto

Allerdings hat sich der Gesetzgeber nicht *konkret* dazu geäußert, wann überhaupt von einem „groben Missverhältnis" auszugehen ist. Die Gesetzesbegründung enthält hierzu keinerlei Anhaltspunkte und der Begriff des „groben Missverhältnisses" wird auch an keiner anderen Stelle der Strafprozessordnung oder des Strafgesetzbuches näher definiert.[120] Wann ein solches vorliegt, ist damit eine Frage des Einzelfalls und abstrakt kaum zu bestimmen. Es könnte beispielsweise dann vorliegen, wenn der Sozialleistungen beziehende Betroffene mit 10.000,00 EUR Bargeld angetroffen wird und keine Erklärung zur Herkunft des Geldes abgibt. Lässt sich der Betroffene allerdings etwa dahingehend ein, er habe das Geld von einem Angehörigen bei dessen letzten Besuch geschenkt bekommen[121] oder es aber am Abend zuvor durch legale Sportwetten gewonnen,

118 BTDrucks. 18 9525 S. 91.

119 Siehe zu verfassungsrechtlichen Bedenken an der Regelung *Saliger* ZStW 129 995, 1027 ff.

120 In § 291 Abs. 1 Satz 1 StGB ist (nur) vom „auffälligen Missverhältnis" die Rede.

121 Freilich ohne, dass darin eine verfolgbare (Steuer-)Straftat läge; vgl. etwa VG Köln BeckRS 2015 44088.

so dürfte sich ein „Missverhältnis“ jedenfalls nicht ohne diese Einlassung widerlegende Tatsachen und damit weitere Ermittlungen begründen lassen.[122]

Ähnlichen Schwierigkeiten wird sich das Gericht im hier gebildeten Beispielsfall bei der Überzeugungsbildung vom groben Missverhältnis dann ausgesetzt sehen, wenn der Betroffene keine Sozialleistungen bezieht, sondern nachweislich selbstständig und durchschnittlich erfolgreich als Autoverkäufer arbeitet und mit 10.000,00 EUR Bargeld im Rahmen einer allgemeinen Verkehrskontrolle an der niederländischen Grenze aufgegriffen wird.[123] Hier ist es schließlich nicht der Wert des Geldes der „verdächtig“ ist, sondern letztlich (nur) der Ort der Kontrolle. Dieser alleine dürfte jedoch nicht geeignet sein, die deliktische Herkunft des Geldes zur *Überzeugung* des Gerichts zu belegen.

Besondere Probleme im Zusammenhang mit dem Nachweis der deliktischen Belastung eines Gegenstandes entstehen im Rahmen des Missverhältniskriteriums aber nicht nur in Bezug auf seinen objektiven Wert. Wenn sich der Betroffene nämlich etwa derart einlässt, der Vermögenswert gehöre gar nicht ihm, sondern einem nicht am Strafverfahren beteiligten Dritten, so ist der Grundvoraussetzung der Annahme eines „Missverhältnisses“ die Basis entzogen, denn das „Missverhältnis“ stellt eine Verbindung zwischen den rechtmäßigen Einkünften des *Betroffenen* und dem Wert des Gegenstandes her. Wenn das Eigentum an dem Gegenstand jedoch gar nicht dem Besitzer zustehen sollte, weil er sich diesen legal geliehen oder auch nur verwahrt hat, hilft selbst ein *offensichtliches* Missverhältnis zwischen dem Wert des Gegenstandes und den rechtmäßigen Einkünften des Besitzers nicht weiter, sondern erfordert dies weitere Ermittlungen in Bezug auf die Vermögensverhältnisse des (vermeintlichen) Eigentümers, der dadurch zum Betroffenen wird. Solcherlei Alternativverklärungen zur Herkunft vermeintlich deliktischer Gegenstände wurden (in der Praxis) bisher regelmäßig zur Abwendung einer Verurteilung nach § 261 StGB gegeben, weil sie allenfalls unter besonderem (weiterem) Ermittlungsaufwand zu widerlegen waren.[124]

Erheblichen Schwierigkeiten unterliegt der Nachweis der deliktischen Herkunft des Gegenstandes im Wege des „Missverhältniskriteriums“ auch in den Fällen, in denen der Betroffene angibt, das Geld erst kürzlich aus dem *Ausland* erhalten zu haben.[125] Selbst wenn hier ein offensichtliches Missverhältnis zwischen dem

122 Auch *Köhler / Burkhard* NStZ 2017 665, 672 gehen davon aus, dass weitere Ermittlungen zur Widerlegung der Behauptungen zu führen sind.

123 Siehe dazu etwa OVG Bremen StV 2015 625 ff.

124 Siehe dazu etwa: OVG Bremen StV 2015 625 ff.; VGH München NVwZ-RR 2012 686 oder auch VG Darmstadt BeckRS 2017 129426.

125 Siehe dazu ebenfalls etwa VG Darmstadt BeckRS 2017 129426; kritisch auch *Meyer* NZWiSt 2018 246, 248.

Wert des Gegenstandes und den rechtmäßigen Einkünften des Betroffenen vorliegt, bleibt es nach der Regelung des § 76a Abs. 4 StGB dabei, dass die *Staatsanwaltschaft* zur Überzeugung des Gerichts nachweisen muss, dass das Geld *nicht* aus legalen Quellen im Ausland stammt, sondern es sich tatsächlich um aus einer Straftat herrührende Gegenstände handelt. Das Missverhältniskriterium hilft hier genauso wenig weiter wie die Kriterien in § 437 Satz 2, weil die alternative Erwerbshypothese der Vergleichbarkeit von legalem und (vermeintlich) illegalem Vermögen die Grundlage entzieht. Legt der Betroffene zur Untermauerung seiner Angaben zusätzlich noch Dokumente vor, die seine Behauptungen stützen, wird die richterliche Überzeugung der deliktischen Herkunft (noch mehr) erschwert, es sei denn, es bestehen Anhaltspunkte, dass etwa der vermeintliche „Schenker" oder „Verleiher" seinerseits strafrechtlich relevante Einkünfte erzielt.[126] Dann aber wäre wegen der ausdrücklichen *Subsidiarität* der selbständigen Einziehung das subjektive Verfahren gegen *diesen* durchzuführen und das objektive Verfahren zwingend *einzustellen.*

Ob insbesondere vor dem Hintergrund der schon bisher gegebenen und damit auch künftig zu erwartenden Einlassungen der Betroffenen das Gericht nach dem Inkrafttreten des Gesetzes zur Reform der strafrechtlichen Vermögensabschöpfung mit Hilfe des Missverhältniskriteriums leichter zur *Überzeugung*[127] – die schlichte Vermutung oder gar nur ein ungutes Gefühl reichen hierfür nicht aus – der deliktischen Herkunft des einzuziehenden Gegenstandes kommen wird, ist daher insgesamt fraglich.[128] Folgt man der Auffassung des Gesetzgebers und misst der Vorschrift des § 437 nur *deklaratorischen* Charakter bei,[129] hat sich an den Möglichkeiten der Gerichte, ein Missverhältnis zwischen nachweislich rechtmäßig erworbenem und Vermögen unklarer Herkunft als deliktisch zu bewerten, vor und nach der Reform *nichts* verändert. Es konnte schon vor Inkrafttreten des Reformgesetzes aus dem offensichtlichen Missverhältnis zwischen legalem und dem Vermögen unklarer Herkunft als Tatsachengrundlage der richterlichen Überzeugungsbildung auf die deliktische Herkunft des Gegenstandes und damit auf die Straftat einer Geldwäsche geschlossen werden. Der Beschuldigte war aber gleichwohl im Rahmen von Strafverfahren nach § 261 StGB regelmäßig gerade deshalb freizusprechen, weil eine entsprechende

126 *Köhler / Burkhard* NStZ 2017 665, 672, deren Beispiel freilich so gebildet ist, dass sich die Einlassung objektiv leicht widerlegen lässt.

127 Vgl. BTDrucks. 18 9525 S. 73.

128 Kritisch auch *Meyer* NZWiSt 2018 246, 248, der von einer praktischen Reduzierung auf „krasse Einzelfälle" spricht.

129 BTDrucks. 18 9525 S. 92; BTDrucks. 18 11640 S. 89; ebenso *Korte* wistra 2018 1, 9; siehe dazu aber auch eingehend unter E), VI., 4., b).

Vortat nicht zur richterlichen Überzeugung nachweisbar war. Zwar nennt § 437 noch weitere Indizien für eine deliktische Herkunft des einzuziehenden Gegenstandes, diese waren jedoch ebenfalls schon im Rahmen einer Strafbarkeit nach § 261 StGB im Rahmen der freien richterlichen Beweiswürdigung berücksichtigungsfähig. Der einzige Unterschied bei der Überzeugungsbildung liegt darin, dass das Gericht bei § 261 StGB zur richterlichen Überzeugung einer Vortat aus dem dort genannten Katalog kommen muss, während bei der selbständigen Einziehung „irgendeine" Vortat genügt. Dass dies aufgrund des ohnehin sehr umfangreichen Katalogs des § 261 StGB aber tatsächlich einen Unterschied macht, darf bezweifelt werden.[130]

bb) Besondere Schwierigkeiten bei Teilkontamination

Völlig außen vor gelassen wurde hier bisher nämlich auch, dass der Gesetzgeber ausdrücklich darauf hingewiesen hat, dass auch nur eine *Teil*kontamination von Vermögensgegenständen vorliegen kann, dementsprechend auch nur eine *Teil*einziehung erfolgen darf.[131] Das wiederum erfordert, dass die Staatsanwaltschaften entsprechende Ermittlungen durchführen und dazu hinreichende Tatsachen vortragen. In den hier genannten Beispielsfällen müsste etwa ermittelt werden, wieviel Geld dem sozialleistungsbeziehenden Betroffenen oder dem Autoverkäufer legal zugestanden werden kann/muss. Die Gerichte müssten in den Einziehungsentscheidungen dann erklären, warum sie davon ausgehen, dass gerade der *einzuziehende* Betrag deliktischen Ursprungs ist, ein verbleibender Restbetrag wiederum nicht.[132] Das dürfte ebenfalls nur dann gelingen, wenn *konkrete* Erkenntnisse über die jeweilige Vortat vorliegen, die dann jedoch Anlass dafür sein müssten, das subjektive und nicht das objektive Verfahren zu betreiben.

cc) Zwischenfazit

So begrüßenswert der Versuch der Einziehung von Vermögensgegenständen deliktischer Herkunft auch ist, so offenbart sich doch an dieser Stelle erstmals das *Dilemma* der selbständigen Einziehung in Form des Gesetzes zur Reform der strafrechtlichen Vermögensabschöpfung: Einerseits wird den Strafverfolgungsbehörden auferlegt, den *Nachweis* der deliktischen Herkunft des einzuziehenden Gegenstandes zu führen, andererseits darf dieser Nachweis nicht so weit reichen,

130 Kritisch auch *Meyer* NZWiSt 2018 246, 248 Fn. 23; *Ders.* StV 2017 343, 345.

131 BTDrucks. 18 9525 S. 73.

132 Zu den Schwierigkeiten der Teilkontamination bei anderen Einziehungsgegenständen als Bargeld ausführlich *Rönnau / Begemeier* JZ 2018 443, 446.

dass eine bestimmte Person wegen dieser Straftat *verfolgbar* wäre, weil dann die Subsidiaritätsklausel in § 76a Abs. 4 StGB greift und das subjektive Verfahren zu führen ist.[133] Das beschränkt den Anwendungsbereich der selbständigen Einziehung *ipso iure* auf solche Sachverhalte, in denen nur sehr vage Erkenntnisse vorliegen. Solcherlei Erkenntnisse sind für den Betroffenen indes leicht zu erschüttern, indem er etwa ebenso vage *Gegenhypothesen* aufstellt, die erklären *könnten*, wo der Gegenstand herrührt. Damit ergibt sich wiederum eine Pattsituation zwischen den Verfahrensbeteiligten, die eine richterliche Überzeugungsbildung in die eine oder andere Richtung jedenfalls in Bezug auf das grobe Missverhältnis mehrheitlich unmöglich machen wird und deshalb im Ergebnis zur Freigabe der Vermögensgegenstände führen muss.

b) Abkehr von strafprozessualen Beweislastgrundsätzen?

Möglicherweise könnte eine Beweiserleichterung und eine dadurch vereinfachte selbständige Einziehung von Vermögen unklarer Herkunft für die Praxis jedoch dadurch erreicht worden sein, dass im selbständigen Einziehungsverfahren künftig andere, vereinfachte Beweisregeln gelten als bisher. In diesem Zusammenhang hat der Gesetzgeber in der Gesetzesbegründung zu § 437 nämlich erklärt, dass das Einziehungsverfahren ein Verfahren gegen die Sache (*ad rem*), nicht gegen die Person (*ad personam*) sei. Es habe damit keinen Strafcharakter,[134] die Rechtfertigung „des Eingriffs" sei verfassungsrechtlich allein an Art. 14 GG zu messen. In beweisrechtlicher Hinsicht folge daraus ein Verfahren, das sich an den *zivilprozessualen* Darlegungs- und Beweislastregeln „orientiere". Wenn die Staatsanwaltschaft einen beweisbaren Tatsachenvortrag darlege, der insbesondere unter Berücksichtigung des Missverhältnis-Kriteriums den Schluss auf die deliktische Herkunft zulasse, solle eine Einziehung möglich sein, sofern nicht der Betroffene substantiiert die deliktische Herkunft bestreitet und entsprechenden Beweis anbietet.[135] Besitze der Antrag der Staatsanwaltschaft die beschriebene Substanz und würden sich die dort bezeichneten Tatsachen im Verfahren als zutreffend bestätigen, werde der Betroffene die Einziehung in der Regel nicht mit „bloßem Schweigen oder einem Bestreiten mit Nichtwissen" abwenden können.

---

133 *Köhler / Burkhard* NStZ 2017 665, 672, in deren Beispiel die Ermittlungen auf den vermeintlich Berechtigten ausgeweitet werden mussten.

134 Kritisch dazu *Schilling / Hübner* StV 2018 49, 51, die eine zirkuläre Argumentation des Gesetzgebers in der Erklärung erblicken, es handle sich nicht um eine Strafe, da der Schuldgrundsatz nicht gelte.

135 BTDrucks. 18 9525 S. 92.

aa) Zivilprozessuale Beweislastgrundsätze und Vortragsobliegenheit im Strafverfahren?

Diese Ausführungen des Gesetzgebers sind in vielerlei Hinsicht interpretationsfähig. Sie sagen wenig dazu, welcher Regelungsgehalt § 437 *konkret* zukommen soll oder wie genau eine *Orientierung* des Strafverfahrens an zivilprozessualen Darlegungs- und Beweislastgrundsätzen aussehen sollte, schließlich ist das selbständige Einziehungsverfahrens nach §§ 435 ff. schon von seiner Grundkonzeption ein *Antragsverfahren* der Staatsanwaltschaft. Es ist damit ohnehin zunächst an ihr, hinreichende Tatsachen darzulegen, die eine überwiegende Wahrscheinlichkeit der deliktischen Herkunft des Gegenstandes begründen und geeignet sind, das Gericht von eben diesem Umstand zu überzeugen. Die Situation ist damit zwar mit dem Zivilprozess vergleichbar, allerdings gleichermaßen auch mit dem *subjektiven Verfahren*,[136] denn auch hier hat die Staatsanwaltschaft dem Gericht in der Anklage einen Sachverhalt zu unterbreiten, dessen Tatsachengrundlage mit hinreichender Wahrscheinlichkeit eine Verurteilung des Angeklagten ermöglicht. Schweigt der Angeklagte im Hauptverfahren und bestätigen sich die in der Anklage dargelegten Tatsachen, so verurteilt das Gericht den Angeklagten aufgrund seiner richterlichen Überzeugung unter Rekurs auf die Beweiserhebung in der Hauptverhandlung, *nicht* aufgrund seines Schweigens. Darin liegt jedoch keine Anwendung zivilprozessualer Beweislastregeln, es handelt sich vielmehr um den Umstand, dass sich die Annahme der Staatsanwaltschaft in der Hauptverhandlung bestätigt hat und der Angeklagte dem nichts entgegensetzte. Diese Situation würde sich im selbständigen Einziehungsverfahren auch ohne Anwendung zivilprozessualer Beweislastregeln identisch darstellen. Hat der Vortrag der Staatsanwaltschaft die nötige Substanz um das Gericht von den Voraussetzungen der Einziehung zu überzeugen, ordnet es die Einziehung an,[137] ist der Vortrag hingegen nur geeignet, *Zweifel* an der rechtmäßigen Erlangung zu begründen, lehnt das Gericht den Antrag ab. Der Erfolg eines Antrags auf selbständige Einziehung hängt folglich unabhängig von der Beweislastregelung nicht davon ab, ob der Betroffene zur Herkunft der einzuziehenden Gegenstände schweigt,[138] sondern ob die Hypothesen der Staatsanwaltschaft *beweisbar* sind.

---

136 Meyer-Goßner / Schmitt / *Köhler* § 435, 2: „...und entspricht in seiner Grundstruktur weitgehend dem gerichtlichen Verfahren nach Anklageerhebung...“.

137 BTDrucks. 18 9525 S. 73.

138 So auch *Pelz* NZWiSt 2018 251, 252, der aber zugleich einschränkend davon ausgeht, dass der Betroffene „faktisch“ gehalten sei, eine plausible Erklärung der Herkunft zu behaupten, wenn nicht sogar nachzuweisen; a.A.: *Saliger* ZStW 129 995, 1031; *Meyer* StV 2017 343, 347.

An diesem Ergebnis würde auch die Anwendung zivilprozessualer Beweislastregeln zu Gunsten der Strafverfolgungsbehörden nichts ändern, denn ebenso wie im objektiven Einziehungsverfahren muss auch der Beklagte im Zivilprozess *nur das* substantiiert bestreiten, was der Kläger zuvor seinerseits hinreichend substantiiert dargelegt hat.[139] Es handelt sich um eine reine *Obliegenheit* zum Gegenvortrag, weil sich das Gericht nur von Tatsachen überzeugen lassen kann, die Gegenstand des Verfahrens und ihm bekannt geworden sind.[140] Schwierigkeiten bereitete deshalb beim Nachweis der deliktischen Herkunft eines Gegenstandes im Rahmen des § 261 StGB schon in der Vergangenheit *nicht* der Umstand, dass der Betroffene zur Herkunft des Gegenstandes *schwieg*, sondern dass der Beschuldigte *alternative* Erwerbsmöglichkeiten präsentierte,[141] die den Vortrag der Staatsanwaltschaft in Frage stellten.

bb) § 437 als Anscheinsbeweisregelung im Strafprozess?

Wenn aber der Betroffene die Einziehung nach allgemeinen straf- und zivilprozessualen Beweislastgrundsätzen ohnehin nicht durch reines Schweigen abwenden kann, wenn der Tatsachenvortrag der Staatsanwaltschaft hinreichend substantiiert ist, so ist davon auszugehen, dass dem § 437 nach dem Willen des Gesetzgebers weitergehende Bedeutung zukommen muss, als nur die deklaratorische Beschreibung allgemeiner Darlegungs- und Beweislastregeln. Sie könnte etwa so zu verstehen sein, dass schon dann von einem hinreichend substantiierten Vortrag der Strafverfolgungsbehörden auszugehen sein soll, wenn die Staatsanwaltschaft „nur" das grobe Missverhältnis nachweist und der Betroffene dem nichts entgegensetzt.

In der Literatur wird in diesem Zusammenhang die Auffassung vertreten, § 437 sei eine „Art Anscheinsbeweis", der „faktisch" zu einer Beweislastumkehr führe.[142] Sie

139 Zu den zivilprozessualen Anforderungen zulässigen Bestreitens: BGH NJW 2015 468, 469; MüKo-ZPO / *Fritsche* § 138, 18; Musielak / Voit / *Stadler* § 138, 10; für das selbständige Einziehungsverfahren ebenso *Meyer* StV 2017 343, 347.

140 Im Ergebnis ebenfalls kritisch *Schilling / Hübner* StV 2018 49, 55: „Damit wird zugleich fraglich, ob der Gesetzgeber angesichts der Qualifizierung als Verfahren ad rem tatsächlich meint, dass insgesamt zivilprozessuale Darlegungs- und Beweisgrundsätze gelten sollen".

141 Siehe dazu etwa die Beispiele bei *Köhler / Burkhard* NStZ 2017 665, 671 f.

142 *Meißner* KriPoZ 2017 237, 239; *Meißner / Schütrumpf* Rn. 84; ebenso *Pelz* NZWiSt 2018 251, 252; in diesem Sinne auch *Hinderer / Blechschmitt* NZWiSt 2018 179, 182: „beispiellose Anscheinsbeweisregelung…wonach sich der Betroffene 'verteidigen muss'."; nahezu identisch *Schilling / Corsten / Hübner* StraFo 2017 305, 313; *Greeve* ZWH 2017 277, 279 und *Hüls* ZWH 2017 242, 243 sprechen ebenfalls von Beweislastumkehr; siehe zur faktischen Beweislastumkehr auch *Köllner / Mück* NZI 2017 593, 598.

wird zwar von ihren Vertretern nicht weitergehend begründet,[143] kann sich aber bei genauer Betrachtung auf die hier bereits dargestellte Gesetzesbegründung stützen, die eine Einziehung dann für möglich erachtet, wenn die Staatsanwaltschaft das grobe Missverhältnis darlegt und der Betroffene dazu schweigt.[144] Im Umkehrschluss bedeutet das nämlich nichts anderes, als dass nach Ansicht des Gesetzgebers wohl schon der Nachweis des groben Missverhältnisses ausreichen können soll, eine selbständige Einziehung zu tragen. Außerdem ging man im Referentenentwurf zur Begründung des § 437 noch ausdrücklich davon aus, bei *Vorliegen* eines groben Missverhältnisses spreche „der 'erste Anschein' dafür", „dass der Gegenstand aus einer Straftat herrührt."[145] Dieser Passus wurde zwar an entsprechender Stelle im Gesetzentwurf der Bundesregierung gestrichen und auch später nicht wieder aufgenommen.[146] Die Vorschrift des § 437 selbst blieb hingegen in Absatz 1 unverändert. Würde man deshalb unter Rekurs auf den identischen Wortlaut des § 437 Absatz 1 im Referenten- und Gesetzentwurf tatsächlich davon ausgehen, dass hier ein Anscheinsbeweis für die deliktische Herkunft eines Gegenstandes etabliert wurde, die Staatsanwaltschaft im Einziehungsverfahren folglich (nur) Tatsachen darlegen muss, die ein *grobes Missverhältnis* im Sinne des § 437 begründen und schon dann eine Einziehung möglich ist, wenn der Betroffene dem nichts entgegensetzt, so wäre damit – unbeachtet der Schwierigkeiten bei der Darlegung dieses Missverhältnisses – tatsächlich eine nicht unerhebliche Beweiserleichterung eingetreten.

aaa) Grundsätzliche Bedenken

Unabhängig von der Frage, welche Auswirkungen die Anwendung des Anscheinsbeweises im selbständigen Einziehungsverfahren tatsächlich hätte und auf die sogleich noch einzugehen sein wird, begegnet diese Interpretation der Gesetzesbegründung jedoch schon grundlegenden Bedenken.

So war im Referentenentwurf zu § 437 zwar im Zusammenhang mit dem groben Missverhältnis die Rede von einem Anschein für die deliktische Herkunft eines Gegenstandes, in § 437 Abs. 2 StPO-RefE-VA war jedoch zugleich ausgeführt, dass die Vorschrift *keine* Einschränkung der freien richterlichen Beweiswürdigung nach § 261 bewirken sollte. Diese beiden Aussagen waren *per se* nicht

143 Ausnahme: *Meyer* NZWiSt 2018 246, 249, *Ders.* StV 2017 343, 347 der noch von einer „teilweise[n]...Grundsteinlegung..." für einen Anscheinsbeweis ausging.

144 BTDrucks. 18 9525 S. 92.

145 RefE-VA S. 99; in diesem Sinne, allerdings ohne Begründung auch *Meißner / Schütrumpf* Rn. 84.

146 BTDrucks. 18 9525 S. 92.

miteinander vereinbar, weshalb der Gesetzgeber zur Auflösung dieses Widerspruchs in der *Gesetzes*begründung selbst dann gerade *nicht* mehr erklärte, dass ein grobes Missverhältnis einen solchen Anschein begründe, sondern lediglich, dass § 437 *keine* Einschränkung der richterlichen Beweiswürdigung enthalte.[147] Der Passus zum „ersten Anschein" aus dem Referentenentwurf wurde *ersatzlos* gestrichen. Das kann als Reaktion auf die heftige Kritik an diesem Vorhaben[148] gewertet werden und spricht indiziell dafür, dass der Gesetzgeber von diesem Vorhaben grundsätzlich Abstand genommen hat.[149]

Hierfür spricht des Weiteren auch, dass der Bundesgerichtshof für die Anwendung des Anscheinsbeweises im subjektiven Verfahren schon 2007 ausdrücklich erklärt hat:

> „Es gibt im Strafprozess keinen Beweis des ersten Anscheins, der nicht auf der Gewissheit des Richters, sondern auf der Wahrscheinlichkeit eines Geschehensablaufs beruht."[150]

Der Senat stellte damit zutreffend fest, dass die richterliche Überzeugung ein *absoluter* Zustand ist, der nicht durch Wahrscheinlichkeitserwägungen *ersetzt* werden kann.[151] Genau das würde jedoch geschehen, wenn man es für die richterliche *Überzeugung* der Voraussetzungen der selbständigen Einziehung ausreichen ließe, dass die Strafverfolgungsbehörde (nur) ein grobes Missverhältnis darlegt. Dieses Missverhältnis begründet nämlich nicht mehr als eine *Wahrscheinlichkeit* dafür, dass der Gegenstand deliktischen Ursprungs ist, kann als alleiniges Indiz aber regelmäßig keine *Überzeugung* tragen. Dass sich der Ge-

---

147 Zur Vereinbarkeit von §§ 437 und 261, *Meyer* StV 2017 343, 348.

148 OStVV Stellungnahme vom 31.5.2016 S. 19: „Der Beweis des ersten Anscheins ist dem Strafverfahren genauso fremd wie die Vorstellung, dass der Betroffene seine Unschuld beweisen müsse."; DAV Stellungnahme 30/2016 S. 17 f.; BRAK Stellungnahme 15/2016 S. 7: unzulässig.

149 *Meyer* NZWiSt 2018 246, 248 der aber auf Seite 249 für den Fall, dass das grobe Missverhältnis nachgewiesen ist, in „…der amtlichen Begründung wohl den Boden für einen Prima-facie-Beweis…" erblickt; kritisch unter Berücksichtigung des Wortlauts der Regelung schon *Ders.* StV 2017 343, 347; anders: *Köhler / Burkhard* NStZ 2017 665, 672, die aus einem groben Missverhältnis zwischen dem Wert des sichergestellten Gegenstandes und den legalen Einkünften eine „Indizwirkung" erblicken; *Saliger / Schörner* StV 2018 388, 390 entnehmen § 437 keine gesetzliche Vermutungswirkung; *Saliger* ZStW 129 995, 1028 f. verneint eine gesetzliche Vermutungsregel, nimmt aber eine in der Sache „…zumindest eine tendenzielle Beweismaßreduktion…" an; kritischer als hier *Schilling / Hübner* StV 2018 49, 55.

150 BGH NStZ-RR 2007 86.

151 Weniger, aber auch kritisch dazu *Meyer* NZWiSt 2018 246, 249.

setzgeber ohne Auseinandersetzung mit dieser Rechtsprechung über sie hinwegsetzen wollte, erscheint auch unter Berücksichtigung der diesbezüglichen Plenarprotokolle zweifelhaft.

bbb) Zivilprozessuale Mindestvoraussetzungen des Anscheinsbeweis

Selbst wenn man die Gesetzesbegründung aber derart verstehen und damit einhergehend den § 437 als Anknüpfungsnorm für einen Anscheinsbeweis auslegen wollen würde, so würde sie dieses Ziel nicht verwirklichen können, denn das grobe Missverhältnis erfüllt nicht die *Mindestvoraussetzungen* eines jeden Anscheinsbeweises, was bei genauer Betrachtung der Grundsätze zum Anscheinsbeweis deutlich wird:

Ein Anscheinsbeweis greift nach der Rechtsprechung des Bundesgerichtshofs in Zivilsachen nur bei einem typischen *Geschehensablauf*, also in Fällen, in denen ein bestimmter *Tatbestand* nach der Lebenserfahrung auf eine bestimmte *Ursache* für den Eintritt eines bestimmten *Erfolges* hinweist.[152] Der Anscheinsbeweis stellt damit zwar eine Beweiserleichterung für den Beweispflichtigen dar und ist im Zivilverfahren als eine ungeschriebene, gewohnheitsrechtliche Hilfskonstruktion der Beweis*führung* anerkannt.[153] Er ist jedoch kein besonderes Beweis*mittel*, sondern ermöglicht nur die Berücksichtigung der allgemeinen Lebenserfahrung bei der gerichtlichen Entscheidung.[154] Der Anscheinsbeweis ist damit nach allgemeiner Auffassung ein Instrument der Beweis*würdigung*,[155] das es erlaubt, von einem *unstrittigen Geschehensablauf* auf eine bestimmte Sachverhaltsentstehung zu schließen.[156] Es geht folglich um den Nachweis eines *Verschuldens*,[157] nicht um die Erklärung eines Zustandes.

Ein klassisches Beispiel[158] für den Anwendungsbereich des Anscheinsbeweises ist der Auffahrunfall im Straßenverkehr.[159] Hier *kann* ein Anscheinsbeweis dafür vorliegen, dass der Führer des nachfolgenden Kraftfahrzeugs schuldhaft auf

152 BGH NJW-RR 2014 270, 271; BGH NJW 2005 2614, 2615.

153 Siehe dazu umfassend: *Doukoff* SVR 2015 245.

154 BGH NJW 1960 818, 819.

155 Allgemeine Meinung, vgl. etwa schon RGZ 134 237 ff.; BGH NJW 1963 953; MüKo-ZPO / *Prütting* § 286, 48; *Doukoff* SVR 2015 245, 250 f. m.w.N.

156 Siehe dazu BGH NJW-RR 2014 1115; Musielak / Voit / *Foerste* § 286, 23 ff.; Hk-ZPO / *Saenger* § 286, 38 ff.

157 MüKo-ZPO / *Prütting* § 286, 48.

158 Ebenso *Doukoff* SVR 2015 245, 246 mit umfangreichen Ausführungen und Verweisen zum Anscheinsbeweis.

159 Dazu etwa BGH NJW 2012 608; BGH NJW 1996 1828.

das vordere Kraftfahrzeug aufgefahren ist. Er scheidet jedoch dann aus, wenn offen ist, ob der Vordermann zurückgerollt oder rückwärts gefahren ist, wenn ohne zwingenden Grund vom Vordermann gebremst wurde oder sonstige Umstände die Typizität des *Unfallgeschehens* ausschließen.[160] Ob der Sachverhalt wirklich „typisch" ist, richtet sich nach einer umfassenden Betrachtung aller Umstände des Geschehens, die sich aus dem *unstrittigen Vortrag der Parteien* und den getroffenen Feststellungen ergeben.[161]

Vor diesem Hintergrund wird nun deutlich, dass schon der dem Reformgesetz vorausgegangene Referentenentwurf schlicht irrte, wenn dort erklärt wurde, dass (schon) der bloße Nachweis des groben Missverhältnisses einen „ersten Anschein" für eine deliktische Herkunft des Gegenstandes begründe. Das ist nicht der Fall, denn die *Grundvoraussetzung* eines jeden Anscheinsbeweises ist eine „Typizität des Geschehens", die nur durch das Vorliegen eines Missverhältnisses zwischen legalem und Vermögen unklarer Herkunft gerade *nicht* begründet werden kann. Es enthält nämlich keine Typizität für ein bestimmtes Geschehen, sondern beschreibt nur einen *Zustand*.[162] Das mag sachverhaltsvergleichend an folgendem Beispiel deutlich gemacht werden: Bei einem Auffahrunfall im Straßenverkehr stehen sowohl die Unfallbeteiligten als auch die Unfallsituation, die Örtlichkeit und sonstige Umstände des Einzelfalls ebenso fest wie das *Ergebnis*, dass an dem Fahrzeug des Klägers ein Heckschaden entstanden ist. Streitig ist lediglich, wie sich das Schadenbild *entwickelt* hat. In Fällen der selbständigen Einziehung fehlt es hingegen am Nachweis gerade dieser einzelnen Tatsachen. Mit der Darlegung des groben Missverhältnisses durch die Staatsanwaltschaft und das Schweigen des Betroffenen ist allenfalls[163] das *Ergebnis*, dass nämlich der Betroffene mehr Vermögenswerte hat, als die Staatsanwaltschaft mit legalen Einkünften erklären konnte, unbestritten. Wie dieses Missverhältnis zustande gekommen ist, aus legalen oder illegalen Quellen, ist hingegen gerade nicht belegt.[164] Der schlichte Nachweis des Missverhältnisses be-

---

160 OLG Köln NJW-RR 1986 773; KG BeckRS 1994 13533 Rn. 30; ausführlich: *Doukoff* SVR 2015 245, 247 m.w.N.

161 BGH NJW 2012 608; BGH NJW 1996 1828; *Doukoff* SVR 2015 245, 246.

162 Das verkennt *Meißner* KriPoZ 2017 237, 243.

163 Wenn man hierin in Abkehr strafprozessualer Wertungen, siehe dazu umfangreich MüKo-StPO / *Miebach* § 261, 187; *Schneider* NStZ 2017 126, 128, kein Bestreiten, sondern ein Zugeständnis im Sinne des § 138 Abs. 3 ZPO erblickt.

164 Im Ergebnis ebenso *Saliger* ZStW 129 995, 1028: „Im Gegensatz dazu [zum VermEinzG] beinhaltet § 437 StPO n.F. keine gesetzliche Vermutungsregel, weil die genannten Umstände, auch der zentrale Umstand des groben Missverhältnisses, für sich allein nicht

gründet aber ebenso wenig eine „Typizität" des Geschehensablaufes wie im Zivilprozess der Umstand, dass der Kläger einen Heckschaden an seinem Fahrzeug erlitten hat. Um überhaupt in den Anwendungsbereich des Anscheinsbeweises kommen zu können, bedürfte es der Darlegung eines *Geschehensablaufs*, der seinerseits nach der Lebenserfahrung auf eine bestimmte Ursache hinweist, die derart gewöhnlich und üblich ist, dass andere Ursachen quasi ausgeschlossen sind.[165] Genauso wie der Kläger im Zivilprozess deshalb nicht nur einen Heckschaden, sondern zusätzlich die Anwesenheit des Beklagten am Unfallort und dass er selber nicht rückwärts gefahren ist, beweisen muss, müsste die Staatsanwaltschaft Umstände darlegen, die eine *Typizität* dafür begründen, dass das Missverhältnis zwischen den rechtmäßigen Einkünften des Betroffenen und dem Wert des einzuziehenden Gegenstandes *deliktische* Ursachen hat. Fehlt es hieran, können diese „Lücken" nicht über die bloße Behauptung der Anwendbarkeit des Anscheinsbeweises geschlossen werden, denn hierfür ist er nicht vorgesehen. Das hat der Bundesgerichtshof in einem Zivilverfahren schon vor über fünfzig Jahren deutlich herausgestellt und erklärt, dass das Gericht bei mangelnder *Überzeugungsgrundlage* keinen typischen Sachverhalt unterstellen und damit (faktisch) die *Beweislast* umkehren darf. Der Senat führte dazu aus:[166]

> „Kann sich der Richter nicht davon überzeugen, daß sich ein zur Beweislast des Klägers stehender Sachverhalt wirklich so zugetragen hat, wie es nach seiner Ansicht gewöhnlich der Fall zu sein pflegt, so geht es nicht an, einen gewöhnlichen Sachverhalt zu unterstellen und dem Beklagten die Beweislast dafür aufzubürden, daß er nicht vorgelegen habe. Das ist auch bei dem Beweis des ersten Anscheins nicht anders."

Auf die Fälle der selbständigen Einziehung übertragen bedeutet das nichts anderes, als das gerade *nicht* alleine deshalb, weil ein grobes Missverhältnis vorliegt, unterstellt werden darf, dass dieses aus illegalen Quellen stammt und sich damit der Betroffene in der Situation wiederfindet, die legale Herkunft der Gegenstände beweisen zu müssen.[167] Der Anscheinsbeweis kehrt nämlich nach allgemeiner Meinung die Feststellungslast nicht um[168] und dient ebenso wenig

---

zum Beweis einer Bemakelung des Vermögenswertes hinreichen und zudem nicht abschließend sind…".

165 Siehe dazu auch Musielak / Voit / *Foerste* § 286, 23.

166 BGH NJW 1963 953, 954.

167 Im Ergebnis ebenso SSW / *Burghart* § 437, 5.

168 Allgemeine Meinung, vgl. etwa schon RGZ 134 237 ff.; BGH NJW 1963 953; *Doukoff* SVR 2015 245, 250 f. m.w.N.

dazu, isoliert von einem *einzigen Indiz* auf eine Haupttatsache schließen zu können. Der Bundesgerichtshof führte dazu wiederum in Zivilsachen schon aus:[169]

> „Die Hilfstatsache reicht für den Nachweis der Haupttatsache dann nicht aus und ist unerheblich, wenn das Indiz für sich allein…nicht den ausreichend sicheren Schluß auf die Haupttatsache zuläßt."

Der schlichte Beleg eines groben Missverhältnisses hingegen würde nach der hier vorgestellten Lesart des § 437 als *Hilfstatsache* ausschließlich dazu dienen, auf die *Haupttatsache* des deliktischen Ursprungs des Gegenstandes zu schließen. Da dieses aber diverse Ursachen haben kann,[170] geht ein solcher Schluss nicht an. Schließlich kann jedes individuelle Geschehen generalisierend beschrieben und damit plausibel gemacht werden,[171] ohne dass damit aber die erforderliche Typizität belegt wäre.

Hierin liegt auch *der* maßgebliche Unterschied zwischen der selbständigen und der erweiterten Einziehung[172] in Bezug auf die richterliche Überzeugungsbildung. Während bei der erweiterten Einziehung zur richterlichen Überzeugung feststeht, dass eine Straftat begangen wurde *und* Vermögenswerte aus *anderen* deliktischen Handlungen stammen, fehlt es bei der selbständigen Einziehung gerade an diesem besonders gewichtigen Umstand einer festgestellten Straftat. Das Bundesverfassungsgericht hat als Tatsachenbasis für die Annahme der deliktischen Herkunft eines Gegenstandes indes (nur) diese Straftat[173] *in Kombination* mit der nicht anders zu erklärenden Herkunft von (weiteren) Vermögenswerten als ausreichend angesehen.[174] Damit fehlt es in all den Fällen, in denen die Staatsanwaltschaften nur das grobe Missverhältnis nachweisen, schon an einer die richterliche Überzeugungsbildung ermöglichenden *Tatsachenbasis*.[175]

Der Nachweis des groben Missverhältnisses im Sinne des § 437 begründet damit nicht einmal nach zivilprozessualen Grundsätzen einen Anscheinsbeweis.

---

169 BGH NJW 1993 935, 938.

170 Beispiele zu § 73a StGB finden sich bei Kindhäuser / Neumann / Paeffgen / *Saliger* § 73d, 3; *Hüls* ZWH 2017 242, 251; *Rönnau* / *Begemeier* NZWiSt 2016 260, 262.

171 Musielak / Voit / *Foerste* § 286, 23.

172 Siehe dazu ausführlich unter E), IV.

173 So schätzt auch SSW / *Burghart* § 437, 5 die Entscheidung ein.

174 BVerfGE 110 1, 23 ff.

175 (Nur) Im Ergebnis ebenso *Meyer* StV 2017 343, 347, der aber auf Seite 353 erklärt, dass eine Eingriffsrechtfertigung ohne Nachweis einer Vortat nicht per se ausgeschlossen ist; umgekehrt ist freilich kaum vorstellbar, dass das Gericht ohne das Vorliegen dieser Indizien zu einer Überzeugung der deliktischen Herkunft kommt, vgl. *Meyer* StV 2017 343, 347.

ccc) Strafprozessualer Anscheinsbeweis sui generis?

Allerdings könnte der Gesetzgeber gerade dadurch, dass er nur von einer „Orientierung“, indes nicht von einer „Übernahme“ der zivilprozessualen Beweislastgrundsätze ausging, zum Ausdruck gebracht haben, dass § 437 weiter zu verstehen sei, als der Anscheinsbeweis im Zivilrecht und eine Typizität des Geschehens schon deshalb angenommen werden darf, weil ein grobes Missverhältnis vorliegt.[176]

Eine solche Interpretation der Gesetzesbegründung dürfte jedoch zu weit gehen. Der Anscheinsbeweis ist schon im Zivilverfahren *restriktiv* zu behandeln, was der Bundesgerichtshof nachvollziehbar und auf die selbständige Einziehung übertragbar wie folgt erklärt: „Bei der Anwendung des Anscheinsbeweises ist nach Auffassung des erkennenden Senats grundsätzlich Zurückhaltung geboten, weil er es erlaubt, bei typischen Geschehensabläufen auf Grund allgemeiner Erfahrungssätze auf einen ursächlichen Zusammenhang oder ein schuldhaftes Verhalten zu schließen, ohne dass im konkreten Fall die Ursache bzw. das Verschulden festgestellt ist…“.[177] Würde man nun einen Anscheinsbeweis schon dann zulassen, wenn ein grobes Missverhältnis vorliegt, würde diese Zurückhaltung aufgegeben und zugleich die einzige *echte* Voraussetzung des Anscheinsbeweises konturlos gemacht, weil eben nicht mehr die Typizität eines *Geschehens,* sondern die Typizität eines *Zustandes* zum Nachweis der deliktischen Herkunft des Gegenstandes ausreichen würde.[178] Der Anscheinsbeweis ist jedoch schon von seiner Eigenart als Mittel der Beweis*würdigung*, nicht der Beweis*führung*, nur auf fragliche *Geschehensabläufe* und nicht auch auf Zustände, wie etwa die Täterschaft einer Person, anwendbar.[179] Vom groben Missverhältnis auf die deliktische Herkunft des Gegenstandes zu schließen wäre damit aufgrund der vielen denkbaren Sachverhaltskonstellationen und Ursachen für das grobe Missverhältnis gerade keine Anwendung des Anscheinsbeweises mehr, sondern schlicht eine *Beweislastumkehr*.[180]

---

176 Schon *Meyer* StV 2017 343, 347 erklärte, dass es sich wohl nicht um einen „…Anscheinsbeweis im technischen Sinne“ handle, „…de facto…“ aber eine Reduktion des Beweismaßes vorgeschlagen sei.

177 BGH NJW 2012 608, 609; ebenso Hk-ZPO / *Saenger* § 286, 39.

178 Im Ergebnis ebenso *Korte* wistra 2018 1, 9: „Dies war nicht erforderlich, weil es keine generelle Vermutung gibt, dass Vermögen unklarer Herkunft aus rechtswidrigen Taten stammt…“; a.A. allerdings ohne Begründung *Meißner / Schütrumpf* Rn. 84, die von einer „faktischen Beweislastumkehr“ sprechen; ebenso *Köllner / Mück* NZI 2017 593, 598.

179 *Lepa* NZV 1992 129, 130.

180 A.A. wohl *Meyer* NZWiSt 2018 246, 249, der davon ausgeht, dass ohne Erschütterung des Indizes aus dem groben Missverhältnis „…die Überzeugungsbildung durch nachteilige Schlussfolgerungen aus dem Schweigen des Betroffenen (bzw. der vertanen Verteidigungsmöglichkeit) vervollständigt…“ werden dürfte.

Nun könnte man unter Rekurs auf den Koalitionsvertrag, der die Einführung einer verfassungskonformen Beweislastumkehr für Vermögensgegenstände unklarer Herkunft ankündigte, die Auffassung vertreten, § 437 sei die vorgesehene Anknüpfungsnorm für diese Beweislastumkehr, die immer dann greife, wenn ein grobes Missverhältnis durch die Staatsanwaltschaften dargelegt wurde.[181]

Für eine solch weitreichende Auslegung des § 437 finden sich jedoch wiederum weder in der Gesetzesbegründung, noch den Plenarprotokollen oder gar dem Gesetzestext, ja nicht einmal im Referentenentwurf, Anhaltspunkte. Die ursprünglichen Bestrebungen im Koalitionsvertrag hat der Gesetzgeber gerade *nicht* umgesetzt, was die maßgeblich an der Reform beteiligten *Korte* und *Köhler* ausdrücklich klargestellt haben.[182] Ministerialdirigent *Korte*, der die Projektgruppe zur Reform des strafrechtlichen Vermögensabschöpfungsrechts leitete, erklärte erst kürzlich, dass in § 437 *keine* Beweislastumkehr kodifiziert werden sollte. Hierzu führte er aus: „Eine richtige Beweislastumkehr im Strafgesetzbuch wäre auf Basis der geltenden Fassung des Grundgesetzes nicht möglich gewesen."[183] Er sieht die Bedeutung des § 437 vor allem darin, „dem Abschöpfungsinstrument Wirkkraft zu verleihen" und den Gerichten die Möglichkeit zu bieten, „ihre Entscheidungen auf der Grundlage von gesetzgeberischen Wertungen zu begründen."

Diese Auffassung wird gestützt, wenn man sich einmal die Entstehung des Gesetzes von seinen Ursprüngen im Koalitionsvertrag bis hin zur endgültigen Gesetzesfassung in Gänze anschaut. Hier wird deutlich, dass von der einst ambitionierten Erklärung der Einführung einer Beweislastumkehr immer weiter abge-

---

181 In diese Richtung wohl *Hinderer / Blechschmitt* NZWiSt 2018 179, 182, die von einer „nunmehr im Strafverfahren verorteten Beweislastumkehr" sprechen.

182 *Korte* wistra 2018 1, 8; *Köhler / Burkhard* NStZ 2017 665, 672: „Das neue Abschöpfungsinstrument des § 76a Abs. 4 StGB ist ein (gewichtiger) Teil der Antwort des Gesetzgebers auf die Forderung im Koalitionsvertrag…nach einer ‚verfassungskonformen Beweislastumkehr' zur Abschöpfung von Vermögen unklarer Herkunft." Besonders bemerkenswert ist dann der anschließende Satz: „Im Kern ist die Regelung ein ‚Geldwäschetatbestand' für die Vermögensabschöpfung, der im Gegenzug zum Verzicht auf Bestrafung auf die Feststellung einer konkreten Vortat verzichtet." Wenn hier aber im Rahmen des § 76a Abs. 4 StGB im Gegenzug zur unterbliebenen Bestrafung Vermögenswerte eingezogen werden, dürfte grundsätzlich bei erfolgender Bestrafung nicht eingezogen werden. Die Ausführungen von *Köhler / Burkhard* dürften bei genauer Betrachtung Anknüpfungspunkt für Kritiker sein, in der selbständigen Einziehung eine strafähnliche Maßnahme zu erblicken. Zu den Voraussetzungen einer strafähnlichen Maßnahme ausführlich unter E), IX., 2., e).

183 *Korte* wistra 2018 1, 8.

rückt wurde und der Gesetzgeber letztlich erklärte, die freie richterliche Beweiswürdigung werde (doch) nicht eingeschränkt.[184] Das nur aufgrund der Vorschrift des § 437 nicht von der Einführung einer Beweislastumkehr im Strafverfahren ausgegangen werden kann, wird auch durch einen Vergleich mit einem Gesetzentwurf der SPD-Fraktion aus dem Jahr 1994 deutlich, die eine solche Beweislastumkehr für das Verwaltungsverfahren ausdrücklich vorgesehen hat und exemplarisch zeigt,[185] wie eine solche hätte aussehen müssen:

Mit Vorlage des „Entwurfs eines Gesetzes zur Bekämpfung des illegalen Rauschgifthandels und anderer Erscheinungsformen der Organisierten Kriminalität" sollte bereits vor knapp 25 Jahren der Versuch unternommen werden, Vermögenswerte unklarer Herkunft leichter einzuziehen. Wesentlicher Bestandteil dieses Entwurfs war die Schaffung eines „dem öffentlichen Recht im engeren Sinne" zuzuordnenden Gesetzes der Vermögenseinziehung.[186] Dieses Vermögenseinziehungsgesetz sah ein Vermögensabschöpfungsverfahren völlig *losgelöst* von strafrechtlichen Vorschriften vor. Bestand aufgrund tatsächlicher Anhaltspunkte die Vermutung, dass ein Vermögenswert in Höhe von mindestens 15.000,00 DM aus schweren Straftaten herrührt oder dafür verwendet werden soll, so sollte dieser Vermögenswert dauerhaft sichergestellt werden können.[187] In analoger Begründung zum Gesetz zur Reform der strafrechtlichen Vermögensabschöpfung ging man damals schon davon aus, dass die organisierte Kriminalität zu einer „systembedrohenden Kraft" geworden sei und dass die von organisiert vorgehenden Straftätern ausgehenden Gefährdungen mit herkömmlichen Mitteln des Polizei- und Strafrechts nicht mehr angemessen zu bewältigen gewesen seien.[188] In § 1 Abs. 1 VermEinzG-E hieß es deshalb zunächst: „Vermögen…kann sichergestellt werden, wenn auf Grund tatsächlicher Anhaltspunkte die Vermutung besteht, daß Vermögenswerte…aus schweren Straftaten herrühren oder dafür verwendet werden sollen." § 3 Abs. 2 VermEinzG-E legte die Widerlegung dieser Vermutung ausdrücklich in den Verantwortungsbereich des Betroffenen: „Dem Widerspruchsführer obliegt es, die Vermutung nach § 1 Abs. 1 zu widerlegen."

Das Vermögenseinziehungsgesetz sollte nun zwar kein Institut des Strafrechts, sondern des öffentlichen Rechts sein. Gerade hier gelten aber über § 26 VwVfG

---

184 BTDrucks. 18 9525 S. 93; anders: *Hüls* ZWH 2017 242, 243.

185 Auch *Meyer* NZWiSt 2018 246, 249; *Ders.* StV 2017 343, 349 geht davon aus, dass zur Ausgestaltung von Beweisregeln eine Orientierung an verwaltungsrechtlichen Verfahren näher liegen würde, als eine solche am Zivilprozess.

186 BTDrucks. 12 6784 S. 11.

187 BTDrucks. 12 6784 S. 3.

188 BTDrucks. 12 6784 S. 8.

ohnehin besondere Mitwirkungslasten des Betroffenen, die seine Beteiligung an der Sachverhaltsaufklärung einfordern. Verstößt er gegen diese, kann das nach allgemeiner Meinung zu seinen Ungunsten verwertet werden.[189] Wenn aber selbst in einem Verfahren, in dem das Schweigen des Betroffenen ohnehin zu seinen Lasten berücksichtigt werden kann, eine ausdrückliche Regelung zur Beweislastumkehr für notwendig erachtet wurde, so kann im Strafprozess nicht schlicht aus der vagen Formulierung der Gesetzesbegründung eine solche Beweislastumkehr hergeleitet werden.[190] Das gilt erst Recht dann, wenn man den Gesetzgeber beim Wort nimmt und das selbständige Einziehungsverfahren an zivilprozessualen Darlegungs- und Beweislastregeln orientiert, denn auch im Zivilrecht sind Beweislastumkehrungen *ausdrücklich* kodifiziert, vgl. etwa §§ 477, 363 oder auch § 2336 Abs. 3 BGB.[191] Hinzu kommt, dass der Gesetzgeber dem Betroffenen über § 427 ausdrücklich die Rechte eines Angeklagten eingeräumt hat. Insoweit ist unstrittig, dass dieser deshalb auch über sein Schweigerecht zu belehren ist.[192] Nun einerseits eine Belehrung über das Schweigerecht vorzunehmen, andererseits zugleich von einer ungeschriebenen Beweislastumkehr auszugehen,[193] wäre jedenfalls mit dem Recht auf ein faires Verfahren nicht vereinbar.

Gegen eine Umkehr der Beweislast im selbständigen Einziehungsverfahren spricht letztlich maßgeblich auch die Tatsache, dass das Gericht eine Einziehung selbst dann ablehnen kann, wenn ein grobes Missverhältnis *nachgewiesen* ist. Das wird schon durch die „Kann-Formulierung" in § 437 deutlich.[194] Bei einer Beweislastumkehr unter Anwendung zivilprozessualer Darlegungs- und Beweislastregeln wäre das Gericht bei der Würdigung des groben Missverhältnisses indes gebunden, was gesetzgebungstechnisch durch eine „Ist-Formulierung" zum Ausdruck zu bringen gewesen wäre. Wenn das Gericht in seiner Würdigung eines konkreten Sachverhalts jedoch vollkommen frei ist, was unbestritten der Fall ist, dann kann mangels Bindungswirkung auch keine Beweislastumkehr vorliegen.

---

189 Vgl. statt vieler: BVerwG NVwZ 1987 404, 405; BVerwG NVwZ 1987 802, 803; BeckOK-VwVfG / *Herrmann* § 26, 38; *Kopp* / *Ramsauer* § 26, 44 sowie ausführlich unter E), IX., 1., a) und b).

190 Den Vergleich zum VermEinzG zieht auch *Saliger* ZStW 129 995, 1028 ff.

191 Siehe zu den Schwierigkeiten schon bei der Terminologie und der Abgrenzung zu (ungeschriebenen) Beweiserleichterungen *Laumen* NJW 2002 3739 ff.

192 LR / *Gössel* § 433, 6; einschränkend KMR / *Metzger* § 427, 1, unter Rekurs auf § 86 VwGO.

193 Oder aus dem Schweigen nachteilige Schlüsse zu ziehen, so KMR / *Metzger* § 437, 6.

194 Unter Hinweis unter anderem auf die substantiierte Antragspflicht der Staatsanwaltschaft, ebenso *Saliger* ZStW 129 995, 1029.

ddd) Rückschluss auf den Regelungsgehalt des § 437 und die daraus folgenden Konsequenzen für das selbständige Einziehungsverfahren

Zusammenfassend kann deshalb an dieser Stelle folgendes festgehalten werden: Der Gesetzgeber hat versucht, den Strafverfolgungsbehörden über § 437 den Nachweis der deliktischen Herkunft eines Gegenstandes zu vereinfachen, indem auch im Strafrecht eine „Orientierung" an den aus dem Zivilprozess bekannten Grundsätzen des Anscheinsbeweises erfolgen sollte. Er hat dabei jedoch schlicht die Grenzen des Anscheinsbeweises verkannt und ist (wohl) insoweit fehlerhaft davon ausgegangen, (nur) das grobe Missverhältnis könne den Nachweis eines konkreten Geschehensablaufs ersetzen. Das ist jedoch nicht der Fall, weil sich der Anscheinsbeweis damit in seiner Rechtsnatur verändern und von einem Mittel der *Beweiswürdigung* zu einem Mittel der *Beweisführung* wandeln würde. Hieraus würde letztlich nicht weniger als eine Beweislastumkehr folgen, von der ohne ausdrückliche gesetzliche Regelung nicht ausgegangen werden kann.

§ 437 kann vor diesem Hintergrund nicht anders verstanden werden, als dass der Nachweis eines groben Missverhältnis *ein Indiz* für die deliktische Herkunft darstellt, er insoweit die Möglichkeiten der richterlichen Überzeugungsbildung *exemplarisch* benennt und zugleich der besonderen Bedeutung der Einziehung von Vermögen unklarer Herkunft im Gesamtgefüge der selbständigen Einziehungsvorschriften Ausdruck verleiht.[195]

Im selbständigen Einziehungsverfahren gelten damit nach wie vor (nur) strafprozessuale Beweislastregeln. Die Staatsanwaltschaften haben somit weiterhin die Voraussetzungen des § 76a Abs. 4 StGB vollumfänglich zur Überzeugung des Gerichts zu beweisen und müssen dafür fundierte Tatsachen vortragen. Hierfür reicht es nicht aus, nur ein grobes Missverhältnis im Sinne des § 437 darzulegen, denn dieses kann multiple Ursachen haben und begründet keine *Typizität eines Geschehens*, auf dessen Grundlage ohne Weiteres auf eine deliktische Herkunft des Gegenstandes geschlossen werden könnte.[196]

---

195 Im Ergebnis ebenso *Meyer* NZWiSt 2018 246, 248: „§ 437 StPO enthält allerdings weder eine Beweislastumkehr noch einen Anscheinsbeweis.", der darin zugleich „…eine Anleitung für die Überzeugungsbildung" sieht und der Regelung eine „…erhöhte intrinsisch-epistemologische Überzeugungskraft unterstellt, welche den Gerichten die Überzeugungsbildung nachhaltig erleichtern soll, weil es die illegale Herkunft zu einem erhöhten prozentualen Grad belegt, ohne bereits als verpönter Anscheinsbeweis qualifiziert werden zu müssen."; *Saliger* ZStW 129 995, 1028: „…weder eine gesetzliche Beweisvermutung noch eine Beweislastumkehr…"; SSW / *Burghart* § 437, 1: keine Beweisregel oder Beweismaßregel.

196 *Fischer* § 73a, 8: „Über die Schuldhaftigkeit von Taten, die nicht festgestellt werden müssen, lässt sich nur spekulieren und ob die Gegenstände illegal erworben sind, ist gerade die Frage, die das Gericht zu klären hat." *Meyer* NZWiSt 2018 246, 249 fordert

c) Ergebnis

Das Gesetz zur Reform der strafrechtlichen Vermögensabschöpfung hat nichts daran geändert, dass die Staatsanwaltschaft erheblichem Begründungsaufwand für den Nachweis der deliktischen Herkunft eines im Wege der selbständigen Einziehung einzuziehenden Gegenstandes unklarer Herkunft unterliegt. Dass sich das Gericht die Überzeugung der deliktischen Herkunft dieses Gegenstandes nunmehr nach § 437 auch ausdrücklich aus dem groben Missverhältnis zwischen dem Wert des Gegenstandes und den rechtmäßigen Einkünften des Betroffenen verschaffen kann, führt bei genauerer Betrachtung schon deshalb zu keiner Beweiserleichterung, weil das grobe Missverhältnis einzelfallabhängig dem Grunde und der Höhe nach darzulegen ist und der Betroffene mit alternativen Erwerbshypothesen diese Ausführungen leicht erschüttern kann.

Beweiserleichterungen resultieren außerdem auch nicht etwa daraus, dass im selbständigen Einziehungsverfahren nunmehr andere Darlegungs- und Beweislastgrundsätze gelten als im subjektiven Verfahren. Insbesondere begründet das Schweigen des Betroffenen zur Frage des groben Missverhältnisses nicht die Einziehungsvoraussetzungen. Selbst wenn ein grobes Missverhältnis zwischen den bekannten, legalen Einkünften des Betroffenen und dem Wert des einzuziehenden Gegenstandes nachweisbar ist und der Betroffene schweigt, liegt darin noch keine *Typizität* für ein konkretes Geschehen und fehlt es damit an der Grundvoraussetzung eines Anscheinsbeweises. Liegen indes weitere Erkenntnisse vor, bedarf es zur Überzeugungsbildung gar keiner Anwendung des Anscheinsbeweises, sondern stützt das Gericht seine Entscheidung im Wege der freien richterlichen Beweiswürdigung auf § 261.

Vor diesem Hintergrund ist mit der Kritik des Deutschen Richterbundes in der Tat zu bezweifeln, ob der Nachweis der deliktischen Herkunft eines Gegenstandes durch das Gesetz zur Reform der strafrechtlichen Vermögensabschöpfung tatsächlich erleichtert wurde. Der Gesetzgeber hat bei der Ausgestaltung der §§ 435 ff. unberücksichtigt gelassen, dass der selbständigen Einziehung durch die ausdrückliche Subsidiarität gegenüber dem subjektiven Verfahren nur ein sehr begrenzter Anwendungsbereich zukommt. Je verfestigter die Hinweise auf eine rechtswidrige Erlangung eines Gegenstandes sind, je mehr Anhaltspunkte die Staatsanwaltschaft also auf eine entsprechende Vortat darlegen kann, umso *unwahrscheinlicher* wird die selbständige Einziehung von Gesetzes wegen,

---

daher zutreffend eine „...forensische Plausibilisierung des Zusammenhangs zwischen Missverhältnis und illegaler Herkunft“ und stellt eine „...Präzisierung der forensisch-kriminalistischen Vermutungsbasis“ zur Nachprüfbarkeit der Entscheidungen anheim.

denn umso eher werden sich hinreichende Tatsachen für ein vorrangiges *subjektives* Verfahren finden lassen. Je weniger Anhaltspunkte die Staatsanwaltschaft andererseits für die deliktische Herkunft darlegen kann, je eher käme grundsätzlich ein objektives Verfahren in Betracht, hier wird es für den Betroffenen dann aber umso leichter, den mitunter nur vagen Vortrag der Staatsanwaltschaft zu erschüttern und seiner vermeintlichen Obliegenheit zum Vortrag substantiierter Tatsachen nachzukommen.

Es ist deshalb insgesamt zweifelhaft, ob die Neuregelung des § 437 tatsächlich zu einer umfangreicheren Einziehung von Vermögen unklarer Herkunft beitragen und die Beweisschwierigkeiten der Strafverfolgungsbehörden in diesen Verfahren erleichtern wird.

5. Nachprüfbarkeit des „Verdachts" der Geldwäsche

Unabhängig von den tatsächlichen Möglichkeiten der Strafverfolgungsbehörden die Voraussetzungen der verurteilungsunabhängigen Einziehung nachzuweisen stellt sich in diesem Zusammenhang auch die Frage, ob und in welchem Umfang der von den Strafverfolgungsbehörden angenommene „Verdacht" einer Katalogtat im Sinne des § 76a Abs. 4 Satz 3 StGB im Rahmen einer späteren Einziehungsentscheidung gerichtlich überprüfbar ist.

Diese Frage ist wiederum im Zusammenhang mit der Kritik im Gesetzgebungsverfahren relevant, nach der die Anknüpfung der selbständigen Einziehung an Ermittlungsverfahren wegen des Verdachts der Geldwäsche insgesamt konturlos ausgeweitet werde.[197] Wenn die Annahme eines Verdachts der Geldwäsche der gerichtlichen Kontrolle unterläge, so wäre jedenfalls einer willkürlichen Annahme eines solchen Verdachts durch die Strafverfolgungsbehörden nur zum Zwecke der Durchführung des selbständigen Einziehungsverfahrens entgegengetreten.[198]

---

197 Siehe dazu unter E), VI., 1.

198 Siehe zu den niedrigen Voraussetzungen eines solchen Verdachts aus Sicht der Strafverfolgungsbehörden *Baretto da Rosa* NZWiSt 2018 215, 218; *Meyer* StV 2017 343, 344 f. mit der Frage, ob es ausreicht, wenn der Fund das Verfahren auslöst; *Meyer* NZWiSt 2018 246, 247 unter Hinweis, dass das Anfangsverfahren nicht verfassungsrechtlich erforderlich sei, sondern nur als „Aufhänger" diene, die Zuständigkeit der Staatsanwaltschaft für das Einziehungsverfahren zu begründen; *Rönnau / Begemeier* JZ 2018 443, 447 zum Anreiz der Strafverfolgungsbehörden, nicht umfangreich zu ermitteln, um über § 76a Abs. 4 StGB mehr einziehen zu können als über §§ 73 ff. StGB; dazu wiederum *Meyer* StV 2017 343, 345.

a) Diskussionsstand vor der Reform

Im Zusammenhang mit der Vorgängervorschrift des § 435, § 440 StPO a.F., ging die (wohl) herrschende Auffassung davon aus, dass die Frage, ob eine bestimmte Person wegen der Ursprungstat *verfolgt oder verurteilt* werden kann, der gerichtlichen Kontrolle unterlag.[199] Die Auffassung stützte sich darauf, dass eine selbständige Einziehung nur dann möglich war, wenn sie „gesetzlich zulässig" war. Der Tatbestand des § 76a Abs. 1 StGB a.F. wiederum sah eine selbständige Einziehung ausdrücklich nur dann vor, wenn wegen der Straftat aus tatsächlichen Gründen keine bestimmte Person verfolgt oder verurteilt werden konnte. Daraus wurde geschlossen, dass die Nichtverfolgbarkeit einer Person eine Prozessvoraussetzung der selbständigen Einziehung und damit von Amts wegen zu überprüfen war.[200]

Die Gegenauffassung vertrat, dass die Möglichkeit der Durchführung eines subjektiven Verfahrens nicht der gerichtlichen Kontrolle unterlag. Nach der Grundkonzeption der Strafprozessordnung habe (nur) die Staatsanwaltschaft darüber zu entscheiden, ob die Verfolgung oder Verurteilung einer bestimmten Person ausführbar sei. Das Gericht könne daher nur prüfen, ob sich aus der Begründung des Einziehungsantrags oder aus den Akten ohne Weiteres ergebe, dass die Annahme der Staatsanwaltschaft aus tatsächlichen Gründen nicht zutreffe oder auf Rechtsirrtümern beruhe.[201] Eine gerichtliche Überprüfung der Verfolgbarkeitsentscheidung der Staatsanwaltschaft könne andernfalls dazu führen, dass sowohl das objektive Verfahren als auch das subjektive Verfahren undurchführbar seien, schließlich gehe die Staatsanwaltschaft nicht von einem hinreichenden Verdacht aus und könne das Gericht sie in diesem Falle auch nicht zur Anklageerhebung zwingen.[202]

In Bezug auf die Frage der Überprüfbarkeit des *Tatverdachts* stellt sich dieser Streitstand analog dar, denn auch hier können unterschiedliche Bewertungen der Verdachtslage dazu führen, dass letztlich weder eine konkrete Person angeklagt, noch ein vermeintlich deliktisch erlangter Gegenstand eingezogen werden kann.

---

199 RGSt 38 100, 101 f.; OLG Düsseldorf NJW 1967 1142, 1143; OLG Hamm NJW 1953 1683, 1684; KK / *Schmidt* § 440, 3; LR / *Gössel* § 440, 34 f. m.w.N.

200 BGHSt 21 55 f.; LR / *Gössel* § 440, 35 f. m.w.N.

201 OLG Hamm NJW 1970 1754, 1755; OLG Celle NJW 1958 1837.

202 Meyer-Goßner / Schmitt[59] / *Schmitt* § 440, 8.

b) Auswirkungen der Reform

Die Auffassung, eine gerichtliche Überprüfung der Annahme eines Verdachts der Geldwäsche sei nicht möglich, könnte heute weiterhin darauf gestützt werden, dass die Staatsanwaltschaft tatsächlich selbst dann von einer selbständigen Einziehung absehen kann, wenn diese nach materiellem Recht zwingend ist.[203] Das Gesetz gewährt der Staatsanwaltschaft damit einen erheblichen Entscheidungsspielraum. Unterzöge man die Annahme eines Verdachts der Geldwäsche der gerichtlichen Kontrolle, so würde das diesen Entscheidungsspielraum jedenfalls in einem Teilbereich beschneiden.

Dieses Argument kann jedoch schon deshalb nicht durchschlagen, weil die Ermessensentscheidung der Staatsanwaltschaft eine Frage der *Rechtsfolge* und nicht des Tatbestandes ist. Auf sie kommt es folglich überhaupt erst dann an, wenn der Tatbestand erfüllt ist. Die Staatsanwaltschaft kann damit zwar aus Ermessensgesichtspunkten von einer Einziehung *absehen*, entscheidet sie sich jedoch dazu, ein objektives Verfahren in Gang zu setzen, so ist kein Grund ersichtlich, diese Entscheidung einer *vollumfänglichen* gerichtlichen Kontrolle zu entziehen, schließlich geht es hier nicht um die Überprüfung der Ermessensausübung der Staatsanwaltschaft, sondern um die Frage, ob die Tatbestandsvoraussetzungen der Einziehung vorliegen.

Der vor der Reform herrschenden Auffassung ist auch nach dem Inkrafttreten des Gesetzes zur Reform der strafrechtlichen Vermögensabschöpfung darin zuzustimmen, dass sich die Überprüfbarkeit der Annahme eines einfachen Verdachts der Geldwäsche schon ausdrücklich aus der Regelung des § 435 Abs. 1 ergibt, wonach das Gericht eine selbständige Einziehung nur dann anordnen darf, wenn sie „gesetzlich zulässig“ ist. Gesetzlich zulässig ist die selbständige Einziehung nach § 76a Abs. 4 StGB aber nur dann, wenn ein Verdacht der Geldwäsche besteht. Dieser Verdacht ist Voraussetzung der selbständigen Einziehung.[204]

Das Argument der bisher vertretenen Gegenauffassung, wenn das Gericht die Annahme einer Nichtverfolgbarkeit einer bestimmten Person ablehne, könne möglicherweise weder das objektive noch das subjektive Verfahren durchgeführt werden,[205] überzeugt (jedenfalls) in Bezug auf die Überprüfbarkeit des Tatverdachts nicht. Mit der Neueinführung eines Zwischenverfahrens nach § 435

---

203 Vgl. statt vieler BGHSt 2 29, 34; BGHSt 7 356, 357; KK / *Schmidt* § 440, 4, LR / *Gössel* § 440, 23 f.

204 In diesem Sinne zum Tatbestandsmerkmal der Verfolgbarkeit schon LR / *Gössel* § 440, 35; BGHSt 21 55.

205 Noch weitergehend zur alten Rechtslage: LR / *Gössel* § 440, 35: Prozessvoraussetzung.

Abs. 3 hat der Gesetzgeber dargelegt, dass er das objektive Verfahren dem subjektiven Verfahren angenähert hat.[206] Im subjektiven Verfahren kann die richterliche Prüfung unbestritten dazu kommen, dass kein hinreichender Tatverdacht vorliegt. Dass ein Verfahren dann nicht möglich ist, beschneidet aber nicht die Prüfungskompetenz des Gerichts, sondern ist Ausdruck gerichtlicher Kontrolle der Entscheidungen der Staatsanwaltschaft. Hinzu kommt, dass das Gericht in seiner Entscheidung nicht nur darlegen kann, dass es *keinen* verdichteten Verdacht der Geldwäsche erblicken kann, sondern auch, dass es sogar einen *hinreichenden* Tatverdacht gegen eine bestimmte Person erblickt. Das wiederum führt dazu, dass die Staatsanwaltschaft, gestützt auf diese Würdigung, das subjektive Verfahren wieder aufgreifen kann, so sie dies anstrebt.

Die Prüfungskompetenz des Gerichts ergibt sich aber nicht nur aus dem Wortlaut der Vorschrift, sondern auch aus der Systematik der §§ 435 ff. Die Annahme eines Verdachts der Geldwäsche zählt zu den Voraussetzungen einer selbständigen Einziehung im Sinne des § 76a Abs. 4 StGB, ebenso wie etwa der hinreichende Tatverdacht zur Eröffnung des Hauptverfahrens. In diesem Zusammenhang überzeugt denn auch der Verweis der Gegenauffassung auf das Legalitätsprinzip nicht. Sowohl im subjektiven als auch vor Einleitung des objektiven Verfahrens ist die Staatsanwaltschaft *verpflichtet*, einen hinreichenden Tatverdacht zu prüfen. Nimmt sie ihn an, überprüft das Gericht diese Annahme im Zwischenverfahren. Der hinreichende Tatverdacht wird zur zwingenden Voraussetzung des Eröffnungsbeschlusses, dieser wiederum zur Grundlage eines Urteils. In der gerichtlichen Überprüfung dieser Annahme eines hinreichenden Tatverdachts im subjektiven Verfahren liegt damit keine Einschränkung der Verfahrensherrschaft der Staatsanwaltschaft, die vielmehr mit Anklageerhebung im subjektiven bzw. Antragsstellung im objektiven Verfahren auf das Gericht übergegangen ist.

Unter systematischen Gesichtspunkten hat der Gesetzgeber schon mit der Schaffung eines Zwischenverfahrens auch im objektiven Einziehungsverfahren das gesamte objektive Einziehungsverfahren an das subjektive Verfahren angelehnt, die Prüfungskompetenz des Gerichtes gestärkt und deutlich gemacht, dass das Gericht selbstständig prüfen muss, ob aus seiner Sicht die Voraussetzungen des § 76a Abs. 4 Satz 3 StGB vorliegen. Die Auffassung, die eine Prüfungskompetenz des Gerichtes in anderem Zusammenhang ablehnte, kann seit dem Inkrafttreten des Gesetzes zur Reform der strafrechtlichen Vermögensabschöpfung und der Einführung eines Zwischenverfahrens im objektiven Verfahren erst recht nicht mehr überzeugen.

---

206 BTDrucks. 18 9525 S. 91.

c) Ergebnis

Die Auffassung der Staatsanwaltschaft, es bestehe ein Anfangsverdacht der Geldwäsche, ist damit *voll* gerichtlich überprüfbar. Die Befürchtungen, die selbständige Einziehung könne durch eine willkürliche Bejahung des Anfangsverdachts der Geldwäsche auf sämtliche Wirtschaftsstrafverfahren ausgeweitet werden, finden sich vor diesem Hintergrund nicht bestätigt.

6. Hinreichende Tatsachen für die Nichtverfolgbarkeit der Tat

Will die Staatsanwaltschaft ein objektives Verfahren durchführen, muss sie auch darlegen, dass sämtliche Möglichkeiten der §§ 73 ff., 76a Abs. 1 bis 3 StGB im konkreten Sachverhalt ausscheiden und deshalb nur die *subsidiäre*, verurteilungsunabhängige Einziehung nach § 76a Abs. 4 StGB in Betracht kommt.[207] Bevor das selbständige Einziehungsverfahren betrieben werden kann, muss die Staatsanwaltschaft sämtlichen Anhaltspunkten in Bezug auf die vermeintlich deliktische Herkunft des einzuziehenden Gegenstandes nachgehen. Lässt sich der Betroffene etwa dahingehend ein, er habe das sichergestellte Geld von einem Freund geschenkt bekommen, legt er vielleicht sogar entsprechende Dokumente vor, so muss vor einer selbständigen Einziehung ausgeschlossen werden, dass sich dieser Freund beim Erwerb oder der Weitergabe des Geldes strafbar gemacht hat. Das kann zu mitunter erheblichem Ermittlungsaufwand führen, der insbesondere in Verfahren mit (behauptetem) Auslandsbezug, nicht immer im Verhältnis zum Umfang der potentiellen Einziehungsmasse steht.

Für die hier zu beantwortende Frage der Auswirkungen der selbständigen Einziehung auf die Möglichkeiten der Einziehung von Vermögen unklarer Herkunft ist in diesem Zusammenhang letztlich noch zu klären, ob die Einschätzung der Strafverfolgungsbehörden, *kein* subjektives Verfahren führen zu können,[208] ebenso der richterlichen Kontrolle unterliegt wie die Annahme eines Verdachts einer Katalogtat.

Dieser schon vor dem Inkrafttreten des Gesetzes zur Reform der strafrechtlichen Vermögensabschöpfung geführte Streit dürfte künftig maßgeblich davon beeinflusst werden, dass das selbständige Einziehungsverfahren, wie ausgiebig dargelegt, mittlerweile ein Zwischenverfahren vorsieht, das auch nach dem Willen des Gesetzgebers zu einer Anpassung des objektiven an das subjektive Verfahren geführt hat. Es wurde bereits vor der Reform unter Rekurs auf den Wortlaut

---

207 BTDrucks. 18 9525 S. 73; *Schilling / Hübner* StV 2018 49, 50.

208 *Meyer* NZWiSt 2018 246, 247 geht davon aus, dass die Frage, wie *intensiv* sich die Behörden bemüht haben müssen, im subjektiven Verfahren vorzugehen, noch offen ist.

des § 441 Abs. 3 StPO a.F. vertreten, dass das Gericht nur über einen zulässigen Antrag entscheide und daraus folge, dass das Vorliegen der Voraussetzungen des § 440 StPO a.F. eine Prozessvoraussetzung sei.[209] Heute findet sich in § 435 Abs. 1 Satz 1 ebenfalls das Erfordernis, dass die Einziehung gesetzlich zulässig sein muss. Dies ist sie nach dem ausdrücklichen Wortlaut des Gesetzes und der dazu gegebenen Gesetzesbegründung aber nur dann, wenn keine Einziehung nach §§ 73 ff., 76a Absätze 1 bis 3 StGB in Betracht kommt. [210] Die Nichtverfolgbarkeit der Tat ist damit auch nach neuer Rechtslage jedenfalls als Tatbestandsmerkmal zu bezeichnen. Ob darüber hinaus sogar von einer Prozessvoraussetzung auszugehen ist, kann hier dahingestellt bleiben. Für den Einziehungsantrag der Staatsanwaltschaft bedeutet das jedenfalls, dass sie auch hinreichende Tatsachen dafür vortragen muss, dass weder der von der Sicherstellung Betroffene, noch eine andere natürliche Person wegen einer (Geldwäsche-)Tat verfolgt oder verurteilt werden kann.[211]

Es ist kein Grund ersichtlich, die Nichtverfolgbarkeit einer bestimmten Person der gerichtlichen Kontrolle zu entziehen. Soweit die bis zum Inkrafttreten des Gesetzes zur Reform der strafrechtlichen Vermögensabschöpfung vertretene Gegenauffassung ausgeführt hat, die Entscheidung der Verfolgbarkeit einer bestimmten Person obliege nach der Grundkonzeption der Strafprozessordnung der Staatsanwaltschaft,[212] ist dem zwar grundlegend zuzustimmen. Es geht bei der Überprüfung der Nichtverfolgbarkeit einer bestimmten Person durch das Gericht jedoch nicht darum, die Ermittlungshoheit der Staatsanwaltschaft zu unterlaufen, sondern nur darum, wie im subjektiven Verfahren oder bei strafprozessualen Zwangsmaßnahmen wie der Untersuchungshaft oder dem Vermögensarrest auch, die Annahme der Eingriffsvoraussetzungen der richterlichen Kontrolle zu unterwerfen. Es gelten insoweit dieselben Argumente wie zur Frage der richterlichen Kontrolle der Annahme eines Verdachts der Katalogtat.[213]

Die Auffassung der Staatsanwaltschaft, wegen der im Raum stehenden Tat sei keine bestimmte Person verfolgbar, unterliegt damit (weiterhin) der richterlichen Kontrolle.

---

209 BGHSt 21 55 für die Frage, ob eine bestimmte Person wegen der Tat verfolgt oder verurteilt werden kann; LR / *Gössel* § 440, 35.

210 BTDrucks. 18 9525 S. 73: „Sowohl die Einziehung als auch die erweiterte Einziehung von Taterträgen nach den §§ 73 bis 73c StGB-E als auch die selbständige Einziehung nach § 76a Absatz 1 bis 3 StGB-E gehen dem Abschöpfungsinstrument des § 76a Absatz 4 StGB-E vor".

211 Anders wohl Meyer-Goßner / Schmitt / *Köhler* § 435, 15.

212 OLG Hamm NJW 1970 1754, 1755; OLG Celle NJW 1958 1837.

213 Siehe dazu ausführlich unter E), VI., 5.

7. Ergebnis

Der Gesetzgeber hat mit der Einführung einer verurteilungsunabhängigen Einziehung nach § 76a Abs. 4 StGB die potentiellen Möglichkeiten der Einziehung von Vermögen unklarer Herkunft im Strafverfahren vom Wortlaut her erheblich erweitert. Bei genauerer Betrachtung der Anordnungsvoraussetzungen zeigt sich jedoch, dass dadurch die schon bisher bestehenden Schwierigkeiten nicht aufgelöst wurden. Das hat unterschiedliche materielle und prozessuale Ursachen:

Die selbständige Einziehung setzt auf materiell-rechtlicher Seite voraus, dass der Gegenstand aus einer Straftat herrührt. Prozessual ist dieser Nachweis von der Staatsanwaltschaft zu führen, die das Gericht von der deliktischen Herkunft *überzeugen* muss. Zugleich darf die Ursprungstat sich nicht dahingehend konkretisieren lassen, dass eine bestimmte Person wegen der Straftat verfolgt oder verurteilt werden kann. Die selbständige Einziehung kommt daher nur in jenen Fällen in Betracht, in denen die Tatsachenbasis unklar und konkrete Nachweise für eine Straftat nicht zu erbringen sind.

Gerade in diesen Verfahren wird es dem Betroffenen jedoch besonders leicht gelingen, mit ebensolch vagen Gegenhypothesen zum Besitzerwerb den Vortrag der Staatsanwaltschaft zu erschüttern. Entsprechende Einlassungen sind bereits aus der Zeit vor der Reform im Zusammenhang mit Straftaten der Geldwäsche nach § 261 StGB in der Praxis üblich gewesen. Diese Probleme hat der Gesetzgeber mit den Neuregelungen nicht gelöst, weil die von ihm hierfür vorgesehene Vorschrift des § 437 StPO die ihr zugedachte Aufgabe einer Beweiserleichterung nicht erfüllen kann. Insbesondere die Darlegung eines groben Missverhältnisses kann leicht dadurch erschüttert werden, dass der Betroffene nicht widerlegbare Behauptungen zur Herkunft des Vermögenswertes aufstellt oder erklärt, der Gegenstand gehöre gar nicht ihm. Mit letzterer, schon bisher regelmäßig erfolgter Einlassung, entzieht er dem Schluss auf ein grobes Missverhältnis die Basis, weil es (nur) auf das Verhältnis zwischen legalem Vermögen des Betroffenem und Wert des Gegenstandes abstellt. Wenn aber der Gegenstand gar nicht dem Besitzer gehört, sondern einem Dritten, so muss der Wert des Gegenstandes mit dessen legalem Vermögen verglichen werden. Sitzt der (vermeintliche) Eigentümer dabei im Ausland, wird dieser Nachweis nach wie vor kaum zu führen sein.

Das selbständige Einziehungsverfahren wird entgegen der Annahme des Gesetzgebers auch nicht durch eine Anwendung zivilprozessualer Beweislastgrundsätze erleichtert. Das gilt schon deshalb, weil auch nach diesen Grundsätzen die Beweislast für die deliktische Herkunft des Gegenstandes der Staatsanwaltschaft obliegt und der Betroffene ohnehin nur das substantiiert bestreiten müsste, was zuvor von ihr substantiiert vorgetragen wurde. Je nachweislicher ein Geschehen ist, umso weniger wird aufgrund der Subsidiarität indes eine selbständige Einziehung in Betracht kommen. Es handelt sich deshalb vielmehr regelmäßig um undurchsichtige Sachverhalte, in denen es dem Betroffenen auch nach der Reform nicht schwerer fallen dürfte, die gerichtliche Überzeugung von der deliktischen Herkunft eines Gegenstandes zu verhindern, als zuvor, selbst wenn man hier zivilprozessuale Beweislastregeln zu Grunde legen wollte.

Es wurde in diesem Zusammenhang auch herausgearbeitet, dass selbst bei Anwendung der Grundsätze des zivilprozessualen *Anscheinsbeweises* im selbständigen Einziehungsverfahren der Nachweis eines groben Missverhältnisses aufgrund seiner *Singularität* nicht ausreichen würde, die richterliche Überzeugung der deliktischen Herkunft des Gegenstandes zu begründen, weil das grobe Missverhältnis keine Typizität für ein *Geschehen* enthält. Die Annahme einer solchen Typizität nur aufgrund des Missverhältnisses würde die Grundsätze des Anscheinsbeweises mit jenen der Beweislastumkehr verwechseln. Der Anscheinsbeweis dient gerade nicht dazu, von einem einzigen Indiz auf einen Geschehensablauf zu schließen. Wenn aber mehr Erkenntnisse als ein grobes Missverhältnis zwischen dem Wert des einzuziehenden Gegenstandes und dem legal erworbenen Vermögen des Betroffenen vorliegen, dann bedarf es keiner Anwendung der Grundsätze des Anscheinsbeweises, weil sich das Gericht dann schon aufgrund der freien richterlichen Beweiswürdigung nach § 261 von der deliktischen Herkunft des Gegenstandes wird überzeugen können. Dabei ist, worauf *Meyer* zutreffend hinweist, künftig darauf zu achten, dass die Gerichte § 437 bei der Beweiswürdigung nicht doch „stillschweigend zum Anscheinsbeweis mutieren lassen.“[214]

Nicht nur deshalb steht entgegen der Kritiker der selbständigen Einziehung nicht zu befürchten, dass diese über ihren eigentlichen Gesetzeszweck hinaus auch auf Sachverhalte Anwendung finden könnte, die nicht im Katalog des § 76a Abs. 4 Satz 3 StGB genannt sind. Sowohl die Annahme des Tatverdachts der Geldwäsche als auch jene, dass wegen der Tat keine konkrete Person verfolgt oder verurteilt werden kann, unterliegt der *vollen richterlichen* Kontrolle. Das ergibt sich schon daraus, dass der Gesetzgeber das selbständige Einziehungsverfahren an das subjektive Verfahren anlehnen wollte und deshalb ein Zwischenverfahren eingeführt hat, das genau diese Prüffunktion übernehmen wird. Die bisher vertretene Gegenauffassung kann nach Einführung dieses Zwischenverfahrens heute nicht mehr überzeugen.

Das Rechtsinstitut des § 76a Abs. 4 StGB unterliegt damit hohen Hürden, die eine unberechtigte Einziehung verhindern werden. Eine erhebliche Ausweitung

---

214 *Meyer* NZWiSt 2018 246, 248 Fn. 22.

der verurteilungsunabhängigen Einziehung von Vermögen unklarer Herkunft ist vor diesem Hintergrund aber ebenfalls nicht zu erwarten.

VII. Zwischenergebnis

Die strafrechtlichen Möglichkeiten der Einziehung von Vermögen unklarer Herkunft sind durch das Gesetz zur Reform der strafrechtlichen Vermögensabschöpfung ausgeweitet worden, ohne dass damit aber zugleich sämtliche Abschöpfungslücken geschlossen werden konnten.

Die Ausweitung der erweiterten Einziehung nach § 73a StGB etwa gilt *nur* für die Verfahren, in denen der Angeklagte wegen einer *konkreten* Straftat verurteilt wurde. In Fällen, in denen dem Betroffenen *keine* Straftat nachgewiesen werden konnte oder schon das Ermittlungsverfahren mangels hinreichenden Tatverdachts einzustellen war und kein Verdacht einer Katalogtat nach § 76a Abs. 4 StGB vorlag, scheidet die Einziehung von Vermögen unklarer Herkunft *per se* aus.

Die selbständige Einziehung nach § 76a Abs. 1 StGB ist für die Einziehung von Vermögen unklarer Herkunft weiterhin unerheblich, weil einer Verurteilung im subjektiven Verfahren andere Gründe als der fehlende Tatnachweis entgegenstehen.

Im Zusammenhang mit der verurteilungsunabhängigen Einziehung nach § 76a Abs. 4 StGB wurde festgestellt, dass diese nur dann in Betracht kommt, wenn das Ermittlungsverfahren wegen einer dort genannten Katalogtat geführt wurde. Sämtliche Fälle einfacherer Eigentums- und Vermögensdelinquenz sind hingegen nicht erfasst, so dass die dort bestehenden Abschöpfungslücken nicht geschlossen worden sind.

Selbst wenn eine Katalogtat vorliegt, so bleibt es auch nach Inkrafttreten des Gesetzes zur Reform der strafrechtlichen Vermögenabschöpfung dabei, dass der Nachweis der deliktischen Herkunft eines Gegenstandes nur sehr bedingt zu führen sein wird, weil die Beweislast nach wie vor bei der Staatsanwaltschaft liegt. Je klarer ein Sachverhalt ist, umso weniger kommt die nur subsidiäre Vorschrift des § 76a Abs. 4 StGB in Betracht, sondern wird das subjektive Verfahren durchzuführen sein. Ist die Tatsachenbasis indes sehr vage, so wird es dem Betroffenen nicht schwerfallen eine richterliche Überzeugungsbildung mit ebensolch vagen Gegenhypothesen zu verhindern.

Die Möglichkeiten der Einziehung von Vermögen unklarer Herkunft sind damit im Wesentlichen für Fälle ausgeweitet worden, in denen es zu einer *strafrechtlichen Verurteilung* gekommen ist. Hier ist heute nicht mehr erforderlich, dass der Verurteilung eine bestimmte Katalogtat zu Grunde liegt, es reicht vielmehr jede Straftat aus. In den übrigen Fällen bleibt es auch nach der Reform dabei, dass die Einziehung von Gegenständen unklarer Herkunft außerordentlich schwierig ist. Die schon im Zusammenhang mit dem Referentenentwurf geäußerte Kritik des Deutschen Richterbundes, dass insbesondere die verurteilungsunabhängige selbständige Einziehung praktisch keinen Anwendungsbereich haben wird, ist nach der hiesigen Untersuchung jedenfalls dann nicht von der Hand zu weisen, wenn man die Vorschriften – wie vorgesehen – zivilrechtsakzessorisch versteht und in § 437 nicht mehr hineinliest als die Vorschrift tatsächlich darstellt, nämlich eine deklaratorische Konkretisierung von § 261.

Damit relativieren sich auch die Bedenken jener Kritiker, die aufgrund der Aufnahme der Geldwäsche als taugliche Vortat einer selbständigen Einziehung eine uferlose Ausweitung dieser Maßnahmen fürchteten. Die richterliche Überzeugung wird sich in Fällen, in denen der Angeklagte freizusprechen ist, letztlich unabhängig von der jeweiligen Katalogtat regelmäßig nicht führen lassen, da mit jeder Konkretisierung einer Vortat auch eine Konkretisierung der Beteiligten einhergeht und diese dann zu verfolgen sind. Fälle, in denen das Gericht nicht zu der Überzeugung gelangt, dass der Betroffene irgendeine Straftat begangen hat, zugleich aber, dass der einzuziehende Gegenstand aus einer solchen herrührt, dürften kaum vorkommen.

VIII. Zwischenfazit

Der Bundesgesetzgeber hat mit der Reform der strafrechtlichen Vermögensabschöpfung die staatliche Einziehung von Vermögen unklarer Herkunft stärken und ausweiten wollen, andererseits aber für diverse schon bisher bekannte und problematische Fälle keine taugliche strafrechtliche Regelung geschaffen. Das ist nicht nur rechtspolitisch bedenklich, sondern bringt auch tatsächliche Schwierigkeiten mit sich, denn die Diskussion um die Ausweitung der Vermögensabschöpfung und das umfangreiche Reformgesetz haben das Bewusstsein für die Notwendigkeit von Vermögensabschöpfungsmaßnahmen in der Praxis steigen lassen.[215] Wenn nun festgestellt wird, dass für diverse Fälle der Einziehung von Vermögen unklarer Herkunft das *strafrechtliche* Instrumentarium nach wie vor nicht ausreicht, so dürfte die Erwartung nicht abwegig sein, dass zumindest der Versuch unternommen werden wird, diese Lücken weiterhin über die in der Praxis bereits seit Jahren etablierte präventive Sicherstellung zu

215 In dem hier bereits zitierten Leitfaden aus Niedersachsen spricht man im Zusammenhang mit der Anwendbarkeit der präventiven Sicherstellung im Anschluss an ein Strafverfahren sogar von einem „Regelfall"; siehe zur Vorlagepflicht des Dezernenten an den Abteilungsleiter in Niedersachen auch *Reh* NZWiSt 2018 20, 25.

schließen. Eine solche Kontinuität stünde im Einklang mit ihrer Entstehungsgeschichte, aus Anlass des „andauernden Ärgernisses“ auf Seiten der Polizei über Abschöpfungslücken im Strafrecht nicht nachweisbar deliktisch erlangte Gegenstände an den Betroffenen zurückgeben zu müssen,[216] denn dieses „Ärgernis“ ist durch das Gesetz zur Reform der strafrechtlichen Vermögensabschöpfung nicht behoben.

Vor diesem Hintergrund soll zum Abschluss dieser Untersuchung deshalb auf die Frage der Möglichkeiten und Grenzen der Einziehung von Vermögen unklarer Herkunft im Wege der *präventiven Sicherstellung* eingegangen werden. Hierbei werden vor allem verfassungsrechtliche Aspekte beleuchtet, denn durch die vorliegende Kasuistik ist ihre Praxisrelevanz bereits umfangreich belegt. Es mangelt bisher jedoch an Feststellungen zu ihrer Vereinbarkeit mit dem Grundgesetz.[217] Gerichtliche Entscheidungen stellten regelmäßig nur auf die jeweiligen Tatbestandsmerkmale der Sicherstellungsermächtigung ab,[218] ohne dass verfassungsrechtliche Fragen diskutiert wurden und die Literatur deutete zum Teil verfassungsrechtliche Bedenken an, behandelte diese aber nicht umfassend.[219]

Die nachfolgenden Ausführungen verfolgen deshalb das Ziel, erstmals zur Vereinbarkeit einer dauerhaften polizeilichen Einziehung mit dem Grundgesetz Stellung zu nehmen. Im Sinne einer einheitlichen Darstellung wird dabei nur auf die einschlägigen bundesrechtlichen Verwaltungsverfahrensvorschriften eingegangen, die ihre Äquivalente in den jeweiligen Landesverwaltungsverfahrensgesetzen finden.

---

216 *Hunsicker* PräGe S. 13.

217 Soweit *Hunsicker* postuliert, sich mit den Verfassungsgrundsätzen befasst und keinen Verstoß gegen die Verfassung festgestellt zu haben, *Hunsicker* Verfassungsmäßigkeit der PräGe S. 4 und 35, vermag dies nicht zu überzeugen. Es handelt sich bei dem Werk *Hunsickers* lediglich um eine Wiedergabe verschiedener Gerichtsentscheidungen, die sich in minimalen „bewertenden Zusammenfassungen“ erschöpft und dem Titel seines Buches bei Weitem nicht gerecht wird. Das Werk von *Janssen*, Präventive Gewinnabschöpfung, dreht sich um zivilrechtliche Fragen.

218 Der VGH Kassel etwa sah sich nicht veranlasst, über die Zulässigkeit der präventiven Sicherstellung zu entscheiden, VGH Kassel BeckRS 2015 55681; siehe auch beispielshalber VG Köln BeckRS 2015 44088; VGH München NVwZ-RR 2016 48 ff., allerdings zu § 32b ZFdG; VG Frankfurt BeckRS 2007 21779.

219 Lisken / Denninger / *Graulich* E 656 ff.; *Lindemann* S. 406 ff.; *Barthel* DVP 2005 276, 281 f.

IX. Die Vereinbarkeit der präventiven Sicherstellung mit dem Grundgesetz

Möchte man die präventive Sicherstellung auf ihre Vereinbarkeit mit dem Grundgesetz hin überprüfen, so kommen dazu völlig unterschiedliche Ansatzpunkte in Betracht. Denkbar wäre etwa eine Untersuchung unter dem Gesichtspunkt der ungleichen Behandlung der jeweiligen Sachverhalte in den einzelnen Bundesländern oder auch der Frage, ob der Grundsatz der Gewaltenteilung solche Maßnahmen durch Polizei- und Ordnungsbehörden überhaupt zulässt. Diese eher im Verwaltungs- und Staatsrecht zu verortenden Probleme werden hier jedoch ausgeklammert. Im Folgenden soll sich ausschließlich mit der Frage der Vereinbarkeit der präventiven Sicherstellung mit für das Strafrecht relevanten Verfassungsprinzipien auseinandergesetzt werden. Dabei soll eine Begrenzung auf die wichtigen Grundsätze des Schweigerechts, der Unschuldsvermutung und der Wesentlichkeitstheorie erfolgen.[220]

1. Die Mitwirkungslast des Beteiligten nach § 26 Abs. 2 VwVfG und ihre Vereinbarkeit mit dem Grundsatz des „nemo tenetur se ipsum accusare"

Die präventive Sicherstellung soll zunächst darauf untersucht werden, ob sie mit dem verfassungsrechtlich verankerten Schweigerecht des Beschuldigten in Einklang zu bringen ist. Bedenken bestehen deshalb, weil das Verwaltungsverfahren, anders als das Strafverfahren, kein Schweigerecht des Beteiligten[221] kennt.

a) Allgemeine verwaltungsrechtliche und strafprozessuale Verfahrensgrundsätze

Maßnahmen der präventiven Sicherstellung sind Teil eines Verwaltungsverfahrens, das genau wie das Strafverfahren dem Amtsermittlungsgrundsatz unterliegt. § 24 Abs. 1 Satz 1 VwVfG verpflichtet die Behörde, den Sachverhalt von Amts wegen zu ermitteln. Die Norm ist Ausdruck des Prinzips der Gesetzmäßigkeit der Verwaltung, die ihre Entscheidung nicht nur vom Vorbringen der Beteiligten abhängig machen darf, sondern sich selbst umfassend informieren

---

220 Hier außen vor gelassen wird die Frage der Verhältnismäßigkeit der Maßnahme im Einzelfall, die etwa bei der Sicherstellung von Bargeld in Bezug auf die Geeignetheit der Maßnahme besonders fraglich erscheint. Vgl. dazu etwa *Hüls / Reichling* StraFo 2009 198, 201 ff.

221 Siehe zur Bezeichnung als „Beteiligter" § 13 VwVfG.

muss.[222] Welche Ermittlungen die Behörde dabei in welchem Umfang anzustrengen hat, kann nicht abstrakt, sondern nur anhand des konkreten Einzelfalls bestimmt werden.[223] Es gilt der Grundsatz, dass die Behörde umso umfangreicher zu ermitteln hat, je einschneidender die Maßnahme ist.[224]

Anders als das Strafverfahren kennt das Verwaltungsverfahren neben diesem Amtsermittlungsgrundsatz aber auch eine Mitwirkungsobliegenheit des Beteiligten. Nach § 26 Abs. 2 Satz 1 und 2 VwVfG[225] sollen diese bei der Ermittlung des Sachverhalts mitwirken, insbesondere ihnen bekannte Tatsachen und Beweismittel angeben. Aus dem Wortlaut folgt, dass es sich bei § 26 Abs. 2 Satz 1 und 2 VwVfG nicht um Mitwirkungs*pflichten*, sondern um Mitwirkungs*lasten* handelt,[226] die nicht mit Zwangsmitteln durchgesetzt werden können.[227]

b) Die Situation in der Praxis

In der Praxis hat sich daraus ein folgenschweres, bisher aber weder in Literatur noch Rechtsprechung thematisiertes Problem entwickelt.

Fälle der präventiven Sicherstellung zeichnen sich gerade dadurch aus, dass die Strafverfolgungsbehörden ein strafrechtlich relevantes Verhalten nicht mit der für eine Verurteilung notwendigen Wahrscheinlichkeit nachweisen konnten und das Verfahren deshalb eingestellt werden musste. Um an weitere Informationen zur Herkunft der vermeintlich inkriminierten Gegenstände zu gelangen, kann es aus Sicht der Strafverfolgungsbehörden in diesen Fällen nützlich sein, das Verfahren vorübergehend nach einer Vorschrift einzustellen, mit der kein Strafklageverbrauch verbunden ist.[228] Gleichzeitig mit Einstellung des Verfahrens kann über MiStra den Ordnungsbehörden die Verfahrenseinstellung mitgeteilt und

---

222 BeckOK-VwVfG / *Heßhaus* § 24, 1.

223 Knack / Henneke / *Ritgen* § 24, 33; Hk-VerwR / *Schwarz* § 24 VwVfG, 15 mit Hinweisen auf die diesbezüglich heranzuziehenden Kriterien; so auch NK-VwVfG / *Engel* / *Pfau* § 24, 40 für die Frage, ob überhaupt eine Mitwirkungslast der Beteiligten im Einzelfall anzunehmen ist.

224 Vgl. zu den Ermittlungspflichten weitergehend Stelkens / Bonk / Sachs / *Kallerhoff* / *Fellenberg* § 24, 25 ff.

225 Zur Entstehungsgeschichte vgl. Knack / Henneke / *Ritgen* § 26, 1 ff.

226 OVG Bautzen SächsVBl. 1994 107, 108; Knack / Henneke / *Ritgen* § 24, 4.

227 Ganz herrschende Meinung, vgl. etwa OVG Münster BeckRS 2010 54809 zur inhaltlich identischen Vorschrift des § 5a Abs. 5 AEG; NK-VwVfG / *Engel* / *Pfau* § 26, 55; Hk-VerwR / *Schwarz* § 26 VwVfG, 35; Knack / Henneke / *Ritgen* § 26, 104; *Kopp* / *Ramsauer* § 24, 12a.

228 Als solche kommen etwa § 170 Abs. 2 oder auch § 153 Abs. 1 in Betracht, vgl. zu § 170 Abs. 2: BeckOK-StPO / *Gorf* § 170, 20; KK / *Moldenhauer* § 170, 23; grundlegend zu § 153 Abs. 2: RGSt 67 316 f.; MüKo-StPO / *Peters* § 153, 55 m.w.N.

eine präventive Sicherstellung angeregt werden. Da die verfassungsrechtlich verankerte Aussagefreiheit als rechtsstaatlicher Grundsatz und Ausprägung der Achtung der Menschenwürde[229] auf laufende Ermittlungsverfahren beschränkt und an die Beschuldigtenstellung geknüpft ist,[230] gilt sie im anschließenden Verwaltungsverfahren nicht. Hier greift vielmehr die Mitwirkungsobliegenheit aus § 26 Abs. 1 Satz 1 und 2 VwVfG. Aufgrund dieser Vorschrift wird rein faktisch Druck auf den Beteiligten ausgeübt, der aus Sicht der Strafverfolgungsbehörden durchaus Anlass zu der Vermutung gibt, der Beteiligte werde im Verwaltungsverfahren in der Hoffnung, seine Sachen wieder zurück zu erhalten, Angaben machen, die er bisher verweigert hat und die dann neue Ermittlungsansätze für das Strafverfahren liefern.[231]

Vergleichbare Fälle der Umgehung des Schweigerechts des Beschuldigten hat es in der Vergangenheit bereits in anderem Zusammenhang gegeben. Als Beispiel mag der Sachverhalt einer Entscheidung des Bundesgerichtshofs zu den Auswirkungen einer Berufung auf § 55 dienen. Dort hatte man in einem ursprünglich gegen zwei Beschuldigte gerichteten Strafverfahren die Verfahren getrennt und den (Mit-)Beschuldigten sodann als Zeugen im Strafverfahren gegen den anderen vernommen.[232] Der nunmehr als Zeuge Auftretende berief sich auf sein Auskunftsverweigerungsrecht aus § 55, was dazu führte, dass man in dem gegen ihn gerichteten Strafverfahren in Bezug auf seine fehlende Glaubwürdigkeit dahingehend argumentierte, wenn es denn wahr wäre, dass er keinen Handel mit Betäubungsmittel getrieben habe, hätte er dies in seiner Zeugenvernehmung angeben und sich nicht auf sein Auskunftsverweigerungsrecht aus § 55 berufen müssen.[233]

Der Bundesgerichtshof hat die hier skizzierte Entscheidung der Vorinstanz aufgehoben und klargestellt, dass es unzulässig ist, nachteilige Schlüsse zu Lasten des Angeklagten aus dem Umstand zu ziehen, dass sich dieser als Zeuge in einem anderen, den gleichen Tatkomplex betreffenden Strafverfahren, auf sein Auskunftsverweigerungsrecht aus § 55 berufen hat.[234] Die Entscheidung ist hier jedoch deshalb interessant, weil sie aufzeigt, dass in bestimmten Bereichen der

229 Vgl. statt vieler: BVerfG NJW 1981 1431; BGH NStZ 2016 59 f.; KK / *Diemer* § 136, 10 m.w.N; umfassend MüKo-StPO / *Schuhr* vor §§ 133 ff., 62 ff.

230 MüKo-StPO / *Schuhr* vor §§ 133 ff., 127.

231 Kritisch in Bezug auf das selbständige Einziehungsverfahren auch *Meißner* Stellungnahme S. 22.

232 BGH NJW 1992 2304, 2306; MüKo-StPO / *Schuhr* vor §§ 133 ff., 131, der eine Abtrennungsmöglichkeit in einer solchen Situation ablehnt.

233 BGH NJW 1992 2304.

234 BGH NJW 1992 2304, 2305, mit umfassender Erläuterung.

Justiz durchaus eine gewisse Kreativität vorhanden ist, um ein Strafverfolgungsinteresse notfalls auch auf Umwegen durchzusetzen.[235] Als ein solcher Umweg sind Verfahren der präventiven Sicherstellung geradezu prädestiniert, denn im Gegensatz zur Strafprozessordnung gilt im Verwaltungsverfahren nach allgemeiner Auffassung der Grundsatz, dass aus einem Verstoß des Betroffenen gegen seine Mitwirkungsobliegenheit durchaus ein für diesen *nachteiliger* Schluss gezogen werden kann.[236] Eine § 136 Abs. 1 entsprechende Vorschrift, dass der Beteiligte darauf hinzuweisen ist, dass er nicht zur Sache aussagen muss, kennt das Verwaltungsverfahrensgesetz mangels kodifizierten Schweigerechts nicht und auch auf die verfassungsrechtlich verankerte Aussagefreiheit kann sich der Beteiligte nur im laufenden Ermittlungsverfahren berufen. Es finden sich zwar vereinzelt Auskunftsverweigerungsrechte in öffentlich-rechtlichen Verwaltungsgesetzen,[237] diese gelten aber nur für Fälle, in denen eine gesetzliche Auskunfts*pflicht* besteht. Für Mitwirkungs*lasten* existieren solche Regelungen nicht. Es verwundert unter diesen Gesichtspunkten nicht, dass das Schweigen des Beteiligten im Verwaltungsverfahren bei Maßnahmen der präventiven Sicherstellung in der Vergangenheit bereits zum Anlass genommen wurde, von der rechtswidrigen Erlangung der sichergestellten Gegenstände auszugehen und die auf Herausgabe gerichteten Klagen abzuweisen.[238]

Im Folgenden soll deshalb untersucht werden, ob es auch in Fällen der präventiven Sicherstellung bei der grundsätzlichen Mitwirkungslast des Betroffenen aus § 26 Abs. 1 Satz 1 und 2 VwVfG verbleiben kann oder ob die Mitwirkungsobliegenheit verfassungskonform unter Berücksichtigung möglicher strafrechtlicher Implikationen einzuschränken ist.

---

235 Erst kürzlich wies *Rhode* wistra 2018 65, 71 darauf hin, dass bei Insolvenzantragsstellung durch die Staatsanwaltschaft nach § 111i auch zu berücksichtigen sei, dass dadurch Verwertungsprobleme auftreten könnten. Nach seiner, jedenfalls konkludent zum Ausdruck gebrachten, Auffassung scheint dies als ermittlungstaktische Erwägung zu berücksichtigen zu sein.

236 Vgl. statt vieler: BVerwG NVwZ 1987 404, 405; BVerwG NVwZ 1987 802, 803; BeckOK-VwVfG / *Herrmann* § 26, 38; *Kopp* / *Ramsauer* § 26, 44.

237 So etwa in § 52 Abs. 3 BNatschG oder § 22 Abs. 3 GastG. Siehe dazu die Nachweise bei *Bärlein* / *Pananis* / *Rehmsmeier* NJW 2002 1825, 1826.

238 VG Oldenburg BeckRS 2010 51690: „Auch die nicht plausible Erklärung der Herkunft des Geldes stellt ein Indiz für die deliktische Herkunft des Geldes dar. Der Kläger hat sich hierzu nicht geäußert." So auch die Ordnungsbehörde im Fall des VG Wiesbaden BeckRS 2016 48780: „Überdies stelle eine nicht plausible Erklärung der Herkunft des Bargeldes ein Indiz für die deliktische Herkunft...dar." Das VG Köln rügt, dass der Kläger nicht einmal mit Schreiben seines Prozessbevollmächtigten, „...drei Tage nach der Polizeimaßnahme..." die im Rahmen der polizeilichen Befragung offen gebliebenen Fragen vollumfänglich beantwortet habe, VG Köln vom 3.5.2018, Az.: 20 K 7407/16.

Um sich der Antwort auf diese Frage zu nähern, bietet es sich an, zunächst einmal festzustellen, welche Auswirkungen das verfassungsrechtlich verankerte Schweigerecht des Beschuldigten auf andere Verfahrensordnungen hat, die mit einem Strafverfahren konkurrieren können. Dabei soll zunächst ein Blick auf jene Regelungen geworfen werden, die nicht nur Mitwirkungs*lasten*, sondern sogar Mitwirkungs*pflichten* konstatieren, denn wenn sogar Mitwirkungs*pflichten* unter bestimmten Voraussetzungen verfassungskonform sein können, kann für weniger eingriffsintensive Mitwirkungs*lasten* nichts anderes gelten.

c) Die Berücksichtigung des Schweigerechts bei Mitwirkungspflichten

Eine in der Praxis besonders relevante Mitwirkungspflicht des Betroffenen findet sich in § 90 Abs. 1 AO. Im Steuerverfahren verpflichtet sie die Beteiligten zur Mitwirkung bei der Ermittlung des Sachverhalts. Die Beteiligten kommen dieser Mitwirkungspflicht insbesondere dadurch nach, dass sie die für die Besteuerung erheblichen Tatsachen vollständig und wahrheitsgemäß offenlegen sowie ihnen bekannte Beweismittel benennen. Eine ähnliche Mitwirkungspflicht des Betroffenen findet sich auch in der Insolvenzordnung, die den Schuldner nach § 97 Abs. 1 Satz 1 und 2 InsO verpflichtet, den am Insolvenzverfahren Beteiligten über alle das Verfahren betreffenden Verhältnisse Auskunft zu geben, auch soweit sie geeignet sind, eine Verfolgung wegen einer Straftat oder Ordnungswidrigkeit herbeizuführen.

Diese Mitwirkungspflichten können grundsätzlich dazu führen, dass sich ein Beteiligter einer strafbaren Handlung bezichtigen muss, sich durch falsche Angaben der Gefahr (neuerlicher) Strafverfolgung aussetzt oder aber aufgrund seines antizipierten Schweigens Zwangsmittel erleidet.[239] Erzwingbare Auskunftspflichten stellen deshalb nach ständiger Rechtsprechung des Bundesverfassungsgerichts einen Eingriff in das allgemeine Persönlichkeitsrecht des Betroffenen aus Art. 2 Abs. 1 GG dar und der Zwang zur Selbstbelastung berührt zugleich die Menschenwürde, wenn die Aussage des Beschuldigten als Mittel gegen ihn selbst verwendet wird.[240]

Allerdings schließt der verfassungsrechtlich gebotene Schutz vor solchen Zwangslagen nach ständiger Rechtsprechung des Bundesverfassungsgerichts erzwingbare Auskunftspflichten nicht grundsätzlich aus, sie sind dann zulässig, wenn mit ihnen zugleich ein strafrechtliches Verwertungsverbot einhergeht.[241]

---

239 BVerfG NJW 1981 1431; BVerfG NJW 2005 352 m.w.N.

240 BVerfG NJW 1981 1431; BVerfG NJW 2005 352 m.w.N.

241 BVerfG NJW 2005 352 m.w.N.

Nur wenn eine erzwingbare Auskunftspflicht ohne entsprechendes strafrechtliches Korrektiv vorliegt, ist die Auskunftspflicht verfassungswidrig.

Sowohl in der Abgaben- als auch der Insolvenzordnung finden sich daher entsprechende Verwertungsverbote. So können zwar nach § 90 Abs. 1 AO Auskünfte vom Steuerpflichtigen verlangt werden, gleichzeitig regelt § 393 Abs. 1 Satz 2 AO aber, dass Zwangsmittel gegen ihn unzulässig sind, wenn er dadurch gezwungen würde, sich selbst wegen einer von ihm begangenen Steuerstraftat oder Steuerordnungswidrigkeit zu belasten. Die Insolvenzordnung hat ihrerseits sogar ein über das Verwertungsverbot hinausgehendes weitreichendes Verwendungsverbot[242] für Angaben des Insolvenzschuldners festgeschrieben. Auskünfte, die dieser in Erfüllung seiner Verpflichtung aus der Insolvenzordnung gemacht hat, dürfen in dem gegen ihn geführten Straf- oder Ordnungswidrigkeitsverfahren nur mit seiner Zustimmung verwendet werden, § 97 Abs. 1 Satz 3 InsO.

d) Schlussfolgerung

Hieraus kann für Fälle der präventiven Sicherstellung schon eine Erkenntnis gewonnen werden. Mitwirkungs*pflichten* können mit Zwangsmitteln durchgesetzt werden und sind somit deutlich eingriffsintensiver als Mitwirkungs*obliegenheiten.* An Mitwirkungs*obliegenheiten* können deshalb verfassungsrechtlich keine höheren Anforderungen gestellt werden als an Mitwirkungs*pflichten.* Verstoßen Mitwirkungs*pflichten* und die sich daraus ergebenden Zwangslagen des Betroffenen bei entsprechenden Korrektiven nicht gegen die Menschenwürde, so kann für Mitwirkungs*lasten* nichts anderes gelten. Mitwirkungslasten und die sich daraus ergebenden Zwangslagen sind somit nicht *per se* verfassungswidrig, die präventive Sicherstellung unter diesem Aspekt folglich ebenfalls nicht.

Allerdings stellt sich die Frage, ob es unter Berücksichtigung des verfassungsrechtlich gebotenen Schutzes des Betroffenen vor solchen Zwangslagen auch im Bereich der weniger eingriffsintensiven Mitwirkungs*lasten* einer ausdrücklich korrigierenden Regelung zur Verwertung oder sogar zur Verwendung von Angaben des Betroffenen im Strafverfahren bedarf, ohne die von der Verfassungswidrigkeit der Maßnahme ausgegangen werden müsste.

e) Die Rechtsprechung des Bundesgerichtshofs

Der Bundesgerichtshof hat im Rahmen einer Entscheidung zum früheren Asylrecht die Auffassung vertreten, dass Mitwirkungsobliegenheiten *nur* dann verfassungsrechtlich *unzulässig* sind, wenn der Betroffene durch sie in einen sog.

---

242 Vgl. dazu MüKo-InsO / *Stephan* § 97, 16.

„regelungsbedingten Interessenkonflikt“ gerate. Ein regelungsbedingter Interessenkonflikt liegt nach seiner Auffassung vor, wenn die Verweigerung der geforderten Angaben *stets und zwangsläufig* zur Folge hätte, dass der Anspruchssteller seinen Anspruch nicht verwirklichen kann.

Dieser Auffassung ist beizupflichten, denn nur dann, wenn der Betroffene in die Situation gerät zwischen Selbstbelastung und Aufgabe seines Herausgabebegehrens entscheiden zu *müssen*, kann von einer solchen Zwangslage ausgegangen werden, dass ein Eingriff in die Menschenwürde des Betroffenen in Betracht kommt, weil er nur dann zum Objekt staatlichen Handelns würde. Hat er hingegen die Wahl, sich zur Sache zu äußern und sein Rechtschutzbegehren nicht zwingend deshalb aufgeben zu müssen, weil er *keine* Angaben macht, liegt kein *regelungsbedingter* Intressen-, sondern ein rein persönlicher, aus dem konkreten Sachverhalt resultierender Konflikt vor, der verfassungsrechtlich unbeachtlich wäre.

Einer korrigierenden Regelung zur Mitwirkungslast des Betroffenen im Verwaltungsverfahren der präventiven Sicherstellung bedürfte es folglich nur dann, wenn andernfalls ein regelungsbedingter Interessenkonflikt eintreten kann. Wenn der Bundesgerichtshof nämlich selbst in den Fällen eines mitunter an Leib und Leben bedrohten Asylantragsstellers kein strafprozessuales *Verwertungsverbot* für dessen Angaben im Asylverfahren annimmt, solange kein regelungsbedingter Interessenkonflikt vorliegt, so kann für die weniger eingriffsintensive Maßnahme der präventiven Sicherstellung nichts anderes gelten. Ein regelungsbedingter Interessenkonflikt ist damit die *Mindestvoraussetzung* für die Annahme eines Verfassungsverstoßes durch die Mitwirkungsobliegenheit bei der präventiven Sicherstellung.

f) Regelungsbedingter Interessenkonflikt in Fällen der präventiven Sicherstellung?

Ob ein solcher regelungsbedingter Interessenkonflikt bei der präventiven Sicherstellung überhaupt in Betracht kommen kann, ist eine Frage des Einzelfalls. Er scheidet etwa offensichtlich in dem hier bereits skizzierten Fall des einschlägig vorbestraften Ladendiebs aus, in dessen Wohnung 2000 zum Teil noch original verpackte und mit Sicherungsetiketten versehene Gegenstände gefunden wurden. Hier ist es nicht die fehlende *Mitwirkung* des Betroffenen die zur Sicherstellung führt, sondern die Tatsache, dass es sich bei den Gegenständen *offensichtlich* um Diebesgut handelt, das zum Schutz der wahren Eigentümer sichergestellt werden darf. Die Mitwirkungsobliegenheit ist in diesen Fällen bedeutungslos.

Es gab allerdings gerade in jüngerer Zeit Fälle der präventiven Sicherstellung, in denen nicht so eindeutig feststellbar war, dass die Sicherstellungsvoraussetzungen vorlagen und deshalb *gerade* aus der fehlenden Mitwirkung des Betroffenen bei der Sachverhaltsaufklärung geschlossen wurde, dass die Sicherstellungsvoraussetzungen vorliegen (müssen). Exemplarisch sei auf eine Entscheidung des VG Frankfurt aus dem Jahre 2013 verwiesen:[243] Im Rahmen eines Strafverfahrens wegen des Verdachts des Betruges und der Urkundenfälschung war gegen einen Autohändler ermittelt worden. Im Zuge dieses Verfahrens wurden über 20 Fahrzeuge sichergestellt, bei denen (nur) *zum Teil* Manipulationen am Wegstreckenzähler vorgenommen worden waren. Im weiteren Verlauf des Strafverfahrens wurden sämtliche Fahrzeuge wieder freigegeben und anschließend sowohl die Fahrzeuge, an denen Manipulationen vorgenommen wurden als auch jene, bei denen diese nicht festgestellt werden konnten, durch das Polizeipräsidium Frankfurt *präventiv* sichergestellt. Zur Begründung führte man unter anderem aus, dass die *Eigentumsverhältnisse* an den Fahrzeugen *nicht geklärt* seien.

Müsste in solchen und vergleichbaren Fällen, in denen sich eine Gefahr für die öffentliche Sicherheit – hier in Form des Schutzes des (wahren) Eigentümers – nicht schon *offensichtlich* ergibt, der Beteiligte an der Sachverhaltsaufklärung mitwirken, um diese Gefahr zu widerlegen oder, im Falle der unterbliebenen Mitwirkung, sein Herausgabebegehren aufgeben, so könnte darin ein regelungsbedingter Interessenkonflikt liegen. Hätte der Betroffene im obigen Fall die sichergestellten Fahrzeuge etwa rechtmäßig im Ausland erworben und (nur) nicht verzollt, so würde die Offenlegung dieses Umstandes zwar dazu führen, dass er die nicht manipulierten Fahrzeuge zurückerhält, weil er ihr Eigentümer ist. Zugleich wäre aber ein (weiteres) Strafverfahren gegen ihn einzuleiten, diesmal wegen der Steuerstraftat. Dürfte hingegen die Sicherstellung auch ohne diese Mitwirkung *nicht* aufrechterhalten werden, solange nicht die *Behörde* nachgewiesen hat, dass er *nicht* der Eigentümer der Fahrzeuge ist, so müsste sich der Betroffene auch nicht der Gefahr der Strafverfolgung aussetzen, nur um sein Rechtschutzziel zu erreichen. Der Umfang der Mitwirkungsobliegenheit des Verwaltungsverfahrens spielt in all diesen Fällen folglich eine erhebliche Rolle und lässt die Frage aufkommen, ob man diese so verstehen kann, dass Erkennt-

243 VG Frankfurt BeckRS 2013 58823; in Bezug auf die Argumentation der Polizeibehörden vergleichbare Fälle finden sich etwa bei VG Aachen BeckRS 2017 140531: „Einen Nachweis, dass er Eigentümer des sichergestellten Geldes sei, habe der Kläger nicht erbringen können.“; VG Köln BeckRS 2015 44088: „Das Eigentum bzw. den rechtmäßigen Besitz habe der Kläger schließlich auch nicht nachgewiesen“.

nislücken, die durch die Mitwirkung des Betroffenen geschlossen werden können, zu seinen Lasten eine Sicherstellungsmaßnahme rechtfertigen können oder ob auch in diesen Fällen die Aufklärungspflicht bei der Behörde verbleibt. Die erste Auffassung vertrat im hier skizzierten Fall das Polizeipräsidium Frankfurt. Allerdings gibt es für diese Auffassung bei genauer Betrachtung der einschlägigen Vorschriften keine Anhaltspunkte:

Das gilt zunächst vor dem Hintergrund, dass sich der Beteiligte nach allgemeiner Meinung auch im Verwaltungsverfahren auf die Eigentumsvermutung des § 1006 BGB berufen kann,[244] was auch von den Befürwortern der präventiven Sicherstellung nicht bestritten wird.[245] Der Besitzer einer Sache muss, um sich auf sein Eigentumsrecht berufen zu können, jedoch lediglich seinen Besitz als Tatsachenbasis der Vermutungswirkung darlegen, nicht aber die den Eigentumserwerb begründenden Tatsachen.[246] Bestreitet die Behörde dann gleichwohl das Eigentum des Beteiligten, so ist es ausschließlich an ihr, diese Eigentumsvermutung zur Überzeugung des Gerichts widerlegen. Das hat das Polizeipräsidium Frankfurt im obigen Verfahren schlicht verkannt.

Ein Grund, warum man von dieser allgemeinen Meinung im Verwaltungsprozessrecht ausgerechnet in Fällen der präventiven Sicherstellung abweichen sollte, ist nicht ersichtlich, im Gegenteil. Obwohl der Zivilprozess dem Beibringungsgrundsatz unterliegt,[247] muss der Besitzer einer Sache in den Fällen des § 1006 Abs. 1 BGB schon nach *zivilprozessualen* Grundsätzen nicht an der Sachverhaltsaufklärung mitwirken und ist auch nicht verpflichtet, Angaben zum Besitzerwerb zu machen.[248] Sein Schweigen lässt die Vermutungswirkung nicht

---

244 Vgl. statt vieler etwa BVerwG NJW 2003 689 f.; VG Köln BeckRS 2015 44088; VG Braunschweig BeckRS 2010 45180; MüKo-BGB / *Baldus* § 1006, 32; *Söllner* NJW 2009 3339, 3340; *Rohde / Schäfer* NdsVBl. 2010 41, 45; für das Strafverfahren Wistev RefE-Stellungnahme S. 17; *Bittmann* KriPoZ 2016 120, 124.

245 VGH München NVwZ-RR 2012 686, 687; Nds. Runderlass 2015 Nr. 3.4; *Rohde / Schäfer* NdsVBl. 2010 41, 45; *Söllner* NJW 2009 3339, 3340; *Barthel* DVP 2005 276, 278.

246 VGH München NVwZ-RR 2012 686, 688.

247 Siehe dazu BeckOK-ZPO / *Bacher* § 284, 34; zur freien Beweisaufnahme im Zivilprozess Musielak / Voit / *Foerste* § 284, 26.

248 BGH NJW 1960 1517, 1518; BGH NJW 2002 2101, 2102 m.w.N.; OLG Saarbrücken NJW-RR 2013 1498; Palandt / *Herrler* § 1006, 1; wohl auch Jauernig / *Berger* § 1006, 5 m.w.N.; BeckOK-BGB / *Fritzsche* § 1006, 16 m.w.N, der zwar auf die Rechtsprechung verweist, allerdings wohl davon ausgeht, der Besitzer müsse den *Erwerb* darlegen; Staudinger / *Gursky* § 1006, 42 anders bei Randnummer 49; einschränkend MüKo-BGB / *Baldus* § 1006, 50, der von einer sekundären Beweislast ausgeht; zum Begriff der sekundären Beweislast siehe MüKo-ZPO / *Wagner* § 138, 21 f.

entfallen.[249] Kann aber selbst der Kläger in dem dem Beibringungsgrundsatz unterliegenden Zivilverfahren keinen erweiterten Sachvortrag des Beklagten erwarten, nur weil ihm die Darlegung von Tatsachen im Einzelfall wesentlich schwerer fällt als seinem Gegner,[250] so kann dies im Verwaltungsverfahren erst recht nicht vom Bürger gegenüber dem Staat gefordert werden.

Neben dem Schutz, den der Beteiligte damit schon durch die Eigentumsvermutung des § 1006 BGB erfährt, wird er vor einem regelungsbedingten Interessenkonflikt außerdem hinreichend dadurch geschützt, dass die herrschende Meinung im Verwaltungsverfahren in Bezug auf die Folgen eines Verstoßes gegen Mitwirkungsobliegenheiten danach differenziert, ob es sich um ein Verfahren der Eingriffs- oder der Leistungsverwaltung handelt.[251] In Fällen der *Leistungs*verwaltung endet die Pflicht der Behörde zur Aufklärung des Sachverhalts grundsätzlich dann, wenn der Beteiligte schuldhaft eine ihm mögliche und zumutbare Mitwirkung unterlässt.[252] Bei Maßnahmen der *Eingriffs*verwaltung hingegen muss die Behörde auch bei einer Verletzung der Mitwirkungsobliegenheit weiterhin selbstständig die Eingriffsvoraussetzungen nachweisen.[253] Sie hat den Sachverhalt auch dann weiter aufzuklären, wenn die Mitwirkung des Beteiligten nur unzureichend ist.[254] Daran ändert sich auch durch die Mitwirkungsobliegenheit des § 26 Abs. 1 Satz 1 und 2 VwVfG nichts, denn diese verschiebt die Verantwortung für die Sachverhaltsermittlung gerade nicht von der Behörde auf den

249 Ständige Rechtsprechung, das fehlender, hinreichender Vortrag zur Eigentumswiderlegung nicht ausreicht, vgl. statt vieler BGH NJW 2004 217, 219 m.w.N.

250 BeckOK-ZPO / *von Selle* § 138, 18; zur sog. „sekundären Beweislast" allgemein: MüKo-ZPO / *Wagner* § 138, 21 f.; siehe auch Musielak / Voit / *Stadler* § 138, 10.

251 Knack / Henneke / *Ritgen* § 26, 106; a.A. wohl Stelkens / Bonk / Sachs / *Kallerhoff* / *Fellenberg* § 26, 48, die aber von unterschiedlichen Rechtsfolgen bei Eingriffs- und Leistungsverwaltung ausgehen.

252 Beck/OK-VwVfG / *Heßhaus* § 24, 15 ff.; Knack / Henneke / *Ritgen* § 26, 106; Stelkens / Bonk / Sachs / *Kallerhoff* / *Fellenberg* § 26, 52, ohne Differenzierung zwischen Leistungs- und Eingriffsverwaltung.

253 BVerwG NVwZ 1987 404, 405; so nun ausdrücklich VG Wiesbaden BeckRS 2016 48780: „Der Inhaber des sichergestellten Gegenstandes ist nicht verpflichtet, mit einer plausiblen Erklärung für die Herkunft des Gegenstandes dessen Sicherstellung abzuwenden. Vielmehr ist die die Sicherstellung anordnende Behörde verpflichtet, die Gefahr, dass der sichergestellte Gegenstand zukünftig bei der Begehung von Straftaten oder Ordnungswidrigkeiten Verwendung finden wird, plausibel zu begründen."; VG Braunschweig BeckRS 2010 45180, zur VwGO, in der aber nichts anderes gilt als nach VwVfG; Kopp / Schenke / *W.-R. Schenke* § 108, 15; *Rohde* / *Schäfer* NdsVBl. 2010 41, 45.

254 VGH Mannheim BeckRS 2008 32846.

Beteiligten.[255] Es handelt sich lediglich um eine gesetzgeberische *Risikoverteilung* für die Ermittlung von Tatsachen.[256] Die Vorschrift dient dem Interesse der Allgemeinheit an der effektiven Verwirklichung der Verwaltungsaufgaben,[257] weshalb durch sie auch keine subjektiv öffentlichen Rechte zur Mitwirkung an der Sachverhaltsaufklärung normiert werden.[258] Wenn aber selbst in Fällen der *Leistungs*verwaltung die Behörde ihrer Pflichten zur Sachverhaltsaufklärung beim Schweigen des Beteiligten nicht zwangsläufig entledigt ist, kann für Maßnahmen der *Eingriffs*verwaltung nichts anderes gelten.

Die Polizei- und Ordnungsbehörden haben daher den *vollen Nachweis* der Eingriffsvoraussetzungen zu erbringen,[259] wollen sie einen Gegenstand gestützt auf § 40 HSOG sicherstellen. Die Anwendung dieser allgemeinen verwaltungsprozessualen Beweislastgrundsätze stellt einen ausreichenden Schutz des Betroffenen vor einem regelungsbedingten Interessenkonflikt dar.

Ein solcher könnte sich damit allenfalls noch in dem Sonderfall des § 40 Nr. 2 HSOG daraus ergeben, dass man *nach* Widerlegung der Eigentumsvermutung von einer *Beweislast* des *Betroffenen* für das *Nichtvorliegen* der Anordnungsvoraussetzungen ausgeht. Diese Auffassung wird in der Literatur sowie der einschlägigen Verwaltungsvorschrift in Niedersachsen vertreten[260] und würde dazu führen, dass der Betroffene etwa dann, wenn zwar die Eigentumsvermutung widerlegt ist, die Eigentumsverhältnisse aber nicht (auf-)geklärt sind, mit seinem (fortgesetzten) Schweigen sein Herausgabebegehren aufgeben müsste, weil er mit bloßem Schweigen seiner *Beweislast* niemals genügen kann.

Die Annahme einer *Umkehr der Beweislast* aufgrund einer Widerlegung der gesetzlichen Eigentumsvermutung ist jedoch schon deshalb abzulehnen, weil nach allgemeinen Verwaltungsprozessgrundsätzen aus der Widerlegung der Eigentumsvermutung *nicht* folgt, dass auch die Tatbestandsvoraussetzungen für eine Sicherstellung vorliegen, sondern *nur*, dass der Betroffene sich nicht mehr durch

---

255 NK-VwVfG / *Engel* / *Pfau* § 26, 52; Knack / Henneke / *Ritgen* § 24, 5: keine Verantwortungsteilung.

256 Hk-VerwR / *Schwarz* § 26, 36; NK-VwVfG / *Engel* / *Pfau* § 26, 52.

257 BVerwG NVwZ 1999 535.

258 BeckOK-VwVfG / *Herrmann* § 26, 36; Hk-VerwR / *Schwarz* § 26, 34; NK-VwVfG / *Engel* / *Pfau* § 26, 52; Knack / Henneke / *Ritgen* § 26, 105; a.A.: Kopp / Ramsauer § 26, 40.

259 BGH NJW-RR 2005 280, 281; BGH NJW 2002 2101, 2102; OLG Saarbrücken NJW-RR 2013 1498, 1499.

260 *Rohde* / *Schäfer* NdsVBl. 2010 41, 45; Nds. Runderlass 2015 Nr. 3.4; in diesem Sinne wohl auch *Barthel* KommJur 2009 81, 85 f.; unklar Beschluss des VG Darmstadt vom 2.7.2014, Az.: 3 L 1923/13.DA, Hauptsache bei BeckRS 2017 129426, womit ein Eilantrag unter Rekurs auf die nachhaltige Erschütterung der Eigentumsvermutung abgelehnt wurde.

Schweigen darauf zurückziehen kann, er sei Eigentümer der Sache. Die Maßnahme der präventiven Sicherstellung bleibt aber auch nach Widerlegung der Eigentumsvermutung eine solche der Eingriffsverwaltung, bei der es nach den hier dargestellten Beweislastgrundsätzen grundsätzlich der Behörde obliegt, die Voraussetzungen der Eingriffsermächtigung nachzuweisen. Das Verwaltungsgericht Wiesbaden hat deshalb entgegen der hier vorgestellten Auffassung im Zusammenhang mit der präventiven Sicherstellung erst kürzlich zutreffend ausgeführt:

> „Der Antragsgegner vermag insoweit nicht mit der Begründung durchzudringen, die ungeklärte Herkunft der Geldscheine bzw. die wenig plausible Erklärung für ihre Herkunft sei ein Indiz für die Gefahrprognose. Der Inhaber des sichergestellten Gegenstandes ist nicht verpflichtet, mit einer plausiblen Erklärung für die Herkunft des Gegenstandes dessen Sicherstellung abzuwenden. Vielmehr ist die die Sicherstellung anordnende Behörde verpflichtet, die Gefahr, dass der sichergestellte Gegenstand zukünftig bei der Begehung von Straftaten oder Ordnungswidrigkeiten Verwendung finden wird, plausibel zu begründen.“[261]

Gegen eine Beweislastumkehr nach Widerlegung der Eigentumsvermutung spricht dabei auch, dass sich für eine solche keinerlei *systematische* Anhaltspunkte ergeben. Sofern der Gesetzgeber im Verwaltungsverfahren von einer Beweislastumkehr ausgeht, hat er diese ausdrücklich spezialgesetzlich normiert, etwa in § 12a Abs. 4a Zoll-VG.[262] Eine äquivalente Regelung im allgemeinen Verwaltungsverfahren gibt es nicht. Sie findet sich auch an keiner anderen Stelle der im Zusammenhang mit der präventiven Sicherstellung maßgeblichen Vorschriften, so dass fraglich ist, an welche Vorschrift eine solche Beweislastumkehr überhaupt angeknüpft werden können sollte.

Die Annahme einer Beweislastumkehr nach Widerlegung der Eigentumsvermutung widerspräche außerdem dem Sinn und Zwecks einer gesetzlichen Vermutung. Würde die Widerlegung der Eigentumsvermutung dazu führen, dass der Beteiligte nun sein Eigentum beweisen müsste, stünde er schlechter als derjenige, zu dessen Gunsten § 1006 BGB erst gar nicht einschlägig war und für den deshalb allgemeine Beweislastregeln greifen. Die Schutzvorschrift des § 1006 BGB[263] würde letztlich zum „Bumerang“ für den Eigenbesitzer. *Waechter* weist im Zusammenhang mit der präventiven Sicherstellung deshalb zutreffend darauf hin, dass eine Widerlegung der Vermutungsregel nicht zu einer Verneinung des

261 VG Wiesbaden BeckRS 2016 48780.

262 *Söllner* NJW 2009 3339, 3340.

263 Dazu Staudinger / *Gursky* § 1006, 34: „Die Vermutung gilt, …, stets nur zugunsten des Besitzers, nicht aber auch gegen ihn…“.

Eigentums des Betroffenen, sondern nur zur Anwendung der allgemeinen Beweisregeln führt.[264] Nach allgemeinen verwaltungsverfahrensrechtlichen Beweislastregeln hat aber bei Maßnahmen der Eingriffsverwaltung die *Behörde* das Vorliegen der Eingriffsvoraussetzungen zu beweisen,[265] nicht der Beteiligte das Nichtvorliegen. Aus der Widerlegung der Eigentumsvermutung folgt deshalb keine Umkehr der Beweislast und begründet die Mitwirkungslast des Betroffenen nach § 26 VwVfG keinen regelungsbedingten Interessenkonflikt des Betroffenen im Sinne der Rechtsprechung des Bundesgerichtshofs. Es bleibt vielmehr dabei, dass die Behörde die Sicherstellungsvoraussetzungen auch dann *vollumfänglich* nachweisen muss, wenn der Betroffene zur Herkunft der Sache schweigt.

g) Ergebnis

Die Mitwirkungslast des Verwaltungsverfahrens ist in Fällen der präventiven Sicherstellung nicht unter Berücksichtigung des verfassungsrechtlich verankerten, strafprozessualen Schweigerechts des Beteiligten einzuschränken.

Zwar steht § 26 Abs. 2 VwVfG in einem *Spannungsverhältnis* zum strafprozessualen Schweigerecht des Beteiligten, weil dieser sich nicht auf ein *gesetzlich normiertes Schweigerecht* im Verwaltungsverfahren berufen kann. Es bleibt aber auch in Fällen der präventiven Sicherstellung dabei, dass die Behörde die Sicherstellungsvoraussetzungen in vollem Umfang selbst nachweisen muss und der Beteiligte wiederum auch zur Durchsetzung seines Herausgabebegehrens nicht verpflichtet wird, Anhaltspunkte für seine eigene Strafverfolgung zu liefern.

Soweit in diesem Zusammenhang in Praxis[266] und Literatur[267] Tendenzen erkennbar sind, das Schweigen des Betroffenen als Widerlegung der Eigentumsvermutung des § 1006 BGB zu werten oder eine aus anderen Gründen erfolgte

---

264 *Waechter* NordÖR 2008 473, 476; auch in der zivilrechtlichen Judikatur findet sich kein Anhaltspunkt für eine solche Rechtsauffassung, vgl. etwa BGH NJW 2002 2101, 2102 m.w.N.; BGH NJW 2004 217, 219 f. oder auch BeckOK-BGB / *Fritzsche* § 1006, 16 m.w.N.; MüKo-BGB / *Baldus* § 1006, 66 ff.

265 Ganz konkret zur präventiven Sicherstellung und den Anforderungen an die Beweisführung: VG Wiesbaden BeckRS 2016 48780.

266 Nds. Runderlass 2015 Nr. 3.4; VG Aachen BeckRS 2017 140531 unklar Beschluss des VG Darmstadt vom 2.7.2014, Az.: 3 L 1923/13.DA, Hauptsache bei BeckRS 2017 129426, womit ein Eilantrag unter Rekurs auf die nachhaltige Erschütterung der Eigentumsvermutung abgelehnt wurde.

267 *Rohde / Schäfer* NdsVBl. 2010 41, 45; in diesem Sinne wohl auch *Barthel* KommJur 2009 81, 85 f.

Widerlegung zu einer Beweislastumkehr anzuführen, kann dem nicht gefolgt werden. Ein solches Vorgehen kann schon deshalb nicht überzeugen, weil sie keinen Anknüpfungspunkt im Gesetz findet und darüber hinaus auch im Widerspruch zu allgemeinen zivil- und verwaltungsprozessualen Grundsätzen steht. Es bleibt vielmehr dabei, dass es in allen Fällen der präventiven Sicherstellung an der Behörde ist nachzuweisen, dass die Voraussetzungen der jeweiligen Sicherstellungsermächtigungsnorm vorliegen. Das führt auch in einer Gesamtbetrachtung zu sachgerechten Ergebnissen: Während der Betroffene durch sein Schweigen in Kauf nehmen muss, dass sein Herausgabebegehren scheitert, er dafür aber auch keine Anhaltspunkte für eine potentielle Strafverfolgung liefert, kann die Behörde den *nemo tenetur*-Grundsatz nicht dadurch umgehen, dass sie vom Straf- ins Verwaltungsverfahren überleitet und hier mittels vermeintlicher Beweislastumkehr die Mitwirkung des Betroffenen erzwingt.

2. Unschuldsvermutung und nicht nachweisbare Schuld

Maßnahmen der präventiven Sicherstellung könnten jedoch einen Verstoß gegen die Unschuldsvermutung darstellen, denn mit der Sicherstellung von Gegenständen im Anschluss an eine Einstellung des Strafverfahrens oder einen rechtskräftigen Freispruch bringt die Sicherstellungsbehörde zum Ausdruck, dass sie an einer *rechtmäßigen* Besitzerlangung zweifelt. Befürworter der präventiven Sicherstellung sprechen überdies in Bezug auf den Betroffenen einer solchen Maßnahme von einem *Beschuldigten*[268] und stellen damit auch terminologisch die Sicherstellung in einen Zusammenhang zum Vorwurf einer Straftatbegehung. In Verfahren der präventiven Sicherstellung ist der Betroffene jedoch kein „Beschuldigter" mehr, das Strafverfahren wurde beendet und der Betroffene hat als unschuldig zu gelten. Ihn gleichwohl wie einen „Beschuldigten" oder gar wie einen „Verurteilten" zu behandeln, indem man ihm (weiter) Vermögenswerte vorenthält, könnte einen Verstoß gegen die Unschuldsvermutung begründen. Im Nachfolgenden soll die präventive Sicherstellung deshalb auf ihre Vereinbarkeit mit der Unschuldsvermutung untersucht werden.

---

268 Die Auffassung ist schon deshalb bedenklich, weil die von ihr zitierte Entscheidung des VG Karlsruhe vom 10.5.2001, Az.: 9 K 2018/99, die ihre Ansicht untermauern soll, die zu ihrer Unterstützung angeführten Behauptungen nicht tragen. Das Gericht unterscheidet dort zwischen der allgemeinen Beweislastumkehr im Verwaltungsverfahren und der Vermutungsregel des § 1006 BGB. Die Auffassung, dass eine Widerlegung des § 1006 BGB zu einer Beweislastumkehr führe, wird dort nicht vertreten.

a) Allgemeines zur Unschuldsvermutung

Die Unschuldsvermutung[269] ist Ausprägung des Rechtstaatsprinzips[270] und hat damit Verfassungsrang.[271] Über Art. 6 Abs. 2 EMRK ist sie Bestandteil des positiven Rechts der Bundesrepublik.[272] Aus dem Grundsatz, dass ohne Schuld keine Strafe verhängt werden darf, resultiert die Aufgabe des Strafprozesses, den Strafanspruch des Staates in einem prozessordnungsgemäßen Verfahren durchzusetzen.[273] Die Unschuldsvermutung wird einerseits verletzt, wenn während eines laufenden Strafverfahrens eine Erklärung eines Vertreters des Staates die Auffassung erkennen lässt, eine wegen einer Straftat angeklagte Person sei schuldig, ohne dass sie entsprechend den gesetzlichen Vorschriften verurteilt wurde.[274]

Andererseits kommt ihr neben diesen unmittelbaren Auswirkungen *im* Strafverfahren selbst auch *außerhalb* des förmlichen Verfahrens erhebliche Bedeutung zu. Führt das Strafverfahren nicht zum Schuldspruch, gilt die Unschuldsvermutung auch nach durchgeführtem Hauptverfahren weiter fort.[275] In diesen Fällen schützt sie den Freigesprochenen und den Angeklagten, dessen Verfahren eingestellt wurde, davor, von Amtsträgern im Anschluss an diese Verfahren so behandelt zu werden, als wären sie der ihnen vorgeworfenen Tat schuldig gesprochen worden.[276] Es soll damit sichergestellt werden, dass ein Freispruch oder eine Einstellung in anschließenden Verfahren respektiert und die Unschuldsvermutung nicht zur schlichten Theorie wird.[277]

---

269 Zu ihrer historischen Entwicklung ausführlich *Köster* S. 1 ff.; zusammenfassend *Staudinger* S. 17 ff.

270 BVerfGE 110 1, 22; BVerfG NJW 2009 3569; Sachs / *Degenhart* Art. 103, 46.

271 BVerfGE 82 106, 114; BGH BeckRS 2016 17970; zu aktuellen Reformvorschlägen auf europäischer Ebene umfassend *Ahlbrecht* StV 2016 257 ff.; umfassend zur normativen Aussage der Unschuldsvermutung *Stuckenberg* ZStW 111 S. 422 ff.

272 Vgl. statt vieler: BVerfGE 74 358, 370 m.w.N.; BGH BeckRS 2016 17970; umfassend zu normativen Grundlagen und Literaturmeinungen *Staudinger* S. 41 ff.

273 BVerfGE 82 106, 114; BVerfGE 74 358, 370; VGH Berlin BeckRS 2013 50781; VGH Berlin BeckRS 2013 50781 für die Anwendbarkeit im Vollstreckungsverfahren.

274 EGMR NJW 2015 539, 540; EGMR NJW 2006 1113; EGMR NJW 2004 43. Zu den umstrittenen Folgen eines Verstoßes gegen die Unschuldsvermutung siehe etwa BGH vom 7.9.2016, Az.: 1 StR 154/16, teilabgedruckt NJW 2016 3670 ff.

275 BVerfG NJW 2002 3231.

276 EGMR NJOZ 2014 1834, 1836; Hk-EMRK / *Meyer-Ladewig* / *Harrendorf* / *König* Art. 6, 215.

277 EGMR NJOZ 2014 1834, 1836.

Die Unschuldsvermutung hat mithin zwei wesentliche Aspekte. Einerseits stellt sie spezielle Anforderungen an das Strafverfahren, etwa für die Beweislast, Tatsachen- und Rechtsvermutungen, aber auch für Äußerungen des Gerichts und anderer Amtsträger.[278] Andererseits verfolgt sie im Anschluss an ein freisprechendes Urteil oder ein eingestelltes Strafverfahren das Ziel, den Betroffenen davor zu schützen, dass Amtsträger und Behörden diese Entscheidung umgehen und ihn gleichwohl als schuldig behandeln.[279] Wenn ein Strafverfahren eingestellt oder der Angeklagte freigesprochen wurde, räumt das jedoch nicht zwangsläufig auch den Tatverdacht gegen ihn aus.[280] Deshalb verwehrt die Unschuldsvermutung es den Strafverfolgungsbehörden nicht, außerhalb des eigentlichen Strafverfahrens über den Grad des Verdachts einer strafbaren Handlung zu entscheiden.[281] Es ist durchaus zulässig, einen nach Abschluss des Strafverfahrens nicht ausgeräumten Tatverdacht zum Anlass weiterer, insbesondere präventiver staatlicher Maßnahmen zu nehmen.[282] Ein Verstoß gegen die Unschuldsvermutung liegt erst dann vor, wenn eine gerichtliche Entscheidung oder die Äußerung eines Amtsträgers die Auffassung erkennen lässt, der Betroffene sei schuldig, bevor der gesetzliche Nachweis der Schuld erbracht ist.[283] Schuldig wiederum ist, wer sich vorwerfbar nicht rechtmäßig verhalten hat, wer sich gegen das Recht entschieden hat, obwohl er sich dafür hätte entscheiden können.[284]

b) Tatverdacht oder Schuldvermutung?

Es stellt sich deshalb an dieser Stelle zunächst die Frage, ob Maßnahmen der präventiven Sicherstellung (lediglich) an einen verbleibenden Tatverdacht anknüpfen und damit im Hinblick auf die Unschuldsvermutung verfassungsrechtlich unbedenklich wären.[285]

278 EGMR NJOZ 2014 1834 ff.

279 EGMR NJOZ 2014 1834 ff.

280 BVerfG NJW 2002 3231.

281 BVerfG NJW 2009 3569; VGH Berlin BeckRS 2013 50781; umfassend dazu SK-StPO / *Rogall* vor §§ 111b, 40.

282 BVerfG BeckRS 2016 41180; OLG Rostock BeckRS 2013 03727; siehe konkret etwa zur erkennungsdienstlichen Behandlung OVG Greifswald BeckRS 2016 42877; früher schon BVerwG NJW 1983 1338 f. zur Aufbewahrung erkennungsdienstlicher Unterlagen.

283 EGMR NJW 2016 3645, 3647 f.; Hk-EMRK / *Meyer-Ladewig* / *Harrendorf* / *König* Art. 6, 213.

284 Umfassend dazu BGHSt 2 194, 200 ff.

285 Zum Begriff des Tatverdachts und zum Spannungsverhältnis zur Unschuldsvermutung allgemein ausführlich bei *Staudinger* S. 32 ff., 57 ff.

Der Europäische Gerichtshof für Menschenrechte hat sich bereits umfassend dazu geäußert, wann eine staatliche Maßnahme eine Schuldfeststellung enthält und wann es sich lediglich um eine Anknüpfung an einen verbleibenden Tatverdacht handelt. Er stellte zur Abgrenzung dabei lange Zeit im Wesentlichen auf den Wortlaut der Äußerung des Hoheitsträgers im Einzelfall ab.[286] Übertragen auf die Fälle der präventiven Sicherstellung würde dies bedeuten, dass ein Verstoß gegen die Unschuldsvermutung nur dann vorliegt, wenn die Begründung der konkreten Sicherstellungsverfügung ausdrücklich nicht auf den fortbestehenden Tatverdacht, sondern die angebliche Schuld des Beteiligten rekurriert.[287] Im umgekehrten Fall wäre ein Verstoß gegen die Unschuldsvermutung regelmäßig dann zu verneinen, wenn *expressis verbis* auf einen bestehenden Tatverdacht abgestellt würde.[288]

Verfassungsrechtlich war diese Abgrenzungsmethode des EGMR insofern problematisch, als es damit nicht von der Maßnahme selbst, sondern von der geschickten Formulierung ihrer Begründung abhing, ob ein Verstoß gegen die Unschuldsvermutung vorlag oder nicht.[289] Die Auffassung des EGMR war deshalb nicht unbestritten. Einem Urteil des EGMR aus dem Jahre 2014 war eine teilweise abweichende Meinung des Richters *De Gaetano* nach Art. 45 Abs. 2 EMRK, 74 Abs. 2 VerfO-EGMR beigefügt, der sich die Richterin *Yudivska* angeschlossen hat.[290] *De Gaetano* äußerte darin Bedenken, ob die Frage des Sprachgebrauchs tatsächlich entscheidend für eine Verletzung der Unschuldsvermutung sein könne. Für ihn führte die Differenzierung nach einem unglücklichen Sprachgebrauch, durch den die Unschuldsvermutung verletzt wird und einem unglücklichen Sprachgebrauch, durch den die Unschuldsvermutung nicht

286 Ausführlich dazu EGMR NJOZ 2014 1834; siehe aber auch EGMR NJW 2015 37, 39; EGMR NJW 2004 43, 44; BGH NJW 2016 728, 730 f.

287 EGMR NJW 2006 1113 f.; für gerichtliche Maßnahmen BVerfGE 82 106, 117: „Allerdings muss dabei aus der Begründung deutlich hervorgehen, dass es sich nicht um eine gerichtliche Schuldfeststellung oder -zuweisung handelt, sondern nur um die Beschreibung und Verwertung einer Verdachtslage." Sachs / *Degenhart* Art. 103, 46; Hk-EMRK / *Meyer-Ladewig* / *Harrendorf* / *König* Art. 6, 215.

288 Anzumerken ist, dass sich die bisher zur präventiven Sicherstellung ergangenen Entscheidungen nicht mit der Frage auseinandersetzen, ob ein Verstoß gegen die Unschuldsvermutung vorliegt.

289 So hat etwa das OLG Hamm entsprechende Beispiele geliefert, wie man aus seiner Sicht einen Verstoß gegen die Unschuldsvermutung in Bezug auf Disziplinarmaßnahmen im Strafvollzug umgehen kann, vgl. OLG Hamm NStZ 2013 174, 175.

290 EGMR vom 27.3.2014, Az.: 54963/08; ohne Sondervotum bei NJW 2015 539 ff.

verletzt wird, zu einer vom Zufall abhängigen Antwort auf die Frage nach der Verletzung der Unschuldsvermutung.[291]

In einer neueren Entscheidung hat der Europäische Gerichtshof für Menschenrechte zwischenzeitlich ausgeführt, dass der Wortwahl der Äußerung eines Amtsträgers im Einzelfall zwar wesentliche Bedeutung zukomme, „dass die Frage, ob eine Äußerung eines Amtsträgers gegen den Grundsatz der Unschuldsvermutung verstößt, [aber] im Zusammenhang mit den besonderen Umständen zu beantworten ist, unter denen die angegriffene Äußerung gemacht wurde.“[292]

Damit kann man die Frage eines Verstoßes gegen die Unschuldsvermutung bis zu einem gewissen Grad von der Wortwahl der staatlichen Maßnahme im Einzelfall lösen und auf den Gesamtzusammenhang der Äußerung abstellen.[293] Dabei kommt es nicht maßgeblich darauf an, ob der Begriff „Schuld“ in der entsprechenden Sicherstellungsverfügung verwendet wird, sondern vielmehr, ob unter dem Vorwand eines verbliebenen Tatverdachts Maßnahmen vorgenommen werden, die Schuld suggerieren oder implizieren.[294]

Für die Annahme, mit der präventiven Sicherstellung werde *grundsätzlich* die Schuld des Betroffenen suggeriert, spricht ihre Entstehungsgeschichte. Die Entwicklung der präventiven Sicherstellung war von dem Ziel geprägt, ‚offensichtlich rechtswidrig‘ erlangte Vermögenswerte abschöpfen zu können.[295] Man ging somit institutionell davon aus, dass der von ihr Betroffene irgendeinen Straftatbestand erfüllt haben muss, andernfalls hätte es sich nicht um *rechtswidrig* erlangte Vermögenswerte handeln können. Die präventive Sicherstellung wurde dabei gerade für die Sachverhalte entwickelt, bei denen im Anschluss an ein Strafverfahren ein vermeintlicher „Korrekturbedarf“ bestand, weil auf eine rechtswidrige Straftat durch die dafür originär zuständigen Institutionen vermeintlich nicht hinreichend reagiert wurde. Ihr Ziel lag somit vom Anbeginn ihrer Praktizierung in der Herbeiführung eines im Strafverfahren nicht erfolgten Schuldausgleichs durch Entzug des aus der Straftat Erlangten.[296] Abstrakt

291 Siehe zum Ganzen EGMR vom 27.3.2014, Az.: 54963/08; aber auch *Ahlbrecht* StV 2016 257, 260 f.

292 EGMR NJW 2015 37, 39.

293 EGMR StV 2016 703, 704.

294 Sondervotum *De Gaetano* EGMR vom 27.3.2014, Az.: 54963/08.

295 Siehe dazu ausführlich unter E), II., 2.

296 Siehe dazu etwa die Ausführungen bei *Rohde / Schäfer* NdsVBl. 2010 41, 44, wonach die präventive Sicherstellung ein „gewisses sanktionierendes Element“ enthält, „indem

betrachtet spricht ein solches Vorgehen für eine *systematische Verletzung* der Unschuldsvermutung.

Es ist allerdings fraglich, ob man in dieser Form, das heißt losgelöst von einer konkreten Sicherstellungsverfügung, überhaupt bestimmen kann, ob die präventive Sicherstellung als eigenständiges Rechtsinstitut an einen verbliebenen Tatverdacht anknüpft oder darüber hinaus strafrechtliche Schuld attestiert. Der EGMR stellt trotz seiner jüngsten Abkehr von einer rein wortlautbezogenen Auslegung im Einzelfall nach wie vor erkennbar auf die konkrete staatliche Maßnahme ab und misst dem Wortlaut nach wie vor herausragende Bedeutung bei. Der Bundesgerichtshof folgt dem EGMR insoweit, als auch dort sehr genau auf den konkreten Sachverhalt und die Umstände des Einzelfalls eingegangen wird.[297]

Es soll deshalb an dieser Stelle nicht der Versuch unternommen werden, herauszuarbeiten, ob das Rechtsinstitut der präventiven Sicherstellung auch losgelöst vom Einzelfall generell nur an einen verbliebenen Tatverdacht anknüpft, denn eine solche Annäherung ist nicht notwendig. Es ist vielmehr unstrittig, dass mit der Unschuldsvermutung bei fehlender rechtskräftiger Schuldfeststellung ohnehin nur solche Maßnahmen vereinbar sind, die *keinen* Strafcharakter haben.[298] Hat eine Maßnahme Strafcharakter, verstößt sie gegen die Unschuldsvermutung, unabhängig davon, ob sie an einen verbleibenden Tatverdacht anknüpft oder darüber hinaus auch Schuldfeststellungen enthält.

Bevor hier vertieft der Frage nachgegangen werden kann, ob die präventive Sicherstellung eine solch strafähnliche Wirkung hat, muss jedoch zunächst festgestellt werden, ob sie einer Überprüfung durch die Unschuldsvermutung *überhaupt* zugänglich ist. Der EGMR hat hierzu ausgeführt, dass der von einer staatlichen Maßnahme im Anschluss an ein Strafverfahren Betroffene einen Verstoß gegen die Unschuldsvermutung *nur dann* rügen kann, wenn er zunächst nachgewiesen hat, dass eine erkennbare Verbindung zwischen dem geführten Verfahren und dem bereits abgeschlossenen Strafverfahren besteht.[299] Damit soll verhindert werden, dass hoheitliche Maßnahmen, die in keinem Zusammenhang

durch den Entzug von aus Straftaten stammenden Gewinnen die Nutznießung von inkriminierten Vermögensgewinnen vereitelt" und „somit ein Beitrag zur Aufrechterhaltung des Vertrauens der Bürger in die Gerechtigkeit" geleistet wird.

297 Siehe dazu etwa BGH NJW 2016 3670 ff.

298 BVerfG BeckRS 2016 41180; OLG Rostock BeckRS 2013 03727.

299 EGMR NJW 2015 539; umfassend zur Anwendbarkeit der Unschuldsvermutung im Anschluss an ein Strafverfahren EGMR NJOZ 2014 1834 ff.

zum Strafverfahren stehen, gleichwohl einer Prüfung auf die Unschuldsvermutung unterzogen werden.

c) Anwendbarkeit der Unschuldsvermutung auf die präventive Sicherstellung aufgrund einer erkennbaren Verbindung beider Verfahren

Das Instrument der präventiven Sicherstellung diente vom Anbeginn seiner Praktizierung dazu, auf „offensichtlich rechtswidrig" erlangte Sachen zuzugreifen, die im Ermittlungsverfahren beschlagnahmt, mangels hinreichenden Tatverdachts oder tatrichterlicher Überzeugung der deliktischen Herkunft aber an den vormals Beschuldigten zurückgegeben werden mussten.[300] In Umsetzung dieses Vorhabens werden heute die ursprünglich im Strafverfahren beschlagnahmten Gegenstände gar nicht erst an den Betroffenen zurückgegeben, sondern gelangen unmittelbar aus dem Besitz der Strafverfolgungsbehörden in die Obhut der Ordnungsbehörden,[301] deren Sicherstellungsverfügungen auch zeitlich unmittelbar an die Freigabe im Strafverfahren anschließen.[302] Damit setzt sich die präventive Sicherstellung ganz gezielt über das Ergebnis eines strafrechtlichen Verfahrens hinweg und überträgt die finale Entscheidung über den Verbleib von Sachen letztlich von den Strafverfolgungs- auf die Ordnungsbehörden. Es besteht damit eine *erkennbare Verbindung* zwischen dem Straf- und Verwaltungsverfahren, die eine Überprüfung der präventiven Sicherstellung auf die Vereinbarkeit mit der Unschuldsvermutung ermöglicht.

d) Anwendbarkeit der Unschuldsvermutung auf die präventive Sicherstellung trotz fehlenden Schulderfordernisses?

Von Teilen der Literatur wird die Anwendbarkeit der Unschuldsvermutung auf die präventive Sicherstellung allerdings auch noch unter anderen Gesichtspunkten verneint. Unter Rekurs auf die Rechtsprechung des Bundesverfassungsgerichts zum erweiterten Verfall behauptet etwa *Barthel*, da die präventive Sicherstellung keine Schuld des Beteiligten voraussetze, sei eine entsprechende Sicherstellungsverfügung nicht mit einem Schuldvorwurf verbunden.[303] Die im Gefahrenabwehrrecht wurzelnde und der Gefahrenabwehr dienende Maßnahme

---

300 Vgl. zur Entstehungsgeschichte ausführlich unter E), II., 2.

301 Besonders deutlich wird das bei: VGH München BeckRS 2017 111571.

302 Siehe dazu etwa VG Wiesbaden BeckRS 2016 48780.

303 *Barthel* KommJur 2009 81, 87; allgemein zum Verhältnis präventiver Maßnahmen zur Unschuldsvermutung etwa *Dannecker* JZ 2013 924, 926 oder *Staudinger* S. 94 f., jeweils mit weiteren Nachweisen.

sei daher einer Überprüfung auf ihre Vereinbarkeit mit der Unschuldsvermutung insgesamt *nicht* zugänglich.[304]

aa) Präventive Sicherstellung als Gefahrenabwehrmaßnahme

Zunächst einmal ist zu konstatieren, dass Maßnahmen der präventiven Sicherstellung in der Tat keine Schuld des Beteiligten voraussetzen. Die Prämisse, die präventive Sicherstellung sei aufgrund ihrer Ermächtigungsgrundlage eine Gefahrenabwehrmaßnahme, muss jedoch aus multiplen Gründen hinterfragt werden.

aaa) Dauer der Maßnahme

Bedenken bestehen in Bezug auf diese Charakterisierung schon deshalb, weil die Polizeigesetze der Länder naturgemäß nur auf die kurzfristige Verhütung von Gefahren[305] und nicht auf die *dauerhafte* Besitzentziehung ausgelegt sind.[306] Gefahrenabwehrmaßnahmen dienen dazu, schnell und flexibel auf eine Gefahrensituation reagieren zu können, bevor diese zu einer Störung für die öffentliche Sicherheit und Ordnung werden.[307] Sie dienen indes nicht dazu, Personen dauerhaft Gegenstände wegzunehmen, die sie vermeintlich rechtswidrig erlangt haben. Das ist Aufgabe des Strafrechts. Soweit verwaltungsrechtliche Sicherstellungen spezialgesetzlich geregelt sind, finden sich deshalb auch dort nur zeitlich *befristete* Sicherstellungsmöglichkeiten. So regelt etwa § 12a Abs. 4 ZollVG, dass die Zollbediensteten bei einem entsprechenden Anfangsverdacht Bargeld oder gleichgestellte Zahlungsmittel, die zum Zwecke der Geldwäsche verbracht werden, bis zum Ablauf des dritten Werktages nach dem Auffinden sicherstellen dürfen, um die Herkunft oder den Verwendungszweck aufzudecken. Die Frist kann aufgrund der Entscheidung eines Richters einmalig bis zu einem Monat verlängert werden.

Hunsicker, der nach eigenen Angaben die präventive Sicherstellung systematisieren und institutionalisieren wollte,[308] tat dies hingegen mit dem Ziel, ehemals

---

304 So jedenfalls im Ergebnis *Barthel* KommJur 2009 81, 87 oder sogar *Waechter* NordÖR 2008 473, 479, der die präventive Sicherstellung eigentlich ablehnt; siehe dazu auch *Meyer* StV 2017 343, 350 f. zu § 76a Abs. 4 StGB; allgemein zur Unschuldsvermutung bei Präventivmaßnahmen auch BVerwGE 45 51, 61 f.; *Dannecker* JZ 2013 924, 926; kritisch zu dieser Art der Argumentation im Zusammenhang mit dem Bruttoprinzip: *Hohn* wistra 2003 321, 324 ff.

305 Vgl. zur Definition der Gefahr im polizeirechtlichen Sinne umfassend *Rühle* D., 1 ff.; zur Abgrenzung des Polizeirechts zum Strafprozessrecht *Ders.* S. 112 f.

306 VG Wiesbaden BeckRS 2016 48780; *Lindemann* S. 406 f.

307 Eingehend dazu Lisken / Denninger / *Graulich* E 101 ff.

308 *Hunsicker* Kriminalistik 2013 396.

Beschuldigten Gegenstände *dauerhaft* wegzunehmen, wenn die deliktische Herkunft dieser Gegenstände im Strafverfahren nicht bewiesen werden konnte.[309]

Bereits dieses Grundkonzept der präventiven Sicherstellung spricht unter Berücksichtigung des von ihr verfolgten Zwecks gegen eine Einordnung als Gefahrenabwehrmaßnahme, da eine dauerhafte Besitzentziehung nur zu repressiven Zwecken in Betracht kommt.[310] Der Gesetzgeber hat die Möglichkeit der dauerhaften Entziehung von Vermögenswerten in den §§ 73 ff. StGB, 111b ff. geregelt.[311] Insbesondere durch die hier bereits umfassend dargestellte selbständige Einziehung nach § 76a Abs. 4 StGB zeigt sich, unter welchen Voraussetzungen Gegenstände *verurteilungsunabhängig* eingezogen werden dürfen. Dass daneben genau dieselben Wirkungen unter Anwendung des Polizeirechts herbeigeführt werden sollen, nährt den Verdacht, dass unter dem „Deckmantel der Gefahrenabwehr"[312] letztlich Maßnahmen vorgenommen werden, die ursprünglich dem repressiv ausgerichteten Strafverfahren vorbehalten waren,[313] hier aber schlicht nicht angewendet werden (können). Diesen Verdacht erhärten Befürworter der präventiven Sicherstellung wenn sie behaupten, „mit der präventiven Gewinnabschöpfung...ein Verwaltungsverfahren entwickelt [zu haben], welches den Gefahrenabwehrbehörden die Möglichkeit einräumt, die Sicherstellung hinsichtlich mit höchster Wahrscheinlichkeit aus Straftaten stammender oder hierfür bestimmter Wertgegenstände auf Grundlage des länderspezifischen Ordnungsrechts nach Einstellung des Strafermittlungsverfahrens aufrecht zu erhalten und diese einer Verwertung zuzuführen."[314]

bbb) Die Ausführungen in der niedersächsichen Verwaltungsvorschrift

Der Eindruck einer im Wesentlichen *repressiven* Tätigkeit der Ordnungsbehörden wird verstärkt, wenn man sich die aus den Ideen *Hunsickers* 2007 entstandene Verwaltungsvorschrift zur präventiven Sicherstellung in Niedersachsen ansieht, die, soweit ersichtlich, die einzige Regelung ist, die ausdrückliche Anforderungen an die präventive Sicherstellung stellt. Zwar hat diese Verwaltungsanweisung mangels Gesetzesrang keine unmittelbare Außenwirkung,[315] sie kann

309 Siehe dazu schon grundlegend unter E), II.

310 *Lindemann* S. 406.

311 Siehe dazu ausführlich unter B), V.

312 *Hüls / Reichling* StraFo 2009 198, 200.

313 Zur allgemeinen Rechtsnatur von Vermögensabschöpfungsmaßnahmen seit der Reform 2017 siehe ausführlich unter C), V., 3.

314 *Rohde / Schäfer* NdsVBl. 2010 41.

315 VG Stuttgart BeckRS 2015 54969; VG Karlsruhe BeckRS 2014 52845.

aber gleichwohl als Anhaltspunkt für die Intention hinter der präventiven Sicherstellung herangezogen werden und damit Aufschluss über die Rechtsnatur darauf gestützter Maßnahme geben.

Nach der Verwaltungsvorschrift zur präventiven Sicherstellung in Niedersachsen soll bei hinreichenden Anhaltspunkten von unrechtmäßigem Besitz eine präventive Sicherstellung nur dann unterbleiben, wenn der administrative Aufwand und/oder die (Lagerungs-/Verwertungs-)Kosten unter Berücksichtigung der Art der Sache und auch der Persönlichkeit der beschuldigten Person eine Sicherstellung unverhältnismäßig erscheinen lassen. Dies bedürfe aber erst dann einer sorgfältigen Prüfung, wenn der Wert der Gegenstände im konkreten Fall unter 500,00 EUR liege.[316]

Die Verwaltungsvorschrift bezeichnet für Fälle der präventiven Sicherstellung damit nichts anderes als eine Bagatellgrenze. Gegen eine solche Bagatellgrenze ist im Strafverfahren nichts einzuwenden, im Gegenteil, sie ist verfassungsrechtlich sogar erforderlich, im Gefahrenabwehrrecht hingegen ist sie verfehlt.[317] Größe und Intensität des durch die Gefahr drohenden Schadens stehen regelmäßig in keinem Verhältnis zum Wert der Sache.[318] Ein Laptop mit einem Schwarzmarktwert von 300,00 EUR kann in den Händen eines vermeintlichen Konsumenten von Betäubungsmitteln eine erheblich größere Gefahr für die öffentliche Sicherheit darstellen als der 100.000,00 EUR Porsche im Besitz des vermeintlichen Wirtschaftskriminellen. Die Bagatellgrenze nährt damit den in der Literatur geäußerten Verdacht, dass es bei der präventiven Sicherstellung weniger um Gefahrenabwehr, denn um die Aufbesserung der staatlichen Finanzen geht.[319] Bedenken erwachsen auch dann, wenn man die Anweisung wörtlich nimmt und bei hinreichenden Anhaltspunkten für unrechtmäßigen Besitz eine präventive Sicherstellung nur im Falle des Unterschreitens der Bagatellgrenze sorgfältig prüft. Aus einem *argumentum e contrario* ergäbe sich, dass es in allen Fällen über einem Sachwert von 500,00 EUR nicht auf den Einzelfall ankommt, sondern pauschal sichergestellt werden soll. Das wäre jedenfalls grob ermessensfehlerhaft.

---

316 Nds. Runderlass 2015 Nr. 3.5.

317 *Thiée* StV 2010 215, 216; *Rohde / Schäfer* NdsVBl. 2010 41, 46, allerdings unter dem Hinweis, dass sonst das Gerechtigkeitsgefühl der Bürger Schaden nehme. Erstaunlicherweise wird nicht hinterfragt, was es für Auswirkungen auf das Gerechtigkeitsgefühl der Bürger hat, wenn sie im Strafverfahren freigesprochen werden und man ihnen dann dennoch Vermögenswerte wegnimmt. Selbstverständlich kann hier der Eindruck von Willkür entstehen.

318 *Waechter* NordÖR 2008 473, 478; *Rohde / Schäfer* NdsVBl. 2010 41, 46.

319 *Thiée* StV 2009 102, 105.

bb) Zwischenergebnis

Es bestehen nach alledem schon erhebliche Zweifel, ob die präventive Sicherstellung überhaupt eine Gefahrenabwehrmaßnahme darstellt. Weder ihre Dauer, noch die solchen Maßnahmen zu Grunde liegende Intention und erst recht nicht die hierzu bestehenden Verwaltungsvorschriften können als stützende Argumente hierfür herangezogen werden.

Allerdings kommt es für die Frage der Anwendbarkeit der Unschuldsvermutung auf die präventive Sicherstellung wiederum nicht entscheidend darauf an, ob es sich um eine präventive oder eine repressive Maßnahme handelt, denn die Unschuldsvermutung schützt den Betroffenen auch vor *präventiven* Maßnahmen, die einem Schuldspruch oder einer Strafe *gleichkommen*, ohne dass ein rechtsstaatliches, prozessordnungsgemäßes Verfahren zur Schuld- und Strafbemessung vorausgegangen ist.[320] Sie verbietet dabei nicht nur, ohne Schuldnachweis Maßnahmen gegen jemanden zu verhängen, die in ihrer Wirkung einer Strafe gleichkommen,[321] sondern auch, ihn verfahrensbezogen als schuldig[322] zu behandeln.[323]

Kommt der präventiven Sicherstellung strafähnliche Wirkung zu, ohne dass ein prozessordnungsgemäßes Verfahren vorausgegangen ist, so würde sie also unabhängig von allen bisher vorgebrachten Einwänden ihrer Befürworter[324] zugleich auch gegen die Unschuldsvermutung verstoßen. Es stellt sich deshalb die zentrale Frage, ob die präventive Sicherstellung strafähnliche Wirkung hat.

e) Strafähnliche Wirkung der präventiven Sicherstellung?

Strafe wird als die Auferlegung eines Rechtsnachteils wegen einer schuldhaft begangenen, rechtswidrigen Tat definiert, mit der ein sozialethisches Fehlverhalten vergolten wird.[325] Strafähnlich ist eine Maßnahme nicht schon dann, wenn sie mit einer Einbuße an Freiheit oder Vermögen verbunden ist und deshalb *faktisch* die Wirkung eines Übels entfaltet. Hinzukommen muss vielmehr,

---

320 BVerfGE 19 343, 347, Verbot, vor Schuldfeststellung „Maßregeln" zu verhängen; BVerfGE 35 311, 320 Verbot, „Maßregeln zu verhängen, die in ihrer Wirkung der Freiheitsstrafe gleichkommen"; BVerfGE 74 358, 371; BVerfGE 82 106, 115; BVerfG NJW 2009 3569.

321 *Jarass* NStZ 2012 611, 613; *Dannecker* JZ 2013 924, 926; *Staudinger* S. 121.

322 *Thode* NStZ 2000 62, 67 umfassend zur „außergerichtlichen Einziehung", die ebenfalls einen Verstoß gegen die Unschuldsvermutung darstellen soll.

323 BVerfGE 74 358, 371.

324 Siehe dazu ausführlich unter E), IX., 2., d).

325 Vgl. statt vieler: BVerfGE 110 1, 13 m.w.N.

dass sich aus *wertenden Kriterien* die Strafähnlichkeit der Maßnahme ergibt.[326] Als solche kommen insbesondere der vom Gesetzgeber verfolgte Zweck und der Rechtsgrund der Anordnung in Betracht.[327]

Die präventive Sicherstellung erfüllt die überwiegenden Tatbestandsmerkmale des Strafbegriffs, indem auf eine vermeintliche Straftat mit dem dauerhaften Entzug des daraus vermeintlich Erlangten reagiert wird.[328] Fraglich ist lediglich, ob sich neben diesem faktischen Übel der Besitzentziehung aufgrund wertender Kriterien auch die Strafähnlichkeit einer solchen Maßnahme ergibt.

aa) Vom Gesetzgeber verfolgter Zweck der präventiven Sicherstellung

Den vom Gesetzgeber mit der präventiven Sicherstellung verfolgten Zweck zu ermitteln ist schon deshalb unmöglich, weil es sich nicht um ein vom Gesetzgeber, sondern um ein von der *Exekutive* entwickeltes Vorgehen handelt, dessen gesetzliche Grundlage und damit einzig materiell-rechtlicher Anhaltspunkt die Sicherstellungsgeneralklausel der Polizeigesetze der Länder ist. Diese waren für eine gezielte Sicherstellung von Vermögenswerten im Anschluss an ein Strafverfahren jedoch nie vorgesehen. Sie als Ermächtigungsgrundlage für eine dauerhafte Besitzentziehung eines vermeintlich inkriminierten Gegenstandes zu bezeichnen, fußt vielmehr auf einer „ergebnisorientierten Norminterpretation“[329] der Sicherstellungsgeneralklausel durch die Polizei- und Ordnungsbehörden. Die native Entstehungsgeschichte der Sicherstellungsgeneralklauseln kann deshalb für die Beantwortung der hier maßgeblichen Fragen nicht zielführend sein.

Ob Maßnahmen der präventiven Sicherstellung strafähnlich sind muss vielmehr auf anderem Wege, etwa durch die Betrachtung der Entwicklung des Rechtsinstituts selbst, beantwortet werden. Diesbezüglich wurde hier bereits aufgezeigt, dass mit ihr das Ziel einer dauerhaften Besitzentziehung in den Fällen verfolgt wurde, deren Ende zu einem „Ärgernis“ auf Seiten der Polizei geführt hat.[330] Vom Anbeginn ihrer Praktizierung war die präventive Sicherstellung folglich darauf ausgelegt, den Ausgang eines Strafverfahrens nach dem Gutdünken der Polizei- und Ordnungsbehörden zu korrigieren und den vermeintlich Kriminel-

326 Vgl. statt vieler: BVerfGE 110 1, 14 m.w.N.

327 Vgl. statt vieler: BVerfGE 110 1, 14 m.w.N.

328 Siehe dazu ausführlich unter E), IX., 2., d).

329 Lisken / Denninger[5] / *Rachor* E 691, die „juristische Phantasie“ voraussetzt.

330 Siehe dazu ausführlich unter E), IX., 2., e).

len durch die Vorenthaltung von Gegenständen zu sanktionieren. In der maßgeblichen Verwaltungsvorschrift aus Niedersachsen heißt es dazu bereits in der Einleitung:

> „Sind die sichergestellten... Sachen aber von der beschuldigten Person offensichtlich nicht rechtmäßig erlangt worden, besteht unter bestimmten... Voraussetzungen die Möglichkeit einer Sicherstellung..., um die Rückgabe an die zum Verzicht nicht bereite beschuldigte Person zu vermeiden."[331]

Ginge es bei der präventiven Sicherstellung tatsächlich um Gefahrenabwehr und nicht um eine Bestrafung des Beteiligten, so wäre zu erwarten gewesen, dass man auch diese *Gefahrenabwehr* und nicht die unrechtmäßige Erlangung einer Sache in den Fokus der Einleitung einer solchen Verwaltungsvorschrift stellt. Ob eine Sache rechtmäßig erlangt wurde, spielt nur für eine mögliche Strafe eine Rolle, hat aber grundsätzlich keine Aussagekraft für die weitere Verwendung dieser Sache in der Zukunft.[332] Eine Verwaltungsvorschrift, die nicht auf Repression, sondern auf Gefahrenabwehr ausgerichtet ist, müsste etwa lauten: „Bestehen Anhaltspunkte dafür, dass die im Ermittlungsverfahren sichergestellten Sachen im Besitz des ehemaligen Beschuldigten zu einer Gefahr für die öffentliche Sicherheit und Ordnung werden, so kann eine präventive Sicherstellung vorgenommen werden."[333] Damit würde die präventive Sicherstellung ausdrücklich vom vorausgegangenen Strafverfahren abgekoppelt.[334] Die Konzentration der Verwaltungsvorschrift auf das laufende Ermittlungsverfahren und die nicht rechtmäßige Erlangung einer Sache legt hingegen nahe, dass mit der präventiven Sicherstellung eine Sanktionierung des Betroffenen für sein vorausgehendes Verhalten erfolgen soll.[335]

Denkbar wäre in diesem Zusammenhang allenfalls dahingehend zu argumentieren, dass wenn eine Sache rechtswidrig erlangt sei, darin zugleich auch immer

---

331 Nds. Runderlass 2015 Nr. 1.

332 Siehe dazu ausdrücklich VG Wiesbaden BeckRS 2016 48780, wonach die Gefahrprognose nur auf die zukünftige Verwendung des sichergestellten Geldes gerichtet sein kann. Im Bereich der repressiven Sicherstellung ist es mittlerweile herrschende Auffassung, dass aus dem Tatverdacht nicht zugleich auch auf den Arrestgrund, das heißt die Gefahr, dass der Beschuldigte die Sache einer potentiellen Vollstreckung entziehen wird, geschlossen werden darf, vgl. dazu umfassend LR / *Johann* § 111d, 20; MüKo-StPO / *Bittmann* § 111d, 4.

333 Hierunter wären etwa auch die Fälle zu fassen, in denen bereits eine Störung durch die unrechtmäßige Besitzerlangung eingetreten ist.

334 In diesem Sinne auch Lisken / Denninger / *Graulich* E 660.

335 Lisken / Denninger[5] / *Rachor* E 692 sieht in ihr sogar eine Aufforderung zum Verfassungsbruch, „soweit darin festgestellt wird, dass das Geld dem Kostenträger...zufließe".

eine Störung der öffentlichen Sicherheit liege, deren Fortdauer die Verwaltungsvorschrift zu verhindern versuche.

Dieses Argument greift jedoch schon deshalb nicht, weil die Beseitigung einer strafrechtlich relevanten Störung der öffentlichen Sicherheit nicht präventiver, sondern immer repressiver Natur ist.[336] Es fällt nicht in den Aufgabenbereich der Gefahrenabwehrbehörden, *strafrechtlich* relevante Störungen der öffentlichen Sicherheit zu korrigieren. Andernfalls könnte man die Differenzierung zwischen Straf- und Polizeirecht aufheben und die Folgenbeseitigung einer Straftat dem Polizeirecht überlassen.[337] Das Strafrecht regelt indes sehr detailliert, wie auf strafrechtlich relevantes Verhalten zu reagieren ist, in Fällen der unrechtmäßigen Besitzerlangung etwa über die §§ 73 ff. StGB. Es ist in diesen Fällen zwar zivilrechtsakzessorisch, das heißt aber nicht, dass durch diese Akzessorietät auch Platz für eine polizeirechtliche „Unterstützung" des Zivilrechts und über diese Akzessorietät damit auch des Strafrechts wäre. Das folgt zum einen schon aus § 1 Abs. 3 HSOG, der den Schutz privater Rechte nach dem Polizeirecht auf ein Minimum begrenzt, zum anderen daraus, dass Akzessorietät nur heißt, dass das Strafrecht keine dem Zivilrecht *widersprechende* Entscheidung treffen darf. Die Möglichkeiten dieser Entscheidungs*findung* bestimmt jedoch das Strafrecht. Kennt die einschlägige Prozessordnung Mittel und Wege der Herstellung der nach Zivilrecht korrekten Verhältnisse, ist ein Rückgriff auf das Polizeirecht nicht nur während,[338] sondern auch nach Abschluss des Strafverfahrens untersagt.[339]

Damit ist indes nicht gesagt, dass nicht im Anschluss an ein Strafverfahren aufgrund *neuer* oder *anderer* Tatsachen ein polizeirechtliches Einschreiten zur Wahrung der öffentlichen Sicherheit und Ordnung möglich wäre. Das gilt allerdings nur dann, wenn sich die Gefahr aus Umständen ergibt, die nicht zugleich den strafrechtlich nicht nachweisbaren Vorwurf betreffen. Bekommt etwa der

336 BGH NStZ 2017 651, 653: „Von solchen 'echten' doppelfunktionalen Maßnahmen abzugrenzen sind polizeiliche Maßnahmen, die nur deswegen auch präventiven Charakter besitzen, weil durch die Strafverfolgung ein entsprechender unselbständiger Nebeneffekt erzielt wird, etwa dass der Betroffene durch Festnahme an der Fortsetzung seiner strafbaren Handlung faktisch gehindert wird. In einem solchen Fall der 'Prävention durch Repression' ist das polizeiliche Vorgehen schon nach seiner alleinigen Zwecksetzung ausschließlich strafprozessualer Natur…".

337 Zum Konzept der „Vorbeugenden Verbrechensbekämpfung" durch das die Grenzen zwischen Polizei- und Strafrecht verwischt werden: *Ottow* S. 81 ff.

338 In diesem Sinne auch VG Wiesbaden BeckRS 2016 48780: „Während eines laufenden Strafverfahrens ist für eine öffentlich-rechtliche Sicherstellung von Gegenständen kein Raum".

339 Siehe dazu ausführlich unter E), IX., 3.

vermeintliche Drogendealer das sichergestellte Bargeld ausgehändigt und begibt sich damit an einen bekannten Drogenumschlagplatz, so kann dem drohenden Verstoß gegen die öffentliche Sicherheit mit den Mitteln des Polizeirechts in gleichem Maße begegnet werden wie bei strafrechtlich bisher nicht auffälligen Personen. Andernfalls würde der Freispruch zu einer Art Freifahrtschein für Verstöße gegen die öffentliche Sicherheit. Das jedoch ist nicht die Intention der scharfen Trennung von polizei- und strafrechtlichen Ermächtigungsgrundlagen.

Die Verwaltungsvorschrift leidet neben den hier bereits angeführten außerdem an tatbestandlichen Mängeln, die den Verdacht auf eine strafähnliche Maßnahme erhärten. So sieht sie vor, dass Bargeld, das im Strafverfahren zur Verwahrung auf ein Verwahrkonto eingezahlt wurde, für eine präventive Sicherstellung weiterhin als Bargeld zu behandeln ist, Nr. 3.1 der Verwaltungsvorschrift. Durch die Einzahlung von Bargeld erlangt der Einzahler jedoch eine Forderung gegenüber dem Empfänger, er kann nicht mehr die konkreten Geldscheine herausverlangen. Die Verwaltungsvorschrift kollidiert damit mit dem Wortlaut des § 26 Nds. SOG, der eine Sicherstellung einer Forderung nicht kennt und nur von der Sicherstellung von Sachen, d.h. von körperlichen Gegenständen im Sinne des § 90 BGB, spricht.[340] Es handelt sich folglich um eine Analogie, deren Voraussetzungen zu bezweifeln sind.[341]

So setzt die analoge Anwendung einer Norm u.a. eine vergleichbare Interessenlage des geregelten und des zu regelnden Sachverhalts voraus.[342] Während durch die Verwendung von Bargeld Gefahren für die öffentlich Sicherheit und Ordnung entstehen können, sind keine Sachverhalte vorstellbar, in denen nach Einzahlung auf ein Verwahrkonto eine *hinreichende Wahrscheinlichkeit* besteht, dass mit diesem Buchgeld ein Verstoß gegen die öffentliche Sicherheit „mit an Sicherheit grenzender Wahrscheinlichkeit“ *unmittelbar* bevorsteht.[343] Genau deshalb sehen die Sicherstellungsvorschriften der Landespolizeigesetze nur eine Sicherstellung von Bargeld vor,[344] denn durch die Einzahlung des Geldes wird

---

340 Für eine Analogie des § 26 Nds. SOG auf Buchgeld: VG Oldenburg BeckRS 2010 51690; *Rohde / Schäfer* NdsVBl. 2010 41, 44; a.A.: VG Augsburg BeckRS 2014 57220; *Söllner* DVBl. 2010 1386, 1387.

341 Vgl. allgemein zu den Voraussetzungen einer Analogie statt vieler *Regenfus* JA 2009 579, 580 m.w.N.; *Börsch* JA 2000 117 ff. insbesondere zur Planwidrigkeit; aktuell zur Analogie *Heussen* NJW 2016 1500 ff.

342 Vgl. statt vieler BGH NJW 1988 2734; *Danwerth* ZfPW 2017 230, 232 f.

343 Allgemein zur fehlenden gegenwärtigen Gefahr Lisken / Denninger[5] / *Rachor* E 693; Lisken / Denninger / *Graulich* E 660; VG Augsburg BeckRS 2014 57220.

344 Anders das aktuell umstrittene neue Bayerische Polizeigesetz, dort Art. 25 Abs. 2 BayPAG.

die Gefahr für die öffentliche Sicherheit gerade gebannt. Sie entsteht auch nicht durch Überweisung an den Beteiligten wieder neu, da die potentiell in diesen Fällen einschlägigen Straftaten nicht per Banküberweisung abgewickelt werden und es jedenfalls auch an der notwendigen *Unmittelbarkeitsanforderung* des Gefahrbegriffs fehlt.

Die Analogie des § 26 Nds. SOG auf Buchgeld scheitert somit bereits an den grundlegenden Analogievoraussetzungen[345] und die dauerhafte Vorenthaltung (sogar) von Buchgeld zeigt, dass es bei der präventiven Sicherstellung nicht um Gefahrenabwehr, sondern um eine Sanktionierung des Betroffenen geht.[346]

Der von der Exekutive mit Maßnahmen der präventiven Sicherstellung verfolgte Zweck spricht für die strafähnliche Wirkung einer solchen Sicherstellungsmaßnahme.

bb) Rechtsgrund der Anordnung

Fraglich ist, ob darüber hinaus auch der Rechtsgrund der Anordnung einer präventiven Sicherstellung Hinweise auf ihre strafähnliche Wirkung enthält. Ein solcher Hinweis könnte darin liegen, dass Befürworter der präventiven Sicherstellung regelmäßig darauf abstellen, ein solches Vorgehen stärke das Gerechtigkeitsgefühl der Bevölkerung, indem kriminell bemakelte Gegenstände sichergestellt und zu Gunsten der öffentlichen Hand verwertet werden.[347]

Diese Argumentation ist in zweierlei Hinsicht bedenklich. Zum einen gab der Gesetzgeber eine identische Begründung zum Gesetz zur Reform der strafrechtlichen Vermögensabschöpfung,[348] das heißt für Maßnahmen, die aus Anlass einer gerichtlich festgestellten oder jedenfalls zur richterlichen Überzeugung begangenen rechtswidrigen Straftat ergehen. Das „Gerechtigkeitsargument" erinnert außerdem nicht nur stark an den Strafgrund der positiven Generalprävention, sondern zugleich auch an Repression und damit an Fragen des strafrechtlichen Schuld- und Rechtsfolgenausspruchs.[349] Eine Maßnahme ist bereits dann strafähnlich, wenn sie zwar nicht ausschließlich, aber *auch* auf Repression und

345 Eingehend *Söllner* DVBl. 2010 1386 f.

346 Ablehnend ebenso: VG Augsburg BeckRS 2014 57220.

347 *Rohde / Schäfer* NdsVBl. 2010 41, 46 f.

348 BTDrucks. 18 9525 S. 65: „Das Vertrauen der Bevölkerung in die Gerechtigkeit und die Unverbrüchlichkeit der Rechtsordnung kann Schaden nehmen, wenn Straftäter deliktisch erlangte Vermögenswerte dauerhaft behalten dürfen".

349 *Lindemann* S. 5.

Vergeltung für ein rechtlich verbotenes Verhalten abzielt.[350] Somit spricht bereits die Argumentation der Befürworter der präventiven Sicherstellung für eine (auch) strafähnliche Wirkung dieses Rechtsinstitutes.

Entgegen der Behauptung der Verfechter der präventiven Sicherstellung dient das Gefahrenabwehrrecht im Übrigen überhaupt nicht dazu, eine gerechte Sachentscheidung zu treffen, sondern Gefahren für die öffentliche Sicherheit zu verhüten. Es gilt der Grundsatz der effektiven Gefahrenabwehr, die Behörde muss deshalb nicht die *gerechte*, sondern die *effektivste* Maßnahme ergreifen.[351] Das ergibt sich schon aus der Systematik des Gefahrenabwehrrechts, wonach etwa auch der Nichtverantwortliche zur Beseitigung einer Gefahr herangezogen werden kann, vgl. beispielshalber § 9 HSOG.

Von erhellender Bedeutung für den wahren Rechtsgrund der Anordnung einer Maßnahme zur präventiven Sicherstellung ist wiederum der oben bereits bezeichnete Runderlass aus Niedersachsen. In Nr. 4.1. heißt es dort:

> „Im Rahmen des Ermittlungsverfahrens ist so früh wie möglich zu versuchen, von der beschuldigten Person den ausdrücklichen Verzicht auf die Rückgabe zu erlangen. Dabei sollte der Hinweis gegeben werden, dass bei fehlender Verzichtserklärung das verwaltungsgerichtliche Verfahren nach § 26 Nds. SOG durchgeführt werden kann."[352]

Die Sicherstellung wird hier völlig von der Frage gelöst, ob überhaupt eine Gefahr für die öffentliche Sicherheit entstehen kann. Anknüpfungspunkt für den begehrten Verzicht ist ausschließlich das *Ermittlungsverfahren* und die damit einhergehende Stellung des Besitzers als *Beschuldigter.*

Tatsächlich ist aber zur Gefahrprävention kein Grund ersichtlich, „so früh wie möglich zu versuchen, von der beschuldigten Person" einen ausdrücklichen

350 BVerfGE 20 323, 331.

351 In diesem Sinne auch VG Augsburg BeckRS 2014 57220: „Das Polizeirecht ist ein Schutzrecht, oberste Zielsetzung die Effektivität der Gefahrenabwehr. Eine Gewinnabschöpfung ist der Gefahrenabwehr wesensfremd".

352 Einem solchen Vorgehen widerspricht ausdrücklich *Köhler* NStZ 2017 497, 501; siehe dazu auch einerseits BGH NStZ 2018 333, wonach es nicht zwingend einer Einziehungsentscheidung bedürfe, andererseits derselbe Senat in NStZ 2018 366 aber erklärt, die Entscheidung stehe nicht im Ermessen des Gerichts, sondern sei zwingend vorgeschrieben; für eine zwingende Anwendung „…jedenfalls in der vorliegenden Fallkonstellation…" nun auch der 1. Strafsenat: BGH NStZ-RR 2018 241 f.; zur „Verzichtserklärung" im Strafverfahren *Gerlach / Manzke* StraFo 2018 101 ff.; zutreffend weist *Meyer* NZWiSt 2018 246 zur selbständigen Einziehung darauf hin, dass es nicht (einmal hier) darum geht, „…einzelnen Bürger[n] mit dem Damoklesschwert der Einziehung eine Erklärung für ihr objektiv nicht nachvollziehbar hohes Vermögen abzunötigen".

Verzicht auf die Rückgabe sichergestellter Sachen im Strafverfahren zu erlangen, denn die Sachen befinden sich zu dieser Zeit im Gewahrsam der Strafverfolgungsbehörden und können somit keine Gefahr für die öffentliche Sicherheit oder Ordnung durch den Beteiligten darstellen. Eine solche Anweisung, völlig losgelöst vom Gefahrverdacht, legt nahe, dass die Verwaltung davon ausgeht, der Beschuldigte eines Strafverfahrens sei schuldig und werde nach Besitzerlangung wieder gegen die öffentliche Sicherheit verstoßen. Das nennt man Schuldvermutung.

Neben dem von der Exekutive mit Maßnahmen der präventiven Sicherstellung verfolgten Zweck spricht deshalb auch der Rechtsgrund ihrer Anordnung für die strafähnliche Wirkung einer präventiven Sicherstellung.

cc) Sonstige wertende Kriterien

Damit bleibt letztlich noch zu überprüfen, ob auch sonstige wertende Kriterien zur Begründung der Strafähnlichkeit einer Maßnahme der präventiven Sicherstellung herangezogen werden können.

aaa) Sicherstellungszweck

Teleologisch spricht unter sonstigen wertenden Kriterien für die Strafähnlichkeit präventiver Sicherstellungsmaßnahmen etwa, dass sich der Sinn und Zweck einer Maßnahme der Gefahrenabwehr, die Verhütung einer Gefahr für die öffentliche Sicherheit und Ordnung, mittels präventiver Sicherstellung in vielen Fällen gar nicht erreichen lässt. Als Beispiel mag hier die in der Praxis äußerst beliebte Sicherstellung von Bargeld im vermeintlichen Drogenmilieu, häufig in „szenetypischer Stückelung“[353], dienen.[354] Wenn Sinn und Zweck der Maßnahme die Abwehr der Gefahr ist, dass der Betroffene Geld in naher Zukunft wieder in Drogen investiert, so dürfte sich die Sicherstellung nicht nur auf das

---

353 Dazu etwa das VG Wiesbaden BeckRS 2016 48780; VG Augsburg BeckRS 2014 57220; dass die Bezahlung mit überwiegend 50 Euro Scheinen kein exklusiv im Drogenhandel vorkommender Brauch ist hat das OVG Bremen StV 2015 625, 628 umfassend dargelegt. Interessant in diesem Zusammenhang auch die Auffassung des HLKA im Verfahren des VG Darmstadt BeckRS 2017 129426, wonach die Stückelung des Geldes in 500-Euro-Scheine eine „szenetypische Größeneinheit im Drogen- und Waffenmilieu“ sei. Das VG Aachen BeckRS 2017 140531 wiederum erblickt eine entsprechende szenetypische Stückelung in 38 Scheinen über einen Gesamtbetrag von 535,00 Euro; auf dieser Linie auch VG Köln vom 3.5.2018, Az.: 20 K 7407/16.

354 *Hüls / Reichling* StraFo 2009 198, 203 gehen sogar davon aus, dass das Vorliegen der Voraussetzungen der „gegenwärtigen Gefahr“ bei der Sicherstellung von Bargeld „nahezu unmöglich“ sei.

vermeintlich inkriminierte Geld beschränken. Die Gefahr einer Störung der öffentlichen Sicherheit, etwa durch einen Verstoß gegen das Betäubungsmittelgesetz, geht nämlich nicht von dem Geld,[355] sondern von seinem Besitzer aus.[356] Dass dieser genau *die* beschlagnahmten Scheine zum Erwerb von Betäubungsmitteln eingesetzt hätte, anderes ihm zur Verfügung stehende Bargeld aber nicht, kann nur in ganz wenigen Ausnahmefällen mit hinreichender Wahrscheinlichkeit festgestellt werden.[357] *Thiée* weist deshalb völlig zu Recht darauf hin, dass einzig wirksames Mittel zur Gefahrverhütung wäre, dem ehemals Beschuldigten all sein Geld abzunehmen.[358] Letzten Endes dürfte aber nicht einmal das ausreichen. Gerade bei gewerbsmäßig handelnden Dealern weiß man aus „kriminalistischer Erfahrung", auf die in diesem Zusammenhang üblicherweise abgestellt wird,[359] dass Drogen oft „auf Kommi"[360] gekauft werden, somit erst einmal gar kein Geld benötigt wird und die Sicherstellung damit auch keine Auswirkungen auf das geplante Geschäft haben kann. Ist eine Maßnahme aber in vielen Fällen nachweisbar nicht geeignet, den zu ihrer Legitimation behaupteten Zweck zu erfüllen, so liegt die Vermutung nahe, dass sie tatsächlich einem anderen Zweck dient, in diesem Fall der Bestrafung des Beteiligten.

Diese Vermutung wird gestützt, wenn zur Stärkung der präventiven Sicherstellung von ihren Befürwortern ausgeführt wird, dass sie ein „gewisses sanktionierendes Element" enthält, „indem durch den Entzug von aus Straftaten stammenden Gewinnen die Nutznießung von inkriminierten Vermögensgewinnen vereitelt" und „somit ein Beitrag zur Aufrechterhaltung des Vertrauens der Bürger in

---

355 Die Gefahr muss nicht in der Sache selbst, sondern kann auch im Verhalten des Besitzers begründet sein, vgl. statt vieler VG München BeckRS 2015 41295; Lisken / Denninger / *Graulich* E 646 ff.; weitergehend: *Söllner* NJW 2009 3339, 3340, wonach ausschließlich die Verwendungsabsicht für die Annahme der Gefahr maßgeblich sein soll.

356 OVG Bremen StV 2015 625, 626; VG München BeckRS 2015 41295; in diesem Sinne auch *Hüls* / *Reichling* StraFo 2009 198, 201.

357 Denkbar ist dies vor allem in Fällen ohne vorausgehendes Strafverfahren, wenn etwa im Rahmen von stichprobenartigen Kontrollen nahe der (niederländischen) Grenze Personen mit erheblichen Mengen Bargeld aufgegriffen werden. Die Sicherstellung kann aber selbst dann nur vorübergehend erfolgen und ist auf weitere Tatsachen denn die Nähe zu einem Land zu stützen, indem legal Drogen gekauft werden dürfen; kritisch ebenfalls Lisken / Denninger[5] / *Rachor* E 693. Das verkannte auch das VG Aachen BeckRS 2017 140531, das sich jedoch damit behalf, die Eigentumsposition des Beteiligten als widerlegt anzusehen.

358 *Thiée* StV 2010 215, 216; zustimmend *Lindemann* S. 408. *Waechter* NordÖR 2008 473, 478 weist zurecht darauf hin, dass die Sicherstellungsverfügung genau begründen muss, warum die gegenwärtige Gefahr gerade durch die Sicherstellung dieses Geldes entfällt; in diesem Sinne nun auch das VG Wiesbaden BeckRS 2016 48780.

359 VG München BeckRS 2015 41295; VG Frankfurt BeckRS 2013 58823.

360 Milieubezeichnung für ein Kommissionsgeschäft.

die Gerechtigkeit" geleistet wird.[361] Damit solle dem „grundlegenden generalpräventiven Gedanken, Straftaten dürfen sich nicht lohnen", Rechnung getragen werden.[362]

Wenn „Sanktion" und „Generalprävention" lobenswerte Motivation für ein behördliches Vorgehen sind, so liegt in diesem Handeln nicht nur reflexartig strafähnliche Wirkung, sondern wird diese konkret bezweckt.

bbb) Verfügungsverbote

Für einen strafähnlichen Charakter der präventiven Sicherstellung spricht unter sonstigen wertenden Gesichtspunkten auch, dass die Behörden den Betroffenen einer präventiven Sicherstellungsmaßnahme regelmäßig die Möglichkeit nehmen, die vermeintliche Gefahr für die öffentliche Sicherheit zu beseitigen, indem sie dem Beteiligten ein Abtretungsverbot auferlegen und ihm damit verwehren, seinen gegen die Behörde bestehenden Herausgabeanspruch etwa zur Begleichung von Honorarforderungen an seinen bevollmächtigten Rechtsanwalt abzutreten. Bei einer solchen Abtretung handle es sich nach *Hunsicker* vielmehr um „Trickserei, die noch unter 'Winkeladvokatenniveau'", rangiere.[363] Eine juristische Begründung, warum eine solche Abtretung unzulässig sein soll, bleibt er indes schuldig.

Bei genauerer Betrachtung wird deutlich, dass in dieser axiomatischen Behauptung ein weiterer Anhaltspunkt dafür liegt, dass es sich bei der präventiven Sicherstellung nicht um eine Gefahrenabwehrmaßnahme, sondern um eine *Strafmaßnahme* handelt, die in diesem Zusammenhang nicht einmal mit dem Wortlaut ihrer Ermächtigungsgrundlage zu vereinbaren ist: Eine Gefahr im polizeirechtlichen Sinne, das heißt eine Situation, in der es bei ungehindertem Fortlauf des objektiv zu erwartenden Geschehens mit hinreichender Wahrscheinlichkeit zu einer Verletzung der öffentlichen Sicherheit oder Ordnung kommt,[364] kann nämlich niemals damit begründet werden, dass der vermeintlich Kriminelle mit dem herauszugebenden Geld die Forderung seines Rechtsanwalts aus dessen Vertragsverhältnis befriedigt. Hierin liegt keine Gefahr für die *öffentliche Sicherheit*, sondern lediglich für das *Ziel* der präventiven Sicherstellung, dem „Kriminellen" die Früchte seiner nicht nachweisbaren Tat zu entziehen.

---

361 *Rohde / Schäfer* NdsVBl. 2010 41, 44.

362 *Rohde / Schäfer* NdsVBl. 2010 41.

363 *Hunsicker* StV 2010 212, 214.

364 Vgl. zur Definition der Gefahr im polizeirechtlichen Sinne: *Rühle* D., 1 ff.; zur Abgrenzung des Polizeirechts zum Strafprozessrecht *Ders.* S. 112 f.

Wollte man hingegen tatsächlich auf die „Gefahr" abstellen, dass der Rechtsanwalt nach Ausgleich seiner Forderung einen verbleibenden Überschuss an seinen Mandanten auskehrt, so liegt in einem solchen Verhalten niemals ein Verstoß gegen die öffentliche Sicherheit, weil der Rechtsanwalt zur Auskehrung des Fremdgeldes seines Mandanten ausdrücklich verpflichtet ist, vgl. § 4 Abs. 2 Satz 1 BORA. Darüber hinaus könnte selbst die Unterstellung, der Betroffene investiere das Geld nach Überlassung durch seinen Anwalt in Geschäfte, die gegen die öffentliche Sicherheit verstoßen, aufgrund der diversen Zwischenschritte von der Auszahlung bis zum vermuteten Verstoß des Beteiligten gegen die öffentliche Sicherheit niemals die Erfordernisse einer Gefahrprognose[365] erfüllen.[366]

Dass ein solches Abtretungsverbot vor allem deshalb ausgesprochen wird, weil sonst das Ziel der präventiven Sicherstellung, dem Beteiligten Gegenstände dauerhaft entziehen zu können, gefährdet wird, macht eine aktuelle Entscheidung des VGH München deutlich.[367] Der Sachverhalt unterlag insoweit einer Sonderkonstellation, als der ursprüngliche Sicherstellungsbescheid bestandskräftig war und der Kläger im Wege der Leistungsklage die Herausgabe seines Bargeldes begehrte. Im ursprünglichen Sicherstellungsbescheid hatte der Beklagte bereits ein Veräußerungsverbot verfügt, weshalb das Gericht davon ausging, dass eine wirksame Forderungsabtretung nicht möglich gewesen sei. Im Übrigen sei es aber auch aus systematischen Gründen nicht möglich, durch eine Abtretung den Wegfall der Sicherstellungsvoraussetzungen zu bewirken, da die Herausgabe an die Person zu erfolgen habe, bei der der Gegenstand sichergestellt wurde. Die Herausgabe an den Betroffenen sei somit die gesetzlich angeordnete Folge des Wegfalls der Voraussetzungen der Sicherstellung und erfasse folglich nicht den Fall, dass die Sicherstellungsvoraussetzungen erst bei einer Herausgabe an einen Dritten wegfallen würden.

Diese Entscheidung kann weder im Ergebnis, noch in der Begründung überzeugen. § 28 Abs. 1 PAG a.F. lautete:

> „Sobald die Voraussetzungen für die Sicherstellung weggefallen sind, sind die Sachen an denjenigen herauszugeben, bei dem sie sichergestellt worden sind. Ist die Herausgabe an ihn nicht möglich, können sie an einen anderen herausgegeben werden, der seine Berechtigung glaubhaft macht. Die Herausgabe ist ausgeschlossen, wenn dadurch erneut die Voraussetzungen für eine Sicherstellung eintreten würden."

365 Im Ergebnis ebenso VG Augsburg BeckRS 2014 57220.

366 *Hunsicker* StV 2010 212, 214 geht davon aus, der Rechtsanwalt könne sich in einem solchen Fall strafbar machen. Genau das Gegenteil ist der Fall. Durch eine institutionalisierte präventive Sicherstellung kommt eine Unterschlagung des Beamten in Betracht, vgl. dazu schon *Söllner* NJW 2009 3339, 3343.

367 VGH München BeckRS 2017 111571.

Wenn man davon ausgehen wollte, dass die Herausgabe an den Betroffenen zu einer Gefahr für die öffentliche Sicherheit führen würde, so war die Herausgabe nach Satz 3 ausgeschlossen, zugleich im Sinne des Satzes 2 erster Halbsatz nicht möglich und konnte sie deshalb nach Satz 2 zweiter Halbsatz an einen Dritten erfolgen, sofern dieser seine Berechtigung glaubhaft gemacht hatte. Das konnte etwa durch einen Abtretungsvertrag geschehen, dessen Wirksamkeit ein Abtretungsverbot schon deshalb nicht entgegenstehen konnte, weil ein solches – jedenfalls in Bezug auf die jeweils einschlägigen Abtretungen an die prozessbevollmächtigten Rechtsanwälte und damit an Organe der Rechtspflege – nicht *erforderlich* gewesen sein konnte. Die Behauptung eines Abtretungsverbotes machte vielmehr deutlich, dass es bei der präventiven Sicherstellung im Wesentlichen nicht um Gefahrenabwehr, sondern um die Sanktionierung eines von den Ordnungsbehörden als rechtswidrig empfundenen Verhaltens geht. Andernfalls hätte man froh sein sollen, dass mit der Abtretung des Herausgabeanspruchs an den Rechtsanwalt die Gefahr für die öffentliche Sicherheit und Ordnung ohne weiteres Zutun und ohne weiteren Aufwand für die Behörden gebannt wurde, weil das Geld in den Verfügungsbereich des Rechtsanwalts überging.[368]

Wenn der VGH München in diesem Zusammenhang ausführte, mit der präventiven Sicherstellung könne ebenso wie im Falle der strafrechtlichen Vermögensabschöpfung ein Verfügungsverbot einhergehen, so macht das deutlich, dass hier offensichtlich der Sinn und Zweck der jeweiligen Rechtsinstitute nicht hinreichend berücksichtigt wurde. Während die strafrechtliche Vermögensabschöpfung den Entzug deliktisch erlangter Gegenstände im Wege eines quasikondiktionellen Ausgleichsanspruchs verfolgt, geht es bei der präventiven Sicherstellung *nur* um Gefahrenabwehr. Das Verfügungsverbot im Rahmen der strafrechtlichen Vermögensabschöpfung hat folglich den Sinn, eine unberechtigte (weitere) Vermögensverschiebung zu unterbinden. Bei der präventiven Sicherstellung liegt der Grund für die Sicherstellung indes nicht in der Vergangenheit, sondern in einer *Zukunftsprognose*. Wenn die künftige Gefahr dadurch gebannt wird, dass der Betroffene auf den Gegenstand verzichtet und ihn einem Dritten überlässt, so darf diesem Wegfall der Gefahr nicht durch Verfügungsverbote entgegengewirkt werden. Ein Verfügungsverbot kann schon in Bezug auf jene Verfügungen, die die Gefahr ausschließen würden, nicht erforderlich, schon gar nicht angemessen sein. Es wäre vielmehr mit der Aufforderung an den Hausfriedensbrecher zu vergleichen, das Grundstück zu verlassen, ihm aber gleichzeitig aufzutragen, sich nicht mehr zu bewegen.

368 Im Ergebnis ebenso: *Söllner* DVBl. 2010 1386, 1388.

Die Entscheidung des VGH München macht deutlich, dass es in Fällen der präventiven Sicherstellung in Wahrheit nicht darum geht, eine Gefahr für die öffentliche Sicherheit und Ordnung zu verhindern, sondern darum, das aus Sicht der Polizeibehörden „ärgerliche" Ergebnis eines Ermittlungsverfahrens, in diesem Fall eine Einstellung nach § 154, im Nachgang zu konterkarieren und dem „Kriminellen" weiterhin Gegenstände vorzuenthalten, die er deliktisch erlangt haben soll. Die Abtretung und das daraus resultierende Freigabeerfordernis werden als erneutes Ärgernis empfunden, weil man das Geld dadurch eigentlich wieder freigeben müsste. Während man versucht, diesem Verlust mit Verfügungsverboten zu begegnen, wird übersehen, dass gerade aus diesem Vorgehen deutlich wird, dass das wirkliche Motiv für die präventive Sicherstellung eine Sanktionierung des Betroffenen ist. Eine strafähnliche Maßnahme an die *qua natura* umfangreiche Sicherstellungsgeneralklausel des Polizeirechts anzuknüpfen und die Entwicklung einer innovativen Gefahrenabwehrmaßnahme zu behaupten, ist die wahrhaftige „Trickserei".

Auch aus sonstigen wertenden Kriterien folgt damit die strafähnliche Wirkung der präventiven Sicherstellung.

dd) Ergebnis

Der mit der präventiven Sicherstellung verfolgte Zweck, ihr Rechtsgrund und auch sonstige wertende Kriterien belegen die strafähnliche Wirkung der präventiven Sicherstellung. Sie dient dazu, einem Beteiligten, dem strafrechtliche Schuld bei der Erlangung eines bestimmten Gegenstandes nicht nachgewiesen werden konnte, diesen Gegenstand gerade aufgrund der fehlenden Nachweisbarkeit strafrechtlich relevanten Verhaltens wegzunehmen. Man geht davon aus, dass das Ermittlungsverfahren zu Unrecht nicht mit einer Schuldfeststellung geendet hat und dem Straftäter zu Unrecht seine rechtswidrigen Vorteile belassen wurden. Das einzige Mittel, den Straftäter dann doch noch zu sanktionieren, wird in der präventiven Sicherstellung erblickt. Dem vermeintlichen Kriminellen soll damit das aus der Tat Erlangte dauerhaft entzogen und ihm deutlich gemacht werden, dass sich Straftaten nicht lohnen. Unter diesen Gesichtspunkten liegt *Rachor* zunächst richtig, wenn er die präventive Sicherstellung als „eine unzulässige Substituierung der im Einzelfall fehlenden strafrechtlichen Voraussetzungen für die Anordnung des Verfalls" beschreibt.[369]

369 Lisken / Denninger^5 / *Rachor* E 693; vgl. auch die Ausführungen von *Ottow* S. 100 zur Videoüberwachung öffentlicher Räume: „Dabei unterminieren diese Befugnisse aufgrund ihrer Kombination aus gefahrenabwehrrechtlichem Regelungsstandort und tat-

Man muss jedoch noch darüber hinausgehen. Mit der präventiven Sicherstellung soll auf verwaltungsrechtlichem Wege dasselbe Ergebnis erzielt werden, das vor Einführung der Verfallsvorschriften der Geldstrafe vorbehalten war.[370] Die Intention der „Erfinder" der präventiven Sicherstellung war ausdrücklich, „Ärgernisse" bei der Polizei zu beseitigen und korrigierend in das Ergebnis eines Strafverfahrens einzugreifen. Der Beteiligte sollte spüren, dass er „so" nicht davonkommt. *Lindemann* ist deshalb zuzustimmen, wenn er ausführt, dass die „Abschöpfungsmaßnahmen sowohl von ihren faktischen Wirkungen als auch von der dahinter stehenden Intention her mit einer Strafsanktion zu vergleichen" sind.[371] Mit der Unschuldsvermutung sind bei fehlender rechtskräftiger Schuldfeststellung unstrittig aber nur solche Maßnahmen vereinbar, die *keinen* Strafcharakter haben.[372]

Maßnahmen der präventiven Sicherstellung können nach alledem nur dann ohne Verstoß gegen die Unschuldsvermutung vorgenommen werden, wenn die der Strafmaßnahme zu Grunde liegende Schuld des Beteiligten in einem rechtsstaatlichen, prozessordnungsgemäßen Verfahren festgestellt wird. Es stellt sich im Folgenden deshalb abschließend die Frage, ob die Feststellungen zur Schuld des Beteiligten bei Maßnahmen der präventiven Sicherstellung diesen Anforderungen genügen.

f) Schuldfeststellungen in einem rechtsstaatlichen, prozessordnungsgemäßen Verfahren?

Entscheidungen zur präventiven Sicherstellung ergehen im Verwaltungsverfahren. Es stellt sich deshalb die Frage, ob dem Anspruch des Beteiligten auf ein rechtsstaatliches, prozessordnungsgemäßes Verfahren der Schuldfeststellung auch im Verwaltungsprozess Genüge getan werden kann[373] oder ob es dazu eines formellen *Strafverfahrens* bedarf.

---

sächlich strafverfolgender Zielrichtung nicht nur die Systematik des Gefahrenabwehrrechts und die der StPO; …". Dies kann man auf die präventive Sicherstellung vollumfänglich übertragen.

370 Vgl. dazu ausführlich unter B), IV.

371 *Lindemann* S. 407.

372 BVerfG BeckRS 2016 41180; OLG Rostock BeckRS 2013 03727.

373 Siehe dazu auch *Ahlbrecht* StV 2016 257, 258.

aa) Auffassung der Bundesregierung vor dem EGMR

Für die Rechtsauffassung, strafrechtliche Schuld könne auch außerhalb des eigentlichen Strafverfahrens festgestellt werden, hatte die damalige Bundesregierung vor dem Europäischen Gerichtshof für Menschenrechte in einem vergleichbaren Fall argumentiert. Der Entscheidung lag ein Sachverhalt zu Grunde, in dem das zuständige Strafgericht einen Bewährungswiderruf veranlasst hatte, nachdem es sich „die Gewissheit verschafft“ hatte, dass sich der Beschwerdeführer des Betruges schuldig gemacht hat. Die Bundesregierung vertrat die Auffassung, strafbares Verhalten könne auch in einem anderen gerichtlichen Verfahren als in einem Strafverfahren festgestellt werden.[374] Es widerspreche der Unschuldsvermutung nicht, wenn für dieses außerstrafrechtliche Verfahren auch ohne rechtskräftige Verurteilung im Strafverfahren bestimmte Folgerungen gezogen würden.

bb) Die Auffassung des EGMR

Dieser Ansicht der Bundesregierung ist der Europäische Gerichtshof für Menschenrechte ausdrücklich nicht gefolgt. Er führte aus, dass die Unschuldsvermutung im Lichte der generellen Verpflichtung zu einem fairen Verfahren nach Art. 6 Abs. 1 EMRK eine Schuldfeststellung außerhalb des Strafverfahrens vor dem zuständigen Gericht ausschließt, ungeachtet der Verfahrensgarantien in solch einem Verfahren und unbeschadet allgemeiner Zweckmäßigkeitserwägungen.[375] Der EGMR betonte in einem erst kürzlich entschiedenen, ebenfalls aus Deutschland stammenden Verfahren, dass es die Aufgabe des Tatgerichts und nicht die eines anderen Gerichtes sei, sich von der Schuld des Beschuldigten zu überzeugen.[376]

cc) Stellungnahme

Die Auffassung des Gerichtshofs überzeugt schon deshalb, weil nur das Strafverfahren und die dort geltenden Prozessmaxime geeignet sind, strafrechtliche Schuld zu konstatieren. Es wurde hier bereits umfassend auf die Unterschiede zwischen Verwaltungs- und Strafverfahren schon in Bezug auf die Mitwirkungsobliegenheiten des Beteiligten eingegangen.[377] Danach hat der Betroffene grundsätzlich an der Sachverhaltsaufklärung mitzuwirken und sein Schweigen

---

374 So die Bundesregierung in ihrem Vortrag vor dem Europäischen Gerichtshof für Menschenrechte, EGMR NJW 2004 43.

375 EGMR NJW 2004 43, 45.

376 EGMR StV 2016 703, 704.

377 Siehe dazu ausführlich unter E), IX., 1. a).

kann zu seinem Nachteil ausgelegt werden.[378] Schon deshalb ist eine strafrechtliche Schuldfeststellung im Verwaltungsverfahren schlicht ausgeschlossen. Die Aufgabe des Strafprozesses ist es, den Strafanspruch des Staates in einem prozessordnungsgemäßen Verfahren durchzusetzen.[379] Dieses „Monopol des Strafprozesses“[380] kann weder einem anderen Strafgericht, schon gar nicht einem *nicht* der Strafgerichtsbarkeit zugehörigen Gericht übertragen werden.

Hierin unterscheidet sich die präventive Sicherstellung dann auch maßgeblich von § 73d StGB a.F. Im Rahmen des erweiterten Verfalls musste sich das *Tatgericht* die Überzeugung der deliktischen Herkunft der einzuziehenden Gegenstände verschaffen[381] und nur das *Tatgericht* war zu dieser Entscheidung unter Beachtung der Strafprozessmaximen befugt.

Das Verwaltungsverfahren genügt unter diesen Aspekten den Anforderungen der Unschuldsvermutung an ein rechtsstaatliches, prozessordnungsgemäßes Verfahren zur Feststellung strafrechtlicher Schuld nicht.[382]

dd) Ergebnis

Zusammenfassend kann an dieser Stelle festgehalten werden, dass die präventive Sicherstellung in ihrer bisher praktizierten Form *strafähnliche Wirkung* hat, ohne dass in einem strafprozessualen Verfahren die Schuld des Beteiligten festgestellt wurde. Damit verstößt die präventive Sicherstellung gegen die Unschuldsvermutung, völlig unabhängig davon, ob sie nur an einen verbleibenden Tatverdacht anknüpft oder eine rein präventive Maßnahme ist. Aufgrund der auf Dauer angelegten[383] Besitzentziehung liegt eine strafähnliche Maßnahme vor, die mit der Unschuldsvermutung des Art. 6 Abs. 2 EMRK nicht vereinbar ist.

---

378 Vgl. statt vieler: BVerwG NVwZ 1987 404, 405; BVerwG NVwZ 1987 802, 803; BeckOK-VwVfG / *Herrmann* § 26, 38; *Kopp* / *Ramsauer* § 26, 44.

379 BVerfGE 82 106, 114; BVerfGE 74 358, 370; VGH Berlin BeckRS 2013 50781 zur Anwendbarkeit der Unschuldsvermutung im Vollstreckungsverfahren. *Staudinger* S. 57 führt zu Recht aus: „Die rechtskräftige Aussage über Schuld oder Unschuld fällt im deutschen Strafprozess am Ende des Verfahrens.“ Man kann ergänzen: „und eben nicht im anschließenden Verwaltungsverfahren“.

380 *Dannecker* JZ 2013 924, 926.

381 Vgl. zum erweiterten Verfall ausführlich unter B), V., 6., a).

382 In diesem Sinne wohl auch *Ahlbrecht* StV 2016 257, 258.

383 Siehe dazu auch VG Wiesbaden BeckRS 2016 48780: „…eine präventiv-polizeirechtliche Sicherstellung [ist] als Maßnahme der Gefahrenabwehr grundsätzlich vorübergehender Natur“.

g) Ergebnis

Die Untersuchung der präventiven Sicherstellung auf ihre Vereinbarkeit mit der Unschuldsvermutung hat aufgezeigt, dass die präventive Sicherstellung erhebliche Schnittmengen mit der strafprozessualen Vermögensabschöpfung aufweist und deshalb schon Zweifel bestehen, ob es sich tatsächlich um eine rein präventive Maßnahme handelt. Aufgrund des mit ihr verfolgten Zwecks, dem Rechtsgrund ihrer Anordnung und unter sonstigen wertenden Kriterien kommt ihr jedenfalls *strafähnliche* Wirkung zu, so dass bereits darin ein Verstoß gegen die Unschuldsvermutung liegt. Welche Konsequenzen dieser Verstoß hat, ist eine verwaltungsrechtliche Frage, die nicht Gegenstand dieser strafrechtlichen Untersuchung sein soll.[384]

Sollen präventive Sicherstellungsmaßnahmen durchgeführt werden, ohne gegen die Unschuldsvermutung zu verstoßen, so verbleibt den Ordnungsbehörden künftig nur die Möglichkeit, diese auf das zu beschränken, was sie ursprünglich einmal waren, nämlich Gefahrverhütungsmaßnahmen zur kurzfristigen Neutralisierung von Gefahren für die öffentliche Sicherheit oder Ordnung. Dieses Ziel wird erreicht, indem von einer gezielten, *dauerhaften* Besitzentziehung Abstand genommen und wieder eine rein auf Gefahrverhütung ausgerichtete, temporäre Sachentziehung in den Fokus genommen wird.[385] Dabei kommt es nicht darauf an, welche Begründung die Behörde wählt, um die Sache zu entziehen, sondern ausschließlich darauf, welche tatsächliche Intention mit der Sicherstellung verfolgt wird. Entscheidend ist, um es mit den Worten *De Gaetanos* zu sagen, dass keine angestrengte exegetische Übung erfolgt, mit der eine Maßnahme verteidigt wird, die verfassungsrechtlich nicht verteidigt werden kann.[386] Eine dauerhafte Besitzentziehung unter lediglich retrograder Betrachtung des Geschehens mit der Behauptung einer rechtswidrigen Besitzerlangung und gleichzeitiger

384 Erst kürzlich hat der Bundesgerichtshof für das Strafverfahren erklärt, da die Unschuldsvermutung keine in allen Einzelheiten bestimmten Ge- und Verbote enthalte, bedürften ihre Auswirkungen auf das Verfahrensrecht der Konkretisierung durch den Gesetzgeber, je nach den sachlichen Gegebenheiten, vgl. BGH NJW 2016 3670, 3672. An der Auffassung der Vorinstanz, ein Verstoß gegen die Unschuldsvermutung könne über eine Kompensation nach dem Vollstreckungsmodell ausgeglichen werden, äußerte der Senat Bedenken.

385 Zutreffend deshalb VG Darmstadt BeckRS 2017 129426: „Letztlich kann die präventivpolizeiliche Sicherstellung nur vorübergehender Natur sein. Sie kann nicht dazu dienen, im Wege einer dauerhaften Maßnahme die strafprozessualen Regelungen der Gewinnabschöpfung nach §§ 73 ff. StGB zu umgehen…“. (Nur) Insoweit zutreffend auch VG Köln vom 3.5.2018, Az.: 20 K 7407/16: „Anders als im Strafverfahren geht es im Rahmen der gefahrenabwehrrechtlichen Sicherstellung nach dem Polizeigesetz jedoch nicht darum, dass Sachen bzw. Gegenstände letztlich an den Staat fallen“.

386 Sondervotum *De Gaetano* EGMR vom 27.3.2014, Az.: 54963/08.

Verweigerung der Möglichkeit der Gefahrbeseitigung ist deshalb prinzipiell wegen Verstoßes gegen die Unschuldsvermutung unzulässig.

3. Wesentlichkeitstheorie, Gesetzgebungskompetenz und Bestimmtheitsgrundsatz

Zum Abschluss dieser verfassungsrechtlichen Prüfung soll die präventive Sicherstellung auf ihre Vereinbarkeit mit der Wesentlichkeitstheorie, der Gesetzgebungskompetenz der Länder und dem Bestimmtheitsgrundsatz untersucht werden. Es stellt sich dabei zunächst die Frage, ob Maßnahmen der präventiven Sicherstellung überhaupt einer formellen Ermächtigungsgrundlage bedürfen und wenn ja, ob als eine solche auch eine landesrechtliche Vorschrift in Frage kommen kann. Ist das der Fall, muss festgestellt werden, ob die Sicherstellungsgeneralklauseln der Polizeigesetze der Länder den Anforderungen des Bestimmtheitsgrundsatzes genügen.

a) Allgemeines zu Wesentlichkeitstheorie und Bestimmtheitsgrundsatz

Wesentlichkeitstheorie und Bestimmtheitsgrundsatz sind Ausprägungen des Vorbehalts des Gesetzes.[387] Dieser wird zwar in der Verfassung nicht ausdrücklich benannt, seine Geltung erfährt er jedoch unbestritten aus Art. 20 Abs. 3 GG.[388] Es ist heute allgemeine Meinung, dass der Gesetzgeber verpflichtet ist, in grundlegenden, normativen Bereichen, insbesondere im Bereich der Grundrechtsausübung, alle wesentlichen Entscheidungen selbst zu treffen und diese nicht anderen Normgebern bzw. Gewalten zu überlassen.[389] In Bezug auf die konkrete Ausgestaltung einer Ermächtigungsgrundlage verpflichtet der Bestimmtheitsgrundsatz den Gesetzgeber dazu, im Anschluss an das „Ob“ einer gesetzlichen Regelung in hinreichendem Umfang auch über das „Wie“ zu entscheiden. Die Ermächtigungsgrundlage muss dabei umso präziser und enger gefasst werden, je gewichtiger der Eingriff und je massiver die Auswirkungen auf die Allgemeinheit sind.[390]

Der Bestimmtheitsgrundsatz geht damit über das rein formelle Erfordernis einer gesetzlichen Grundlage für Verwaltungshandeln hinaus und verlangt, dass der

---

387 BVerfGE 98 218, 251.

388 Vgl. statt vieler: BVerfGE 40 237, 248; BVerfGE 49 89, 126; zum Bestimmtheitsgebot konkret: BVerfGE 86 288, 311.

389 BVerfGE 49 89, 126 m.w.N., BVerfGE 98 218, 251; BVerfGE 88 103, 116; BVerfGE 53 30, 56.

390 Instruktiv *Maurer* § 8, 19 ff.

Gesetzgeber die wesentlichen normativen Grundlagen des zu regelnden Sachbereichs selbst festlegt und dies nicht etwa dem Handeln der Verwaltung überlässt.[391] Dadurch wird zwar nicht die Verwendung von Generalklauseln verboten,[392] je intensiver die staatliche Maßnahme aber in die Grundrechte eingreift, desto genauer und differenzierter muss das Gesetz sein.[393] Wesentlichkeitstheorie und Bestimmtheitsgrundsatz sind somit eng verknüpft, aber nicht deckungsgleich.

Will man die präventive Sicherstellung auf ihre Vereinbarkeit mit der Wesentlichkeitstheorie, der Gesetzgebungskompetenz der Länder und dem Bestimmtheitsgrundsatz untersuchen, so gilt es zunächst festzustellen, ob der Regelungsgegenstand überhaupt einer gesetzlichen Grundlage bedarf oder ob es sich um einen untergeordneten Eingriff handelt, der auch ohne formelle Ermächtigungsgrundlage durchgeführt werden kann.

b) Erfordernis einer gesetzlichen Grundlage aufgrund der Wesentlichkeitstheorie

Ob eine hoheitliche Maßnahme einer Regelung durch den parlamentarischen Gesetzgeber bedarf, muss im Hinblick auf den jeweiligen *Sachbereich* und die *Intensität* der Regelung beantwortet werden.[394] Die verfassungsrechtlichen Wertungskriterien sind dabei den tragenden Prinzipien des Grundgesetzes, insbesondere den Grundrechten, zu entnehmen.[395] Die Bestimmung des Wesentlichen bedarf nach Auffassung des Bundesverfassungsgerichts einer „großen Behutsamkeit", um der Gefahr einer zu weitgehenden „Vergesetzlichung" zu begegnen.[396]

aa) Sachbereich der präventiven Sicherstellung

Der Sachbereich der präventiven Sicherstellung liegt auf der Schnittstelle zwischen Straf- und öffentlichem *Verwaltungs*recht. Sie wurde entwickelt, um ehemals Beschuldigten im Anschluss an ein Straf-/Ermittlungsverfahren Sachen

391 BVerfGE 49 89, 127.

392 BVerfGE 56 1, 12 f.; 49 168, 181.

393 BVerfGE 59 104, 114; BVerfGE 86 288, 311.

394 Vgl. statt vieler BVerfGE 49 89, 127 m.w.N.

395 BVerfGE 49 89, 127.

396 BVerfGE 47 46, 79; BVerfGE 98 218, 252: Gewaltenteilung darf nicht durch „einen Gewaltenmonismus in Form eines umfassenden Parlamentsvorbehalts unterlaufen werden…"; Maunz / Dürig / *Grzeszick* Art. 20 Abs. 3, 105 erkennt eine restriktive Tendenz in der Rechtsprechung des Bundesverfassungsgerichts zur Frage, wann die Schwelle zur Wesentlichkeit überschritten ist.

dauerhaft zu entziehen und sie zu Gunsten des Staates zu verwerten, wenn strafrechtliche Einziehungsregeln nicht zur Anwendung kommen.[397] Die präventive Sicherstellung zielt damit auf den dauerhaften Ausschluss des ehemaligen Beschuldigten von der Nutzungs- und Verwertungsmöglichkeit einer Sache.[398] Dies stellt grundsätzlich einen schweren Eingriff in die allgemeine Handlungsfreiheit und das Eigentumsgrundrecht des Betroffenen dar.[399] Die präventive Sicherstellung kann im weiteren auch einen Eingriff in die Berufsausübungsfreiheit darstellen, die von Art. 12 Abs. 1 Satz 2 GG geschützt wird. Das gilt etwa dann, wenn einem Gewerbetreibenden erhebliche Bargeldbeträge vorenthalten werden, die er nach eigenem Bekunden zum Erwerb von Waren einsetzen wollte.[400]

Ausnahmen von diesem Grundsatz kommen in jenen Fällen in Betracht, in denen die Eröffnung des Schutzbereichs des Eigentumsgrundrechts fraglich ist. So kann die Sicherstellungsmaßnahme in den Fällen des § 40 Nr. 2 HSOG etwa darauf gestützt werden, dass der Betroffene nicht Eigentümer der sicherzustellenden Sache ist. In diesen Fallkonstellationen könnte möglicherweise die Eröffnung des Schutzbereichs des Eigentumsgrundrechts zu verneinen sein.[401] Dann würde sich das Erfordernis einer gesetzlichen Regelung unter dem Gesichtspunkt des Sachbereichs der präventiven Sicherstellung nicht mehr aufgrund eines Eingriffs in Art. 14 GG, sondern „nur“ in Art. 2 Abs. 1 GG ergeben. Die Eröffnung des Schutzbereichs des Art. 14 GG wäre jedenfalls abzulehnen.

aaa) Eröffnung des Schutzbereichs von Art. 14 GG in Fällen des § 40 Nr. 2 HSOG?

Nach § 40 Nr. 2 HSOG kann eine Sache – grob zusammengefasst – sichergestellt werden, um den Eigentümer vor Verlust oder Beschädigung der Sache zu schützen. Die Sicherstellungsbehörde bringt in diesen Fällen durch die Maßnahme mindestens konkludent zum Ausdruck, dass sie der Auffassung ist, dass der Beteiligte nicht Eigentümer der sichergestellten Sache ist. Ist der Betroffene aber nicht Eigentümer der Sache, liegt in einer an ihn gerichteten Sicherstellungsverfügung auch kein Eingriff in sein Eigentumsgrundrecht. Der Beteiligte wiederum wird die Behauptung der Sicherstellungsbehörde regelmäßig negieren

---

397 *Hunsicker* PräGe S. 14.

398 *Rohde / Schäfer* NdsVBl. 2010 41.

399 *Hornmann* § 40, 2; Meixner / *Fredrich* § 40, 1, beschränkt auf Art. 14 GG.

400 Siehe dazu den Fall des OVG Bremen StV 2015 625 ff.

401 *Barthel* KommJur 2009 81, 87 f.; so zur fehlenden Schutzbereichseröffnung im Zusammenhang mit § 73d StGB a.F., BVerfGE 110 1, 23 f.

und seinerseits Eigentum an der streitgegenständlichen Sache behaupten. In diesen Fallkonstellationen stellt sich somit die Frage, ob der Schutzbereich des Art. 14 GG bereits dann eröffnet ist, wenn der Grundrechtsträger Eigentum an einem bestimmten Gegenstand *behauptet*, die Exekutive dieses aber verneint.

Bei Beantwortung dieser Frage stößt man auf ein altbekanntes Dilemma im Bereich des Eigentumsgrundrechts, dessen Schutzgut anders als das Leben oder die körperliche Unversehrtheit einer normativen Ausgestaltung bedarf.[402] Dem Gesetzgeber wird einerseits die Verpflichtung auferlegt, das Eigentum zu achten, andererseits soll er es auch definieren und damit gerade den (Schutz-)Bereich festlegen, in den der Staat anschließend Eingriffe rechtfertigen muss.[403] Insbesondere die Frage, wie der verfassungsrechtliche Eigentumsbegriff einfachgesetzlich ausgefüllt werden kann und darf, ist deshalb strittig.[404]

Ohne mit der vorliegenden Untersuchung den Anspruch auf eine umfassende verfassungsrechtliche Auswertung des Schutzbereichs des Art. 14 GG erheben zu können, lassen sich diesbezüglich folgende Ausgangsparameter feststellen: Nach dem weiten verfassungsrechtlichen Eigentumsbegriff ist der Schutzbereich des Art. 14 GG immer dann schon eröffnet, wenn der Bürger in seinem „vermögensrechtlichen Bereich" betroffen ist.[405] Begrenzt wird der Schutzbereich nach der Rechtsprechung des Bundesverfassungsgerichts dort,[406] wo der Betroffene aufgrund der Nichtigkeit des Verfügungsgeschäftes kein Eigentum am streitigen Gegenstand erwerben konnte.[407] Zwischen diesen beiden Extremen gilt es deshalb, strittige Eigentumsverhältnisse zu verorten.

Im Bundestag wurde zu dieser Frage indirekt mit Überlegungen zur Einführung des hier bereits vorgestellten Vermögenseinziehungsgesetzes[408] Stellung genommen und die wohl herrschende Auffassung dargelegt, dass auch bestrittenes Eigentum grundsätzlich als von Art. 14 GG geschützt anzusehen ist.[409] Um verfassungsrechtlichen Belangen bei der Einziehung von Vermögen unklarer Herkunft gerecht zu werden, sollte eine Änderung des Eigentumsgrundrechts in

402 BeckOK-GG / *Axer* Art. 14, 7; ausführlich auch zur Geschichte: Maunz / Dürig / *Papier* Art. 14, 35 ff.

403 In diesem Sinne auch BeckOK-GG / *Axer* Art. 14, 7 f.

404 Vgl. dazu etwa Maunz / Dürig / *Papier* Art. 14, 35 ff.; BeckOK-GG / *Axer* Art. 14, 8 ff.

405 von Münch / Kunig / *Bryde* Art. 14, 13.

406 Vgl. zur unterschiedlichen Auslegung der Senate aber auch *Rönnau / Begemeier* GA 2017 1, 6.

407 BVerfGE 110 1, 23 f.

408 Vgl. dazu den Gesetzentwurf BTDrucks. 12 6784 S. 3 ff. sowie unter E), VI., 2., b), bb).

409 Siehe dazu bereits ausführlich unter E), VI., 4., b).

Art. 14 GG vorgenommen und sein Schutzbereich *expressis verbis* auf solche Vermögenswerte beschränkt werden, die nicht aus Straftaten herrühren oder dafür verwendet werden sollten.[410] Der neu zu schaffende Art. 14 Abs. 4 GG sollte außerdem die entschädigungslose Enteignung von Vermögen ermöglichen, bei dem die auf tatsächliche Anhaltspunkte gestützte Vermutung nicht widerlegt wurde, dass es aus schweren Straftaten herrührt oder dafür verwendet werden soll.[411] Auch wenn der Gesetzentwurf letztlich nicht umgesetzt wurde, der Auffassung, dass auch bestrittenes Eigentum so lange dem Schutzbereich des Eigentumsgrundrechts unterliegt, so lange nicht zur richterlichen Überzeugung die zivilrechtliche Unwirksamkeit des Verfügungsgeschäfts feststeht, kann dieser Gedanken unterstützend zur Seite gestellt werden.[412]

Sie überzeugt außerdem auch aus einem weiteren Grund. So wird in der Verfassungslehre bereits bestritten, dass der Parlamentsgesetzgeber das Eigentum überhaupt einfachgesetzlich definieren darf. Im Umkehrschluss kann dann aber die reine Behauptung der *Exekutive*, Eigentum liege nicht vor, *erst recht* den Schutzbereich des Eigentumsgrundrechts nicht verschließen. Der Sinn und Zweck eines Parlamentsgesetzes liegt darin, dass ihm gegenüber dem bloßen Verwaltungshandeln unmittelbar demokratische Legitimation zukommt und durch das Gesetzgebungsverfahren ein höheres Maß an Öffentlichkeit der Auseinandersetzung und Entscheidungssuche, folglich auch größere Möglichkeiten eines Ausgleichs widerstreitender Interessen, besteht.[413] Wenn aber nicht einmal im Rahmen dieser öffentlichen Auseinandersetzung Eigentum definierbar sein soll, so muss das erst recht für nicht öffentliche Entscheidungen der Exekutive gelten.

Unter rechtsgebietsvergleichenden Gesichtspunkten ist außerdem zu berücksichtigen, dass in den Fällen der strafprozessualen Sicherstellung nach §§ 111b ff. der Schutzbereich des Art. 14 GG ebenfalls *unstrittig* eröffnet ist.[414] Fälle der präventiven Sicherstellung wiederum sind davon gekennzeichnet, dass dem Betroffenen eine deliktische Erlangung des Gegenstandes gerade nicht mit der für eine Verurteilung bzw. Anklageerhebung erforderlichen Sicherheit nachgewiesen werden kann. Wenn aber die Sicherstellung vermeintlich deliktisch erlangter

---

410 BTDrucks. 12 6784 S. 3.

411 BTDrucks. 12 6784 S. 3.

412 *Saliger* ZStW 129 995, 1017 sieht in Art. 72 Abs. 2 des Schweizerischen Strafgesetzbuches und der darin angelegten Beweisvermutung eine mit Art. 14 GG unvereinbare Regelung.

413 BVerfG 40 237, 249.

414 Ständige Rechtsprechung, siehe etwa BVerfG NJW 2005 3630; BVerfG StV 2004 409; siehe aber auch *Rönnau* / *Begemeier* GA 2017 1, 6.

Gegenstände einen Eingriff in das Eigentumsgrundrecht darstellt, muss das erst recht für all jene Gegenstände gelten, für die dieser Nachweis in einem abgeschlossenen Strafverfahren nicht zu führen war. *Julius* führt in Bezug auf vermeintlich deliktisch erlangtes Vermögen deshalb zutreffend aus:

> „Solange nicht – wie in den Fällen des § 73 StGB – der unrechtmäßige Erwerb zur richterlichen Gewißheit feststeht, bleibt der grundrechtliche Schutz in das Vertrauen auf den Fortbestand des Eigentums in gleichem Umfang bestehen wie gegenüber Vermögenspositionen, die im Eigentum strafrechtlich ‘unbelasteter’ Personen stehen.“[415]

Somit ist auch bei Maßnahmen unter Rekurs auf Generalklauseln wie § 40 Nr. 2 HSOG der Schutzbereich des Eigentumsgrundrechts des Beteiligten eröffnet.

bbb) Ergebnis

Eine Sicherstellungsverfügung der Polizei- oder Ordnungsbehörde stellt einen Eingriff in das Eigentumsgrundrecht des Betroffenen dar, so dass der Sachbereich der präventiven Sicherstellung aufgrund seiner Grundrechtsrelevanz[416] eine formalgesetzliche Grundlage für Maßnahmen der präventiven Sicherstellung erforderlich macht.

bb) Intensität der präventiven Sicherstellung

Das Erfordernis einer parlamentarischen Regelung kann sich neben dem betroffenen Sachbereich auch aus der Intensität einer Maßnahme ergeben.[417] Bei Beantwortung der Frage, ob eine bestimmte hoheitliche Maßnahme aufgrund ihrer *Intensität* einer gesetzlichen Ermächtigungsgrundlage bedarf, kann wiederum auf die in den Grundrechten enthaltenen objektiven Wertentscheidungen,[418] aber auch auf die betroffenen Lebensbereiche, die Rechtspositionen des Bürgers und die Eigenart der Regelungsgegenstände zurückgegriffen werden.[419]

---

415 *Julius* ZStW 109 58, 98; noch weitergehend *Wallschläger* S. 42: „Der Schutzbereich des Eigentumsgrundrechtes ist damit für alle wirksam erlangten konkreten Vermögenspositionen eröffnet, unabhängig davon, ob sie rechtmäßig oder deliktisch erworben wurden“.

416 Hier außen vor gelassen wird die Frage nach einem Eingriff in das Grundrecht aus Art. 12 GG. Ein solcher Eingriff ist etwa naheliegend, wenn einem Autohändler, wie im Falle des OVG Bremen StV 2015 625 ff., Bargeld entzogen wird, mit dem er nach eigener Aussage Kraftfahrzeuge kaufen wollte.

417 BVerfGE 98 218, 252.

418 BVerfGE 49 89, 127.

419 BVerfGE 40 237, 249; das gilt freilich auch für den Sachbereich der Regelung, spielt im hiesigen Zusammenhang dort aber eine untergeordnete Rolle und wurde deshalb dort ausgespart.

Mit der präventiven Sicherstellung wird die *dauerhafte* Entziehung eines Vermögenswertes aus dem Besitz des Beteiligten angestrebt und hierdurch ein Eingriff in Art. 14 GG vorgenommen.[420] Eine auf dauerhafte Entziehung einer Sache gerichtete Maßnahme stellt einen der schwersten Eingriffe in das Eigentumsgrundrecht dar,[421] weshalb die Intensität der Maßnahme schon aufgrund ihres Ziels als hoch einzuschätzen ist. In ihrer Dauerhaftigkeit unterscheiden sich Maßnahmen der präventiven Sicherstellung dann auch in erheblichem Maße von Gefahrenabwehrmaßnahmen, die zwar ebenfalls auf das Eigentumsgrundrecht des Betroffenen Einfluss haben können, grundsätzlich aber nur auf eine *vorübergehende* Sachstandsregelung gerichtet sind.[422]

Die Intensität einer Maßnahme der präventiven Sicherstellung ist außerdem deshalb als hoch einzuschätzen, weil die Verteidigungsmöglichkeiten des Betroffenen erheblich begrenzt sind. Wie ausführlich erläutert, kann sich der Betroffene etwa nur mit Konsequenzen in der Beweiswürdigung auf sein Schweigerecht berufen und es obliegt ihm grundsätzlich die Mitwirkung am Verwaltungsverfahren.[423] Erhebliche Defizite bestehen auch bei den ihm zur Verfügung stehenden Rechtsbehelfen. Während dem von repressiven Vermögensabschöpfungsmaßnahmen Betroffenen die Möglichkeit der Beschwerde gegen die Beschlagnahme nach §§ 111b, 111c zusteht[424] und er damit ohne großen eigenen Aufwand eine gerichtliche Entscheidung herbeiführen kann, ist der präventiv Betroffene zunächst auf das Widerspruchsverfahren beschränkt, das ihm nur eine weitere Entscheidung der Exekutive beschert. Will er schnell eine gerichtliche Entscheidung herbeiführen, bleibt ihm nur der einstweilige Rechtschutz.[425] Dazu muss er aber die Dringlichkeit seines Anliegens glaubhaft machen und wegen der Pflicht zum Gerichtskostenvorschuss nach § 1 Abs. 2 Satz 1 GKG über finanzielle Mittel verfügen. Er steht damit auch insoweit schlechter als im Strafverfahren, das einen solchen Gerichtskostenvorschuss nicht kennt.

420 Siehe dazu schon unter E), II.

421 Jauernig / *Teichmann* § 823, 10; umfassend zum Eigentumsschutz MüKo-BGB / *Wagner* § 823, 213 ff.

422 Siehe dazu ausführlich unter E), IX., 2., d), aa).

423 Siehe dazu ausführlich unter E), IX., 1., a).

424 Siehe dazu ausführlich unter D), V., 7., a).

425 Die Frage, auf welchen Zeitpunkt es für die Beurteilung der Rechtmäßigkeit der Sicherstellungsverfügung ankommt, soll hier offen gelassen werden. Für den Erlasszeitpunkt jedenfalls VGH Kassel BeckRS 2015 49362; VG Wiesbaden BeckRS 2016 48780.

Für das Erfordernis einer formalgesetzlichen Ermächtigung als Grundlage der präventiven Sicherstellung im Sinne der Wesentlichkeitstheorie spricht außerdem ihre strafähnliche Wirkung.[426] Durch sie stehen Maßnahmen der präventiven Sicherstellung aufgrund ihrer Intensität dem Strafrecht deutlich näher als dem Verwaltungsrecht.[427] Strafrechtliche Maßnahmen wiederum sind grundlegend eingriffsintensiver als andere Formen hoheitlichen Handelns. Art. 103 Abs. 2 GG macht deutlich, dass die Eigenart des Strafrechts auch aufgrund seiner alle Lebensbereiche des Betroffenen treffenden Auswirkungen besonderer Aufmerksamkeit durch den Gesetzgeber bedarf und hier kein Spielraum für außergesetzliche Regelungen besteht.

Die Intensität von Maßnahmen der präventiven Sicherstellung spricht somit unter Berücksichtigung der objektiven Wertentscheidungen der Grundrechte, der betroffenen Lebensbereiche und der Eigenart des Regelungsgegenstandes neben ihrem Sachbereich ebenfalls für das Erfordernis einer formalgesetzlichen Ermächtigungsgrundlage.

cc) Zwischenergebnis

Die präventive Sicherstellung greift in erheblichem Maße in das Eigentumsgrundrecht des Beteiligten ein. Ihr Eingriff ist intensiv, denn die präventive Sicherstellung ist auf die dauerhafte Besitzentziehung und Verwertung eines Vermögensgegenstandes zu Gunsten des Staates gerichtet. Der Sachbereich der präventiven Sicherstellung und die Intensität einer solchen Maßnahme erfordern unter Berücksichtigung der Wertentscheidungen des Grundgesetzes, insbesondere des Eigentumsgrundrechts, eine formalgesetzliche Regelung der präventiven Sicherstellung durch den Gesetzgeber.

c) Gesetzgebungskompetenz des Landesgesetzgebers

Nachdem festgestellt wurde, dass Maßnahmen der präventiven Sicherstellung einer formellen Ermächtigungsgrundlage bedürfen, stellt sich die Folgefrage, ob die aktuell zur Rechtfertigung einer präventiven Sicherstellung herangezogenen Ermächtigungsgrundlagen der Sicherstellungsgeneralklauseln der Länder einen solchen Eingriff im Einklang mit der Verfassung rechtfertigen können.

---

426 Siehe dazu ausführlich unter E), IX., 2., e).

427 Siehe dazu auch den Beschluss des VG Wiesbaden BeckRS 2016 48780, in dem Maßnahmen nach §§ 73, 73d StGB a.F. (aus Sicht der Behörde, das Gericht wies darauf hin, dass eine Sicherstellung sogar nur nach § 94 erfolgt war) aufgehoben wurden, weil die Voraussetzungen nicht vorlagen und dann gestützt auf § 40 HSOG dasselbe Ergebnis herbeigeführt werden sollte.

aa) Gesetzgebungskompetenz

Fraglich ist zunächst, ob der Landesgesetzgeber für eine Regelung zur präventiven Sicherstellung überhaupt zuständig sein kann. Zwar haben die Länder nach Art. 70 Abs. 1 GG grundsätzlich die Gesetzgebungskompetenz, allerdings nur in den Bereichen, in denen das Grundgesetz dem Bund nicht ausdrücklich eine Gesetzgebungskompetenz zuspricht. Die präventive Sicherstellung könnte als eine Maßnahme des Strafrechts zu behandeln sein, das nach Art. 74 Abs. 1 Nr. 1 GG Teil der konkurrierenden Gesetzgebung ist. Im Bereich der konkurrierenden Gesetzgebung haben die Länder die Befugnis zur Gesetzgebung indes nur, solange und soweit der Bund nicht von seiner Gesetzgebungskompetenz Gebrauch gemacht hat, Art. 72 Abs. 1 GG.

Es gilt deshalb zu untersuchen, ob die präventive Sicherstellung dem Strafrecht im Sinne des Art. 74 Abs. 1 Nr. 1 GG zuzuordnen ist und wenn ja, ob der Bundesgesetzgeber diesbezüglich abschließend von seiner Gesetzgebungskompetenz Gebrauch gemacht hat. Nur wenn beide Fragen zu verneinen sind, käme als Ermächtigungsgrundlage für Maßnahmen der präventiven Sicherstellung überhaupt eine Vorschrift des Landespolizeirechts in Betracht, andernfalls bedürfte es einer bundesgesetzlichen Regelung.

aaa) Die präventive Sicherstellung als Maßnahme des Strafrechts gem. Art. 74 Abs. 1 Nr. 1 GG

Es stellt sich zunächst die Frage, was unter dem Begriff des Strafrechts in Art. 74 Abs. 1 Nr. 1 GG zu verstehen ist. Das Grundgesetz selbst liefert keine Definition, weshalb das Bundesverfassungsgericht über einer an Wortlaut, historischer Entwicklung, Systematik und Normzweck orientierten Auslegung dazu kommt, dass zum Strafrecht all die Regelungen zählen, die als nachträgliche, repressive oder auch präventive staatliche Reaktionen an eine Straftat anknüpfen, ausschließlich für Straftäter gelten und ihre sachliche Rechtfertigung aus der Anlasstat beziehen.[428]

Der überwiegende Teil dieser Kriterien ist bei Maßnahmen der präventiven Sicherstellung erfüllt. So wurde hier bereits dargestellt, dass die präventive Sicherstellung eine nachträgliche staatliche Reaktion auf eine Straftat ist, die anlässlich eines nicht zu einer Verurteilung führenden Strafverfahrens vorgenommen wird. Sie knüpft dabei an eine Straftat an und bezieht ihre sachliche Rechtfertigung

428 BVerfGE 109 190, 211 f. mit Hinweisen auf die abzulehnende, enge Auslegung, die reine Präventionsmaßnahmen nicht erfassen würde.

aus der vermeintlichen Anlasstat.[429] Fraglich ist einzig, ob die präventive Sicherstellung auch ausschließlich für Straftäter gilt. Bedenken bestehen deshalb, weil die Sicherstellungsgeneralklauseln der Landespolizeigesetze grundsätzlich gegenüber jedermann anwendbar sind, eine begangene Straftat nicht voraussetzen und der von der präventiven Sicherstellung Betroffene gerade kein *Straftäter* im wörtlichen Sinne, das heißt „nicht verurteilt“ sein muss.

Das Bundesverfassungsgericht hat in seiner Grundsatzentscheidung zur Definition des Strafrechts im Sinne des Grundgesetzes den Begriff des „Straftäters“ nicht definiert. Die Entscheidung bezog sich auf Fragen zum Bayerischen Straftäterunterbringungsgesetz und dem Unterbringungsgesetz des Landes Sachsen-Anhalt. Dabei ging es um die zentrale Frage, ob die Länder für Ermächtigungsgrundlagen der sog. nachträglichen Sicherungsverwahrung zuständig sein konnten. Eine solche kam nach beiden Gesetzen aber ohnehin nur für diejenigen Personen in Betracht, die zuvor wegen einer schuldhaft begangenen Tat verurteilt worden waren.[430] Eine ausdrückliche Bezeichnung, dass unter den Begriff des Straftäters nur solche Personen fallen, deren Schuld in einem Strafurteil festgestellt worden war, war in diesem Zusammenhang überflüssig.

Allerdings hat das Bundesverfassungsgericht ausgeführt, dass sich kein die Kompetenz des Strafgesetzgebers begründender Sachzusammenhang ergibt, wenn eine Maßnahme nicht nur gegenüber Straftätern, sondern auch gegenüber anderen Personen ergriffen werden kann oder die Anlasstat nicht notwendige Bedingung einer Präventivmaßnahme ist.[431] Auf § 40 HSOG gestützte Sicherstellungsmaßnahmen trifft genau das zu. Es findet in Bezug auf die Sicherstellung jedenfalls rein formal gerade keine Anknüpfung an eine begangene Straftat, sondern nur an eine Gefahrenprognose statt und die Maßnahme nach § 40 HSOG kann grundsätzlich gegenüber jedermann ergehen.

Es stellt sich deshalb an dieser Stelle die Frage, wie der Begriff des „Straftäters“ im Sinne der Rechtsprechung des Bundesverfassungsgerichts zu verstehen ist. Es kommt hier einerseits eine enge, am Wortlaut orientierte Auslegung in Betracht, wonach es tatsächlich zu einer strafrechtlichen Verurteilung gekommen sein muss. Andererseits ist auch eine weite Auslegung denkbar, die nicht an die Verurteilung, sondern die Durchführung eines Strafverfahrens ohne Berücksichtigung seines Ausgangs anknüpft.

---

429 Siehe zu all dem bereits ausführlich unter E), II.

430 BVerfG 109 190, 219.

431 BVerfG 109 190, 217.

Gegen ein enges Verständnis des Begriffs des Straftäters spricht dabei zunächst der Wortlaut des Art. 74 Abs. 1 Nr. 1 GG. Dieser sieht nicht vor, dass nur solche Regelungen dem „Strafrecht" unterliegen, die auf eine strafrechtliche *Verurteilung* gerichtet sind oder diese voraussetzen. Die ganz überwiegende Auffassung geht deshalb auch von einem weiten Strafrechtsbegriff in Art. 74 Abs. 1 Nr. 1 GG aus. Danach ist die Gesamtheit der Rechtsnormen, die für eine rechtswidrige Tat eine Strafe, Buße oder Maßregel der Besserung und Sicherung vorsehen, dem Strafrecht zuzuordnen.[432] Eine Schuldfeststellung und eine daraus resultierende Verurteilung sind nicht notwendig.

Es muss außerdem Berücksichtigung finden, dass nur eine weite Auslegung des Straftäterbegriffs dem Sinn und Zweck des Art. 74 GG gerecht wird. Der Telos des Art. 74 Abs. 1 Nr. 1 GG liegt gerade darin, ein Auseinanderfallen von der Bundeskompetenz unterfallenden Maßnahmen des Schuldstrafrechts und der Landeskompetenz unterfallenden Maßnahmen, die an eine Straftat anknüpfen, aber keine Schuldfeststellung voraussetzen, zu verhindern.[433] Genau dies aber bezweckt die präventive Sicherstellung, indem Vermögenswerte, die im Strafverfahren freigegeben wurden, nach Polizeirecht sichergestellt werden, obwohl beide Maßnahmen *aus Anlass der Straftat* ergehen. Es wird damit ein Parallelabschöpfungsrecht betrieben, das zu einer zufälligen Kompetenzverteilung führt, je nachdem, ob der Beschuldigte verurteilt oder freigesprochen bzw. das Ermittlungsverfahren eingestellt wird. Anlass beider Abschöpfungsmaßnahmen ist eine vermeintliche Straftat, so dass mit dem Sinn und Zweck des Art. 74 Abs. 1 Nr. 1 GG nur eine einheitliche (bundesrechtliche) Gesetzgebungskompetenz in Betracht kommt.[434]

Hierfür spricht maßgeblich auch, dass eine gezielte Umgehung der Gesetzgebungskompetenz des Bundes durch allumfassende Generalklauseln der Länder ausnahmslos unzulässig ist.[435] Es kann insoweit zwar vorkommen, dass eine Ermächtigungsgrundlage vom Wortlaut her Maßnahmen ermöglicht, die nicht in die Gesetzgebungskompetenz ihres Normgebers fallen und die spezialgesetzlich schon anderweitig geregelt sind. Daraus folgt jedoch nicht, dass damit auch

432 BVerfG 109 190, 213; BVerfGE 85 134, 142; Maunz / Dürig / *Maunz* Art. 74, 63; Dreier / *Wittreck* Art. 74, 19; *Peglau* NJW 2001 2436, 2437; *Ullenbruch* NStZ 2001 292, 294.

433 BVerfG 109 190, 218.

434 Die Ausführungen von *Ullenbruch* NStZ 2001 292, 294 zur nachträglichen Sicherungsverwahrung sind auf Fälle der präventiven Sicherstellung gut zu übertragen: „Wirklicher Anordnungsgrund ist die vorangegangene Straffälligkeit…bleibt die Maßnahme eine – wenn auch zeitlich verzögerte – 'Reaktion' auf eine Straftat…".

435 Für den umgekehrten Fall der Umgehung landesrechtlicher Vorschriften durch den Bundesgesetzgeber: BVerfG 110 141, 174.

sämtliche, vom Wortlaut möglichen Maßnahmen, dem Kompetenzbereich dieses Normgebers zuzuordnen wären. Die Generalklausel bleibt in einem solchen Fall nur für die Fälle anwendbar, die nicht schon anderweitig spezialgesetzlich geregelt und dem originären Kompetenzbereich eines anderen Gesetzgebers zuzuordnen sind.[436] Der Landesgesetzgeber könnte sonst etwa Vorschriften schaffen, die zwar nicht formal an ein Strafverfahren anknüpfen, rein tatsächlich aber nur für strafrechtlich relevante Fälle Bedeutung haben. Dadurch könnten die Länder ihre Gesetzgebungskompetenz letztlich grenzenlos erweitern und die Vorschriften der Art. 70 ff. GG unterlaufen.

Die Auffassung, dass auch eine verurteilungsunabhängige Vermögensabschöpfung der Gesetzgebungskompetenz des Bundes unterliegt, hat im Ergebnis schon das Bundesverfassungsgericht in seiner Grundsatzentscheidung zu § 73d StGB a.F. vertreten. Das Gericht hatte keinen Zweifel daran, dass diese auf „Prävention" ausgerichtete Maßnahme der konkurrierenden Gesetzgebungskompetenz des Bundes zugeordnet ist.[437] Als „Weiterentwicklung" des § 73d StGB a.F. für all die Fälle, in denen das Strafverfahren noch nicht einmal zu einer strafrechtlichen Verurteilung oder gar zur Anklageerhebung geführt hat, unterliegt auch die aus Anlass eines Strafverfahrens erfolgende präventive Sicherstellung ebenfalls der Gesetzgebungskompetenz des Bundes. Diese Ansicht hat der Gesetzgeber durch das Gesetz zur Reform der strafrechtlichen Vermögensabschöpfung noch einmal bestätigt, indem er die verurteilungsunabhängige Vermögensabschöpfung nach § 76a Abs. 4 StGB dem Strafprozess zugeordnet hat.[438] Es wurde hier bereits umfassend dargestellt, dass die selbständige Einziehung zwar nur für ganz bestimmte Katalogtaten überhaupt in Betracht kommt,[439] insoweit aber einen äquivalenten Anwendungsbereich mit der präventiven Sicherstellung hat, als auch hier gezielt Vermögenswerte eingezogen werden, die aus rechtswidrigen Taten stammen sollen. Solche Maßnahmen hat der Gesetzgeber ausdrücklich dem Strafrecht zugeordnet, obwohl auch hier keine Verurteilung des Beschuldigten/Angeklagten erfolgt.

436 Siehe die Beispiele bei *Hornmann* § 40, 3 f.; VG Wiesbaden BeckRS 2016 48780 mit einem Vergleich zu § 81b 2. Alt.; Lisken / Denninger / *Graulich* E 661 lehnen wegen der Kollision mit dem als Bundesrecht vorrangigen Strafrecht deshalb eine präventive Gewinnabschöpfung ab; so zum alten Recht schon Lisken / Denninger / *Rachor* E 693.

437 BVerfG 110 1 ff. zu § 73d StGB a.F.

438 Jenen Vergleich zwischen Landesnormen und Bundesnormen zog auch das Bundesverfassungsgericht zur Begründung der Gesetzgebungskompetenz des Bundes, vgl. BVerfGE 109 190, 219.

439 Siehe dazu ausführlich unter E), VI.

Die sowohl in der Literatur als auch in der Rechtsprechung herrschende, weite Auslegung des Strafrechtsbegriffs ist deshalb auch in Bezug auf die Auslegung des Begriffs des „Straftäters" im Sinne der Definition des Bundesverfassungsgerichts bei Art. 74 Abs. 1 Nr. 1 GG anzuwenden. Es kommt deshalb nicht auf eine formelle Verurteilung des Beteiligten, sondern auf seine vorausgegangene strafrechtliche Auffälligkeit an. Da die präventive Sicherstellung in der hier untersuchten Form ausschließlich als Reaktion auf Straftaten erfolgt und deshalb ausschließlich für vermeintliche Straftäter gilt, erfüllt die präventive Sicherstellung alle Voraussetzungen des Bundesverfassungsgerichts an eine Maßnahme des Strafrechts im Sinne des Art. 74 Abs. 1 Nr. 1 GG. Die präventive Sicherstellung unterfällt damit der konkurrierenden Gesetzgebungskompetenz des Bundes.

bbb) Abschließende Bundesregelung?

Sofern der Bundesgesetzgeber im Bereich des Strafrechts abschließend von seiner Gesetzgebungskompetenz Gebrauch gemacht hat, ist den Ländern eine eigenständige Regelung verwehrt. Maßnahmen der präventiven Sicherstellung könnten deshalb nicht auf Landesnormen gestützt werden, wenn es sich bei den strafrechtlichen Bundesvorschriften um abschließende Regelungen handeln würde.

Fraglich ist damit, ob den §§ 73 ff. StGB, 111b ff. abschließender Charakter zukommt. Hiergegen könnte sprechen, dass im Verlaufe dieser Untersuchung bereits deutlich aufgezeigt wurde, dass das Gesetz zur Reform der strafrechtlichen Vermögensabschöpfung für einen erheblichen Bereich der Eigentums- und Vermögensdelikte *keine* verurteilungsunabhängige Vermögensabschöpfung vorsieht und sich daraus mitunter erhebliche Abschöpfungslücken ergeben. Ein klassischer Anwendungsfall der präventiven Sicherstellung etwa dergestalt, dass man Gegenstände bei einer Person auffindet, die deren Herkunft nicht erklären kann und bei denen deshalb der Verdacht eines vorangegangenen Eigentumsdelikts besteht, wird von der selbständigen Einziehung gerade nicht umfasst.[440] Das wiederum könnte in Widerspruch zur Gesetzesintention stehen, die strafrechtliche Vermögensabschöpfung auszuweiten und Abschöpfungslücken zu schließen und zugleich Hinweis darauf sein, dass der Bundesgesetzgeber keine abschließende Regelung getroffen hat.

Allerdings hat der Bundesgesetzgeber im Rahmen der Diskussion um das Gesetz zur Reform der strafrechtlichen Vermögensabschöpfung sehr deutlich gemacht, dass er den *Anspruch* hatte, die aus seiner Sicht verfassungsrechtlich *zulässigen* Mittel der Vermögensabschöpfung „voll" auszuschöpfen. So führte etwa der Parlamentarische Staatssekretär beim Bundesministerium der Justiz

---

440 Siehe dazu bereits ausführlich unter E), VI.

und für Verbraucherschutz *Lange* im Bundestag aus, man wolle *Polizei* und Strafjustiz für den Bereich des Terrorismus und der organisierten Kriminalität ein völlig neuartiges Abschöpfungsinstrument an die Hand geben, das zugleich die Grenze des verfassungsrechtlichen Zulässigen markiere. Das deutsche Vermögensabschöpfungsrecht würde damit zu einem der schärfsten in Europa, könne darüber aber nicht hinausgehen, weil kein noch so guter Zweck in einem Rechtsstaat jedes Mittel heiligen könne.[441]

Die Gesetzesbegründung selbst geht ebenfalls davon aus, dass mit den Eingriffsermächtigungen der §§ 73 ff. StGB die Möglichkeiten der Einziehung abschließend aufgeführt sind. Dort heißt es, dass die Einführung des § 76a Abs. 4 StGB für schwere Straftaten aus dem Bereich des Terrorismus und der Organisierten Kriminalität die Abschöpfungsmöglichkeiten ergänzt und § 76a Abs. 4 Satz 3 StGB die Delikte bestimmt, die als Anknüpfung für eine solche Verurteilung in Betracht kommen.[442] Daraus folgt im Umkehrschluss, dass bei allen anderen Delikten eine verurteilungsunabhängige Vermögensabschöpfung nach Auffassung des Gesetzgebers *unzulässig* wäre und er deshalb von einer Einbeziehung abgesehen hat.[443]

Der Gesetzgeber hat damit deutlich gemacht, dass er in anderen als den in § 76a Abs. 4 Satz 3 StGB bezeichneten Kriminalitätsfeldern *bewusst* auf eine Regelung verzichtet hat und hier keine verurteilungsunabhängige Vermögensabschöpfung vorsehen wollte. Den §§ 73 ff. StGB, 111b ff. kommt damit spätestens seit Inkrafttreten des Gesetzes zur Reform der strafrechtlichen Vermögensabschöpfung abschließender Charakter zu.[444] Die Vorschriften regeln detailliert und nach langem Gesetzgebungsverfahren[445] die genauen Umstände, unter denen Vermögensabschöpfung betrieben werden kann. Die *enumerative Aufzählung* der Katalogtaten, die eine Einziehung auch dann ermöglichen sollen, wenn der Betroffene *nicht* strafrechtlich belangt werden kann, bringt den abschließenden Charakter der Vorschrift auch in der Norm selbst deutlich zum

441 *Lange* Plenarprotokoll 18/193 S. 19227.

442 BTDrucks. 18 9525 S. 73.

443 Anders wohl VG Köln vom 3.5.2018, Az.: 20 K 7407/16, wobei dort wegen des konkreten Geldes gerade kein Strafverfahren eingeleitet worden war.

444 Lisken / Denninger / *Graulich* E 661; zum alten Recht schon VG Wiesbaden BeckRS 2016 48780; Dreier / *Wittreck* Art. 74, 20; *Waechter* NordÖR 2008 473, 479: „Eine gezielte Verwendung der Sicherstellungsgeneralklausel…zur Gewinnabschöpfung…würde…kompetenzwidrig sein…"; Lisken / Denninger[5] / *Rachor* E 693; siehe außerdem Art. 2 ff. EGStGB, § 6 EGStPO.

445 Siehe dazu ausführlich unter A), II.

Ausdruck. Daneben ist für die dauerhafte Vermögenseinziehung über die landesrechtlichen Vorschriften des Polizeirechts kein Platz, denn sie stellt eine Umgehung dieses bundesgesetzgeberischen Willens dar.[446] Sie ist kompetenzwidrig.[447]

bb) Ergebnis

Maßnahmen der präventiven Sicherstellung unterfallen dem Begriff des „Strafrechts" in Art. 74 Abs. 1 Nr. 1 GG. Die Gesetzgebungskompetenz für diese Materie liegt beim Bundesgesetzgeber, der von ihr abschließend Gebrauch gemacht hat.[448] Die präventive Sicherstellung kann deshalb nicht auf Landesvorschriften gestützt werden.

d) Ergebnis

Die präventive Sicherstellung greift in Grundrechte des Beteiligten ein und erfordert deshalb nach den Grundsätzen der Wesentlichkeitstheorie eine Ermächtigungsgrundlage. Die hierfür bisher herangezogenen Vorschriften der Sicherstellungsgeneralklauseln der Länder können diese Aufgabe spätestens seit Inkrafttreten des Gesetzes zur Reform der strafrechtlichen Vermögensabschöpfung nicht mehr erfüllen. Die Vermögenseinziehung ist vom Bundesgesetzgeber abschließend geregelt worden, insbesondere § 76a Abs. 4 StGB zeigt auf, unter welchen Voraussetzungen *verurteilungsunabhängig* Vermögenswerte eingezogen werden können. Für eine landesrechtliche Vermögenseinziehung ist deshalb nach Art. 72 Abs. 1 GG kein Raum. Maßnahmen der präventiven Sicherstellung fehlt es damit schon an einer verfassungsgemäßen Ermächtigungsgrundlage, so dass es auf die Frage, ob die Sicherstellungsgeneralklausel in Zusammenhang mit der präventiven Sicherstellung den Anforderungen an den Bestimmtheitsgrundsatz genügt, nicht mehr ankommt.

Die präventive Sicherstellung ist in ihrer bisher praktizierten Form mangels Ermächtigungsgrundlage verfassungswidrig.

---

446 Im Ergebnis auch Lisken / Denninger / *Graulich* E 661.

447 In diesem Sinne schon *Winterhoff* jM 2015 80, 83; VG Augsburg BeckRS 2014 57220; so auch zumindest konkludent der Bundesrat, der im Rahmen der Reform von einer ausschließlichen Zuständigkeit des Bundes ausging und deshalb von ihm eine Ausweitung der verurteilungsunabhängigen Abschöpfung forderte, BRDrucks. 418/16 S. 1; im Ergebnis ebenso *Korte* wistra 2018 1, 8.

448 *Söllner* NJW 2009 3339, umfassend zur Sicherstellung von Bargeld.

4. Ergebnis

Die Untersuchung der präventiven Sicherstellung auf ihre Vereinbarkeit mit dem Grundgesetz hat einige neue Erkenntnisse gebracht, die bisher in Rechtsprechung und Literatur nicht hinreichend Beachtung gefunden haben.

Unproblematisch ist die präventive Sicherstellung insoweit, als die Mitwirkungslast des Verwaltungsverfahrensgesetzes nur in einem Spannungsverhältnis zum Schweigerecht des Beteiligten im Strafverfahren steht. Es wurde aufgezeigt, dass der Beteiligte auch im Verwaltungsverfahren entgegen seiner Mitwirkungslast aus § 26 Abs. 2 VwVfG schweigen kann, ohne dass er deshalb zwingend sein Rechtschutzziel aufgeben muss. Aus dem Schweigen des Beteiligten darf nicht der Schluss gezogen werden, dass die Sicherstellungsvoraussetzungen vorliegen, es bleibt vielmehr bei der grundsätzlichen Beweislast der Behörde. Selbst wenn es ihr gelingt, die Eigentumsvermutung des § 1006 BGB zu widerlegen, muss sie in einem zweiten Schritt nachweisen, dass mit der Besitzerlangung durch den Betroffenen *kein* Eigentumserwerb einhergegangen ist. Eine mitunter behauptete Beweislastumkehr findet dabei nicht statt. Der Betroffene wird dadurch hinreichend vor einem verfassungswidrigen Interessenkonflikt geschützt.

In Bezug auf die Vereinbarkeit der präventiven Sicherstellung mit der Unschuldsvermutung konnte festgestellt werden, dass die präventive Sicherstellung einer Überprüfung auf ihre Vereinbarkeit mit der Unschuldsvermutung zugänglich ist. Dafür ist es unerheblich, ob man die präventive Sicherstellung als präventive oder repressive Maßnahme begreift, denn ihr kommt in der bisher praktizierten Form strafähnliche Wirkung zu und Maßnahmen mit strafähnlicher Wirkung unterfallen unbestritten dem Schutzbereich der Unschuldsvermutung.

Dabei verstoßen Maßnahmen der präventiven Sicherstellung auch grundsätzlich gegen die Unschuldsvermutung, weil sie auf die dauerhafte Entziehung von Vermögenswerten aufgrund der Überzeugung einer deliktischen Erlangung ohne entsprechende Tatnachweise in einem strafprozessordnungsgemäßen Verfahren gerichtet sind. Soll eine Maßnahme der präventiven Sicherstellung nicht gegen die Unschuldsvermutung verstoßen, so muss sie sich von einer retrograden Betrachtung der strafrechtlichen Ermittlungen lösen[449] und eine Gefahrprognose

---

449 Im Kern daher zutreffend Lisken / Denninger / *Graulich* E 661: „Dass der Bundesgesetzgeber sich mit guten Gründen entschieden hat, die Gewinnabschöpfung an die strafrechtliche Verurteilung des Betroffenen zu knüpfen, ist von den Behörden zu akzeptieren. Rechtsstaatlich nicht akzeptabel ist es, wenn Verwaltungsbehörden demonstrieren wollen, dass sie es besser wissen".

ermöglichen, die sich nicht nur daraus speist, dass der Beteiligte auf vermeintlich rechtswidrigem Wege einen Vermögenswert erlangt hat. Die Sicherstellungsverfügung muss vielmehr erkennen lassen, dass sie *kurzfristig* zum Schutz der öffentlichen Sicherheit erforderlich ist. Die Gefahrprognose bedarf dabei ständiger Überprüfung. Dem Betroffenen muss die Möglichkeit eröffnet werden, den Gefahrverdacht auszuräumen, denn das Gefahrenabwehrrecht dient der Verhütung von Gefahren, nicht der dauerhaften Entziehung von Vermögenswerten aus general- oder spezialpräventiven Gründen.

Schließlich wurde aufgezeigt, dass unabhängig von der konkreten Ausgestaltung einer Maßnahme im Einzelfall, die präventive Sicherstellung aufgrund ihrer Eingriffsintensität nach dem Grundsatz der Wesentlichkeitstheorie einer formellen Ermächtigungsgrundlage bedarf. Diese kann nur vom Bundesgesetzgeber geschaffen werden, da es sich um eine dem Strafrecht i.S.d. Art. 74 Abs. 1 Nr. 1 GG unterfallende Maßnahme handelt. Der Landesgesetzgeber hat aufgrund der abschließenden Regelungen des Strafgesetzbuches und der Strafprozessordnung keine Gesetzgebungskompetenz. Maßnahmen der präventiven Sicherstellung, die auf die dauerhafte Besitzentziehung gerichtet sind, sind somit schon mangels Ermächtigungsgrundlage verfassungswidrig.

X. Ergebnis

Die Untersuchung des Gesetzes zur Reform der strafrechtlichen Vermögensabschöpfung auf die Möglichkeiten der Einziehung von Vermögen *unklarer Herkunft* hat einige neue Erkenntnisse gebracht.

So konnte zunächst festgestellt werden, dass die im Strafgesetzbuch geschaffenen Vorschriften den potentiellen Anwendungsbereich der Einziehung von vermeintlich deliktisch erlangten Vermögenswerten zwar deutlich erweitert haben, diese Vorschriften aber nach wie vor die schon bisher problematischen Fälle der Einziehung von Vermögen unklarer Herkunft nicht vollumfänglich zu lösen vermögen. Das gilt im Zusammenhang mit der erweiterten Einziehung etwa deshalb, weil sie nur zur Anwendung kommen kann, wenn dem Betroffenen eine Straftat nachgewiesen werden kann, wegen der er auch verurteilt wird. Für sämtliche Fälle der Eigentums- und Vermögensdelinquenz, in denen das Ermittlungsverfahren eingestellt oder der Angeklagte freigesprochen wurde, greift sie nicht.

Die Einziehung von Vermögen unklarer Herkunft über die selbständige Einziehung nach § 76a Abs. 4 StGB bedarf zwar keiner solchen Verurteilung, sie unterliegt jedoch aufgrund ihrer Anknüpfung an Katalogtaten und nicht zuletzt aufgrund ihrer Tatbestandsvoraussetzungen erheblichen Anwendungsschwierigkeiten. Es ist deshalb nicht damit zu rechnen, dass sie zu einer erleichterten Einziehung von Vermögenswerten unklarer Herkunft wird beitragen können.

Diverse Fälle der Einziehung von Vermögen unklarer Herkunft lassen sich damit augenscheinlich nach wie vor nur über die präventive Sicherstellung lösen. Das liegt daran, dass sie an die Sicherstellungsgeneralklauseln der Polizei- und Ordnungsgesetze der Bundesländer angeknüpft wird. Für die Sicherstellung ist damit nur eine Gefahr für die öffentliche Sicherheit, jedoch keine richterliche Überzeugung einer bestimmten Straftat erforderlich.

Im Rahmen der Untersuchung der präventiven Sicherstellung auf ihre Verfassungsmäßigkeit konnte festgestellt werden, dass die Initiatoren der präventiven Sicherstellung eine strafähnliche Maßnahme entwickelt haben, deren Auswirkungen den Betroffenen massiv belasten können, ohne dass diese Belastungen durch den Nachweis strafrechtlicher Schuld in einem dafür vorgesehenen Verfahren gerechtfertigt wären. Die präventive Sicherstellung ist daher schon deshalb verfassungswidrig, weil sie gegen die Unschuldsvermutung verstößt.

Sie ist darüber hinaus aber auch kompetenzrechtswidrig, weil eine taugliche Ermächtigungsgrundlage fehlt. Maßnahmen zur dauerhaften Einziehung von Gegenständen unterliegen der Gesetzgebungskompetenz des *Bundes*, der mit dem Gesetz zur Reform der strafrechtlichen Vermögensabschöpfung ausdrücklich erklärt hat, unter welchen Voraussetzungen aus seiner Sicht eine solch verurteilungsunabhängige Vermögenseinziehung in Betracht kommt. Er wollte damit zugleich die Grenzen des verfassungsrechtlich Zulässigen ausschöpfen, so dass für eine parallele Abschöpfung nach den Polizei- und Ordnungsgesetzen der Länder (spätestens) seit dem Inkrafttreten des Gesetzes zur Reform der strafrechtlichen Vermögensabschöpfung kein Raum mehr ist.

Die Möglichkeiten der Einziehung von Vermögen unklarer Herkunft sind durch das Gesetz zur Reform der strafrechtlichen Vermögensabschöpfung damit zwar insgesamt ausgeweitet worden, für die wirklich problematischen Fälle wurden indes keine tauglichen Ermächtigungsgrundlagen geschaffen.

F) Zusammenfassung

Das Gesetz zur Reform der strafrechtlichen Vermögensabschöpfung hat die Möglichkeiten der *vorläufigen Sicherstellung* und der Einziehung von Vermögenswerten *unklarer Herkunft* maßgeblich verändert. So hat der Gesetzgeber mit der Abschaffung des § 73 Abs. 1 Satz 2 StGB a.F. das Verhältnis zwischen Staat und Verletzten grundlegend neu gestaltet, was nicht ohne Konsequenzen für die Auslegung des *Sicherungsbedürfnisses* geblieben ist. Die vorläufige Sicherstellung von Vermögenswerten im Steuerstrafverfahren wurde systematisiert und insgesamt schlüssig gemacht, wohingegen die Einziehung von Vermögenswerten unklarer Herkunft nach wie vor *erhebliche* Schwierigkeiten bereitet. Die bisher umfangreich praktizierte präventive Sicherstellung ist *verfassungswidrig*. Die hier erörterten Aspekte lassen sich im Einzelnen wie folgt zusammenfassen:

I. Möglichkeiten und Grenzen der vorläufigen Sicherstellung in Fällen mit individuellen Verletzten

Der Gesetzgeber hat mit dem Gesetz zur Reform der strafrechtlichen Vermögensabschöpfung erstmals in der Geschichte des Vermögensabschöpfungsrechts *ausdrücklich* ein Tatbestandsmerkmal des Sicherungsbedürfnisses – in der Gesetzesterminologie mit „zur Sicherung der Vollstreckung" umschrieben – als notwendiges Merkmal der vorläufigen Sicherstellung in die Strafprozessordnung aufgenommen, das den früheren Verweis auf einen Arrestgrund nach der Zivilprozessordnung entbehrlich gemacht hat [C), I.]. Daraus resultiert die Fragestellung, wie dieses Tatbestandsmerkmal künftig auszulegen ist.

In der Gesetzesbegründung heißt es dazu, dass das Sicherungsbedürfnis anhand der Rechtsprechung zum früheren Arrestgrund auszulegen sei [C), I.]. Diese Auffassung wurde hier unter Berücksichtigung der bisherigen Regelungen [C), II.] und der Neuregelungen [C), III.] genauer untersucht, wobei anhand der dogmatischen Veränderungen des Vermögensabschöpfungsrechts herausgearbeitet wurde, dass diese vom Gesetzgeber vorgesehene Kontinuität bei der Auslegung nicht gewahrt werden kann. So hat sich durch die Abschaffung des § 73 Abs. 1 Satz 2 StGB a.F. das Verhältnis zwischen Staat und Verletztem grundlegend dergestalt verändert, dass diese beiden Verfahrensbeteiligten nunmehr zwei Gläubiger des Betroffenen sind, die unterschiedliche Interessen in Bezug auf die Geltendmachung ihrer Ansprüche haben können. Während dem Verletzten mit-

https://doi.org/10.1515/9783110625752-008

unter an einer schnellen, damit einhergehend aber unter Umständen nur *teilweisen* Befriedigung seiner Ansprüche gelegen sein kann, verfolgt der Staat grundsätzlich das Ziel einer *vollumfänglichen* Vermögensabschöpfung. Diese divergierenden Interessen können dazu führen, dass ein echter Konflikt zwischen der Staatsanwaltschaft und dem Verletzten entsteht, der darin gipfeln kann, dass die Staatsanwaltschaft Vermögenswerte des Betroffenen (weiterhin) sicherstellt, weil dieser den Verletzten befriedigen und damit den Einziehungsanspruch des Staates zum Erlöschen bringen will [C), III., 3.]. Nach neuer Rechtslage erlischt der staatliche Einziehungsanspruch sogar dann, wenn der Verletzte dem Betroffenen seine Schuld erlässt, wobei hier unter Berücksichtigung der dinglichen Wirkung eines Erlassvertrages herausgearbeitet wurde, dass für diesen Erlass nicht einmal ein Rechtsgrund erforderlich ist [C), III., 2., b)].

In diesen Fällen unterschiedlicher Interessenslagen zwischen Staatsanwaltschaft und Verletzten gehen die Interessen des Verletzten jenen des Staates auch nach Abschaffung des § 73 Abs. 1 Satz 2 StGB a.F. *vor* [C), V.]. Dieser Vorrang ergibt sich zwar nicht aus dem Wortlaut, der insoweit offen ist [C), V., 1.], jedoch sowohl unter teleologischen Gesichtspunkten zu § 73e Abs. 1 StGB, der das Fortbestehen des staatlichen Einziehungsanspruchs akzessorisch an die Existenz des Anspruchs des Verletzten knüpft [C), V., 2., b)], als auch aus allgemeinen Rechtsgrundsätzen des Vermögensabschöpfungsrechts [C), V., 3.].

Aus dieser Hierarchie können Fälle resultieren, in denen das Ziel des Gesetzgebers, mit dem Gesetz zur Reform der strafrechtlichen Vermögensabschöpfung eine Ausweitung der *staatlichen Vermögensabschöpfung* zu ermöglichen und Abschöpfungslücken zu schließen [C), V., 2., a)], hinter das Gesetzesziel der Stärkung der Rechte des Verletzten *zurücktreten muss* [C), V., 2., b)]. Mit der Schaffung des § 73e Abs. 1 StGB hat der Gesetzgeber erkennbar zum Ausdruck gebracht, dass in Konfliktsituationen zwischen den staatlichen Vermögensabschöpfungsinteressen und den Restitutionsinteressen der Verletzten letzteren weiterhin der Vorrang einzuräumen ist. Die Untersuchung hat dabei auch gezeigt, dass *nur* dieser Vorrang der Verletzteninteressen der Rechtsnatur der Vermögensabschöpfung als kondiktioneller Ausgleichsmaßnahme gerecht wird [C), V., 3., c)], auch wenn daraus Abschöpfungslücken entstehen können.

In Bezug auf jene Fälle, in denen die Interessen von Staat und Verletzten *nicht* widerstreitend sind, hat der Gesetzgeber sein Ziel einer Ausweitung der strafrechtlichen Vermögensabschöpfung durch die Reform hingegen weitgehend erreicht. Die neue Rechtslage ermöglicht es den Strafverfolgungsbehörden nach der Abschaffung des § 73 Abs. 1 Satz 2 StGB a.F. im allgemeinen Strafverfahren, mit Ausnahme der vorbeschriebenen Fälle widerstreitender Interessen mit den Verletzten einer Straftat, *grundsätzlich unabhängig von Sicherungsinteressen Dritter* eine Sicherung des Einziehungsanspruchs zu bewirken [C), VI., 1.]. Eine Einziehung ist auch dann möglich, wenn der Verletzte selbst an einem solchen Ausgleich gar kein Interesse zeigt [C), VI., 2.]. Damit hat sich zugleich der Streitstand erledigt, ob bei Maßnahmen der Rückgewinnungshilfe auf das Sicherungsbedürfnis des Staates oder des Verletzten abzustellen ist, wenn sich der Verletzte nicht um die Durchsetzung seiner Ansprüche bemüht [C), II., 3.].

Letztlich konnte durch die Untersuchung der Möglichkeiten und Grenzen der vorläufigen Sicherstellung in Fällen mit individuellen Verletzten auch die Frage beantwortet werden, ob die Einführung eines originären staatlichen Einziehungsanspruchs Auswirkungen auf den Streitstand hat, ob der Staat im Interesse der Verletzten zur Vermögensabschöpfung tätig werden *muss*. Hier konnte festgestellt werden, dass sich an der staatlichen Aufgabe, im Interesse des Verletzten Sicherstellungen vorzunehmen, nichts verändert hat [C), VII., 2.] und eine Sicherstellung auch heute noch möglich ist, wenn der Verletzte ohne sie seine zivilrechtlichen Ansprüche nicht durchzusetzen vermag [C), VII., 3.]. Sind hingegen die Interessen des Verletzten und des Staates ohnehin identisch auf eine Sicherstellung gerichtet, entstehen durch die Reform keine Probleme und kann eine Sicherstellung unter Abwägung mit den Interessen des Betroffenen nach herkömmlichen Grundsätzen erfolgen [C), VIII.].

II. Möglichkeiten und Grenzen der vorläufigen Sicherstellung im Steuerstrafverfahren

Mit dem Gesetz zur Reform der strafrechtlichen Vermögensabschöpfung hat der Gesetzgeber versucht, die vor der Reform umstrittenen Fragen [D), I.] der vorläufigen Sicherstellung im Steuerstrafverfahren zu klären [D), I., 2.].

Im Verlaufe dieser Untersuchung konnte dabei zunächst bestätigt werden, dass die mit der Einführung des § 111e Abs. 6 verbundene Erklärung des Gesetzgebers, dass der Anordnung eines Vermögensarrestes die Möglichkeit eines Vorgehens nach § 324 AO *nicht* entgegensteht, aus methodologischen Erwägungen zuzustimmen ist und die Vorschriften grundsätzlich gleichberechtigt nebeneinanderstehen [D), V., 1.].

Anschließend wurde herausgearbeitet, welche Arrestansprüche des Steuerfiskus im Sinne des § 111h Abs. 2 Satz 2 eine privilegierte Zwangsvollstreckung ermöglichen [D), V., 2., b)]. Es wurde diesbezüglich erläutert, dass die Steuerschuld, die Gegenstand des Vermögensarrestes sein kann, auch jene ist, die „Gegenstand" des Tatvorwurfs ist. Anders als etwa im Zivilverfahren entsteht durch die Straftat der Steuerhinterziehung kein gesonderter Arrestanspruch in Form der §§ 823 ff. BGB [D), V., 2., b)]. Den am Wortlaut orientierten Bedenken gegen die Annahme, dass diese Steuerforderung „aus der Straftat“ „erwachsen“ ist [D), V., 2., c), aa)], stehen teleologische Gesichtspunkte entgegen [D), V., 2., c), bb)], die für eine solche Subsumtion sprechen und insgesamt auch durchschlagen [D), V., 2., c), cc)]. Es verbleibt deshalb dabei, dass der Steuerfiskus *alle* im Zusammenhang mit einer Steuerstraftat relevanten Steueransprüche aufgrund des § 111h Abs. 2 Satz 2 nach § 324 AO privilegiert vollstrecken kann [D), V., 2., d)].

Es wurde im Verlauf der Untersuchung außerdem festgestellt, dass der Regelung in § 111e Abs. 6 nicht der Wille des Gesetzgebers zu entnehmen ist, dass im Steuerstrafverfahren der Nachweis eines Sicherungsbedürfnisses künftig *entbehrlich* wäre [D), V., 3., a)]. Eine solche Norminterpretation ist unter Berücksichtigung von historisch-systematischen Argumenten [D), V., 3., a), aa)] sowie den praktischen [D), V., 3., a), bb)] und tatsächlichen Gegebenheiten [D), V., 3., a), cc)] des Steuerstrafverfahrens abzulehnen. Im Steuerstrafverfahren muss weiterhin ein Sicherungsbedürfnis als obligatorische Sicherstellungsvoraussetzung vorliegen [D), V., 3., a), dd)].

Die Untersuchung hat darüber hinaus auch gezeigt, dass § 111e Abs. 6 nicht zu entnehmen ist, dass die Untätigkeit des Steuerfiskus trotz konkreter Möglichkeit einer Sicherung der Steuerforderung im Wege des § 324 AO künftig im Rahmen des Sicherstellungsbedürfnisses unberücksichtigt bleiben müsste [D), V., 3., b)]. Zwar bieten sich aufgrund der weiten Formulierung des Wortlauts unterschiedliche Auslegungsansätze [D), V., 3., b), aa)], diese müssten sich aber auch systematisch begründen lassen. In diesem Zusammenhang konnte festgestellt werden [D), V., 3., b), bb)], dass der Gesetzgeber eine zeitnahe Überführung des sichergestellten Vermögens in das Besteuerungsverfahren vorgesehen hat, die nur dann erfolgt, wenn der Steuerfiskus von den ihm eingeräumten Möglichkeiten auch Gebrauch macht. Vor dem Hintergrund dieses gesetzgeberischen Ziels, vor allem aber auch unter dem Gesichtspunkt, dass sich die Situation der Vollstreckung für den Steuerfiskus nach dem Wegfall der §§ 111g, 111h StPO a.F. deutlich einfacher darstellt als vor der Reform, der mit dem Vermögensarrest verbundene Eingriff in die Grundrechte des Betroffenen aber nicht an Intensität verloren hat, muss das Sicherungsbedürfnis des Steuerfiskus heute *erst recht* zeitlichen Grenzen unterworfen werden [D), V., 3., c)]. Der Verwirklichung der Ziele des Gesetzgebers stehen dabei weder Hemmnisse aus der Normstruktur des § 324 AO [D), V., 4., a)], noch aufgrund unterschiedlicher Zuständigkeiten innerhalb der Steuerverwaltung [D), V., 4., b)] entgegen, so dass nach Ablauf von drei Monaten in der Regel von einer massiven Reduzierung des Sicherungsbedürfnisses des Steuerfiskus auszugehen ist [D), V., 5.]. Nach Ablauf dieser drei Monate fehlt es überdies regelmäßig nicht nur am Sicherungsbedürfnis, sondern ist ein Vermögensarrest auch unter Verhältnismäßigkeitsgesichtspunkten nicht mehr vertretbar [D), V., 7.]. Dem Steuerfiskus steht dann eine mildere, gleich wirksame Maßnahme der Forderungssicherung zur Verfügung, denn nur diese ermöglicht es dem Betroffenen, einen aus einem zu Unrecht vollzogenen Arrest erwachsenen Schaden im Wege des § 945 ZPO analog geltend zu machen [D), V., 7., a), cc)]. Das schlägt auch auf den Vermögensarrest durch, der deshalb ebenfalls unverhältnismäßig wird, wenn der Steuerfiskus sich nicht um eine entsprechende Überleitung der Steuerforderung in das Steuerverfahren bemüht [D), V., 8., b)].

III. Möglichkeiten und Grenzen der Einziehung von Vermögen unklarer Herkunft

In Bezug auf die Auswirkungen des Gesetzes zur Reform der strafrechtlichen Vermögensabschöpfung auf die Möglichkeiten der Einziehung von Vermögenswerten *unklarer Herkunft* ist zu konstatieren, dass der Gesetzgeber mit den Neuregelungen den potentiellen Anwendungsbereich der strafrechtlichen Vermögensabschöpfung zwar erheblich erweitert hat, die tatsächlich bestehenden Abschöpfungslücken [E), I.] damit aber *nicht* geschlossen werden konnten.

Dieses Ergebnis stützt sich zunächst auf eine Analyse der erweiterten Einziehung nach § 73a StGB [E), IV.], die heute zwar nicht mehr auf bestimmte Strafverfahren beschränkt ist, gleichwohl aber erst dann eingreift, wenn der Angeklagte auch *verurteilt* werden kann [E), IV., 2.]. Sie verlangt folglich die richterliche Überzeugung einer Straftat *und* der deliktischen Herkunft des einzuziehenden Gegenstandes [E), IV., 3.] Diverse Ermittlungsverfahren im Zusammenhang mit Vermögensgegenständen unklarer Herkunft waren in der Vergangenheit indes davon gekennzeichnet, dass dem Betroffenen gerade *keine* bestimmte Straftat nachgewiesen werden konnte und eine Einziehung im subjektiven Verfahren deshalb ausschied [E), IV., 3.]. Die erweiterte Einziehung hat damit zwar einen erheblich größeren Anwendungsbereich als zuvor, sie erfasst aber ausnahmslos nicht jene Fälle, die deshalb Schwierigkeiten bereiteten, weil es *nicht* zu einer strafrechtlichen Verurteilung gekommen war [E), IV., 4.].

Für diese Fälle bietet nur die Vorschrift der verurteilungsunabhängigen selbständigen Einziehung nach § 76a Abs. 4 StGB eine Handlungsmöglichkeit [E), VI.]. Allerdings ist sie zum einen nur anwendbar, wenn eine *bestimmte Katalogtat* Gegenstand der Ermittlungen war [E), VI.], sie stellt zum anderen erhebliche materielle [E), VI., 2., a)] und prozessuale Anforderungen [E), VI., 2., b)] an die Überzeugungsbildung des Gerichts. Diese kommen dadurch zum Ausdruck, dass das objektive Einziehungsverfahren als Antragsverfahren der Strafverfolgungsbehörden ausgestaltet ist [E), VI., 2., b), aa)] und es deshalb an ihnen ist, hinreichende Tatsachen vorzutragen, auf deren Grundlage sich die richterliche Überzeugung von der deliktischen Herkunft des Gegenstandes bilden lässt. Tatsächlich ist es ihnen jedoch schon vor der Reform nicht gelungen, entsprechende Tatsachen vorzutragen. Der Gesetzgeber hat keine tauglichen Möglichkeiten geschaffen, die einen solchen Nachweis nach der Reform einfacher machen und damit die Einziehung von Vermögen unklarer Herkunft wahrscheinlicher werden lassen:

Das hierfür vorgesehene Missverhältniskriterium in § 437 StPO ist jedenfalls nicht geeignet, eine deliktische Herkunft leichter als bisher zu beweisen [E), VI., 4., a)]. Das hängt einerseits damit zusammen, dass die Voraussetzungen für das Vorliegen des „groben Missverhältnisses" kaum zu bestimmen sind [E), VI., 4., a), aa)] und andererseits nach den Grundsätzen der Teilkontermination das „legale" vom „illegalen" Vermögen in jedem Einzelfall genau unterschieden und abgegrenzt werden muss [E), VI., 4., a), bb)]. Das dürfte die Praxis vor erhebliche Schwierigkeiten stellen.

Entgegen den Absichten im Koalitionsvertrag wurde auch an der grundsätzlichen Beweislast der Strafverfolgungsbehörden für die deliktische Herkunft eines Gegenstandes festgehalten [E), VI., 4., b)]. In diesem Zusammenhang wurde herausgearbeitet, dass selbst die Anwendung zivilprozessualer Beweislastgrundsätze keine Beweiserleichterungen mit sich brächte, weil der Betroffene ohnehin nur das substantiiert bestreiten müsste, was die Staatsanwaltschaft ihrerseits zuvor schlüssig dargelegt hat [E), VI., 4., b), aa)]. Die hier als „Dilemma" der selbständigen Einziehung bezeichnete Subsidiaritätsklausel führt dabei dazu, dass regelmäßig nur ein vager Tatsachenvortrag der Strafverfolgungsbehörden wird vorliegen können, den der Betroffene mit gleichermaßen vagen Gegenhypothesen leicht erschüttern können wird [E), VI., 4., a), cc)].

Besonders hervorzuheben ist dabei schon aufgrund der Aktualität der Diskussion die Erkenntnis dieser Untersuchung, dass es auch nach der Reform nicht angeht, nur aufgrund eines groben Missverhältnisses im Sinne des § 437 auf die deliktische Herkunft eines bestimmten Gegenstandes zu schließen [E), VI., 4., b), bb)]. Neben den sich aus der Gesetzeshistorie ergebenden, grundsätzlichen Bedenken, in § 437 einen Anscheinsbeweis zu erblicken [E), VI., 4., b), bb), aaa)], erfüllt das grobe Missverhältnis nicht die zivilprozessualen Mindestvoraussetzungen eines Anscheinsbeweises [E), VI., 4., b), bb), bbb)]. Dass der Gesetzgeber einen strafprozessualen Anscheinsbeweis *sui generis* etablieren wollte, konnte ebenfalls nicht festgestellt werden [E), VI., 4., b), bb), ccc)], was zu der Schlussfolgerung führt, dass § 437 letztlich rein deklaratorischer Charakter zukommt [E), VI., 4., b), bb), ddd)] und die selbständige Einziehung deshalb durch diese Vorschrift nicht maßgeblich erleichtert wurde [E), VI., 4., c)].

Die Beachtung der Subsidiaritätsklausel, dass also das Gericht *ausnahmslos* nur dann zu einer selbständigen Einziehung kommen darf, wenn es von der deliktischen Herkunft der Gegenstände *überzeugt* ist, zugleich aber keine Person wegen der Straftat verurteilt werden kann, ist gerichtlich voll überprüfbar [E), VI., 6.]. Der bisweilen befürchteten uferlosen Ausweitung der selbständigen Einziehung nach § 76a Abs. 4 StGB ist aber nicht nur dadurch, sondern überdies auch damit begegnet, dass auch die Annahme des Vorliegens des Verdachts einer Katalogtat [E), VI., 5.] der gerichtlichen Kontrolle unterliegt. Der hierzu vor der Reform bestehende Meinungsstreit im Zusammenhang mit der Nachprüfbarkeit der Verfolgbarkeit einer bestimmten Person [E), VI., 5., a)] ist durch die Einführung eines Zwischenverfahrens aufgelöst worden [E), VI., 5., b) und E), VI., 6.].

Die selbständige Einziehung wird nach alledem nicht wesentlich zur Vereinfachung der Einziehung von Vermögen unklarer Herkunft beitragen können [E), VII.]. Die Möglichkeiten des Strafgesetzbuches und der Strafprozessordnung stellen insgesamt *deutlich höhere* Hürden auf, als die bereits vor dem Inkrafttreten des Reformgesetzes durchgeführte präventive Sicherstellung.

Die präventive Sicherstellung wurde hier deshalb auf ihre Verfassungsmäßigkeit und die daraus folgenden Möglichkeiten der Einziehung von Vermögen unklarer Herkunft untersucht [E), IX.]. Dabei konnte zunächst festgestellt werden, dass dieses Vorgehen zu *keinem* verfassungswidrigen Verstoß gegen den *nemo tenetur*-Grundsatz führt. Der Betroffene ist im Verwaltungsverfahren der präventiven Sicherstellung keinem regelungsbedingten Interessenkonflikt ausgesetzt, der zu einem solchen Verstoß führen würde [E), IX., 1., f)].

Anders stellt sich das Ergebnis der Untersuchung bezüglich der Vereinbarkeit der präventiven Sicherstellung mit der Unschuldsvermutung dar [E), IX., 2.]. Die Frage, ob die präventive Sicherstellung unter Berücksichtigung ihrer Dauer [E), IX., 2., d), aa), aaa)] und den Ausführungen in der niedersächsichen Verwaltungsvorschrift [E), IX., 2., d), aa), bbb)] überhaupt als Gefahrenabwehrmaßnahme einzuordnen ist, konnte hier letztlich offenbleiben [E), IX., 2., d), bb)], weil festgestellt wurde, dass die präventive Sicherstellung aufgrund der Intention ihrer Verfechter [E), IX., 2., e), aa)], dem Rechtsgrund der Maßnahme [E), IX., 2., e), bb)] und auch aus sonstigen wertenden Kriterien [E), IX., 2., e), cc)], insbesondere dem Sicherstellungszweck [E), IX., 2., e), cc), aaa)] und den mit ihr regelmäßig auferlegten Verfügungsverboten [E), IX., 2., e), cc), bbb)], strafähnliche Wirkung hat. Sie unterliegt deshalb den Anforderungen der Unschuldsvermutung [E), IX., 2., e), dd)].

Die präventive Sicherstellung verstieße in ihrer bisher praktizierten Form daher nur dann nicht gegen die Unschuldsvermutung, wenn ihre Maßnahmen nach den Grundsätzen des Europäischen Gerichtshofs für Menschrechte in einem rechtsstaatlichen, prozessordnungsgemäßen Verfahren zur Feststellung strafrechtlicher Schuld ergingen. Diese Anforderung erfüllt das Verwaltungsverfahren jedoch *nicht* [E), IX., 2., f), cc)], denn ein solches kann nur das Strafverfahren selbst sein. Die präventive Sicherstellung verstößt deshalb gegen die Unschuldsvermutung [E), IX., 2., g)].

Letztlich konnte in Bezug auf die präventive Sicherstellung außerdem herausgearbeitet werden, dass sie nach den Grundsätzen der Wesentlichkeitstheorie [E), IX., 3., a)] eine konkrete Ermächtigungsgrundlage erfordert [E), IX., 3., b)], was sich aus ihrem Sachbereich [E), IX., 3., b), aa)] in Form der Eröffnung des Schutzbereichs des Eigentumsgrundrechts [E), IX., 3., b), aa), aaa)] und ihrer Intensität für den Betroffenen [E), IX., 3., b), bb)] ergibt. Spätestens durch das Inkrafttreten des Gesetzes zur Reform der strafrechtlichen Vermögensabschöpfung ist sie deshalb *verfassungswidrig*, weil die Bundesländer keine Gesetzgebungskompetenz zur Regelung dieser Sachverhalte mehr haben [E), IX., 3., c)]. Maßnahmen der präventiven Sicherstellung sind solche des Strafrechts im Sinne des Art. 74 Abs. 1 Nr. 1 GG und unterliegen damit der konkurrierenden Gesetzgebung zwischen Bund und Ländern [E), IX., 3., c), aa), aaa)]. Den Ländern steht die Gesetzgebungskompetenz in diesen Fällen jedoch nur dann zu, wenn der Bund nicht abschließend von seiner Gesetzgebungskompetenz Gebrauch gemacht hat. Anhand der Ausführungen im Bundestag und in der Gesetzesbegründung konnte indes herausgearbeitet werden, dass eine verurteilungsunabhängige Vermögensabschöpfung nur für die Katalogtaten des § 76a Abs. 4 Satz 3 StGB in Betracht kommen sollte, man darin die *Grenzen* des verfassungsrechtlich Zulässigen sah und deshalb von einer *abschließenden Regelung* auszugehen ist [E), IX., 3., c), aa), bbb)].

Die Anwendung der Sicherstellungsgeneralklauseln der Landespolizei- und Ordnungsgesetze zur Einziehung von Vermögen unklarer Herkunft ist somit (spätestens) seit Inkrafttreten des Gesetzes zur Reform der strafrechtlichen Vermögensabschöpfung mangels Ermächtigungsgrundlage verfassungswidrig [E), IX., 3., d)].

G) Schlussbetrachtung

I.

Der Gesetzgeber hat mit dem Gesetz zur Reform der strafrechtlichen Vermögensabschöpfung die bisherige Rechtslage grundlegend verändert. Begründet wurde dieser Vorstoß damit, dass die früheren Regelungen ihrer hohen kriminalpolitischen Bedeutung nicht gerecht geworden seien, weil sie zu komplex und unübersichtlich gewesen sein sollen. Das Gesetzgebungsvorhaben war vor diesem Hintergrund seiner Prämisse klar konturiert und die Ziele gesteckt: Das Recht der Vermögensabschöpfung war zu vereinfachen, Abschöpfungslücken waren zu schließen und der Opferschutz sollte (weiter) gestärkt werden.

Das Ziel der Reform, die Vermögensabschöpfungsvorschriften zu vereinfachen, war grundsätzlich schon aufgrund der rechtspolitischen, vor allem aber auch der tatsächlichen, Bedeutung der Vermögensabschöpfung in der strafrechtlichen Praxis zu begrüßen. Entsprechende Maßnahmen sind nicht nur für den Betroffenen, sondern auch für den Verletzten und letztlich auch die Rechtsgemeinschaft von erheblicher Relevanz und müssen deshalb möglichst fehlerfrei ergehen. Damit ist freilich noch nicht gesagt, dass dem Gesetzgeber auch darin zuzustimmen ist, dass diese Ziele nicht auf Grundlage des bisherigen Rechts zu erreichen gewesen wären. Dies kann weder verlässlich bestätigt noch verneint werden, fehlt es doch schlicht an entsprechenden Evaluationen. Die hier dargestellten Presseberichte und umfangreichen Nachweise aus der Rechtsprechung lassen jedoch durchaus Raum für Zweifel, dass das frühere Recht tatsächlich keinen nennenswerten Anwendungsbereich hatte. Kritisch könnte man dem Gesetzgeber im Zusammenhang mit der Gesetzesreform deshalb schon grundsätzlich entgegenhalten, dass vor einer so grundlegenden Reform zunächst einmal eine umfangreiche Evaluation zu der erst im Jahr 2007 veränderten Rechtslage angezeigt gewesen wäre.

II.

Nun hat sich der Gesetzgeber jedoch gegen eine solche Evaluation entschieden und stattdessen umfangreiche materielle und prozessuale Änderungen angestrengt, die die Vermögensabschöpfung erleichtern sollten. Das gilt in besonderem Maße für die Möglichkeiten der *vorläufigen Sicherstellung*. Die in diesem Bereich

https://doi.org/10.1515/9783110625752-009

maßgeblichen Neuregelungen sollten die Anwendung der Vorschriften in der Praxis erheblich erweitern und damit positive Auswirkungen auf die Vermögensabschöpfung *im Ganzen* haben. Die vorläufige Sicherstellung folgt dabei heute grundlegend anderen Parametern als noch vor der Reform. Der ausdrückliche Vorrang der Ansprüche des Verletzten in Form des § 73 Abs. 1 Satz 2 StGB a.F. wurde abgeschafft und findet sich heute eher „versteckt" in § 73e Abs. 1 StGB.

Vor diesem Hintergrund ist die Erkenntnis der vorliegenden Untersuchung hervorzuheben, dass der Staat auch nach der Abschaffung des § 73 Abs. 1 Satz 2 StGB a.F. nicht nur zur Sicherung seines potentiellen Einziehungsanspruchs vorläufige Sicherstellungsmaßnahmen vornehmen darf, sondern die Interessen der Verletzten bei Fragen der vorläufigen Sicherstellung weiterhin den Interessen des Staates *vorgehen*, sofern sie ihnen entgegenstehen. Es wird in diesem Zusammenhang spannend sein zu verfolgen, wie die Praxis mit dieser Neuregelung umgehen wird. Im Rahmen der 3. Unternehmensstrafrechtlichen Tage im November 2017 etwa befasste man sich ausführlich mit den Auswirkungen der Reform der strafrechtlichen Vermögensabschöpfung. Es wurde dabei auch aus dem Podium die hier umfangreich erörterte Frage gestellt, wie eine Einigung zwischen Verletztem und Betroffenen ausgestaltet sein müsse, um zum Ausschluss der Einziehung zu führen. Insoweit herrschte zunächst Verunsicherung, ehe *Bittmann* in einer Wortmeldung die Auffassung vertrat, es müsse zur Befriedigung des Verletzten gekommen sein, nur dann sei die Einziehung ausgeschlossen. Die schlichte Einigung reiche hingegen nicht aus.

Dieser Auffassung ist aufgrund des dinglichen Charakters des Erlassvertrages nicht zuzustimmen, was hier umfangreich herausgearbeitet wurde. Es ist aber gleichwohl damit zu rechnen, dass sie nicht singulär bleiben wird. Unabhängig davon, dass sie keinen Anhaltspunkt im Gesetz findet, kann sie auch teleologisch nicht überzeugen, weil sie das Gesetzesziel der Stärkung der Privatautonomie regelmäßig dann konterkarieren würde, wenn der Staat vorläufige Sicherstellungen vorgenommen hat und der Betroffene den Verletzten deshalb nicht befriedigen kann. § 73e Abs. 1 StGB würde dadurch ein erheblicher Anwendungsbereich genommen werden, ohne dass diese Beschränkung mit den Grundsätzen des zivilrechtlichen Abstraktionsprinzips und vor allem auch der kondiktionellen Rechtsnatur der Vermögensabschöpfung vereinbar wäre. Um dieser Rechtsnatur im Gesetz noch deutlicher Ausdruck zu verleihen und die potentielle Streitfrage zu lösen, sollten §§ 111b Abs. 1 und 111e Abs. 1 um einen weiteren Satz ergänzt werden, der wie folgt lauten könnte:

> „Eine Sicherung der Vollstreckung im Sinne des Satz 1 scheidet aus, wenn die Annahme begründet ist, dass die Voraussetzungen des § 73e Abs. 1 StGB eintreten werden."

Mit dieser Regelung würde klargestellt, dass die Interessen des Verletzten jenen des Staates weiterhin vorgehen und zugleich ausgeschlossen, dass der Staat zur Sicherung seiner eigenen Abschöpfungsinteressen dem Verletzten Haftungsmasse entzieht. Sie würde damit für Rechtssicherheit sorgen, stünde jedoch in erkennbarem Widerspruch zu dem Ziel der Reform, eine Ausweitung der Vermögensabschöpfung dadurch zu ermöglichen, dass dem Staat ein originärer Einziehungsanspruch zugesprochen wurde. Dieser Konflikt ist jedoch im Gesetzesvorhaben selbst angelegt und kann nur *bedingt* aufgelöst werden. Die Vermögensabschöpfung als quasi-kondiktionelle Maßnahme eigener Art ist in Fällen mit individuellen Verletzten ausschließlich dazu gedacht, einen Ausgleich zwischen Verletztem und Betroffenem herzustellen und dient nur *subsidiär* dem Entzug von aus Straftaten erlangten Vermögenswerten beim Betroffenen. Dies würde die hier vorgeschlagene Ergänzung deutlich zum Ausdruck bringen.

In diesem Zusammenhang dürfte es außerdem bedenkenswert sein, die Vorschrift des § 111k Abs. 3 wie folgt zu ergänzen:

> „Verweigert die Staatsanwaltschaft die Anordnung oder den Vollzug einer Beschlagnahme oder eines Vermögensarrestes oder ihre jeweilige Aufhebung, so kann der Verletzte die Entscheidung des nach § 162 zuständigen Gerichts beantragen.“

Der Gesetzgeber hat mit der Reform ausdrücklich auch das Ziel verfolgt, die Position des Opfers bei Vermögensabschöpfungsmaßnahmen zu stärken. Nach wie vor fehlt es hierfür aber an einer entsprechenden Vorschrift, denn der Verletzte kann gegenüber der Staatsanwaltschaft nach geltendem Recht nur *anregen*, aber nicht durchsetzen, vorläufige Sicherungsmaßnahmen auszubringen. Mit der hier vorgeschlagenen Änderung könnte er hingegen nicht nur überprüfen lassen, ob ein Unterlassen entsprechender Anträge rechtmäßig ist, sondern auch die Aufrechterhaltung des Vollstreckungsverbots in § 111h Abs. 2 Satz 1 gerichtlich anfechten. Ein solches Antragsrecht würde zu einer *tatsächlichen* Stärkung der Rolle des Verletzten beitragen.

Ob die Reform der *vorläufigen Sicherstellung* für das allgemeine Strafverfahren insgesamt tatsächlich *vereinfacht* wurde, mag nach alledem bezweifelt werden. Die schon zur alten Rechtslage nicht unerheblichen Unsicherheiten in Bezug auf die Auslegung des Sicherungsbedürfnisses sind nicht beseitigt worden und durch die Abschaffung des § 73 Abs. 1 Satz 2 StGB a.F. stellt sich nun auch das Verhältnis von Staat zu Verletztem grundlegend schwieriger dar als zuvor. Zu begrüßen ist insoweit jedoch die Einführung des § 73e Abs. 1 StGB, der den (überfälligen) gesetzlichen Anhaltspunkt für den quasi-kondiktionellen Charakter der Vermögensabschöpfung darstellt, der insbesondere im Zusammenhang mit § 111i StPO a.F. gefehlt hat. Es wird sich nun in der praktischen Anwendung der Vorschriften zeigen müssen, ob die Strafverfolgungsbehörden aufgrund ihrer eigenen Einziehungsansprüche häufiger zu vermögenssichernden Maßnahmen greifen und wie sich das auf die Bereitschaft der Beteiligten auswirkt, im Wege des § 73e Abs. 1 StGB zu agieren. Eine Evaluation zu dieser Frage scheint angezeigt, schon um einschätzen zu können, ob eine weitere Nachjustierung erforderlich ist.

III.

Im Wesentlichen geglückt ist die Reform der strafrechtlichen Vermögensabschöpfung in Bezug auf ihre Regelungen im Zusammenhang mit der *vorläufigen Sicherstellung* im *Steuerstrafverfahren.* Der Gesetzgeber hat insoweit Vorschriften geschaffen, die bei entsprechender Anwendung geeignet sind, den jahrzehntelangen Streit in Literatur und Rechtsprechung um die Auslegung des Sicherungsbedürfnisses aufzulösen und die Vermögensabschöpfung im Steuerstrafverfahren grundlegend zu erleichtern.

Damit dies in der Praxis tatsächlich zu einer spürbaren Erleichterung führt, müssen freilich *alle* Verfahrensbeteiligten bereit sein, die neuen Regelungen auch umzusetzen. Konkret heißt das, dass sich die Steuerbehörden nicht darauf zurückziehen dürfen, ihnen stünde mit § 324 AO kein taugliches Mittel zur Verfügung, frühzeitig auf die Vermögenswerte des Betroffenen zuzugreifen. Es wurde hier herausgearbeitet, dass § 324 AO sehr wohl flexibel vermögenssichernde Maßnahmen ermöglicht und vor diesem Hintergrund geeignet ist, das Steuerstrafverfahren zu vereinfachen.

Um das Ziel des Gesetzgebers noch pointierter herauszustellen, sollte im Gesetzestext klargestellt werden, dass sich die Steuerbehörden künftig um eine Überleitung der Sicherung der Steuerforderung in das Steuerverfahren bemühen müssen und nicht dauerhaft untätig bleiben dürfen. Hierfür erscheint es angezeigt, § 111e Abs. 6 um einen Satz 2 und 3 zu ergänzen. Diese könnten wie folgt lauten:

> „Der zu Gunsten des Steuergläubigers erlassene Vermögensarrest ist in der Regel drei Monate nach Zugang der Mitteilung nach § 111l Abs. 1 aufzuheben. Im Übrigen gilt Absatz 1 entsprechend."

Mit dieser Ergänzung würde zunächst bewirkt, dass sich die Finanzbehörden einer Frist gegenübersehen, innerhalb derer sie für eine Überleitung ihrer Ansprüche in das Steuerverfahren sorgen müssen. Es ist letzten Endes geradezu paradox, dass man bisher zu Gunsten der Steuerfisken vermögenssichernde Maßnahmen durchgeführt, diese von der Sicherung in Kenntnis gesetzt hat und dann oftmals über Jahre hinweg nichts passiert ist, während privatrechtliche

Verletzte regelmäßig darum „kämpfen" mussten, dass zu ihren Gunsten überhaupt vermögenssichernde Maßnahmen ausgebracht wurden. Um zu verhindern, dass sich die Steuerbehörden weiterhin auf strafprozessualen Sicherungsmaßnahmen „ausruhen", hilft die hier in Anlehnung an die Verwaltungsgerichtsordnung bestimmte (Untätigkeits-)Frist von drei Monaten weiter. Sie wird den Interessen aller Verfahrensbeteiligten und dem Sinn und Zweck der Vermögensabschöpfung gerecht und ist durch die Formulierung „in der Regel" darüber hinaus auch sachgerecht auf den Einzelfall anwendbar.

Über den Verweis auf Absatz 1 würde außerdem ausdrücklich klargestellt werden, dass der Vermögensarrest zu Gunsten des Steuerfiskus denselben Anforderungen unterliegt, wie im allgemeinen Strafverfahren zu Gunsten des Justizfiskus, schließlich ist eine Privilegierung hier nicht angezeigt. Zugleich würde auch der gesetzgeberische Wille einer Vereinfachung und Entlastung des Strafverfahrens von komplexen fachfremden Fragen und damit ein wesentliches Anliegen der Reform durchgesetzt werden. Ohne eine entsprechende Klarstellung besteht wiederum die Gefahr, dass die Praxis die Vorschrift des § 111e Abs. 6 lediglich dahingehend interpretiert, dass ein Nebeneinander von steuerrechtlichem und strafprozessualem Arrest *möglich* ist. Dass der Regelung tatsächlich aber weitergehende Bedeutung zukommt, wurde hier ausführlich dargelegt. Der Gesetzgeber hat mit ihr nicht nur die schon bis zur Reform herrschende Auffassung bestätigt, sondern über § 111h Abs. 2 Satz 2 zum Ausdruck gebracht, dass grundsätzlich eine Überleitung der Sicherung in das Steuerverfahren erfolgen soll. Damit hat der Gesetzgeber den Steuerfiskus zwar einerseits erheblich gegenüber anderen Verletzten einer Straftat privilegiert, andererseits aber auch das Strafverfahren von schwierigen fachfremden Fragen zu entlasten versucht. Diese Entlastung gelingt nur, wenn der Steuerfiskus die ihm zur Verfügung stehenden Mittel auch nutzt und den Ausgleich mit dem Betroffenen auf fachgerichtlicher Ebene sucht, sobald ihm dies möglich ist. Hierzu trägt eine Klarstellung des Gesetzes in der hier vorgeschlagenen Form ebenso bei wie der ergänzende Verweis auf Absatz 1. Damit wird deutlich, dass das Sicherungsbedürfnis des Steuerfiskus genauso zu bestimmen ist wie das jedes anderen Verletzten auch und insoweit einem (weiteren) Auseinanderfallen der Rechte des Individualverletzten und des Steuerfiskus vorgebeugt. Zur weiteren Klarstellung sollte außerdem der Wortlaut des § 111h Abs. 2 Satz 2 an jenen des § 73 StGB angepasst werden.

Die Reformvorschriften im Zusammenhang mit der vorläufigen Sicherstellung im Steuerstrafverfahren sind jedoch bereits in ihrer aktuellen Form insgesamt zu begrüßen und es kann konstatiert werden, dass der Gesetzgeber im Grundsatz ein gelungenes Konzept verfolgt, das in der Praxis zu einer erheblichen Entlastung des Steuerstrafverfahrens, der Strafverfolgungsbehörden und auch der Betroffenen führen wird.

IV.

Schon im Gesetzgebungsverfahren wurde deutlich, dass die Schließung von Abschöpfungslücken und die vereinfachte Möglichkeit der Abschöpfung von Vermögen *unklarer Herkunft* ein wesentliches Ziel der Reformbemühungen war. Dieses Vorhaben war ausdrücklich zu begrüßen, denn es besteht ein gesamtgesellschaftliches Interesse daran, die Einnahmequellen von Organisierter Kriminalität und Terrorismus zum Versiegen zu bringen. Unter den hier untersuchten Auswirkungen des Gesetzes zur Reform der strafrechtlichen Vermögensabschöpfung können die Neuregelungen zur Einziehung von Vermögenswerten unklarer Herkunft jedoch insgesamt am wenigstens überzeugen.

Das gilt zunächst unter Berücksichtigung der Neuregelungen im Strafgesetzbuch deshalb, weil sie zwar grundsätzlich zu einer nicht unerheblichen Ausweitung der Einziehungsmöglichkeiten geführt haben, die tatsächlich problematischen Fälle indes nicht gelöst wurden. So können heute zwar im Wege der erweiterten Einziehung Vermögensgegenstände auch dann eingezogen werden, wenn das Strafverfahren zu (irgend-)einem Schuldspruch geführt hat. Wenn sich aber das Gericht davon überzeugen lassen konnte, dass etwa das bei einer Verkehrskontrolle aufgefundene Bargeld aus einer Straftat stammt, so muss man den Täter ohnehin wegen der Straftat verfolgen. Dann aber besteht – mit Ausnahme vermeintlicher Verjährungsproblematiken – kein Grund, die Einziehung „erweitert" im Verfahren wegen dieses Straßenverkehrsdelikts vorzunehmen. Es wäre ausreichend gewesen diese im Verfahren rund um die deliktische Erwerbshandlung, ggf. über die Einziehung beim Dritten, zu bewirken. Kann aber der Betroffene gerade nicht verurteilt werden, weil ein Tatnachweis nicht gelingt, scheidet die erweiterte Einziehung *ausnahmslos* aus und verbleibt nur die selbständige Einziehung. Diese wiederum ist an enorm hohe Voraussetzungen geknüpft, die einer nennenswerten Anwendung auf die für sie vorgesehenen Fälle in der Praxis entgegenstehen dürfte. Ursache hierfür ist vor allem das Erfordernis der richterlichen Überzeugung von der deliktischen Herkunft in Verbindung mit der Subsidiarität der selbständigen Einziehung.

Es stellt sich an dieser Stelle freilich die Frage nach Alternativen. Die ursprünglich im Koalitionsvertrag vorgesehene Beweislastumkehr ist sicherlich keine, denn sie würde elementare strafprozessuale Verfahrensgrundsätze außer Kraft setzen. Die selbständige Einziehung auch dann durchzuführen, obwohl Anhaltspunkte für die Straftat eines Dritten vorliegen, könnte eine Lösung des Dilemmas bewirken, denn letztlich dürfte es für den Sinn und Zweck der Einziehung ohnehin unerheblich sein, ob wegen der Erwerbstat strafrechtliche Schuld attestiert werden kann, geht es doch vor allem um den Entzug des Gegenstandes aufgrund seiner deliktischen Herkunft. Würde sich nach Durchführung des selbständigen Einziehungsverfahrens dann herausstellen, dass tatsächlich eine Person wegen der Erwerbstat verurteilt werden kann, könnte hier unter Rekurs auf § 421 – ggf. um eine solche Alternative erweitert – von der Einziehung abgesehen werden.

Allerdings ist unabhängig von der Ausgestaltung der konkreten Eingriffsermächtigung als subsidiär oder primär ohnehin fraglich, ob es überhaupt Konstellationen geben kann, in denen die richterliche Überzeugung besteht, dass eine Straftat begangen wurde, der Betroffene aber *freizusprechen* ist, weil ihm keine strafrechtlich relevante Handlung nachgewiesen werden kann. Das Recht stößt hier möglicherweise an die Grenzen des Machbaren, wenn sich ein Gericht die Überzeugung von etwas verschaffen soll, für das es an konkreten Tatsachen fehlt und *gerade deshalb* das selbständige Einziehungsverfahren gewählt werden muss. Hierin liegt schließlich ein elementarer Unterschied zwischen der selbständigen Einziehung und dem erweiterten Verfall, in dessen Zusammenhang schon Bedenken in Bezug auf die Möglichkeiten dieser Überzeugungsbildung bestanden.[1]

Man wird im Rahmen der Diskussion um die Zukunft der Vermögensabschöpfung insgesamt, in besonderem Maße aber bei der Einziehung von Vermögenswerten unklarer Herkunft, anerkennen müssen, dass das rechtsstaatlich wünschenswerte Ziel, dem kriminellen Milieu sämtliche Vermögenswerte zu entziehen, nicht lückenlos gelingen kann. Die Ursache dafür, dass die Herkunft des Gegenstandes unklar ist, liegt nämlich nicht darin, dass sie sich tatsächlich nicht ermitteln ließe. Die Ermittlungen sind regelmäßig nur mit einem (zu) großen Aufwand verbunden, gerade in Fällen mit Auslandsbezug.

Um diese Lücken zu schließen könnte man nun versuchen, die Beweislast für die Herkunft von Vermögenswerten umzukehren und damit dem Betroffenen

1 Siehe zum erweiterten Verfall in diesem Sinne schon *Rönnau* in FS-Ostendorf S. 707, 712: „Es ist indes schwer vorstellbar, wie sich ein Gericht positiv von einer kriminellen Handlung überzeugt, die konkrete Tat aber gleichzeitig unbekannt bleibt.“; *Köhler* NZWiSt 2018 226, 229 spricht von einer: „,…– sagen wir –, anspruchsvolle[n]‘ Aufgabe für den Tatrichter.“; zutreffend auch *Fischer* § 73a, 8: „Über die Schuldhaftigkeit von Taten, die nicht festgestellt werden müssen, lässt sich nur spekulieren und ob die Gegenstände illegal erworben sind, ist gerade die Frage, die das Gericht zu klären hat“.

die Nachweispflicht auferlegen, dass die Gegenstände *nicht* deliktischen Ursprungs sind. Schließlich dürfte ihm das leichter fallen als der Nachweis des Gegenteils durch die Strafverfolgungsbehörden und gerade im Zusammenhang mit der „Organisierten Kriminalität" erscheint es wie ein ungerechtes „Katz und Maus Spiel", wenn der Betroffene vage Erwerbshypothesen präsentiert, die bei objektiver Betrachtung möglich, aber eher unwahrscheinlich sind und es gleichwohl den Strafverfolgungsbehörden zugemutet wird, diese zur *Überzeugung* des Gerichts zu widerlegen.

Unabhängig von der Frage, ob eine solche Beweislastumkehr verfassungsrechtlich zulässig wäre, ginge mit ihr aber nicht weniger als ein Paradigmenwechsel des deutschen Rechtssystems *insgesamt* einher. Der Gesetzgeber hat insoweit ausdrücklich erklärt, das selbständige Einziehungsverfahren sei ein Verfahren gegen die Sache, nicht gegen die Person. Der Vindikationsprozess wiederum ist auch ein Verfahren gegen die Sache. Es geht um die Frage, ob der Kläger Eigentümer, der Beklagte Besitzer des Gegenstandes ist. Es würde hier freilich niemand die Auffassung vertreten, den Beklagten mit der Pflicht zum Nachweis *seines* Eigentums zu belasten, nur weil der Kläger seinerseits seinen Anspruch nicht schlüssig vortragen kann. Im Gegenteil, ihm wird über § 1006 BGB sogar die gesetzliche Vermutung zuteil, dass er als Besitzer auch Eigentümer der Sache ist. Noch mehr als der Kläger im Zivilprozess das Prozessrisiko seiner Klage, so muss doch aber der Staat das Risiko strafrechtlicher Ermittlungen tragen. Die staatliche Vermögenseinziehung stellt einen der massivsten Eingriffe in die Grundrechte der Betroffenen dar, die gerade aufgrund der unbestrittenen Ermittlungs*möglichkeiten* des Staates auf fundierten Tatsachen beruhen muss. Denn auch wenn es (politisch) gut klingt, Vermögensabschöpfung immer umfangreicher zu gestalten und „Kriminellen" dadurch Vermögenswerte zu entziehen, muss ebenso deutlich herausgestellt werden, dass auch in Zeiten, in denen sich die Justiz erheblichem Personalmangel ausgesetzt sieht, sowohl die in der Hierarchie der Eingriffsintensität unmittelbar nach der Untersuchungshaft anzusiedelnde *vorläufige* Sicherstellung von Vermögenswerten als auch deren endgültige Einziehung mit *besonderer Sorgfalt* auszubringen sind. Mit einer Beweislastumkehr im Strafprozess ginge nicht weniger als die erhebliche Gefahr einher, dass die Strafverfolgungsbehörden umfangreich in die Grundrechte der Betroffenen eingreifen und den Nachweis des *Nichtvorliegens* der Voraussetzungen der Ermächtigungsgrundlage allzu eilfertig den Betroffenen auferlegen. Sie ist schon deshalb abzulehnen.

Vor diesem Hintergrund bedarf es dringend auch der (verfassungsgerichtlichen) Klarstellung, dass eine *präventive Sicherstellung* zur „Korrektur" des Ergebnisses eines Strafverfahrens nicht zulässig ist. Hierfür ließe sich aus Sicht der Landesgesetzgeber überlegen, eine ausdrücklich Feststellung zu treffen, dass Sicherstellungen aufgrund landesrechtlicher Vorschriften während oder im Anschluss an ein Strafverfahren unzulässig sind, soweit sie aus Anlass der das Strafverfahren bildenden Tat im Sinne des § 264 Abs. 1 ergehen. Damit wäre einerseits gewährleistet, dass das Gefahrenabwehrrecht auch neben dem Strafrecht grundsätzlich anwendbar bleibt und andererseits auf Gefahrsituationen schnell und flexibel reagiert werden kann. Die Sicherstellung bliebe aber auf Sachverhalte begrenzt, in denen *neue* Gefahrmomente verhütet werden müssen und nicht das Ergebnis des Strafverfahrens korrigiert werden soll.

Werden die Landesgesetzgeber hier nicht zeitnah nachbessern, so sollte das Bundesverfassungsgericht die (nächste) Gelegenheit nutzen, die Verfassungswidrigkeit der präventiven Sicherstellung in der bisher praktizierten Form festzustellen. Die obergerichtlichen Entscheidungen zu diesem Phänomen sind zwar materiell-rechtlich bundesweit völlig uneinheitlich, sie stimmen aber insoweit miteinander überein, als sich keine einzige mit der verfassungsrechtlichen (Un-) Zulässigkeit eines solchen Vorgehens befasst. Das gilt es dringend zu korrigieren.

V.

Die strafrechtliche Vermögensabschöpfung wird Wissenschaft und Praxis auch in den kommenden Jahren mit spannenden Fragen konfrontieren. Der Gesetzgeber hat mit der Reform einen völlig neuen Weg eingeschlagen und es wird sich zeigen müssen, ob im Vergleich zur bisherigen Rechtslage tatsächlich eine Verbesserung erzielt wurde.

Was dabei als „besser“ zu bewerten ist, dabei dürften die (rechtspolitischen) Meinungen weiter auseinandergehen. Die *zentrale Frage*, die sich bei allen Diskussionen um die Vermögensabschöpfung stellt, ist jedoch, ob man die Konsequenzen des *Versagens* des Systems im Einzelfall dem Betroffenen oder dem Staat auferlegen will.[2] Mit der Streichung des § 111b Abs. 3 StPO a.F. und dem Versuch, schon ein grobes Missverhältnis im Sinne des § 437 als alleiniges Kriterium einer verurteilungsunabhängigen Einziehung zu Lasten des Betroffenen zu berücksichtigen, hat der Gesetzgeber den mit der Absenkung der Verdachtsschwelle vom dringenden auf den einfachen Tatverdacht begonnenen Weg fortgesetzt, dieses Risiko in die Sphäre des Betroffenen zu verlagern. Die im Rahmen der hiesigen Untersuchung gefundenen Ergebnisse sollen deshalb auch ein

2 In diesem Sinne auch *Meyer* NZWiSt 2018 246, 249, der eine verfassungs- und menschrechtskonforme Vorschrift nur dann annimmt, wenn sie auch im Falle eines Fehlurteils noch verhältnismäßig ist.

Appel sein, bei dem Diskurs um die Vermögensabschöpfung nicht aus den Augen zu verlieren, dass diese zwar dazu dient, *Kriminellen* Vermögenswerte zu entziehen, dass jedoch die Frage, ob es sich überhaupt um einen Kriminellen handelt, weder im Zeitpunkt der vorläufigen Sicherstellung, noch bei der Einziehung von Vermögen *unklarer* Herkunft bejaht werden kann. Dies zu berücksichtigen und gleichzeitig zu einer effektiven Abschöpfung kriminell bemakelter Vermögenswerte zu kommen, ist eine denkbar schwierige Aufgabe. Sie wird aber nicht durch eine immer weitergehende Absenkung der Voraussetzungen von Eingriffsermächtigungen gelöst, sondern durch Regelungen, die genau spezifizierte Anforderungen stellen und eine Abwägung der Belange aller Verfahrensbeteiligten durch die Strafverfolgungsbehörden *erzwingen.* Nur so können sachgerechte Entscheidungen im Einzelfall getroffen und garantiert werden, dass die Grundrechte der Betroffenen beachtet wurden. Es darf keinesfalls der Eindruck erweckt werden, Vermögensabschöpfung diene dazu, den Betroffenen durch rechtsstaatswidrige Druckausübung zur Kooperation im Strafverfahren zu bewegen. Vereinnahmt nämlich der Staat zu Unrecht Vermögenswerte, wird das Vertrauen der Bevölkerung in den Rechtsstaat nicht minder erschüttert als durch die vermeintliche Straftat selbst.

ANHANG

https://doi.org/10.1515/9783110625752-010

Literaturverzeichnis

Achenbach, Hans: Obligatorische Zurückgewinnungshilfe?; NStZ 2001 S. 401 ff.

Achenbach, Hans: Vermögensrechtlicher Opferschutz im strafprozessualen Vorverfahren; Festschrift für Günter Blau zum 70. Geburtstag am 18. Dezember 1985; hrsg. von Schwind, Dieter u.a., Berlin 1985 S. 7 ff.; zit.: *Achenbach* in FS-Blau S.

Adick, Markus: Strafprozessuale Arrestanordnung bei Unzulässigkeit steuerlicher Arrestanordnung?; PStR 2011 S. 86 f.

Ahlbrecht, Heiko: Unschuldig schuldig – zur Unschuldsvermutung in der EU; StV 2016 S. 257 ff.

App, Michael: Probleme des Steuerarrests unter besonderer Berücksichtigung der Tätigkeit der Prüfungsdienste; StBp 1990 S. 154 ff.

Arnold, Michaela: Verfall, Einziehung und Unbrauchbarmachung (§§ 73 bis 76a StGB), Reformdiskussion und Gesetzgebung seit dem 19. Jahrhundert; Berlin 2015; zit.: *Arnold* S.

Artkämper, Heiko: Präventive Gewinnabschöpfung bei Beschuldigten – Möglichkeiten und Grenzen –; Die Kriminalpolizei 2013 S. 24 ff.

Bach, Florian: Die steuerliche Seite des (strafrechtlichen) Verfalls; wistra 2006 S. 46 ff.

Bach, Florian: Verhältnis von strafprozessualem dinglichem Arrest und steuerrechtlichem dinglichen Arrest im Steuerstrafverfahren i.S.v. § 386 Abs. 2 AO; JR 2010 S. 286 ff.

Bachof, Otto: Die verwaltungsgerichtliche Klage auf Vornahme einer Amtshandlung; 2. Auflage Tübingen 1968; zit.: *Bachof* S.

Baretto da Rosa, Steffen: Gnadenstoß für einen Totengräber – ein Plädoyer für die Abschaffung von § 73 I 2 StGB; ZRP 2012 S. 39 ff.

Baretto da Rosa, Steffen: Die Reform der Vermögensabschöpfung: Offene Fragen des neuen Sicherstellungsrechts; NZWiSt 2018 S. 215 ff.

Barthel, Torsten F.: Präventive Gewinnabschöpfung als neue Aufgabe der kommunalen Ordnungsbehörden; KommJur 2009 S. 81 ff.

Barthel, Torsten F.: Sicherstellung und Verwertung aus kriminellen Handlungen erlangter Gegenstände durch die Ordnungsbehörden („Präventive Gewinnabschöpfung“); DVP 2005 S. 276 ff.

Baumbach, Adolf / Lauterbach, Wolfgang / Albers, Jan / Hartmann, Peter: Zivilprozessordnung, Kommentar; 76. Auflage, München 2018; zit.: *Baumbach / Lauterbach* §, Rn.

Baur, Fritz / Stürner, Rolf / Bruns, Alexander: Zwangsvollstreckungsrecht; 13. Auflage, Heidelberg 2006; zit.: *Baur / Stürner / Bruns* Zwangsvollstreckungsrecht Rn.

Bärlein, Michael / Pananis, Panos / Rehmsmeier, Jörg: Spannungsverhältnis zwischen der Aussagefreiheit im Strafverfahren und den Mitwirkungspflichten im Verwaltungsverfahren; NJW 2002 S. 1825 ff.

Beaucamp, Guy / Treder, Lutz: Methoden und Technik der Rechtsanwendung; 3. Auflage, Heidelberg 2015; zit.: *Beaucamp / Treder* Rn.

Beck, Hans-Joachim / Daumke, Michael / Perbey, Uwe / Radeisen, Rolf-Rüdiger: Grundriss des deutschen Steuerrechts, Die wesentlichen Steuerarten, Verfahrensrecht, Internationales Steuerrecht; 7. Auflage, Bielefeld 2015; zit.: Beck / Daumke / *Bearbeiter* S.

Beck'scher Online-Kommentar: Bürgerliches Recht; hrsg. von Bamberger, Heinz Georg / Roth, Herbert; Edition 46, Stand: 1.5.2018; München; zit.: BeckOK-BGB / *Bearbeiter* §, Rn.

Beck'scher Online-Kommentar: Grundgesetz; hrsg. von Epping, Volker / Hillgruber, Christian; Art. 14 bei 37. Edition, Stand: 15.11.2017; Art. 103 bei 37. Edition, Stand: 1.3.2015; Art. 105 ff. bei 37. Edition, Stand: 15.2.2018; München; zit.: BeckOK-GG / *Bearbeiter* Art., Rn.

Beck'scher Online-Kommentar: Strafgesetzbuch; hrsg. von von Heintschel-Heinegg, Bernd; 38. Edition, Stand: 1.5.2018; München; zit.: BeckOK-StGB / *Bearbeiter* §, Rn.

Beck'scher Online-Kommentar: Strafprozessordnung; hrsg. von Graf, Jürgen-Peter; 30. Edition, Stand: 1.6.2018; München; zit.: BeckOK-StPO / *Bearbeiter* §, Rn.

Beck'scher Online-Kommentar: Verwaltungsverfahrensgesetz; hrsg. Bader, Johann / Ronellenfitsch, Michael; 40. Edition, Stand: 1.7.2018; München; zit.: BeckOK-VwVfG / *Bearbeiter* §, Rn.

Beck'scher Online-Kommentar: Zivilprozessordnung; hrsg. von Vorwerk, Volkert / Wolf, Christian; 29. Edition, Stand: 1.6.2018, München; zit.: BeckOK-ZPO / *Bearbeiter* §, Rn.

Beck'scher Onlinegroßkommentar: hrsg. von Gsell, Beate / Krüger, Wolfgang u.a.; Stand: 1.6.2018, München; zit.: BeckOGK-Gesetz / *Bearbeiter* §, Rn.

Bender, Peter: Sanktionen zur straf- und bußgeldrechtlichen Gewinnabschöpfung gegenüber Gesellschaften; ZfZ 1976 S. 139 ff.

Berndt, Markus: Dinglicher Arrest zum Zwecke der Zurückgewinnungshilfe; StV 2001 S. 446 ff.

Bettermann, Karl August: Zivilgerichtlich verfolgbarer Schadensersatzanspruch bei ungerechtfertigter Verwaltungsvollstreckung; JZ 1960 S. 335 ff.

Birk, Dieter / Desens, Marc / Tappe, Henning: Steuerrecht; 20. Auflage, Heidelberg 2017; zit.: *Birk / Desens / Tappe* Rn.

Bittmann, Folker: Erkenntnisse aus dem Eintauchen in die Tiefen des § 111i StPO; NStZ 2015 S. 1 ff.

Bittmann, Folker: Vom Annex zur Säule: Vermögensabschöpfung als 3. Spur des Strafrechts; NZWiSt 2016 S. 131 ff.

Bittmann, Folker: Zum Regierungsentwurf der Reform der Vermögensabschöpfung; KriPoZ 2016 S. 120 ff.

Bittmann, Folker: Strafprozessuale Abschöpfung bei einem Dritten; NZWiSt 2018 S. 209 ff.

Bittmann, Folker: Anmerkung zu OLG Stuttgart, Beschl. v. 25.10.2017 – 1 Ws 163/17; ZInsO 2018 S. 370 ff.

Bock, Michael: Kriminologie, Für Studium und Praxis; 4. Auflage, München 2013; zit.: *Bock* Rn.

Bode, Karl-Christoph / Peters, Sebastian: Vermögensabschöpfung über den Tod hinaus, Die Neureglung der strafrechtlichen Haftung der Erben, Pflichtteilsberechtigten oder Vermächtnisnehmer für das Verhalten des Erblassers; ZWH 2018 S. 45 ff.

Borggräfe, Joachim / Schütt, Marc: Grundrecht und dinglicher Arrest – zugleich Anmerkung zum Beschluss des BVerfG vom 19.1.2016 –; StraFo 2006 S. 133 ff.

Bohne, Steffen: Die Rückgewinnungshilfe im Strafverfahren; Aachen 2009; zit.: *Bohne* S.

Bohne, Steffen / Boxleitner, Heiner: Eins vor zwei zurück; Wie das deutsche Recht Straftätern weiterhin die Tatbeute belässt – Anmerkung zum Gesetz zur

Stärkung der Rückgewinnungshilfe und der Vermögensabschöpfung bei Straftaten; NStZ 2007 S. 552 ff.

BÖRNER, Rene: Die Vermögensbeschlagnahme nach §§ 290 ff. StPO – Besprechung von KG, Beschluss vom 14.3.2005 – 5 Ws 585/04 –; NStZ 2005 S. 547 ff.

BÖRSCH, Michael: Die Planwidrigkeit der Lücke; JA 2000 S. 117 ff.

BRAUN, Michael: Der schnelle Zugriff der Finanzverwaltung auf das Vermögen des Steuerpflichtigen; PStR 2004 S. 258 ff.

BRENNER, Karl: Gewinnverfall, eine vernachlässigte Strafvorschrift; DRiZ 1977 S. 203 ff.

BRUNDIERS, Volker / LÖWE-KRAHL, Oliver: Vorrang des steuerlichen Arrests vor der strafprozessualen Rückgewinnungshilfe?; PStR 2009 S. 36 ff.

BRUSCHKE, Gerhard: Dinglicher Arrest im Steuerrecht; DStR 2003 S. 54 ff.

BUND DEUTSCHER RECHTSPFLEGER: Referentenentwurf des Bundesministeriums der Justiz und für Verbraucherschutz: Entwurf eines Gesetzes zur Reform der strafrechtlichen Vermögensabschöpfung, Stellungnahme vom 31.5.2016; zit.: BDR Stellungnahme vom 31.5.2016 S.

BUNDESKRIMINALAMT: Bundeslagebild Wirtschaftskriminalität 2015; zit.: BKA Bundeslagebild Wirtschaftskriminalität 2015 S.

BUNDESMINISTERIUM DER FINANZEN: Die Steuerverwaltung in Deutschland; Berlin 2018; zit.: Steuerverwaltung S.

BUNDESRECHTSANWALTSKAMMER: Zum Regierungsentwurf eines Gesetzes zur Reform der strafrechtlichen Vermögensabschöpfung, Stellungnahme Nr. 39/2016; zit.: BRAK Stellungnahme 39/2016 S.

BUNDESRECHTSANWALTSKAMMER: Zum Referentenentwurf zur Reform der strafrechtlichen Vermögensabschöpfung, Stellungnahme Nr. 15/2016 –; zit.: BRAK Stellungnahme 15/2016 S.

BÜTTNER, Manfred: Die Berücksichtigung einer Steuerbelastung von Taterlösen im Verfallverfahren; wistra 2007 S. 47 ff.

CEFFINATO, Tobias: Vermögensabschöpfung gegenüber juristischen Personen; ZWH 2018 S. 161 ff.

DANNECKER, Christoph: Internet-Pranger auf Verdacht: Zur Bedeutung der Unschuldsvermutung für die Information der Öffentlichkeit über lebensmittelrechtliche Verstöße nach § 40 Abs. 1a Nr. 2 LFGB; JZ 2013 S. 924 ff.

DANNECKER, Gerhard: Bruttoprinzip und Härteklausel bei Verfallsanordnung – Wert des Erlangten bei Handelsketten; NStZ 2006 S. 683 f.

DANWERTH, Christopher: Analogie und teleologische Reduktion – zum Verhältnis zweier scheinbar ungleicher Schwestern; ZfPW 2017 S. 230 ff.

DEUTSCHER ANWALTVEREIN: Stellungnahme zum Referentenentwurf des Bundesministeriums der Justiz und für Verbraucherschutz – Entwurf eines Gesetzes zur Reform der strafrechtlichen Vermögensabschöpfung, Stellungnahme Nr.: 30/2016; zit.: DAV Stellungnahme 30/2016 S.

DEUTSCHER RICHTERBUND: Stellungnahme zum Referentenentwurf eines Gesetzes zur Reform der strafrechtlichen Vermögensabschöpfung; Nr. 9/16; zit.: DRB Stellungnahme 9/16 S.

DEUTSCHER RICHTERBUND: Zweite Stellungnahme des Deutschen Richterbundes zum Gesetzentwurf zur Reform der strafrechtlichen Vermögensabschöpfung, Hier: Position zum Gesetzentwurf der Bundesregierung und zur Stellungnahme des Bundesrates vom 23.9.2016; Nr. 19/16.

DOUKOFF, Norman: Grundlagen des Anscheinsbeweises; SVR 2015 S. 245 ff.

DÖRN, Harald: Sicherstellung von Geld durch die Finanzbehörde im Steuerstrafverfahren, Anmerkung zum Beschluß des Landgerichts Berlin vom 26.2.1990 – 505 Qs 27/89; wistra 1990 S. 181 ff.

DÖRN, Harald: Steuerlicher und strafprozessualer Arrest; StBp 1999 S. 130 ff.

DREIER, Horst: Grundgesetz Kommentar, Band 2, Artikel 20–82; 3. Auflage, Tübingen 2015; zit.: Dreier / *Bearbeiter* Art. (Stichwort), Rn.

EBERBACH, Wolfram: Zwischen Sanktion und Prävention – Möglichkeiten der Gewinnabschöpfung nach dem StGB –; NStZ 1987 S. 486 ff.

ECKSTEIN, Ken: Europa und der Opferschutz; Festschrift für Friedrich-Christian Schröder zum 70. Geburtstag, hrsg. von Hoyer, Andreas / Müller, Hennig Ernst u.a.; Heidelberg 2006; S. 777 ff.; zit.: *Eckstein* in FS-Schröder S.

ENGELHARDT, Hanns / SCHLATMANN, Arne: Verwaltungsvollstreckungsgesetz, Verwaltungszustellungsgesetz, Kommentar; 11. Auflage, München 2017; zit.: Engelhardt / App / Schlatmann / *Bearbeiter* §, Rn.

ESER, Albin: Die strafrechtlichen Sanktionen gegen das Eigentum, Dogmatische und rechtspolitische Untersuchungen zu Einziehung, Unbrauchbarmachung und Gewinnverfall; Tübingen 1969; zit.: *Eser* S.

FAUST, Annett: Das strafprozessuale Vermögensabschöpfungsrecht, Die Sicherstellung von Vermögenswerten zugunsten des Verfalls, des Wertersatzverfalls und der Verletzten; Baden-Baden 2008; zit.: *Faust* S.

FEHLING, Michael / KASTNER, Berthold / STÖRMER, Rainer: Verwaltungsrecht, VwvfG/VwGO/Nebengesetze, Handkommentar; 4. Auflage, Baden-Baden 2016; zit.: Hk-VerwR / *Bearbeiter* § Gesetz, Rn.

FEHRENBACHER, Oliver: Steuerrecht; 6. Auflage, Baden-Baden 2017; zit.: *Fehrenbacher* §, Rn.

FISCHER, Thomas: Die Suche nach dem guten Gesetz; Die Zeit vom 9.11.2017 S. 14.

FISCHER, Thomas: Strafgesetzbuch mit Nebengesetzen; 65. Auflage, München 2018; zit.: *Fischer* §, Rn.

FLORE, Ingo / TSAMBIKAKIS, Michael: Steuerstrafrecht; 2. Auflage, Köln 2016; zit.: Flore / Tsambikakis / *Bearbeiter* Teil, Kap., Rn.

GABLER WIRTSCHAFTSLEXIKON: online abrufbar unter http://wirtschaftslexikon.gabler.de/; zit.: Gabler / *Bearbeiter* Stichwort.

GAUL, Hans Friedhelm: Die Haftung aus der Vollziehung eines ungerechtfertigten Steuerarrestes und Steuerbescheids; JZ 2013 S. 760 ff.

GEBAUER, Tim: Reform der strafrechtlichen Vermögensabschöpfung; ZRP 2016 S. 101 ff.

GERICKE, Jan: Stellungnahme zum Regierungsentwurf eines Gesetzes zur Reform der strafrechtlichen Vermögensabschöpfung für die Anhörung am 23. November 2016; zit.: *Gericke* Stellungnahme S.

GERLACH, Jens / MANZKE, Simon: Verzichtserklärung und Einziehung nach der Reform der strafrechtlichen Vermögensabschöpfung; StraFo 2018 S. 101 ff.

GREEVE, Gina: Verstärkte Rückgewinnungshilfe und Vermögensabschöpfung seit dem 1.1.2007; NJW 2007 S. 14 ff.

GREEVE, Gina: Das neue Recht der strafrechtlichen Vermögensabschöpfung, Ausgewählte Aspekte aus Sicht der Strafverteidigung; ZWH 2017 S. 277 ff.

GREEVE, Gina: Anmerkung zu OLG Stuttgart vom 25.10.2017, Az.: 1 Ws 163/17; ZWH 2018 S. 81 f.

GRUNDGESETZ KOMMENTAR: Band 1: Präambel bis Art. 69; hrsg. von Münch, Ingo / Kunig, Philip; 6. Auflage, München 2012; zit.: von Münch / Kunig / *Bearbeiter* Art., Rn.

GUBITZ, Michael / MOLKENTIN, Wolf-Rüdiger: Anmerkungen zu OLG Stuttgart vom 25.10.2017, Az.: 1 Ws 163/17; NJW 2017 S. 3733.

GÜNTERT, Lothar: Die Gewinnabschöpfung als strafrechtliche Sanktion; Köln 1983; zit.: *Güntert* S.

HAEDICKE, Maximilian: Der bürgerlich-rechtliche Verfügungsbegriff; JuS 2001 S. 966 ff.

HANSEN, Hauke: Die Rückgewinnungshilfe, Die Vermögensabschöpfung gemäß §§ 111b ff. StPO zugunsten der Geschädigten unter besonderer Berücksichtigung des Spannungsverhältnisses zwischen Strafprozess- und Insolvenzrecht in der Insolvenz des Täters; Baden-Baden 2013; zit.: *Hansen* S.

HAUG, Thilo: Die Verjährung im Steuerrecht, Eine Neuregelung unter Berücksichtigung des Gegenwartsprinzips; Heidelberg 2012; zit.: *Haug* S.

HEGER, Martin: Stellungnahme zur Vorlage an den Rechtsausschuss vom 22. November 2016; zit.: *Heger* Stellungnahme S.

HERZOG, Felix: Gewinnabschöpfung und Vermögenssanktionen: Verbrechensbekämpfung durch Kostenmaximierung des Normbruchs; Festschrift für Klaus Lüderssen zum 70. Geburtstag am 2. Mai 2002; hrsg. von Prittwitz, Cornelius / Baurmann, Michael u.a.; Baden-Baden 2002; S. 241 ff.; zit.: *Herzog* in FS-Lüderssen S.

HESSISCHES MINISTERIUM DER FINANZEN: Landeshaushaltsplan Hessen 2015.

HESSISCHES MINISTERIUM DES INNERN UND FÜR SPORT: Vermögensabschöpfung: Strategischer Ansatz zur Bekämpfung der Organisierten Kriminalität; Pressemitteilung vom 2.10.2013.

HETTINGER, Michael: Das Strafrecht als Büttel?; NJW 1996 S. 2263 ff.

HEUSSEN, Benno: Analogie ist unlogisch – Über die Funktion der Gefühle im Verfahren der Rechtsgewinnung; NJW 2016 S. 1500 ff.

HIÉRAMENTE, Mayeul / SCHWERDTFEGER, Max: Das Unternehmen im Fokus der Vermögensabschöpfung im Wirtschaftsstrafrecht – Risiken und Chancen der Gesetzesreform; BB 2018 S. 834 ff.

HINDERER, Patrick: Anmerkung zu OLG Hamm, Beschl. v. 4.1.2018 – 4 Ws 196-197/17; StraFo 2018 S. 65 ff.

HINDERER, Patrick / BLECHSCHMITT, Lisa: Die „erweiterte selbständige Einziehung" nach § 76a Abs. 4 StGB i.V.m. § 437 StPO; NZWiSt 2018 S. 179 ff.

HOFMANN, Anouschka: Verfallsanordnungen gegen tatunbeteiligte Unternehmen; wistra 2008 S. 401 ff.

HOHN, Christian: Die Bestimmung des erlangten Etwas i.S.d. § 73 StGB durch den BGH – Zur Funktion und Leistungsfähigkeit des Bruttoprinzips –; wistra 2003 S. 321 ff.

HOLZNAGEL, Ina: Stellungnahme für die Anhörung des Ausschusses für Recht und Verbraucherschutz am 23. November 2016 zum Gesetz zur Reform der strafrechtlichen Vermögensabschöpfung (BT-Drucks. 18/9525); zit.: *Holznagel* Stellungnahme S.

HORNMANN, Gerhard: Hessisches Gesetz über die öffentliche Sicherheit und Ordnung (HSOG), Kommentar; 2. Auflage, München 2008; zit.: *Hornmann* S.

HUNSICKER, Ernst: Aktuelles zur Präventiven Gewinnabschöpfung – Anforderungen an die „gegenwärtige Gefahr" und Plädoyer für eine bundesweit geltende präventiv-polizeiliche Einziehung; Kriminalistik 2015 S. 516 ff.

HUNSICKER, Ernst: Präventive Gewinnabschöpfung (PräGe) in Theorie und Praxis; 3. Auflage, Frankfurt 2008; zit.: *Hunsicker* PräGe S.

HUNSICKER, Ernst: Präventive Gewinnabschöpfung (PräGe); StV 2010 S. 212 ff.

HUNSICKER, Ernst: Präventive Gewinnabschöpfung, Eine Bilanz nach rund zehn Jahren, Kriminalistik 2013 S. 396 ff.

HUNSICKER, Ernst: Verfassungsmäßigkeit der Präventiven Gewinnabschöpfung (PräGe); Bad Iburg 2009; zit.: *Hunsicker* Verfassungsmäßigkeit PräGe S.

HÜBSCHMANN, Walter / HEPP, Ernst / SPITALER, Armin: Abgabenordnung – Finanzgerichtsordnung, Kommentar; Band 3, §§ 33–68; Ergänzungslieferung 185, Stand: Juni 2005; zit.: HHSp. / *Bearbeiter* §, Rn.

HÜBSCHMANN, Walter / HEPP, Ernst / SPITALER, Armin: Abgabenordnung – Finanzgerichtsordnung, Kommentar; Band 9, §§ 322–368; § 324 AO, Ergänzungslieferung 229, Stand: September 2014; § 325, Ergänzungslieferung 235, Stand: Oktober 2015, Köln; zit.: HHSp. / *Bearbeiter* §, Rn.

HÜLS, Silke: Zur Reform des Rechts der Vermögensabschöpfung im Strafrecht; ZWH 2017 S. 242 ff.

HÜLS, Silke: Zu Auswirkungen der Reform des Rechts der Vermögensabschöpfung im Strafrecht im Insolvenz- und Steuerrecht; ZWH 2018 S. 129 ff.

HÜLS, Silke / REICHLING, Tilman: Vermögensabschöpfung vor und nach dem Strafurteil – „Verzichtserklärungen" und die Instrumentalisierung des Gefahrenabwehrrechts; StraFo 2009 S. 198 ff.

JANSSEN, André: Präventive Gewinnabschöpfung; Tübingen 2017; zit: *Jansen* S.

JARASS, Hans D. / PIEROTH, Bodo: Grundgesetz für die Bundesrepublik Deutschland, Kommentar; 15. Auflage, München 2018; zit.: *Jarass / Pieroth* Art., Rn.

JARASS, Hans: Strafrechtliche Grundrechte im Unionsrecht; NStZ 2012 S. 611 ff.

JAUERNIG: Bürgerliches Gesetzbuch, Kommentar; hrsg. von Stürner, Rolf; 17. Auflage, München 2018; zit.: Jauernig / *Bearbeiter* §, Rn.

JOECKS, Wolfgang / JÄGER, Wolfgang / RANDT, Karsten: Steuerstrafrecht mit Zoll- und Verbrauchsteuerstrafrecht, Kommentar; 8. Auflage, München 2015; zit.: *Joecks / Jäger / Randt* §, Rn.

JOHANN, Pascal: Die Sicherungshypothek im (Steuer-)Strafrecht; PStR 2018 S. 146 ff.

JULIUS, Karl-Peter: Einziehung, Verfall und Art. 14 GG; ZStW 109 (1997) S. 58 ff.

KARLSRUHER KOMMENTAR: Kommentar zur Strafprozessordnung; hrsg. von Hannich, Rolf; 7. Auflage, München 2013; zit.: KK / *Bearbeiter* §, Rn.

KÄBISCH, Hermann: Zum Vorgehen der Steuerfahndung gem. §§ 73 ff StGB, § 111b StPO; wistra 1984 S. 10 ff.

KEMPF, Eberhard / SCHILLING, Hellen: Bürokratisierung von Menschenrechten – zur Vermögenssicherung im Ermittlungsverfahren –; StraFo 2006 S. 180 ff.

KILCHLING, Michael / KAISER, Günther: Möglichkeiten der Gewinnabschöpfung zur Bekämpfung der Organisierten Kriminalität, Bestandsaufnahme und Perspektiven im internationalen Vergleich; Freiburg 1997; zit.: Kilchling / Kaiser / *Bearbeiter* Gewinnabschöpfung S.

KINDHÄUSER, Urs / NEUMANN, Ulfrid / PAEFFGEN, Hans-Ullrich: Strafgesetzbuch Kommentar, Band 1, §§ 1–79b; 5. Auflage, Baden-Baden 2017; zit.: Kindhäuser / Neumann / Paeffgen / *Bearbeiter* §, Rn.

KINDHÄUSER, Urs / NEUMANN, Ulfrid / PAEFFGEN, Hans-Ullrich: Strafgesetzbuch Kommentar, Band 3, §§ 232–358; 5. Auflage, Baden-Baden 2017; zit.: Kindhäuser / Neumann / Paeffgen / *Bearbeiter* §, Rn.

KIRCH-HEIM, Claudio: Einziehung des Wertersatzes bei Hinterziehung von Verbrauchssteuern; NStZ 2017 S. 362 ff.

KIRCHHOF, Paul: Der bestandskräftige Steuerbescheid im Steuerverfahren und im Steuerstrafverfahren; NJW 1985 S. 2977 ff.

Kirchhof, Ferdinand: Grundriß des Steuer- und Abgabenrechts; 2. Auflage, Heidelberg 2001; zit.: *Kirchhof* Rn.

Klein, Franz: Abgabenordnung – einschließlich Steuerstrafrecht –; 13. Auflage, München 2016; zit.: Klein / *Bearbeiter* §, Rn.

Kleinknecht / Müller / Reitberger (KMR): Kommentar zur Strafprozessordnung; Band 3: §§ 94–150; hrsg. von von Heintschel-Heinegg, Bernd / Bockemühl, Jan; §§ 111b ff., Ergänzungslieferung 86, Stand: Juli 2018; Köln; zit.: KMR / *Bearbeiter* §, Rn.

Kleinknecht / Müller / Reitberger (KMR): Kommentar zur Strafprozessordnung; Band 6: §§ 407–495; hrsg. von von Heintschel-Heinegg, Bernd / Bockemühl, Jan; §§ 421 ff., Ergänzungslieferung 86, Stand: Juli 2018; Köln; zit.: KMR / *Bearbeiter* §, Rn.

Klos, Joachim: Die Beschlagnahme von Geld durch die Steuerfahndung; wistra 1987 S. 121 ff.

Knack, Hans Joachim / Henneke, Hans-Günter: Verwaltungsverfahrensgesetz (VwVfG), Kommentar; 10. Auflage, Köln 2014; zit.: Knack / Henneke / *Bearbeiter* §, Rn.

Koalitionsvertrag zwischen CDU, CSU und SPD: Deutschlands Zukunft gestalten; 18. Legislaturperiode; Berlin 2013; zit.: Koalitionsvertrag S.

Koch, Karl: Die Neuregelung der Verjährung im Steuerrecht; DStZ 1965 Ausgabe A S. 353 ff.

Koenig, Ulrich: Abgabenordnung, Kommentar; 3. Auflage, München 2014; zit.: Koenig / *Bearbeiter* §, Rn.

Korte, Matthias: Vermögensabschöpfung reloaded; wistra 2018 S. 1 ff.

Korte, Matthias: Grundzüge der Reform der Vermögensabschöpfung; NZWiSt 2018 S. 231 ff.

Kopp, Ferdinand O. / Ramsauer, Ulrich: Verwaltungsverfahrensgesetz; 18. Auflage, München 2017; zit.: *Kopp / Ramsauer* §, Rn.

Kopp, Ferdinand O. / Schenke, Wolf-Rüdiger: Verwaltungsgerichtsordnung; hrsg. von Schenke, Wolf-Rüdiger; 24. Auflage, München 2018; zit.: Kopp / Schenke / *Bearbeiter* §, Rn.

Köhler, Marcus: Die Reform der strafrechtlichen Vermögensabschöpfung – Teil 1/2; NStZ 2017 S. 497 ff.

Köhler, Marcus: Unternehmensstrafrechtliche Tage; NZWiSt 2018 S. 226 ff.

KÖHLER, Marcus / BURKHARD, Christiane: Die Reform der strafrechtlichen Vermögensabschöpfung – Teil 2/2; NStZ 2017 S. 665 ff.

KÖLLNER, Rolf E. / MÜCK, Jörg: Reform der strafrechtlichen Vermögensabschöpfung; NZI 2017 S. 593 ff.

KÖSTER, Rolf Jürgen: Die Rechtsvermutung der Unschuld, Historische und dogmatische Grundlagen; Bonn 1979; zit.: *Köster* S.

KUDLICH, Hans: Strafprozess – noch mehr Reformbedarf?; ZRP 2018 S. 9 ff.

KUNZ, Stefanie: Sicherung von Steueransprüchen durch dinglichen Arrest nach Einleitung eines Strafverfahrens – Voraussetzungen und Anwendungsbereich der sog. Rückgewinnungshilfe; BB 2006 S. 1198 ff.

KÜHN, Rolf / VON WEDELSTÄDT, Alexander: Abgabenordnung und Finanzgerichtsordnung, Kommentar; 21. Auflage, Stuttgart 2015; zit.: Kühn / v. Wedelstädt / *Bearbeiter* §, Rn.

LACKNER, Karl / KÜHL, Kristian: Strafgesetzbuch, Kommentar; 28. Auflage, München 2014; zit.: Lackner / Kühl[28] / *Bearbeiter* §, Rn.

LACKNER, Karl / KÜHL, Kristian: Strafgesetzbuch, Kommentar; 29. Auflage, München 2018; zit.: Lackner / Kühl / *Bearbeiter* §, Rn.

LAMPE, Jan: Neues zur Reform strafrechtlicher Vermögensabschöpfung; jurisPR-Straf 16/2017 Anm. 4.

LAUMEN, Hans-W.: Die „Beweiserleichterung bis zur Beweislastumkehr" – Ein beweisrechtliches Phänomen; NJW 2002 S. 3739 ff.

LEIPZIGER KOMMENTAR ZUM STRAFGESETZBUCH: Band 3: §§ 56–79b; hrsg. von Laufhütte, Heinrich Wilhelm / Rissing – van Saan, Ruth / Tiedemann, Klaus; 12. Auflage, Berlin 2008; zit.: LK / *Bearbeiter* §, Rn.

LEPA, Manfred: Beweiserleichterungen im Haftpflichtrecht; NZV 1992 S. 129 ff.

LINDEMANN, Michael: Voraussetzungen und Grenzen legitimen Wirtschaftsstrafrechts; Tübingen 2012; zit.: *Lindemann* S.

LISKEN, Hans / DENNINGER, Erhard: Handbuch des Polizeirechts – Gefahrenabwehr, Strafverfolgung, Rechtsschutz; hrsg. von Denninger, Erhard / Rachor, Frederik; 5. Auflage, München 2012; zit.: Lisken / Denninger[5] / *Bearbeiter* Kapitel Rn.

LISKEN, Hans / DENNINGER, Erhard: Handbuch des Polizeirechts – Gefahrenabwehr, Strafverfolgung, Rechtsschutz; hrsg. von Bäcker, Matthias / Denninger,

Erhard / Graulich, Kurt; 6. Auflage, München 2018; zit.: Lisken / Denninger / *Bearbeiter* Kapitel Rn.

Löffelmann, Markus: Nach der Reform ist vor der Reform: Notwendigkeit einer Gesamtnovellierung der StPO?; StV 2018 S. 536 ff.

Löwe-Rosenberg: Die Strafprozessordnung und das Gerichtsverfassungsgesetz; Großkommentar; Band 3: §§ 94–111p; hrsg. von Erb, Volker / Esser, Robert u.a.; 26. Auflage, Berlin 2014; zit.: LR / *Bearbeiter* §, Rn.

Löwe-Rosenberg: Die Strafprozessordnung und das Gerichtsverfassungsgesetz, Großkommentar; Band 8: §§ 374–448, hrsg. von Erb, Volker / Esser, Robert u.a.; 26. Auflage, Berlin 2009; zit.: LR / *Bearbeiter* §, Rn.

Maciejewski, Tim / Schumacher, Frederik: Endlich eine (steuerrechtliche) Lösung? – Verbleibender Abstimmungsbedarf zwischen Straf- und Steuerrecht nach der Reform der Vermögensabschöpfung; DStR 2017 S. 2021 ff.

Madauß, Norbert: Das neue Recht der strafrechtlichen Vermögensabschöpfung und Steuerstrafverfahren Fragen aus Sicht der Praxis; NZWiSt 2018 S. 28 ff.

Madauß, Norbert: Vermögensabschöpfung im Steuerstrafverfahren, Verhältnis von StPO-Arrest und AO-Arrest, Ein Diskussionsbeitrag aus der Sicht der Praxis; NZWiSt 2013 S. 128 ff.

Mainzer, Wilfried: Gewinnabschöpfung im Strafverfahren; DRiZ 2002 S. 97 ff.

Mann, Thomas / Sennekamp, Christoph / Uechtritz, Michael: Verwaltungsverfahrensgesetz, Großkommentar; Baden-Baden 2014; zit.: NK-VwVfG / *Bearbeiter* §, Rn.

Maurer, Hartmut: Staatsrecht I, Grundlagen, Verfassungsorgane, Staatsfunktionen; 6. Auflage, München 2010; zit.: *Maurer* §, Rn.

Maunz, Theodor / Dürig, Günter: Grundgesetz Kommentar, Band 2, Art. 6–15; hrsg. von Scholz, Rupert / Herdegen, Matthias / Klein, Hans H.; Art. 14, Ergänzungslieferung 59, Stand: Juli 2010; München; zit.: Maunz / Dürig / *Bearbeiter* Art., Rn.

Maunz, Theodor / Dürig, Günter: Grundgesetz Kommentar, Band 3, Art. 16–22; hrsg. von Scholz, Rupert / Herdegen, Matthias / Klein, Hans H.; Art. 20 Abs. 3, Ergänzungslieferung 51, Stand: Dezember 2007, München; zit.: Maunz / Dürig / *Bearbeiter* Art., Rn.

Maunz, Theodor / Dürig, Günter: Grundgesetz Kommentar, Band 5, Art. 54–85; hrsg. von Scholz, Rupert / Herdegen, Matthias / Klein, Hans H.; Art. 74, Ergänzungslieferung 23, ohne Stand, München; zit.: Maunz / Dürig / *Bearbeiter* Art., Rn.

MAUNZ, Theodor / DÜRIG, Günter: Grundgesetz Kommentar, Band 6, Art. 86–106b; hrsg. von Scholz, Rupert / Herdegen, Matthias / Klein, Hans H.; Art. 97, Ergänzungslieferung 52, Stand: Mai 2008; Art. 103, Ergänzungslieferung 80, Stand: Juni 2017; Art. 106, Ergänzungslieferung 81, Stand: September 2017, München; zit.: Maunz / Dürig / *Bearbeiter* Art., Rn.

MAUNZ, Theodor / DÜRIG, Günter: Grundgesetz Kommentar, Band 7, Art. 107–146; hrsg. von Scholz, Rupert / Herdegen, Matthias / Klein, Hans H.; Art. 108, Ergänzungslieferung 21 ohne Stand; München; zit.: Maunz / Dürig / *Bearbeiter* Art., Rn.

MEIßNER, Markus: Das neue Modell der Opferentschädigung – aus Sicht eines (dritt)betroffenen Unternehmens; NZWiSt 2018 S. 239 ff.

MEIßNER, Markus: Die Reform der strafrechtlichen Vermögensabschöpfung – ein Ehrgeizprojekt oder: Höher, schneller, weiter…das neue Abschöpfungsrecht aus Sicht des Strafverteidigers; KriPoZ 2017 S. 237 ff.

MEIßNER, Markus: Öffentliche Anhörung am 23. November 2016 zu dem Entwurf eines Gesetzes zur Reform der strafrechtlichen Vermögensabschöpfung (BT-Drucksache 18/9525); Schriftliche Stellungnahme vom 14.11.2016; zit.: *Meißner* Stellungnahme S.

MEIßNER, Markus / SCHÜTRUMPF, Matthias: Vermögensabschöpfung – Praxisleitfaden zum neuen Recht; München 2018; zit.: *Meißner / Schütrumpf* Rn.

MEIXNER, Kurt / FREDRICH, Dirk: Hessisches Gesetz über die öffentliche Sicherheit und Ordnung (HSOG); 11. Auflage, Stuttgart 2010; zit.: *Meixner / Fredrich* §, Rn.

MEURER, Dieter: Anmerkung zu LG Berlin vom 26.2.1990, Az.: 505 Qs 27/89438; NStZ 1991 S. 437 ff.

MEYER-GOßNER, Lutz / SCHMITT, Bertram: Strafprozessordnung; 59. Auflage, München 2016; zit.: Meyer-Goßner / Schmitt[59] / *Bearbeiter* §, Rn.

MEYER-GOßNER, Lutz / SCHMITT, Bertram: Strafprozessordnung; 61. Auflage, München 2018; zit.: Meyer-Goßner / Schmitt / *Bearbeiter* §, Rn.

MEYER-LADEWIG, Jens / NETTESHEIM, Martin / VON RAUMER, Stefan: EMRK Europäische Menschenrechtskonvention; Handkommentar; 4. Auflage, Baden-Baden 2017; zit.: Hk-EMRK / *Bearbeiter* Art., Rn.

MEYER, Frank: Die selbstständige Einziehung nach § 76a StGB-E, oder: Don't bring a knife to a gunfight; StV 2017 S. 343 ff.

Meyer, Frank: Reformiert die Rückgewinnungshilfe! – Denkanstöße für eine Generalüberholung der Vermögensabschöpfung; ZStW 127 (2015) S. 241 ff.

Meyer, Frank: Abschöpfung von Vermögen unklarer Herkunft; NZWiSt 2018 S. 246 ff.

Mönch, Harald J.: Der Gewinnabschöpfungsanspruch nach § 10 UWG; ZIP 2004 S. 2032 ff.

Musielak, Hans-Joachim / Voit, Wolfgang: Zivilprozessordnung, Kommentar; 15. Auflage, München 2018; zit.: Musielak / Voit / *Bearbeiter* §, Rn.

Mückenberger, Ole / Hinz, Fridtjof: Die neue Vermögensabschöpfung im Steuerstrafrecht; BB 2018 S. 1435 ff.

Müller-Satori, Patrick: Die Reform der strafrechtlichen Vermögensabschöpfung aus Sicht des Verletzten; WiJ 2016 S. 87 ff.

Münch, Ingo / Kunig, Philip: Grundgesetz-Kommentar; 6. Auflage, München 2012; zit.: Münch / Kunig / *Bearbeiter* Art., Rn.

Münchner Anwaltshandbuch Strafverteidigung: hrsg. von Müller, Eckhart / Schlothauer, Reinhold / Schütrumpf, Matthias; 2. Auflage, München 2014; zit.: MAH-StV / *Bearbeiter* §, Rn.

Münchener Anwaltshandbuch Verteidigung in Wirtschafts- und Steuerstrafsachen: hrsg. von Volk, Klaus; 2. Auflage, München 2014; zit.: MAH-WiSt / *Bearbeiter* §, Rn.

Münchner Kommentar zum Bürgerlichen Gesetzbuch: Band 1: §§ 1–240; hrsg. von Säcker, Franz Jürgen / Rixecker, Roland u.a.; 7. Auflage, München 2015; zit.: MüKo-BGB / *Bearbeiter* §, Rn.

Münchner Kommentar zum Bürgerlichen Gesetzbuch: Band 2: Schuldrecht – Allgemeiner Teil; hrsg. von Krüger, Wolfgang; 7. Auflage, München 2016; zit.: MüKo-BGB / *Bearbeiter* §, Rn.

Münchner Kommentar zum Bürgerlichen Gesetzbuch: Band 6: Schuldrecht – Besonderer Teil IV, §§ 705–853; hrsg. von Habersack, Mathias; 7. Auflage, München 2017; zit.: MüKo-BGB / *Bearbeiter* §, Rn.

Münchner Kommentar zum Bürgerlichen Gesetzbuch: Band 7: Sachenrecht §§ 854–1296; hrsg. von Gaier, Reinhard; 7. Auflage, München 2017; MüKo-BGB / *Bearbeiter* §, Rn.

Münchener Kommentar zum Strafgesetzbuch: Band 2: §§ 38–79b, hrsg. von Joecks, Wolfgang / Miebach, Klaus; 3. Auflage, München 2016; zit.: MüKo-StGB / *Bearbeiter* §, Rn.

MÜNCHENER KOMMENTAR ZUM STRAFGESETZBUCH: Band 4: §§ 185–262, hrsg. von Joecks, Wolfgang / Miebach, Klaus; 3. Auflage, München 2017; zit.: MüKo-StGB / *Bearbeiter* §, Rn.

MÜNCHENER KOMMENTAR ZUM STRAFGESETZBUCH: Band 7: Nebenstrafrecht II; hrsg. von Joecks, Wolfgang / Miebach, Klaus; 2. Auflage, München 2015; zit.: MüKo-Gesetz / *Bearbeiter* §, Rn.

MÜNCHNER KOMMENTAR ZUR INSOLVENZORDNUNG: Band 2, §§ 80–216; hrsg. von Kirchhof, Hans-Peter / Eidenmüller, Horst / Stürner, Rolf; 3. Auflage, München 2013; zit.: MüKo-InsO / *Bearbeiter* §, Rn.

MÜNCHENER KOMMENTAR ZUR STRAFPROZESSORDNUNG: Band 1: §§ 1–150 StPO, hrsg. von Kudlich, Hans; München 2014; zit.: MüKo-StPO / *Bearbeiter* §, Rn.

MÜNCHENER KOMMENTAR ZUR STRAFPROZESSORDNUNG: Band 2: §§ 151–332 StPO, hrsg. von Schneider, Hartmut; München 2016; zit.: MüKo-StPO / *Bearbeiter* §, Rn.

MÜNCHENER KOMMENTAR ZUR ZIVILPROZESSORDNUNG: Band 1: §§ 1–354, hrsg. von Krüger, Wolfgang / Rauscher, Thomas; 5. Auflage, München 2016; zit.: MüKo-ZPO / *Bearbeiter* §, Rn.

MÜNCHENER KOMMENTAR ZUR ZIVILPROZESSORDNUNG: Band 2: §§ 355–945b; hrsg. von Krüger, Wolfgang / Rauscher, Thomas; 5. Auflage, München 2016; zit.: MüKo-ZPO / *Bearbeiter*, §, Rn.

NITZSCHE, Katja: Gewinnabschöpfung durch die Rückgewinnungshilfe; Göttingen 2009; zit.: *Nitzsche* S.

OBERSTE FINANZBEHÖRDEN DER LÄNDER: Anweisungen für das Straf- und Bußgeldverfahren (Steuer); Gleich lautende Erlasse der obersten Finanzbehörden der Länder vom 1.12.2016; zit.: AStBV Nr.

ODENTHAL, Hans-Jörg: Verteidigung wider vollstreckungssichernde Vermögensabschöpfung; Festschrift für Hans Dahs, hrsg. von Widmaier, Gunter / Lesch, Heiko u.a.; Köln 2005; Seite 405 ff.; zit.: *Odenthal* in FS-Dahs S.

OTTOW, Sabine: Grundrechtseingriffe im Ermittlungsverfahren nach dem Polizeirecht. Die Einwirkungen des europäischen Rechts auf das deutsche Strafverfahren; Berlin 2014; zit.: *Ottow* S.

ORGANISATIONSBÜRO STRAFVERTEIDIGERVEREINIGUNGEN: Stellungnahme der Strafverteidigervereinigungen zum Entwurf eines Gesetzes zur strafrechtlichen Vermögensabschöpfung (RefE des BMJV); Berlin 31. Mai 2016; zit.: OStVV Stellungnahme vom 31.5.2016 S.

ORGANISATIONSBÜRO STRAFVERTEIDIGERVEREINIGUNGEN: (Ergänzende) Stellungnahme zum Entwurf eines Gesetzes zur strafrechtlichen Vermögensabschöpfung (Gesetzesentwurf der Bundesregierung); Berlin, 21.9.2016; zit.: OStVV Stellungnahme vom 21.9.2016 S.

PALANDT, Otto: Bürgerliches Gesetzbuch, 77. Auflage, München 2018; zit.: Palandt / *Bearbeiter* §, Rn.

PANANIS, Panos: Anmerkung zu BGH vom 7.2.2008, Az.: 4 StR 502/07; NStZ 2008 S. 579 ff.

PEGLAU, Herdecke: Das baden-württembergische Straftäterunterbringungsgesetz – tatsächlich als Landesrecht unzulässig?; NJW 2001 S. 2436 ff.

PELZ, Christian: Abschöpfung von Vermögen unklarer Herkunft in Deutschland; NZWiSt 2018 S. 251 ff.

PERRON, Walter: Vermögensstrafe und Erweiterter Verfall, Im Spannungsfeld zwischen öffentlichen Strafverfolgungsinteressen und privaten Eigentumsrechten; JZ 1993 S. 918 ff.

PODOLSKY, Johann / BRENNER, Tobias: Vermögensabschöpfung im Straf- und Ordnungswidrigkeitenverfahren, Verfall, Einziehung und vorläufige Vermögenssicherung; Leitfaden für die Praxis; 5. Auflage, Stuttgart 2012; zit.: *Podolsky / Brenner* S.

POLIZEI HAMBURG: Kriminalitätslage Hamburg 2013; Pressemitteilung 13.2.2014; zit.: Kriminalitätslage Hamburg 2013 S.

QUEDENFELD, Dietrich / FÜLLSACK, Markus: Verteidigung in Steuerstrafsachen; 5. Auflage, Heidelberg 2016; zit.: Quedenfeld / Füllsack / *Bearbeiter* Rn.

REGENFUS, Thomas: Die „doppelte Analogie" – Erscheinungsformen und Voraussetzungen; JA 2009 S. 579 ff.

REICHLING, Tilman: Anmerkung zu LG Kaiserslautern, Urt. v. 20.9.2017 – 7 KLs 6052 Js 8343/16 (3); wistra 2018 S. 139 f.

REITEMEIER, Wiebke / KOUJOUIE, Sepideh: Das neue Recht der Vermögensabschöpfung, Ein Leitfaden für die Praxis; Celle 2017; zit.: *Reitemeier / Koujouie* S.

RHODE, Matthias: Der Verfall nach § 73 Abs. 3 StGB; wistra 2012 S. 85 ff.

RHODE, Matthias: Die strafrechtliche Opferentschädigung im neuen Gewand (Teil 1); wistra 2018 S. 65 ff.

RHODE, Matthias: Die strafrechtliche Opferentschädigung im neuen Gewand (Teil 2); wistra 2018 S. 102 ff.

Reh, Nicole: Praxisprobleme im Umgang mit dem neuen Recht der Vermögensabschöpfung aus staatsanwaltlicher Sicht; NZWiSt 2018 S. 20 ff.

Rettke, Arne: Einziehung und Vermögensarrest im Steuerstrafverfahren, Ein Überblick für die Praxis; wistra 2017 S. 417 ff.

Rettke, Arne: Anmerkung zu BGH, v. 29.3.2018 – 4 StR 568/17; wistra 2018 S. 297 ff.

Rohde, Thomas / Schäfer, Thomas: Präventive Gewinnabschöpfung – Sicherstellung nach Gefahrenabwehrrecht im Rahmen des Osnabrücker Modells; Nds-VBl 2010 S. 41 ff.

Rolletschke, Stefan: Steuerstrafrecht; 4. Auflage, München 2012; zit.: *Rolletschke*, Rn.

Rönnau, Thomas: Vermögensabschöpfung in der Praxis; 2. Auflage, München 2015; zit.: *Rönnau* Vermögensabschöpfung Rn.

Rönnau, Thomas: Zeitliche Grenzen bei der Aufrechterhaltung von Maßnahmen zur Sicherung von Ansprüchen Tatgeschädigter – zugleich Besprechung der Beschlüsse des OLG Düsseldorf vom 20.2.2002 (22 Ws 375-377/01) und des OLG Hamm vom 25.1.2002 (2 Ws 312/01); StV 2003 S. 581 ff.

Rönnau, Thomas: Beweiserleichterungen im kommenden Vermögensabschöpfungsrecht?; Festschrift für Heribert Ostendorf zum 70. Geburtstag am 7. Dezember 2015; hrsg. von Rotsch, Thomas / Brüning, Janique u.a.; Baden-Baden 2015; S. 707 ff.; zit.: *Rönnau* in FS-Ostendorf S.

Rönnau, Thomas / Hohn, Kristian: Anmerkung zu BGH vom 28.11.2000, Az.: 5 StR 371/00; JR 2002 S. 296 ff.

Rönnau, Thomas / Begemeier, Moritz: Grund und Grenzen der Bruttoeinziehung, Zur Gestaltung der Bruttoabschöpfung anlässlich der Reform der strafrechtlichen Vermögensabschöpfung; GA 2017 S. 1 ff.

Rönnau, Thomas / Begemeier, Moritz: Die neue erweiterte Einziehung gem. § 73a Abs. 1 StGB-E: mit Kanonen auch auf Spatzen?; NZWiSt 2016 S. 260 ff.

Rönnau, Thomas / Begemeier, Moritz: Wider die Entgrenzung der Vermögenseinziehung gemäß § 76a Abs. 4 StGB durch die Geldwäschedogmatik; JZ 2018 S. 443 ff.

Roth, David: Der neue StPO-Vermögensarrest: kein Vorrang des § 324 AO mehr; ZWH 2017 S. 317 f.

Roth, David: Der StPO-Arrest im Steuerstrafverfahren – Ausschluss des Steuerfiskus von der Rückgewinnungshilfe nach § 111b Abs. 2 und 5 StPO; wistra 2010 S. 335 ff.

Roth, David: Reform der Vermögensabschöpfung – Neujustierung des § 324 AO zum StPO-Arrest; Stbg 2017 S. 454 ff.

Rübenstahl, Markus: Bruttoabschöpfung nach neuem Recht – alte und neue Probleme (Die Perspektive eines Strafverteidigers); NZWiSt 2018 S. 255 ff.

Rühle, Dietrich G.: Polizei- und Ordnungsrecht für Rheinland-Pfalz, 6. Auflage, Baden-Baden 2018; zit.: *Rühle* Kapitel, Rn.

Sachs, Michael: Grundgesetz Kommentar; 8. Auflage, München 2018; zit.: Sachs / *Bearbeiter* Art., Rn.

Saliger, Frank: Grundfragen der Vermögensabschöpfung; ZStW 129 (2017) S. 995 ff.

Saliger, Frank / Schörner, Christian: Neues Recht für alte Fälle? Die Vermögensabschöpfung im Spannungsfeld zwischen lex mitior-Grundsatz und Verschlechterungsverbot; StV 2018 S. 388 ff.

Satzger, Helmut / Schluckebier, Wilhelm / Widmaier, Gunter: Strafgesetzbuch, Kommentar; hrsg. von Satzger, Helmut / Schluckebier, Wilhelm; 3. Auflage, Köln 2016; zit.: SSW-StGB / *Bearbeiter* §, Rn.

Satzger, Helmut / Schluckebier, Wilhelm / Widmaier, Gunter: Strafprozessordnung, Mit GVG und EMRK, Kommentar; hrsg. von Satzger, Helmut / Schluckebier, Wilhelm; 3. Auflage, Köln 2018; zit.: SSW-StPO / *Bearbeiter* §, Rn.

Schilling, Hellen / Hübner, Yannic: Non-conviction-based confiscation – Ein Fremdkörper im neuen Recht der strafrechtlichen Vermögensabschöpfung?; StV 2018 S. 49 ff.

Schilling, Hellen / Corsten, Johannes / Hübner, Yannic: Das Gesetz zur Reform der strafrechtlichen Vermögensabschöpfung; StraFo 2017 S. 305 ff.

Schlachetzki, Nikolas: Das Ermessen bei der Zurückgewinnungshilfe; wistra 2011 S. 41 ff.

Schmalz, Dieter: Methodenlehre für das juristische Studium; 4. Auflage, Baden-Baden 1998; zit.: *Schmalz* S.

Schmid, Wolfgang / Winter, Michael: Vermögensabschöpfung in Wirtschaftsstrafverfahren – Rechtsfragen und Praktische Erfahrungen; NStZ 2002 S. 8 ff.

SCHMIDT, Heiner Christian: Möglichkeiten und Grenzen der Vermögensabschöpfung bei Bestechlichkeit im geschäftlichen Verkehr (§ 299 Abs. 1 StGB); wistra 2011 S. 321 ff.

SCHNEIDER, Hartmut: Zur strafprozessualen Verwertbarkeit des Schweigens von Beschuldigten – Besonderer Teil –; NStZ 2017 S. 126 ff.

SCHÖNKE, Adolf / SCHRÖDER, Horst: Kommentar zum Strafgesetzbuch; 29. Auflage, München 2014; zit.: Schönke / Schröder / *Bearbeiter* §, Rn.

SCHULTEHINRICHS, Friedrich: Gewinnabschöpfung bei Betäubungsmitteldelikten – Zur Problematik der geplanten Vorschrift über den erweiterten Verfall; Mainz 1991; zit.: *Schultehinrichs* S.

SCHUHMANN, Helmut: Vollziehung des dinglichen Arrests und Rechtschutz; DStZ 1982 S. 34 ff.

SCHULZE, Reiner: Bürgerliches Gesetzbuch; Handkommentar; 9. Auflage, Baden-Baden 2017; zit.: Hk-BGB / *Bearbeiter* §, Rn.

SCHWARZ, Bernard / PAHLKE, Armin: Kommentar zur Abgabenordnung / Finanzgerichtsordnung; Band 4: §§ 322–415 AO Ergänzungslieferung 175, Stand: April 2017; zit.: Schwarz / Pahlke / *Bearbeiter* §, Rn.

SCHWARZ, Bernard / PAHLKE, Armin: Kommentar zur Abgabenordnung / Finanzgerichtsordnung; Band 5: §§ 1–160 FGO; Ergänzungslieferung 39, Stand: Mai 2012; zit.: Schwarz / Pahlke / *Bearbeiter* §, Rn.

SMETTAN, Jürgen Rüdiger: Kriminelle Bereicherung in Abhängigkeit von Gewinnen, Risiken, Strafen und Moral, Eine empirische Untersuchung; Freiburg 1992; zit.: *Smettan* S.

SOBOTA, Sebastian: Die Nebenfolge im System strafrechtlicher Sanktionen, Eine Untersuchung zur Dogmatik der Nebenfolge sowie zur Einordnung von Normen als Nebenfolge; Berlin 2015; zit.: *Sobota* S.

SOTIRIADIS, Georgios: Die Entwicklung der Gesetzgebung über die Gewinnabschöpfung und Geldwäsche, Unter Berücksichtigung der jeweiligen kriminalpolitischen Tendenzen; Berlin 2010; zit.: *Sotiriadis* S.

SÖHN, Hartmut: Berichtigung von materiellen Fehlern (§ 177 AO) – Verrechnung von verjährten Steuern? –; StuW/A 2000 S. 232 ff.

SÖLLNER, Sebastian: Bargeld im Sicherheitsrecht; NJW 2009 S. 3339 ff.

SÖLLNER, Sebastian: Präventive Gewinnabschöpfung im Wege der Sicherstellung von Buchgeld – Anmerkung zum Urteil des VG Oldenburg vom 29.6.2010 – 7 A 1634/09 –; DVBl. 2010 S. 1386 ff.

STAMM, Jürgen: Kehrtwende des BGH bei der Bekämpfung der Schwarzarbeit; NJW 2014 S. 2145 ff.

STAUDINGER: Kommentar zum Bürgerlichen Gesetzbuch mit Einführungsgesetz und Nebengesetzen, Buch 2, Recht der Schuldverhältnisse, §§ 397–432; 13. Auflage, Berlin 2017; zit.: Staudinger / *Bearbeiter* §, Rn.

STAUDINGER, Wolfgang: Welche Folgen hat die Unschuldsvermutung im Strafprozess? Eine Untersuchung de lege lata und de lege ferenda; Baden-Baden 2015; zit.: *Staudinger* S.

STELKENS, Paul / BONK, Heinz Joachim / SACHS, Michael / SCHMITZ, Heribert: Verwaltungsverfahrensgesetz, Kommentar; 9. Auflage, München 2018; zit.: Stelkens / Bonk / Sachs / *Bearbeiter* §, Rn.

STRAFVERTEIDIGER E.V.: Stellungnahme zum Referentenentwurf: „Entwurf eines Gesetzes zur Stärkung der Rückgewinnungshilfe und der Vermögensabschöpfung bei Straftaten."; Düsseldorf 2005; zit.: Strafverteidiger e.V. Stellungnahme 2005 S.

STUCKENBERG, Carl-Friedrich: Die normative Aussage der Unschuldsvermutung; ZStW 111 (1999) S. 422 ff.

SYSTEMATISCHER KOMMENTAR: Systematischer Kommentar zur Strafprozessordnung, Mit GVG und EMRK; Band 2: §§ 94–136a; hrsg. von Wolter, Jürgen; 5. Auflage, Köln 2016; zit.: SK / *Bearbeiter* §, Rn.

SYSTEMATISCHER KOMMENTAR: Systematischer Kommentar zum Strafgesetzbuch, Band 2: §§ 38–79b; hrsg. von Wolter, Jürgen; 9. Auflage, Köln 2016; zit.: SK-StGB / *Bearbeiter* §, Rn.

THEILE, Hans: Art. 14 GG und der strafprozessuale dingliche Arrest – Zugleich Anmerkung zu OLG Celle, Beschl. vom 2.5.2008, 2 Ws 155/08; StV 2009 S. 161 ff.

THIEÉ, Philipp: „Präventive Gewinnabschöpfung": Wenn Polizeibeamte Winkeladvokaten spielen; StV 2009 S. 102 ff.

THIEÉ, Philipp: Polizeirechtliche Sicherstellung nach Freigabe gem. § 98 StPO – Erwiderung auf die Erwiderung; StV 2010 S. 215 ff.

THODE, Marina: Die außergerichtliche Einziehung im Strafprozess; NStZ 2000 S. 62 ff.

TIPKE, Klaus / LANG, Joachim: Steuerrecht, Kommentar; 23. Auflage, Köln 2018; zit.: Tipke / Lang / *Bearbeiter* §, Rn.

Tipke, Klaus / Kruse, Heinrich Wilhelm: Abgabenordnung – Finanzgerichtsordnung, Kommentar; Band 1: §§ 1–107 AO; Ergänzungslieferung 125, Stand: Februar 2011, Köln; zit.: Tipke / Kruse / *Bearbeiter* §, Rn.

Tipke, Klaus / Kruse, Heinrich Wilhelm: Abgabenordnung – Finanzgerichtsordnung, Kommentar; Band 3: §§ 233–415 AO, 1–62 FGO; § 324 f., Ergänzungslieferung 150, Stand: Oktober 2017; § 375, Ergänzungslieferung 149, Stand: Juli 2017; Köln 2016; zit.: Tipke / Kruse / *Bearbeiter* §, Rn.

Transparency International Deutschland e.V.: Schriftliche Stellungnahme von Transparency International Deutschland e.V. zur Reform der strafrechtlichen Vermögensabschöpfung vom 30. Mai 2016; zit.: TID Stellungnahme-RefE S.

Trüg, Gerson: Die Reform der strafrechtlichen Vermögensabschöpfung; NJW 2017 S. 1913 ff.

Ullenbruch, Thomas: Nachträgliche „Sicherungsverwahrung" durch die „Polizei": Das StrUBG BW – (k)ein Modell für Deutschland?; NStZ 2001 S. 292 ff.

Ullenboom, David: Die „vergessene" Einziehung von Taterträgen und ihre Folgen nach dem Gesetz zur Reform der strafrechtlichen Vermögensabschöpfung; wistra 2018 S. 291 f.

Waechter, Kay: Präventive Gewinnabschöpfung; NordÖR 2008 S. 473 ff.

Wallschläger, René: Die strafrechtlichen Verfallsvorschriften, Eine rechtssystematische, verfassungsrechtliche und kriminalpolitische Analyse; Osnabrück 2002; zit.: *Wallschläger* S.

Walther, Matthias: Vermögensabschöpfung: Damit sich die Straftat nicht „rechnet"; Polizei-Kurier 2010 S. 6 ff.

Wank, Rolf: Die Auslegung von Gesetzen; 6. Auflage, München 2015.; zit.: *Wank* S.

Webel, Karsten: Der dingliche Arrest nach AO und StPO – ein Vergleich; PStR 2007 S. 41 ff.

Webel, Karsten: Rückgewinnungshilfe in Steuerstrafverfahren – unzulässig oder unverzichtbar und zwingend? Zum Verhältnis der §§ 324 ff. AO zum dinglichen Arrest nach StPO; wistra 2004 S. 249 ff.

Wehnert, Anne / Mosiek, Marcus: Untiefen der Vermögensabschöpfung in Wirtschaftsstrafsachen aus Sicht des Strafverteidigers; StV 2005 S. 568 ff.

Weingartz, Anke / Lenßen, Olaf: Überlegungen zum Sicherungsinteresse bei der Vermögensabschöpfung im Zusammenhang mit Steuerstraftaten; Stbg 2011 S. 82 ff.

Wienbracke, Mike: Juristische Methodenlehre; Heidelberg 2014; zit.: *Wienbracke* Rn.

Wilk, Hanno / Stewen, Tobias: Rückgewinnungshilfe in der staatsanwaltlichen Praxis; wistra 2013 S. 409 ff.

Winterhoff, Christian: Rechtswidrigkeit einer sog. präventiven Gewinnabschöpfung; jM 2015 S. 80 ff.

Wirtschaftsstrafrechtlichen Vereinigung e.V.: Stellungnahme der Wirtschaftsstrafrechtlichen Vereinigung e.V. zum Referentenentwurf „Reform der strafrechtlichen Vermögensabschöpfung"; zit.: Wistev RefE-Stellungnahme S.

Wulf, Martin / Talaska, Peter: Neuere Rechtsprechung zum strafprozessualen Arrest im Steuerstrafverfahren; Stbg 2008 S. 413 ff.

Zippelius, Reinhold: Juristische Methodenlehre; 11. Auflage, München 2012; zit.: *Zippelius* S.

Zöller, Richard: Zivilprozessordnung, Kommentar; 32. Auflage, Köln 2018; zit.: Zöller / *Bearbeiter* §, Rn.

Stichwortverzeichnis

Juristische Zeitgeschichte

Herausgeber: Prof. Dr. Dr. Dr. h.c. Thomas Vormbaum, FernUniversität in Hagen

Abteilung 1: Allgemeine Reihe

1 *Thomas Vormbaum (Hrsg.):* Die Sozialdemokratie und die Entstehung des Bürgerlichen Gesetzbuchs. Quellen aus der sozialdemokratischen Partei und Presse (1997)
2 *Heiko Ahlbrecht:* Geschichte der völkerrechtlichen Strafgerichtsbarkeit im 20. Jahrhundert (1999)
3 *Dominik Westerkamp:* Pressefreiheit und Zensur im Sachsen des Vormärz (1999)
4 *Wolfgang Naucke:* Über die Zerbrechlichkeit des rechtsstaatlichen Strafrechts. Gesammelte Aufsätze zur Strafrechtsgeschichte (2000)
5 *Jörg Ernst August Waldow:* Der strafrechtliche Ehrenschutz in der NS-Zeit (2000)
6 *Bernhard Diestelkamp:* Rechtsgeschichte als Zeitgeschichte. Beiträge zur Rechtsgeschichte des 20. Jahrhunderts (2001)
7 *Michael Damnitz:* Bürgerliches Recht zwischen Staat und Kirche. Mitwirkung der Zentrumspartei am Bürgerlichen Gesetzbuch (2001)
8 *Massimo Nobili:* Die freie richterliche Überzeugungsbildung. Reformdiskussion und Gesetzgebung in Italien, Frankreich und Deutschland seit dem Ausgang des 18. Jahrhunderts (2001)
9 *Diemut Majer:* Nationalsozialismus im Lichte der Juristischen Zeitgeschichte (2002)
10 *Bianca Vieregge:* Die Gerichtsbarkeit einer „Elite". Nationalsozialistische Rechtsprechung am Beispiel der SS- und Polizeigerichtsbarkeit (2002)
11 *Norbert Berthold Wagner:* Die deutschen Schutzgebiete (2002)
12 *Miloš Vec:* Die Spur des Täters. Methoden der Identifikation in der Kriminalistik (1879–1933), (2002)
13 *Christian Amann:* Ordentliche Jugendgerichtsbarkeit und Justizalltag im OLG-Bezirk Hamm von 1939 bis 1945 (2003)
14 *Günter Gribbohm:* Das Reichskriegsgericht (2004)
15 *Martin M. Arnold:* Pressefreiheit und Zensur im Baden des Vormärz. Im Spannungsfeld zwischen Bundestreue und Liberalismus (2003)
16 *Ettore Dezza:* Beiträge zur Geschichte des modernen italienischen Strafrechts (2004)
17 *Thomas Vormbaum (Hrsg.):* „Euthanasie" vor Gericht. Die Anklageschrift des Generalstaatsanwalts beim OLG Frankfurt/M. gegen Werner Heyde u. a. vom 22. Mai 1962 (2005)
18 *Kai Cornelius:* Vom spurlosen Verschwindenlassen zur Benachrichtigungspflicht bei Festnahmen (2006)
19 *Kristina Brümmer-Pauly:* Desertion im Recht des Nationalsozialismus (2006)
20 *Hanns-Jürgen Wiegand:* Direktdemokratische Elemente in der deutschen Verfassungsgeschichte (2006)
21 *Hans-Peter Marutschke (Hrsg.):* Beiträge zur modernen japanischen Rechtsgeschichte (2006)
22 *Katrin Stoll:* Die Herstellung der Wahrheit (2011)

23 *Thorsten Kurtz:* Das Oberste Rückerstattungsgericht in Herford (2014)
24 *Sebastian Schermaul:* Die Umsetzung der Karlsbader Beschlüsse an der Universität Leipzig 1819–1848 (2013)

Abteilung 2: Forum Juristische Zeitgeschichte

1 *Franz-Josef Düwell / Thomas Vormbaum (Hrsg.):* Themen juristischer Zeitgeschichte (1) – Schwerpunktthema: Recht und Nationalsozialismus (1998)
2 *Karl-Heinz Keldungs:* Das Sondergericht Duisburg 1943–1945 (1998)
3 *Franz-Josef Düwell / Thomas Vormbaum (Hrsg.):* Themen juristischer Zeitgeschichte (2) – Schwerpunktthema: Recht und Juristen in der Revolution von 1848/49 (1998)
4 *Thomas Vormbaum:* Beiträge zur juristischen Zeitgeschichte (1999)
5 *Franz-Josef Düwell / Thomas Vormbaum:* Themen juristischer Zeitgeschichte (3), (1999)
6 *Thomas Vormbaum (Hrsg.):* Themen juristischer Zeitgeschichte (4), (2000)
7 *Frank Roeser:* Das Sondergericht Essen 1942–1945 (2000)
8 *Heinz Müller-Dietz:* Recht und Nationalsozialismus – Gesammelte Beiträge (2000)
9 *Franz-Josef Düwell (Hrsg.):* Licht und Schatten. Der 9. November in der deutschen Geschichte und Rechtsgeschichte – Symposium der Arnold-Freymuth-Gesellschaft, Hamm (2000)
10 *Bernd-Rüdiger Kern / Klaus-Peter Schroeder (Hrsg.):* Eduard von Simson (1810–1899). „Chorführer der Deutschen“ und erster Präsident des Reichsgerichts (2001)
11 *Norbert Haase / Bert Pampel (Hrsg.):* Die Waldheimer „Prozesse“ – fünfzig Jahre danach. Dokumentation der Tagung der Stiftung Sächsische Gedenkstätten am 28. und 29. September in Waldheim (2001)
12 *Wolfgang Form (Hrsg.):* Literatur- und Urteilsverzeichnis zum politischen NS-Strafrecht (2001)
13 *Sabine Hain:* Die Individualverfassungsbeschwerde nach Bundesrecht (2002)
14 *Gerhard Pauli / Thomas Vormbaum (Hrsg.):* Justiz und Nationalsozialismus – Kontinuität und Diskontinuität. Fachtagung in der Justizakademie des Landes NRW, Recklinghausen, am 19. und 20. November 2001 (2003)
15 *Mario Da Passano (Hrsg.):* Europäische Strafkolonien im 19. Jahrhundert. Internationaler Kongreß des Dipartimento di Storia der Universität Sassari und des Parco nazionale di Asinara, Porto Torres, 25. Mai 2001 (2006)
16 *Sylvia Kesper-Biermann / Petra Overath (Hrsg.):* Die Internationalisierung von Strafrechtswissenschaft und Kriminalpolitik (1870–1930). Deutschland im Vergleich (2007)
17 *Hermann Weber (Hrsg.):* Literatur, Recht und Musik. Tagung im Nordkolleg Rendsburg vom 16. bis 18. September 2005 (2007)
18 *Hermann Weber (Hrsg.):* Literatur, Recht und (bildende) Kunst. Tagung im Nordkolleg Rendsburg vom 21. bis 23. September 2007 (2008)
19 *Francisco Muñoz Conde / Thomas Vormbaum (Hrsg.):* Transformation von Diktaturen in Demokratien und Aufarbeitung der Vergangenheit (2010)
20 *Kirsten Scheiwe / Johanna Krawietz* (Hrsg.): (K)Eine Arbeit wie jede andere? Die Regulierung von Arbeit im Privathaushalt (2014)
21 *Helmut Irmen:* Das Sondergericht Aachen 1941–1945 (2018)

Abteilung 3: Beiträge zur modernen deutschen Strafgesetzgebung. Materialien zu einem historischen Kommentar

1 *Thomas Vormbaum / Jürgen Welp (Hrsg.):* Das Strafgesetzbuch seit 1870. Sammlung der Änderungen und Neubekanntmachungen; Vier Textbände (1999–2002) und drei Supplementbände (2005, 2006)
2 *Christian Müller:* Das Gewohnheitsverbrechergesetz vom 24. November 1933. Kriminalpolitik als Rassenpolitik (1998)
3 *Maria Meyer-Höger:* Der Jugendarrest. Entstehung und Weiterentwicklung einer Sanktion (1998)
4 *Kirsten Gieseler:* Unterlassene Hilfeleistung – § 323c StGB. Reformdiskussion und Gesetzgebung seit 1870. (1999)
5 *Robert Weber:* Die Entwicklung des Nebenstrafrechts 1871–1914 (1999)
6 *Frank Nobis:* Die Strafprozeßgesetzgebung der späten Weimarer Republik (2000)
7 *Karsten Felske:* Kriminelle und terroristische Vereinigungen – §§ 129, 129a StGB (2002)
8 *Ralf Baumgarten:* Zweikampf – §§ 201–210 a.F. StGB (2003)
9 *Felix Prinz:* Diebstahl – §§ 242 ff. StGB (2003)
10 *Werner Schubert / Thomas Vormbaum (Hrsg.):* Entstehung des Strafgesetzbuchs. Kommissionsprotokolle und Entwürfe. Band 1: 1869 (2002); Band 2: 1870 (2004)
11 *Lars Bernhard:* Falsche Verdächtigung (§§ 164, 165 StGB) und Vortäuschen einer Straftat (§ 145d StGB), (2003)
12 *Frank Korn:* Körperverletzungsdelikte – §§ 223 ff., 340 StGB. Reformdiskussion und Gesetzgebung von 1870 bis 1933 (2003)
13 *Christian Gröning:* Körperverletzungsdelikte – §§ 223 ff., 340 StGB. Reformdiskussion und Gesetzgebung seit 1933 (2004)
14 *Sabine Putzke:* Die Strafbarkeit der Abtreibung in der Kaiserzeit und in der Weimarer Zeit. Eine Analyse der Reformdiskussion und der Straftatbestände in den Reformentwürfen (1908–1931), (2003)
15 *Eckard Voßiek:* Strafbare Veröffentlichung amtlicher Schriftstücke (§ 353d Nr. 3 StGB). Gesetzgebung und Rechtsanwendung seit 1851 (2004)
16 *Stefan Lindenberg:* Brandstiftungsdelikte – §§ 306 ff. StGB. Reformdiskussion und Gesetzgebung seit 1870 (2004)
17 *Ninette Barreneche†:* Materialien zu einer Strafrechtsgeschichte der Münchener Räterepublik 1918/1919 (2004)
18 *Carsten Thiel:* Rechtsbeugung – § 339 StGB. Reformdiskussion und Gesetzgebung seit 1870 (2005)
19 *Vera Große-Vehne:* Tötung auf Verlangen (§ 216 StGB), „Euthanasie“ und Sterbehilfe. Reformdiskussion und Gesetzgebung seit 1870 (2005)
20 *Thomas Vormbaum / Kathrin Rentrop (Hrsg.):* Reform des Strafgesetzbuchs. Sammlung der Reformentwürfe. Band 1: 1909 bis 1919. Band 2: 1922 bis 1939. Band 3: 1959 bis 1996 (2008)
21 *Dietmar Prechtel:* Urkundendelikte (§§ 267 ff. StGB). Reformdiskussion und Gesetzgebung seit 1870 (2005)
22 *Ilya Hartmann:* Prostitution, Kuppelei, Zuhälterei. Reformdiskussion und Gesetzgebung seit 1870 (2006)

23 *Ralf Seemann:* Strafbare Vereitelung von Gläubigerrechten (§§ 283 ff., 288 StGB). Reformdiskussion und Gesetzgebung seit 1870 (2006)
24 *Andrea Hartmann:* Majestätsbeleidigung (§§ 94 ff. StGB a.F.) und Verunglimpfung des Staatsoberhauptes (§ 90 StGB). Reformdiskussion und Gesetzgebung seit dem 19. Jahrhundert (2006)
25 *Christina Rampf:* Hausfriedensbruch (§ 123 StGB). Reformdiskussion und Gesetzgebung seit 1870 (2006)
26 *Christian Schäfer:* „Widernatürliche Unzucht" (§§ 175, 175a, 175b, 182, a.F. StGB). Reformdiskussion und Gesetzgebung seit 1945 (2006)
27 *Kathrin Rentrop:* Untreue und Unterschlagung (§§ 266 und 246 StGB). Reformdiskussion und Gesetzgebung seit dem 19. Jahrhundert (2007)
28 *Martin Asholt:* Straßenverkehrsstrafrecht. Reformdiskussion und Gesetzgebung seit dem Ausgang des 19. Jahrhunderts (2007)
29 *Katharina Linka:* Mord und Totschlag (§§ 211–213 StGB). Reformdiskussion und Gesetzgebung seit 1870 (2008)
30 *Juliane Sophia Dettmar:* Legalität und Opportunität im Strafprozess. Reformdiskussion und Gesetzgebung von 1877 bis 1933 (2008)
31 *Jürgen Durynek:* Korruptionsdelikte (§§ 331 ff. StGB). Reformdiskussion und Gesetzgebung seit dem 19. Jahrhundert (2008)
32 *Judith Weber:* Das sächsische Strafrecht im 19. Jahrhundert bis zum Reichsstrafgesetzbuch (2009)
33 *Denis Matthies:* Exemplifikationen und Regelbeispiele. Eine Untersuchung zum 100-jährigen Beitrag von Adolf Wach zur „Legislativen Technik" (2009)
34 *Benedikt Rohrßen:* Von der „Anreizung zum Klassenkampf" zur „Volksverhetzung" (§ 130 StGB). Reformdiskussion und Gesetzgebung seit dem 19. Jahrhundert (2009)
35 *Friederike Goltsche:* Der Entwurf eines Allgemeinen Deutschen Strafgesetzbuches von 1922 (Entwurf Radbruch) (2010)
36 *Tarig Elobied:* Die Entwicklung des Strafbefehlsverfahrens von 1846 bis in die Gegenwart (2010)
37 *Christina Müting:* Sexuelle Nötigung; Vergewaltigung (§ 177 StGB) (2010)
38 *Nadeschda Wilkitzki:* Entstehung des Gesetzes über Internationale Rechtshilfe in Strafsachen (IRG) (2010)
39 *André Brambring:* Kindestötung (§ 217 a.F. StGB). Reformdiskussion und Gesetzgebung seit 1870 (2010)
40 *Wilhelm Rettler:* Der strafrechtliche Schutz des sozialistischen Eigentums in der DDR (2010)
41 *Yvonne Hötzel:* Debatten um die Todesstrafe in der Bundesrepublik Deutschland von 1949 bis 1990 (2010)
42 *Dagmar Kolbe:* Strafbarkeit im Vorfeld und im Umfeld der Teilnahme (§§ 88a, 110, 111, 130a und 140 StGB). Reformdiskussion und Gesetzgebung seit dem 19. Jahrhundert (2011)
43 *Sami Bdeiwi:* Beischlaf zwischen Verwandten (§ 173 StGB). Reform und Gesetzgebung seit 1870 (2014)
44 *Michaela Arnold:* Verfall, Einziehung und Unbrauchbarmachung (§§ 73 bis 76a StGB). Reformdiskussion und Gesetzgebung seit dem 19. Jahrhundert (2015)

45 *Andrea Schurig:* „Republikflucht“ (§§ 213, 214 StGB/DDR). Gesetzgeberische Entwicklung, Einfluss des MfS und Gerichtspraxis am Beispiel von Sachsen (2016)
46 *Sandra Knaudt:* Das Strafrecht im Großherzogtum Hessen im 19. Jahrhundert bis zum Reichsstrafgesetzbuch (2017)
47 *Michael Rudlof:* Das Gesetz zur Strafbarkeit der geschäftsmäßigen Förderung der Selbsttötung (§ 217 StGB nF.) (2018)
48 *Karl Müller:* Steuerhinterziehung (§§ 370, 371 AO). Gesetzgebung und Reformdiskussion seit dem 19. Jahrhundert (2018)
49 *Katharina Kühne:* Die Entwicklung des Internetstrafrechts unter besonderer Berücksichtigung der §§ 202a–202c StGB sowie § 303a und § 303b StGB (2018)

Abteilung 4: Leben und Werk. Biographien und Werkanalysen

1 *Mario A. Cattaneo:* Karl Grolmans strafrechtlicher Humanismus (1998)
2 *Gerit Thulfaut:* Kriminalpolitik und Strafrechtstheorie bei Edmund Mezger (2000)
3 *Adolf Laufs:* Persönlichkeit und Recht. Gesammelte Aufsätze (2001)
4 *Hanno Durth:* Der Kampf gegen das Unrecht. Gustav Radbruchs Theorie eines Kulturverfassungsrechts (2001)
5 *Volker Tausch:* Max Güde (1902–1984). Generalbundesanwalt und Rechtspolitiker (2002)
6 *Bernd Schmalhausen:* Josef Neuberger (1902–1977). Ein Leben für eine menschliche Justiz (2002)
7 *Wolf Christian von Arnswald:* Savigny als Strafrechtspraktiker. Ministerium für die Gesetzesrevision (1842–1848), (2003)
8 *Thilo Ramm:* Ferdinand Lassalle. Der Revolutionär und das Recht (2004)
9 *Martin D. Klein:* Demokratisches Denken bei Gustav Radbruch (2007)
10 *Francisco Muñoz Conde:* Edmund Mezger – Beiträge zu einem Juristenleben (2007)
11 *Whitney R. Harris:* Tyrannen vor Gericht. Das Verfahren gegen die deutschen Hauptkriegsverbrecher nach dem Zweiten Weltkrieg in Nürnberg 1945–1946 (2008)
12 *Eric Hilgendorf (Hrsg.):* Die deutschsprachige Strafrechtswissenschaft in Selbstdarstellungen (2010)
13 *Tamara Cipolla:* Friedrich Karl von Strombeck. Leben und Werk – Unter besonderer Berücksichtigung des Entwurfes eines Strafgesetzbuches für ein Norddeutsches Staatsgebiet (2010)
14 *Karoline Peters:* J.D.H. Temme und das preußische Strafverfahren in der Mitte des 19. Jahrhunderts (2010)
15 *Eric Hilgendorf (Hrsg.):* Die ausländische Strafrechtswissenschaft in Selbstdarstellungen. Die internationale Rezeption des deutschen Strafrechts (2019)
16 *Hannes Ludyga:* Otto Kahn-Freund (1900–1979). Ein Arbeitsrechtler in der Weimarer Zeit (2016)

Abteilung 5: Juristisches Zeitgeschehen. Rechtspolitik und Justiz aus zeitgenössischer Perspektive

Mitherausgegeben von Gisela Friedrichsen („Der Spiegel")
und RA Prof. Dr. Franz Salditt

1 *Diether Posser:* Anwalt im Kalten Krieg. Ein Stück deutscher Geschichte in politischen Prozessen 1951–1968. 3. Auflage (1999)
2 *Jörg Arnold (Hrsg.):* Strafrechtliche Auseinandersetzung mit Systemvergangenheit am Beispiel der DDR (2000)
3 *Thomas Vormbaum (Hrsg.):* Vichy vor Gericht: Der Papon-Prozeß (2000)
4 *Heiko Ahlbrecht / Kai Ambos (Hrsg.):* Der Fall Pinochet(s). Auslieferung wegen staatsverstärkter Kriminalität? (1999)
5 *Oliver Franz:* Ausgehverbot für Jugendliche („Juvenile Curfew") in den USA. Reformdiskussion und Gesetzgebung seit dem 19. Jahrhundert (2000)
6 *Gabriele Zwiehoff (Hrsg.):* „Großer Lauschangriff". Die Entstehung des Gesetzes zur Änderung des Grundgesetzes vom 26. März 1998 und des Gesetzes zur Änderung der Strafprozeßordnung vom 4. Mai 1998 in der Presseberichterstattung 1997/98 (2000)
7 *Mario A. Cattaneo:* Strafrechtstotalitarismus. Terrorismus und Willkür (2001)
8 *Gisela Friedrichsen / Gerhard Mauz:* Er oder sie? Der Strafprozeß Böttcher/Weimar. Prozeßberichte 1987 bis 1999 (2001)
9 *Heribert Prantl / Thomas Vormbaum (Hrsg.):* Juristisches Zeitgeschehen 2000 in der Süddeutschen Zeitung (2001)
10 *Helmut Kreicker:* Art. 7 EMRK und die Gewalttaten an der deutsch-deutschen Grenze (2002)
11 *Heribert Prantl / Thomas Vormbaum (Hrsg.):* Juristisches Zeitgeschehen 2001 in der Süddeutschen Zeitung (2002)
12 *Henning Floto:* Der Rechtsstatus des Johanniterordens. Eine rechtsgeschichtliche und rechtsdogmatische Untersuchung zum Rechtsstatus der Balley Brandenburg des ritterlichen Ordens St. Johannis vom Spital zu Jerusalem (2003)
13 *Heribert Prantl / Thomas Vormbaum (Hrsg.):* Juristisches Zeitgeschehen 2002 in der Süddeutschen Zeitung (2003)
14 *Kai Ambos / Jörg Arnold (Hrsg.):* Der Irak-Krieg und das Völkerrecht (2004)
15 *Heribert Prantl / Thomas Vormbaum (Hrsg.)*: Juristisches Zeitgeschehen 2003 in der Süddeutschen Zeitung (2004)
16 *Sascha Rolf Lüder:* Völkerrechtliche Verantwortlichkeit bei Teilnahme an „Peacekeeping"-Missionen der Vereinten Nationen (2004)
17 *Heribert Prantl / Thomas Vormbaum (Hrsg.)*: Juristisches Zeitgeschehen 2004 in der Süddeutschen Zeitung (2005)
18 *Christian Haumann:* Die „gewichtende Arbeitsweise" der Finanzverwaltung. Eine Untersuchung über die Aufgabenerfüllung der Finanzverwaltung bei der Festsetzung der Veranlagungssteuern (2008)
19 *Asmerom Ogbamichael:* Das neue deutsche Geldwäscherecht (2011)
20 *Lars Chr. Barnewitz:* Die Entschädigung der Freimaurerlogen nach 1945 und nach 1989 (2011)

21 *Ralf Gnüchtel:* Jugendschutztatbestände im 13. Abschnitt des StGB (2013)
22 *Helmut Irmen:* Stasi und DDR-Militärjustiz. Der Einfluss des MfS auf Militärjustiz und Militärstrafvollzug in der DDR (2014)
23 *Pascal Johann:* Möglichkeiten und Grenzen des neuen Vermögenschabschöpfungsrechts. Eine Untersuchung zur vorläufigen Sicherstellung und der Einziehung von Vermögen unklarer Herkunft (2019)
24 *Zekai Dağaşan:* Das Ansehen des Staates im türkischen und deutschen Strafrecht (2015)
25 *Camilla Bertheau:* Politisch unwürdig? Entschädigung von Kommunisten für nationalsozialistische Gewaltmaßnahmen. Bundesdeutsche Gesetzgebung und Rechtsprechung der 50er Jahre (2016)

Abteilung 6: Recht in der Kunst

Mitherausgegeben von Prof. Dr. Gunter Reiß

1 *Heinz Müller-Dietz:* Recht und Kriminalität im literarischen Widerschein. Gesammelte Aufsätze (1999)
2 *Klaus Lüderssen (Hrsg.):* »Die wahre Liberalität ist Anerkennung«. Goethe und die Juris prudenz (1999)
3 *Bertolt Brecht:* Die Dreigroschenoper (1928) / Dreigroschenroman (1934). Mit Kommentaren von Iring Fetscher und Bodo Plachta (2001)
4 *Annette von Droste-Hülshoff:* Die Judenbuche (1842) / Die Vergeltung (1841). Mit Kommentaren von Heinz Holzhauer und Winfried Woesler (2000)
5 *Theodor Fontane:* Unterm Birnbaum (1885). Mit Kommentaren von Hugo Aust und Klaus Lüderssen (2001)
6 *Heinrich von Kleist:* Michael Kohlhaas (1810). Mit Kommentaren von Wolfgang Naucke und Joachim Linder (2000)
7 *Anja Sya:* Literatur und juristisches Erkenntnisinteresse. Joachim Maass' Roman „Der Fall Gouffé“ und sein Verhältnis zu der historischen Vorlage (2001)
8 *Heiner Mückenberger:* Theodor Storm – Dichter und Richter. Eine rechtsgeschichtliche Lebensbeschreibung (2001)
9 *Hermann Weber (Hrsg.):* Annäherung an das Thema „Recht und Literatur“. Recht, Literatur und Kunst in der NJW (1), (2002)
10 *Hermann Weber (Hrsg.):* Juristen als Dichter. Recht, Literatur und Kunst in der NJW (2), (2002)
11 *Hermann Weber (Hrsg.):* Prozesse und Rechtsstreitigkeiten um Recht, Literatur und Kunst. Recht, Literatur und Kunst in der NJW (3), (2002)
12 *Klaus Lüderssen:* Produktive Spiegelungen. 2., erweiterte Auflage (2002)
13 *Lion Feuchtwanger:* Erfolg. Drei Jahre Geschichte einer Provinz. Roman (1929). Mit Kommentaren von Theo Rasehorn und Ernst Ribbat (2002)
14 *Jakob Wassermann:* Der Fall Maurizius. Roman (1928). Mit Kommentaren von Thomas Vormbaum und Regina Schäfer (2003)
15 *Hermann Weber (Hrsg.):* Recht, Staat und Politik im Bild der Dichtung. Recht, Literatur und Kunst in der Neuen Juristischen Wochenschrift (4), (2003)
16 *Hermann Weber (Hrsg.):* Reale und fiktive Kriminalfälle als Gegenstand der Literatur. Recht, Literatur und Kunst in der Neuen Juristischen Wochenschrift (5), (2003)

17 *Karl Kraus:* Sittlichkeit und Kriminalität. (1908). Mit Kommentaren von Helmut Arntzen und Heinz Müller-Dietz (2004)
18 *Hermann Weber (Hrsg.):* Dichter als Juristen. Recht, Literatur und Kunst in der Neuen Juristischen Wochenschrift (6), (2004)
19 *Hermann Weber (Hrsg.):* Recht und Juristen im Bild der Literatur. Recht, Literatur und Kunst in der Neuen Juristischen Wochenschrift (7), (2005)
20 *Heinrich von Kleist:* Der zerbrochne Krug. Ein Lustspiel (1811). Mit Kommentaren von Michael Walter und Regina Schäfer (2005)
21 *Francisco Muñoz Conde / Marta Muñoz Aunión:* „Das Urteil von Nürnberg". Juristischer und filmwissenschaftlicher Kommentar zum Film von Stanley Kramer (1961), (2006)
22 *Fjodor Dostojewski:* Aufzeichnungen aus einem Totenhaus (1860). Mit Kommentaren von Heinz Müller-Dietz und Dunja Brötz (2005)
23 *Thomas Vormbaum (Hrsg.):* Anton Matthias Sprickmann. Dichter und Jurist. Mit Kommentaren von Walter Gödden, Jörg Löffler und Thomas Vormbaum (2006)
24 *Friedrich Schiller:* Verbrecher aus Infamie (1786). Mit Kommentaren von Heinz Müller-Dietz und Martin Huber (2006)
25 *Franz Kafka:* Der Proceß. Roman (1925). Mit Kommentaren von Detlef Kremer und Jörg Tenckhoff (2006)
26 *Heinrich Heine:* Deutschland. Ein Wintermährchen. Geschrieben im Januar 1844. Mit Kommentaren von Winfried Woesler und Thomas Vormbaum (2006)
27 *Thomas Vormbaum (Hrsg.):* Recht, Rechtswissenschaft und Juristen im Werk Heinrich Heines (2006)
28 *Heinz Müller-Dietz:* Recht und Kriminalität in literarischen Spiegelungen (2007)
29 *Alexander Puschkin:* Pique Dame (1834). Mit Kommentaren von Barbara Aufschnaiter/Dunja Brötz und Friedrich-Christian Schroeder (2007)
30 *Georg Büchner:* Danton's Tod. Dramatische Bilder aus Frankreichs Schreckensherrschaft. Mit Kommentaren von Sven Kramer und Bodo Pieroth (2007)
31 *Daniel Halft:* Die Szene wird zum Tribunal! Eine Studie zu den Beziehungen von Recht und Literatur am Beispiel des Schauspiels „Cyankali" von Friedrich Wolf (2007)
32 *Erich Wulffen:* Kriminalpsychologie und Psychopathologie in Schillers Räubern (1907). Herausgegeben von Jürgen Seul (2007)
33 *Klaus Lüderssen:* Produktive Spiegelungen: Recht in Literatur, Theater und Film. Band II (2007)
34 *Albert Camus:* Der Fall. Roman (1956). Mit Kommentaren von Brigitte Sändig und Sven Grotendiek (2008)
35 *Thomas Vormbaum (Hrsg.):* Pest, Folter und Schandsäule. Der Mailänder Prozess wegen „Pestschmierereien" in Rechtskritik und Literatur. Mit Kommentaren von Ezequiel Malarino und Helmut C. Jacobs (2008)
36 *E.T.A. Hoffmann:* Das Fräulein von Scuderi – Erzählung aus dem Zeitalter Ludwigs des Vierzehnten (1819). Mit Kommentaren von Heinz Müller-Dietz und Marion Bönnighausen (2010)
37 *Leonardo Sciascia:* Der Tag der Eule. Mit Kommentaren von Gisela Schlüter und Daniele Negri (2010)

38 *Franz Werfel:* Eine blaßblaue Frauenschrift. Novelle (1941). Mit Kommentaren von Matthias Pape und Wilhelm Brauneder (2011)
39 *Thomas Mann:* Das Gesetz. Novelle (1944). Mit Kommentaren von Volker Ladenthin und Thomas Vormbaum (2013)
40 *Theodor Storm:* Ein Doppelgänger. Novelle (1886) (2013)
41 *Dorothea Peters:* Der Kriminalrechtsfall ‚Kaspar Hauser' und seine Rezeption in Jakob Wassermanns Caspar-Hauser-Roman (2014)
42 *Jörg Schönert:* Kriminalität erzählen (2015)
43 *Klaus Lüderssen:* Produktive Spiegelungen. Recht im künstlerischen Kontext. Band 3 (2014)
44 *Franz Kafka:* In der Strafkolonie. Erzählung (1919) (2015)
45 *Heinz Müller-Dietz:* Recht und Kriminalität in literarischen Brechungen (2016)
46 *Hermann Weber (Hrsg.):* Das Recht als Rahmen für Literatur und Kunst. Tagung im Nordkolleg Rendsburg vom 4. bis 6. September 2015 (2017)
47 *Walter Müller-Seidel:* Rechtsdenken im literarischen Text. Deutsche Literatur von der Weimarer Klassik zur Weimarer Republik (2017)
48 *Honoré de Balzac:* Eine dunkle Geschichte. Roman (1841). Mit Kommentaren von Luigi Lacchè und Christian von Tschilschke (2018)
49 *Anja Schiemann:* Der Kriminalfall Woyzeck. Der historische Fall und Büchners Drama (2018)
50 *E. T. A. Hoffmann:* Meister Floh. Ein Mährchen in sieben Abentheuern zweier Freunde (1822). Mit Kommentaren von Michael Niehaus und Thomas Vormbaum (2018)
51 *Bodo Pieroth:* Deutsche Schriftsteller als angehende Juristen (2018)
52 *Theodor Fontane:* Grete Minde. Nach einer altmärkischen Chronik (1880). Mit Kommentaren von Anja Schiemann und Walter Zimorski (2018)
53 *Britta Lange / Martin Roeber / Christoph Schmitz-Scholemann (Hrsg.):* Grenzüberschreitungen: Recht, Normen, Literatur und Musik. Tagung im Nordkolleg Rendsburg vom 8. bis 10. September 2017 (2019)

Abteilung 7: Beiträge zur Anwaltsgeschichte

Mitherausgegeben von Gerhard Jungfer, Dr. Tilmann Krach
und Prof. Dr. Hinrich Rüping

1 *Babette Tondorf:* Strafverteidigung in der Frühphase des reformierten Strafprozesses. Das Hochverratsverfahren gegen die badischen Aufständischen Gustav Struve und Karl Blind (1848/49), (2006)
2 *Hinrich Rüping:* Rechtsanwälte im Bezirk Celle während des Nationalsozialismus (2007)
3 *Dieter Finzel:* Geschichte der Rechtsanwaltskammer Hamm (2018)

Abteilung 8: Judaica

1 *Hannes Ludyga:* Philipp Auerbach (1906–1952). „Staatskommissar für rassisch, religiös und politisch Verfolgte" (2005)
2 *Thomas Vormbaum:* Der Judeneid im 19. Jahrhundert, vornehmlich in Preußen. Ein Beitrag zur juristischen Zeitgeschichte (2006)

3 *Hannes Ludyga:* Die Rechtsstellung der Juden in Bayern von 1819 bis 1918. Studie im Spiegel der Verhandlungen der Kammer der Abgeordneten des bayerischen Landtags (2007)
4 *Michele Sarfatti:* Die Juden im faschistischen Italien. Geschichte, Identität, Verfolgung (2014)

Abteilung 9: Beiträge zur modernen Verfassungsgeschichte

1 *Olaf Kroon: Die Verfassung von Cádiz (1812). Spaniens Sprung in die Moderne, gespiegelt an der Verfassung Kurhessens von 1831 (2019)*

Kolibri 360 GmbH
Ferdinand-Jühlke-Straße 7
99095 Erfurt, Deutschland
produktsicherheit@kolibri360.de